Kemal Bozay

„...ich bin stolz, Türke zu sein!"

Ethnisierung gesellschaftlicher Konflikte im Zeichen der Globalisierung

WOCHEN
SCHAU
VERLAG

Bibliografische Information der Deutschen Bibliothek
Die Deutsche Bibliothek verzeichnet diese Publikation in der Deutschen Nationalbibliografie; detaillierte bibliografische Daten sind im Internet über http://dnb.ddb.de abrufbar.

www.wochenschau-verlag.de
Sie wollen mehr Informationen zu unseren Büchern? Zu jedem Titel finden Sie Autorenangaben, Inhaltsverzeichnis, Übersichtstexte im Internet. Sie wollen sich zu einem bestimmten Sachgebiet informieren? Klicken Sie auf die Themenstichwörter: So erhalten Sie einen guten Überblick. Wollen Sie alle Veröffentlichungen eines bestimmten Autors finden? Gehen Sie in die Autorenauskunft. Wollen Sie sich über einen Arbeitsbereich informieren? Nutzen Sie unsere Spezialkataloge. Alle Titel können Sie einfach im Shop gegen Rechnung bestellen.

Umschlag: Ohl Design

Gedruckt auf chlorfrei gebleichtem Papier
Gesamtherstellung: Wochenschau Verlag
ISBN 3-89974208-7

Inhaltsverzeichnis

Vorwort des Autors

Zweifelsohne besteht eine der zentralen Aufgaben der sozialwissenschaftlichen Forschung darin, sich mit den sozialen und politischen Einstellungs- und Lebensprofilen von Migrantenjugendlichen zu beschäftigen. Junge Migranten der zweiten oder dritten Generation sind fast ausnahmslos in der Bundesrepublik Deutschland geboren und hier zur Schule gegangen, also Bildungsinländer, und machen in der Bundesrepublik eine Ausbildung oder besuchen Hochschulen. Dennoch verfügen sie nicht über gleiche Chancen: sie haben einen erschwerten Zugang zu Ausbildungsplätzen, werden bei der Vergabe von Arbeitsplätzen benachteiligt, machen tagtäglich Erfahrungen von Ausgrenzung, Stigmatisierung und Diskriminierung.

Eine der Reaktionen von Migrantenjugendlichen ist häufig die des Rückzugs in die vertraute Umgebung: die Familie, den Freundeskreis, „eigene" Vereine, kulturelle Zentren, „eigene" Straßenzüge oder „Ghettos". Politiker werfen Migranten vor, sie seien nicht zur Integration bzw. „Assimilation" bereit, bildeten sog. Parallelgesellschaften. Ihre „Abschottung" müsste sanktioniert, ihre gesellschaftliche Integration erzwungen werden.

Der an die Migranten gerichtete Vorwurf der Integrationsunwilligkeit ist zweifelsfrei unberechtigt, denn nicht die Migranten verweigern sich der Aufnahmegesellschaft, sondern die Mehrheitsgesellschaft weigert sich, Migranten als gleichberechtigte Staatsbürger anzuerkennen. Dies gipfelt sich vor allem in der (u.a. programmatisch festgeschriebenen) Position: „Deutschland ist kein Einwanderungsland!"

Wenn Migrantenjugendliche vor dem Hintergrund ihrer Erfahrungen mit Ausgrenzung und Diskriminierung den Rückzug aus der öffentlichen Sphäre antreten, ein eigenes Netz knüpfen und auf die eigenen ethnisch-kulturellen Werte rekurrieren, so ist dies in erster Linie auch eine Strategie des Umgangs mit Diskriminierungs- und Ausgrenzungserfahrungen.

Vor diesem Hintergrund setzt sich diese an der Erziehungswissenschaftlichen Fakultät der Universität zu Köln angefertigte Dissertation mit dem „ethnischen Nationalismus" unter türkischsprachigen Migrantenjugendlichen auseinander. Während aktuelle Untersuchungen über politische Einstellungen von Jugendlichen mit Migrationshintergrund ein Bedrohungsszenario für die Öffentlichkeit entwerfen, setzt diese

Studie andere Akzente: untersucht werden die politischen Inhalte ethnisch-nationalistischer Organisationen und Orientierungen. In diesem Zusammenhang werden auch die Strukturen, die sich hinter der Mobilisierung der Jugendlichen für solche politischen Anliegen verbergen, erforscht.

Ausgangspunkt der vorliegenden Arbeit ist die Erfahrung, dass unter den Migranten und hier insbesondere Jugendlichen mit Migrationshintergrund ethnisch-nationalistische Identifikations- und Organisationsmuster immer stärker in den Mittelpunkt rücken.

Parallel zu dieser Entwicklung hat sich in der Bundesrepublik Deutschland im Zuge der Migrationsbewegung nach den 1960ern ein neuer Typus von Rechtsextremismus etabliert, der auch mit der Bezeichnung „Ethnischer Nationalismus" umschrieben werden kann.

Daher setzt sich diese theoretische und empirische Studie einerseits das Ziel, die Entstehungsbedingungen, Ursachen und Motive für die Entstehung sowie Verfestigung ethnisch-nationalistischer Organisationsmuster zu untersuchen und andererseits antirassistische, pädagogische und interkulturelle Handlungsmöglichkeiten in der Arbeit mit rechtsnationalistisch eingestellten Jugendlichen mit türkischsprachigen Migrationshintergrund zu entwickeln.

An dieser Stelle möchte ich die Gelegenheit nutzen, mein persönlichen Dank an Prof. Dr. Christoph Butterwegge, Prof. Dr. Gudrun Hentges, Prof. Dr. Markus Ottersbach, Prof. Dr. Erol Yıldız, Michael Klundt, Ulrike und Peter Bach und auch an die Komiliton(inn)en vom Kolloqium der politikwissenschaftlichen Abteilung auszusprechen, die meine Dissertation durch ihre konstruktive Kritik begleitet und unterstützt haben. Danken möchte ich mich vor allem auch bei Yüksel Bozay, Emre Arslan, Hasan Şahin und Özcan Çümendür, die mir in technischen Fragen behilflich waren. Der gleiche Dank gilt meinen Eltern und Geschwistern. Doch ein ganz besonderer Dank geht an meine Frau Devrim Ercan-Bozay, die trotz aller Strapazen mir beigestanden und mir immer wieder Mut zum Durchhalten gemacht hat.

Abschließend möchte ich darauf hinweisen, dass in dieser Arbeit aus Gründen der Vereinfachung und Sprachästhetik bei Bezugspersonen jeweils nur die männliche Sprachform (Migranten u.a.) verwendet wird, damit sind selbstverständlich jedoch beide Geschlechter gemeint.

Köln, im Januar 2005 *Kemal Bozay*

Vorbemerkung

Zuwanderung ist so alt wie die Menschheit, verändert sich im Zeichen der Globalisierung allerdings grundlegend. Mit der neoliberalen Modernisierung bzw. den davon ausgelösten und beeinflussten Wanderungsbewegungen geht ein massiver Schub der Ethnisierung gesellschaftlicher Beziehungen und sozioökonomischer Konflikte einher. Gegenwärtig verschärfen sich sowohl die materiellen Interessengegensätze wie auch die geistig-politischen Auseinandersetzungen innerhalb unserer Gesellschaft spürbar. Die soziale Polarisierung, selbst im neuen Armuts- und Reichtumsbericht der Bundesregierung nicht mehr zu leugnen, spiegelt sich auch in der Diskussion über das angebliche Scheitern der multikulturellen Gesellschaft, Pläne zur Vereidigung von Migrant(inn)en auf eine „christlich-abendländische Leitkultur" und die Notwendigkeit eines „aufgeklärten" Patriotismus für Deutsche wider.

Bei der neoliberalen Modernisierung bzw. Umstrukturierung, die als „Globalisierung" bezeichnet wird, handelt es sich um ein gesellschaftspolitisches Großprojekt, das auf der ganzen Welt mehr soziale Ungleichheit schaffen soll, als es sie aufgrund der ungerechten Verteilung von Ressourcen, Bodenschätzen, Grundeigentum, Kapital und Arbeit ohnehin gibt. Dass der Rassismus in Gestalt des Feindbildes „Islam, Islamismus und Terrorismus" nach dem 11. September 2001 salonfähig wurde, beruht nicht zuletzt auf sich spürbar zuspitzenden gesellschaftlichen Verteilungskämpfen. Migration und Integration leiden vor allem unter einer massiven Entwertung bzw. einer Sinnkrise des Sozialen, die aus *vier* Prozessen besteht:

Erstens fällt die Tendenz zur *Ökonomisierung* des Sozialen ins Auge. Die neoliberale Hegemonie hat in der Gesellschaft bisher allgemein verbindliche Gleichheits- und Gerechtigkeitsvorstellungen auf den Kopf gestellt. Galt früher der soziale Ausgleich zwischen gesellschaftlichen Klassen und Schichten als erstrebenswertes Ziel staatlicher Politik, so steht heute den Siegertypen alles, den „Leistungsunfähigen" bzw. „-unwilligen" nach offizieller Lesart hingegen nichts zu. In einer „Winner-take-all"-Gesellschaft (Robert H. Frank/Philip J. Cook) zählt nur der ökonomische, sich in klingender Münze auszahlende Erfolg. Unter dem (Tot-)Schlagwort „Globalisierung" werden fast alle Gesellschaftsbereiche im Rahmen einer neoliberalen Modernisierung nach dem Vorbild des Marktes umstrukturiert. Sozial zu sein bedeutet nicht mehr, sich selbstlos um Benachteiligte, Kranke und Behinderte sowie ihre Probleme zu kümmern bzw. moralischen Verpflichtungen und ethischen Normen nachzukommen. Denn auch das Soziale muss sich der Wettbewerbsfähigkeit des „eigenen" Wirtschaftsstandortes und der betriebswirtschaftlichen Effizienz unterordnen. Damit degeneriert soziale Gerechtigkeit, die Umverteilung von oben nach unten erfordert, zur bloßen „Chancen-" oder „Startgleichheit". Eine weitere Spaltung der Gesellschaft, wie sie Neoliberale im Interesse einer besonders privilegierten Minderheit anstreben, die sich als nationale Elite begreift und einen Großteil der materiellen Ressourcen beansprucht, ist die Folge.

Zweitens findet eine *Kulturalisierung* des Sozialen statt. Nicht mehr materielle Interessen bzw. Interessengegensätze stehen im Blickpunkt, wenn man sich über die Gesellschaftsentwicklung unterhält, sondern die kulturelle Identität. Die Kulturalisierung des Sozialen bedeutet, dass die Zugehörigkeit zur Gesellschaft nicht mehr über die Zugehörigkeit zu einer bestimmten Klasse, Schicht oder Gruppe definiert wird, die jeweils gemeinsame Interessen haben (und deshalb ein hohes Maß an Solidarität verwirklichen können, falls sie sich dessen bewusst werden), sondern dass stärker nach kulturellen Übereinstimmungen: gemeinsamer Sprache, Religion und Bräuchen, gefragt wird. Das ist ein Grund, weshalb sich so schwer Widerstand gegen diese Entwicklung artikulieren und organisieren lässt.

Drittens ist eine *Ethnisierung* des Sozialen festzustellen. Je mehr die ökonomische Konkurrenz im Rahmen der „Standortsicherung" verschärft wird, umso leichter lässt sich die kulturelle Differenz zwischen Menschen unterschiedlicher Herkunft aufladen und als Kriterium der Ab- bzw. Ausgrenzung gegenüber Mitbewerber(inne)n um staatliche Transferleistungen instrumentalisieren. Ein „nationaler Wettbewerbsstaat" (Elmar Altvater/Joachim Hirsch), der kein herkömmlicher Wohlfahrtsstaat mehr sein möchte, bereitet Ethnisierungsprozessen den Boden. Diese haben zwei Seiten: Neben einer Stigmatisierung „der Anderen" bewirken sie eine stärkere Konturierung „des Eigenen" bzw. die Konstituierung einer nationalen bzw. „Volksgemeinschaft", mit der politisch weiter reichende Ziele verfolgt werden. „Deutsche(s) zuerst!" lautet ein Slogan, der zusammen mit „Ausländer raus!"-Parolen solche Vorstellungen im Massenbewusstsein verankert. Ethnische Minderheiten fungieren als Feindbilder, auf die sich Frustrationserfahrungen und Hassgefühle projizieren lassen; umgekehrt kann man sich selbst zum „Herrenmenschen" hochstilisieren, der Vorrechte und Privilegien in Anspruch nimmt. Die kulturelle Identität wird nach der Herkunft bestimmt, folglich ein Innen-Außen-Gegensatz zwischen Einheimischen und Immigrant(inn)en beschworen, statt zwischen Oben und Unten in der Gesellschaft zu unterscheiden, also jenen, die über Kapitaleigentum verfügen oder zu den Spitzenverdienern gehören, einerseits und jenen, die darauf angewiesen sind, ihre Arbeitskraft zu verkaufen, weil sie kein Kapital besitzen.

Viertens zeichnet sich eine *Biologisierung des Sozialen* ab. Gesellschaftlich bedingte und politisch-kulturell bestimmte Verhaltensweisen werden immer häufiger an den Genen festgemacht. Hierbei spielt das öffentliche Reden und Schreiben über die künftige Bevölkerungsentwicklung, als „Demografie-Diskurs" bezeichnet, eine Schlüsselrolle. Er hat zwei Teilaspekte: Einerseits dreht sich die Debatte um *Folgen* des demografischen Wandels (Destabilisierung der sozialen Sicherungssysteme durch die „Vergreisung" der Gesellschaft). So wird die Demografie von Wirtschaftskreisen, etablierten Parteien und Medien oft als Mittel sozialpolitischer Demagogie bzw. als Legitimationsmuster für den Um- bzw. Abbau des Wohlfahrtsstaates benutzt. In diesem Kontext spielt das Schlagwort „Generationengerechtigkeit" eine Schlüsselrolle. Es klingt unverfänglich, lenkt aber von der (eher wachsenden) sozialen Ungleichheit innerhalb jeder Generation ab und verschleiert, dass die entscheidende Trennlinie zwischen Arm und Reich, nicht zwischen Alt und Jung verläuft. Andererseits stehen die *Ursachen* des Geburtenrückgangs und ihre *Beseitigung* durch eine pronatalistische, die Gebärfreudigkeit der Menschen fördernde Bevölkerungspolitik unseligen Angedenkens zur Diskussion.

Unter solchen Rahmenbedingungen besteht eine Aufgabe sozialwissenschaftlicher Forschung darin, sich mit dem politischen Bewusstsein von Migrantenjugendlichen zu beschäftigen. Die Kinder der zweiten oder dritten Zuwanderergeneration sind fast ausnahmslos in der Bundesrepublik geboren und hier zur Schule gegangen, also Bildungsinländer/innen, machen in der Bundesrepublik eine Ausbildung und besuchen Schulen oder Hochschulen. Dennoch verfügen sie nicht über die gleichen Chancen: Sie haben einen erschwerten Zugang zu Ausbildungsplätzen, werden bei der Vergabe von Arbeitsplätzen benachteiligt und machen beinahe tagtäglich Erfahrungen von Ausgrenzung bzw. rassistischer Diskriminierung. In vielen Fällen haben sie (immer noch) nicht den deutschen Pass. Eine der Reaktionen von Migrantenjugendlichen ist die des Rückzugs in die vertraute Umgebung: die Familie, den Freundeskreis, Vereine, kulturelle Zentren, „eigene" Straßenzüge oder Stadtteile.

Politiker und Medien werfen Migrant(inn)en vor, sie seien nicht zur Integration bzw. Assimilation bereit, bildeten sog. Parallelgesellschaften. Ihre „Abschottung" müsse – so heißt es allenthalben – negativ sanktioniert, ihre gesellschaftliche Integration ggf. erzwungen werden. Es ist jedoch offensichtlich, dass der vielfach an Migrant(inn)en gerichtete Vorwurf der Integrationsunwilligkeit unberechtigt ist. Denn nicht die Migrant(inn)en verweigern sich der Aufnahmegesellschaft, sondern die Mehrheitsgesellschaft weigert sich, Migrant(inn)en als gleichberechtigte Staatsbürger/innen anzuerkennen. Dies gipfelt in der (u.a. von etablierten Parteien der Bundesrepublik immer noch programmatisch festgeschriebenen) Position, Deutschland sei kein Einwanderungsland und solle es auch nicht werden.

Vor diesem Hintergrund beschäftigt sich Kemal Bozay mit dem ethnischen Nationalismus unter Migrantenjugendlichen. Er geht dabei von der Überzeugung aus, dass Ethnizität nicht „natürlichen" Ursprungs ist, sondern lediglich eine von vielen Möglichkeiten der Identitätsentwicklung und Gruppenbildung, erklärbar durch bestimmte historische, sozialökonomische und gesellschaftliche Bedingungen. Wenn Kinder und Jugendliche der zweiten oder dritten Generation aufgrund ihrer Erfahrungen mit Ausgrenzung und Diskriminierung den Rückzug aus der öffentlichen Sphäre antreten, ein eigenes soziales Netz knüpfen und auf die eigene Sprache (und Kultur) rekurrieren, so ist dies in erster Linie eine Strategie des Umgangs mit Diskriminierungserfahrungen.

Während viele Wissenschaftler, etwa Wilhelm Heitmeyer und seine Mitarbeiter/innen in der umstrittenen Studie „Verlockender Fundamentalismus", die Hinwendung türkischer Migrantenjugendlicher zu ethnisch-nationalistischen sowie islamistisch-fundamentalistischen Orientierungen in den Vordergrund stellen und damit ein Bedrohungsszenario entwerfen, das – medienwirksam inszeniert – die deutsche Öffentlichkeit alarmierte, setzt Kemal Bozay in seiner an der Erziehungswissenschaftlichen Fakultät der Universität zu Köln angenommenen Dissertation andere Akzente: Er untersucht ohne entsprechende Aufgeregtheit, welche Bedeutung die türkisch-nationalistischen und islamistischen Strukturen in der Bundesrepublik für die Entstehung und Radikalisierung der ethnisch-nationalistischen Orientierungen haben.

Ausgehend von der zentralen These, „dass der Globalisierungsprozess Nationalismus und Ethnizität – zumindest tendenziell – befördert bzw. evoziert", kreist Kemal Bozays Arbeit um die für Politik und Pädagogik gleichermaßen zentrale Problematik, dass Ausgrenzungserfahrungen, wie sie „türkische" Migrantenjugendliche in Deutschland machen, deren soziale Rückzugs-, Renationalisierungs- und Radikalisierungstendenzen fördern. Auf diese Entwicklung, der mehr Aufmerksamkeit gebührt, wenn man ihr mit Aussicht auf Erfolg begegnen will, kommt der Autor immer wieder zurück.

Kemal Bozay begnügt sich nicht damit, den Prozess einer zunehmenden Ethnisierung sozialer Beziehungen zu beschreiben, seine Ursachen zu analysieren und ihn auf den Prozess der Globalisierung bzw. der neoliberalen Modernisierung zurückzuführen, sondern bemüht sich auch darum, ihn durch die Untersuchung der bei jungen Migrant(inn)en vorhandenen Einstellungsmuster empirisch zu ergründen. Anhand dreier Interviews mit türkischsprachigen Migrantenjugendlichen und zweier dokumentierter Gruppendiskussionen, die in rechtsextrem-nationalistischen Vereinen geführt wurden, belegt der Verfasser exemplarisch, dass Diskriminierungs- und Ausgrenzungserfahrungen in der Aufnahmegesellschaft die Hinwendung zu solchen Organisationen und Orientierungen begünstigen, aber auch gewalttätige Reaktionen fördern.

In den ethnisch-nationalistischen Organisationen und Dachverbänden, die nach den rassistisch motivierten Brandanschlägen von Mölln (November 1992) und Solingen (Mai 1993) vor allem unter männlichen Jugendlichen der zweiten und dritten Migrantengeneration spürbar Aufwind bei der Mobilisierung eines „Europäischen Türkentums" erhielten, sieht Kemal Bozay „eine neue Qualität von Rechtsextremismus auf bundesrepublikanischem Boden", weil sie nicht nur platte Parolen, etwa „Wir sind stolz, Türken zu sein!", mit Erfolg verbreiten, sondern vielfach auch als legitime Interessenrepräsentanz anerkannt werden und über die politische Präsenz in Vereinen, Moscheen und Veranstaltungen hinaus die Stimmung in Schulen, Ausbildungsstätten, Betrieben und Stadtteilen beeinflussen. Da die vorliegende Arbeit einen wichtigen Beitrag zur Migrations- und Rechtsextremismusforschung leistet, aber auch die politische Bildung befruchten kann, ist ihr eine weite Verbreitung zu wünschen.

Köln, im Winter 2004/05 *Prof. Dr. Christoph Butterwegge*

1. Ausgangslage und Forschungsstand: Überlegungen zur Aktualität der Untersuchung

Der zunehmenden Globalisierung und Neoliberalisierung im historischen Kontext der Weltökonomie und des sich verändernden Weltsystems, auch dem in öffentlich-politischen Auseinandersetzungen behaupteten Ende des Nationalstaates und der nationalen Ökonomien steht seit Beginn der neunziger Jahre ein zunehmender Standortnationalismus[1] gegenüber, der als Nährboden von Rechtspopulismus, Rechtsextremismus und einer zunehmenden Ethnisierung sowie Nationalisierung von gesellschaftlichen Konflikten wirksam geworden ist.

Im Rahmen des globalen Wandels hätte man erwarten können, dass sich in der Bundesrepublik Deutschland eine breite politische Auseinandersetzung etwa über Themen wie wirtschaftliche Stabilisierung, Reformen im Schul- und Gesundheitssystem, konstruktive Veränderungen im Einwanderungsdiskurs eröffnet wird, die auch positive Entwicklungen in Gang setzen könnte. Statt dessen begann eine heftige Debatte über das Asylrecht, eine polarisierende Auseinandersetzung über die Reform des Staatsbürgerschaftsrechts und eine diffamierende Kampagne über ein neues Zuwanderungsgesetz, die an Schärfe und Intensität an die Debatten über die Wiederbewaffnung in den 1950er oder die Verabschiedung der Notstandsgesetze in den 1960er Jahren erinnerte.

Hinzu kommt, dass aktuelle Repräsentativerhebungen, Trendanalysen und Untersuchungen in Deutschland[2] deutlich hervorheben, dass erheb-

1 Der Terminus „Standortnationalismus“ ist Produkt einer neuen Qualität von Nationalismus. Vgl. Christoph Butterwegge: Abschied vom Sozialstaat: Standortnationalismus und Wohlstandchauvinismus als geistig-politische Anknüpfungspunkte des Rechtsextremismus. In: Wolfgang Gessenherter/Helmut Fröchling (Hg.): Rechtsextremismus und Neue Rechte in Deutschland – Neuvermessung eines politisch-ideologischen Raumes, Opladen 1998, S. 147-161; vgl. Christoph Butterwegge: Marktradikalismus, Standortnationalismus und Wohlstandschauvinismus – die Sinnkrise des Sozialen als Nährboden der extremen Rechten. In: Christoph Butterwegge/Rudolf Hickel/Ralf Ptak: Sozialstaat und neoliberale Hegemonie. Standortnationalismus als Gefahr für die Demokratie, Berlin 1998, S. 121ff.; Christoph Butterwegge/Martin Kutscha/Sabine Berghahn (Hg.): Herrschaft des Marktes – Abschied vom Staat? Folgen neoliberaler Modernisierung für Gesellschaft, Recht und Politik, Baden-Baden 1999.

2 Jan M. Böhm/Claudia Hoock: Sozialisation der Persönlichkeit. Autoritarismus, Konformismus oder Emanzipation bei Studierenden aus Ost- und Westdeutschland, Gießen 1998; Wolfgang Findte/Friedrich Funke/Susanne Jacob: Autorita-

liche Teile der Mehrheitsbevölkerung über manifeste oder latente Einstellungsmuster verfügen, die Zustimmung bzw. Akzeptanz von Autoritarismus, Fremdenfeindlichkeit, Antisemitismus und – in politische Präferenz gewendet – von Rechtspopulismus und Rechtsextremismus zu erkennen geben.

Im Gegensatz dazu beschreiben die eher sozialwissenschaftlichen Studien[3] einen neuen Typus von Autoritarismus, „dessen Konstruktion der Wirklichkeit in der kommunikativen Dimension sozialen Handelns narzisstisch geprägt ist."[4] Karola Brede ergänzt damit den von Theodor W. Adorno[5] 1950 eingeführten Leitbegriff des autoritären Charakters um „eine gleichsam erweiterte Stufe der Vergesellschaftung";[6] dadurch wird die spezifische Aggressionsproblematik, die der „klassische Autoritäre"[7] durch Projektion auf ein „äußeres Objekt"[8] verlagert, beim neuen Autoritarismus in ein Fließgewicht von Selbstattribuierung („Wahrnehmung des eigenen Selbst")[9] und aggressiven Impulsen überführt. Das Erscheinungsbild des neuen Autoritarismus zeigt nach Karola Brede eine komplexe Formspezifität:

---

rismus, Wertorientierungen und jugend-kulturelle Identifikationen. Eine sozialpsychologische Analyse deutscher Jugendlicher. In: Gruppendynamik, 28/ 1997, S. 273-289; Gerda Lederer/Peter Schmidt: Autoritarismus und Gesellschaft – Trendanalysen und vergleichende Jugenduntersuchungen 1945-1993, Opladen 1995; Hans-Uwe Otto/Roland Merten (Hg.): Rechtsradikale Gewalt im vereinigten Deutschland. Jugend im gesellschaftlichen Umbruch, Bonn 1993 (dort vor allem 182-188); Susanne Rippl/Christian Seipel: Autoritarismus und Fremdenfeindlichkeit bei ost- und westdeutschen Jugendlichen, in: Zeitschrift für Politische Psychologie, 6/1998, S. 273-288.

3 Vgl. dazu Karola Brede: „Neuer" Autoritarismus und Rechtsextremismus. Eine zeitdiagnostische Mutmaßung. In: Psyche, 49/1995, S. 1019-1042.

4 Ebd., S. 1019

5 Theodor W. Adorno hat in seinen 1950 vorgelegten Studien zum autoritären Charakter bestimmte Persönlichkeitszüge und Einstellungsmuster der US-amerikanischen Bevölkerung beschrieben und den „autoritären Charaktertypus" über seine starre Bindung an konventionelle, traditionelle Werte, durch Unterwürfigkeit und aggressive Wendung gegen anders Lebende, durch Geringschätzung von Sensibilität, durch Rigidität im Denken und Handeln (Hierarchieorientierung), aber auch durch Mechanismus, Zynismus und Menschenverachtung definiert; vgl. ebd., Studien zum Autoritären Charakter, Frankfurt/Main 1950, 1973, S. 45 ff.

6 Karola Brede: Neuer Autoritarismus und Rechtsextremismus, a.a.O., S. 1019.

7 Ebd.

8 Ebd.

9 Ebd., S. 1021.

„Neuer Autoritarismus scheint sich zu altem wie eine negativ erweiterte Stufe der Vergesellschaftung zu verhalten. Die Selbstthematisierung überlagert die dem alten Autoritarismus eigene Entgleisung der Aggressionsverbreitung. Konflikte mit Autoritäten können nicht aufgelöst werden, weil sie mit dem Eingeständnis von Bedrohung, Erniedrigung und Vernichtung einhergehen würden und daher unerträglich sind."[10]

Auch wenn die vorliegende Untersuchung weit davon entfernt ist, diese soziologische Argumentationstopik in ihrem gesamten Umfang als Erklärungsraster übernehmen zu wollen, zeigen die in der obigen Hinführung zur Thematik kurz skizzierten wissenschaftlichen Untersuchungen einen hochkomplexen Zusammenhang von sozialen, ökonomischen, politischen Einflussfaktoren und Selbstkonzepten bzw. Einstellungsmustern der untersuchten Klientel. Die zunehmende Ethnisierung bzw. Ethnizität in den Identitätsmustern von „türkischen" Jugendlichen mit Migrationshintergrund verweist auf gesamtgesellschaftliche Prozesse im Aufnahmeland. Jede „ethnische Grenzziehung" (etwa: durch eine sich abschottende Peer Group) ist Ausdruck und Folge eines relational bestimmten Verhaltens zweier, als heterogen empfundener oder bewerteter gesellschaftlicher Gruppen, die in der Regel eine Relation von „Majorität" und „Minorität" repräsentieren. Diese eher begriffsformale Beschreibung sagt jedoch nichts über die Hintergründe, die Wirkungsfaktoren und Motive der „ethnischen Grenzziehung" aus.

Ein Beispiel: Während im öffentlichen Diskurs – insbesondere nach den Terror-Anschlägen vom 11. September 2001 – sehr eingehend über die Gründe der zunehmenden Bedeutung eines verbreiteten islamischen Fundamentalismus und gerade in der Bundesrepublik eines türkisch-islamischen Nationalismus diskutiert worden ist, haben sich ethnisch-nationalistische Organisationen und islamistisch-fundamentalistische Gruppierungen mit ihren politischen Zielvorstellungen längst in der Bundesrepublik Deutschland etabliert und inzwischen einen erheblichen Zuspruch und Rückhalt gerade unter Migrantenjugendlichen der zweiten und dritten Generation gefunden. Es steht fest, dass politisch extremistische Einstellungen und Bestrebungen, aber auch religiös motivierte fundamentalistische Ideologien in der Bundesrepublik Deutschland keinen Seltenheitswert mehr zeitigen, sondern sich gerade in ihren massiven Abgrenzungsbemühungen und -angeboten gegenüber der „Mehrheitsgesell-

---

10 Ebd., S. 1025 ff.

schaft" und „Mehrheitskultur"[11] eines keineswegs zu unterschätzenden Zuspruchs von Seiten türkischsprachiger Migrantenjugendlicher erfreuen.

Dieser Zuspruch lässt sich ohne die gesellschaftspolitische Situation in der Bundesrepublik Deutschland nicht erklären. Zwar können – je nach Forschungsperspektive – eindimensionale Untersuchungskategorien forschungsleitend sein, aber allein schon das „schwierige Vorhaben einer Operationalisierung eines ‚islamischen Fundamentalismus'"[12] und „ethnischen Nationalismus"[13] in seinen vielfältigen Differenzierungen und Organisationsformen verdeutlicht hinreichend, dass einfache Zuordnungen, Ableitungen und Erklärungsmuster für den durchaus relevanten Zuspruch türkischer Jugendlicher zum „Fundamentalismus" oder „ethnischen Nationalismus" („Wir sind stolz, Türken zu sein"-Parolen) allenfalls oberflächliche Einstellungen, keinesfalls aber sozialwissenschaftlich und politikwissenschaftlich fundierte Erklärungsmuster abbilden können. Die vorliegende Analyse der Einstellungsmuster und Ursachen ethnisch-nationaler Orientierungen bei „türkischen" Jugendlichen versucht Erklärungsmuster interdisziplinär zu vernetzen und für den aktuellen politik- und sozialwissenschaftlichen Diskurs fruchtbar zu machen.

Das Problemfeld des zunehmenden „ethnischen Nationalismus" unter Jugendlichen mit türkischsprachigem Migrationshintergrund verweist zweifelsohne auf den allgemeinen Kontext sozialer und politischer Praxis in der Bundesrepublik Deutschland. Ohne die eingangs erwähnte Hintergrundsproblematik eines in der Bundesrepublik ausgeprägten Autoritarismus, einer wirksamen Fremdenfeindlichkeit (insbesondere gegenüber Migrantenjugendlichen) und die zweifelsfrei vorhandene Marginalisierung erheblicher Bevölkerungsteile (z.B. überproportional hohe Arbeitslosigkeit unter Migrantenjugendlichen türkischsprachiger Herkunft u.a.m.) bleiben wichtige Erklärungsfaktoren für die ethnisch-nationalis-

---

11 Vgl. zu diesen problematischen Begriffen bei Uwe Backes/Eckhard Jesse: Politischer Extremismus in der Bundesrepublik Deutschland, Berlin 1993, S. 259; hier ist auch nochmals auf die Diskussion um das Thema „deutsche Leitkultur" zu verweisen.

12 Vgl. Wilhelm Heitmeyer/Joachim Müller/Helmut Schröder: Verlockender Fundamentalismus. Türkische Jugendliche in Deutschland, Frankfurt/Main 1997, S. 34.

13 Vgl. zur Auseinandersetzung mit dem Begriff „ethnischer Nationalismus" bei Marco Heinz: Der fundamentale Irrtum im „ethnischen Diskurs" – Wilhelm Heitmeyers unkritischer Umgang mit einem undefinierten Begriff. In: Wolf-Dietrich Bukow/Markus Ottersbach (Hg.): Der Fundamentalismusverdacht. Plädoyer für eine Neuorientierung der Forschung im Umgang mit allochthonen Jugendlichen, Opladen 1999, S. 159-177.

tische Gruppenbildung unter „türkischen“[14] Jugendlichen bisher unberücksichtigt.

Die Ableitungsschemata (Majorität- und Minorität-Erklärung) reichen nicht hin, um die spezifischen sozialen und individuellen Umstände einerseits methodisch zu trennen, andererseits aber in einen vernetzten Begründungszusammenhang zu stellen. In der hier vorgelegten wissenschaftlichen Untersuchung wird es darum gehen, externe, d.h. im klassischen Sprachgebrauch soziale, ökonomische und politische Wirkungsfaktoren und interne, eher gruppenbezogene und individuelle Einstellungsmuster (diskursive Narrationen zur „türkischen Identität“ und ethnisch-nationalistischen Einstellungen) zu ermitteln und abzubilden.

Grundsätzlich sollen die gruppen- und personenorientierten Untersuchungen (Gruppendiskussionen und biographisch-narrative Interviews) die sozialen, ökonomischen und politischen Erklärungsmuster qualitativ begleiten. Die wichtige forschungsleitende Frage lautet, warum immer mehr Migrantenjugendliche der zweiten und dritten Generation, die ja zum größten Teil ihren Lebensmittelpunkt in der Bundesrepublik Deutschland haben und sich in ihrem Sprachverhalten von der ersten Generation merklich unterscheiden, dennoch in eindeutig ethnisch-nationalistisch oder fundamentalistisch-islamistisch orientierten Gruppierungen ihre „geistige Heimat“ gefunden haben.

Die fachwissenschaftliche und publizistische Auseinandersetzung mit den einzelnen Themenkomplexen ist zweifelsohne vielfältig. Sowohl zur Thematik „Globalisierung“ und „Nationalismus“ als auch zu „Ethnizität“ liegen umfangreiche Untersuchungen und Analysen vor. Warum also, und diese Frage scheint mehr als berechtigt, wird den vorhandenen Arbeiten eine neue hinzugefügt?

---

14 Der Begriff „türkische“ Jugendliche wird in dieser wissenschaftlichen Arbeit bewusst in Anführungszeichen gesetzt. Es ist nämlich problematisch, alle in der Türkei lebenden Nationalitäten unter die Kategorie „Türken“ zu subsumieren. Einen großen Teil der aus der Türkei stammenden Jugendlichen bilden kurdische Jugendliche, die in migrationsbezogenen Datenerhebungen und Analysen immer unter die Gruppe der „Türken“, „Iraker“, „Iraner“ und „Syrier“ subsumiert werden. Ein im Land Nordrhein-Westfalen durchgeführter Forschungsbeitrag versucht auch ein Bild über die Situation von kurdischen Jugendlichen herauszuarbeiten. Vgl. Susanne Schmidt: Kurdisch-Sein und nicht-Sein. Einblicke in Selbstbilder von Jugendlichen kurdischer Herkunft. Bonn 1998; dies.: Kurdisch-Sein mit deutschem Pass. Formale Integration, kulturelle Identität und lebensweltliche Bezüge von Jugendlichen kurdischer Herkunft in Nordrhein-Westfalen. Eine quantitative Studie, Bonn 2000.

Bisher wurde eine mögliche Beziehung zwischen Globalisierung, Nationalismus, Ethnizität und Migration kaum – und wenn nur implizit – thematisiert. Es fehlt in diesem Zusammenhang an einer theoretisch-wissenschaftlichen Explikation des Themenkomplexes. Ferner gibt es im fachwissenschaftlichen Diskurs kaum Untersuchungen und Forschungsbeiträge, die alle zentralen Bereiche in einem dialektischen Zusammenhang diskutieren und qualitativ zu erklären versuchen.[15] Dieser Untersuchung liegt daher die zentrale These zugrunde, dass der Globalisierungsprozess Nationalismus und Ethnizität – zumindest tendenziell – befördert bzw. evoziert. Anders formuliert: Ein Grund für die Erscheinungsformen von Renationalisierung und Reethnisierung ist unter anderem auch in den Globalisierungsprozessen zu suchen.

Zwei wesentliche, in der vorliegenden Untersuchung durchgängig zu beobachtende Entstehungsbedingungen von Nationalismus werden vorgestellt: Nationalismus entsteht zum einen durch gesellschaftspolitische Zusammenhänge, zum anderen durch Desintegration, kollektive Orientierungskrise und einen daraus resultierenden gesellschaftspolitischen Identitätsverlust. Hieraus kann die These entwickelt werden, dass die umfassenden Globalisierungsprozesse die Herausbildung von Nationalismen und Ethnizität im gesellschaftlichen Wandel befördern bzw. stärken.

1.1 Überlegungen zum aktuellen Diskurs in der Sozialwissenschaft

In den Sozialwissenschaften[16] gewinnen zunehmend Positionen an Gewicht, die nicht mehr nur das Verhalten sowie die Bedingungen seines Auftretens bzw. seiner Veränderung als Gegenstand der Untersuchung betrachten, sondern dessen Bedeutung, also Sinnzusammenhänge, Iden-

15 Vgl. zur Verbindung von Nationalismus und Globalisierung bei Stephan Pinkert: Nationalismus und Globalisierung, St. Ingbert 2000; Özgür Öner: Nation, Nationalismus und Globalisierung. Eine Bilanz theoretischer Erklärungsansätze, Köln 2002 (Diese Untersuchungen beschränken sich sehr stark auf theoretische Erklärungsansätze).

16 Der Begriff der Sozialwissenschaften wird hier als Sammelbezeichnung für diejenigen Wissenschaften verstanden, die Zusammenhänge von Gesellschaften bzw. Vergesellschaftungsformen zum Gegenstand ihres erkenntnisleitenden Interesses haben und diese aus verschiedenen Perspektiven systematisch erforschen. Analysiert werden die Interaktion zwischen Individuen (einzeln oder in Gruppen), das Verhältnis von Individuum und Gesellschaft, Funktionsweisen gesellschaftlicher Systeme und/oder Subsysteme und deren Interdependenzen, Strukturen und Prozesse.

titätsmuster und Einstellungsprofile (z.B. in sozialen Gruppen) thematisieren. Vereinfacht ausgedrückt: Zur Beobachtung von Verhalten und der experimentellen Herstellung von Verhaltensbedingungen tritt die Interpretation von Bedeutungszusammenhängen und kulturellen Kodierungen hinzu. Die traditionelle Kategorie der „Objektivität“ verweist nicht nur auf makrostrukturelle „Bedingungsfaktoren“, sondern eher auf eine „kognitive Konstruktion“, durch die das menschliche Individuum seine Welt und Wirklichkeit selbst herstellt bzw. rekonstruiert.[17]

Diese Veränderung der Perspektive sagt zunächst nur, dass die Beziehung zwischen Subjekt und Welt, Individuum und Realität (u.a. Gesellschaft) nicht deterministisch dargestellt werden kann. Vielmehr wird diese Beziehung insofern als „interaktiv“ und „dissipativ-durchlässig“ beschrieben, als das Subjekt nach der Maßgabe der internen kognitiven Strukturen und Kategorien Realität aktiv erkennt, bewertet und verarbeitet.[18]

Hinsichtlich der Thematik dieser Untersuchung wird es vor allem darum gehen, die komplexen Ursachenzusammenhänge, Schemata, Identitätsmuster und unbewussten Motive zu erfassen, abzubilden und zu erklären. Folgende Fragekomplexe werden in diesem Zusammenhang den Forschungsrahmen dieser Arbeit begleiten:

a) Welche ideologischen Strukturen verbergen sich hinter Gruppierungen, die einen ethnischen Nationalismus propagieren und dadurch einen erheblichen Einfluss auf die türkischsprachige community in der Bundesrepublik Deutschland ausüben?
b) Warum werden durch konkrete identifikatorische Sinnangebote insbesondere „türkische“ Jugendliche erreicht und mobilisiert?
c) Was bedeuten nationale Ideologeme wie „Wir sind stolz, Türken zu sein“?

---

17 Vgl. Humberto R. Maturana: Erkennen. Die Organisation und Verkörperung von Wirklichkeit, Braunschweig 1982

18 Diese „sozialkonstruktivistische“ Konzeption findet sich bei Horst Stenger/Hans Geißlinger: Die Transformation sozialer Realität. Ein Beitrag zur empirischen Wissenssoziologie. In: KZfSS, 43/1991, S. 247-270. Die hier beschriebene Position, wonach die objektive Realität dem menschlichen Individuum nur als „kognitive Konstruktion“ gegeben ist und vom erkennenden Subjekt im Rahmen seiner eigenen Erfahrungskategorien, Identitätsmuster und Sinnstrukturen entworfen, bearbeitet und insofern konstruiert wird, darf nicht mit der Position eines radikalen Konstruktivismus verwechselt werden; vgl. zu dieser Diskussion: Ernst von Glasersfeld: Konstruktion der Wirklichkeit und des Begriffs der Objektivität. In: Schriften der Carl Friedrich von Siemens Stiftung (Hg.): Einführung in den Konstruktivismus, Band 10 der Schriftenreihe, München 1985, S. 1-26.

d) Was verbirgt sich hinter dem rechtspopulistischen Sammelbegriff des „Europäischen Türkentums“?
e) Welche biographischen und gruppenbezogenen Merkmale lassen sich mit diesem ethnischen Nationalismus korrelieren?
f) Welche Indikatoren und Faktoren bekräftigen im gesellschaftlichen und politischen Rahmen eine Selbst- und Fremdethnisierung?

Insbesondere die Teilfrage „f“ gilt dem Zusammenhang von Fremdethnisierung durch die Mehrheitsgesellschaft und einer Selbst- bzw. Eigenethnisierung der türkischsprachigen Jugendlichen. Auch die inhaltlichen Angebote der islamistischen und ethnisch-nationalistischen Organisationen können als „identifikatorische Projektionsflächen“ gedeutet werden. In Anlehnung daran hebt Frank-Olaf Radtke aus soziologischer Perspektive hervor, dass gerade in einem „aversiven und feindlichen sozialen Klima“[19] Fremd- und Selbstethnisierung an Bedeutung gewinnen und Konflikte verursachen.

In diesem Zusammenhang ist darauf hinzuweisen, dass gerade „türkische“ Zuwanderer ihre eigenen Netzwerke etablieren und sich oft zu mehr oder minder ideologisch geprägten Gemeinden zusammenschließen. Diese Netzwerke, Gemeinden und Selbstorganisationen sind nicht einfache Schleusen, die von „heimatlosen“ Zuwanderern aufgesucht und wieder verlassen werden. Häufig haben solche Netzwerke auch den Charakter einer „Falle“ – so Jürgen Fijalkowski –, aus der Zuwanderer kaum entrinnen können:

> „Aus Selbstorganisationen können Selbstausgrenzung und Befestigung von Ethnostratifikation entstehen, und zwar in einem Eskalationsprozess wechselseitiger Lieferung von Distanzierungsgründen zwischen altansässiger Mehrheit und neuanlangenden Minderheiten. Dies ergibt sich aus den Erfahrungen von Gesellschaften, die von vorneherein auf Einwanderung aus heterogenen Herkunftsländern aufgebaut sind, oder die bereits

19 Frank-Olaf Radtke: Fremde und Allzufremde – Prozesse der Ethnisierung gesellschaftlicher Konflikte. In FES (Hg.): Ethnisierung gesellschaftlicher Konflikte. Eine Tagung der FES am 11. Oktober 1995 in Erfurt, Bonn 1996, S. 16; vgl. Auch Hartmut Esser: Ethnische Konflikte und Integration. In: Caroline Y. Robertson-Wensauer (Hg.): Multikulturalität – Interkulturalität? Probleme und Perspektiven der multikulturellen Gesellschaft. Baden-Baden 1993, S. 31-61; vgl. unter anderem auch Hartmut Esser: Die Entstehung ethnischer Konflikte. In: Joachim Sikora/Hans Nitsche (Hg.): Migration. Konflikte und Lösungsstrategien, Bad Honnef 1997, S. 13ff; vgl. Michael Bommes (Hg.): Migration in nationalen Wohlfahrtsstaaten – Theoretische und vergleichende Untersuchungen, Osnabrück 1998.

seit vielen Generationen mit Zuwanderung aus heterogenen Herkunftsgesellschaften konfrontiert sind. (...) Es kann sehr wohl auch sein, daß Multikulturalität oder Pluriethnizität der Zusammensetzung einer Gesellschaft ein unfriedlicher, konfliktgeladener Zustand wechselseitiger Über- und Unterschichtung ist, den entsprechende wechselseitige Ausschließungsversuche zwischen den ethnokulturell heterogenen Bestandteilgruppen der Ankunftsgesellschaft begleiten. Das gleicht dann einem Zustand latenten Bürgerkriegs zwischen den Ethnien mehr als einem Zustand geordneten Friedens."[20]

Daher setzt sich diese Untersuchung auch mit der Frage auseinander, ob und wodurch die Einbindung von heterogenen Zuwanderern – hier insbesondere „türkische" Jugendliche – in spezifische Eigenorganisationen zum Ausgegrenztwerden und zur Selbstausgrenzung der „türkischen" Zuwanderer in einer anders gearteten Zuwanderungsgesellschaft beiträgt und demgemäß möglicherweise eher eine Behinderung als eine Förderung des Miteinanders darstellt.

Die in der Untersuchung dargelegten „Texturen" können diskurssoziologisch und diskurspolitisch bearbeitet werden. Gegenstand diskursanalytischer Untersuchungen[21] sind seit 1980 kommunikative, aber auch materielle Praktiken, die in konkreten kulturellen Kontexten charakterisiert sind.

Eine Reihe von empirischen Untersuchungen behandelt diese diskursiv-kommunikativen Konstruktionen (Identifizierung, Selbstkonzept, Zugehörigkeitsgefühl), sozialer Interaktion (in Peer Groups, Familien u.ä.) als gesellschaftliche Diskurse.

---

20 Jürgen Fijalkowski: Ausgrenzung und Selbstausgrenzung von Zuwandererminoritäten. Die Bedeutung von Eigenorganisation. In: Sebastian Herkommer (Hg.): Soziale Ausgrenzungen. Gesichter des neuen Kapitalismus, Hamburg 1999, S. 214f.

21 Vgl. Bernhard Giesen: Nationale und kulturelle Identität zur Entwicklung des kollektiven Bewußtseins in der Neuzeit, Frankfurt/Main 1991; Eric Hobsbawm: Nationalismus und Ethnizität. In: Neue Gesellschaft – Frankfurter Hefte, 39/1992, S. 612-619; Lutz Hoffmann: Der Einfluß völkischer Integrationsvorstellungen auf die Identitätsentwürfe von Zuwanderern. In: Wilhelm Heitmeyer/Rainer Dollase (Hg.): Die bedrängte Toleranz. Ethnisch-kulturelle Konflikte, religiöse Differenzen und die Gefahren politisierter Gewalt, Frankfurt/Main 1996, S. 241-260.

1.2 Untersuchungsmethoden vor dem Hintergrund des aktuellen sozialwissenschaftlichen Diskurses

Wenn die Sozial- und Politikwissenschaften in der Bundesrepublik Deutschland sich heute verstärkt mit dem Themenkomplex „Ethnizität" befassen, so ist dies auch als Resultat einer Auseinandersetzung mit der Migrationsforschung zu bewerten. In den letzten Jahren ist die Zahl der wissenschaftlichen Monographien,[22] Artikel und Beiträge in Sammelbänden[23] zu diesem Thema enorm gestiegen, d.h. allein der Versuch, eine bibliographische Bilanz der Beiträge aus Politikwissenschaft, Soziologie oder auch Pädagogik zu ziehen, würde den Rahmen sprengen. Diese Intensivierung des interdisziplinär geführten Diskurses spiegelt auch die Aktualität und Brisanz der Thematik wider. Ohne an dieser Stelle auf feinere Differenzierungen einzugehen, können in der sozial- und politikwissenschaftlichen Auseinandersetzung drei Grundpositionen zur Erklärung des Phänomens „ethnischer" Gruppenbildung benannt werden.

Der erste Ansatz geht davon aus, dass die Zugehörigkeit zu einer Ethnie ein natürliches Phänomen sei. „Ethnische" Gruppenbildungen liegen diesem Ansatz zufolge in der Natur des Menschen; die gemeinsame Abstammung, die Geschichte und Kultur werden als objektive Grundlagen, gewissermaßen als anthropologische Konstanten, für ein kohäsives „Wir"-Gefühl betrachtet. Dieser Diskurs wird in der soziologischen Auseinandersetzung als „essentialistischer" Ansatz bezeichnet. Eine solche „soziobiologische" Betrachtungsweise zielt auf Kausalerklärungen sozialer Phänomene, die als phänotypische Verhaltensmerkmale gleichsam genetisch fundiert sind.

Selbstverständlich hat sich der essentialistische Ansatz weit von den Implikationen des soziobiologischen Modells des 19. Jahrhunderts und

22 Vgl. Kien Nghi Ha: Ethnizität und Migration, Münster 1999; Vgl. Friedrich Heckmann: Ethnische Minderheiten, Volk und Nation. Soziologie inter-ethnischer Beziehungen, Stuttgart 1992; Wolf-Dietrich Bukow/Roberto Llaryora: Mitbürger aus der Fremde – Soziogenese ethnischer Minderheiten. Opladen 1993 (2. Aufl.).

23 Andreas Wimmer: Interethnische Konflikte. Ein Beitrag zur Integration aktueller Forschungsansätze. In: Kölner Zeitschrift für Soziologie und Sozialpsychologie, 47/1995, S. 530-559; Hartmut Esser: Ethnische Differenzierung und moderne Gesellschaft. In: ZfS, 17/1988, S. 235-248; Frank-Olaf Radtke: Fremde und Allzufremde – Der Prozeß der Ethnisierung gesellschaftlicher Konflikte. In: FES: Ethnisierung gesellschaftlicher Konflikte. Eine Tagung der FES am 11. Oktober 1995 in Erfurt, Bonn 1996, S. 7-17.

im Wesentlichen auch von den ethologischen Fehlschlüssen eines biologistischen Verhaltensmodells (in Nachfolge der Verhaltensforschung von Konrad Lorenz) entfernt. Dennoch unterstellt dieser essentialistische Argumentationsstrang den „Völkern“ je eine ethnische „Identität“, die danach von den Zuwanderern auch in der „Fremde“ gegen die sogenannten Integrations- und Assimilationsversuche der Zuzugsgesellschaft verteidigt wird. Aus dieser Perspektive resultieren ethnische Konflikte in einer Gesellschaft nicht aus Diskriminierung, Marginalisierung und sozialer Ungleichheit, sondern sie seien das Ergebnis der gemeinsamen Abstammung, Geschichte und Kultur des Menschen.

Einer der Hauptvertreter dieses Ansatzes ist Ram Adher Mall, der in seinem Aufsatz „Zur multikulturellen Gesellschaft: Jenseits von Einheit und Differenz“ konstatiert: „Zur Toleranz als einem Ermöglichungsgrund für eine multikulturelle Gesellschaft gehört nicht nur ein Bekenntnis zum Pluralismus, sondern (...) die tiefe Überzeugung, daß die kulturelle Vielfalt, anstatt ein ständiges Ärgernis zu sein, natur- und/oder gottgewollt ist. Jenseits aller (...) Versuche einer Integration, Verschmelzung und Assimilation gilt es, die Differenzen weder zu absolutieren noch zu reduzieren. (...) Ferner sei angemerkt, daß die Vielfalt der Kulturformen nicht nur ein Faktum ist, sondern deren Bewahren unsere Pflicht ist.“[24]

Im Gegensatz zu dem oben genannten Ansatz betrachtet die „konstruktivistische“ Richtung das Phänomen der Ethnizität als eine von vielen möglichen Formen der Identitätsbildung und Identitätsentwicklung. Diese, sich vornehmlich in Gruppenbildungen konturierende und formierende soziale Identität manifestiert sich in Symbol- und „Glaubenssystemen“. Dass Menschen an eine gemeinsame Abstammung, Tradition und Geschichte „glauben“ und diese Überzeugungen symbolisch eincodieren, ist dem konstruktivistischen Ansatz zufolge nicht als biologisch-anthropologische Konstante zu bewerten, sondern allein durch kulturelle Repräsentationsleistungen, die ihrerseits auf spezifische historische und gesellschaftliche Bedingungen verweisen, erklärbar.

Wolf-Dietrich Bukow und Robert Llaryora gehen in diesem Zusammenhang davon aus, dass Migranten auf Grund von Diskriminierung,

24 Ram Adhar Mall: Zur multikulturellen Gesellschaft: Jenseits von Einheit und Differenz. In: Widersprüche – Münchener Zeitschrift für Philosophie, Nr. 21/1991, S. 35f.

Unterschichtung, Klientelisierung, Stigmatisierung u.a. der zugewanderten Bevölkerungsminorität seitens der majoritären Politik und der deutschen Mehrheitsbevölkerung ausgegrenzt werden, so dass sie gleichsam gezwungen sind, „sich der individuellen Vergangenheit zuzuwenden, die lebensgeschichtlichen Bezüge überprägnant zu reaktivieren. (...) Die Familie, die Verwandtschaft, die Landsleute und die Herkunftsgesellschaft allgemein [erfahren] eine erhebliche Aufwertung. Bald dreht sich alles um Eigenes, um kontrafaktische Besonderheiten. Die Vergangenheit wird nach identitätsstützenden Momenten geradezu abgesucht werden. Schließlich wird so etwas wie eine ‚ethnic redefinition' inszeniert."[25] Zweifelsfrei verweist der Leitbegriff der „ethnischen Re-Definition" auf die im Kontext dieser Untersuchung wichtige Frage nach der Identitätsbildung in den gesellschaftlichen Teilgruppen.

Identität und Zugehörigkeit wird im Ansatz von Bukow und Llaryora nicht „naturalistisch-soziobiologisch" aufgefasst, sondern im Zuge eines interpersonellen Abgrenzungsprozesses definiert. In jedem Fall erscheint in diesem sozialkonstruktivistischen Modell „Identität" als ein Konstrukt, das darauf abzielt, als traumatisch empfundene Ereignisse zu „assimilieren" und durch einen rekonstruierenden (im Sinne von Redefinition) Entwurf zu verändern, also kognitive und emotionale Dissonanzen zu vermeiden, ja überhaupt eine „Lebensgeschichte" als geglückt zu empfinden. Die von Bukow/Llaryora skizzierte „ethnic redefinition" kann in diskursanalytischer Lesart als Versuch interpretiert werden, unter ungünstigen Randbedingungen ein stabiles Selbstwertgefühl im gruppeninternen Kontext zu erlangen. Diese Identitätsbildung führt in der Regel zu einer Identifizierung mit einer situativ bedeutungsvollen Bezugsgruppe.[26]

Ein dritter Ansatz kann als ein Versuch gelten, eine Brücke zwischen den beiden oben genannten Kontroversen zu schlagen. Hier wird Integration (als gesamtgesellschaftliches Desiderat) als ein dynamischer, vor allem aber generationsübergreifender Prozess verstanden; je nach dem Modernitätsgrad der Herkunftsgesellschaft werden erst die Migranten der dritten, gegebenenfalls der vierten oder fünften Generation von ihren „Fähigkeiten" her in der Lage sein, sich vollständig in die Mehrheits-

25 Wolf-Dietrich Bukow/Roberto Llaryora: Mitbürger aus der Fremde. Soziogenese ethnischer Minioritäten, Opladen 1988, S. 52.

26 Vgl. dazu Lothar Krappmann: Soziologische Dimensionen der Identität, Stuttgart 1971, S. 77 ff.; vgl. ferner Arbeitsgruppe Bielefelder Soziologen (Hg.): Symbolischer Interaktionismus und Ethnomethodologie. Alltagswissen, Interaktion und gesellschaftliche Wirklichkeit, Band 1, Reinbek bei Hamburg 1973.

gesellschaft zu integrieren und als gleichwertige „Mitglieder" der hiesigen Gesellschaft akzeptiert werden können. Die heute noch nicht vollzogene Integration der Zuwanderer stelle, so die Argumentation, eine latente Gefahr ethnischer Konflikte dar, die durch verstärkte „ausländerpädagogische" und politische Integrationsbemühungen abgemildert werden sollen.

Seyla Benhabib greift in ihrer Untersuchung „Kulturelle Vielfalt und demokratische Gleichheit" insbesondere die Elemente des zweiten Ansatzes auf und verknüpft diese mit dem Integrationsmodell.[27] Vor allem kommen bei Benhabib zwei grundlegende Prinzipien schon im Titel des Buches zum Ausdruck, nämlich „kulturelle Vielfalt" und „demokratische Gleichheit". Dabei ist zu bemerken, dass Seyla Benhabib zwischen „Identität" als individuelle Entwicklungsaufgabe mit dem Anspruch auf Einzigartigkeit und Gruppenidentitäten unterscheidet und somit die Bindung des Ersteren an den Letzteren ablehnt. Um jedoch den Minderheiten gerecht zu werden, plädiert Benhabib für die Förderung und den Ausbau der Zivilgesellschaft, so dass jene sich am öffentlichen Dialog beteiligen und alle „ihre eigenen Erzählungen von Identität und Differenz selbst präsentieren können."[28] Sieht man vom ersten Ansatz (Essentialismus) ab, lassen die Forschungsansätze (des zweiten und dritten Ansatzes) eine Schwerpunktsetzung erkennen, die wissenschaftsgeschichtlich in der Tradition der Sozialforschung steht.

In Verbindung mit dem symbolischen Interaktionismus, der Konzeption des sozialen Konstruktivismus und einer im Ansatz erscheinenden diskursanalytischen Modellbildung wird eine soziologische Analyse der Handlungen von Personen und Gruppen auf der Ebene der „Wissensbestände", identifikatorischer Schemata und Regeln angestrebt und auf den ethnisch-kulturellen Hintergrund bezogen. Die Akkulturationsprobleme werden im Zusammenhang von in-group und out-group-Konstellationen als problematisch-konfliktuös beschrieben. Die Ansätze 2 und 3 bilden Intergruppenkonflikte über die Zuschreibung von Merkmalen und Attribuierungen (in-group/out-group) ab.[29]

Die oben skizzierten Ansätze verzichten im Wesentlichen auf empiri-

27 Vgl. Seyla Benhabib: Kulturelle Vielfalt und demokratische Gleichheit. Politische Partizipation im Zeitalter der Globalisierung, Frankfurt/Main 1999.

28 Seyla Benhabib: Kulturelle Vielfalt und demokratische Gleichheit, ebd., S. 69.

29 Vgl. Robert LeVine/Donald T. Campbell: Ethnocentrism: Theories of conflict, ethnic attitudes, and group behavior, New York 1972; vgl. Paul Parin: Der Wierspruch im Subjekt. Ethnopsychoanalytische Studien, Frankfurt/Main 1983.

sche Erhebungsverfahren. Einen methodologisch anderen Weg beschreitet die Studie „Verlockender Fundamentalismus“ des Instituts für interdisziplinäre Konflikt- und Gewaltforschung an der Universität Bielefeld. Die Bielefelder Forschergruppe um Wilhelm Heitmeyer et al. hat in einer empirischen Studie (1997) untersucht, welche kulturellen Strukturen, politischen Verhaltensweisen und identifikatorischen Orientierungen sich unter Jugendlichen aus türkischsprachigen Migrantenfamilien herausgebildet und etabliert haben.[30] Die Hauptargumentationslinien dieser empirischen Untersuchung, die Ende 1995 an insgesamt 63 allgemeinen und berufsbildenden Schulen in Nordrhein-Westfalen durchgeführt wurde, lassen sich wie folgt zusammenfassen: Aufgrund des Zerrissenseins zwischen zwei Kulturen (*Kulturkonfliktthese*), zwischen der westlich-modernen Aufnahmegesellschaft und den konservativ-traditionellen bzw. autoritären Herkunftsländern (*Modernitäts-Hypothese*) und der faktischen sozialen Benachteiligung der türkischsprachigen Migrantenjugendlichen (*Desintegrationsthese*), entdeckten diese den Islam und nationalistische Orientierungen wieder, insbesondere in einer extremistischen Variante (*islamischer Fundamentalismus und türkischer Nationalismus*), der aggressives Verhalten ideologisch legitimiere (*Gewaltbereitschaftstheorem*). Die Studie kam zu dem wesentlichen Ergebnis, dass ethnisch-kulturelle Identifikationen für die individuelle wie kollektive Identität der Jugendlichen an Gewicht gewinnen.[31]

In dieser empirischen Untersuchung bildet „Desintegration“ den Schlüsselbegriff für zukünftige gesellschaftliche Entwicklungen. Insbesondere die „Ethnisierung sozialer Probleme“ wird die Entwicklung einer Gesellschaft bestimmen, in der das soziale Klima rauher wird und deren Vorrat an gemeinsamen Werten und Überzeugungen jenseits des Konsums ständig abnimmt. Diese Entwicklung führt praktisch dazu, dass gerade Migrantenjugendliche mit türkischem Pass dieser Mehrheitsgesellschaft den Rücken zukehren und in ihrer „ethnischen Nische“ eine neue Heimat suchen. Die gescheiterte Integration bzw. der „Desintegrationsprozess“ – so Heitmeyer et al. – führt aber auch zur Hinwendung zu türkisch islamistisch-fundamentalistischen und türkisch radikal-nationalistischen Strömungen. Diese empirische Studie hat somit deutlich gezeigt, dass unter „türkischen“ Zuwandererjugendlichen ein massiver

30 Näheres zu den Ergebnissen in Kapitel 7.2.4 dieser Studie; vgl. auch Wilhelm Heitmeyer/Joachim Müller/Helmut Schröder: Verlockender Fundamentalismus. Türkische Jugendliche in Deutschland, Frankfurt/Main 1997.

31 Ebd., S. 26 f.

„Desintegrationsprozess" und eine Abkehr von den Werten der Mehrheitsgesellschaft zu beobachten sind. Allerdings bleibt das Erklärungsmodell Heitmeyers und seiner Forschungsgruppe einem eher klassisch zu nennenden Ursache-Wirkung-Schema verpflichtet, das auch als Erklärungsansatz der Entwicklung rechtsextremistischer Orientierungen bei Jugendlichen[32] gedient hat.

Ein von Hartmut Esser entwickeltes Modell der sozialen Bewegungen[33] und ethnischer Konflikte unterscheidet sich deutlich von der Konzeption Heitmeyers. Esser lenkt den Blick auf den Kern der vorliegenden wissenschaftlichen Argumentationstopik. Der gesellschaftliche Antagonismus, der die Kapital-Gesellschaften im nationalen und internationalen Maßstab immer schon geprägt hat und seit einem Jahrzehnt unter veränderten politischen und weltwirtschaftlichen Rahmenbedingungen massiv prägt, bildet gewissermaßen den allgemeinen ursächlichen Hintergrund. Das Ableitungsmodell, impliziert einen Theorieanspruch von sehr hohem Allgemeinheitsgrad. Genau das ist der Rahmen, mit dem sich – im Gegensatz zu anderen theoretischen Auseinandersetzungen – meine Untersuchung beschäftigt.

Wie werden allgemeine gesellschaftliche Bedingungen in konkrete Ursache- und Wirkungsfaktoren verwandelt? Wie werden Individuen und Teilgruppen der Gesellschaft durch z.B. „türkisch"-rechtsextreme und nationalistische Einstellungstopoi mobilisiert? Gibt es hierbei Grundmuster, Grundfiguren und bestimmende Faktoren? Welche politischen und ideologischen Konzepte fördern einen ethnischen Nationalismus in dieser Gesellschaft?

In meinem Forschungsbeitrag geht es also um die „Gelenkstellen", die zwischen dem Allgemeinen und dem Besonderen liegen. Von einfachen, monokausalen und linearen Ableitungsschemata wird sich sagen lassen, dass sie zwar einen hohen theoretischen Allgemeinheitsgrad aufweisen, aber die spezifische Dynamik und auch die vielfältig variierten Erscheinungsformen in den unterschiedlichen gesellschaftlichen Gruppen können durch allgemeine Modelle nicht überzeugend erklärt werden. So

32 Vgl. Wilhelm Heitmeyer: Die Bielefelder Rechtsextremismus-Studie. Erste Langzeituntersuchung zur politischen Sozialisation männlicher Jugendlicher, Weinheim 1993.

33 Vgl. zum Modell der sozialen Bewegungen bei Hartmut Esser: Die Entstehung ethnischer Konflikte. In: Joachim Sikora/Hans Nitsche (Hg.): Migration, Bad Honnef 1997, S. 16.

zeigt beispielsweise die Mobilisierungsressource „Nationalismus" als wichtiges Einstellungskonstrukt bzw. Einstellungskonzept bei türkischsprachigen peer groups einen anderen politischen und historischen Hintergrund als bei vergleichbaren Gruppierungen deutscher Jugendlicher. Die durch die Migrationssituation gegebenen konkreten Bedingungen der türkischsprachigen Jugendlichen[34] erzeugen andere Reproduktionsprozesse, d.h. die soziale Gruppenidentität der türkischsprachigen community wird von unterschiedlichen Struktur-, Bewusstseins- und Handlungszusammenhängen konturiert.

Der gegenwärtige Standort-Nationalismus und die wachsende Ethnisierung gesellschaftlicher Konflikte verweisen zwar in Teilaspekten auf traditionelle nationalistische Ideologeme und Handlungsformen, aber die gegenwärtigen Erscheinungsformen eines ethnisch begründeten Nationalismus sind vielfältig.

Das Framing-Konzept[35] unterscheidet sich von linearen Ableitungsmodellen dadurch, dass man davon ausgeht, dass die ethnisierende oder auch die national-zentrierte Mobilisierungsressource selbst Teil eines „framing" ist, durch welches soziale, politische und materielle Ressourcen in gesellschaftlichen Konfliktszenarien mit anderen Gruppen sichergestellt werden sollen. Auch wenn hier die Hypothese vertreten wird, dass Ethnizität als Ethnisierung gesellschaftlicher Konflikte maßgeblich unter dem Einfluss des Modernisierungsprozesses produziert wird, stellt sich für diese Arbeit an jeder „Gelenkstelle" die zentrale Frage der „Reproduktionsbedingungen" im konkreten und empirischen Sinne.

Allgemeine Theorien erheben zwar den Anspruch, ein universales Erklärungsraster bereitzustellen, aber in spezifischen gesellschaftlichen Mikro- oder Meso-Prozessen bleibt die Erklärungsreichweite oftmals „unscharf". Natürlich ist der „Nationalismus" für jede soziale Gruppe im

34 Arnd-Michael Nohl: Migration und Differenzerfahrung – Junge Einheimische und Migranten im rekonstruktiven Milieuvergleich, Opladen 2001; Georg Auernheimer: Jugendliche türkischer Herkunft in der Bundesrepublik Deutschland – Ethnizität, Marginalität und interethnische Beziehungen. In: Peter Büchner/Heinz-Hermann Krüger/Lynne Chisholm (Hg.): Kindheit und Jugend im interkulturellen Vergleich. Opladen 1990; Nicola Unger: Alltagswelten und Alltagsbewältigung türkischer Jugendlicher. Opladen 2000; Iman Attia/Helga Marburger (Hg.): Alltag und Lebenswelten von Migrantenjugendlichen. Frankfurt/Main 2000; Hüseyin Azizefendioglu: Die Zukunftsperspektiven türkischer Jugendlicher in der Bundesrepublik Deutschland. Herbolzheim 2000.

35 Vgl. zum Framing-Konzept bei Hartmut Esser: Definition der Situation. In: KZfSS, 48/1996, S. 1-34.

historischen Sinne ein vorgelagertes Konzept mit Ideengehalten oder mutmaßlichen Handlungsoptionen; allerdings zeigen die konkreten Teilgruppen – wie auch die von mir untersuchte peer group türkischsprachiger Jugendlicher besondere Mobilisierungsstrategien. Die Abbildung dieser ethnisierenden Ressourcen als „Mobilisierung" bildet dabei den Zielpunkt dieser Untersuchung. Entscheidend ist in diesem Zusammenhang nicht die ethnisch-nationale Abstammung, sondern die ideologisch-radikalisierte Identität des „Wir sind stolz, Türken zu sein"[36]-Effekts. Das neue gesellschaftspolitische Phänomen einer bisweilen offensiv ausgetragenen oder sich aggressiv gerierenden Gruppenidentität türkischer peer groups setzt eine gesellschaftliche „Matrix negativer Gegenseitigkeit" voraus. Diese Matrix ist konkret politisch, sozial generiert und nicht auf allgemeine, nationale Charaktere reduzierbar. Gerade hier liegt der politik- und sozialwissenschaftliche Fokus dieser Untersuchung. Im Kern werden in der Forschungsarbeit mehrere Beziehungszusammenhänge untersucht:

(A) gruppeninterne Beziehungen (Einstellungsmuster, Orientierungen, Handlungsziele u.ä.);

(B) Zusammenhang von gruppeninternen und gruppenexternen Verhältnissen, d.h. die Interdependenz von bewussten und unbewussten Prozessen in der Gruppe; die Gruppenidentität als geschlossene Konstruktion („Wir-sind-stolz-Türken-zu-sein") impliziert das gruppenbezogene und den Abwehraspekt hinsichtlich der Mehrheitsgesellschaft;

(C) die Gruppenidentität ist politisch überformt und verweist auf diverse nationale, nationalistische und ideologische Konstituenten (türkischer Nationlismus, Nationalgefühl und nationale Identität des „Türkisch-Seins", das Konzept des „Europäischen Türkentums" sowie der türkisch-islamischen Synthese[37] als offizielle Ideologie).

Die politikwissenschaftliche Diskussion über diese hypotheseleitenden Begriffe wird die unterschiedlichen Erklärungsmodelle abbilden und auf den konkreten inter-ethnischen Diskurs der türkischsprachigen Zuwanderergemeinschaft beziehen. Besonders im Vordergrund werden türkisch-nationalistische und rechtsextreme „Identitätskonstrukte" stehen.

---

36 Vgl. Kemal Bozay: Türken zwischen Ausgrenzung und ethnischem Nationalismus. In: Migrare, 01/2001, S. 11-16

37 Vgl. Fikret Aslan/Kemal Bozay: Graue Wölfe heulen wieder. Türkische Faschisten und ihre Vernetzung in der BRD, Münster 2000 (2. aktualisierte Auflage), S. 72-76.

In diesem Zusammenhang wird auch auf die Heitmeyer-Studie[38] „Verlockender Fundamentalismus“ und die Deutsche Shell-Jugendstudie[39] rekurriert. Allerdings wird im Unterschied zur Heitmeyer- und Shell-Jugendstudie nicht ein klassisch-sozialwissenschaftliches Paradigma gesetzt, sondern in einem multivariaten Forschungsansatz werden unterschiedliche Facetten des Themas kritisch untersucht. Die „Matrix negativer Gegenseitigkeit“ beschreibt dabei eine politische, soziale und soziokulturelle Doppelperspektive: Die Binnenperspektive der ethnischen Gruppierung und die Außenperspektive der Mehrheitsgesellschaft auf die ethnische Minorität. Der generalisierten Ablehnung oder Feindseligkeit gegenüber dieser ethnischen Minorität steht ein Vorzug bzw. eine Präferenz der eigenen Gruppe, deren Normen, Werte und Verhaltensweisen als „Identitätsplattform“ und als politischer Maßstab auf Seiten der ethnischen Gruppierung gegenüber. Die Verhältnisbestimmung von in-group und out-group-Einstellungsmustern, von Fremd- und Selbstethnisierung soll einerseits empirisch erhoben werden (narrative Interviews, Gruppendiskussion, Biographieforschung als vor allem qualitative Erhebungsinstrumente), andererseits sozial- und politikwissenschaftlich abgebildet werden.

38 Wilhelm Heitmeyer: Verlockender Fundamentalismus, Frankfurt/Main 1997.

39 Deutsche Shell (Hg.): Jugend 2000. 13. Shell Jugendstudie, Bd. 1/2, Opladen 2000.

2. Globalisierung und Nationalismus: Begriffe und Diskussionen

2.1 Zur Verwendung des Begriffes „Globalisierung" in fachwissenschaftlichen Diskussionen

Der Begriff „Globalisierung" erlebt seit Ende der achtziger Jahre geradezu eine Hochkonjunktur. In kaum einem fachwissenschaftlichen Glossar fehlt dieser Terminus, der den wissenschaftlichen, öffentlich-politischen und alltagspraktischen Diskussionen seinen Stempel aufdrückt. Es gibt inzwischen kaum ein Thema, was nicht mit diesem Begriff in Beziehung gebracht wird. Die begriffliche „Attraktivität ist dabei weniger der analytischen Trennschärfe geschuldet, als vielmehr der Fähigkeit, das gesellschaftliche Zeitempfinden, insbesondere das Problem- und Krisenbewusstsein, auf einen allgemeinen Nenner zu bringen."[1]

Auch wenn eine Synopse über die Begriffsverwendung von „Globalisierung" nach meinem Kenntnisstand nicht vorliegt, verweist allein schon die „disparate Verwendung"[2] dieses Ausdrucks in den fachdisziplinären Diskursen der Politik-, Sozial-, Geschichts-, Kommunikations- und Wirtschaftswissenschaften, aber auch im Kontext der öffentlichen und veröffentlichten Meinung auf die begriffliche Komplexität und Vielfältigkeit im jeweiligen Gebrauch des Begriffes „Globalisierung". Wobei nochmals in diesem Zusammenhang darauf hingewiesen werden sollte, dass die ökonomische Dimension den Globalisierungsdiskurs bisher dominiert hat.

Dass der Begriff „Globalisierung" bisher im öffentlichen und wissenschaftlichen Diskurs auf großes Interesse gestoßen ist, hängt insbesondere auch mit seiner Ambivalenz zusammen: „Er transportiert sowohl die Hoffnung von Millionen Menschen, Jahrtausende alte Fesseln, Beschränkungen und soziale Borniertheiten abschütteln zu können, wenn ferne Länder und Kontinente einander durch moderne Informations-, Kommunikations- und Transporttechnologien näher rücken, als auch die verbreitete Furcht, als Folge von deren Instrumentalisierung durch die (öko-

---

1 Hans-Jürgen Bieling: Globalisierung als Projekt und Prozeß. In: ders./Joachim Bischoff/Jörg Huffschmid/Bernd Röttger: Total Global? Weltmarkt – Nationalstaat – Neoliberalismus. Supplement der Zeitschrift Sozialismus, 10/97, Hamburg 1997, S. 1.

2 Ebd.

nomisch) Herrschenden traditionelle Bindungen und bewährte Sicherungsgarantien im Alltagsleben einzubüßen."[3]

Der Erklärungswert des Begriffs „Globalisierung" ist abhängig von der Gegenstandskonstitution und einer darauf bezogenen konstruktiven Begründung des Begriffsumfangs. Auf diese Problematik im Begriffsgebrauch verweist Hans Jürgen Bieling:

> „Genau dies gilt derzeit offensichtlich für den Begriff der ‚Globalisierung'. (...). Obwohl er mittlerweile in aller Munde ist, und seine disparate Verwendung die Kommunikation oft eher erschwert als erleichtert – zuweilen gewinnt man den Eindruck, jeder hat seine eigene (positive oder negative) Globalisierungsphilosophie –, scheint er seinen Zenit noch immer nicht überschritten zu haben. Der Verdacht liegt daher nahe, daß ‚Globalisierung' mehr als nur eine vorübergehende, wissenschaftlich und politisch geputschte Modevokabel ist. Gleichsam in Ergänzung zur ‚Postfordismus'-Debatte, die stärker die innergesellschaftlichen Umbruchdimensionen – Produktion, Konsum, Politik, Öffentlichkeit, Sozialstruktur etc. – im Auge hat, konzentriert sich die Globalisierungs-Diskussion auf Veränderungen in der internationalen bzw. globalen Struktur des kapitalistischen Reproduktionsmodus (...)."[4]

Trotz der intensiven Diskussionen sind die theoretischen Referenzpunkte und der analytische Rahmen, d.h. die Kriterien und Maßstäbe, anhand derer die Globalisierungsdynamiken genauer bestimmt werden, noch immer umstritten. Gleiches gilt – so Bieling – auch für die politischen Strategiekonzepte.

Nach Bieling wird das Spannungsfeld der wissenschaftlichen und politischen Auseinandersetzungen durch zwei grundlegende Extrempositionen bestimmt. Am einen Ende dieser Position befinden sich Autoren, „die Globalisierung als einen externen Sachzwang begreifen, dem sich letztlich niemand entziehen kann. Globalisierung markiert in diesem Sinne ein fixes, politisch unverrückbares Datum, dem sich die nationalen Gesellschaften entweder unterwerfen und anpassen, oder die Kosten einer misslungenen Anpassung, d.h. eine geschwächte internationale Wettbewerbsfähigkeit, tragen müssen."[5]

---

3 Christoph Butterwegge: Weltmarkt, Wohlfahrtsstaat und Zuwanderung. In: ders./ Gudrun Hentges (Hg.): Zuwanderung im Zeichen der Globalisierung. Migrations-, Integrations- und Minderheitenpolitik. Opladen 2003 (2. Aufl.), S. 53f.

4 Hans-Jürgen Bieling: a.a.O., S. 1.

5 Hans-Jürgen Bieling.: a.a.O., S. 2 (unter Hinweis auf Wolf-Dieter Narr/Alexan-

Hinzu kommt, dass es bei dem Phänomen „Globalisierung“ vor allem „um Wahrnehmungsmodelle und Deutungsmuster“ geht und der Begriffsdiskurs „Globalisierung“ unterschiedlich gedeutet werden kann.[6]

Nach Auffassung von Tobias Debiel kann Globalisierung als räumliche Erweiterung von ökonomischen, kulturellen und politischen Beziehungen bei gleichzeitig zunehmender Interdependenz von Akteuren und Problemlagen definiert werden.[7]

Im Gegensatz dazu bezieht Anthony Giddens den Terminus „Globalisierung“ aus soziologischer Sicht auf den „Dehnungsvorgang“ der „raumzeitlichen Abstandsvergrößerung, und zwar insoweit, als die Verbindungsweisen zwischen verschiedenen gesellschaftlichen Kontexten oder Regionen über die Erdoberfläche als Ganze hinweg vernetzt werden. Definieren läßt sich der Begriff der Globalisierung demnach im Sinne einer Intensivierung weltweiter sozialer Beziehungen (...) Dies ist ein dialektischer Prozess, denn solche lokalen Ereignisse können in eine Richtung gehen, die der Richtung der sie prägenden weit entfernten Beziehungen entgegengesetzt verläuft. Die örtliche Umgestaltung gehört nicht weniger zur Globalisierung als die laterale Verbreitung sozialer Verbindungen über Raum und Zeit hinweg.“[8]

Kritisch geht Claus Leggewie mit dem Globalisierungsbegriff um, wenn er insbesondere auf die durch Globalisierungsprozesse avancierte „soziale Ungleichheit“ aufmerksam macht. „Nichts ist gut an der Globalisierung, bei der ein Sechstel der Weltbevölkerung hungert und (sogar in Deutschland) jedes siebte Kind in Armut leben muss, deren Millimeter-Fortschritte beim nachhaltigen Umweltschutz durch die rasante Industrialisierung des Südens aufgefressen werden, die elementare Rechte von Frauen und Minderheiten ignoriert.“[9]

---

der Schubert: Weltökonomie. Die Misere der Politik, Frankfurt/Main 1994); Bieling ordnet der Globalisierungsdebatte eine neoliberale und apokalyptisch-linke Extremposition zu (i.e. „Autoren, die Globalisierung als einen externen Sachzwang begreifen“), während die zweite Extremposition in der Globalisierungsdebatte von Autoren eingenommen wird, „die den Begriff der Globalisierung als inhaltsleere Chiffre bzw. als Mythos zurückweisen“.

6 Vgl. Friedhelm Hengsbach: Globalisierung aus wirtschaftsethischer Sicht. In: Aus Politik und Zeitgeschichte, B 21/97, S. 3.

7 Tobias Debiel: Globale Entwicklungen, In: Dieter Nohlen: Wörterbuch Staat und Politik, Bonn 1995, S. 233.

8 Anthony Giddens: Konsequenzen der Moderne, Frankfurt/Main 1997, S. 85f.

9 Claus Leggewie: David gegen Goliath: Seattle und die Folgen. In: Aus Politik und Zeitgeschichte. Beilage zur Wochenzeitung ‚Das Parlament‘ 48/2000, S. 4.

Ulrich Beck definiert dagegen „Globalisierung“ als *„Prozesse*, in deren Folge die Nationalstaaten und ihre Souveränität durch transnationale Akteure, ihre Marktchancen, Orientierungen, Identitäten und Netzwerke unterlaufen und querverbunden werden.“[10]

Roland Robertson ergänzt den Terminus der Globalisierung um den der „Glokalisierung“.[11] Er geht davon aus, dass die Globalisierung keineswegs ein Prozess ist, der über das Lokale hinweggeht, sondern im Gegenteil von „außen und oben“ geprägt wird. „Glokalisierung“ meint damit stärker als Globalisierung den räumlichen Aspekt der Verdichtung von Welt, weniger den zeitlichen oder den technologischen. Der Begriff umfasst ebenso die Bildung „hybrider Nationalkulturen“, nämlich den Umstand, dass jeder Nationalstaat von anderen Gesellschaften gelernt hat und eine unterschiedliche Mischung „fremder“ Ideen verkörpert.[12] Der Ansatz der „Glokalisierung“ stützt sich dabei auch auf den von Etienne Balibar verwendeten Begriff der „Welt-Räume“, worunter das Lokale als Mikro-Erscheinungsform des Globalen angesehen wird, der vor allem das Lokale als Enklaven kultureller, ethnischer oder rassischer Homogenität betrachtet.[13]

Wenn im gegenwärtigen öffentlichen Diskurs zunehmend von Globalisierung die Rede ist, so wird sie häufig auch mit dem Faktum „Risiko“ in Verbindung gebracht. Dabei geht es im Rahmen des Globalisierungsdiskurses vielfach auch um die Herausprägung und Entwicklung ethnisch-kultureller, nationaler und religiöser Bewegungen, die als eine Folge globaler Prozesse aufzufassen sind.[14]

Als Antwort auf diese Entwicklung sehen die Globalisierungsgegner[15] in diesem Prozess „Zerfallserscheinungen“, die die modernen Gesellschaften stärker fragmentiert und die globalisierungsbedingte Gefähr-

---

10 Ulrich Beck: Was ist Globalisierung? Frankfurt/Main 1997, S. 28f. (Kursiv im Original).

11 Vgl. Roland Robertson: Glokalisierung: Homogenität und Heterogenität in Raum und Zeit. In: Ulrich Beck (Hg.): Perspektiven der Weltgesellschaft, Frankfurt/Main 1998, S. 192-220.

12 Vgl. ebd., S. 217.

13 Vgl. ebd., S. 214.

14 Vgl. Erol Yildiz: Die politische Ethik multikultureller Gesellschaften im globalen Kontext: Multikulturalismusverständnis Seyla Benhabibs. In: Stefan Neubert/Hans-Joachim Roth/Erol Yildiz (Hg.): Multikulturalität in der Diskussion – Neuere Beiträge zu einem umstrittenen Konzept, Opladen 2002, S. 34.

15 Vgl. Anthony Giddens: Entfesselte Welt. Wie die Globalisierung unser Leben verändert, Frankfurt/Main 2001.

dung der Demokratie in die Auseinandersetzung tragen. Dietmar Loch und Wilhelm Heitmeyer haben sich in diesem Zusammenhang kritisch mit den „Schattenseiten der Globalisierung" – so auch der Titel des erschienenen Sammelbandes – auseinandergesetzt und Skepsis gegenüber der Globalisierung und den damit verbundenen zunehmenden autoritären Entwicklungen geäußert. Vor allem werden in diesem Kontext ethnisch-nationale, ethnisch-kulturelle und fundamentalistisch-religiöse Bewegungen in Verbindung gebracht, die in ihrer Ausrichtung nicht „universalistisch", sondern „partikularistisch" orientiert seien und eine Gefahr für die Demokratie bedeuten würden. Vor allem gehen Loch und Heitmeyer davon aus, dass die zivilbürgerliche Verfassungsdemokratie, die im Nationalstaat verankert sei, im Prozess der Globalisierung eine „ethnisch-kulturelle" Einfärbung erfahre. Von diesen Entwicklungen seien vor allem die benachteiligten Gruppen in den Städten als Brennpunkten sozialer Probleme betroffen.[16]

In diesem Sinne sollte nochmals darauf hingewiesen werden, dass für die vorliegende Arbeit die Entstehung und Entwicklung „ethnisch-nationaler" und „ethnisch-kultureller" Bewegungen eine bedeutende Rolle spielt.

2.1.1 Dimensionen des Globalisierungsbegriffs

Die begriffliche Dimension des Terminus „Globalisierung" ist zwar nicht allein auf das (Welt)-Wirtschaftliche beschränkt, zeigt aber auch in seinen politischen, kulturellen und sozialen Bezügen eine begriffsintentionale Schwerpunktsetzung auf die „weltweite Integration von Wirtschaftssektoren und Produktionssystemen (...), die zuvor territorial weitgehend getrennt waren."[17] Ferner umfasst der Globalisierungsdiskurs fünf zentrale Bereiche: eine ökonomische, eine wissenschaftlich-technische, eine ökologische, eine politische und eine kulturelle Seite. Erstellt man eine Grobskizze[18] der verschiedenen Prozesse, die in den vergangenen zwei

16 Vgl. Dietmar Loch/Wilhelm Heitmeyer (Hg.): Schattenseiten der Globalisierung, Frankfurt/Main 2001, S. 20ff.

17 Eike W. Schamp: a.a.O., S. 209; auch Anthony Giddens sieht die lokalen und regionalen Interaktionen im Zuge der weltumspannenden wirtschaftlichen Entwicklungstrends als „entbettet" an; vgl. Anthony Giddens: Konsequenzen der Moderne, Frankfurt/Main 1995.

18 Vgl. zu dieser groben Übersicht ausführlicher bei Saskia Sassen: Metropolen des Weltmarktes. Die neue Rolle der Global Cities, Frankfurt/Main 1996, S. 24 ff.; vgl. Frieder Naschold/David Soskice/Bob Hanckké/Ulrich Jürgens (Hg.): Ökonomische Leistungsfähigkeit und institutionelle Innovation – Das deutsche Pro-

Jahrzehnten zur Veränderung der globalen Interaktionen vornehmlich im ökonomischen, politischen, infrastrukturellen und kommunikationstechnologischen Sektor geführt haben, so lassen sich folgende Schlüsselfaktoren hervorheben:

1. Eine politische Neuordnung der Regulierung internationaler Interaktionen, vornehmlich im Außenhandelssektor (WTO/GATTS) und im Kapitalverkehr. Diese Strukturveränderungen zielen insgesamt auf eine Deregulierung staatlicher Observanz und auf die Schaffung freier Kapital- und Warenmärkte (Euro-Markt).[19]
2. Neue Informations- und Kommunikationstechnologien, die eine Beschleunigung sozialer, wissenschaftlicher usw. Kommunikation erlauben. Im Zuge dieser digitalisierten Vernetzung (global village) sind auch strategische Optionen und Transferleistungen möglich geworden.[20]
3. Neue Infrastruktur durch die Einführung von neuen Transporttechnologien (logistische Konzepte und Systeme).[21]
4. Durchsetzung neuer Organisationsformen der Wirtschaft in Gestalt von transnationalen Konzernen oder globalen Warenketten. Substantiell kann dadurch eine De-Nationalisierung von ehemals regionalen Marktstrukturen erreicht werden, so dass in absehbarer Zeit die relevanten Sektoren der Wirtschaft (z.B. Daimler-Chrysler-Mitsubishi) von Oligopolen beherrscht werden.[22]
5. Die wachsende Bedeutung und Bereitstellung von Wissen als Produktionsfaktor. Hier schattet sich die Vorstellung ab, dass der Kostenwettbewerb einen enormen Innovationsdruck auf die Unternehmen ausübt. Die Produktion von Wissen und Innovation sind Vorder- und Rückseite eines strategischen Konzepts.[23]

---

duktions- und Politikregime im globalen Wettbewerb. WZB-Jahrbuch 1997, Berlin 1997, S. 19-62.

19 Vgl. Werner Link: Die Neuordnung der Weltpolitik. Grundprobleme globaler Politik an der Schwelle zum 21. Jahrhundert, München 1998, S. 50-102.

20 Vgl. Manuel Castells: The Information Age: Economy, Society and Culture. Vol. I: The Rise of the Network Society, Oxford 1996.

21 Vgl. dazu Markus Exler: Containerverkehr. Reichweiten und Systemgrenzen in der Weltwirtschaft, Erlangen/Nürnberg 1996.

22 Vgl. Ash Amin/Nigel Thrift: Living in the Global. In: dies. (Hg.): Globalization, Institutions, and Regional Development in Europe, Oxford 1994, S. 1-22.

23 Vgl. W. Brian Arthur: Increasing Return and the New World of Business. In: Harvard Business Review, 74, 1996, S. 100-109.

6. Eine Konsequenz der Globalisierung besteht im weiteren Rückgang der politischen und wirtschaftlichen Einflussstärke der Arbeitnehmer. Den globalisierten Märkten und den transnationalen, weltweit agierenden Unternehmen steht kein Weltarbeitsmarkt gegenüber.
7. Die gestiegene globale Kapitalmobilität durchkreuzt die Partizipationsmöglichkeiten der Arbeitnehmer an sozialer Sicherheit und wirtschaftlicher Prosperität.[24] Die globale Politik bedroht somit auch die demokratischen Mitgestaltungsmöglichkeiten der regionalen Populationen.[25]
8. Die globalen Prozesse haben gegenwärtig die Entwicklung ethnisch-nationaler, ethnisch-kultureller und fundamentalistisch-religiöser Bewegungen gestärkt.[26]

Gleichzeitig aber erfolgt in vielen Staaten eine Re-Nationalisierung, d.h. innerhalb einiger Einzelstaaten (Türkei, Spanien u.a.) fordern nationale Gruppen und/oder ethnische Minderheiten größere Autonomie oder sogar eine staatliche Separation.

2.2 Politikwissenschaftliche Diskussion der Globalisierungsfolgen

Seit dem Ende des 20. Jahrhunderts befindet sich die Weltgesellschaft in einem tiefen Umbruchsprozess. Als Ergebnis dessen bildet sich eine sog. „neue Weltpolitik" heraus, die bestimmt wird „durch die Gleichzeitigkeit von Ungleichzeitigkeiten: Internationalisierung, Transnationalisierung, Globalisierung ökonomischer, gesellschaftlicher und kultureller Beziehungsgeflechte einerseits, defensive Abgrenzung, Desintegration, Fragmentierung politischer Institutionen und Beziehungsgeflechte andererseits."[27] In dieser Darstellung verweist Reinhard Meyers darauf hin, dass Globalisierung neben der ökonomischen auch eine kulturelle und politische Dimension besitzt, die sich keineswegs trennen lassen, sondern ineinander greifen und sich gegenseitig beeinflussen.

---

24 Vgl. Scott Lash/John Urry: The End of Organised Capitalism, Cambridge 1987.

25 Vgl. Alan Gilbert: Must global politics constrain democracy? Realism, regimes and democratic internationalism. In: Political Theory, 20 (1-February), 1992, S. 8-37.

26 Vgl. Dietmar Loch/Wilhelm Heitmeyer (Hg.): Schattenseiten der Globalisierung. Frankfurt/Main 2001.

27 Reinhard Meyers: Grundbegriffe und theoretische Perspektiven der Internationalen Beziehungen. In: BpB (Hg.): Grundwissen Politik, Bonn 1997, S. S. 315.

Innerhalb des politischen Globalisierungsdiskurses herrscht darüber Einigkeit, dass der weltweite Prozess der räumlichen und zeitlichen Verflechtung ökonomischer, politischer, gesellschaftlicher und kultureller Beziehungen weitreichende Risiken, aber auch mögliche Chancen beinhaltet, und somit Politik, Wirtschaft und Gesellschaft vor neue Herausforderungen stellt, von denen viele nicht mehr im nationalstaatlichen Rahmen zu bewältigen sind. Allerdings wird im aktuellen politik- und wirtschaftswissenschaftlichen Diskurs in der Regel die Annahme zugrunde gelegt, dass sich gegenwärtig ein Prozess der Globalisierung entwickelt und es sich dabei um eine neue Stufe des internationalen Kapitalismus handelt. Demnach beschreibt der Globalisierungsdiskurs im engeren Sinne die Neuorganisation industrieller Strukturen und Produktionsformen, im weiteren Sinne die neue Phase der Entwicklung des kapitalistischen Weltsystems.

Die Folgen der Globalisierung für Gesellschaft und Politik sind Ausdruck einer sog. „neoliberalen Modernisierung", die für viele Teilgruppen einer Gesellschaft erhebliche Risiken birgt. „Neoliberale Modernisierung" löst im Wesentlichen die von den Arbeitnehmern und den Gewerkschaften erkämpfte wechselseitige Beziehung zwischen sozialer Gerechtigkeit und wirtschaftlichem Wohlstand auf.[28] Als Fazit kann die Bewertung von Claus Schäfer angeführt werden: „Mittelfristig ist (mehr) Verteilungsungleichheit in jedem Fall ein ökonomischer und sozialer Selbstzerstörungskurs. Umgekehrt gilt: Soziale Akzeptanz und innerer wie äußerer ökonomischer Erfolg lassen sich auf Dauer nur durch ein ‚magisches Vieleck' der Politik herstellen, in dem eine ‚gleichmäßige Verteilung' die zentrale Rolle spielt. (…) Und dieses ‚Vieleck' ist nach wie vor einer der besten nationalen Waffen gegen die Gefahren der Globalisierung bzw. zugunsten nationaler Handlungsspielräume."[29]

---

28 Vgl. Christoph Butterwegge/Martin Kutscha/Sabine Berghahn (Hg.): Herrschaft des Marktes – Abschied vom Staat? Folgen neoliberaler Modernisierung für Gesellschaft, Recht und Politik, Baden-Baden 1999, S. 80 f.

29 Claus Schäfer: Von massiven Verteilungsproblemen zu echten Wettbewerbsnachteilen. Daten, Fakten und Argumente zur Entmythologisierung der „Standort"-Debatte. In: Christoph Butterwegge/Martin Kutscha/Sabine Berghahn (Hg.): a.a.O., Baden-Baden 1999, S. 80.

2.2.1 Standortnationalismus und Wohlstandschauvinismus im Zeichen der Globalisierung

Angesichts des gleichzeitig einsetzenden Verfalls der Wert- und Sozialstrukturen entsteht eine labile und gefährliche Ausgangslage, in der sich traditionelle national-gesellschaftliche Strukturen als Standortnationalismen verstärken. Im kritischen Spektrum formuliert sich demgegenüber auch die Argumentation, dass die Globalisierung und die dahinter stehende Theorie des Neoliberalismus sich auf die Interessen der multinationalen Konzerne verlagert, man in diesem Sinne nicht mehr von einer Wohlstandsvermehrung reden kann. Vielmehr ist Globalisierung in diesem Sinne auch die Ursache steigender Arbeitslosigkeit und schwindenden Wohlstands.[30]

Gerade in Zeiten steigender Arbeitslosigkeit und schwindenden Wohlstands haben rassistische und fremdenfeindliche Tendenzen eine neue Dimension erreicht. Fremdenfeindliche Ausschreitungen, wachsende rechtsextreme Gewaltbereitschaft, Vorurteile gegenüber Zuwanderern sind ebenso als Folge von Standortnationalismus und Wohlstandchauvinismus zu betrachten, die man keineswegs verharmlosen oder unterschätzen darf. Diese strukturellen und gesellschaftlichen Umbruchprozesse müssen kritisch erfasst werden:

> „Marginalisierte Jugendliche, soziale Krisentendenzen, um nur ein paar Beispiele zu nennen – die politische Brisanz von Rechtsextremismus und Ausländerfeindlichkeit ist um vieles größer, als daß solche Antworten befriedigen könnten. Wenn aber in der Öffentlichkeit, wie dies in letzter Zeit in vielen Medien geschieht, in diesem Zusammenhang traditionelle Autoritäten und verbindliche Werte eingeklagt werden, da steht dies im Gegensatz zu den Erkenntnissen der Soziologie, daß deren Zerfall mit dem Prozeß der Enttraditionalisierung der Gesellschaft unaufhaltsam einhergeht. (...) Dies kontrastiert in auffälliger Weise mit der Tatsache, daß von vielen Zeitgenossen kollektive Identitäten, allen voran die Konstrukte ‚nationale' oder ‚ethnische Identität' wieder nahezu unhinterfragt als Gegebenheiten oder gar als normale Leitvorstellungen hingenommen werden. Die Zugehörigkeit zu einer übergreifenden sozialen Einheit wird z.T. schon als eine Art ‚natürliches Bedürfnis' angesehen. (...) Denn letztlich scheint die Suche nach der vermeintlichen Sicherheit kollektiver

30 Vgl. Elmar Altvater/Birgit Mahnkopf: Grenzen der Globalisierung. Ökonomie, Ökologie und Politik in der Weltgesellschaft, Münster 1996.

Identitäten doch lediglich ein verzweifelter Versuch zu sein, zu einer ‚hergestellten Fraglosigkeit' (...) Zuflucht zu nehmen, um damit den Krisentendenzen der Moderne begegnen zu wollen."[31]

Hierin wird deutlich, dass der Gegenstandsbereich „Globalisierung" auf tiefgreifende Veränderungen verweist, die – in wissenschaftstheoretischer Bewertung – nur durch eine Analyse ihrer Komplexität angemessen beschrieben werden können.[32] Ferner zeigen die gesellschaftlichen Krisentendenzen und die neoliberalen Umbruchprozesse im Rahmen der Globalisierung, dass das Bedürfnis nach politikwissenschaftlicher und soziologischer Aufklärungs- und Bildungsarbeit verstärkter zum Ausdruck kommen muss. Das neoliberale Globalisierungskonzept wird selbst in den sog. hoch entwickelten Metropolstaaten (Deutschland, Frankreich, Großbritannien) nicht einhellig positiv aufgenommen, sondern weltweit von sozialen Bewegungen abgelehnt oder kritisch begleitet.[33]

2.2.2 Ethnisch-kulturelle und ethnisch-nationale Tendenzen als Folge der Globalisierung

Nach dem Zusammenbruch der sog. Ostblockstaaten scheinen die Hoffnungen auf eine radikale soziale Veränderung fast auf der ganzen Welt zerstört zu sein. Dies hat zur Folge, dass vor allem ethnisch-nationalistische Auseinandersetzungen im globalen Kontext an Kontur gewonnen haben.[34] Vor allem hat der Globalisierungsprozess Phänomene wie „Nationalismus", „Ethnisierung gesellschaftlicher Konflikte", „Grenzzie-

31 Christoph Görg (Hg.): Gesellschaft im Übergang. Perspektiven kritischer Soziologie, Darmstadt 1994, S. 2f

32 Vgl. Fritz W. Scharpf: Die Handlungsfähigkeit des Staates am Ende des Zwanzigsten Jahrhunderts. In: Beate Kohler-Koch: Staat und Demokratie in Europa, Opladen 1992, S. 83-115.

33 Vgl. dazu Commission of the European Communities (Hg.): Eurobarometer: Trends 1974-1991. Brüssel 1992 (April), S. 55 ff., S. 179 ff., S. 193 ff. (Die repräsentativen Umfragen in den Mitgliedsstaaten zeigen in ihren Befunden, dass insbesondere die deutsche Wiedervereinigung in Frankreich, z.T. auch in Großbritannien und den Benelux-Staaten zu erheblichen Befürchtungen vor einem „zu mächtigem Deutschland" geführt hat; auch die Ängste vor einer immer undurchschaubarer werdenden transnationalen Bürokratie und einer Standortverschlechterung in wirtschaftlicher Hinsicht auf Grund der wachsenden Mobilität international agierender Konzerne haben allein im Bemessungszeitraum 1974-1991 eher zugenommen).

34 Vgl. Christian P. Scherer: Ethno-Nationalismus im Zeitalter der Globalisierung. Ursachen, Strukturmerkmale und Dynamik ethnisch-nationaler Gewaltkonflikte, Münster 1997.

hungen gegenüber Migranten", „weltweite Pauperisierung", „Rechtsextremismus" u.ä. als „Schattenseiten der Globalisierung" evoziert bzw. weiter ausdehnen lassen.

Im Rahmen der Globalisierungsdiskussion rückt daher in den letzten Jahren vor allem die Problematik kultureller und politischer Identitäten in das Blickfeld der internationalen Politik. Wie schon zu Beginn dieses Kapitels betont wurde, sollte hierbei erneut auf die Entwicklung neuer ethnisch-kultureller und ethnisch-nationaler, religiöser und fundamentalistischer Bewegungen hingewiesen werden, die als eine Folge des Globalisierungsprozesses zu betrachten sind. In diesem Sinne wird insbesondere die Frage diskutiert, welche Auswirkungen ethnisch-kulturelle und ethnisch-nationale Differenzen auf die internationalen Beziehungen haben.

Während eine zentrale These davon ausgeht, dass diese Differenzen im Extremfall in einen bewaffneten Konflikt münden können (Samuel P. Huntington), versucht eine andere Position das Vorhandensein kultureller Differenzen (Thomas Meyer) in Frage zu stellen. Weiterhin stellt sich in diesem Kontext auch die Frage, wie sich im Zeitalter der Globalisierung das Verhältnis der Kulturen zueinander entwickeln wird.

Insbesondere in der Phase der „Wiedergeburt des Nationalismus in Europa" wurde die Problematik kultureller und politischer Identitäten zu einem prägenden Phänomen der wissenschaftlichen Auseinandersetzung, der vor allem durch das Werk Samuel P. Huntingtons eine neue Dimension erreichte. Huntington hat in seinem Werk „The Clash of Civilizations" (Kampf der Kulturen) den Weg für eine neue Diskussion eröffnet. Seine Kernthesen hat Huntington – wie folgt – zusammengefasst:

> „Kultur und die Identität von Kulturen, auf höchster Ebene also die Identität von Kulturkreisen, prägen heute, in der Welt nach dem Kalten Krieg, die Muster von Kohärenz, Desintegration und Konflikt. (...) Das Machtgleichgewicht zwischen den Kulturkreisen verschiebt sich: Der Westen verliert an relativem Einfluß; asiatische Kulturen verstärken ihre wirtschaftliche, militärische und politische Macht; der Islam erlebt eine Bevölkerungsexplosion mit destabilisierenden Folgen für muslimische Länder und ihre Nachbarn; und nichtwestliche Kulturen bekräftigen selbstbewußt den Wert ihrer eigenen Grundsätze. (...) Seine universalistischen Ansprüche bringen den Westen zunehmend in Konflikt mit anderen Kulturkreisen, am gravierendsten mit dem Islam und China. Auf lokaler Ebene bewirken Bruchlinienkriege (im westlichen zwischen

Muslimen und Nichtmuslimen) den ‚Schulterschluß verwandter Länder', von Kernstaaten umd Eindämmung und Unterbindung dieser Kriege. (...) Das Überleben des Westens hängt davon ab, daß die Amerikaner ihre westliche Identität bekräftigen und die Westler sich damit abfinden, daß ihre Kultur einzigartig, aber nicht universal ist, und sich einigen, um diese Kultur zu erneuern und vor der Herausforderung durch nichtwestliche Gesellschaften zu schützen."[35]

Aus diesen Annahmen von Huntington geht deutlich hervor, dass jede Zivilisation ihre eigenen fundamentalen Wertmaßstäbe besitzt und diese gegen andere Zivilisationen verteidigt. Auch den im Titel zum Vorschein tretenden „Kultur"-Begriff beschränkt Huntington nicht auf eine festumrissene kulturelle Menschengruppe, sondern bezeichnet sie als einen offenen Prozess, der sich jedoch nicht wechselseitig bereichern bzw. befruchten kann. So bildet der Begriff „Kampf" nach Huntington eine Schlüsselkategorie neben dem „Kultur"-Begriff. In Anlehnung an seine Thesen warnt Huntington vor Kernkonflikten zwischen unterschiedlichen Kulturen und sog. unterschiedlichen Zivilisationen. Vor allem bezieht sich Huntington dabei auf religiöse Konflikte, die andere Kulturen und den Islam als Zielscheibe zeigt.

Die von Huntington formulierten Thesen sind kritisiert worden. Thomas Meyer[36] hat sich im Rahmen dieser Auseinandersetzung mit der „Politisierung des kulturellen Unterschieds" beschäftigt. Meyer nimmt an, dass eine globale „Kultur der Moderne" existiere, deren Kern die Begründung von Normen darstellt, welche ein friedliches Zusammenleben aller ermögliche.

Im Unterschied zu Huntington, bei dem die Frontlinien „zwischen den Zivilisationen" verlaufen, bewegen sich diese für Meyer innerhalb der Kulturen, „nämlich zwischen jenen, die nach der politischen Vormacht für ihr eigenes Verständnis der kulturellen Überlieferung streben, und jenen, die einen politisch-rechtlichen Rahmen für das Zusammenleben der verschiedenen Kulturen und Zivilisationsstile verlangen."[37]

Meyer stützt seine theoretischen Kernthesen auf eine von der *American Society of Arts and Sciences* durchgeführte, alle Zivilisationen ein-

35 Samuel P. Huntington: Kampf der Kulturen. Die Neugestaltung der Weltpolitik im 21. Jahrhundert, München/Wien 1997, S. 19f.

36 Thomas Meyer: Identitäts-Wahn. Die Politisierung des kulturellen Unterschieds, Berlin 1997.

37 Vgl. ebd., S. 83.

schließende Vergleichsstudie über die Ursachen und Formen des Fundamentalismus.[38] Danach ist ein Wiedererstarken von Fundamentalismen mit weitgehend ähnlichen Strukturen in allen Kulturen der Welt zu beobachten. Ob durch diesen Befund die Kernthesen Huntingtons erschüttert und das Koexistenzmodell Meyers gestützt werden, muss bezweifelt werden. Die amerikanische Studie analysiert die historischen Erscheinungsformen von Fundamentalismus, hinterfragt aber nicht die bestehenden Kultur-Antagonismen.

Auch Bassam Tibi setzt sich kritisch mit dem Standpunkt Huntingtons auseinander, nur aus einer anderen Intention und einer anderen Perspektive. Tibis Thesen lassen sich in der Grundannahme von der „Gleichzeitigkeit von struktureller Globalisierung (...) und kultureller Fragmentation"[39] zusammenfassen. Tibi sieht in diesem Zusammenhang zwar eine wachsende Konfrontation zwischen den Zivilisationen, erklärt diese jedoch aus weltanschaulichen Unterschieden der Kulturkreise. Huntington folgt einem (neo-)realistischen Ansatz und entwickelt demgemäß ein macht- und sicherheitspolitisches Modell. Aus der Huntington-Kritik Tibis lassen sich aber drei Kernpunkte festhalten: a) eine eurozentristische Sichtweise auf die Entwicklungen; b) die Verwechslung von Zivilisationen mit ihrer Politisierung durch den Fundamentalismus und c) den Umstand, dass Zivilisationen keine Armeen haben und somit keine Kriege gegeneinander führen können.[40]

Tibi nimmt mit Huntington an, dass die gravierenden Unterschiede zwischen Zivilisationen potentiell zu Konflikten führen können, ohne aber bestimmte Konfliktaustragungsformen zu beschreiben. Huntingtons Kernthese vom *„Clash of Civilizations"* (Zusammenprall der Kulturen) beschreibt kein neues politisches Phänomen. Durch die Geschichte hindurch entzündeten sich immer wieder Konflikte an politisierten kulturellen Differenzen. So ließe sich eine Kolonialgeschichte ohne ihre kulturellen Implikationen nicht schreiben.

Nach Auffassung von Christoph Butterwegge schürt Huntington mit seinem Theorem Hass auf Fremde: „Durch ihre Verabsolutierung der kulturellen Differenz, Folge und Ausdruck einer sich seit geraumer Zeit universalisierenden Konkurrenz, mehrt Huntingtons Theorie die Angst

38 Martin E. Marty/R. Scott Appleby (Hg.): Fundamentalism Observed, Chicago 1991.

39 Bassam Tibi: Krieg der Zivilisationen. Politik und Religion zwischen Vernunft und Fundamentalismus, München 1998, S. 32.

40 Ebd. S. 33.

vor und schürt Haß auf Fremde, sofern sie nicht dem westlichen Kulturkreis angehören. Die von Samuel P. Huntington wieder entdeckte Kulturkreislogik erinnert in fataler Weise an die Blocklogik des Kalten Krieges. In beiden Fällen entscheidet die Zugehörigkeit zu einem Lager, sei sie nun durch die kulturelle Identität oder durch die ideologische Konformität bestimmt, über das Schicksal eines Menschen."[41]

Kritisch setzt sich auch Gazi Çağlar mit dem Werk Huntingtons auseinander und entdeckt hierin ein „Geschichtskonstrukt", dessen Hauptfunktionen die Schaffung eines Feindbildes zur Definition des brüchig gewordenen Selbstbildes des „Westens" ist: „In der Tradition der Aufklärung mythologisieren sie Begrifflichkeiten, um sie anschließend als Kampfbegriffe gegen das Fremde/Andere einzusetzen. Ihre Theorien sind wissenschaftlich nicht zu halten, sondern nur als ideologische Brandsätze zu verstehen."[42]

Huntington gehört der zweifelhafte Ruhm, nach dem Ende des Ost-West-Konflikts populärwissenschaftlich ein Orientierungvakuum zu füllen und ein globalpolitisches Orientierungmodell anzubieten, mit dem er den Kulturen einen bisher nicht gekannten Erklärungswert globaler politischer Entwicklungen zuweist.[43] Hinzu kommt, dass Anfang der 1990er Jahre weltweit Kernbegriffe wie Nationalismus, Ethnisierung und Fundamentalismus an Popularität gewonnen haben. Kritiker gehen davon aus, dass Huntington mit seinen Thesen einen zentralen Vorschub für diese politische Tendenzen geleistet habe und seine sozioökonomische Basis auf die sog. Neuordnung der Weltwirtschaft stützt.

---

41 Christoph Butterwegge: Fundamentalismus und Gewalt als Grundmuster der Weltpolitik? Zur Kritik Samuel P. Huntingtons These vom „Kampf der Kulturen". In: Wolf-Dietrich Bukow/Markus Ottersbach (Hg.): Der Fundamentalismusverdacht. Plädoyer für eine Neuorientierung der Forschung im Umgang mit allochthonen Jugendlichen. Opladen 1999, S. 43.

42 Gazi Çağlar: Der Mythos vom Krieg der Zivilisationen. Der Westen gegen den Rest der Welt. Eine Replik auf Samuel P. Huntingtons Kampf der Kulturen, Münster 2002, S. 2; vgl. zur Kritik an Heitmeyer bei Harald Müller: Das Zusammenleben der Kulturen. Ein Gegenentwurf zu Huntington, Frankfurt/Main 1998.

43 Vgl. Hartmut Ihne: Kampf der Kulturen und/oder Weltethos? In: ZpB, Nr. 4/1997, S. 108.

2.3 Merkmale des globalen „Migrationssystems“ vor dem Hintergrund der politischen und ökonomischen Globalisierung

Im öffentlichen Diskurs[44] nimmt der Themenkomplex der Migration eine außerordentlich bedeutsame Stellung ein. Dieser mit dem Schlüsselbegriff „Migration“[45] gebündelte oder fokussierte Themenbereich wird nicht allein auf den öffentlichen und teilöffentlichen Diskursebenen kontrovers diskutiert; in den vergangenen Jahren ist eine deutliche Belebung der wissenschaftlichen Analyse von Strukturen und Mechanismen vergangener und gegenwärtiger Formen von Migration und der politischen Auseinandersetzung über diesen Themenbereich zu beobachten.

Im Vergleich zu den klassischen Beiträgen zur Migrationstheorie (zwischen 1945 und 1975)[46] fällt auf, dass der gegenwärtige wissenschaftliche Diskurs durch ein hohes Maß an Interdisziplinarität (Fachwissenschaften wie Soziologie, Politologie, Ethnologie, Volkswirtschaftslehre u.a.) geprägt wird. Wegen der zum Teil unterschiedlichen Interpretationsschemata der jeweiligen am Diskurs beteiligten Fachwissenschaften konkur-

---

44 Vgl. zum Begriff des öffentlichen Diskurses bei Siegfried Jäger: Text- und Diskursanalyse. Eine Anleitung zur Analyse politischer Texte. DISS-Texte 16. Dortmund 1991, S. 8-32; vgl. zur öffentlichen Debatte „Ausgrenzung im Zeichen der Globalisierung“ bei Christoph Butterwegge: Ausgrenzung im Zeichen der Globalisierung. Von der Asyldebatte zum Standortnationalismus. In: ASF online. *http://www.asf-ev.de/Zeichen/00-4-04. shtml.28.03.01* , S. 1-4

45 Vgl. zur Aktualität der Diskussion über Migration bei Ursula Apitzsch (Hg.): Migration und Traditionsbildung, Opladen/Wiesbaden 1999, S. 7ff. (S. 11: „Die Erfahrung neuer ethnischer Konflikte nach dem Ende des Kalten Krieges und der Systemkonfrontation hat gezeigt, daß Tradition offenbar sehr viel mehr mit ‚invention‘ zu tun hat, als mit ‚Altem‘ und ‚Hergebrachtem‘ und schärft den Blick dafür, daß Tradition auch in der Phase der Nationalstaatsbildung enge Verbindungen mit Modernität einerseits, Irrationalität andererseits eingegangen ist. Auf der anderen Seite lehren die Erfahrungen von Flucht, Vertreibung und Arbeitsmigration, daß die Suche nach sozialer und kultureller Zugehörigkeit in der neuen Aufnahmegesellschaft in einem großen Maße verbunden ist mit biographischer Anstrengung, die sich auf die Wiederherstellung eines symbolischen Raumes von Traditionalität bezieht, auf deren Hintergrund erst die Möglichkeit entsteht, als MigrantIn den eigenen Platz in der neuen Gesellschaft zu bestimmen“ (Hervorh. durch den Autor, K.B.).

46 Vgl. zur Forschungsgeschichte bei Christof Parnreiter: Theorien und Forschungsansätze zur Migration. In: Karl Husa/Christof Parnreiter/Irene Stacher (Hg.): Internationale Migration. Globale Herausforderung des 21. Jahrhunderts, Frankfurt/Main 2000, S. 25-52; vgl. insbes. Klaus J. Bade: Europa in Bewegung. Migration vom späten 18. Jahrhundert bis zur Gegenwart, München 2000.

rieren zum gegenwärtigen Zeitpunkt alte und neue Ansätze einer Migrationstheorie, die im Folgenden behandelt werden.[47]

Vor allem erkennt man, dass innerhalb des Migrationsdiskurses die Frage der „Globalisierung der Migrationsbewegungen“ erst seit dem Zweiten Weltkrieg an Bedeutung gewonnen hat. Petrus Han geht in diesem Zusammenhang von einer „Diversifizierung der Migrationsformen“ aus, worunter er als Formen die Arbeitsmigration, die Familienzusammenführung, die Flüchtlingswelle, die Migration von Studenten, von ethnischen Minderheiten und die sog. illegale Migration versteht.[48]

Für Christoph Butterwegge lassen sich sowohl Migrationsprozesse als auch Globalisierungsprozesse weder von individuellen Schicksalen und Erlebnissen von einzelnen Betroffenen noch von den gesellschaftlichen Eigentums-, Macht- und Herrschaftsverhältnissen ablösen. Ferner werden sie durch die oben genannten Faktoren dominiert und bestimmt.[49]

Insbesondere angesichts der gewandelten politischen und sozioökonomischen Realitäten,[50] die zu einer neuen Hierarchisierung der internationalen Gesellschaft geführt und die Interaktionsprozesse zugunsten der westlich-kapitalistischen Staaten beschleunigt haben, ist der aktuelle Diskurs über den Themenkomplex Migration vor qualitativ neue Herausforderungen gestellt. Gedacht ist an folgende Problemfelder:

1. an die innerhalb kapitalistischer Gesellschaftsformationen beobachtbaren Ungleichheiten und die aus ihnen resultierenden gesellschaftlichen Konfliktpotentiale (strukturelle Arbeitslosigkeit; zunehmende Nationalisierung und Ethnisierung gesellschaftlicher Konflikte; Globalisierung und „Risikogesellschaft“ u.ä.);

---

47 Vgl. Ursula Apitzsch (Hg.): a.a.O, Opladen/Wiesbaden 1999, S. 7 f.

48 Vgl. Petrus Han: Soziologie der Migration. Erklärungsmodelle – Fakten – politische Konsequenzen – Perspektiven, Stuttgart 2000, S. 63.

49 Vgl. Christoph Butterwegge: Weltmarkt, Wohlfahrtsstaat und Zuwanderung. In: Ders./Gudrun Hentges (Hg.): Zuwanderung im Zeichen der Globalisierung. Migrations-, Integrations- und Minderheitenpolitik. Opladen 2003 (2. Auflage), S. 66.

50 Ludger Pries: Transnationalisierung der Migrationsforschung und Entnationalisierung der Migrationspolitik. Das Entstehen transnationaler Sozialräume durch Arbeitswanderung am Beispiel Mexico-USA. In: IMIS-Beiträge, 15/2000, S. 55-77 (S. 77: „Die ‚real existierenden Migrationsströme‘ im Weltmaßstab und im europäischen Kontext sowie die hierdurch geschaffenen sozialen Wirklichkeiten in einer erweiterten Perspektive von Globalisierung und Transnationalismus zu untersuchen sollte der Ausgangspunkt für die Diskussion von Zukunftsszenarien und politischen Gestaltungsoptionen internationaler Migration sein.“)

2. an die aus den politischen, ökonomischen, technologischen und militärischen Ungleichheiten zwischen Metropol- und Peripheriestaaten[51] resultierende Organisation der internationalen Beziehungen;
3. an die gravierenden Dominanz- und Dependenzverhältnisse zwischen den westlich-kapitalistischen Staaten und der Mehrzahl der Länder der sog. Dritten Welt bzw. marginalisierter Randstaaten[52]; dieses spezifische Problemfeld verbindet etwa die über die Organisation der Weltwirtschaft vermittelte Abhängigkeit peripherer oder marginalisierter Staaten von den westlich-kapitalistischen Metropolstaaten mit strukturellen Konflikten (Armut u.ä.) in den Gesellschaften der abhängigen Staaten;
4. an die Krisen im Weltwährungssystem und in der Weltwirtschaftsordnung, durch die eine heute hochkomplex durchstrukturierte politische und ökonomische Interessengruppierung zwischen konfligierenden, gleichzeitig aber kooperierenden westlich-kapitalistischen Staaten entstanden ist;[53]
5. schließlich an die mit dem Leitbegriff „Globalisierung“ verbundenen neuen Richtgrößen für die ökonomischen Produktions- und Zirkulationssphären im Weltmaßstab; durch die Globalisierung als „Programm“, vor allem politisch-ökonomisches Instrument in Händen der westlich-kapitalistischen Eliten werden die internationalen Beziehungen in Folge der wachsenden wirtschaftlichen Durchdringung und der erzwungenen politischen Abhängigkeit der peripheren bzw. marginalen Staaten von den politisch-wirtschaftlichen Machtzentren als Abhängigkeitsstrukturen und Abhängigkeitsketten festgeschrieben.

Die Ursachen für Migration lassen sich jedoch unter vier Kernbegriffe subsumieren: Krieg, Repression, Umweltzerstörung und Armut. Allen Migrationsursachen ist eines gemeinsam: Sie sind globaler Natur, d.h., sie lassen sich in diesem Sinne nur in Kooperation aller nationalen und

---

51 Vgl. Michael Bohnet: Die Entwicklungstheorien. Ein Überblick. In: ders. (Hg.): Das Nord-Süd-Problem, München 1971, S. 49-64; Dieter Senghaas: Metropolen und Peripherie, Frankfurt/Main 1975, S. 13-16.

52 Vgl. zum Marginalitätsmodell bei Ursula Apitzsch (Hg.): Migration und Traditionsbildung, Opladen/Wiesbaden 1999, S. 7; vgl. Christoph Butterwegge/ Gudrun Hentges (Hg.): Zuwanderung im Zeichen der Globalisierung. Opladen 2000, S. 53 ff.

53 Vgl. Erhard Thiel: Weltwirtschaftlicher Wandel und internationale Wirtschaftsordnung. BpB (Hg.): Wirtschaftspolitik, Bonn 1990, S. 459-477.

internationalen Ebenen der Politik regulieren bzw. auch lösen. Die ökonomische Globalisierung ist für die Zunahme der Migrationsströme ohne weiteres mitverantwortlich. Zu Recht stellt Rheims in diesem Zusammenhang fest, dass die „zunehmende interregionale Wanderungen (...) darauf hin [deuten], dass die grenzüberschreitende Mobilität von Arbeitskräften dem Globalisierungstrend von Kapital-, Waren- und Dienstleistungsströmen folgt.“[54]

2.3.1 Migration als Folge der ungerechten Weltwirtschaftsordnung

Im Kontext dieses Problemfeldes verweist Migration auf die massiven politischen und ökonomischen Disparitäten zwischen den Metropolstaaten und den peripheren bzw. marginalisierten Staaten.[55] Das System der global institutionalisierten Ungleichheit kann nur dann angemessen analysiert werden, wenn diejenigen strukturellen Gesamtzusammenhänge, in denen jenes System entstanden ist, konkret auf die spezifischen Strukturen einer Gesellschaft, eines Staates oder einer Region bezogen werden können, um die Trennungslinien zwischen einer gesellschaftlichen Mehrheit und einer gesellschaftlichen Minderheit abzubilden.

Wenn Migration als politisches und soziales Phänomen mit der Entwicklungs- und Unterentwicklungsproblematik verbunden ist und als solches die strukturellen Merkmale des internationalen Systems der „Herrschaft-Abhängigkeit-Marginalität“ widerspiegelt, wird man fragen müssen, ob sich in denjenigen Ländern, die in Hinsicht auf Ökonomie, Technologie und die politischen Partzipationsmöglichkeiten der eigenen Bevölkerung als entwickelte Gesellschaften gelten, diese Marginalisierungsprozesse fortsetzen. Im Rahmen dieser Argumentation werden einzelgesellschaftliche Phänomene nicht isoliert betrachtet, sondern vor dem Hintergrund internationaler Ungleichheiten analysiert. Die *vielfältigen Erscheinungsformen binnen- und einzelgesellschaftlicher Marginalisierung* von Migranten verdichten sich zwar in der „Krisenerfahrung der marginalen Situation“,[56] spiegeln aber gleichzeitig die verschiedensten Ausgrenzungsprozesse („Verfolgung, Flucht, Vertreibung sowie die verschiedens-

---

54 Birgit Rheims: Migration und Flucht. In: Ingomar Hauchler u.a. (Hrsg.): Globale Trends 1998, Frankfurt/Main 1997, S. 98.

55 Vgl. Christof Parnreiter: a.a.O., S. 25-52; vgl. Kien Nghi Ha: Ethnizität und Migration, Münster 1999, S. 64 ff.; vgl. vor allem Christoph Butterwegge/ Gudrun Hentges: Zuwanderung im Zeichen der Globalisierung, Opladen 2000, S. 9 f, S. 53 ff.

56 Ursula Apitzsch: a.a.O., Opladen/Wiesbaden 1999, S. 7.

ten Formen von individuellen und kollektiven Arbeitsmigrationen") und „die damit für einzelne Individuen verbundenen Zwänge, soziale und geographische Orte zu wechseln",[57] wider. Vor dem Hintergrund der rasant voranschreitenden Globalisierung der Wirtschaft ist somit eine neue Ausgangslage für den Migrationsdiskurs geschaffen worden.

Dieser Prozess der Globalisierung hat die einzelnen Volkswirtschaften nur noch als Teil eines inzwischen längst global ausgelegten und über alle Ländergrenzen hinweg vernetzten Wirtschaftsgefüges versehen. Der Prozess der Globalisierung der Wirtschaft zeigt sich vor allem an drei Strukturmerkmalen:[58]

1. an der forcierten *Internationalisierung des Warenaustauschs*: Der Offenheitsgrad der meisten Volkswirtschaften – darunter versteht man die Summe aus Export- und Importquote – wächst kontinuierlich und hat im Urteil von Wirtschaftswissenschaftlern insofern einen „point of no return" erreicht, als eine Rückkehr zu einer national-isolationistischen Wirtschaftspolitik ausgeschlossen ist;
2. an der *Internationalisierung der Produktion*: Direktinvestitionen im Ausland gewinnen für die Wettbewerbsfähigkeit von Unternehmen ein erhebliches Gewicht. Der Anteil der Auslandsproduktion von Inlandsfirmen hat vor allem seit den achtziger Jahren zugenommen.[59] Darüber hinaus hat sich innerhalb multi- bzw. transnationaler Firmen, die ihre Produktions- und Absatzprozesse inzwischen weltweit planen, eine intensive Arbeitsteilung in nahezu allen wirtschaftsstrategisch relevanten Segmenten über die Grenzen nationaler Volkswirtschaften hinweg ausgebildet;[60]
3. an der *Globalisierung der Finanzmärkte*: Banken und Finanzkonsortien agieren heute weltweit. Die internationale Expansion der

---

57 Ebd.

58 Vgl. Christoph Butterwegge/Gudrun Hentges: a.a.O., Opladen 2000, S. 1-4; Elmar Altvater: Stammwesen im globalen Dorf. In: Blätter für deutsche und internationale Politik, 5/1992, S. 540-551;

59 Vgl. bereits bei Elke von Hippel: Grundfragen der Weltwirtschaftsordnung, München 1980, S. 29 ff.

60 Vgl. Karl Husa/Christof Parnreiter/Irene Stacher (Hg.): a.a.O., S. 7 ff.; vgl. Ludger Pries (Hg.): Transnationale Migration. In: SW, Sonderband 12, Baden-Baden 1997; Saskia Sassen: The Mobility of Labour and Capital. A study in internatinoal investment and capital flow. Cambridge 1988; Hania Zlotnik: Trends in International Migration since 1965: What existing data reveal. In: International Migration 37/1, 1999, S. 21-61; Peter J. Opitz (Hg.): Der globale Marsch – Flucht und Migration als Weltproblem, München 1997.

Aktiv- und Passivgeschäfte weist exponentiell steigende Zuwachsraten aus. Die Kapitalbewegungen im globalen Maßstab sind grenzenlos und spiegeln sich vor allem in den außergewöhnlichen Umsätzen des internationalen Aktien- bzw. Wertpapierhandels wider. Gerade diese internationale Kapitalbewegung wird zum Kennzeichen des unumkehrbaren Globalisierungsprozesses, durch den in ökonomischer Perspektive die Entwicklung der Wirtschaft von der relativ geschlossenen und instrumentell steuerbaren Volkswirtschaft zur offenen Weltwirtschaft vorangetrieben wird.[61]

Ohne entsprechende Rahmenbedingungen wird man die Tatsache in Rechnung stellen müssen, dass freier Wettbewerb auf global-offenen Märkten keine humanen Ebenen in die ökonomischen Abläufe bringt, geschweige die soziale Gerechtigkeit zu schaffen vermag.

2.3.2 Migration und „soziale Frage" im Weltmaßstab

Letztlich wiederholen sich damit auf globaler Ebene grundlegende Konflikte, vor die sich bereits die jungen Industrienationen des 19. Jahrhunderts mit ihrer „Option für einen freien Wettbewerb" und der daraus resultierenden sozialen Frage im Bezug auf eine gerechte Gestaltung ihrer nationalen Volkswirtschaften gestellt sahen. Im Nachkriegskonzept der „sozialen Marktwirtschaft" (BRD nach 1949) schien „die soziale Frage" im Prinzip regulierbar zu sein, weil hier der Staat selbst als oberster Souveränitätsträger unmittelbar einzugreifen bzw. mit der Entwicklung einer hochentwickelten sozialen Rahmenordnung das marktwirtschaftliche System sozialpolitisch zu steuern vermochte. Für diesen „klassischen" Lösungsweg fehlen jedoch auf weltwirtschaftlich-globaler Ebene alle notwendigen Voraussetzungen.

Die Globalisierung der Wirtschaft entfaltet sich dynamisch und ist als solche unumkehrbar. Das Interesse der einzelnen Länder, an den ungeheuren Weltmarktressourcen und den spezifischen Investitionsangeboten des entstandenen Weltmarkts zu partizipieren und die eigenen Ressourcen und Güter in diesen Markt einzubringen, wächst und entfaltet eine immense Eigendynamik.

Die Ausweitung und Öffnung der Märkte führt zu immer größeren Interdependenzen und damit zu wachsender Abhängigkeit der einzelnen Volkswirtschaften voneinander. Auch wenn mit dem Maß an wechselseitiger Abhängigkeit zugleich der generelle Kooperationsdruck wächst,

61 Vgl. bereits Walter L. Bühl: Transnationale Politik, Stuttgart 1978, S. 15 ff.

hat sich gezeigt, dass unter dem Dach globaler wirtschaftlicher Verflechtung die Kooperation wirtschaftlicher Metropolen (G-7 Staaten) neue Dimensionen und Wirtschaftsräume erreicht hat.[62]

Die „verstärkte regionale Integration" im europäischen Wirtschaftsraum ist nur vor dem Hintergrund der ökonomischen Globalisierungsprozesse erklärbar. Allerdings zeigen die Statistiken[63], dass durch die globale Fusionierung der Wirtschaften gerade seit Anfang der 1980er die Ungleichmäßigkeit sowohl in regionalen Wirtschaftsräumen als auch in den „Gesamtbilanzen" der peripheren bzw. marginalisierten Staaten zugenommen hat.[64] Die globale Vernetzung impliziert als solche immer auch entsprechende Möglichkeiten der „Verletzbarkeit" im Sinne von wirtschaftlicher Stagnation und ökonomischer Chancenlosigkeit.

Jede Wettbewerbsverschiebung und Veränderung der Weltmarktpreise kann einzelne, vor allem unterentwickelte Volkswirtschaften empfindlich treffen und massive Negativwirkungen evozieren. Konjunkturrückgänge, Verluste von Arbeitsplätzen und Unausgeglichenheit der Außenhandelsbilanz sind nicht zuletzt Folgen der mit der Globalisierung einhergehenden Verwerfungen oder Erschütterungen nationaler Volkswirtschaften.

Ganz anders stellen sich die Verhältnisse demgegenüber für die meisten peripheren und marginalen Staaten dar. Die Umbrüche, die durch die forcierte Globalisierung hervorgerufen werden, haben den Abstand zu den Metropolstaaten eher vergrößert als verringert. Die Gesamtintegration der Volkswirtschaften von peripheren und marginalen Staaten in die Weltwirtschaft wird nicht im Zuge einer „Kooperation zwischen Partnern" vollzogen, sondern im Sinne einer einseitigen Penetration der abhängigen Volkswirtschaften durch die Metropolstaaten.

Die Konsequenzen sind meist erschütternd: das ökonomische, aber auch das politische und soziale „Schicksal" der wirtschaftlich schwachen Länder ist mit dem verknüpft, was ihnen die den Weltmarkt beherr-

---

62 Vgl. Elke Thiel: Weltwirtschaftlicher Wandel und internationale Wirtschaftsordnung. In: BpB (Hg.): Wirtschaftspolitik, Bonn 1990, S. 459-477.

63 Vgl. Wulf Gaertner: Einige Theorien der Verteilungsgerechtigkeit im Vergleich. In: Georges Enderle (Hg.): Ethik und Wirtschaftswissenschaft, Berlin 1985, S. 111-142; Dieter Duwendag/Horst Siebert (Hg.): Politik und Markt. Wirtschaftspolitische Probleme der achtziger Jahre. Stuttgart/New York 1980, S. 191-207.

64 Douglas S. Massey: Einwanderungspolitik für ein neues Jahrhundert. In: Karl Husa/Christof Parnreiter/Irene Stacher (Hg.): a.a.O., Frankfurt/Main 2000, S. 52-76.

schenden kapitalistischen Länder an realen Chancen eröffnen und an Möglichkeiten zur wirtschaftlichen Fortentwicklung und gesellschaftlichen Prosperität belassen. Diese Problemkonstellation betrifft nicht nur die Staaten der sog. „Dritten Welt“, sondern – wenn auch unter anderen Voraussetzungen – die sog. Schwellenländer; hier handelt es sich nämlich um Länder, die einerseits über einen gewissen industriellen und technologischen Entwicklungsstand verfügen, andererseits aber hinsichtlich der sozialstrukturellen Voraussetzungen (Bildung/Ausbildung; Infrastruktur; allgemeine politische und soziale Situation: Menschenrechte, konkrete politische Partizipation u.ä.) noch erhebliche Defizite aufweisen.[65]

Insgesamt bleibt festzuhalten: Die Gesamtvernetzung der nationalen Volkswirtschaften zu einer neuen globalen Weltwirtschaft hat die zwischenstaatlichen ökonomischen Austauschprozesse nicht nur im Kern verändert, sondern Problemkomponenten neuer Qualität evoziert.[66] Die von Befürwortern der Globalisierung vorgetragenen regulativen Ideen einer internationalen Arbeitsteilung mit dem Ziel friedlichen, wechselseitig positiven Austausches von aufeinander verwiesenen und einander ergänzenden nationalen Märkten und Volkswirtschaften erweisen sich gerade im Prinzip der internationalen Reziprozität als zweifelhaft und brüchig.[67]

Die reichen Industrienationen haben nach dem Wegfall der Systemkonkurrenz kaum mehr Anlass zu eigenen Vorleistungen, solange die natürlichen Ressourcen oder Güter der peripher-marginalisierten Länder nicht knapp geworden sind, um sie sich durch Einräumen minimaler Handelsvorteile sichern zu können. Die Abhängigkeit ist einseitiger geworden: Handelsvereinbarungen zu gegenseitigem Vorteil zwischen Industrie- und Entwicklungsländern werden nur selten getroffen. Die Prinzipien der Reziprozität und der unbedingten Meistbegünstigung sichern vor allem das Wohlstandsniveau der Metropolstaaten und begünstigen einseitig die außenwirtschaftlichen Expansionstendenzen multinationaler Unternehmen.

Die soziale und politische Diskriminierung von Migranten z.B. in der

---

65 Vgl. Peter J. Opitz (Hg.): Der globale Marsch – Flucht und Migration als Weltproblem, München 1997; vgl. Ludger Pries (Hg.): Transnationale Migration. Soziale Welt. Baden-Baden 1997, S. 121-140.

66 Vgl. Gerald Hödl/Karl Husa/Christof Parnreiter/Irene Stacher (Hg.): Internationale Migration. Globale Herausforderung des 21. Jahrhunderts? In: Karl Husa et al: a.a.O., Frankfurt/Main 2000, S. 9-23.

67 Vgl. Wichard Woyke (Hg.): Handwörterbuch internationaler Politik, Bonn 1990, S. 198-202.

Bundesrepublik Deutschland spiegelt die asymmetrische Struktur der globalen ökonomischen Beziehungen zwischen Metropolstaaten und peripher-marginalisierten Ländern in der binnengesellschaftlichen Interaktion wider. Zum Teil wird auch aus dem Standpunkt rechtspopulistischer Argumentationen betont, dass die Zuwanderung ein Missbrauch des Sozialstaates in Deutschland bedeutet und somit die Legitimationsgrundlage des Wohlfahrtsstaates erschüttert wird. Im Lichte dieser Argumentation betrachtet Meinhard Miegel die Zuwanderungswelle in der Bundesrepublik Deutschland von 1973 bis heute als „wirtschaftliche und soziale Belastung der einheimischen Bevölkerung“[68] und bewertet die gegenwärtige Entwicklung der Zuwanderungsbewegungen als äußerst negativ: „Zugleich könnte in Deutschland auch aufgrund der demographischen Veränderungen die Fähigkeit, Wissen und Kapital zu generieren, abnehmen.“ [69]

Eckhard J. Dittrich und Frank-Olaf Radtke nehmen an, dass die Ausgrenzung und Diskriminierung von Zuwanderern im öffentlichen Diskurs als vorhandene Krisenängste in Ausländerfeindlichkeit verwandelt: „Das (...) so häufig angeführte Lebensgefühl der Deutschen und ihre sogenannte nationale Identität sind weniger durch türkische Märkte und Großfamilientreffen auf öffentlichen Plätzen gefährdet als durch die Angst, den Arbeitsplatz zu verlieren. (...) Deutsche, die der Arbeitslosigkeit entgehen wollen, verhalten sich angesichts der politischen Versprechungen der Bundesregierung realitätstüchtig, wenn sie die staatliche Diskriminierung der Ausländer akzeptieren. *Denn im Konkurrenzkampf auf dem Arbeitsmarkt ist die Schwäche der Mitbewerber Bedingung des eigenen Erfolgs.*“ [70]

Diskriminierung, Ausgrenzung und Fremdenfeindlichkeit sind als Folgen dieses Konkurrenzkampfes – nach Dittrich und Radtke – längst Normalitätserscheinungen: „Im Kalkül des isolierten Arbeitnehmers kann es kaum einen Unterschied ausmachen, *ob der ökonomische Kampf Normen marktwirtschaftlicher Rationalität und Leistungskonkurrenz folgt oder aber politisch-reaktionären Zwängen des Staates.*“[71]

---

68 Meinhard Miegel: Zuwanderung und Sozialstaat. In: Steffen Angenendt (Hg.): Migration und Flucht. Aufgaben und Strategien für Deutschland, Europa und die internationale Gemeinschaft, Bonn 1997, S. 103.

69 Ebd., S. 104.

70 Eckhard K. Dittrich/Frank-Olaf Radtke (Hg.): Ethnizität. Wissenschaft und Minderheiten. Opladen 1990, S. 205 f. (Hervorhebungen im Originial).

71 Ebd.

Die gegenwärtige Zuwanderungspolitik legt es der Mehrheitsgesellschaft nahe, einen Vorteil aus der Benachteiligung von Migranten zu ziehen und deren Diskriminierung schweigend hinzunehmen, wenn nicht – so Dittrich und Radtke – sogar zu fördern. Diese Diskriminierung in der gesellschaftlichen Interaktion weist ohne weiteres auf Krisenängste in der sog. Mehrheitsgesellschaft zurück; sie reproduziert Strategien der Ausgrenzung bzw. Marginalisierung der globalen politischen und ökonomischen Interaktion zwischen „Starken" und „Schwachen", Reichen und Armen. Ursula Apitzsch konstatiert daraus:

„Zweierlei wird in diesem Zusammenhang wichtig: Einerseits werden die ethnischen Markierungen im Kontext von erfahrener (Minderheiten) oder auch praktizierter (Einheimische) Diskriminierung durchgesetzt. Andererseits dienen die ethnischen Markierungen einer neuen Form von ‚Integration'. Für sie ist kennzeichnend, dass man unentrinnbar – schicksalmäßig ein- oder ausgeschlossen wird. (...) Auf der anderen Seite können die Einheimischen ihre Platzierung im Alltag auf den ersten Blick verbessern, also *schrittweise ‚härten'*. Sie können ihre Ansprüche über einen Austausch des Verfahrens, das die Integration organisiert, unter Umständen erfolgreicher durchsetzen. Eine Integration rein über Zuschreibungen eröffnet andere Chancen. (...) Wenn heute Einheimische zu Nationalisten, Minderheiten zu radikalen Ghettobewohnern werden, dann zeigt sich, wie schnell *Modernisierungsprozesse umzukippen vermögen, sie sind keineswegs unumkehrbar.*"[72]

Die „Entdeckung der Migranten als Gefahrenpotenzial der Gesellschaft verschleiert grundlegende gesellschaftliche Probleme (zwischen Arm und Reich, Stark und Schwach u.a.) und evoziert eine Spaltung in der Migrationsfrage. Martin Kronauer schreibt dazu: „Die Gesellschaft entwikkelt sich in Richtung einer Demokratie der Eliten, gestützt auf Repression gegen Minderheiten."[73]

Gerade in diesem Zusammenhang erkennen wir, dass vor allem rechtsextreme Organisationen und Parteien versuchen, durch ihre Globalisierungskritik sozial benachteiligte „Modernisierungsverlierer" der Mehrheitsgesellschaft für ihre politischen Ziele zu gewinnen. Dabei werden Migranten durch die klassische Sündenbocktheorie für die im

72 Ursula Apitzsch (Hg.): a.a.O., Opladen/Wiesbaden 1999, S. 102f. (Herv. im Original).

73 Martin Kronauer: Exklusion. Die Gefährdung des Sozialen im hoch entwickelten Kapitalismus, Frankfurt/Main/New York 2002, S. 231.

Zuge der Globalisierung stärker werdende Armut, Arbeitslosigkeit und soziale Krise verantwortlich gemacht und stigmatisiert.[74]

Angesichts dieser negativen Entwicklungen scheint es noch stärker von Bedeutung zu sein, sich mit dem Themenkomplex Migration kritischer auseinanderzusetzen und in diesem Zusammenhang gesellschaftliche Alternativen zu entwickeln. Christoph Butterwegge hebt hervor: „Migration muss als gesellschaftliche Normalität, konstitutiver Bestandteil des Globalisierungsprozesses und (sozial)politische Gestaltungsaufgabe von höchster Priorität begriffen werden. Deutschland braucht eine integrale Migrations-, Integrations- und Minderheitenpolitik, die weltoffen, demokratisch und den Menschenrechten verpflichtet ist."[75]

Natürlich ist diese Vision auch eng an die Realität eines modernen Zuwanderungsgesetzes in der Bundesrepublik Deutschland gebunden, welches den Migranten ein gleichberechtigtes Miteinander in dieser Gesellschaft sichern müsste.[76]

---

74 Vgl. Christoph Butterwegge: „Globalisierung, Standortsicherung und Sozialstaat" als Thema der politischen Bildung. In: ders./Gudrun Hentges (Hg.): Politische Bildung und Globalisierung, Opladen 2002, S. 86.

75 Christoph Butterwegge: Weltmarkt, Wohlfahrtsstaat und Zuwanderung. In: Ders./Gudrun Hentges (Hg.): Zuwanderung im Zeichen der Globalisierung, Opladen 2003 (2. Auflage), S. 83.

76 Zwar gibt es ab dem 01.01.2005 ein neues Zuwanderungsgesetz in Deutschland, welches jedoch durch restriktive Einschränkungen markiert ist.

3. Nation, Nationalismus und „nationale Identität“: Wissenschaftliche Diskussionen

In der Literatur besteht darüber Einigkeit, dass für den Terminus „Nation“ keine verbindliche Definition existiert. Hans Kohn fasst Nationen als „äußerst komplexe Gruppierungen“ auf, die sich „jeder exakten Definition“ entziehen.[1] Auch der Historiker Hugh Seton-Watson geht von der Prämisse aus, dass man für den Begriff Nation keine wissenschaftliche Definition liefern kann.[2] Der Grund für diese definitorischen Schwierigkeiten liegt im einen darin, dass der Terminus „Nation“ sich inhaltlich öfters mit anderen Begriffen wie „Staat“ und „Volk“ überschneidet und im anderen, dass es im Rahmen des Nationalismusdiskurses zahlreiche Erscheinungsformen gibt.

Das Verhältnis der Deutschen zu ihrer Nation war im Zeitraum von 1945 bis zur Wiedervereinigung eher ein diffuses, vielfältig fragmentiertes und von Verdrängung bzw. Tabuisierung bestimmtes „Nicht-Verhältnis“. Im Unterschied zu den englischen, französischen, türkischen oder auch US-amerikanischen Nation-Perzeptionen sind die alltagskulturellen Handlungsmuster und Einstellungen, aber auch die politisch-öffentlichen Diskurse über das Thema „Nation“ in der bundesrepublikanischen Gesellschaft auffällig widersprüchlich. Aus vorliegenden repräsentativen Umfragen[3] und der Mehrzahl der wissenschaftlichen Untersuchungen lässt sich vorsichtig schlussfolgern, dass das Selbstbild der Deutschen von ihrer Nation sich massiv von vergleichbaren nationalen Eigenattribuierungen in Frankreich, Spanien, Großbritannien oder den USA unterscheidet.

Es wurde bereits in der Einleitung dieser wissenschaftlichen Arbeit erwähnt, dass der Globalisierungsprozess nicht reibungslos verläuft, vielmehr Gegenbewegungen des Nationalismus und des Regionalismus evoziert habe. Im Zuge dieser weltweiten Gegenbewegungen kommt der Mobilisierungsressource „Nationalismus“ eine besondere Bedeutung zu.

---

1 Hans Kohn; Von Machiavelli zu Nehru. Zur Problemgeschichte des Nationalismus, Freiburg im Breisgau 1964, S. 15

2 Vgl. Hugh Setton-Watson: Nations and States. An Equiry into the Origins of Nations and the politics of Nationalism, London 1977, S. 15.

3 Vgl. Elmar Brähler/Horst-Eberhard Richter: Deutsche Befindlichkeiten im Ost-West-Vergleich. In: Aus Politik und Zeitgeschichte, B 40-41/1995, S. 13-20; Otto Dann: Einleitung. In: Theodor Schieder: Nationalismus und Nationalstaat. Studien zum nationalen Problem im modernen Europa. Hrsg. von Otto Dann und Hans-Ulrich Wehler, 2. Auflage, Göttingen 1992, S. 7-13.

In der Bundesrepublik Deutschland lässt sich – wie in empirischen Erhebungen vielfach dokumentiert wird – im Vorfeld der Wiedervereinigung und in den Folgejahren ein massives Entstehen nationalistischer Gruppierungen und Strömungen nicht nur am relativ marginalen politischen Rand der Gesellschaft, sondern auch im Kernbereich der politischen Mitte beobachten. Das Spektrum dieser nationalistischen Strömungen reicht von organisatorisch kaum abgrenzbaren Einstellungen in unterschiedlichen Teilgruppen der bundesdeutschen Gesellschaft über lose bzw. spontan sich zusammenfügende Formationen bis hin zu hierarchisch strukturierten Formen organisierten Rechtsextremismus.

In diesem Zusammenhang wird die extreme Form des Begriffs „Nationalismus" als eine Ideologie und politische Bewegung verstanden, die in der Lage ist, ein Volk oder eine Bevölkerungsgruppe zu mobilisieren. Insbesondere wirtschaftliche, politische und soziale Krisen schaffen ein Nährboden für den Aufstieg bzw. für die Verstärkung de radikalen Nationalismus, welche jedoch im Laufe seiner Entwicklung zu Rassismus und Faschismus degenerieren kann.[4]

Für Detlev Claussen werden in der öffentlichen Auseinandersetzung die extremen Formen des Nationalismus (Antisemitismus, Rassismus) nahezu verworfen, die gesamtpolitische Strategie gegen den Nationalismus als Ideologie bleibt insofern ambivalent, als sie von Verharmlosung, Tabuisierung und vor allem von Unentschlossenheit geprägt wird:

> „So gut wie nichts in der modernen Welt geschieht aus Rassismus, aber vieles im gesellschaftlichen Leben lässt sich als Rassismus klassifizieren und mit Rassismus begründen. Da Rassismus eines der wenigen Tabus ist, die weltweit akzeptiert werden, schwingt beim Stichwort Rassismus immer auch der Geist von Rebellion mit. (…) Die populistischen Revolten mit dem Stimmzettel oder die gewaltigen Attacken gegen Ausländer und Asylanten tragen den Stempel der *konformistischen Rebellion.* (...) [zweifellos] geht man fehl in der Annahme, daß das Gros der jeweiligen Täter sich nur im geringsten mit Differenzierungen und Pseudodifferenzierungen aus den ideologischen Produktionsstätten der Neuen Rechte munitioniert hätten. (...) Diese Unsicherheiten und Agitationen finden sich in allen entwickelten kapitalistischen Ländern. Die begriffslose Bot-

4 Vgl. Katy Schröder: Die Türkei im Schatten des Nationalismus. Eine Analyse des politischen Einflusses der rechten MHP, Hamburg 2003, S. 23; vgl. auch Benedict Anderson: Die Erfindung der Nation. Zur Karriere eines erfolgreichen Konzepts, Frankfurt/Main 1988 (2. Auflage).

schaft, die von Rostock, Mölln, Hoyerswerda und Hünxe ausgeht, heißt Gewalt."[5]

In der Öffentlichkeit werden die von Claussen skizzierten Extremvarianten fremdenfeindlicher Gewalt und rassistische Übergriffe zwar registriert, gleichwohl aber nur im medial wirksamen Zuschnitt repräsentiert. Die politischen Hintergründe und gesamtgesellschaftlichen Implikationen bleiben auf dieser Ebene der öffentlichen Diskussion ausgespart.

In der Teilöffentlichkeit des seit längerem interdisziplinär geführten wissenschaftlichen Diskurses[6] bemerkt man zwar einerseits eine „kaum auflösbare Konfusion darüber (...), was als rassistisch, als antisemitisch, ethnozentrisch oder xenhob"[7] gilt, andererseits aber werden die akuten Problemstellungen einer „Ethnisierung" und „Nationalisierung gesellschaftlicher Konflikte zusehends im Rahmen von Grundlagenforschung (über die Leitbegriffe „Nation", „Nationalismus" usw.) wissenschaftlich bearbeitet.

3.1 Zum Ursprung des Begriffs „Nation"

Der Terminus „Nation" leitet sich vom lateinischen „natio" her, welches wiederum auf „nasci" zurückgeht, was „geboren werden" bedeutet. Die Römer benutzten die Bezeichung „natio" für alle möglichen Stämme jener Zeit, große und bedeutende Stammesverbände nannten sie mitunter auch „gentes", sich selbst aber bezeichneten sie stets als „populus romanus". Mit der lateinischen Sprache als Gelehrtensprache übernahmen die sich im frühen Mittelalter bildenden Völkerschaften sowohl „natio" als auch „gens", wobei sich später eingebürgerte, die nichtchristlichen Völker als „gentes" bezeichneten.[8] Weite Verbreitung findet das Wort „Nation" im Hochmittelalter. Es wäre jedoch völlig unbegründet anzunehmen, dass es hier bereits einen gesellschaftlichen Organismus im Sinne der späteren Nation bezeichnet.

In der Literatur werden die einzelnen Stämme nach wie vor als Nationen bezeichnet, obwohl auch schon von „deutsch" und etwa seit dem 15.

---

5 Detlev Claussen: Was heisst Rassismus? Darmstadt 1994, S. 20f.

6 Ruth Wodak (Hrsg.): Zur diskursiven Konstruktion nationaler Identität, Frankfurt/Main 1998, S. 20-40; Uwe Backes/ Eckhard Jesse (Hg.): Extremismus und Demokratie, Baden-Baden 1999, Einleitung; Otto Dann (Hg.): Nation und Nationalismus in Deutschland 1770-1990, (3. Auflage), München 1996.

7 Detlev Claussen: a.a.O., Darmstadt 1994, S. 1.

8 Friedrich Hertz: Wesen und Werden der Nation. In: Nation und Nationalität. Jahrbuch der Soziologie. Erster Ergänzungsband, Karlsruhe 1927, S. 4 (Anm.).

Jahrhundert von „deutscher Nation" die Rede war. Aber überwiegend gewinnt das Wort „Nation" hier eine „organisatorische Bedeutung", wie Friedrich Hertz es treffend definiert hat.[9] So spricht man an den Universitäten von Nationen und versteht darunter Korporationen von Studenten, also eine Art Landsmannschaft. Die Studenten waren nach „nationes" eingeteilt, allerdings nach recht willkürlichen Gesichtspunkten, die mit den späteren Nationen noch wenig zu tun hatten.[10]

Auch die kirchlichen Konzilien gliederten sich in „nationes". Auf dem Konstanzer Konzil (1414-1418) zum Beispiel wurden die Anwesenden in vier Nationen eingeteilt: in Italiener, Franzosen, Engländer und Deutsche, um zu verhindern, dass die zahlreichen Italiener bei der Abstimmung ein Übergewicht bekamen. Zur „Natio Germanica" auf dem Konstanzer Konzil gehörten auch Polen, Schweden, Tschechen, Dalmatiner und andere.[11] Ziegler kommt über die Bedeutung des Begriffs „Nation" im Mittelalter zur folgenden Auffassung: „So ergibt die Analyse der Wortbedeutung zusammenfassend für das Mittelalter folgendes Bild: Natio ist ein Zweckverband, eine lokal, administrativ bestimmte Untergruppe als Fraktion oder Verwaltungseinheit usw. – keineswegs trägt dieses Wort die ganze Schwere eines Inhalts wie: repräsentative politische Einheit. Es weist nicht auf die entscheidende soziale Bindungs- oder Trennungslinie hin."[12]

3.1.1 Historische Nation-Konzepte im Überblick

Auch wenn sich in der römisch-antiken Literatur ein gelegentlicher Gebrauch des Begriffs natio/nationes (Cicero: nationes exterae als „auswärtige Völkerschaften") feststellen lässt, hat sich die politische Dimension des Begriffes „Nation" erst im 19. Jahrhundert verbreitet. Die Vorgeschichte des Begriffes der Nation verweist auf durchaus verschiedene Momente bzw. Konstituenten sozialer „Großgruppenwerdung", welche die Homogenität einer Nation begründen können:

9 ebd.

10 Vgl. Georg Kaufmann: Geschichte der deutschen Universitäten. Band I u. II, 1888-1896.

11 Vgl. Eugen Rosenstock-Huessy: Die europäischen Revolutionen und der Charakter der Nationen, Stuttgart 1951, S. 61.

12 Hans Oskar Ziegler: Die moderne Nation. Ein Beitrag zur politischen Soziologie, Tübingen 1931, S. 23.

1. auf die politisch unbetonte Zugehörigkeit zu einem sprachlichen Verband, die historisch als erster Gegenstand des Nation-Begriffes im Mittelalter auftrat;[13]
2. Zugehörigkeits- und Herkunftsbewusstsein[14] zu einem Stamme;
3. erfährt der Begriff „Nation" geisteswissenschaftlich und sozialgeschichtlich begründete Wandlungen überhaupt, so dass im Hochmittelalter sich eine Frühform des Nationalbewusstseins als Reflexion auf die Eigenart eines Verbandes, zu dem Einzelne und soziale Gruppen gehören, gewöhnlich mit dem Stolz auf das begründende Element „Nation" verbunden und als solches bewusst gepflegt, herauskristallisiert hat.

Nationalbewusstsein im modernen politischen Sinn setzt aber erst mit dem Vordringen der Ideen der Französischen Revolution ein.[15] Sie hat den Begriff „Nation" in das Zentrum der politischen Ideen gerückt und ihn zugleich mit der bürgerlichen Demokratie und der Idee der Volkssouveränität verbunden. Bis dahin ist in Deutschland das politische Bewusstsein dynastisch orientiert. Der Selbstbestimmungswille des französischen Bürgertums, das sich mit der „Nation" identifiziert, ist sozial gegen die Standesprivilegien der Feudalherren gerichtet. Es ist zu erkennen, dass sich mit und nach der Französischen Revolution gleichsam ein Nationalbewusstsein seinen Weg gebahnt hat, das in der Verschmelzung mit den Grundauffassungen des politischen und wirtschaftlichen Liberalismus zum eigentlichen Paradigma des europäischen politischen Denkens im 19. Jahrhundert geworden ist.

Der Nationsbegriff war in Deutschland von der romantischen Seite her mit dem Ausbau der Begriffe des „Volksgeistes", „Volksgutes" usw. gefüllt. Herder hatte in diesen Begriffen die primordiale Form des „deutschen Volkswesens" gesehen, das sich in der Nationalsprache wie in den durch das Daseinsvorbild gefestigten und übertragenen Sitten auswirkt. Die von Herder so bezeichnete „deutsche Volksseele" repräsentiert sich

13 Vgl. zur Vorgeschichte des Begriffs „natio" bei Joachim Ehlers (Hg.): Ansätze und Diskontinuität deutscher Nationsbildung im Mittelalter. Nationes: Bd. 8, Sigmaringen 1989.

14 Dorothea Weidinger: Nation-Nationalismus-Nationale Identität. Hrsg. von der BpB, Bonn 1998, S. 11.

15 Vgl. Bernd Estel: Grundaspekte der Nation. In: ders./Tilman Mayer (Hg.): Das Prinzip Nation in modernen Gesellschaften, Opladen 1994, S. 13-81; Theodor Schieder: Nationalismus und Nationalstaat. Studien zum nationalen Problem im modernen Europa. Hrsg. von Otto Dann und Hans-Ulrich Wehler, Göttingen 1992, S. 17ff; S. 131ff.

nach dieser romantischen Auffassung im „ewigen Kulturgut“ des Volksliedes, des Märchens, der Sagen und Legenden.

Insbesondere nach der Durchsetzung einer rigiden Restaurationspolitik durch die „alten“ Monarchien auf dem Wiener Kongress blieb der Ruf nach der „geeinten deutschen Nation“ das politische Ideologem. Das junge Deutschland, die Vormärz-Bewegung und breite Teile des Bürgertums in den wirtschaftlich aufstrebenden Regionen und Zentren trafen sich in dieser Programmatik, die eigene Nation „herzustellen“.[16]

Nach 1848 setzte sich in Deutschland mehr und mehr eine aggressive Definition von „Nation“ durch. Diese sich bald als „völkisch“ und an „Rassen“-Auffassungen orientierte Nationdefinition ist im Kern „eindeutig ökonomischer, strategischer, machtpolitischer Natur“, obwohl „unverzichtbare ‚nationale Interessen‘“[17] in der öffentlichen Propaganda die aggressiven Fundamente des deutschen Reichsnationalismus verschleierten.

Der Nation-Begriff bleibt im internationalen Maßstab höchst ambivalent: Die nationalen Einigungsbewegungen in Deutschland, Italien und in ähnlicher Weise der amerikanische Sezessionskrieg derselben Epoche haben den Gedanken der „freien Nation“ in der europäisch-nordamerikanischen Staatenwelt etabliert. Zugleich mit dieser Festigung des Begriffes und seiner Verbindung mit republikanisch-demokratischer Repräsentation verschmilzt er in Deutschland nach 1848 und vollends nach dem Deutsch-Französischen Krieg (1870/71) mit den Leitprinzipien des sog. politischen und wirtschaftlichen „Realismus“. Die Radikalisierung des deutschen Rechtsnationalismus ist schließlich eine zentrale Ursache des Ersten Weltkrieges und charakteristisch für den modernen Nationalismus in seinen vielfältigen Formen und politischen Konsequenzen.[18]

3.1.2 Nationalismus-Konzepte im Überblick

Frankreich hatte durch seine vom klassischen Absolutismus begründete Pflege einer französischen Nationalsprache mit dem Gedanken einer staatsterritorialen Spracheinheit Ernst gemacht. Im Zuge der Überwin-

16 Vgl. zu dieser Entwicklungslinie vor allem Theodor Schieder: Partikularismus und nationales Bewusstsein im Denken des Vormärz. In: Werner Conze (Hg.): Staat und Gesellschaft im deutschen Vormärz 1815-1848, Stuttgart 1962, S. 9-38; Hans-Ulrich Wehler: Nationalismus. Geschichte, Formen, Folgen, München 2001, S. 62ff. („Reichsnationalismus“ von Bismarck).

17 Hans-Ulrich Wehler: ebd., S. 80.

18 Hans-Ulrich Wehler: Nationalismus. Geschichte, Formen, Folgen, München 2001, S. 80; 82f; 85-87.

dung der Vielfalt wurde eine Einigungsideologie entwickelt, die „folgerichtig der Nation Altäre“[19] setzte. Die Nation „wurde zur Religion. Die so vergöttlichte Nation hatte selbstverständlich dann nicht nur das Recht, sondern geradezu den Auftrag, ihre Ideale auch außerhalb des Territoriums zu verbreiten. Die weitgehende Militarisierung Frankreichs in den Napoleonischen Kriegen und die Stoßkraft, die das Volksheer aus dem nationalen Gedanken gewann, ermöglichten Napoleons Erfolge.“[20]

Die anti-napoleonische Koalition (in Preußen, Russland, Österreich, England) bediente sich patriotisch-nationaler Befreiungsideologien, um mit Hilfe dieser „Nationalismen“ die Befreiung von der französischen Herrschaft zu erreichen. Dieser militarisierte Nationalismus griff „auf die Völker Süd-, Mittel- und Osteuropas über und führte letztlich zur Nationalstaatsbildung in Deutschland und Italien sowie zur Zerschlagung des Vielvölkerstaates Österreich-Ungarn.“[21]

In Deutschland konnte die Übereinstimmung von „Kultur- oder Sprach-Nation“ mit der „Staats-Nation“ (Meinecke) im Verlauf der „Lösung der deutschen Frage“ nicht herbeigeführt werden, während beispielsweise in der Schweiz ein geschichtliches und durch den gemeinsamen Stil der politischen Verfassung begründetes Nationalbewusstsein herausgearbeitet werden konnte.[22]

Die USA stellen um 1900 zwar einen politisch längst gefestigten Staat gleichwohl aber eine werdende Nation dar, deren integrierende Faktoren sich in der wirtschaftlich begründeten Daseinsform, ferner in der englischen, sich in eine eigene amerikanische Sprechweise umbildenden Sprache und in der kulturellen Daseinserscheinung eines „American way of life“ finden. Allein diese Grobskizze der unterschiedlichen Ausprägungen des Nation-Begriffs und des relativ modernen Phänomens des Nationalismus kann verdeutlichen, dass der aus der Französischen Revolution stammende bürgerlich-republikanische bzw. wirtschaftsliberal-demokra-

19 Dorothea Weidinger: a.a.O., BpB, Bonn 1998, S. 25.
20 Ebd.
21 Ebd.
22 Hans-Ulrich Wehler: a.a.O., München 2001, S. 51: „Man hat in den letzten hundert Jahren immer wieder versucht, die irritierende Vielfalt der nationalistischen Phänomene typologisch zu ordnen und zugleich diesen Anlauf zur Strukturierung mit Entwicklungsphasen und regionalen Schwerpunkten zu verbinden. Die altehrwürdigen Idealtypen der ‚Kulturnation' und der ‚Staatsnation', die Friedrich Meinecke ‚Weltbürgertum und Nationalstaat' (1908) entwickelt hat, haben sich nur sehr begrenzt tauglich erwiesen.“

tische Nationsbegriff gleichsam „ein vom Nationalismus entworfenes flexibles Produkt der modernen Geschichte ist.“[23]

Die „eigene Nation“, ob als „Vaterland, Heimat, Lebensraum“ u.ä. wird schwerwiegend instrumentalisiert, um in zwischenstaatlichen Konflikten als „Rechtfertigungs- und Sinngebungsinstanz“[24] zu fungieren.

Der Nationalismus bürgerlicher Prägung ist eine ideologische Konstruktion: „Die nationale Identität erlaubt zwar die Koexistenz mit konfessionellen, regionalen, traditionalen Identitäten, ist aber im Prinzip der höchstrangige Wert. (...) Alle diese unverkennbaren Eigenarten bilden nicht den Stoff vornationaler Loyalität. Deshalb darf der neuartige Charakter des Nationalismus und der Nationen durch die fehlgeleitete Behauptung vormoderner Frühphasen nicht verwischt werden.“[25]

Vor dem Ersten Weltkrieg, während der Weimarer Republik und schließlich in den beiden ersten Jahrzehnten nach dem Zweiten Weltkrieg übte Friedrich Meinecke[26] einen Einfluss auf die interdisziplinär gestaltete Beschäftigung mit den Leitthemen „Nation“ und „Nationalismus“ aus, der auch von wissenschaftlichen Kontroversen begleitet wurde.[27]

Friedrich Meinecke interpretiert in eigenständiger Fortführung der Intentionen Humboldts, Rankes und Diltheys die politische Geschichte nach ihren ideengeschichtlichen Momenten. Der Nationalstaat wird nach Meinecke von „Formungen der Idee der Staatsräson“ getragen. Entscheidend ist nun, dass die „Idee“ des modernen Nationalismus im 19. und im frühen 20. Jahrhundert ein Konglomerat von „Staatsräson einerseits und allen übrigen politisch-ideologischen, gesellschaftlichen und wirtschaftlichen Kräften andererseits“[28] gebildet habe und in Ex-

---

23 Hans-Ulrich Wehler: a.a.O., S. 37.

24 Heinrich August Winkler, zit. nach Hans-Ulrich Wehler: a.a.O., S. 36.

25 Ebd.

26 Friedrich Meinecke: Weltbürgertum und Nationalstaat, München 1908 (Reprint 1969), Einleitung. Meinecke korreliert „Nation“ und „Nationalismus“ über Bestimmungsfaktoren der Gemeinsamkeiten von Wohnsitz, Abstammung, Sprache, Geistesleben, Staatsverband u.ä.

27 Die Geschichtswissenschaft in den 1970er Jahren war bemüht, leitende Tendenzen in der rezenten geschichtswissenschaftlichen Diskussion traditionskritisch und rekonstruktiv zu analysieren; hierbei spielt der Rückbezug auf Meinecke eine wichtige Rolle; vgl. dazu auch Ernst Schulin: Traditionskritik und Rekonstruktionsversuch. Studien zur Entwicklung von Geschichtswissenschaft und historischem Denken, Göttingen 1979, S. 7ff; S. 117ff.

28 Zit. nach ebd., S. 123. (Meinecke verweist hier auf den ideengeschichtlichen Hintergrund der staatlichen Macht bei Machiavelli).

tremvarianten „‚Leidenschaften' und ‚neue Gewalten'"[29] hervorrufen kann.

Meinecke, der in dem von ihm so bezeichneten „Hitlerismus" einen von rigoroser Machtpolitik geprägten „Machtstaatsgedanken" am Werke sah, ging nach 1945 „wieder von einem Dualismus aus, den er als den von Kausalitäten und Werten, geradezu platonisch von Realwelt und Idealwelt begriff."[30] Heute ist Meineckes Bedeutung wegen der methodischen Neuorientierung in Richtung auf strukturvergleichende und sozialwissenschaftliche Modellbildungen zweifelsfrei gering.

Wenn wir uns mit dem Ursprung des Lexems „Nation" näher auseinandersetzen, dann scheint es ebenso wichtig zu sein, die Merkmale des Nationsbegriffs zu unterscheiden. Friedrich Hertz hat in diesem Sinne drei Typen des Nationbegriffs herausgearbeitet, die verwendet werden:

> „(...) 1. Die Nation ist das Staatsvolk, also die Gesamtheit der Staatsbürger ohne Rücksicht auf Sprache und Abstammung, innerhalb der Staatsgrenzen. (...) 2. Die Nation ist eine Gemeinschaft, die an objektiven Merkmalen, vor allem an Sprache, Kultur und Charakter feststellbar ist, ohne Rücksicht auf Staatsgrenzen. 3. Die Nation beruht lediglich im subjektiven Merkmal des Zusammengehörigkeitswillens oder Gemeinschaftsgefühls."[31]

Hinsichtlich der Bestimmungsfaktoren von „Nation" und „Nationalismus" zeigen die von Boyd C. Shafer 1963 aufgegriffenen Kriterien durchaus einen bürgerlich-ideengeschichtlichen Hintergrund:

> „(1) das Vorhandensein einer irgendwie begrenzten territorialen Einheit; (2) gemeinsame kulturelle Charakteristika (z.B. Sprache, Sitten, Bräuche und Literatur); (3) einige gemeinsame soziale oder wirtschaftliche Institutionen; (4) eine gemeinsame souveräne Regierung oder das Verlangen nach einer solchen; (5) der Glaube an eine gemeinsame Geschichte – ‚die auch erfunden sein kann' – und eine gemeinsame Abstammung; (6) eine gewisse Wertschätzung zwischen den Nationsangehörigen, die sich nicht auf einzelne konkrete Personen bezieht; (7) die Hingabe an ein Ganzes, das Territorium, Kultur, soziale und wirtschaftliche Institutionen, Regierung sowie die Landsleute umfasst, ‚zugleich aber mehr ist als die Sum-

29 Ebd., S. 125.
30 Vgl. dazu Ernst Schulin: a.a.O., Göttingen 1979, S. 125f.
31 Friedrich Hertz: Wesen und Werden der Nation. In: Nation und Nationalität. Jahrbuch der Soziologie. Erster Ergänzungsband, Karlsruhe 1927, S. 23.

me' dieser Faktoren; (8) ein gemeinsamer Stolz auf die Erfolge und gemeinsame Trauer über die Mißerfolge dieses Ganzen; (9) Geringschätzung oder Feindseligkeit gegenüber anderen ähnlich gearteten Gemeinschaften; (10) die Hoffnung auf eine glänzende Zukunft der eigenen Gemeinschaft."[32]

Shafers Nation-Begriff hat bis Anfang der siebziger Jahre einen erheblichen Einfluss auf den politikwissenschaftlichen Diskurs im anglo-amerikanischen Wissenschaftsraum ausgeübt. Nach Shafer müssen zwar nicht alle diese Kriterien zugleich erfüllt sein, „aber mit Sicherheit ist der für eine Definition des Begriffes N. [i.e. Nationalismus] notwendige Staatstyp des Nationalstaates nur zu finden, wo der territorial klar begrenzte, durch den Besitz innerer und äußerer Souveränität und das Vorhandensein von Führungsorganen gekennzeichnete Herrschaftsverband des modernen Staates von einer ethnisch, sprachlich und/oder kulturell begründeten Nation bestimmt wird."[33]

Auch wenn diese Modellbildung Shafers auf Grund ihrer wissenschaftstheoretischen Rückbindung an funktionalistisch-systemtheoretische Argumentationsmodi Schwächen aufweist, deutet sich derjenige Diskursstrang an, der die politikwissenschaftliche Forschungsarbeit mitprägt: So kann nach Shafer Nationalismus als autorisierender Mythos solcher politischen Bewegungen definiert werden, die auf die Bildung, Konsolidierung oder Ausweitung eines Nationalstaates zielen, also eines Herrschaftsverbandes, in dem die „Identität" von Staat und Nation hergestellt ist. Aus diesem Grund ist der Nationalismus nach Shafer ein Phänomen, dessen Auftreten sich auf die Zeit der zweiten Hälfte des 18. Jahrhundert beschränkt und das seinen Ursprung in Europa hat. Der von Shafer definierte „Nationalismus" weist bestimmte Phasen auf, in denen er jeweils unterschiedliche Funktionen erfüllt. In diesem Sinne reicht es keineswegs aus, den Nationalismus allgemein zu definieren, vielmehr müsse eine Typologie des Nationalismus entwickelt werden.[34]

Die wissenschaftliche Auseinandersetzung seit den späten sechziger

32 Vgl. Staatslexikon. Band 3, S. 1272 (dort über Boyd C. Shafer).

33 Staatslexikon: a.a.O., S. 1273; vgl. Boyd C. Shafer: Nationalism: Interpreters and Interpretations. Washington 1959 (1963); Karl W. Deutsch: Nationalism and Social Communication, Cambridge/Mass. 1962 (1966), S. 19ff; fernerhin Manfred Hättich: Nationalbewußtsein und Staatsbewußtsein in der pluralistischen Gesellschaft, Mainz 1966; Theodor Schieder: Typologie und Erscheinungsformen des Nationalstaats in Europa. In: HZ, 202, 1966, S. 58ff.

34 Vgl. Staatslexikon: a.a.O., ebd.

Jahren ist unterschiedlicher Natur. Auffällig ist in wissenschaftsgeschichtlicher und -theoretischer Hinsicht vor allem, dass konstruktivistische Modellbildungen (Benedict Anderson[35] und Eric J. Hobsbawm[36]) oder primordiale Konzeptionen (Friedrich Meinecke, Theodor Schieder) Gegenpole bilden, in denen soziologische, ökonomische, kulturelle u.a. Konstituenten ein hochkomplexes Kausalgefüge bilden, die die Einstellungsmuster „Nationalismus" und „nationale Identität" prägen.

3.1.3 Zum Konzept der „imagined communities"

Der Diskurs über das Konzept der „imagined communities" bzw. den „vorgestellten Gemeinschaften" hat in den Politik- und Sozialwissenschaften mit dem gleichnamigen Buch von Benedict Anderson (1983)[37] eine neue Bedeutung gewonnen. Dabei hatte auch schon Ernst Gellner im Jahre 1964 in seinen Untersuchungen davon gesprochen, dass Nationen erfunden werden: „Nationalismus ist keineswegs das Erwachen von Nationen zu Selbstbewusstsein: man *erfindet* Nationen, wo es sie vorher nicht gibt."[38] Anderson definiert sein Nation- und Nationalismuskonzept:

> „(...) Nation (...) ist eine vorgestellte politische Gemeinschaft – vorgestellt als begrenzt und souverän. Vorgestellt ist sie deswegen, weil die Mitglieder selbst der kleinsten Nation die meisten anderen niemals kennen, ihnen begegnen oder auch nur von ihnen hören werden, aber im Kopf eines jeden die Vorstellung ihrer Gemeinschaft existiert (...) In der Tat sind alle Gemeinschaften, die größer sind als die dörflichen mit ihren Face-to-face-Kontakten, vorgestellte Gemeinschaften. Gemeinschaften sollten nicht durch ihre Authentizität voneinander geschieden werden, sondern durch die Art und Weise, in der sie vorgestellt werden (...) Die Nation wird als souverän vorgestellt, weil ihr Begriff in einer Zeit geboren wurde, als Aufklärung und Revolution die Legitimität der als von Gottes Gnaden gedachten hierarchisch-dynastischen Reiche zerstörten (...). Deshalb träumen Nationen davon, frei zu sein und dies unmittelbar – wenn auch unter Gott. Maßstab und Symbol dieser Freiheit ist der souveräne Staat."[39]

---

35 Benedict Anderson: Die Erfindung der Nation, Frankfurt/Main 1988.

36 Eric J. Hobsbawm: Nationen und Nationalismus. Mythos und Realität seit 1790, München 1996.

37 Vgl. Benedict Anderson: a.a.O., Frankfurt 1988.

38 Ernst Gellner: Thought and Change. London 1964, S. 169, zit. nach: Benedict Anderson: a.a.O., Frankfurt/Main 1988, S. 15 (Hervorhebung im Original).

39 Benedict Anderson: a.a.O., Frankfurt/Main 1988, S. 15f.

In dieser Definition Andersons ist Nation eine Denkfigur, ein „narratives Konstrukt“, das den Kern des jeweils typischen Nationalismus bzw. der „nationalen Identität“ bildet. Dennoch wirft diese, in wissenschaftstheoretischer Bewertung konstruktivistische Position eine Reihe von Problemen und Fragen auf: „Obwohl der Nationalismus und sein Ziel, die Nation im souveränen Nationalstaat, in der Tat moderne Phänomene sind, haben die Protagonisten des Nationalismus doch nicht das gesamte Konstrukt ‚erfunden‘, sondern es zum großen Teil aus Elementen der historischen Tradition zusammengesetzt, im Rückgriff also auf die Geschichte jener Herrschaftsverbände, in denen sich der Nationalismus entwickelte.“[40]

Auch wenn Nationalismus und Nation bürgerlich-moderne Phänomene sind, verweisen die Rückbindungen dieser „Konstrukte“ doch auf soziale, (macht)-politische, ökonomische und soziokulturelle Bedingungen. Im konkreten: „Aus diesem längst vorhandenen ‚Rohmaterial‘ (soziale, politische usw. Bedingungen, Anmerkung durch mich, K.B), aus dieser historischen Verfügungsmasse der Ethnien, konnten die Vordenker des Nationalismus ein Gutteil ihrer Konstruktionselemente entnehmen. Dort fanden sich bereits effektive Herrschaftsverbände über Jahrhunderte hinweg, bis hin zum neuzeitlichen Staat, eine gemeinsame Sprache und Kultur (...), eine erfundene oder arrangierte ethnische Vergangenheit. Die neue ‚mentale Landkarte‘ des Nationalismus besaß daher an vielen Stellen die durchaus vertrauten Züge der eigenen Ethnie.“[41]

Erst durch diese, von mir so bezeichneten „Rückbindungen“ der Konstrukte „Nation“ und „Nationalismus“ an konkrete Herrschaftsstrukturen und ethnische Eigenattribuierungen erklärt sich die Komplexität der Thematik dieser vorliegenden Untersuchung. Das Ideologem „Nation“, der Konstruktcharakter des „Nationalismus“ und die vielfältigen Einflussfaktoren bilden einen Zusammenhang wechselseitiger Beeinflussung. Einfache Ableitungsschemata und monokausale Erklärungen haben infolgedessen keine hinreichende Erklärungsreichweite, um die aktuelle Brisanz der „Ethnisierung bzw. Nationalisierung“ gesellschaftlicher Konflikte ursächlich zu erklären.

Dabei ist auch zu bemerken, dass die Ursprünge des „Nationalbewusstseins“ bei Anderson nicht an den sich verändernden Vorstellungsinhalten liegen, sondern primär in der im Rahmen einer bestimmten

---

40 Hans-Ulrich Wehler: a.a.O., München 2001, S. 37f.
41 Ebd., S. 38.

Wirtschaftsweise möglichen Expansion des Marktes für Druckerzeugnisse seit der Reformation und dann vor allem im 19. Jahrhundert. Also bevor jemand die Nation „erfunden" oder sich vorgestellt hat, „wurden diese neuen Gemeinschaften durch eine eher zufällige, doch explosive Interaktion möglich, die sich zwischen einem System von Produktion und Produktionsbeziehungen (dem Kapitalismus), einer Kommunikationstechnologie (dem Buchdruck) und dem unausweichlichen Faktum entwickelte, dass die Menschen verschiedene Sprachen haben. (...) Der Motor der ‚Zusammenfassung' verwandter Umgangssprachen war der Kapitalismus, der innerhalb der von Grammatik und Syntax gesetzten Grenzen mechanisch reproduzierte Schriftsprachen hervorbrachte, die in der Lage waren, sich über den Buchmarkt zu verbreiten."[42]

Ein weiterer Punkt, der in dem Konzept von Anderson in den Mittelpunkt rückt, ist die Funktion der Grenze zur Errichtung der nationalen Fiktion. Anderson spricht hierbei von zwei Arten von Grenzen, die die Nation konstituieren: erstens Grenzen um Territorien und zweitens Grenzen zwischen Klassen, Ethnien und Rassen. Dass ein durch Grenzen homogenisiertes Gebiet schneller dazu neigt, bei seiner Bevölkerung Gemeinschaftsgefühle hervorzubringen, die eine ethnische und/oder nationale Form annehmen können, führt Anderson zur These, dass die Nation eigentlich die „Erfindung" der Kolonien, der von den Eroberern abstammenden, nun aber einheimischen Eliten war, ein Konzept also, das von Anfang an von den homogenen Territorialstrukturen der Kolonien und vom konstitutiven Gegensatz zum früheren „Mutterland" geprägt wurde. Im Rahmen dessen spielt auch die durch die „Rasse" bezeichnete Grenze eine wesentliche Rolle in Andersons Konzept der „imagined communities". Die Frage konzentriert sich jedoch darauf, welche Funktion diesem Rassismus in Andersons Konzept zugeschrieben wird. Anderson betont in diesem Zusammenhang nicht nur, dass die „Ideologien, in denen die Fantasien des Rassismus ihren Ursprung haben, in Wirklichkeit eher solche der Klasse als der Nation sind", sondern bezeichnet es außerdem als „ein tiefgehendes Missverständnis, (...) Rassismus und Antisemitismus aus dem Nationalismus abzuleiten."[43]

42 Bendict Anderson: a.a.O., S. 43f; zur Rezeption der theoretischen Ansätze von Anderson vgl. Özgür Öner: Nation, Nationalismus und Globalisierung, Köln 2002, S. 65-69.

43 Bendict Anderson: a.a.O., S. 129 (Hervorhebungen im Original).

3.1.4 Nation und Nationalismus: Definition und begriffliche Auseinandersetzungen seit 1989/90

Gerade in der Bundesrepublik Deutschland sind die Diskussionen um die Begriffe „Nation" und „Nationalismus" auch heute noch von den Erfahrungen der nationalsozialistischen Machtherrschaft geprägt.

In der wissenschaftlichen Diskussion über das „Prinzip Nation" besteht keineswegs Einvernehmen darüber, was Wesensmerkmale einer „Nation" sind, wie sich diese gegen andere kollektive Formen menschlicher Gemeinschaften abgrenzen. So bemerkt der Historiker Eric J. Hobsbawm, dass „die Eigentümlichkeit dieser Form einer Einordnung menschlicher Individuen oder Gruppen (...) darin [besteht], dass sich ungeachtet der Ansprüche derer, die ihr zugehören (...), kein befriedigendes Kriterium angeben lässt, um zu entscheiden, welche der vielen Gemeinschaften mit diesem Begriff bezeichnet werden sollen."[44] Auch wenn sich in den vielseitig geführten Diskussionen mögliche Definitionen und Kriterien für den Begriff „Nation" aufzeigen lassen, so weist Hobsbawm doch zu Recht auf die erheblichen Schwierigkeiten hin, das Konstrukt „Nation" begrifflich zu definieren bzw. zu fassen.

Auf politischem Gebiet bringt die Form des Nationalismus, laut Hobsbawm, die Minderheits- und Partikularinteressen von Parteien und Bewegungen eines Landes zum Ausdruck, um sich gegenüber einer vorgestellten Gemeinschaft zu behaupten. Infolgedessen neigen alle Bewegungen, die nach territorialer Unabhängigkeit streben, zu der Vorstellung, ihr Ziel sei die Errichtung einer Nation, auch wenn dies überhaupt nicht der Fall ist. Zugleich werden sich alle Bewegungen, die für regionale, lokale oder auch partikulare Interessen gegen die Zentralmacht und den bürokratischen Staatsapparat kämpfen, nach Möglichkeit ein nationales Kostüm umhängen und auf ethnischer und/oder sprachlicher Eigenständigkeit beharren. Hobsbawms theoretische Auseinandersetzung mit dem Themenrahmen Nation und Nationalismus ist wie folgt zu skizzieren:

- Nationalismus wird als politisches Prinzip gebraucht, das besagen soll, politische und nationale Einheiten sollten deckungsgleich sein.
- Der Nationalstaat ist nicht eine ursprüngliche und unveränderliche soziale Einheit. Er hat transitorischen Charakter und gehört einer bestimmten und jungen Epoche der Geschichte an. Nicht Nationen

44 Eric J. Hobsbawm: Nationen und Nationalismus. Mythos und Realität seit 1780. München 1996, S. 15.

bringen Staaten hervor, sondern umgekehrt, Staaten und Nationalismen bringen Nationen hervor.

- Nationen existieren nicht nur als Funktion einer bestimmten Form des Territorialstaates oder des Strebens nach seiner Verwirklichung, sondern stehen auch im Kontext mit einer bestimmten Phase der technischen und wirtschaftlichen Entwicklung.
- Nationen sind nach Hobsbawm Doppelphänomene, d.h. sie sind zwar von oben konstruiert, aber dennoch nicht gänzlich zu verstehen, ohne eine Betrachtung der damit verbundenen Sehnsüchte, Hoffnungen, Annahmen und Interessen der kleinen Leute.
- Nationalbewusstsein entwickelt sich unter gesellschaftlichen Gruppen ungleichmäßig. Die Masse der Bevölkerung, Bauern, Beschäftigte usw. ist als letzte von diesem Bewusstsein ergriffen worden.
- Hobsbawms Hauptinteresse liegt darin, eine Analyse zu liefern, wann und wie die nationalpolitischen Programme die Unterstützung der Massen gewannen, deren Repräsentant zu sein sie immer wieder behaupten.[45]

So kommt nochmals deutlich zum Ausdruck, dass die Nation im eigentlichen Produkt eines Modernisierungsprozesses auf der Basis industrieller Produktion, territorialer Expansion, sozialer Interaktion und sprachlicher Kommunikation einer großen Gruppe von Menschen mit einem gemeinsamen Erfahrungshintergrund ist.

Christoph Butterwegge versteht unter Nationalismus „eine Ideologie und politische Bewegung, die Menschen trotz unterschiedlicher bzw. gegensätzlicher Interessen befähigt, sich für einen gemeinsamen Nationalstaat zu engagieren, aber auch veranlaßt, sich mit dessen Expansionsdrang zu identifizieren und die eigene Nation zu verabsolutieren."[46]

Der Einfluss des Nationalismus liegt in seiner enormen Wandlungs- und Anpassungsfähigkeit. Gerhard Simon bezeichnet das Phänomen „Nationalismus" in diesem Zusammenhang als „Chamäleon mit einem starken und selbständigen Eigenleben, das sich mit den unterschiedlichsten sozialen Gruppen und politischen Ideologien verbinden kann".[47] Daher ist es auch sehr kompliziert, ihn explizit zu definieren: „Den Nationalismus kennzeichnet nämlich eine Doppelstruktur: Er kann unter-

---

45 Vgl. ebd.

46 Christoph Butterwegge: Rechtsextremismus, Rassismus und Gewalt. Erklärungsmodelle in der Diskussion, Darmstadt 1996, S. 135.

47 Gerhard Simon: Nationalismus und Nationalitätenpolitik in der Sowjetunion, Baden-Baden 1986, S. 201.

drückten Völkern bzw. Volksgruppen geistig-moralische Stärke, Selbstbewusstsein und ein Zusammengehörigkeitsgefühl vermitteln, aber auch als Herrschaftsinstrument, etwa zur Massenmobilisierung im Krieg oder zur Legitimation der Eroberung und Besetzung fremder Länder, benutzt werden. Dieselbe Janusköpfigkeit spiegelt sich auch in der Genese des bürgerlichen Nationalismus wider."[48]

Die politische Funktion des Nationalismus im gegenwärtigen Diskurs ist unbestritten. Ernest Gellner definiert den Begriff „Nationalismus" als ein „politisches Prinzip", in der politische und nationale Einheiten dekkungsgleich sein sollten: „Nationalismus ist eine Theorie der politischen Legitimität, der zufolge sich die ethnischen Grenzen nicht mit den politischen überschneiden dürfen"[49] Gellner versteht darunter ein „politisches Legitimationsprinzip".

Grundlegendes Charakteristikum des Nationalismus ist für Karl W. Deutsch die Bevorzugung der Wettbewerbsinteressen einer Nation (und ihrer Mitglieder) vor denen aller Außenstehenden. Damit ist die dem Nationalismus inhärente personale wie territoriale Innen- und Außen-Differenzierung benannt: eine scharfe Abgrenzung zwischen „uns" und „den anderen", zwischen „unserer" Nation, die das Maß aller Dinge ist, und „anderen" Nationen, deren Interessen bestenfalls zweitrangig sind.[50]

Eine weitere Bedeutung gewinnt der Nationalismusbegriff in der Kernideolgie zur Herrschaftssicherung und -befestigung. Hans Kohn begreift in diesem Zusammenhang den Terminus „Nationalismus" als eine Ideologie, die eng an Machtinteressen und Machtkonstellationen gebunden ist: „Nationalismus ist undenkbar ohne die Voraussetzung der Idee der Volkssouveränität, ohne eine grundsätzliche Überprüfung der Stellung von Herrscher und Beherrschten, von Klassen und Kasten."[51] Die herrschende Anschauung wird – so Kohn – mit Hilfe einer neuen Naturwissenschaft und eines neuen Naturrechts über Welt und Gesellschaft verweltlicht. Der Verweltlichungsanspruch der Weltanschauung hängt zugleich mit dem „expansivistischen Charakter der kapitalistischen Wirtschaftsform"[52] zusammen. Demnach sollen die Normen und Werte, die

48 Christoph Butterwegge: a.a.O., Darmstadt 1996, S. 137.
49 Ernest Gellner: Nationalismus und Moderne. Hamburg 1995, S. 8.
50 Karl W. Deutsch, zit. n. Peter Alter (Hg.): Nationalismus, München 1994, S. 64.
51 Hans Kohn: Die Idee des Nationalismus: Ursprung und Geschichte bis zur französischen Revolution. Frankfurt/Main/New York 1950, S. 21.
52 Vgl. Etienne Balibar/Immanuel Wallerstein: Rasse, Klasse, Nation. Ambivalente Identitäten. Hamburg/Berlin 1992, S. 60.

das kapitalistische System setzt, eine universelle Gültigkeit und Richtigkeit haben.

In diesem Zusammenhang ist Nationalismus als Ideologie zugleich eine „soziale Bewegung",[53] die im Zuge der Nationalstaatenbildung die Zugehörigkeit zu einer vorgestellten politischen Gemeinschaft postuliert und bei ihren Mitgliedern die Zugehörigkeit betont und bekräftigt. Den Nationalismus mit seinen „(...) kommunikativen und ideologischen Bezügen oder auch mit ökonomisch relevanten Gemeinsamkeiten, welche sich auf die Herstellung, Festigung oder Verteidigung einer eigenen Nation nach gemeinsamer Definition (...)"[54] stützt, hat Georg Elwert auch einen aggressiven „Abgrenzungs- und Ausschließungsdrang" genannt. Unter dem „völkischem Nationalismus" wird jedoch in Anlehnung an Hoffmann, die „Reinhaltung des Volkes"[55] verstanden.

Robert Miles korreliert den Nationalismusbegriff mit einem Bewusstmachungsprozess und stützt diesen Prozess auf einen wachsenden bewussten und organisierten Versuch des Staates, ein Gefühl von Gemeinsamkeit zwischen der nach Klasse und Geschlecht bzw. Gender differenzierten Bevölkerung eines Territoriums zu schaffen und aufrechtzuerhalten. Dies funktioniert nicht nur im Hinblick auf die sog. eigene Nation, um sie als eine Gemeinschaft zu konstruieren und aufrechtzuerhalten, sondern zugleich „durch die Realität der anderen Nationen, die außer ‚unserer eigenen' existieren."[56]

Was die Nation zur Nation macht, sind nicht nur gemeinsame Werte, „(...) sondern die Tatsache, daß im Inhalt dieser Ideologie die Großgruppe als eine Einheit auftritt, daß das Welt- und Gesellschaftsbild ihrer Angehörigen diese Einheit als zentrales Faktum enthält, daß in diesem Welt- und Gesellschaftsbild, die in Rede stehende Gruppe gegen ihre Umwelt abgegrenzt und mit Wertakzenten versehen erscheint. Dieses Gestalt, dieses Bild der zu integrierenden Gruppe ist es, was die integrierende Kraft ausübt."[57]

---

53 Georg Elwert: Nationalismus und Ethnizität. Über die Bildung von Wir-Gruppen. In: KZfSS, Heft 3, 1989, S. 449.

54 Ebd.

55 Lutz Hoffmann: Die unvollendete Republik. Zwischen Einwanderungsland und deutschem Nationalstaat. Köln 1992, S. 26.

56 Robert Miles: Der Zusammenhang von Rassismus und Nationalismus: Die Perspektive des vereinigten Königreichs. In: Rudolf Leiprecht (Hg.): Unter Anderen: Rassismus und Jugendarbeit. Duisburg 1992, S. 25.

57 Eugen Lemberg: Nationalismus II. Soziologie und politische Pädagogik, Reinbek 1964, S. 58.

Kennzeichnend ist nicht, im Besitz gleicher Vorstellungen und Ideale zu sein, sondern der Glaube daran, mit anderen trotz der Verschiedenheit angesichts der Existenz von Klassen, Berufen, Schichten und Rollen, einer gemeinsamen großen, durch Leistungen ausgewiesenen, durch Vorzüge von ihrer Umwelt abgehobenen, aktionsfähigen, faszinierenden und verpflichtenden Großgruppe, in unserem Falle der Nation, anzugehören. Primär ist der Glaube an die Eigenart und Überlegenheit der sog. eigenen Nation im Vergleich zu anderen Nationen. Wäre dieser Unterschied durch die Ideologie des Nationalismus nicht betont, würden sich die Grenzen zwischen anderen Nationen vermischen bzw. auflösen.

Die Polarisierung von Minderheiten und Mehrheiten, beispielsweise in „Ausländer" oder „Inländer" wird durch die beschriebenen Vereinheitlichungs- und Differenzierungsprozesse erzeugt. Im Grunde genommen geschieht beides zugleich durch die Doppelfunktion des Nationalismus als Integrations- und Ausgrenzungsideologie.

Nach Heckmann besitzt die Ideologie des Nationalismus die Funktion, Nationalstaaten als kulturell möglichst homogene Gebilde zu etablieren. In diesem Sinne werden die der angeblich homogenen Nationalkultur entgegenstehenden heterogenen Gruppen, die im Staatsgebiet leben oder dorthin einwandern, zu „ethnischen Minderheiten" gemacht.[58]

Anlehnend an den Umbruchprozess seit 1989/90 ist zu entnehmen, dass der neue Nationalismus alte Großmachtambitionen zum Ausdruck bringt: „Von der Existenz und richtigen Zusammensetzung der künftigen deutschen Elite wird es abhängen, ob der Industrie- und Bevölkerungsgigant in der Mitte Europas nach einer friedlichen Wiedervereinigung, der alle zugestimmt haben, es im dritten Anlauf schafft, seinen Platz im Konzert der Europäer und der Weltpolitik zu finden."[59]

Zur Annäherung an den Begriff „Nation" sollen in dieser Untersuchung weitere klassische Definitionen vorgestellt werden, die in verschiedene historische Richtungen einzuordnen sind, und gleichzeitig Elemente der „Kulturnation" oder auch „Staatsnation" betonen.

---

58 Vgl. Friedrich Heckmann: a.a.O., Stuttgart 1992, S. 45.

59 Jochen Thies: Masse und Mitte. Über die Herausbildung einer nationalen Elite. In: Heimo Schwilk/Ulrich Schacht (Hg.): Die selbstbewusste Nation. Anschwellender Bocksgesang und weitere Beiträge zu einer deutschen Debatte, Berlin/Frankfurt/Main 1994 (2. Auflage), S. 235.

3.2 Implikationen des ethnischen Nationsbegriffs in Deutschland

War der Begriff „Nation“ in der ersten Hälfte des 19. Jahrhunderts ein emanzipatorischer Begriff, so verwandelte er sich im Deutschen Reich, aber auch in anderen europäischen Ländern, zunehmend zu einem aggressiven und imperialistischen Konzept. Gerade das traditionelle Nationsverständnis in Deutschland seit dem 19. Jahrhundert lässt sich als „ethnisches Nationskonzept“ beschreiben. Der „ethnische Nationalismus“ strebt ethnische Gemeinsamkeit als Grundlage staatlicher Organisation an. Somit definiert dieser Nationsbegriff Nation als Volk mit „eigenem“ Staat. Also steht im Zentrum des ethnischen Nationsbegriffes der „Volksbegriff“.

Nachdem der „Volksbegriff“ bis in die Aufklärung hin noch ein abwertender Begriff war, erfuhr er unter Einfluss Herders eine Aufwertung und „Nobilierung“.[60] Der Begriff „Volk“ wurde zum „Urvolk“, also zu einer ursprünglichen, auf Abstammung beruhenden kulturellen und politischen Gemeinschaft. Dieser „Volk“-Begriff wurde somit zum kollektiven Subjekt des Geschichtsprozesses und die Menschheit als in Völker gegliedert gesehen. Das Volk als Geschichtssubjekt begründet dann unter bestimmten Bedingungen „seinen“ Staat, beispielsweise durch Zusammenschluss mehrerer kleiner Staaten oder durch Herauslösung aus einem Staatenverband, und wird zur Nation. Ausgehend von dieser Festlegung ist für den „ethnischen Nationsbegriff“ die Verbindung zwischen Ethnizität und Staatlichkeit konstitutiv. Wir erkennen, dass im Rahmen deutscher Nationalgeschichte der Begriff der „Nation“ mit den Vorstellungen des „völkischen Nationalismus“ besetzt ist: „Wer die ‚Nation‘ wieder aufwertet, hilft hierzulande unweigerlich der völkischen Ideologie.“[61]

Friedrich Heckmann definiert den Zusammenhang zwischen Nation und Nationalstaat wie folgt: „Nation und Nationalstaat bezeichnen eine historische Entwicklungsstufe von Gesamtgesellschaften in der Moderne. Nation ist ein ethnisches Kollektiv auf einem bestimmten Territorium, das ein ethnisches Gemeinsamkeitsbewusstsein teilt und politisch-verbandlich in der Form eines Nationalstaates organisiert ist. Der National-

60 Bert Schönemann: „Volk“ und „Nation“ in Deutschland und Frankreich 1760-1815. In: ZfP, Beiheft 24, 1989, S. 279.

61 Dieter Oberndörfer: Kulturelle Freiheit und Verfassungspatriotismus. Die Entwicklung von Nationalstaat zum republikanischen Europa. In: Ansger Klein (Hg.): Wertediskussion im vereinten Deutschland, Köln 1995, S. 51.

staat stellt den Anspruch einer Übereinstimmung von politisch-staatsbürgerlicher und ethnischer Zugehörigkeit."[62]

Nach Heckmann ist der Begriff „Volk" auch gegenwärtig sehr negativ belastet. Dies entspringt – so Heckmann – der nationalsozialistischen Ideologie der Volksgemeinschaftsdoktrin und dem sog. „Blut- und Bodenmythos". Das „Volk" ist nach Auffassung Heckmanns seit der Romantik in Deutschland ein ideologischer und wertender Begriff, der bis heute in die politischen Denkmuster hineinwirkt.[63]

Somit werden Gemeinschaft und Gesellschaft im ethnischen Nationalismuskonzept unterschieden. Die Gemeinschaft hält demnach die Menschen als Glieder eines Ganzen zusammen. Sie wird als dauerndes wahrhaftes Zusammenleben verstanden, während die Gesellschaft als etwas Vergängliches aufgefasst wird. Infolgedessen schließt die Gemeinschaft die Nichtdeutschen aus, wobei die Gesellschaft sie eingliedert. Folgerichtig stehen Gemeinschaft und Gesellschaft – so Lutz Hoffmann – im Gegensatz zueinander.[64]

Für den „völkischen Nationalismus" ist der Begriff der „Volksgemeinschaft" fundamental, aus dem der sog. „Volksgeist" hervorgeht, der sich mit dem kollektiven Wir-Gefühl deckt. Die „Volksgemeinschaft" beansprucht alles für sich, was die Gesellschaft an insgesamt Positivem erzeugt. So werden Leistungen wie wirtschaftlicher Aufschwung, soziale Stabilität, kulturelle Werte dem deutschen Volk zugeschrieben, obwohl Zuwanderer auch dazu beigetragen haben. Hoffmann konstatiert daraus: „Die Idee des Volkes ist der Schmarotzer an der Realität der Gesellschaft."[65] Somit wird alles, was negative Auswirkungen hat, wie beispielsweise Arbeitslosigkeit, Kriminalität, Wohnungsnot u.ä. der Gesellschaft, der die Zuwanderer angehören, angehaftet.

In diesem Sinne stellt sich hierbei auch die erkenntnisleitende Frage „Wer ist Deutscher?" Zunächst gehören hierzu Angehörige des deutschen Volkes. Da aber Nation im ethnischen Sinne auf „Volk" beruht, sind Deutsche im traditionellen Verständnis zugleich Angehörige des „deut-

---

62 Friedrich Heckmann: Nation und Integration von Migranten in Deutschland. In: Körber-Stiftung (Hg.): Was ist ein Deutscher? Was ist ein Türke?. Deutsch-Türkisches Symposium 1997, Hamburg 1998, S. 185.

63 Vgl. Friedrich Heckmann: Ethnische Minderheiten, Volk und Nation. Soziologie inter-ethnischer Beziehungen. Stuttgart 1992, S. 48.

64 Lutz Hoffmann: Die unvollendete Republik – Zwischen Einwanderungsland und deutschem Nationalstaat, Köln 1992, (2. Auflage), S. 54.

65 Ebd., S. 58.

schen Volkes" und der „deutschen Nation" als politischen Verbandes. Dieses Verständnis lag auch der bisherigen Konzeption des Staatsangehörigkeitsrechtes zu Grunde.[66] Da sich die Nation als Abstammungsgemeinschaft mit gemeinsamer Kultur und Geschichte begreift, wurden auch die Zugehörigkeit zum Volk und die rechtliche Zugehörigkeit zum politischen Gemeinwesen, die Staatsangehörigkeit, eng aneinander gebunden.

Dies hat zur Konsequenz, dass erstens die Nachkommen von deutschen Staatsbürgern ebenfalls als Deutsche gelten, auch wenn sie aus verschiedenen Gründen (z.B. während der Existenz der DDR) ihre Rechte als Staatsbürger nicht wahrnehmen können; zweitens gehören zur deutschen Staatsgemeinschaft im ethnischen Sinne auch die deutschen Minderheiten in den verschiedenen Staaten Osteuropas (kommen sie als Aussiedler in die Bundesrepublik, wird ihnen die deutsche Staatsbürgerschaft zuerkannt) und drittens ist die Aufnahme in eine solche Abstammungs- und Kulturgemeinschaft schwer, denn die Einbürgerung von Nicht-Deutschen ist ein Vorgang, bei dem immer noch hohe Hürden zu überwinden sind.

Die „Volksgemeinschaft" und die Gesellschaft haben in dieser Logik unterschiedliche Grenzsetzungen, wobei die der „Volksgemeinschaft" im Unterschied zu der Gesellschaft unüberbrückbar ist. Einwanderung erscheint von daher für die „Volksgemeinschaft" als „unerfüllbar" und für Nicht-Deutsche als unakzeptabel, wohingegen die Gesellschaft sie temporär aufnehmen kann. Im Denkmuster der Volksgemeinschaft findet eine Dichotomisierung von den Dazugehörigen und Nicht-Dazugehörigen statt. Zuwanderer erscheinen in den Alltagsvorstellungen der deutschen Bevölkerung, denen Denkmuster der Volksgemeinschaft zugrunde liegen, als etwas „Vorübergehendes", als „Gäste". Aufgrund dieses völkischen Denkens erscheint es der Mehrheitsbevölkerung unerheblich, dass sich die Zuwanderer seit Jahrzehnten hier niedergelassen und ihren Lebensmittelpunkt in diesem Lande festgelegt haben. Die Übernahme der vorurteilshaften, diskriminierenden Denkmuster hat tief greifende Ursprünge: „Die nationalstaatlich geprägte deutsche Idee trug von Anfang an den Stempel der Fremdenfeindlichkeit. Die Deutschen hatten sich nunmehr in der Verneinung des Fremden zu bewähren. Ihre Rechte

66 Zwar hat Deutschland seit dem 1.1.2000 als positiven Schritt ein neues Staatsbürgerschaftsrecht, doch die Kernelemente des deutschen Nationsverständnisses sind geblieben.

glaubten sie nur erkämpfen zu können, in dem sie denen streitig gemacht wurden, die keine Deutschen waren."[67]

Trotz der eingeführten Änderungen im deutschen Staatsbürgerschaftsrecht (seit Januar 2000) können wir erkennen, dass das geltende Reichs- und Staatsbürgerschaftsrecht den Kern des „ethnischen Nationalismuskonzepts" widerspiegelt. Zugleich ist anlehnend an die gegenwärtige Einwanderungsdiskussion zu erkennen, dass die bundesrepublikanische Migrationspolitik weiterhin stark von der Fiktion des homogenen Nationalstaates geprägt ist.

Relevant für diese Untersuchung ist, dass die Verinnerlichung des Nationalismusaspekts bei türkischsprachigen Jugendlichen (Wir sind stolz, Türken zu sein) aufgrund ihrer Marginalisierung und Ausgrenzung eher in Richtung des nationalistisch geprägten Zugehörigkeitsgefühls zu interpretieren ist. Vor allem ist nochmals darauf hinzuweisen, dass türkisch-nationale Organisationen und Dachverbände an diese ethnisch nationalistischen Komponenten anknüpfen, um ihre politische Dominanz innerhalb der türkischsprachigen Community zu erhalten und zu erweitern.

3.3 Zum Begriffsinhalt von „nationaler Identität"

Der Begriff „nationale Identität" ist ein Konstrukt, um alltagssprachliche Konnotationen eines Zugehörigkeitsgefühls zu einer Nation, Vorstellungen über ein Nationalgefühl oder einen „nationalen Charakter" begrifflich zu bündeln. In jedem Fall verweist der Begriff einer „nationalen Identität" zunächst auf einen Prozess der sozialen Organisation von Individuen in einer geographisch historischen Einheit. Umstritten bleibt allerdings die Beantwortung der Frage nach der Entstehung eines Nationalgefühls als Voraussetzung nationalstaatlicher Kohärenz und unter der Prämisse der geschichtlich-politisch gewordenen Nationetablierung – die weiterführende Frage nach den politischen, sozialen und sozialpsychologischen Merkmalsklassen einer angenommenen „nationalen Identität".

Der von Boyd C. Shafer[68] entwickelte Katalog von zehn Definitions-

67 Zit. nach Wolf-Dieter Just: Das neue Ausländergesetz – Überlegungen zu seiner Grundorientierung und den ideologischen Voraussetzungen. In: Wolfgang Gessenharter/Helmut Fröchling (Hg.): Minderheiten – Störpotential oder Chance für eine friedliche Gesellschaft? Baden-Baden 1991, S. 72.

68 Vgl. dazu Kap. 3.1.2

elementen des Nation-Begriffs impliziert eine Reihe von Konstituenten aus unterschiedlichen Merkmalsklassen, die ihrer Heterogenität (geographische, politische, kulturelle Merkmale usw.) eine Vielzahl von Kombinationsmöglichkeiten zulassen. Dieser sehr weit gefasste Katalog von Definitionsansätzen des Nationbegriffs wird von Shafer relativ flexibel und offen gehandhabt, insofern nicht alle zehn Kriterien erfüllt sein müssen, damit eine Nationdefinition hergestellt wird. Im Sinne einer Minimaldefinition „Nation" sind bei Shafer jedoch die Basis-Elemente der territorialen Einheit und Begrenzung, des Besitzes der inneren und äußeren Souveränität, das Vorhandensein einer Regierung (bei Shafer ein „durch Führungsorgane gekennzeichneter Herrschaftsverband") eine Voraussetzung.

Problematisch und unbestimmt bleiben allerdings in Shafers Katalog die über diese Basiskriterien hinausweisenden Merkmalsklassen einer angenommenen „nationalen Identität" (ethnische, sprachliche, kulturelle Identität; autorisierende Mythen einer gemeinsamen Geschichte).

Eine politikwissenschaftlich verwendbare Typologie des Begriffs „nationale Identität" sollte einerseits die wissenschaftsgeschichtliche Entwicklung des Nation-, Nationalismus- und „nationalen Identitäts"-begriffs und die Merkmale Nationalbewusstsein, -gefühl, -charakter usw. aufarbeiten, andererseits jedoch die Reichweite des sog. „Identitätsbegriffs" wissenschaftstheoretisch bestimmen.

Sieht man von dem wertgeladenen, zum größten Teil nicht aussagekräftigen Diskurs vor 1900 ab, hat die von Hayes[69] 1931 vorgelegte Typologie bis in die fünfziger Jahre den Diskurs geprägt. Hayes hat ein Modell vorgelegt, in dem nationale Wertvorstellungen, nationorientierte Einstellungsprofile und politische Handlungsziele vor dem historisch-politischen Hintergrund analysiert und typisiert werden. Hayes unterscheidet typologisch den

- humanitär-egalitären Nationalismus (im Sinne von Rousseau, Herder
- u.a.);
- jakobinischen Nationalismus (Französische Revolution, Napoleon);
- traditionell-romantischen Nationalismus (europäische Romantik des
- 19. Jahrhunderts);
- den liberalen Nationalismus (der bürgerlich-konstitutionellen Staaten im Europa des 19. und 20. Jahrhunderts);

69 Vgl. Carlton Joseph H. Hayes: The Historical Evolution of Modern Nationalism, New York 1931 (1963).

- den integralen Nationalismus (des Faschismus und der autoritären Diktaturen in Europa);
- den Wirtschaftsnationalismus (als Phänomen ohne geographische und territoriale Begrenzung; z.B. rigide Schutzzollpolitik, massive Autarkiebestrebungen).

Allerdings hat die Politikwissenschaft in den zurückliegenden Jahren dieses Schema, das im Wesentlichen historisch und chronologisch strukturiert ist, entscheidend modifiziert.[70] Louis L. Snyder hat in diesem Sinne eine Typologie vorgelegt, die bis heute in der Politikwissenschaft erheblichen Einfluss ausübt. In Grobskizzierung lässt sich dieses Typen-Schema der „Nationalismen" nach Snyder wie folgt darstellen:

- diversifizierender Nationalismus (Europa)
- „schwarzer" Nationalismus (Afrika)
- antikolonialistischer Nationalismus (Asien)
- politisch-religiöser Nationalismus (Lateinamerika)
- Melting-pot (Schmelztiegel)-Nationalismus (USA)
- Messianischer Nationalismus (UdSSR)

Fraglich bleibt allerdings auch in Snyders Modellbildung die Erklärungsdimension der in Verbindung stehenden Kategorien. Dennoch lassen sich auch in der aktuellen politikwissenschaftlichen Diskussion über den „Nationalismus" bzw. „nationalen Identitätsbegriff" Grundfiguren erkennen, die von ferne an die skizzierten Typologien erinnern.[71]

Fest steht, dass der Leitbegriff einer „nationalen Identität" oder eines „Nationalismus" typologisch nicht abbildbar ist, weil sowohl die begriffsintensionalen als auch die begriffsextensionalen Dimensionen des Phänomens „nationale Identität" ausgesprochen vielschichtig und komplex sind:

---

70 Vgl. die Kritik bei Louis L. Snyder: The New Nationalism, New York 1968; ders.: The Meaning of Nationalism. New York 1954; vgl. auch Baskın Oran: Azgelişmiş Ülke Milliyetçiliği. Kara Afrika Modeli [Der Nationalismus in den unterentwickelten Ländern. Das schwarzafrikanische Modell], Ankara 1977

71 Vgl. die im aktuellen Diskurs begegnenden Begriffen des sogenannten Emanzipations-Nationalismus, Integrations-Nationalismus, Konfrontations-Nationalismus und Hegemonial-Nationalismus; vgl. dazu auch Hans-Ulrich Wehler: Die Gegenwart als Geschichte. München 1995 (dort: Kapitel II „Deutscher Nationalismus", S. 127-185.); Theodor Schieder: Nationalismus und Nationalstaat. Studien zum nationalen Problem im modernen Europa. Hg. von Otto Dann und Hans-Ulrich Wehler, Göttingen 1992, S. 7-13; Heinrich August Winkler/Thomas Schnabel: Bibliographie zum Nationalismus, Göttingen 1979; Hans Mommsen: Nation und Nationalismus in sozialgeschichtlicher Perspektive. In: Wolfgang Schieder/Volker Sellin (Hg.): Sozialgeschichte in Deutschland. Bd. II, Göttingen 1986, S. 162-185.

> „Im Anfang war nicht die Nation, nicht der Nationalismus, nicht der Nationalstaat. Sie alle sind Phänomene der modernen Geschichte, wenn man diese mit den revolutionären Umwälzungen des 18. Jahrhunderts beginnen läßt. Jahrtausendelang hat es diese Erscheinungen nicht gegeben. Blickt man auf Europa, sind sie von der Antike bis zum Hochmittelalter, dann in der alteuropäischen Welt vom 12. bis zum 18. Jahrhundert nicht vorhanden. Die sozialen Verbände, die ideellen Strömungen, die politischen Institutionen besitzen ihre eigene Signatur – sie sind nicht ‚nationale', auch nicht ‚pränational'. (...)

Wahr ist: Nation und Nationalismus sind ‚soziale Erfindungen' Europas. Aber sie setzen sich seit dem Beginn der Moderne durch. Daraus folgt: Man muß aus zwingenden historischen und analytischen Gründen den Nationalismus von älteren Loyalitätsformen scharf unterscheiden: von der Anhänglichkeit an Lehnsherr und Dynastie, an Reichsstadt und Landschaft; von Landespatriotismus und Konfessionstreue. Dasselbe gilt für die Nation, die mit traditionellen Sozialverbänden, gilt für den Nationalstaat, der mit traditionellen Herrschaftsgebilden im Kern nichts gemein hat."[72]

Folgt man der Auffassung Hans-Ulrich Wehlers, so konstituieren sich die Phänomene „Nationalismus", „Nation" und „Nationalstaat" im Westen während der großen Revolutionen. Diese Phänomene – so Wehler – sind als Antwort auf die „Herausforderung säkularer Krisen" zu sehen, die auf der Basis älterer Traditionen, sprachlicher, historischer und soziokultureller Gemeinsamkeiten zu sehen sind. „Aber sie stilisieren diese jetzt um, übertreiben die verbindenden Elemente zur ‚Nationalgeschichte', zur ‚Nationalsprache', zum ‚Nationalcharakter'."[73]

3.3.1 Überlegungen zum Konstrukt und Theorem „Identität"

Betrachtet man den „Identitätsbegriff" in den verschiedenen soziologischen Konzepten, so stößt man auf zwei Kernfragen, die einer unterschiedlichen wissenschaftlichen Auslegung bzw. Beantwortung unterworfen sind: Der erste Streitpunkt stellt sich in dem Vermittlungsproblem zwischen Individuum und Gesellschaft; d.h. in den verschiedenen Konzepten herrscht Uneinigkeit vor allem über den Grund der Abhängigkeit „individueller Identitätsmuster" und Einstellungsprofile von gesellschaftlichen Strukturen und ihren Einflüssen auf die Mitglieder dieser konkreten Gesellschaft. Die Schlüsselfragen, die in diesem Zusammenhang

72 Hans-Ulrich Wehler: a.a.O., München 1995, S. 127f.
73 Hans-Ulrich Wehler: a.a.O., München 1995, S. 128.

gestellt werden, sind soziologische Fragestellungen:

- Wie wird das Individuum durch seine gesellschaftliche Funktion
- geprägt?
- Wie wirkt Sozialisation als lebenslanger Prozess auf die Identität des einzelnen Menschen?
- Wie werden Identitäten durch soziale Interaktion gestaltet, sozialisiert oder in ihrer Entfaltung behindert?

Einsichtig ist wohl, dass die Sozialwissenschaften die Probleme der „Identität" vor allem im Geflecht von Rollenattribuierungen, sozio-ökonomischen Status, eingebettet in sozialen Handlungsfeldern, betrachtet. In soziologischer Perspektive erscheint „Identität" als eine soziale Zuschreibungskategorie, die in dynamischen Prozessen der Aneignung von und der Auseinandersetzung mit gesellschaftlichen Werten, Normen und „nationalen Leitbildern" aktualisiert und in der Praxis realisiert wird.

Deutlich wird hier, dass der Begriff der Identität eher den gesellschaftlichen Vermittlungsprozess von Individuum und sozialem Umfeld, d.h. die dort wirksamen gesellschaftlichen Strukturbedingungen und die hier produzierten Sozialisationsfaktoren würdigt. Lothar Krappmann hat die Grundaussagen eines soziologischen Identitätskonzeptes - wie folgt - beschrieben: „Das Streben nach Identität wird demnach nicht, als eine Art ‚anthropologischer Naturkonstante' unterstellt (...), [vielmehr geht die] Gesellschaft, das Geflecht interagierender Individuen mit ihren Worten und Normen (...) genetisch dem Individuum (...) [voraus]."[74]

Diese begriffliche Zugangsweise verzichtet auf die Bestimmung individueller Gestaltungskräfte bei der Identitätsentwicklung und orientiert sich vorrangig an der interaktiven und sozialen Begrenztheit bzw. Determiniertheit menschlichen Handelns. Allerdings wird durch diese Annahme ein zweiter Streitpunkt evoziert, der sich in zwei Schlüsselfragen verdichten lässt:

- Wie kann das Individuum im Rahmen gesellschaftlicher Zumutungen (und in deren konkretisierten Auswirkungen auf Interaktionen) „personale Identität" enfalten?
- Wie kann das Individuum die ihm innewohnenden Potenziale (trotz entfremdeter Erfahrungen im sozialen Kontext) bei der Identitätsbildung entfalten?

74 Lothar Krappmann: Soziologische Dimensionen der Identität. Strukturelle Bedingungen für die Teilnahme an Interaktionsprozessen, Stuttgart 1978 (5. Auflage), S. 11; S. 21; vgl. dazu auch William I. Thomas: Person und Sozialverhalten, Neuwied/Berlin 1995.

Auch diese Fragen zeigen deutlich, dass bei dem Versuch einer näheren Bestimmung des Begriffes der „Identität" zwangsläufig auf soziologische und sozialpsychologische Dimensionen verwiesen wird. Aus den Fragekomplexen ergibt sich die Aufgabe, Identität zu verstehen als

1. eine Suche nach dem Selbst, d.h. Möglichkeiten zu finden, sich nicht selbst zu entfremden, sondern sich mit sich selbst identisch zu fühlen;
2. weiterhin kann eine so perzipierte Identitätsentwicklung nicht losgelöst vom Handlungsfeld betrachtet werden; d.h. die Probleme von Identität und personaler Kohärenz bzw. Zusammenhänge müssen bezüglich konkreter Interaktionen untersucht werden;
3. der Begriff der „Identität" fungiert als Leit- oder Oberbegriff, insofern er die Nahtstelle zwischen Person und Gesellschaft bildet, d.h. eine Übereinstimmung mit dem Selbst und dem Verwirklichungsprozess des Selbst im interaktiven und somit sozialen Geschehen deutlich macht.

Die Beschäftigung mit dem Leitbegriff „Identität" hat zweifelsohne in den letzten Jahrzehnten in Sozialwissenschaften und Sozialpsychologie enorm zugenommen.[75] Auch deshalb erscheint es dringend notwendig, die begriffliche Vielfalt und die bisweilen verwirrende Vielfalt im Begriffsgebrauch des Theorems „Identität" kritisch zu untersuchen. Die interdisziplinäre Beschäftigung[76] mit „Identität" führt, wie bereits erwähnt, in das Grenzgebiet zwischen sozialpsychologischer und sozialwissenschaftlicher Analyse.

Auch wenn der „Identitätsbegriff" eine lange philosophische und eine

---

75 Vgl. die Übersichten bei Thomas Ahbe: Ressourcen-Transformation-Identität. In: Heiner Keupp/Renate Höfer (Hg.): Identitätsarbeit heute – klassische und aktuelle Perspektiven der Identitätsforschung, Frankfurt/Main 1997, S. 207-226; Karl-Michael Brunner: Zweisprachigkeit und Identität. In: Psychologie & Gesellschaftskritik, 44/1987, S. 57-75; Detlev Claussen: Jargon der Einigkeit. Über die Möglichkeit, den Mißbrauch des Wortes ‚Identität' scharf einzuschränken. In: Freibeuter, 54/1994, S. 57-63; Anthony Giddens: Modernity and self-identity, Cambridge 1991.

76 Vgl. dazu beispielhaft Karl Haußer: Identitätspsychologie, Berlin et al. 1995: Nach Haußer ist „Identität" ein Grenz-Theorem, insofern „Identität" die Schnittstelle zwischen gesellschaftlichen Postulaten an das Individuum und den psychischen Bedürfnissen des Individuums nach Einzigartigkeit und Zusammenhang abbildet. Identität ist bei Haußer „die Einheit aus Selbstkonzept, Selbstwertgefühl und Kontrollüberzeugungen eines Menschen, die er aus subjektiv bedeutsamen und betroffen machenden Erfahrungen entwickelt und fortentwickelt hat (…)." (ebd., S.66).

eher kurze sozialwissenschaftliche Tradition[77] hat, lässt sich wissenschaftsgeschichtlich nachweisen,[78] dass die Beschäftigung mit dem „Identitätsbegriff" die philosophischen und psychologischen Fachdiskurse verlassen hat, inzwischen die öffentlich-medialen und politischen Diskurse bestimmt und gleichsam zu einem alltagskulturellen Begriff mit weiter Verbreitung geworden ist.[79] Der „Identitätsbegriff" hat sich in dieser Wendung zu einem „Inflationsbegriff"[80] ausgeweitet. Aus dem begrifflichen Konstrukt ist ein Begriff mit kaum noch überschaubarer Bedeutungsvarianz geworden. Diese begriffliche Komplexität im interdisziplinären Wissenschaftsdiskurs hat Blasi[81] – wie folgt – abgebildet: Identität ist eine personinterne Strukturbildung im Sinne einer Antwort auf die Frage „Wer bin ich?":

1. im Allgemeinen führt die Antwort auf diese Frage zur Herausbildung einer neuen Ganzheit, in der die Elemente des „Alten" mit den Zukunftserwartungen integriert werden;
2. diese Integration vermittelt die fundamentale Erfahrung von Kontinuität, Kohärenz (Selbstsein), Partizipation und Integration in eine soziale Umwelt;

77 Vgl. dazu Heiner Keupp: Diskursarena Identität: Lernprozesse in der Identitätsforschung. In: Heiner Keupp/Renate Höfer: Identitätsarbeit heute, Frankfurt/Main 1998, S. 14 ff; vgl. auch Ulrich Beck: Risikogesellschaft. Auf dem Weg in eine andere Moderne. Sonderausgabe 1996, S. 205 ff: Auf Grund der Beck'schen Vorstellung einer Risikogesellschaft mit zunehmenden „Individualisierungsschüben" lösen sich traditionelle Identitätsmuster auf, der Einzelne wird für das eigene Identitätsprojekt verantwortlich gemacht, sodass „Identität" heute zunehmend als „Bastel-" oder „Patchwork-Identität" aufgefasst wird. In Becks Entwurf einer Risikogesellschaft dominiert das Leitbild einer multiplen Identität. Nach Beck werden traditionelle Identitätsvorstellungen fragmentiert und aufgelöst.

78 Vgl. dazu George J. McCall/Jerry L. Simmons: Identität und Interaktion. Untersuchungen über zwischenmenschliche Beziehungen im Alltagsleben, Düsseldorf 1974; Manfred Auwärter/Edit Kirsch/Klaus Schröter (Hg.): Kommunikation, Interaktion, Identität. Frankfurt/Main 1976; Heinz Abels: Interaktion, Identität, Präsentation. Kleine Einführung in interpretative Theorien der Soziologie, Opladen/Wiesbaden 1998.

79 Vgl. Kenneth J. Gergen: Die Konstruktion des Selbst im Zeitalter der Postmoderne. In: Psychologische Rundschau, 41/1990, S. 191-1999; Ders.: Das übersättigte Selbst: Identitätsprobleme im heutigen Leben, Heidelberg 1996.

80 Karl-Michael Brunner: Zweisprachigkeit und Identität. In: Psychologie & Gesellschaftskritik, 44/1987, S. 63.

81 Vgl. Augosto Blasi: Identity and the development of the self. In: Daniel K. Lapsley/F. Clark Power: Self, ego and identity, New York 1988, S. 226-242 (Blasi beruft sich auf die von Erikson 1966 vorgelegte Identitätstheorie, erweitert sie aber um Denkansätze vor allem der kritischen Rollentheorie).

3. die Antwort auf die „Identitätsfrage“ wird durch die realistische Einschätzung der eigenen Person und der eigenen Vergangenheit, sowie
4. der eigenen Kultur, insbesondere ihrer Ideologien und den normativ-normierenden Erwartungen der Gesellschaft an das Individuum erreicht;
5. gleichzeitig werden diese soziokulturellen Erwartungen „kritisch“ hinterfragt und – insbesondere in offenen Gesellschaftsformationen – auch die Berechtigung der sozialen Wertematrix überprüft;
6. der Prozess des Hinterfragens und der Integration kristallisiert sich um fundamentale Belange, z.B. religiöse oder politische Einstellungen;
7. dieser Prozess führt zu persönlich-verbindlichen Verpflichtungen in den sozialen Kernbereichen und ermöglicht
8. von einem objektiven Standpunkt her die produktive Integration in die Gesellschaft;
9. subjektiv vermittelt diese Integration ein Gefühl von Loyalität, Treue, Verwurzelung, Zugehörigkeit, Selbst- und Fremdachtung.

Deutlich wird aus soziologischer Sicht, dass Identität ein konzeptioneller Rahmen ist, innerhalb dessen ein Individuum seine Erfahrungen im gesellschaftlichen Kontext interpretiert. Diese Selbstflexibilität lässt sich nur vom Hintergrund „gesellschaftlicher Stützrituale oder narrativer Prozesse in dieser Gesellschaft“[82] her angemessen verstehen.

Im Kern versucht die aktuelle Identitätsforschung ein Verständnis von Identitätsentwicklung zu formulieren, dass den gesellschaftlichen Rahmenbedingungen und sozialen Strukturveränderungen Rechnung trägt. Das Individuum will sich durch Passungen[83] seine gesellschaftliche Handlungskompetenz sichern. Dazu werden Identitätsstrategien angeboten und eingesetzt: „Identität“ ist also ein Projekt, welches zum Ziel hat, ein individuell und sozial gewünschtes Einstellungsprofil zu internalisieren und als individuell und sozial akzeptiertes Handlungsrepertoire zu instrumentalisieren.

Das personale Gefühl der Identität setzt immer schon ein Inventar übernehmbarer Identitätsmuster voraus. Allein durch diesen Rückbezug verweist die alltägliche Identitätsarbeit weit über den „Punktwert einer

82 Vgl. Anthony Giddens: a.a.O., Cambridge 1991, S. 74 ff.

83 Vgl. Icek Ajzen/Martin Fishbein: Einstellungs- und normative Variablen als Prädikatoren für spezifische Verhaltensweisen. In: Wolfgang Stroebe (Hg.): Sozialpsychologie, Band 1, Darmstadt 1978, S. 404-440.

Person"[84] hinaus und bezieht sich „auf den Einfluß der sozialen Umgebung und auf das Verhalten."[85] Die soziale Umgebung produziert eine Art von normativer Meinung, die eine Kontrolle über Verhaltensintentionen, geplante Aktionen und Handlungsvollzüge ausübt.

Diese Theorie „geht davon aus, daß der größte Teil des für die Sozialpsychologie interessanten Verhaltens unter willentlicher Kontrolle ist und daß in einer gegebenen Situation eine Person ein spezifische Absicht hat oder bildet, die das folgende beobachtbare Verhalten beeinflußt. Die Intention bezieht sich in der vorliegenden Theorie auf das Ausführen einer bestimmten Handlung in einer bestimmten Situation (...). [Danach] gibt es zwei Hauptfaktoren, die spezifische Verhaltensintentionen determinieren: ein persönlicher oder ‚Einstellungs'-Faktor und ein sozialer oder ‚normativer' Faktor."[86] Durch dieses Modell wird der diffuse Begriff der „nationalen Identität" auf die Ebene alltäglicher Identitätsarbeit von Individuen und mikrosoziologischen Einheiten (Gruppen, peer groups u.ä.) übertragen. Qualität und Ergebnis der Identitätsarbeit hängen damit auch von den Ressourcen eines Individuums ab.

Die diskurstheoretische Methode ermöglicht es, die Suche nach dem Zusammenhang in den individuellen und kleingruppenorientierten Identitätsprojekten nicht nur an subjektiver Stimmigkeit und Authentizität zu orientieren, sondern diese Suche zugleich an den gesellschaftlich vorherrschenden und prägenden Narrationen, die über die soziale Zugehörigkeit im weitesten und im konkreten Sinne vermittelt werden, auszurichten.

Die Alternative zwischen „individuellen Identitätskonzepten" und Modellen (wie z.B. nationale Identität) wird durch diese Strategie weniger belastend. Die Konstruktion einer „individuellen Identität" wird vom Subjekt nicht beliebig, vor allem nicht im sozialen und soziokulturellen Vakuum gestaltet, sondern aus der personalen und gesellschaftlichen Lebenssituation gespeist. Individuen konstruieren zwar ihr personales Identitätskonstrukt, aber immer in einem realen oder imaginierten Verhältnis zu ihren wirklichen Lebensbedingungen. Dadurch werden bei der Identitätskonstruktion zumindest Normalformtypisierungen eines soziokulturellen Sollzustandes benötigt, die als Symbole und Handlungsanleitende Maxime wirksam werden.[87]

---

84 Ebd., S. 404.
85 Ebd., S. 408.
86 Ebd., S. 406f.
87 Vgl. hierzu Thomas Ahbe: a.a.O., S. 207 f.; S. 221-226; Wolfgang Kraus: Das

3.3.2 „Identität" und Sozialisation von jungen Migranten

In Bezug auf diese Diskussion übernimmt die Identitätsbildung in den peer-groups türkischsprachiger Jugendlicher eine wichtige gesellschaftliche Rolle.[88] In der Auseinandersetzung über die Charakteristik von Identitäts- und Sozialisationsprozessen Migrantenjugendlicher gewinnt vor allem der Ansatz von Erik H. Erikson eine große Bedeutung, insbesondere deshalb, weil er mit seinen Auffassungen über Sozialisation und Identitätsentwicklung eine Synthese zwischen psychologischen und sozialwissenschaftlichen Sichtweisen vornimmt. Aber auch für die Sozialisationsforschung ist dieses Konzept von immenser Bedeutung, insofern er sich nicht nur mit der frühkindlichen Entwicklung, sondern auch mit der Persönlichkeitsentwicklung des gesamten Lebenszyklus von Jugendlichen auseinandergesetzt hat.[89] Allerdings wird dem Jugendalter bzw. der Adoleszenz eine besondere Stellung innerhalb der individuellen Entwicklung zugewiesen, denn in dieser Phase entwickelt sich die Identität der Persönlichkeit, also in der Zeit, in der die Gesellschaft dem Jugendlichen zugesteht, mit Rollen zu experimentieren, um so zur Herstellung von Identität bzw. zur Abwehr von Identitätsdiffusion zu gelangen.

Erikson selbst definiert den Begriff „Identität" folgendermaßen: „Das bewußte Gefühl, eine persönliche Identität zu besitzen, beruht auf zwei gleichzeitigen Beobachtungen, der unmittelbaren Wahrnehmung der eigenen Gleichheit und Kontinuität in der Zeit und der damit verbundenen Wahrnehmung, dass auch andere diese Gleichheit und Kontinuität erkennen. Was wir hier Ich-Identität nennen wollen, meint also mehr als die bloße Tatsache des Existierens, es ist die Ich-Qualität dieser Existenz (...) Das Gefühl der Ich-Identität ist also das angesammelte Vertrauen darauf, dass der Einheitlichkeit und Kontinuität, die man in den Augen der anderen hat, eine Fähigkeit entspricht, eine innere Einheitlichkeit und Kontinuität (...) aufrecht zu erhalten."[90] Ich-Identität ist demnach etwas, was man erlebt oder erleben kann. Weiterhin wird unter

---

erzählte Selbst. Die narrative Konstruktion von Identität in der Spätmoderne, Pfaffenweiler 1996.

88 Vgl. dazu die Studie über Rassismus und kulturelle Identität bei Stuart Hall: Rassismus und kulturelle Identität, Hamburg 1994; Ilhami Atabay: Ist dies mein Land? Identitätsentwicklung türkischer Migrantenkinder und -jugendlicher in der Bundesrepublik, Pfaffenweiler 1994.

89 Vgl. Hartmut M. Griese: Sozialwissenschaftliche Jugendtheorien. Eine Einführung, Weinheim 1977, S. 56ff.

90 Erik H. Erikson: Identität und Lebenszyklus, Frankfurt 1966, S. 18; S. 107.

„Identitätsbildungsprozess" eine psychische Leistung der Integration verstanden, die sich sowohl auf eine Gruppe als auch auf das Individuum bezieht, bei dem die Einheit zwischen Person und Gesellschaft angestrebt wird: Identitätsbildung ist „(...) im Kern des Individuums lokalisiert (...) und doch auch im Kern seiner gemeinschaftlichen Kultur ein Prozeß, der faktisch die Identität dieser beiden Identitäten begründet."[91]

Hierbei ist die Notwendigkeit eines Bezugpunktes für das Individuum innerhalb einer „kollektiven Identität" zur Herausbildung seiner Ich-Identität von großer Bedeutung, um sowohl ein Gefühl der inneren Gleichheit als auch die Identität zu einer Gruppe verankern zu können. Inhaltlich besteht die Leistung des Jugendlichen darin, die bisherigen verschiedenen Kindheitsidentifizierungen zusammenzufassen und zu einer neuen, geschlossenen Identität umzuformen, „(...) die tragfähig genug ist, den neuen Anforderungen zu entsprechen".[92]

Am Ende der Adoleszenz steht eine endgültige Identität, die jeder einzelnen Identität mit früheren Beziehungspersonen übergeordnet ist. „(...) sie schließt alle wichtigsten Identifikationen ein, aber verändert sich auch, um aus ihnen ein einzigartiges Ganzes zu machen."[93]

Die (Ich-)Identitätsentwicklung bei Migrantenjugendlichen türkischsprachiger Herkunft als Steuerungs- und Integrationsstruktur wird jedoch durch die Lebensumstände in der Migration immer wieder gefährdet. „Was geschieht aber, wenn die vor der Einreise aufgebauten Identifizierungen mit den neuen Identifizierungen in der Bundesrepublik nicht zusammenzubringen sind, wenn sie sich nicht als Stationen eines zusammenhängenden sinnvollen Lebensweges begreifen lassen?"[94]

Im Gegensatz zu eingesessenen Jugendlichen müssen türkischsprachige Jugendliche neben der Bewältigung der „normalen" Entwicklungskrisen auch die durch die Migration und den Migrantenstatus verbundenen kulturellen Probleme verarbeiten, was den Prozess der Identitätsfindung eher ungünstig beeinflusst. Dabei ist nochmals darauf hinzuweisen, dass innerhalb der Migrationsforschung die persönliche und soziale Identität

91 Erik H. Erikson: Der Dissens der zeitgenössischen Jugend. In: Allerbeck/ Rosenmayer (Hrsg.): Aufstand der Jugend? Neue Aspekte der Jugendsoziologie, München 1971, S. 18.

92 Wolfgang Knörzer: Probleme der Identitätsfindung und Identitätssicherung junger Türken in der Bundesrepublik. In: U. Coburn-Staege/W. Knörzer u.a.: Türkische Kinder in unseren Schulen – Eine pädagogische Herausforderung, Stuttgart 1982, S. 49.

93 Erik H. Erikson: Identität und Lebenszyklus, Frankfurt 1966, S. 139.

94 Ebd. S. 49.

von Migrantenjugendlichen vielfach als „gespalten“, „krisenhaft“ und „belastet“ dargestellt wird.

Durch die widersprüchlichen Wertorientierungen seien die Migrantenjugendlichen – so Nieke – einem Zwiespalt ausgesetzt: „Insbesondere für Jugendliche aus den ethnischen Minderheitenkulturen entstehen immer wieder schwierige, manchmal unlösbare Situationen eines Konflikts zwischen den widersprüchlichen Norm- und Wertorientierungen, die aus der Ethnie, d.h. der Minderheitenkultur einerseits und der umgebenden Kultur der Majoritätsgesellschaft an sie gestellt werden.“[95]

Knörzer formuliert in Anlehnung an Freud und auf der Basis empirischer Erkenntnisse bei „türkischen“ Jugendlichen die folgenden „Abwehrmechanismen“ als Ausweg aus den unterschiedlichen Anforderungskomplexen:

- Verleugnung der bisherigen „kulturellen Identität“ und Überanpassung durch Hineinschlüpfen in eine fremde geborgte Identität.
- Vereinfachung des Weltbildes unter Umständen der Zuhilfenahme von Ideologien.[96]

Allerdings verweist Knörzer darauf, dass solche „Lösungsmuster“ auch als Übergangsformen genutzt werden. Kritik an diesem Konzept der Identitätsentwicklung wird vor allem von Heiner Keupp in seinem Buch „Riskante Chancen“ ausgeübt: „Für eine immer größere Anzahl von jungen Erwachsenen zeichnet sich kein Ende des Moratoriums ab, sie können also im Sinne von Erikson nicht erwachsen werden. Sie finden keine berufliche Integration, und sie bauen nicht mehr die kleinfamiliäre Basis, die der Identität den dauerhaften psychosozialen Nährboden bietet. Zu fragen ist weiterhin, ob es überhaupt noch gelingen kann, die „inneren Besitzstände“ angesichts einer sich immer schneller verändernden gesellschaftlichen Wirklichkeit zusammenzuhalten. Zu fragen ist letztlich, ob wir von Erikson und seinem Identitätskonzept nicht endgültig Abschied nehmen müssen, weil ihm die gesellschaftliche Basis abhanden gekommen ist“.[97]

Keupp fährt mit folgender Kritik an Erikson fort. „Das Identitäts-

---

95 Wolfgang Nieke: Situation ausländischer Kinder und Jugendlicher in der Bundesrepublik Deutschland: Vorschule, Schule, Berufsausbildung, Freizeit, Kriminalität. In: Konstantin Lajios (Hg.): Die zweite und dritte Ausländergeneration, Opladen 1991, S. 17.

96 Vgl. Wolfgang Knörzer: a.a.O., Stuttgart 1982, S. 51.

97 Heiner Keupp: Riskante Chancen. Das Subjekt zwischen Psychokultur und Selbstorganisation, Heidelberg 1988, S. 141.

verständnis von Erikson bringt in klassischer Weise ein Subjektverständnis zum Ausdruck, dass ich im Anschluss an Mackherson (...) possessiven Individualismus nennen möchte. In seinem Sinn steht die individuelle Akkumulation innerer Besitzstände, die durch ein steuerndes und zentralistisch gedachtes Ich zusammenzuhalten sind. Je nach dem Potential an Ressourcen, die diesem Ich zur Verfügung stehen, wird es diese Aufgabe eher souverän oder eher als mühseligen, anstrengenden Prozess bewältigen, der auch oft nicht ohne massive neurotische Kompromisse oder gar psychotische Dekompensation abläuft. In diesem Modell drückt sich Selbst- und Weltverständnis der bürgerlichen Gesellschaft des Westens aus, dessen typische Merkmale sich in scharfer Absetzung zu vormodernen, feudalistischen Strukturen herausgebildet haben."[98]

Trotz der vorhandenen Kritik am eriksonschen Konzept der Identität und Identitätsdiffusion wurde innerhalb des fachbezogenen Migrationsdiskurses immer wieder versucht, die Identitätsprobleme von türkischsprachigen Migrantenjugendlichen anhand der selben Ansätze und Konzepte zu plausibilisieren.

98 Ebd. S. 6.

4. Ethnizität im Kontext von Migration, Nationalismus und Globalisierung

Mit dem Ende des Kalten Krieges scheint auffällig zu sein, dass neben den politischen und ökonomischen Herausforderungen im Zuge der Etablierung einer sog. „neuen Weltordnung" und globalisierten Weltwirtschaft vor allem kulturelle und interkulturelle Aspekte eine immer größere Bedeutung in der Weltpolitik und den öffentlichen Diskursen erlangt haben.[1]

Ein Leitbegriff, der diese neuen Diskussionen in der Öffentlichkeit und in dem interdisziplinären Wissenschaftsdiskurs maßgeblich prägt, ist zweifelsohne der Begriff „Ethnizität". Ziel der folgenden Ausführungen ist es, theoretische Konzeptualisierungen von Ethnizität vorzustellen, die derzeitigen Begriffsdiskussionen und Modellbildungen kritisch zu bewerten und die politikwissenschaftlichen Implikationen des Ethnizitätskurses im Kontext von Migration, Nationalismus und Globalisierung darzulegen.

4.1 Zur Aktualität des Ethnizitätsdiskurses in der Bundesrepublik Deutschland

Wenn gegenwärtig die Sozial- und Politikwissenschaft in der Bundesrepublik Deutschland sich stärker dem Themenkomplex „Ethnizität" und „Ethnisierung" widmet, so ist es keineswegs als eine Modeerscheinung zu sehen, sondern ist als Resultat der Eingliederungsbestrebungen der Migranten in die bundesdeutsche Gesellschaft zu bewerten.

In der deutschen Soziologie tauchte der Begriff „Ethnizität" erstmals bei Max Weber[2] auf. Nach Auffassung von Weber ist „Ethnizität" ein

---

1 Vgl. dazu Larry Diamond/Marc F. Plattner: Nationalism, Ethnic Conflict and Democracy, Baltimore 1994; vgl. vor allem Bernhard Nauck: Migration, Globalisierung und der Sozialstaat. In: BJfS, 4/1999, S. 479-493 vgl. auch Michael Bommes: Migration und Ethnizität im nationalen Sozialstaat. In: ZfS, 23/1994, S. 364-377.

2 Max Weber: Ethnische Gemeinschaftsbeziehungen. In: Wirtschaft und Gesellschaft. Grundrisse der verstehenden Soziologie, Tübingen 1972 (erstmals 1922). Weber sah im Begriff der „Ethnizität" einen künstlich hergestellten Glauben. So würde die gemeinsame Herkunft einer Gruppe durch eine gemeinsame Sprache und den Glauben an eine Massenkultur hergestellt. In diesem Sinne ist auch der Glaube an Blutsbande im Sinne einer Völkerschaft zu stellen. Dabei werden

Fragment feudaler Gesellschaften und diene Individuen zur Orientierung in modernen Gesellschaften. Weiterhin entspringe sie einem irrationalen, subjektiven Glauben einer Gruppe von Menschen an eine gemeinsame Herkunft, gemeinsame Geschichte und an gemeinsame Sitten und diene damit der Bildung von Gruppenidentität. Obgleich, entgegen Webers Annahme, die Modernisierung bzw. Kapitalisierung der Gesellschaft nicht zu einer Auflösung von „Ethnizität" als gesellschaftlichem Distinktionsmerkmal führte, es vielmehr im Zuge der Migrationen nach Amerika Anfang des 20. Jahrhunderts zu einem „Revival"[3] des Ethnizitätsparadigmas kam. In den theoretischen Diskursen wird dabei immer auf die These der „Ethnizität" als Ergebnis einer sozialen Konstruktion verwiesen.

In der bundesdeutschen Diskussion über Ethnizität, um multikulturelle Spannungssituationen und die politischen Implikationen von Migration schwingt seit Jahren ein ausgrenzender Unterton mit. Die Akzente der Auseinandersetzung um die sog. „Ausländerpolitik" (diese und ähnliche Begriffe, wie „Ausländerproblematik" sind wieder „hoffähig" geworden.) werden vor allem auf „kulturelle Distanz",[4] auf diverse soziale Symptombildungen[5] und auf grundlegende ordnungspolitische Kollisionen[6] gesetzt.

Durch die auffällige „Ethnisierung" der öffentlichen und teilöffentlichen Diskurse wird eine nicht zu unterschätzende sprachliche Wirklichkeit konstruiert. Bekanntlich schafft Sprache Wirklichkeit,[7] d.h. der

---

Stamm und Volk über gemeinsame Legenden, Sitten, eine politische Gemeinschaft oder eine Religion geformt. Weber bezeichnet es als „Kulturgemeinschaft".

3 Vgl. zum Paradigma „ethnic revival" Kapitel 4.2.2 dieser Arbeit.

4 Vgl. Friedrich Heckmann/Veronica Tomei: Einwanderungsgesellschaft Deutschland – Zukunftsszenarien: Chancen und Konfliktpotentiale. Gutachten für die Enquete-Kommission „Demographischer Wandel" des Deutschen Bundestages, Europäisches Forum für Migrationsstudien, Bamberg 1997; vgl. auch Ludger Pries: Neue Migration im transnationalen Raum. In: ders. (Hg.): Transnationale Migration. Bd. 12: Sonderheft der Sozialen Welt, Baden-Baden 1997, S. 15-46.

5 Vgl. Stefan Gaitanides: Psychosoziale Probleme und Fragen der psychosozialen Versorgung von Migrantinnen und Migranten. In: MuSA, 2/1994, S. 49-51.

6 Vgl. Andrea Hettlage-Varjas/Robert Hettlage: Kulturelle Zwischenwelten. Fremdarbeiter – eine Ethnie? In: Schweizerische Zeitschrift für Soziologie, 2/1986, S. 357-404.

7 Vgl. Colette Guillaumin: Rasse. Das Wort und die Vorstellung. In: Uli Bielefeld (Hg.): Das Eigene und das Fremde. Neuer Rassismus in der Alten Welt. Hamburger Institut für Sozialforschung, Hamburg 1991, S. 159-173.

Diskurs fixiert mit den Kategorisierungen zwei Welten: die der „Inländer" und die der „Ausländer". Durch die *Verdinglichung* (→ „Ausländer") wird einerseits eine Distanzierungsperspektive, andererseits eine Entlastung von eigener Problemkonstellation vorgenommen.[8] Durch die *Kategorisierung* (Inländer/Ausländer) wird das Verhältnis des Eigenen zum anderen in einem hochspezifischen Modus bestimmt, nämlich als das Verhältnis zum Anderen als Fremden und zum Eigenen als Vertrauten. Die Grenzen der Gemeinschaft werden auf diese Weise neu gezogen.

Benedict Anderson hat dieses Problem ethnisierender Grenzziehung als eine problematische Dimension der (Post-)Moderne markiert: Im Zuge der Freisetzung des Erwartungshorizonts aus seinen traditionellen Bindungen hat die (Post-)Moderne eine neuartige, gleichwohl aber *ambivalente* Offenheit erzeugt. Tradierte Parameter der Deutung, die Unterschiedsetzungen garantierten, brechen auf und haben einen neuen „horizontal-säkularen und historischen Typ" von Gemeinschaft (Anderson) hervorgebracht.[9] Friedrich Heckmann dagegen definiert das „Ethnizitätsparadigma" als moderne Vergesellschaftungsform, in der durch Nationenbildung und den umfasssenden Vereinheitlichungsprozess des Nationalstaates ethnische Gruppen und Minoritäten hergestellt werden.[10]

Bereits Hannah Arendt[11] weist am Beispiel der Gleichheit auf die Paradoxien und Ambivalenzen dieser säkularen Offenheit und Freisetzung hin. Hinter der sozialphilosophischen Auffassung von Arendt steht unangesprochen die Annahme, dass die bürgerliche Gesellschaft ein Terrain sei, auf dem soziale Gruppen miteinander in Konflikt stehen und deren widerstreitende Interessen in der politischen Arena mehr oder minder rational zum Ausdruck gelangen. Für Arendt spielt in diesem Zusammenhang die Entwicklung korporativer Deutungsmuster als zusätzliches kulturelles Erklärungsmoment eine besondere Rolle.

Auch wenn das von Arendt verwendete breite terminologische Spektrum im Wesentlichen auf trennscharfe Definitionen verzichtet, bleibt der Grundgedanke erwähnenswert: Arendt[12] geht davon aus, dass die

---

8 Vgl. Andreas Wimmer: Interethnische Konflikte. Ein Beitrag zur Integration aktueller Forschungsansätze. In: KZfSS, 3/1995, S. 464-493.

9 Vgl. Benedict Anderson: a.a.O., Frankfurt/Main 1988, S. 44.

10 Vgl. Friedrich Heckmann: Ethnische Minderheiten, Volk, Nation. Soziologie der interethnischen Beziehungen, Stuttgart 1992.

11 Hannah Arendt: Elemente und Ursprünge totalitärer Herrschaft. München 1986, S. 108f.

12 Vgl. ebd.

„Gleichheit aller" nicht mehr im Kontext naturrechtlicher Normierungen bestimmbar ist, sondern „weltlich säkular" innerhalb der realen Gesellschaft ausgehandelt wird und bestimmt werden muss. Wenn mithin „Gleichheit" von einem „weltlich organisierenden Prinzip" abhängig ist, liegt es – nach Arendt[13] – nahe, Gleichheit nur für diejenigen zu reservieren, die wie die „eigene Personengruppe" oder wie „Jedermann" für „normal" gehalten werden, während die anderen, die sich davon unterscheiden, nicht mehr als Gleiche wahrgenommen und behandelt werden. Die Grenzen, die auf diese Weise zwischen den Vertrauten bzw. Eigenen und dem Fremden bzw. Anderen gezogen werden, bestimmen sich nicht mehr über tradierte Deutungssysteme, sondern nach den politischen Diskursen in der Gesellschaft.

Bernhard Nauck beschreibt die Brechungen des politischen Auseinandersetzung in der Bundesrepublik Deutschland präzise und prägnant: „Diese Entwicklungen werden mittelfristig der in Deutschland zögerlich begonnenen Diskussion um die Neubestimmung des Verhältnisses von Menschen- und Bürgerrechten, von Staat, Familie und Individuum weitere Schubkraft und zusätzliche Brisanz verleihen. Je länger eine solche längst überfällige, grundsätzliche Diskussion hinausgezögert wird, desto wahrscheinlicher wird sich diese an tagesaktuellen ‚Fällen' aus Migrantenminderheiten entzünden. Dies kann von erheblichen Risiken für die politische Kultur in Deutschland und für den sozialen Frieden sein. Im Brennpunkt wird hierbei die Frage stehen müssen, wie in einer pluralistischen Gesellschaft mit globalen Interdependenzen das gestiegene Spannungsverhältnis zwischen der Universalität von (Menschen-)Rechten und der Partikularität von menschlicher Identität und seinen Gruppenbindungen politisch gestaltet werden kann."[14]

Die von Bernhard Nauck formulierte Auffassung geht grundsätzlich von allgemeinen Migrationstendenzen im Zeichen der Globalisierung und einer sich daraus entwickelnden neuen gesellschaftlichen Funktion aus. Diese sich entwickelnde gesellschaftliche Struktur ist nicht so sehr multikulturell als vielmehr interkulturell zu bestimmen. Das politische Modell einer sich entwickelnden interkulturellen Gesellschaft kann sich daher nicht mehr im Sinne einer *Enkulturation*[15] auf das Konzept der

---

13 Vgl. ebd., S. 108ff.

14 Bernhard Nauck: Migration, Globalisierung und der Sozialstaat. In: BJfS, 4/99, S. 490.

15 Enkulturation: Dieser Begriff markiert ursprünglich einen zentralen Befund der modernen Sozialisationsforschung, die durch die amerikanische Kulturanthro-

„Ausländer-Integration" stützen, sondern muss von einem komplexen Netzwerk unterschiedlicher Bereiche der interkulturellen Kommunikation und demokratischen Partizipation sowie Artikulation ausgehen. Eine solche Sichtweise schließt strikt jede Art von Dominanz, Ethnozentrismus, Diskriminierung und Rassismus aus und sucht nach den Bedingungen der demokratischen Chancengleichheit in einer gleichberechtigten Gesellschaftsformation. Im Kern zielt also die aktuelle Diskussion über Ethnizität mittelfristig auf die Entwicklung von Verfahren zur Erfassung, Veränderung und Qualifizierung von Prozessen der interkulturellen Praxis, d.h. im Konkreten der interkulturellen Wahrnehmung, des interkulturellen Lernens, des interkulturellen Verstehens und der interkulturellen Handlungskompetenz.

In die entsprechende Richtung verweist auch Nauck, wenn er formuliert: „Ausschlaggebend ist vielmehr, inwieweit sie (Angehörige von Migrantengruppen; Anm. durch mich, K.B.) von den knappen, hochbewerteten Gütern der Aufnahmegesellschaft ausgeschlossen sind bzw. an ihnen partizipieren, wozu insbesondere die strukturelle Integration in das Beschäftigungssystem und – durch politische Partizipation – die Einflussnahme auf die Definition und Verteilung kollektiver Güter gehören. Beides wird – von fehlender rechtlicher, politischer und sozialer Diskriminierung abgesehen – nicht ohne den Erwerb von *spezifischem kulturellem Kapital* möglich sein."[16]

Das von Nauck angesprochene „kulturelle Kapital" impliziert eine gelingende interethnische und interkulturelle Kommunikation im gesellschaftlichen Diskurs. Studien im Bereich der interethnischen Kommunikation gehen immer wieder davon aus, dass Interaktion im interkulturellen Kontakt stärker als andere gesellschaftliche Interaktion von Verständigungsproblemen gekennzeichnet ist: „Eines der Schlüsselprobleme interkultureller Kommunikation sind fehlschlagende Kommunikation (‚miscommunication') oder auch Missverständnisse (‚misunderstanding')."[17]

Zweifelsohne erscheint es auch einleuchtend, dass sich unterschiedliches kulturelles Hintergrundwissen über die jeweilige „ethnische Grup-

---

pologie initiiert wurde. Im weiteren Sinne bezieht sich Enkulturation auf das Hineinwachsen in die Kultur, die Übernahme von Werten, Aneignung von Normen sowie die Auseinandersetzung mit kulturadäquaten Rollenmustern. Die Enkulturationsmodelle gehen im Grunde hierarchisch vor, weil das Individuum an übergeordnete kulturelle Settings angepasst wird bzw. werden soll.

16 Bernhard Nauck: a.a.O., S. 491 (Hervorhebungen durch Autor, K.B.).

17 Jochen Rehbein: Interkulturelle Kommunikation. Tübingen 1985, S. 9.

pe“ und unterschiedliche Sprachkompetenzen erschwerend auf die Kommunikation und Interaktion auswirken können. Insbesondere können sie unerkannte Kulturunterschiede, markante Verständigungsprobleme und zusätzliche Verstehensdefizite verursachen.[18]

Insbesondere in Krisenphasen einer Gesellschaft wird das Spannungsfeld interkultureller Kontraste verschärft.[19] Sowohl die grob skizzierten theoretischen Einschätzungen, als auch die empirischen Befunde in dieser Arbeit machen die aktuelle Stereotypisierung und Diskriminierung in der konkreten Alltagsinteraktion nachvollziehbar. Zunehmende Tendenzen immer manifester werdenden Fremdenhasses und brutaler Angriffe auf Zuwanderer stärken allerdings die Annahme, dass der Prozess der Ausgrenzung, Stigmatisierung und „Feindbildproduktion“ zunimmt.[20]

4.1.1 Ethnizität im interdisziplinären Diskurs

Über die Auswirkungen von aktuellen Diskriminierungserfahrungen von in der Bundesrepublik Deutschland lebenden Migranten, aber auch hinsichtlich der Erfahrungen von gesellschaftlich weiterhin deklassierten Minoritäten wie Sinti und Roma wird im interdisziplinären Diskurs der Bundesrepublik Deutschland nur selten aus der „Opfer“-Perspektive geschrieben. Die faktischen und potentiellen „Opfer“ des Rassismus sind schnell vergessen. Rassismuserfahrungen sind sozial vermittelte, mehr noch: in der sozialen Interaktion gemachte Erfahrungen, in denen gesellschaftliche und politische Realitäten erkennbar werden, die zugleich den Kontext und Handlungsrahmen der Möglichkeiten des Umgangs mit diesen Erfahrungen abdecken. Im aktuellen bundesrepublikanischen Kontext sind Rassismuserfahrungen nicht nur auf soziale Zustände (beispielsweise Hoyerswerda, Rostock, Mölln, Solingen u.a.) zurückführende Entwicklungen, sondern – nach Hannah Arendt – eine bestimmte Sorte oder eine konkrete Art der Erfahrung von Angriff und/oder Abwertung der individuellen Personalität oder nahestehender Personen.

---

18 Vgl. Karlfried Knapp/Annelie Knapp-Potthoff: Interkulturelle Kommunikation. In: Zeitschrift für Fremdsprachenforschung, 1/90, S. 68.

19 Vgl. Volker Hinnenkamp: Foreigner Talk und Tarzanisch. Eine vergleichende Studie über die Sprechweisen gegenüber Ausländern am Beispiel des Türkischen, Hamburg 1982.

20 Vgl. Heinz Fassmann/Rainer Münz (Hg.): Migration in Europa. Historische Entwicklung, aktuelle Trends und politische Reaktionen. Frankfurt/Main/New York 1996; Vgl. Franz Hamburger: Wider die Ethnisierung des Alltags. In: Neue Praxis 25/3, 1995, S. 246-248.

Der Ethnizitätsdiskurs fokussiert diese Erfahrungsorte vor allem unter der thematischen Perspektive, dass konkrete Merkmale (wie Hautfarbe, Abstammung, Sprache, Kleidung, Religion u.v.a.m.) vor dem Hintergrund von Abstammungs- oder Herkunftskonstruktionen gedeutet werden müssen.[21] Ethnizität wird gleichermaßen auch als „Ressource wie auch als Risiko" betrachtet.[22] Die konkreten ethnozentristischen Erfahrungen sind sozial vermittelte Erfahrungen: So etwa der Bedeutung, von einer dominant positiven Normalität abzuweichen, im Sinne der Bedeutung, dass gesellschaftliche Zugehörigkeit nicht nur verwehrt, sondern virtuell nicht möglich sein wird. Grundsätzlich wird auf diese Weise jede soziale Präferenz („Heimat"/„Zu Hause sein") negativ beschieden und in Endkonsequenz verwehrt. Auf dieser Ebene ist der Rassismus nicht abstrakt, sondern als alltagskonnotierte Erfarhrungswirklichkeit konkret.

Ethnizität ist – wie Kampmann[23] aufgezeigt hat – stets auch personale Erfahrung, die im Rahmen von Stigmatisierungsphänomenen beschrieben werden kann und muss. Diese Erfahrungen haben sich auch in den narrativen Biographiegesprächen und Gruppendiskussionen mit ethnisch-nationalistisch orientierten türkischsprachigen Jugendlichen gezeigt. Die konkreten Konsequenzen von Rassismuserfahrungen sind stets auch eng an den individuellen und sozialen Umgang mit rassistisch besetzten Erfahrungen gebunden. Im Rahmen des diskursanalytischen Paradigmas dieser wissenschaftlichen Forschung wird sich sagen lassen, dass Individuen von Erfahrungen nicht einfach geformt oder geprägt werden, sondern ihrerseits Einfluss auf Erfahrungswelten nehmen, insofern jede Erfahrung interpretativ, d.h. aber, diskursiv verarbeitet wird. Insbesondere der Diskurs über „Ausländer" spiegelt *Macht über Andere* wieder, insofern der „Andere" als in irgendeiner Form abweichend definiert wird.[24]

---

21 Vgl. Annita Kalpaka: Rassismus und Anitrassismus. Grundstrukturen alltäglicher Rassismuserfahrungen im bundesrepublikanischen Kontext. In: Paul Mecheril: Deutsche und andere Deutsche. Sonderhaft der „Psychosozial". In: Psychosozial, I/1999, Sonderheft, S. 17-39; Detlev Claussen: Was heißt Rassismus? Darmstadt 1994, S. 115 ff.

22 Vgl. dazu Franz Hamburger: Wider die Ethnisierung des Alltags. In: Neue Praxis 25/3, 1995, S. 247.

23 Bärbel Kampmann: Schwarze Deutsche. Lebensrealität und Probleme einer wenig beachteten Minderheit. In: Paul Mecheril/Thomas Teo (Hg.): Andere Deutsche. Zur Lebenssituation von Menschen multiethnischer und multikultureller Herkunft, Berlin 1994, S. 125-143.

24 Vgl. Jürgen Link: Die Analyse der symbolischen Komponenten realer Ereignisse.

4.1.2 Ethnizität und Migration in den öffentlich-politischen und wissenschaftlichen Diskursen

Ab Ende der siebziger Jahre wurde als Reaktion auf die Migrationspolitik in der Bundesrepublik Deutschland die öffentliche Diskussion, bald auch der wissenschaftliche Diskurs über das Projekt „Multikulturelle Gesellschaft" angestoßen:

> „Dieser (...) Reformversuch forderte neben der überfälligen Anerkennung der BRD als Einwanderungsland vor allem das Festhalten an moralischen Grundgeboten wie Toleranz (‚keine Gewalt'), Völkerfreundschaft (‚Mein Freund ist Ausländer') und Menschenwürde (‚Auch Ausländer sind Menschen'). Politische Gleichberechtigung und soziale Gleichstellung wurden dagegen, obwohl sie sich als Konsequenz aus dem Bekenntnis zur Immigration ergeben, kaum thematisiert. Stattdessen wurden einseitige Forderungen an die Adresse der MigrantInnen nach ‚kultureller Anpassung' und Integration gerichtet, die als eine Art Gegenleistung für das gesittete Verhalten der deutschen Mehrheitsgesellschaft erbracht werden sollten. (...). Eine Folge dessen ist die Fetischisierung, Exotisierung und Verobjektivierung der MigrantInnen und Flüchtlinge als eine Form der ‚positiven' Diskriminierung, in der die Ausbeutung der Andersheit für die eigenen Wünsche und Projektionen zur politischen Korrektheit erklärt wird."[25]

In dieser Aussage wird deutlich, dass die öffentlich-politischen Diskussionen über „Ethnizität" und „Migration" von vornherein aufeinander bezogen bzw. ineinander verschränkt erscheinen.[26] Angesichts der Migrationssituation in der Bundesrepublik Deutschland wurden nicht nur politische Lösungsmodelle entwickelt und z.T. kontrovers diskutiert, sondern auch neue Praxisfelder für die Sozialarbeit erschlossen.[27] Allein

---

Ein Beitrag der Diskurstheorie zur Analyse rassistischer Äußerungen. In: Siegfried Jäger/ Franz Januschek (Hg.): Der Diskurs des Rassismus, Oldenburg 1992, S. 37-52.

25 Kien Nghi Ha: Ethnizität, Differenz und Hybridität in der Migration: Eine postkoloniale Perspektive. *http://www.trend.partisan.net/trd0201/t160201.html*, S. 1.

26 Vgl. dazu Jürgen Habermas: Anerkennungskämpfe im demokratischen Rechtsstaat. In: Amy Gutmann (Hg.): Multikulturalismus und die Politik der Anerkennung. Frankfurt/Main 1993, S. 147-196.

27 Vgl. dazu das sogenannte Kühn-Memorandum: Heinz Kühn: Stand und Weiterentwicklung der Integration der ausländischen Arbeitnehmer und ihrer Familien in der Bundesrepublik Deutschland, Bonn 1979; Czarina Wilpert/Mirjana Morokvasic: Bedingungen und Folgen internationaler Migration. Berichte aus For-

der Begriff der „Ausländerarbeit“ erlebte in den späten siebziger und frühen achtziger Jahren eine Hochkonjunktur. Der Begriff „Ausländerarbeit“ hat sich in der sozialwissenschaftlichen Diskussion in der Bundesrepublik Deutschland als Kurzformel für den umfassenden Begriff der „Ausländersozialarbeit“ etwickelt.

In der vom Institut für Sozialarbeit und Sozialpädagogik (Frankfurt/Main) herausgegebenen Zeitschrift „Informationsdienst zur Ausländerarbeit“ hat sich dieser Begriff gewissermaßen emblemartig etabliert. Bezeichnenderweise trug ein 1984 herausgegebenes Lexikon den Titel „Handwörterbuch Ausländerarbeit“.[28] Auffällig ist, dass diese „gut gemeinten Modelle von Ausländerarbeit“[29] per se ein objektives Dilemma der bundesdeutschen Wirklichkeit widerspiegeln. „Ausländersozialarbeit“ als „Arbeit für Ausländer“ degradiert Menschen zu Objekten und begleitet als eine Art „Notstandspraxis“ – so Franz Hamburger – den faktischen Einwanderungsprozess in die Bundesrepublik Deutschland, die sich aber von ihrem Staatsbürgerschaftsrecht her nicht als Einwanderungsland versteht.[30]

Allerdings hat sich in den späten achtziger Jahren auch eine ideologiekritische Problematisierung der Arbeit für „Ausländer“ durchgesetzt, so dass eine sozialwissenschaftliche Denkachse von der selbstkritischen Reflexion möglicher „Pädagogisierung“ bzw. „Ethnisierung“ von Migrationsbewegungen geprägt worden ist.[31] Dieser ideologiekritischen Analy-

---

schungen zu den Migrationsbiographien von Familien, Jugendlichen und ausländischen Arbeiterinnen. Wissenschaftliche Arbeiten der TU Berlin, Berlin 1983, S. 26 ff.; Wolfgang Nieke: Multikulturelle Gesellschaft und interkulturelle Erziehung. Zur Theoriebildung in der Ausländerpädagogik. In: Die Deutsche Schule, 78/1986, S. 462-473; Anita Spenner: Im Spannungsfeld. Sozialarbeit mit türkischen Jugendlichen, Berlin 1989; Hartmut Esser: Familienmigration, Schulsituation und interethnische Beziehungen. Prozesse der „Integration“ bei der 2. Generation von Arbeitsmigranten. In: Zeitschrift für Pädagogik, 35/1989, H. 3, S. 317ff.

28 Georg Auernheimer (Hg.): Handwörterbuch. Ausländerarbeit. Weinheim/Basel 1984.

29 Vgl. Franz Hamburger: Der Kulturkonflikt und seine pädagogische Kompensation. In: ders.: Pädagogik der Einwanderungsgesellschaft. Frankfurt/Main 1994, S. 33-46.

30 Vgl. Franz Hamburger: Interkulturelles Lernen in einer offenen Gesellschaft. In: ders: Pädagogik der Einwanderungsgesellschaft. Frankfurt/Main 1994, S. 47-53.

31 Vgl. Franz Hamburger: a.a.O., Frankfurt/Main 1994, S. 48; vgl. auch Frank-Olaf Radtke: Zehn Thesen über Möglichkeiten und Grenzen interkultureller Erziehung. In: Zeitschrift für Pädagogik, 1988, 23. Beiheft („Erziehung und Bildung als öffentliche Aufgabe“), S. 50ff.; vgl. auch Georg Auernheimer: Einfüh-

se entstammt auch die Ablösung des Begriffs der „Ausländerarbeit" bzw. „Ausländerpädagogik" durch den Begriff der „interkulturellen Pädagogik".[32] Aber auch dieser Leitbegriff blieb in der Folgezeit umstritten, weil der begriffliche Gehalt des „Interkulturellen" viel zu unscharf sei. Im allgemeinen setzte sich Manfred Hohmanns Vorschlag[33] durch, die gesellschaftliche Realität einer faktischen Migrationssituation in der Bundesrepublik Deutschland mit dem Begriff des „Multikulturellen" zu bezeichnen, während die hierauf bezogenen Handlungskonzepte als interkulturelle Praxismodelle verstanden werden.

Allerdings blieb das Modell einer „Interkulturellen Pädagogik" außerordentlich umstritten. Wolf-Dietrich Bukow und Roberto Llaryora kritisieren, dass durch Zuschreibungen („Askription") in der „Interkulturellen Pädagogik" angebliche kulturelle Identität erst in Form von „Ethnogonie" produziert würde, die dann pädagogisch wieder aufgearbeitet werden müsse. Dadurch werde „Fremdheit" nicht abgebaut, sondern durch „Pädagogisierung" ständig neu erzeugt.[34]

Im Verlauf der achtziger Jahre wird die sozialwissenschaftliche Analyse[35] der Lage von Minderheiten in der Bundesrepublik Deutschland allein durch die allmähliche Erkenntnis, dass „Ausländer" nicht immer „Ausländer" bleiben, sondern trotz des (meist) fehlenden Rechtsstatus als deutsche Staatsbürger längst in der zweiten und dritten Generation zu Inländern geworden sind, bestimmt. Die Konzepte einer „Interkulturellen Arbeit" zeichnen sich demgemäß ab den späten achtziger Jahren durch eine Begriffserweiterung über den Bereich der Sozialarbeit hinaus aus. „Interkulturelle Arbeit" begleitet praktisch und theoretisch den gesamtgesellschaftlichen Prozess der Pluralisierung der Bundesrepublik Deutsch-

---

rung in die interkulturelle Erziehung, Darmstadt 1996.

32 Franz Hamburger: Der Kulturkonflikt und seine pädagogische Kompensation (1988). In: ders.: a.a.O. Frankfurt/Main 1994, S. 33; vgl. Georg Auernheimer: a.a.O., Darmstadt 1996.

33 Manfred Hohmann: Interkulturelle Erziehung – Versuch einer Bestandsaufnahme. In: Ausländerkinder in Schule und Kindergarten, 4/1983, S. 4ff.; vgl. ders./ Hans H. Reich (Hrsg.): Ein Europa für Mehrheiten und Minderheiten. Diskussionen um interkulturelle Erziehung, Münster 1989.

34 Vgl. Wolf-Dietrich Bukow/Roberto Llaryora: Mitbürger aus der Fremde. Soziogenese ethnischer Minoritäten, Opladen 1988, S. 19ff; vgl. zur Funktion der Ethnisierung in Wolf-Dietrich Bukow: Feindbild: Minderheit. Zur Funktion von Ethnisierung, Opladen 1996.

35 Vgl. Jürgen Habermas: Anerkennungskämpfe im demokratischen Rechtsstaat, a.a.O., Frankfurt/Main 1993, S. 147ff.

land, wobei das Phänomen der Pluralisierung durch die Arbeitsmigration der 1960er und 1970er seinen zunächst sehr dominanten Charakter verliert. Unterschiedlich ist in der Fachliteratur auch darauf verwiesen worden, dass der bis in die frühen 1980er monopolartig in Geltung stehende Begriff „Gastarbeiter“ ungebräuchlich, ja überflüssig geworden ist.

Grundsätzlich sollte demgemäß Konsens darüber bestehen, dass sich die aktuelle Diskussion über „Migration“, „Ethnizität“ und „interkulturelle Arbeit“ keineswegs nur auf Integrations-, Assimilations- oder Akkulturationsprozesse von Individuen oder Gruppen unterschiedlicher ethnischer Herkunft beziehen kann, sondern die Realität der Migrationssituation und die Faktizität einer Migrationsgesellschaft Bundesrepublik Deutschland kritisch bearbeiten muss.[36]

Ethnisierung wird von Claus Leggewie beschrieben als: „a) der Vorgang der Verwandlung sozialstruktureller (Klasse, Schicht) oder sozialkultureller Unterscheidungsmerkmale in herkunftsbezogene, womit b) häufig deren Naturalisierung und Biologisierung einhergeht und c) die herkömmlichen Termini ‚Rasse' und/oder ‚Nation' ersetzt werden.“[37]

Entscheidend ist für Leggewie, dass Ethnizität in modernen Gesellschaften weder primordial noch traditional zu begründen sei. Die dadurch sich abzeichnende „neue Konfliktlinie“ wird zunächst eingeholt: „Weder lassen sich politische Gemeinschaften auf Dauer und in letzter Instanz als reine, womöglich durch Blut und Boden befestigte Herkunftsgruppen behaupten, noch stirbt Ethnizität im Modernisierungsprozeß ab. Vielmehr treibt sie als ‚konstruierte Primordialität' im Prozeß der funktionalen Ausdifferenzierung selbst hervor. Das Vereinheitlichungsprogramm der Moderne hat immer das Beiprogramm kultureller Differenz und Vielfalt gehabt – und dieses drängt nun umso stärker auf die Vorderbühne, je größer die Zweifel an Haltbarkeit und Sinnhaftigkeit des ‚Projekts der Moderne' werden. Das garantiert der Distinktionsressource ‚Herkunft' einen besonderen Platz: dank ihrer besonderen Simplizität der vermeintlichen Güte ‚alten Materials' und der Scheingewißheit, die sie jenen verleiht, die an sie glauben.“[38]

---

36 Vgl. Ursula Apitzsch: Migrationsforschung und Frauenforschung. In: Deutsche Forschungsgemeinschaft Senatskommission für Frauenforschung (Hg.): Sozialwissenschaftliche Frauenforschung in der Bundesrepublik Deutschland, Berlin 1994, S. 240-254.

37 Claus Leggewie: Ethnische Spaltungen in demokratischen Gesellschaften, a.a.O., S. 237.

38 Ebd.

4.1.3 Die Kulturalisierung des Sozialen vor dem Hintergrund des Ethnisierungsprozesses

Die Kulturalisierung der Ethnizitätsdiskussion verzeichnet in den letzten Jahren geradezu auch eine Konjunktur. Ursula Apitzsch hat in diesem Sinne insbesondere in den wissenschaftlichen Diskussionen eine Tendenz beobachtet, die Migranten aus einer „ethnischen Ansicht" betrachtet.[39] So werden über das Signal „Kultur" homogene Einheiten von Menschen konstruiert, die sich auf hegemoniale nationalstaatliche Normen und Werte stützen. In diesem Zusammenhang wird vor allem „Kultur" durch folkloristische Elemente geprägt und nicht als prozessuales und sozial gewordenes Gebilde verstanden. Dabei bleiben die politischen und sozialen Implikationen der Konstruktion des „ethnisierten kulturellen Anderen" nicht hinterfragt. Ausgehend von dieser Logik wird eine „ethnische Grenzziehung" zwischen „Ausländer-Inländer" auf der Ebene des Kulturellen übertragen. So ist dabei die „Kulturelle Differenz" nicht Effekt eines politischen Aushandlungsfeldes, sondern „Ausländer" werden so zu „Fremden" und zum „kulturell Differenten" gemacht.[40]

Wolf-Dietrich Bukow und Roberto Llayora haben im Rahmen dieser Auseinandersetzung den Begriff „Ethnogenie" geprägt, in der die unterschiedlichen sozialen und pädagogischen Strategien in Ethnisierungsprozessen zusammengefasst werden. Als „soziale Ethnogenie" definieren Bukow und Llayora die Bestimmung der Migrantenfamilien als „Kultursklaven". Migranten würden auf der Basis der Modernitäts-Differenz-Hypothese als „Relikte feudaler Gesellschaften" gedeutet, die erst durch die Einwanderung in die Bundesrepublik mit modernen Gesellschaften in Kontakt kämen.[41] Im Gegensatz dazu stellt jedoch Ursula Apitzsch fest, dass Migrantenfamilien bereits vor ihrer Migration in ihren Herkunftsländern mit gesellschaftlichen Modernisierungsprozessen konfrontiert waren.[42]

Anstelle der Verschleierung dieses Phänomens setzen sich Bukow und Llaryora für Studien in der Migrationsforschung ein, die eine Auseinandersetzung mit Politiken der Ethnisierung zum Ausgangspunkt haben,

---

39 Vgl. Ursula Apitzsch: Kultur und Migration. In: Sozialwissenschaftliche Literatur-Rundschau. Heft 23/1990, S. 7.
40 Vgl. Wolf-Dietrich Bukow/Roberto Llayora: a.a.O., Opladen 1988, S. 15ff.
41 Vgl. ebd.
42 Vgl. Ursula Apitzsch: Lernbiographien zwischen den Kulturen. In: Wiltrud Gieseke u.a. (Hrsg.): Ethische Prinzipien der Erwachsenenbildung: verantwortlich für was und für wen? Kassel 1990, S. 156-169.

bevor sie auf ein „ethnisches Subjekt“ schließen.[43] In der weiteren Frage des Umgangs der Migrantengemeinschaften mit dem Ethnisierungsprozess erkennen Bukow und Llayora eine „sekundäre Ethnogenese“. Darin kommt zum Vorschein, dass die als ethnisch und kulturell homogen konstruierten nationalen Gruppen in der Dynamik der Ethnisierung die ihnen von der Dominanzgesellschaft zugeschriebenen „sozialen Räume“ produzieren und reproduzieren. Dabei kommt der „Folklorisierung des Sozialen“ eine bedeutende Rolle bei der Darstellung ihres Alltages zu. So werden regionale Praktiken aus den Herkunftsländern als nationales Kulturgut verallgemeinert. Zum Beispiel sehen sich die türkischsprachigen Staatsbürger im Ausland – so auch in Deutschland – mit dem Bild der Türkei als Urlaubsland, Sieger der WM-Spiele und auch als Hit für die Eurovision-Nominierung konfrontiert. So kommt es in der Migration zu einem „Revival“ dieser Komponenten und diese kulturellen Elemente fungieren als Instrument für die Herstellung eines Gemeinschaftsgefühls bzw. Zugehörigkeitsgefühls.

Encarnación Gutiérrez Rodríguez konstatiert aus diesem Prozess: „Der Ethnisierungsprozeß vollzieht sich daher nicht durch die Wirkungsmacht staatlicher Institutionen, sondern ebenso durch soziale Praktiken, die von den als ‚ethnisch-different' bezeichneten Gruppen in Reaktion auf den Anpassungs- und Assimilationsdruck des Staates entwickelt werden.“[44]

4.1 Ethnizität im gesellschaftlichen Kontext

Die Begriffe „Ethnie“ und „Ethnizität“ sind seit einigen Jahren in aller Munde. „Ethnien“ und „Ethnizität“ scheinen gerade im aktuellen Bezug überall eine entscheidende Rolle zu spielen: im ehemaligen Jugoslawien, in Ruanda, in der Türkei aber auch in Einwanderergesellschaften. Eine Bestimmung dieser Begriffe ist nur in seiner Entwicklung zu sehen.

Der Terminus „Ethnizität“ hat sich zunächst als ein Begriff der Ethnologie herausgeprägt, mit dem zunächst kulturelle Unterschiede zwischen Gruppen in traditionellen Gesellschaften dargestellt wurden. Dabei wurde die innere soziale Struktur der Gruppenorganisation mit den Bezeichnungen „Stamm“ und „Familie“ beschrieben. Seit den sechziger Jahren dient der Begriff „Ethnizität“ zunehmend der Beschreibung

43 Wolf-Dietrich Bukow/Roberto Llayora: a.a.O., Opladen 1988, S. 130.
44 Encarnación Gutiérrez Rodríguez: Intellektuelle Migrantinnen - Subjektivitäten im Zeitalter von Globalisierung, Opladen 1999, S. 164.

menschlicher Variationen in Anbetracht von Kultur, Sprache, Tradition und soziale Muster, mit der Annahme, dass die Menschheit in feste, genetisch bestimmte biologische Typen eingeteilt ist.[45]

Wolfgang Nieke fasst die Merkmale dieses Begriffs folgendermaßen zusammen: „Ethnie ist ein Neologismus, der aus einer griechischen Wurzel ethnos abgeleitet ist und nichts anderes meint als Volk. *Ethnie* bezeichnet nicht schriftlich tradierte Sozietäten. Diese definieren sich in aller Regel nicht als Nationen, sondern als Stämme (im Englischen tribes), d.h. als eine Gruppe deren Mitglieder miteinander in der Weise verwandt sind, dass sie sich alle von denselben Vorfahren herleiten können."[46] Um jedoch nach Nieke von einer „Ethnie" sprechen zu können, müssen mehrere Merkmale, wie gemeinsame Sprache, „Rasse", Kultur, Religion, kollektive Selbstdefinition und gemeinsamer Siedlungsraum zusammenkommen. Georg Auernheimer spricht in diesem Zusammenhang sogar von einem „sozialen Konstrukt", dessen Realitätsgehalt auf den historischen Prozess zurückzuführen ist, der z.B. eine gemeinsame Sprache und gemeinsame kulturelle Praktiken hervorgebracht habe.[47]

Unter dem Ethnizität-Begriff wird jedoch weniger die faktische als die gefühlsmäßige Volkszugehörigkeit verstanden. Die immer noch klassische Definition einer „ethnischen Gruppe" formulierte Max Weber: „Wir wollen solchen Menschengruppen, welche auf Grund von Ähnlichkeiten des äußeren Habitus oder der Sitten oder beider oder von Erinnerungen an Kolonisationen und Wanderung einen subjektiven Glauben an eine Abstammungsgemeinschaft hegen, derart, daß dieser für die Propagierung von Vergemeinschaftung wichtig wird, dann, wenn sie nicht ‚Sippen' darstellen, ‚ethnische' Gruppen nennen, ganz einerlei, ob eine Blutsgemeinschaft objektiv vorliegt oder nicht."[48]

Wenn man der Auffassung Webers folgt, so existieren „ethnische Gruppen" nicht von alleine aus, sondern sie entstehen durch bestimmte Zuschreibungs- und Definitionsprozesse, die die Gruppe selbst vornimmt. Was aber im eigentlichen die Gruppe zu einer „ethnischen

---

45 Vgl. Bill Ashcroft/ Gareth Griffiths/Helen Tiffin: Key Concepts in Post-Colonial Studies, London/New York 1998, S.80.

46 Wolfgang Nieke: Interkulturelle Erziehung und Bildung. Wertorientierung im Alltag, Opladen 2000, S. 38 (Kursiv im Original).

47 Vgl. Georg Auernheimer: Einführung in die interkulturelle Pädagogik, Darmstadt 1990, S. 108.

48 Max Weber: Ethnische Gemeinschaftsbeziehung. In: ders.: Wirtschaft und Gesellschaft. Grundriss der verstehenden Soziologie, Tübingen 1972, S. 237.

Gruppe" macht, kann – so Weber – auf einer „geglaubten Gemeinsamkeit" basieren: „Von der ‚Sippengemeinschaft' scheidet sich die ‚ethnische' Gemeinsamkeit dadurch, daß sie eben an sich nur (geglaubte) ‚Gemeinsamkeit', nicht aber ‚Gemeinschaft' ist, wie die Sippe, zu deren Wesen ein reales Gemeinschaftshandeln gehört."[49] Für Weber bedeutet Ethnizität ebenso die Berufung auf Abstammung als Instrument der Unterfütterung von Ansprüchen auf die gemeinsamen Ressourcen einer Gesellschaft. Ethnizität ist demnach eine moderne Form des Glaubens an gemeinsame Abstammung, deren Beleg durchaus auch gemeinsame Religion sein kann, wobei jedoch der religiöse Inhalt keine Bedeutung hat. Ethnizität ist eine Funktionalisierung von Religion im Modus des Säkularen. Das empirische Beispiel, das Weber zur Verdeutlichung des Begriffs wählt, zeigt, dass „Ethnizität" für ihn auch sehr nah an rassistischer Instrumentalisierung von Herkunft angesiedelt ist.

Nach dem Ethnizitätsdiskurs von Weber handelt eine Sippe als Gemeinschaft, während die ethnische Gruppe allein an diese Gemeinsamkeit glaubt. Wir erkennen, dass Webers Ansatz auf die eher symbolische als reale Bedeutung von Ethnizität aus dem Jahr 1922 bis heute nicht überholt ist und gegenwärtig im öffentlichen Diskurs weiterhin diskutiert wird. So ähnelt der Webersche Begriff dem von Benedict Anderson genutzten Titel der „vorgestellten Gemeinschaft".[50] So wird Ethnizität in diesem Sinne als eine gefühlsmäßige Zugehörigkeit verstanden; beispielsweise die türkischsprachige Community in der Bundesrepublik Deutschland wird erst als solche real, wenn ihre Mitglieder sich als ethnisch zusammengehörig definieren und artikulieren. Zweifelsohne lässt sich hieraus herausleiten, dass Ethnisierungs- und Selbstethnisierungsprozesse in all jenen Gruppen stattfinden, die sich selbst eine höhere Bedeutung zumessen und sich gegenseitig in historische Größenvorstellungen hineinreden, die ihnen gesellschaftlich nicht zugebilligt werden.[51] Zweifellos wird es aber auch in sog. Minderheiten zu Phänomenen und Auswirkungen solcher Selbstethnisierungsprozesse kommen.

Nach Eckhard J. Dittrich und Frank-Olaf Radtke[52] ist es hilfreich,

---

49 Ebd.

50 In der englischen Originialausgabe lautet der Buchtitel Benedict Anderson: „Imagined Communities. Reflections on the Origins and Spread of Nationalism".

51 Vgl. Lena Inowlocki: Sich in die Geschichte hineinreden. Biographische Fallanalysen rechtsextremer Gruppenzugehörigkeit, Frankfurt/Main 2000.

52 Eckhard J. Dittrich/Frank-Olaf Radtke (Hg.): Ethnizität. Wissenschaft und

sich zu vergegenwärtigen, wo und wann der Begriff „Ethnizität" in den öffentlichen, vor allem aber wissenschaftlichen Diskurs eingeführt worden ist. Zweifelsohne ist die wissenschaftliche und politische Auseinandersetzung mit dem Begriff „Ethniziät"[53] so alt wie das Phänomen der „Arbeitsmigration" und der „Einwanderung" selbst. So ist dieser Begriff als wissenschaftlicher Terminus in den USA kreiert worden und avancierte spätestens seit Beginn der siebziger Jahre „zu einem breit diskutierten und wissenschaftlich etablierten Stich- und Schlagwort."[54] Der wissenschaftsgeschichtliche Hintergrund des gegenwärtigen Begriffs „Ethnizität" verweist allerdings auf ältere Diskurse in den USA:

„Als wissenschaftliche Reflexionsform bezog sich ‚ethnicity' zunächst ausschließlich auf die Realität einer Gesellschaft, deren spezifische Differenz zu anderen nach Oscar Handlin (1952) darin besteht, daß sie keine Geschichte der Einwanderer kennt, sondern die Einwanderer ihre Geschichte sind. Ethnizität bezeichnete hier die Abweichung und die Norm zugleich: ‚Ethnics all!' reflektiert sich im, wie immer ideologischen, polyethnischen Selbstverständnis der USA (...) eine geschichtliche Differenz zur Konstitution der europäischen Nationalstaaten, so vollzieht sich in der Folge der Universalisierung der dem Kapitalverhältnis eigenen Produktions- und Zirkulationsformen und ihrer Epiphänomene – der Bevölkerungsexplosion, der weltweiten Migrationsströme, der Globalisierung moderner Kommunikationstechnologien – eine Angleichung. Die USA sind heute als Einwanderungsland nicht länger eine Ausnahme, sondern in den USA sind Entwicklungen moderner Immigration, die auch alle anderen modernen Gesellschaften betreffen, lediglich fortgeschrittener."[55]

Minderheiten, Opladen 1990, S. 26.

53 Vgl. zum Begriff „Ethnicity" bei Andrew M. Greeley: Why Can't They Be Like Us?, New York 1971, S. 15.

54 Wolfram Stender: Ethnische Erweckungen. Zum Funktionswandel von Ethnizität in modernen Gesellschaften – Ein Literaturbericht. In: eurozine – the netmagazine; *http://www.eurozine.com/online/20000824-gp-stender.html*, S. 2.

55 Ebd., S. 2; Vor allem Eckhard J. Dittrich/ Frank-Olaf Radtke (Ethnizität. Wissenschaft und Minderheiten, Opladen 1990) sehen in dem Begriff „Ethnizität" Elemente der auf Herder zurückgehenden „Volksgeisttheorie" enthalten, die gleichsam auf US-amerikanische Verhältnisse projiziert wurde: „Die Idee des ‚Volksgeistes' oder der ‚völkischen Eigenart' (...) bleibt auch (...) in der modernen sozialwissenschaftlichen Theorie an dem Konzept ‚Ethnizität' erkennbar. Sein Re-Import (i.e. aus den USA, K.B.) konnte deswegen umstandslos gelingen, weil die Beobachtungen ethnischer Differenzierung als empirische Realitäten (...) präsentiert werden." (S. 29).

Die in den USA entstandene Vorstellung eines „ethnic revival"[56] ist nicht mit der ersten oder zweiten Einwanderungsgeneration verbunden, sondern kam „frühestens in der dritten und vierten Einwanderergeneration, also zu einem Zeitpunkt, wo den klassischen Assimilationstheorien zufolge die mitgebrachten ‚ethnischen Bestimmtheiten' längst kulturell weggeschliffen sind",[57] auf. Im gegenwärtigen amerikanischen Diskurs[58] wird das soziale und sozialkulturelle Phänomen der „ethnic revival" als komplexes Konstrukt im Sinne eines Bedürfnisses nach „ethnischer Identität" bzw. „symbolischer Ethnizität" vor dem Hintergrund moderner Individualisierung aufgefasst.[59]

Die „ethnic revival" wird damit von den mystifizierten Gehalten einer „Herkunftserzählung" oder „nativistischen ethnic identity" gelöst, sondern vornehmlich politisch und gesellschaftlich interpretiert. Dieses politisierte Ethnizitätsmodell hat im „gesellschaftlichen Konkurrenzkampf" die Funktion einer strategischen „Mobilisierungsressource". Die Argumentation des „ethnic revival" wird in der Argumentation von Wolfram Stender folgendermaßen beschrieben:

> „Aber wie auch immer, allein der historische Zeitpunkt deutet bereits an, dass es sich bei dem ‚ethnic revival' der 70er Jahre um etwas höchst Artifizielles handelte, das nicht mehr als Reaktion auf die besondere Krisenerfahrung der Immigration – das angebliche ‚Trauma der Migration' (...) –, aber auch nicht als ‚third-generation-problem' (...) erklärt werden konnte, sondern durch aktuelle Problemlagen der US-amerikanischen Gesellschaft bestimmt sein mußte. (...) Die These, daß es einen internen Zusammenhang von Traditionsverlust und Ethnizitätsartefakten, von ‚sense of uprootedness' (...) und ‚invention of ethnicity' (...) in modernen Gesellschaften gibt, ist in unterschiedlichen Versionen seit mindestens dreißig Jahren in der theoretischen Diskussion. Es handelt sich dabei um eine Art ‚Kippfigur' des klassischen Modernisierungstheorems: Die ge-

56 Vgl. Michael Novak: The Rise of the Unmeltable Ethnics Politics and Culture in the Seventies, New York 1972.

57 Wolfram Stender: Ethnische Erweckungen, a.a.O., S. 3.

58 Vgl. dazu Herbert Gans: Symbolic Ethnicity: The Future of Ethnic Groups and Cultures in America. In: Werner Sollors (Hg.): Theories of Ethnicity. A Classical Reader, London 1996, S. 425-459.

59 Vgl. zu den rezenten US-amerikanischen Denkachsen bei Mary C. Waters: Ethnische Identität als Option. In: Axel Honneth (Hg.): Pathologien des Sozialen. Die Aufgaben der Sozialphilosophie. Frankfurt/Main 1994, S. 205-232.

sellschaftliche Modernisierung läßt das Ethnische nicht hinter sich zurück, sondern sie treibt es aus sich hervor."[60]

Entgegen dieser Annahme konstatiert Milton M. Gordon, dass die ethnische Zugehörigkeit und Identifikation ein wesentlicher Bestandteil der US-amerikanischen Gesellschaft sei. So seien ethnische Orientierungen und deren subkulturelle Verankerung stabiler entfaltet als erwartet.[61] Eckhard J. Dittrich und Frank-Olaf Radtke unterscheiden in diesem Zusammenhang zwei Seiten des Ethnizitätsdiskurses, nämlich die politische und persönliche: „Ethnizität hat so gesehen zwei Gesichter: ein politisch instrumentelles, das vor allem von sich ethnisch definierenden Eliten strategisch zur Mobilisierung benutzt werden kann; und ein individuell-entlastendes, das der subjektiven Orientierung dient. Diese letzte Funktion der ethnischen Identifikation macht die Mobilisierungswirkung ethnischer Deutungsangebote aus. Ihre Wirksamkeit besteht so lange, wie ihr Konstruktcharakter undurchschaubar bleibt."[62]

Angesichts der aktuellen Entwicklungen ist davon auszugehen, dass die in dieser Arbeit vielseitig diskutierten gesellschaftlichen Konflikte, die unter anderem auch auf sog. „ethnische Differenzierungen" zurückzuführen sind, in den letzten Jahren an Bedeutung gewonnen haben. Aufgrund der Verbreitung gegenwärtiger „ethnischer revivals", regionalistischer und separatistischer Bewegungen stellt Hartmut Esser fest: „Von einer Auflösung ethnisch systematisierter Schichtungen kann nicht nur keine Rede sein - man muß eher von ihrer Verstärkung und ihrer Verfestigung (...) ausgehen. Mit anderen Worten: die vorzufindende Wirklichkeit widerspricht der traditionellen Theorie moderner Gesellschaften in eklatanter Weise."[63]

Eine Verfestigung „ethnischer Identifikation" sieht Marcus Less Hansens gerade am US-amerikanischen Beispiel unter der zweiten und dritten Generation von Migranten. Folgt man der Auffassung Hansens, so war die erste Generation entgegen der ursprünglichen Erwartung der

60 Wolfram Stender: a.a.O., S. 3.

61 Vgl. Milton M. Gordon: Assimilation in American Life. The Role of Race, Religion and National Origins, New York 1964, S. 37.

62 Eckhard J. Dittrich/Frank-Olaf Radtke: Der Beitrag der Wissenschaften zur Konstruktion ethnischer Minderheiten. In: dies. (Hg.): Ethnizität. Wissenschaft und Minderheiten. Opladen 1990, S. 26.

63 Hartmut Esser: Ethnische Differenzierung und moderne Gesellschaft. In: ZfS, 17/1988, S. 236; vgl. auch ders.: Die Situationslogik ethnischer Konflikte. In: ZfS, 4/1999, S. 245-262.

amerikanischen Mehrheitsgesellschaft schon angepasst, wobei bei der zweiten Generation ein Problem zu beobachten war: „Während sie im Klassenzimmer zu ausländisch waren, waren sie zu Hause zu amerikanisch.“[64] Hansens vertritt in diesem Zusammenhang die Ansicht, dass die zweite und dritte Generation auf dem Weg sei, ihre „ethnische Identität“ zu vergessen und auch kaum Interesse mehr für die Einwanderungsgeschichte der Eltern zeige. Damit seien jedoch die Herkunftstradition, nationalen Werte u.ä. keineswegs verloren.

Gerade in diesem Rahmen ist gegenwärtig auch zu beobachten, dass türkischsprachige Jugendliche der zweiten oder dritten Generation zwar in Kontrast zu den tradierten Werten der Elterngeneration leben, aber dennoch ihre Identitäten und Orientierungen in vielen Beispielen in heimatbezogenen oder herkunftsbezogenen nationalen Einrichtungen machen. Dies ist zugleich als ein Produkt der Ausgrenzungs- und Ethnisierungsmechanismen dieser Gesellschaft zu sehen.

4.2.1 Der (Ethnizitäts)begriff in Politik- und Sozialwissenschaften

Mit der Übernahme des Ethnizitäts-Begriffs in die Soziologie und später in die Politikwissenschaft wurden Bindungen in modernen Gesellschaften dargelegt, von denen angenommen wurde, dass sie im Zuge der linear ablaufenden Modernisierungsprozesse verschwinden und durch Zugehörigkeit ersetzt werden würden.

Marco Heinz hat in seiner begriffshistorischen Auseinandersetzung mit „Ethnizität und ethnische Identität“[65] dargelegt, dass beide Begrifflichkeiten inzwischen synonym verwendet werden.[66] In der Soziologie sollte mit dem Begriff „Ethnizität“ das Ausbleiben der „Assimilation“ von Zuwanderern an die Mehrheitsgesellschaft gekennzeichnet, mit dem Begriff der „ethnischen Identität“ Akkulturationsprozesse traditionaler an moderne Gesellschaften beschrieben werden.

Mit der durch Robert Park, William Isaac Thomas und Ernst Burgess

---

64 Marcus Less Hansens: The Problem of the Third Generation Immigrants. Rock Island 1938, III, Augustana Historical Society, S. 7.

65 Marco Heinz: Ethnizität und ethnische Identität. Eine Begriffsgeschichte, Bonn 1993.

66 Eric Hobsbawm siehtt ähnlich wie Heinz die Begriffe „Ethnizität“ und „Nationalismus“ in ein Synonym. Während er Nationalismus als ein politisches Programm definiert, wird der Terminus Ethnizität nicht als politisches Programm, sondern als politische Funktion verstanden, die auch politische Programme einbindet. Vgl. Eric Hobsbawm: Nationalismus und Ethnizität. In: Die Neue Gesellschaft. Frankfurter Hefte 7/1992, S. 612 f.

in den frühen zwanziger Jahren am Department for Sociology der University of Chicago begonnenen sozialwissenschaftlichen Ethnizitäts- und Akkulturationsforschung wurde der Ansatz für die Integration von Migranten im Forschungsfeld „Stadt" untersucht und die Unterschiede der Einwanderer im Verhältnis zur Mehrheitsgesellschaft mit dem Begriff „Ethnizität" gekennzeichnet.[67]

Die Vertreter von Modernisierungstheorien,[68] der Theorien funktionaler Differenzierung,[69] marxistisch geprägter Ansätze[70] sowie die aus der Chicago School entstammende „human ecology" Theorie haben mit ihrem Bekenntnis an den Fortschritt, das Verschwinden der als rückwärtsgewandt verstandenen ethnischen Gemeinschaftsbildung vermutet.

Doch mit dem verstärkten Auftreten von Gruppenkonflikten innerhalb von Nationalstaaten ist der Begriff „Ethnizität" verstärkter ins Interessenblickfeld der Politikwissenschaft gerückt. Innerhalb der Politikwissenschaft dient dieser Begriff als Mittel für Gruppen, die gleiche Interessen haben, um eine informelle Ordnung zu schaffen. Um erfolgreich zu sein, müssen sie kommunizieren, Entscheidungen treffen, Disziplin und eine gemeinsame Ideologie bewahren und Außenseiter fernhalten.

Insbesondere nach dem Zusammenbruch der sog. Ostblockstaaten hat sich der Begriff „Ethnizität" auch in den Wissenschaften zu einem Krisenbegriff gewandelt, der auf gesamtgesellschaftlicher Ebene die Gefahren bei ausbleibender Integration pluraler Gesellschaften beschreibt.[71] Minderheiten-Gruppen hingegen verwenden den Begriff als Legitimation ihres Kampfes um Anerkennung, d.h. in der Regel die Gewährung von Gruppenrechten. Diese inflationäre Verwendung beinhaltet die Gefahr, dass der Begriff der Ethnizität wie „ein Joker im Kartenspiel" funktioniert und die konzeptionelle Unschärfe der ersetzten Begriffe wie „Rasse" oder „Stamm" übernimmt.

---

67 Heinz geht davon aus, dass die Vertreter der Chicago School den Begriff der Ethnizität erstmals verwendet haben. Vgl. M. Heinz: a.a.O., S. 152.

68 Vgl. Karl W. Deutsch: Nationenbildung, Nationalstaat, Integration, Düsseldorf 1972.

69 Vgl. Talcott Parsons: Some Considerations on the Nature and Trend of Change of Ethnicity. In: Nathan Glazer/Daniel P. Moynihan (Hg.): Ethnicity, London 1975, S. 119-157.

70 Vgl. William R. Beer: The Unexpected Rebellion. Ethnic Activism in Contemporary France, New York 1980.

71 Vgl. Wilhelm Heitmeyer/Rainer Dollase (Hg.): Die bedrängte Toleranz. Frankfurt/Main 1996.

4.2.2 Überlegungen zum Paradigma „New Ethnicity“

Der Paradigmawechsel innerhalb der wissenschaftlichen Diskussion über das Phänomen „Ethnizität“ hat zu einer Umkehrung der Theorieelemente geführt. Das tradtionelle Paradigma hat zu einem gesellschaftlichen Entwicklungsmodell geführt, in dem die ethnisch-kulturellen Konfliktdynamiken im Zuge der gesamtgesellschaftlichen Modernisierung - so die wesentlichen Theorieelemente des „alten“ Paradigmas - zu einer kulturellen „Säkularisierung, Enttraditionalisierung und Nivellierung sozialer Lebenswelten führe. Diese Enttraditionalisierung müßte theoretisch zu einer substantiellen Schwächung der ‚orginal identities‘ führen, zu einer Entdifferenzierung der Gesellschaft also.“[72]

Diese Feststellung hat sich nicht bewahrheitet: Die traditionalen, ethnischen Bindungsqualitäten haben sich im Zuge der gesamtgesellschaftlichen Modernisierung nicht abgeschwächt, geschweige denn aufgelöst. Die sozialen, ökonomischen und politischen Umbruchprozesse der letzten zwei Jahrzehnte haben im Gegenteil zur Intensivierung bestehender Kultur- und Identitätsmuster geführt. Diese These ist von Nathan Glazer[73] in dem Beitrag „The Universalization of Ethnicity“ (1983) unter Rückbezug auf das „ethnic-revival-Modell“[74] entwickelt worden. Im Kern besagt diese These, dass in einer Vielzahl von Ländern (Industrienationen, Schwellen- und Entwicklungsländern) mit verschiedenen historischen, soziokulturellen, ökonomischen, sozialen und politischen Bedingungen eine Stärkung und Ausweitung ethnischer Bindungen auszumachen seien. Nach Glazer werden die überkommenen, primordialen Bindungen, d.h. also auch die ursprünglichen ethnischen Identitätsmuster durch „Ersatzidentitäten“ unterschiedlichster Prägung kompensiert. Glazer stellt grundsätzlich eine wachsende Anziehungskraft von neuen ethnischen Identitäten fest, die angesichts der Erosion traditionaler Gemeinschaftsformen und „alter“ Identitätsfolien vor „some kind of identity – smaller than the State, larger than the family, something akin to ‚familistic allegiance‘“[75] abbilden und widerspiegeln.

---

72 Wolfram Stender: Ethnische Erweckungen, a.a.O., S. 3.

73 Nathan Glazer: The Universalization of Ethnicity. In: ders.: Ethnic Dilemmas 1964-1982, Cambridge/Mass./London 1983, S. 233-253.

74 Vgl. Nathan Glazer/Daniel P. Moynihan: Beyond the Melting Pot. The Negroes, Puerto Ricans, Jews, Italiens, and Irish of New York City. Cambridge et al. 1963/1971; vgl. dies. (Hrsg.): Ethnicity, Theory an Experience, Cambridge/Mass. 1975.

75 Nathan Glazer: a.a.O., 1983, S. 251.

Entscheidend ist nun, dass die Bindungsmuster der „new ethnicity" nicht aus den traditionalen, z.T. mythifizierten „ethnic topoi" – so Glazer – ableitbar sind, sondern eher als künstliche Revitalisierungsversuche und Reaktionsbildungen auf den Verlust tradtionaler ethnisch-kollektiver Identitäten aufzufassen sind. Das Merkmal dieser „new ethnicity" ist dementsprechend nicht die Kontinuität, geschweige denn: die Fortdauer bzw. Fortsetzung kollektiv-bewahrter „ethnic traditions" (Glazer), sondern die Suche nach (Pseudo-)Traditionen und die Erfindung von (neuen) Traditionen. Nach Glazer ist dieses Phänomen universal und in nahezu allen Gesellschaftsformationen nachweisbar. Diese von Glazer angenommene Tendenz zur Ethnisierung im globalen Maßstab ist in wissenschaftstheoretischer Bewertung zu pauschal, als dass sie noch eine präzise Erklärungsreichweite erstellen können.[76]

Die Schwäche in der Argumentation Glazers liegt nicht so sehr im Detail begründet, als vielmehr in der gesamten Auffassung, nach der das „new-ethnicity-Modell" ein universelles Erfassen aller Beziehungen zwischen sozialen Gruppen erlaube. Dadurch bleiben eine Reihe von Fragen unbeantwortet: Glazers Modellbildung kann beispielsweise nicht erklären, warum in einigen modernen Gesellschaften die Ethnisierungsprozesse weniger konfliktuös verlaufen als in anderen Ländern. Gleichzeitig bleiben in Glazers Modell die Schlüsselfragen nach gesellschaftlicher Macht und sozialer Ungleichheit, nach kultureller Partizipation und individueller Emanzipation ausgeblendet. Auf diese Kritikpunkte haben vor allem Eckhard J. Dittrich und Astrid Lentz[77] hingewiesen und die Leitfragen nach der realen Erfahrungsbasis und nach den konkreten Interessen, die sich in Ethnisierungsprozessen organisieren und manifestieren, formuliert.

Schließlich ist nochmals darauf zurückzuführen, dass die sozial- und politikwissenschaftliche Forschung in der Bundesrepublik Deutschland das Phänomen der „Ethnizität" bzw. „Ethnisierung gesellschaftlicher Konflikte" im Anschluss an den US-amerikanischen Diskurs als ein

---

76 Vgl. Wolfram Stender: Ethnische Erweckungen, a.a.O., S. 3f.; K. Imhof: Gemeinschaft in der Gesellschaft: Modernisierung und Ethnizität. In: S. Hradil (Hg.): Differenz und Integration. Die Zukunft moderner Gesellschaften, Frankfurt/Main/New York 1997, S. 81-87.

77 Vgl. Eckhard J. Dittrich/Astrid Lentz: Die Fabrikation von Ethnizität. In: Reinhard Kössler/Tilman Schiel (Hg.): Nationalstaat und Ethnizität, Frankfurt/Main 1994, S. 23-44.

neues Paradigma im Sinne der „new ethnicity" bewertet, gleichzeitig aber versucht hat, die spezifischen Merkmale der Ethnizität im ökonomischen, sozialen, soziokulturellen, historischen und politischen Kontext der Gesellschaft darzustellen. Die benannten Analyseebenen können unterschiedlich gewichtet werden, so dass sich die Modellbildungen auf Grund der diversen Untersuchungsaspekte im Detail erheblich unterscheiden können.

4.2.3 Zum Funktionswandel von Ethnizität: Ethnizität als „social issue"

Die seit Anfang der achtziger Jahre im deutschen Sprachraum existierende Diskussion über Migration und der mit Beginn der neunziger Jahre intensivierte Diskurs über „Ethnizität" sind möglicherweise Ausdruck dafür, „daß soziale Sachverhalte dann Gegenstand von Wissenschaft werden, wenn sie praktische Probleme aufzuwerfen beginnen. Entsprechend müßte es sich bei ‚Ethnizität' um ein praktisches Problem von größter Aktualität handeln. Mit Eile hat sich die Sozialwissenschaft in den letzten zwei bis drei Jahrzehnten diesem Thema in theoretischen und empirischen Forschungen zugewendet, immer mit dem Hinweis auf die durch ‚Globalisierung' und ‚weltweite Migrationsströme' veränderten gesellschaftlichen Realitätszusammenhänge."[78]

Die Konfrontation mit „fremden" Kulturen ist im 20. Jahrhundert zu einer brennenden Frage geworden, die in jüngster Gegenwart angesichts umfangreicher und weiter anwachsender Bevölkerungsmigration von einem Land ins andere und vor allem angesichts des Aufeinandertreffens unterschiedlicher ethnischer, religiöser, sprachlicher und kultureller Gruppen unbeantwortet bleibt. In der aktuellen wissenschaftlichen Diskussion besteht allerdings nur Einigkeit darüber, dass durch die „rasante Ausbreitung ethnisch orientierter Identitätspolitiken ebenso wie [durch] die wachsende Häufigkeit und Intensität ethnischer oder als ethnisch etikettierter und rationalisierter Konflikte und Gewaltexzesse"[79] die Sozial- und Politikwissenschaften vor neuartige Herausforderungen gestellt sind.

In der gesellschaftlichen Auseinandersetzung der Bundesrepublik Deutschland zeigt sich der „Ethnozentrismus" zum einen als generalisierte Feindseligkeit gegenüber anderen Gruppen, Völkern oder Natio-

78 Wolfram Stender: Ethnische Erweckungen, a.a.O, S. 1.
79 Ebd.

nen, zum anderen aber als eine Präferenz bzw. Überbewertung der eigenen Gruppe, deren Normen, Werte und Verhaltensweisen als Grundlage und Maßstab der Beurteilung aller anderen Gruppen, Nationen oder Völker dienen. In der Studie von Robert A. LeVine und Donald T. Campbell[80] findet sich eine Auflistung von Merkmalen zur Charakterisierung von ethnozentristisch-ethnizistischen Einstellungen und Verhaltensmustern. Von den hier aufgeführten 23 Merkmalen beziehen sich neun auf die in-group (Eigengruppe), vierzehn hingegen auf die out-group (Fremdgruppe). Allein diese „Verteilung" zeigt nach LeVine und Campbell nichts anderes, als dass es zahlreiche Versionen und Ausprägungen von Ethnozentrismus gibt, durch die die Eigengruppe aufgewertet und die „andere" Gruppe abgewertet wird.

Die Funktion der Ethnizität als „social issue" besteht in dieser Perspektive vor allem darin, dass die Majorität eine Möglichkeit hat, die eigene Überlegenheit und die Unterlegenheit der ethnischen Minderheit zu rechtfertigen. Die dem ethnozentristischen Denken zugrunde liegende soziale Kategorisierung von Intergruppenbeziehungen in in-group und out-group wird durch die Präferenz der Eigengruppe dann zu einem Risiko- und Konfliktfaktor, wenn sich durch die Kombination von Ethnozentrismus mit sozialer, politischer oder ökonomischer Macht Formen von Rassismus, verbunden mit Gewaltbereitschaft, ergeben.

Zweifelsohne sind die Ausprägungen von Ethnizität stets auf die konkrete gesellschaftspolitische Formation bezogen. Im allgemeinen Sinne wird sich sagen lassen, dass in den USA der Rassismus andere Züge trägt als in Europa und sich deutlich von den Feindseligkeiten verfeindeter religiöser Gemeinschaften in Ländern wie Indien oder Nordirland unterscheidet. Auch die radikalen ethnozentristisch orientierten Umgestaltungen in Südafrika oder Zimbabwe unterscheiden sich markant von den nationalistischen Kämpfen und Kriegen auf dem Balkan. In jedem konkreten Fall gilt es zu prüfen, welche Merkmale die „dominante Kultur" und gesellschaftliche Majorität prägen.

Diese Merkmale können als Konstrukte[81] sozialer und politischer Vorurteile auf Minoritäten (ethnische Gruppe; aber auch soziale Sub-Gruppen) projiziert werden. In der aktuellen wissenschaftlichen Diskussion wird die zunehmende Ethnisierung gesellschaftlicher Konflikte

80 Robert A. LeVine/Donald T. Campbell: Ethnocentrism: Theories of Conflict, ethnic attitudes, and group behavior, New York 1972.

81 Vgl. James M. Jones: Prejudice and racism, New York 1997, S. 16ff.

zwar immer noch über Modelle der sozialen Identität erklärt, gleichzeitig aber werden neue Erklärungsansätze herangezogen.

Das Konzept der sozialen Desintegration[82] geht beispielsweise davon aus, dass im Gefolge der Individualisierung und wachsenden Risikobelastung des Individuums der sozialkulturelle Wert traditioneller biographischer Pläne, Bildungsabschlüsse und Gruppenzugehörigkeiten zerstört werde; fernerhin führe die verschärfte wirtschaftliche Konkurrenz zu Erfahrungen von Vereinsamung und Entsolidarisierung, die durch bestimmte „Ideologien der Zugehörigkeit" (rechtsextreme Gruppierungen; ethnozentristische Gruppenbildungen) ausgeglichen werden sollen. In der Gestalt des Rassismus tritt Ethnizität immer dann auf, wenn diskriminierendes Verhalten gegenüber Personen oder Gruppen, die einer anderen Ethnie bzw. Rasse angehören, praktiziert und legitimiert werden. In der neueren Forschung[83] wird zwischen herkömmlichen und neueren, oft latent bleibenden Formen von Rassismus unterschieden.

4.2.4 Ethnisierung und Etikettierung

In seiner bekannten Studie über die italienischen Jugendbanden[84] („Street Corner Society", 1943, dt. Ausg. 1996) betonte William Foote Whyte, dass sich diejenigen italienischen Jugendlichen, die sich stärker von ihrer ethnischen Herkunft zu lösen versuchten und sich zugleich stärker der Aufnahmegesellschaft hingewendet haben, von ihrer Umgebung noch immenser an ihre Herkunft erinnert wurden. Im Konkreten heißt es, dass sie zu Italienern gemacht wurden. Annette Treibel weist darauf hin, „(…) daß es nicht nur das Zugehörigkeitsgefühl oder das Festhalten an kulturellen, sprachlichen, religiösen Gewohnheiten der Gruppenmitglieder selbst sind, die eine ethnische Gruppe ausmachen. Die ethnische Identifikation wird durch die *Zuschreibung* zu einer ethnischen Gruppe oder Minderheit, die andere vornehmen, mit konstituiert (…)."[85]

In der bundesdeutschen Ethnizitäts- und Migrationsforschung haben sich vor allem die Kölner Soziologen Wolf-Dietrich Bukow und Roberto

---

82 Vgl. Wilhelm Heitmeyer/Rainer Dollase (Hrsg.): Die bedrängte Toleranz. Ethnisch-kulturelle Konflikte, religiöse Differenzen und Gefahren politisierter Gewalt. Frankfurt/Main 1996, S. 31ff.

83 Vgl. dazu Kapitel 4.3 der vorliegenden Untersuchung.

84 William Foote Whyte: Street Corner Society. Die Sozialstruktur eines Italienerviertels. Berlin/New York 1996 (US-amerikan. Originalausg. 1943).

85 Annette Treibel: Migration in modernen Gesellschaften. Soziale Folgen von Einwanderung, Gastarbeit und Flucht. Weinheim/München 2003, S. 199 (Hervorh. im Original).

Llaryora[86] mit dem Zuschreibungsprozess auseinandergesetzt. In dieser Auseinandersetzung geht es weniger um eine theoretische Folgerung über Migranten und Migration, sondern um den gesellschaftlichen Umgang mit Migranten. Anlehnend an diesen Ansatz ist nochmals die schon im Vorfeld formulierte Kritik der sog. „Ausländerforschung“, „Ausländerpädagogik“ u.ä. zu erinnern.[87] Bukow und Llaryora haben neben ihrer Kritik zum Umgang mit Migranten auch darauf hingewiesen, dass sich hinter der weit verbreiteten Argumentation, diese gehörten einem „anderen Kulturkreis“ an, vor allem die Ausgrenzung von Migrantenfamilien verberge.

Bukow und Llaryora bemerken kritisch, dass bei kulturell oder ethnisch „abweichenden“ Migranten der sog. Eingewöhnungs-Prozess unter negativem Einfluss stünde und die Aufnahmegesellschaft nur ein minimales Maß an Akzeptanz zeige. Sie gehen weiterhin davon aus, dass ethnische Minioritäten sich unter den Bedingungen der Marginalisierung und Ausgrenzung „selbst“-ethnisieren bzw. ethnisch re-definieren: „Infolgedessen werden Migranten, die aus eher peripheren Zonen kommen, und im Zentrum solche Bestände reaktivieren; es werden Italiener oder Türken in der Bundesrepublik eine intensive Religiösität zeigen, sie werden sogar religiöser werden als sie früher jemals waren.“[88] Man müsse nicht nach der ethnischen Herkunft fragen, sondern der Frage nachgehen, „was dem Migranten hier begegnet.“[89] Gerade das, was den Migranten „hier begegnet“, haben Bukow und Llaryora als „Prozess der Ethnisierung“ bezeichnet.

In dem kritischen Diskurs von Bukow und Llaryora nimmt der Etikettierungs-Ansatz (labeling-approach), mit dem die Sozialwissenschaften bisher insbesondere die Formen für „abweichendes“ Verhalten (Kriminalität, Drogen, Prostitution u.ä.) untersucht haben, einen sehr wichtigen Platz ein. Das „abweichende“ Verhalten wird hier mit der ethnischen Zugehörigkeit des Migranten gleichgesetzt. Demnach dominieren nicht die einzelnen Handlungen des Migranten, (beispielsweise das Tragen eines Kopftuches) sein „Ausländer-sein“, sondern die von der umgebenen Gesellschaft festgelegten Zuschreibungsprozesse. Also die Eingesessenen „etikettieren“ die Zugewanderten aufgrund bestimmter Wahrnehmungen als nicht-dazugehörig bzw. als „ausländisch“. In diesem Sinne zählt

86 Wolf-Dietrich Bukow/Roberto Llaryora: a.a.O., Opladen 1988.
87 Vgl. Kapitel 4.1.2 dieser Arbeit.
88 Ebd., S. 45.
89 Ebd.

für Bukow und Llaryora die Ethnisierung als eine bestimmte Art von Etikettierung. Sie funktioniere auch nur deshalb so gut, weil die sog. Etikettierten sich häufig selbst den Klischees vergleichbar verhielten.

In der Argumentation von Bukow und Llaryora ist die ethnische Re-Definition der Migranten eine Reaktion auf die Ethnisierung der Eingesessenen und führe stärker zur Minioritätenbildung: „Eine lebenspraktisch festgemachte Unterscheidung, ob sie nun in einer nicht-konventionellen sexuellen Gewohnheit, in einer nicht-konventionellen Nationalität oder in welchem Element auch immer besteht, wird verallgemeinert und wesensmäßig zugeschrieben (...) Kennzeichnend für die Minioritätenbildung ist also die lebenspraktische Aus- und Eingrenzung, die freilich noch partiell bleibt, wenn sie auch schon wesensmäßig zugeschrieben"[90] ist.

Zweifelsohne wird hierbei die Ethnisierung als ein wechselseitiger Prozess betrachtet, der nicht von der ethnischen Herkunft als solche abhängt, sondern von der Politik dominiert wird. So führen insbesondere restriktive Maßnahmen („Ausländergesetz" u.ä.) zur Ausgrenzung und Diskriminierung von „ethnischen Minioritäten".

Im allgemeinen Rückblick konzentrieren sich die Thesen von Bukow und Llaryora darauf, dass es eigentlich keine kulturellen Unterschiede gebe und alles nur eine Frage der Konstruktion sei. Diese Auffassung ist meines Erachtens etwas zugespitzt formuliert. Die zunehmende Relevanz ethnischer Identifikationen kann nicht allein durch den Ethnisierungs-Prozess beschrieben werden. So ist auch im Rahmen dieser Arbeit deutlich zum Vorschein getreten, dass Ethnizität nicht nur eine Reaktion auf die Ethnisierung, sondern auch als ein Bestandteil der Handlungen, Entscheidungen und Strategien der Mitglieder ethnischer Gruppen zu sehen ist, mit denen diese bestimmte Ziele verfolgen.[91]

Bukow und Llaryora verweisen darauf, dass das Problem der Ethnisierung im gesamtgesellschaftlichen und politischen Kontext zu bewerten ist und die Selbstethnisierung der Eingesessenen zugleich eine Eigenethnisierung von Migranten evoziere. Schlussfolgernd konstatiert Annette Treibel: „*Ethnisierung* und *Unterschichtung* als unterschiedliche Formen der Ausgrenzung, die den Einheimischen nützen, greifen ineinander: Die primär *symbolische* Funktion der Ethnisierung (Ausländer als Nicht-

---

90 Ebd, S. 54.

91 Vgl. Hartmut Esser: Ethnische Konflikte als Auseinandersetzung um den Wert von kulturellem Kapital. In: Wilhelm Heitmeyer/ Rainer Dollase: Die bedrängte Toleranz. Ethnisch-kulturelle Konflikte, religiöse Differenzen und die Gefahren politisierter Gewalt, Frankfurt/Main 1996, S. 64-99.

Gesellschaftsmitglieder) wird durch die *psychische* Funktion (Verringerung von Frustration und Unsicherheit) und durch *ökonomische* Funktion (Absicherung des eigenen Aufstiegs) der Unterschichtung ergänzt."[92]

4.3 Ethnizität, Ethnozentrismus und Formen des Rassismus

Um den Bezug zwischen Ethnizität, Ethnozentrismus und Rassismus herzustellen scheint es vor allem wichtig zu sein, zentrale Definitionsmerkmale des Begriffs „Rassismus" vorzulegen. Schon zu Beginn lässt sich erkennen, dass es sehr schwierig ist, eine präzise Definition des Begriffs „Rassismus" vorzulegen. Robert Miles wies schon 1991 in „Die Idee der Rasse und Theorien über Rassismus" darauf hin, dass der Rassismusbegriff keinen „spezifisch historischen" Gehalt besitze: „Er bestimmt vielmehr die allgemeinen Merkmale, die ein Diskurs besitzen muß, um als ein Beispiel für Rassismus gelten zu können. Der Rassismus ist, mit anderen Worten keine einförmige, statische Ideologie, die man anhand einer bestimmten Reihe von Behauptungen, bildlichen Vorstellungen und Klischees identifizieren kann."[93]

Albert Memmi hat in diesem Zusammenhang eine der zentralen Rassismusdefinitionen vorgelegt und den Rassismus als eine verallgemeinerte und verabsolutierte Wertung von Unterschieden, die tatsächlich oder fiktiv bestehen gedeutet: „Der Rassismus ist die verallgemeinerte und verabsolutierte Wertung tatsächlicher oder fiktiver Unterschiede zum Vorteil des Anklägers und zum Nachteil seines Opfers, mit der seine Privilegien oder seine Aggressionen gerechtfertigt werden sollen."[94]

Der Kern des „traditionellen Rassismus"[95] lässt sich als eine Ideologie mit zwei zentralen Komponenten beschreiben:

a) einer Überzeugung von Existenz interethnischer Differenzen, die als (gleichsam) angeboren bewertet werden;

---

92 Annette Treibel: a.a.O., Weinheim/München 2003, S. 204 (Hervorh. im Orig.).

93 Robert Miles: Die Idee der „Rasse" und Theorien über Rassismus. Überlegungen zur britischen Diskussion. In: Uli Bielefeld (Hg.): Das Eigene und das Fremde. Neuer Rassismus in der alten Welt? Hamburg 1991, S. 109.

94 Albert Memmi: Rassismus, Frankfurt/Main 1987, S. 103.

95 Vgl. zu den Erklärungsmodellen des Rassismus vor allem Christoph Butterwegge: Rechtsextremismus, Rassismus und Gewalt. Erklärungsmodelle in der Diskussion, Darmstadt 1996; Detlef Claussen: Was heißt Rassismus?, Darmstadt 1994 (Claussen bietet kommentierte Texte im synoptischen Vergleichsverfahren: Rassismus vor und nach 1945).

b) einer Überzeugung von der Überlegenheit der eigenen Rasse oder Ethnie.

Der „neue Rassismus“[96] zeigt sich nicht mehr in offen negativen Klassifikationen u.ä. Anstelle des unverhohlenen Rassismus werden die von einer breiten Öffentlichkeit akzeptierten Formen des Rassismus ausgewählt, in denen vor allem eine Rechtfertigungsstrategie enthalten ist, um eigene Privilegien, Sicherheitsbedürfnisse u.v.a.m. zu verteidigen. Die Benachteiligung der jeweiligen Minorität wird mit deren „Anderssein“ begründet, so dass die Gruppenmitglieder einen erheblichen Eigenteil an ihrer individuellen oder sozialen Lage zugewiesen erhalten. Die in den letzten Jahren ausdifferenzierten Modelle ethnischer Identitätsbildung sind vielseitig.

Der „Beitrag der Wissenschaften zur Konstitution ethnischer Minderheiten“ kann nur dann angemessen abgebildet werden, wenn man sich „als erstes über den Charakter ethnischer Segregation“ und „des weiteren über Formen wissenschaftlichen Argumentierens“[97] verständigt. Den wissenschaftsgeschichtlichen Hintergrund des aktuellen Diskurses über Ethnizität bilden „vor allem drei Ideologien ethnischer Abgrenzung“[98] die die modernen Gesellschaftsformationen bürgerlich-kapitalistischer Prägung hervorgebracht haben:

a) Rassismus;
b) Kultureller Ethnozentrismus („Kulturchauvinismus“) und
c) Nationalismus.

Die in diesen Ideologien verankerten Argumentationsmuster sind wirksam geworden oder geblieben, weil in den diversen Ethnizitätsdiskussionen der Öffentlichkeit und der Wissenschaft auch scheinbar überwundene Begründungsstrategien prägend sind. Rassistische Abgrenzungstheoreme unterstellen in einer manifesten, d.h. offen bekundeten Argumentationstopik beispielsweise, „daß die gesellschaftliche Integration und der besondere Wert einer Kultur auf gemeinsamer Abstammung ihrer Mitglieder beruhe. Auf diese Abstammung gingen gleichartige ererbte und vererbliche Persönlichkeitseigenschaften zurück, und diese Eigenschaften

96 Vgl. Georg Auernheimer: Ethnizität und Modernität. In: Institut für Migrations- und Rassismusforschung (Hrsg.): Rassismus und Migration in Europa, Hamburg 1992, S. 118-132.

97 Gero Lenhardt: Ethnische Identität und sozialwissenschaftlicher Instrumentalismus. In: Eckhard J. Dittrich/Frank-Olaf Radtke (Hg.): Ethnizität, Wissenschaft und Minderheiten, Opladen 1990, S. 191ff.

98 Ebd., S. 191ff.

einigten die Rassenangehörigen und schlössen naturgemäß die Rassenfremden aus. Über Rassenzugehörigkeit wird dabei in der Regel anhand einiger grober und sinnfälliger physischer Merkmale entschieden, solcher, die tatsächlich an Individuen zu beobachten sind und solcher, die nur in der Vorstellung derjenigen existieren, die ihr Verhalten an Rassekategorien orientieren."[99]

Auch wenn derartige Leitbilder einer nationalistischen und rassistischen Ideologie in der Bundesrepublik Deutschland obsolet sind und „nur eine marginale Rolle" in der öffentlich-politischen Diskussion spielen, bleiben gleichwohl rassistische Stereotype, Diskriminierungen und Ausbeutung der Andersheit" (Kien Nghi Ha) in der Gesellschaft virulent. Im machtbesetzten Gesellschaftsdiskurs spielen Fremd- und Selbstethnisierung nach wie vor eine erhebliche Rolle. Die Muster dieser Attribuierungen sind de facto auch rassistisch:

> „Durch die gesellschaftlich sanktionierte Gegenwart des Rassismus, der die Unterdrückten als Opfergemeinschaft erschafft (...), werden auch die heutigen MigrantInnen der internationalen Arbeitsteilung durch Ausgrenzung in den zeitgemäßen ‚Gettos' oder ‚ethnischen Kolonien' konzentriert. (…) Bei aller Problematisierung der Selbstethnisierung sollte nicht vergessen werden, dass ethnische Identität auch ein Gefühl von Zusammengehörigkeit, Solidarität und Handlungsfähigkeit ermöglicht, das sich bei der praktischen Bewältigung des konfliktgeladenen Alltags als zum Teil unersetzlich erweist. So war auch die Bildung von ‚türkischen' Jugendgangs in deutschen Großstädten in erster Linie ein Versuch, durch Kontrolle von Territorium, Konstruktion von Gruppenidentität und gemeinsame Aktivitäten sich vor Diskriminierungen im Alltag, rassistischer Gewalt und polizeilichen Übergriffen zu schützen."[100]

Diese alltägliche Identitätsarbeit „als Ort politischer Kämpfe um Definitionsmacht und Selbstaneignung"[101] steht auf Grund der stigmatisierenden Rahmenbedingungen unter einer ungünstigen Perspektive. Die von Diskriminierungen und rassistischen Anfeindungen Betroffenen sind sich vieler Aspekte ihrer Identität unsicher, so beispielsweise ihrer langfristigen Ziele, der Berufswahl, der Werteorientierung, der religiösen Identifikation, dem Verhältnis zur elterlichen Herkunftskultur und der allge-

99 Ebd., S. 191
100 Kien Nghi Ha: Ethnizität und Migration, Münster 1999, S. 3.
101 Ebd.

meinen Akzeptanz durch die Mehrheitsgesellschaft. Die Auswirkungen von aktuellen Diskriminierungserfahrungen von in der Bundesrepublik Deutschland lebenden Migranten, aber durch die Auseinandersetzung mit den Erfahrungen von gesellschaftlich weiter deklassierten Gruppen wie Sinti, Roma oder Flüchtlingen zeigen, dass Rassismuserfahrungen sozial vermittelte Erfahrungen sind, in der konkrete gesellschaftliche Realitäten erkennbar werden.[102]

Gleichzeitig sind Rassismuserfahrungen als sozial kontextualisierte „Zustände" immer auch subjektive Wahrnehmungen, die sich aus einer bestimmten Sorte von struktureller Gewalt oder institutioneller Ausgrenzung bilden. Im Unterschied zu kategorialen Rassismuserfahrungen kann Rassismus mit einer Vielzahl von unterschwelligen Fremdattribuierungen einhergehen. In jedem Fall ist Rassismus für Individuen oder Gruppen, die dieser Art von Erfahrungen ausgesetzt sind, eine Degradierung, die zu einer „ethnischen Segmentierung" führt.

Die Erfahrungsorte von Rassismus sind alltäglich. Auffällig ist, dass Rassismuserfahrungen sich nicht ausschließlich auf Akte manifester Feindseligkeit beschränken, sondern gleichermaßen als kontextspezifische Selbstattribuierungen wirksam werden können. Annita Kalpaka[103] hat darauf verwiesen, dass die Vielzahl von subjektiven Bedeutungen und Zuschreibungen gerade im Zusammenhang von Rassismuserfahrungen es notwendig mache, eine komplexe Matrix der Klassifikation von Rassismuserfahrungen zu erstellen. Nur dadurch werde es möglich, die „rassistischen Konstruktionen der und des Anderen" auf allen Ebenen der hiesigen Gesellschaft abbilden zu können.

Als eine besondere Form von Nationalismus hat sich auch der Ethnozentrismus herausgeprägt, in dessen Mittelpunkt die eigene Kultur steht und im Gegensatz zu anderen Kulturen als überlegen gilt. „Ethnozentriker im klassischen Verständnis des Begriffes sind solche Personen oder Gruppen, die sich anderen kulturell überlegen fühlen und damit den Herrschaftsanspruch der europäischen Zivilisation gegenüber Menschen

---

102 Vgl. Frank-Olaf Radtke: Fremde und Allzufremde – Der Prozeß der Ethnisierung gesellschaftlicher Konflikte. In: FES (Hg.): Ethnisierung gesellschaftlicher Konflikte, Bonn 1996, S. 7-18.

103 Vgl. Anitta Kalpaka: Rassismus und Antirassismus. In: Gabriele Pommerin-Götze/Bernhard Jehle-Santose/Eleni Bozikake-Leisch (Hg.): Es geht auch anders! Leben und Lernen in der multikulturellen Gesellschaft, Frankfurt/Main 1992, S. 93-101.

aus anderen Kulturen begründen."[104] Der Ethnozentrismus umfasst also die Denk- und Handlungsweisen, bei der Gruppen aufgrund ihrer Kultur- oder Religionszugehörigkeit definiert werden, ohne aber die jeweiligen Eigenschaften als vererbbar anzunehmen.

4.4 Das Verhältnis von Fremd- und Selbstethnisierung

Im Folgenden wird näher untersucht, wie die Instrumentalisierung der sozial konstruierten „Fremdheit" der Migranten im Modus der Fremdethnisierung und der reaktiven Selbstethnisierung sozial- und politikwissenschaftlich erklärbar wird. Die realen Widerstände bei Mehrheitsangehörigen sind keineswegs nur individuell motiviert, sondern manifestieren sich in konkreten institutionellen und strukturellen Barrieren zugunsten der Migranten. Erst wenn in einem Erklärungsmodell (des Phänomens Migration) die individuellen Handlungs- und Erlebnisweisen der Migranten, die Gruppenzugehörigkeit und -dynamik, die In-group und Out-group-Differenzierung in Abhängigkeit von gesellschaftlichen Bedingungen dargestellt werden können, wird das aktuelle Phänomen der Ethnisierung gesellschaftlicher Konflikte überhaupt erst analysierbar.

4.4.1 Selbst- und Fremdethnisierung: Merkmale des In- und Out-Group-Schemas

Im engeren Sinne werden die Beziehungen zwischen ethnischen Gruppen durch Intergruppen-Attributionen diskursiv festgelegt, d.h. die Beziehungen zwischen Gruppen lassen sich auf diskursive und soziale Kategorisierungen zurückführen, bei der zwischen der Eigen- und der Fremdgruppe unterschieden wird. Dieses Modell beinhaltet die Annahme, dass Mitglieder der Eigengruppe positiver als Mitglieder der Fremdgruppe bewertet werden.

Daraus ergibt sich zusätzlich die Annahme, dass Mitgliedern der Eigengruppe ein positiver Sachverhalt zugeschrieben wird, während bei Mitgliedern der Fremdgruppe die Tendenz besteht, das derselbe Sachverhalt negativ gedeutet und abgeleitet wird. Eine weitere Grundannahme bezieht sich auf negatives Verhalten, das bei Mitgliedern der Binnengruppe als „zufällig" erklärt werden soll, bei Mitgliedern der Fremdgruppe aber als eher „wesenseigen". Diese Tendenzen werden in der aktuellen

104 Albert Marie-Theres: Weltweite Entwicklungen und kulturalistische Bildung. Eine Kritik, Weinheim 1993, S. 44.

Auseinandersetzung als „ethnozentrische Attribution“ bezeichnet. Mitglieder der Eigengruppe bzw. der Eingesessenen haben gegenüber Mitgliedern der Fremdgruppe negative Erfahrungen aufgebaut. Vor diesem Hintergrund ergibt sich eine typische Disposition: Wenn das Verhalten von Mitgliedern der Fremdgruppe diese Erwartungen bestätigt, wird eine internale Attribution durchgeführt und das negative Bild der Fremdgruppe dadurch festgeschrieben. Wenn hingegen das Verhalten der Mitglieder der Fremdgruppe die durchschnittlichen Erwartungen widerlegt, wird in der Regel eine externale Attribution benutzt, durch die das unerwartet positive Verhalten der Fremdgruppenmitglieder auf äußere Umstände bezogen wird. In Endkonsequenz ergibt sich, dass negatives Verhalten der Fremdgruppe mit ihrem „negativen Charakter“ gleichgesetzt wird, wohingegen positives Verhalten als untypisch oder zufällig interpretiert wird.

Diese allgemeinen Bestimmungsmerkmale bedeuten zunächst nur, dass „Gruppen von Menschen, die Gemeinsamkeiten von Kultur besitzen, geschichtliche und aktuelle Erfahrungen miteinander teilen, Vorstellungen über eine gemeinsame Herkunft haben und auf dieser Basis ein bestimmtes Identitäts- und Solidarbewußtsein ausbilden.“[105]

Eine notwendige Bedingung für das Bestehen von Gruppen ist das gemeinsame Streben nach Zielerreichung und Bedürfnisbefriedigung. Die Summe aller Kräfte, die die Bindung an eine Gruppe bewirken, ist ein Fundament des Gruppenzusammenhalts. Alle Gruppen, in denen die Möglichkeiten zur sozialen Interaktion über eine längere Zeit besteht, weisen Muster von Beziehungen zwischen den Gruppenmitgliedern auf. Diese Gruppenstrukturen lassen sich anhand von Darstellungen verschiedenartiger Beziehung zwischen den Gruppenmitgliedern abbilden, gleichzeitig aber auf Intergruppen-Beziehungen ausweiten.[106]

Inakzeptanz und Ausgrenzung von Zuwanderern in dieser Gesellschaft sind in Anlehnung an die ethnisch-völkische Denkweise auf den Kausalitätskomplex der Fremd- und Selbstethnisierung zurückzuführen. Vermittelt wird diese Denkweise durch politische Diskurse, öffentliche Diskussionen, Medien und politische Kampagnen, die die Meinung der Mehrheitsbevölkerung beeinflussen und die Grenzen zwischen dem „Eigenen“ und dem „Fremden“ noch stärker fixieren. Dies hat letztend-

105 Friedrich Heckmann: Ethnische Minderheiten, Volk und Nation, a.a.O, Stuttgart 1992, S. 30.

106 Vgl. dazu Lothar Krapmann: Soziologische Dimension der Identität. Strukturelle Bedingungen für die Teilnahme an Interaktionsprozessen, Stuttgart 1969.

lich Auswirkungen auf deren Verhalten und Denkmuster, beladen mit Ressentiments, die sich in der alltäglichen Begegnung mit den Zuwanderern widerspiegeln.

4.4.2 Faktoren und Gründe für Selbst- und Fremdethnisierung

Mit der Zuspitzung sozialer und ökonomischer Krisen geht auch in der Bundesrepublik Deutschland eine Ethnisierung sozialer Konflikte einher. Ethnisch-kulturelle Gruppenzugehörigkeiten werden aktiviert oder erst konstruiert, um sich Vorteile im sozialen und ökonomischen Verteilungskampf zu verschaffen. Im gegenwärtigen gesellschaftlichen Klima, das von Verteilungsproblemen und Konkurrenz, Deprivation und knappen Ressourcen (wie z.B. Arbeitsplätze u.ä.) geprägt ist, findet unter den in der Bundesrepublik Deutschland lebenden Gruppen – nichtdeutscher ebenso wie deutscher Herkunft – eine zunehmende Selbst- und Fremdethnisierung statt. Vor allem werden in einer Zeit, in der die „Gürtel enger geschnallt" werden sollen, Zuwanderer und Flüchtlinge verstärkter als „Sündenböcke" für anstehende Probleme bloßgestellt. Frank-Olaf Radtke geht noch weiter: „‚Deutsch sein' heißt unter den Bedingungen des modernen Wohlfahrtsstaates, den eigenen Wohlstand verteidigen und Ansprüche anderer Gruppen zu delegitimieren und abzuwehren."[107]

Unter Bezug auf die Aussage Radtkes drückt sich diese Realität u.a. in Form von Ausgrenzung und Rassismus von deutscher Seite, sowie in Polarisierungen verschiedener Migrantengruppen untereinander aus. Die restriktive Ausländergesetzgebung unterstreicht die Tendenz in der Mehrheitsbevölkerung, sich abzuschotten („das Boot ist voll"). Darüber hinaus wird z.T. vorhandenes „völkisches Denken"[108], das den deutschen Staat für eine „fiktive Abstammungsgemeinschaft" der Deutschen reklamiert, in der öffentlichen Debatte vielfach thematisiert. Wo „deutsche Identität" an Profil gewinnt, werden vorhandene Selbstethnisierungstendenzen der Migranten auch verstärkt.

Somit ist die Ethnisierung also eine Strategie der Interessenartikulation und -durchsetzung, die im Falle der Migration vor allem dazu dient, die Privilegien der Eingesessenen gegen die der Zugewanderten zu vertei-

---

107 Frank-Olaf Radtke: Fremde und Allzufremde – Der Prozeß der Ethnisierung gesellschaftlicher Konflikte, a.a.O, Bonn 1996, S. 14.

108 Vgl. Lutz Hoffmann: Der Einfluß völkischer Integrationsvorstellungen auf die Identitätentwürfe von Zuwanderern. In: Wilhelm Heitmeyer/Rainer Dollase (Hg.): Die bedrängte Toleranz, Frankfurt/Main 1996, S.259.

digen. Dies kommt auch gerade durch die Parole „Deutschland den Deutschen“ deutlich zum Vorschein. Diese Reethnisierung ist bei den Eingesessenen weitaus größer als bei den Migranten. Gerade für die Migranten kann Selbstethnisierung viele Fuktionen besitzen: Instrument zur Selbstorganisation im Kampf um kollektive Güter, aber auch Schutzreaktion auf Diskriminierung und Ausgrenzung.

Hartmut Esser konstatiert daraus: „Insoweit Migrationen, aber auch Kolonisationen, insbesondere jedoch Nationalstaatenentwicklung und eine weltweite ‚Durchkapitalisierung' als Teile oder Folgen von Prozessen der Modernisierung anzusehen sind, kann man in der Tat festhalten, daß Modernisierung statt zu einer Einebnung ehtnischer Unterschiede geradezu im Gegenteil zu ihrer Verschärfung und zu einer um den Stratifikationsprozess erweiterten Dramatisierung beigetragen hat.“[109]

Zweifelsohne ist davon auszugehen, dass gerade in solch einem „feindlichen Klima“ Fremd- und Selbstethnisierung sich gegenseitig bedingen und verstärken. Dies ist auch darauf zurückzuführen, dass Zuwanderer in Deutschland – abgesehen von kommunalpolitischen Regelungen – nicht das Recht haben, sich politisch zu betätigen.[110] Durch vielseitige ökonomische, politische und soziale Differenzierungen werden sie „kollektiv als fiktive Gemeinschaften“ zu einer ethnischen Auseinandersetzung mit der Aufnahme- bzw. Mehrheitsgesellschaft gedrängt.[111]

Dieser wechselseitige Prozess der Ethnisierung funktioniert beispielsweise auch durch die Medienberichterstattung, die dazu beiträgt, verschiedenen ethnisch definierten Bevölkerungsgruppen bestimmte Merkmale zuzuschreiben. Diese Merkmale verfestigen sich im öffentlichen Bewusstsein zu negativen Fremdbildern und werden als Klischees wahrnehmungs- und handlungsleitend. Dies hat sich z.B. in der Diskussion darüber niedergeschlagen, ob die „Multikulturelle Gesellschaft“ gescheitert sei.[112] Die Argumentation der Verfechter dieser Annahme stützt sich auch auf neuere wissenschaftliche Studien, durch die Gewalt unter Jugendlichen oder „islamischer Fundamentalismus“ zu Schreckensvisionen

109 Hartmut Esser: Ethnische Differenzierung und moderne Gesellschaft. In: ZfS, 17/1988, S. 241.

110 Vgl. Günter Renner: Ausländerrecht in Deutschland, München 1998, S. 365ff.

111 Frank-Olaf Radtke: a.a.O., Bonn 1996, S. 16.; vgl. Birgit Rommelspacher: Anerkennung und Ausgrenzung. Deutschland als multikulturelle Gesellschaft, Frankfurt/Main 2002, S. 21ff.

112 Vgl. Titelblatt von Der Spiegel vom 14.4.1997. Unter dem Titel „Zeitbomben der Vorstädte. Die multikulturelle Gesellschaft ist gescheitert“ polarisierte Der Spiegel dieses Thema.

bzw. Feindbildern erhoben werden und einer fortschreitenden Ausgrenzung und Stigmatisierung von Zuwandergruppen dienen können.[113] Insofern ist Ethnisierung ein risikoreicher Prozess, der gesellschaftliche Spannungen forcieren kann und zur Ablenkung von desolaten sozialen Zuständen instrumentalisiert werden kann.

Zweifelsohne sind die Prozesse sowohl der Fremdethnisierung als auch der Selbstethnisierung in der Bundesrepublik Deutschland gegenwärtig unübersehbar. Klar ist, dass die Konflikte in einer Gesellschaft drastisch zunehmen werden, wenn etwa die Lebenschancen nach ethnischen Kategorien verteilt werden – vor allem mit unübersehbaren Konsequenzen für Zuwanderer.

Der Modus der Fremd- und Selbstethnisierung nimmt auch in dieser Studie einen wichtigen Platz ein. Vor allem kommt in dem empirischen Teil dieser wissenschaftlichen Arbeit deutlich zum Ausdruck, dass sich gerade türkischsprachige Jugendliche, die im Alltag negative Erfahrungen in Schule, Beruf, Ausbildung machen, z.T. in ihren eigenen Biographien Diskriminierungserfahrungen nachweisen, aufgrund der Abschottung der Mehrheitsgesellschaft gegenüber Zuwanderern (Fremdethnisierung) sich in ihre eigenen ethnischen Nischen zurückziehen (Selbstethnisierung). Demzufolge reagieren die Migranten auf die Ausgrenzung seitens der Mehrheitsgesellschaft mit einer verstärkten Rückbesinnung auf ihre eigenethnischen Traditionen, Symbole und Wertbestände, mit Rückzug in die ihnen von der Zuzugsgesellschaft zugewiesenen Nischen (oder Ghettos). Dabei ist zu bemerken, dass ein wichtiger Teil von jungen türkischsprachigen Migranten ihre Identität und Zugehörigkeit in rechtsnationalistischen türkischen Dachverbänden oder islamistisch-fundamentalistischen Organisationen finden.[114]

Diese Tendenzen werden in häufigen Fällen den Migranten wiederum zum Vorwurf „mangelnder Integrationsbereitschaft" gemacht, wodurch sich der Ethnisierungsdruck noch drastischer verschärft und auch der

---

113 Vgl. Wilhelm Heitmeyer. In der Studie mit dem Titel „Verlockender Fundamentalismus" vertreten Heitmeyer et al. die These, dass „religiös fundierte Gewaltbereitschaft" und „islamzentrierte Überlegensansprüche" Jugendlicher türkischer Herkunft in der Bundesrepublik Deutschland zunehmen. Dies sei ein Ergebnis ihrer Desintegration in diese Gesellschaft und laufe Gefahr, zunehmend von nationalistischen Gruppen instrumentalisiert zu werden.

114 Vgl. Kemal Bozay: „Bleib Türke, werde Deutscher!" – Als Junge in der „Parallelgesellschaft". In: Praxis der Jungenarbeit 3, Hg. vom Paritätischen Jugendwerk/ Landschaftsverband Rheinland/Landesarbeitsgemeinschaft Jungenarbeit in NRW. Eine Dokumentation der Konferenz am 18. 4.2002 in Köln. Köln 2003, S. 31ff.

zweiten und dritten Generation keinen angemessenen Platz als Gesellschaftsmitglied bietet bzw. lässt.[115]

4.5 Ethnisierung gesellschaftlicher Konflikte und Muster der Konfliktaustragung vor dem Hintergrund nationalistischer Einstellungstopoi

Wenn man davon ausgeht, dass ethnische Konflikte „ein Spezialfall sozialer Bewegungen und gesellschaftlicher Konflikte allgemein“[116] sind, wird sich in Bezug auf Entstehung, Verlauf und typische Umstände des Konfliktaustrags formulieren lassen:

> „Am Beginn einer sozialen Bewegung und eines jeden ethnischen Konfliktes steht immer ein *struktureller Antagonismus*. Er besteht aus Auseinandersetzungen zwischen abgrenzbaren Kollektiven oder Gruppen darüber, welche ‚Verfassung' eine Gesellschaft haben soll, wobei jeweils die eine Gruppe von der Geltung einer bestimmten Verfassung in dem Maße profitiert, wie die andere Gruppe davon Nachteile erleidet oder auf Vorteile verzichten muß. (...) Strukturelle Antagonismen können Anlaß zur Mobilisierung einer Bewegung werden, die die Änderung der Verfassung oder – je nach dem – deren Erhalt zum Ziele hat. Der zweite Schritt ist die erfolgreiche *Mobilisierung* der betreffenden Gruppe, den latenten Konflikt offen auszutragen.“[117]

Durch dieses allgemeine Modell sozialer Gruppenformierung und sozialer Konfliktszenarien (Antagonismen bei Esser) kann auf den „Spezialfall“ Ethnisierung gesellschaftlicher Konflikte dann übertragen werden, wenn das Merkmal bzw. die Merkmalsklasse „Ethnizität“ und „Ethnisierung“ die eigentliche „Ressource der Mobilisierung“ der betreffenden sozialen (Teil-)Gruppe bildet. Hartmut Esser orientiert sich methodisch konsequent an diesem Raster: „(...) Die Ethnizität einer Gruppe umfasst – vor dem speziellen Hintergrund des geteilten subjektiven Glaubens an eine gemeinsame Abkunft – drei weitere typische Merkmale: Tradition, spezifisches Kapital und Askription.“[118]

---

115 Vgl. Wolf-Dietrich Bukow/Roberto Llyaryora: a.a.O., Opladen 1988, S. 110; vgl. Wolf-Dietrich Bukow: Feindbild: Minderheit, a.a.O., Opladen 1996.

116 Hartmut Esser: Die Entstehung ethnischer Konflikte. In: Joachim Sikora/Hans Nitsche (Hrsg.): Migration. Konflikte und Lösungsstrategien. Manuskripte und Arbeitsunterlagen der 2. Honnefer Migrationstage, Bad Honnef 1997, S. 15f.

117 Ebd.

118 Ebd., S. 13f.

Bei dem Merkmal „Tradition“ geht Esser vor allem davon aus, dass der ethnische Gemeinsamkeitsglaube auf die kulturellen Modelle ansetzt. Dieses kulturelle Modell beinhaltet dabei typische Merkmale wie Wissen, Werte, Emotionen und Handlungsprogramme, die sich sowohl auf die Exklusion von Individuen der anderen als auch auf die Inklusion von Individuen der eigenen Gruppe bezieht. Im Rahmen dieses Prozesses ist zu erkennen, dass manche Gruppen – so Esser – unabhängig von der Gruppe kaum einen Wert besitzen oder dort sogar abgewertet werden. Das typische Merkmal des „spezifischen Kapitals“ bezieht sich auf diesen Vorgang. „Es handelt sich dabei um Ressourcen, deren Brauchbarkeit zwingend an die Existenz *dieser* Gruppe gebunden ist, Spezifisches Kapital in diesem Sinne wäre in erster Linie das sog. kulturelle Kapital: Sprache, Habitus, Alltagswissen und Relevanzsysteme für typische Problembereiche, die *nur* in dieser Gruppenkonstellation ‚verstanden' werden, Anerkennung finden oder sonst wie ‚Sinn' machen. Neben dem kulturellen Kapital gehört zu dem spezifischen Kapital auch das – hier so genannte – moralische Kapital der Mobilisierbarkeit solidarischer Gefühle, das soziale Kapital der Mobilisierbarkeit sozialer Beziehungen und das politische Kapital der gruppenspezifischen Organisationen.“[119]

Bei dem „generalisierten Kapital“ dagegen hat das Individium auch ausserhalb der Gruppe seinen Wert. Die wichtigsten Formen des „generalisierten Kapitals“ umfassen allgemeine Bürgerrechte, das ökonomische Kapital in Form von Geld, Vermögen oder materieller Güter, und das Humankapital, etwa in der Form marktfähiger Bildungsabschlüsse, anerkannte Prestigemerkmale (z.B. Titel oder Ehrenzeichen).

Anlehnend an die Aussagen Essers ist zweifelsohne darauf hinzuweisen, dass ethnische Gruppen in der Zusammensetzung ihrer Kapitalien in häufigen Fällen nur relativ geringe Anteile an generalisiertem Kapital aufweisen. Gerade das macht ihre Empfindlichkeit gegen jede drohende Gefährdung der Gruppenexistenz aus und ist zugleich in Fällen einer Gefährdung der Grund ihrer raschen Mobilisierbarkeit.

Zu dem Aspekt der „Askription“ kontastiert Esser: „Der *dritte* Aspekt der Ethnizität – *Askription* – bezieht sich darauf, daß die Gruppenzugehörigkeit – wenigstens in der subjektiven Vorstellung der Akteure – nicht durch eine individuelle Anstrengung erworben oder einfach abgelegt werden kann, selbst wenn der Träger dies dringend wünscht. Die mit den kulturellen Modellen verbundenen Markierungen erlauben die ver-

119 Ebd., S. 14 (Hervorh. im Original).

lässliche Klassifikation in Typen von Akteuren in Situationen, verbunden mit typischen Zuschreibungen und Assoziationen, denen sich der Träger auch nur mit größter Mühe zu widersetzen vermag."[120]

Zweifelsohne markiert Ethnizität über diesen Vorgang – sofern sie als kulturelles Modell die Beziehung zwischen den Gruppen aktiviert – eine der wichtigsten Fundamente der kollektiven Grenzziehung zwischen Gruppen und der Erzeugung fest verankerter Zuschreibungen.

4.5.1 Zum Verhältnis von Standortnationalismus und Ethnisierung

Der auffällige „Ethno-Nationalismus"[121] ist eine Ausgrenzungs- und Stigmatisierungsstrategie („Deutschland zuerst!"), „die sich um Widersprüche und Interdependenzen"[122] der Sozial- und Wirtschaftsstrukturen „nicht lange schert."[123] Ausgrenzung und Stigmatisierung setzen, wenn sie auf eine „ethnische Minorität" bezogen werden, stets eine destruktive Bestrebung mit „erheblichen politischen Mobilisierungspotenzen"[124] voraus. Die Mehrheitsgesellschaft verwendet „Ethnizität" immer dann als „Erklärungs- und Handlungsmuster", wenn durch die ethnische Zuordnung eine Spaltungslinie zwischen den gesellschaftlichen Gruppen gezogen werden soll: „Auf diese Weise entstand eine (noch diffuse) Spaltungslinie ‚Multikulturalismus versus Ethnozentrismus', die alte Zentrum-Peripherie-Konflikte wiederbelebt (nun hauptsächlich als Reflex reicher Regionen) und ‚überholte' ethnisch-sprachliche Spaltungen (vor allem in Auseinandersetzung mit der unerklärten Masseneinwanderung) aktualisiert."[125]

Diese von Friedrich Hengsbach dargestellte gesellschaftliche Konfliktsituation erzeugt neben den klassischen Interessen- und Verteilungs-

---

120 Ebd., S. 15.

121 Friedhelm Hengsbach: Der Gesellschaftsvertrag der Nachkriegszeit ist aufgekündigt. Sozio-ökonomische Verteilungskonflikte als Ursache ethnischer Konflikte. In: Wilhelm Heitmeyer (Hg.): Was hält die Gesellschaft zusammen?, Frankfurt/Main 1997, S. 245.

122 Ebd., S. 244.

123 Ebd.

124 Ebd., S. 245.

125 Ebd., S. 242; vgl. dazu auch Friedrich Heckmann: Ethnizität, moderner Nationalstaat und ethnische Minderheiten. In: Wolfgang Glatzer (Hg.): Die Modernisierung moderner Gesellschaften. 25. Deutscher Soziologentag. Beiträge der Sektionen, Arbeits- und Ad Hoc-Gruppen, Opladen 1991, S. 488-492; vgl. ders.: Einwanderung und die Struktur sozialer Ungleichheit in der Bundesrepublik. In: Reinhard Kreckel (Hg.): Soziale Ungleichheiten. Sonderband II „Soziale Welt", Göttingen 1983, S. 369-386.

konflikten, die durch Massenarbeitslosigkeit und Sozialstaatskrise stärker zum Vorschein treten, auch Anerkennungskonflikte zwischen ethnisch-kultureller Mehrheit und Minderheiten bzw. unter den diversen Minderheiten auf.

Die ethnischen Stratifikationen („ethnic stratification")[126] zielen auf die sozioökonomische Exklusion der Minoritäten unter den Bedingungen der neuen nationalen und internationalen Verteilungskonflikte bzw. -kämpfe. Diese Anschlussstrategien setzen den Abbau „of civil, labour and social rights"[127] realpolitisch bzw. ideologisch voraus.

Der Standortnationalismus ist im Kern nicht die Reaktion auf Immigration, geschweige denn die Folge multi-ethnischer Konstellationen in einer Gesellschaft, sondern eine extreme Form ethnischer Stratifikation einer Gesellschaft in sozioökonomischen Umbruchphasen. Dies ist auch der Ausgangspunkt von Claus Leggewies Analyse[128] der ethnischen Spaltungen in demokratischen Gesellschaften. Auch wenn Leggewie betont, dass die Ethnisierung sozialer Konflikte und die ethnischen Ausschließungsstrategien nicht allein Ausdruck von wirtschaftlichen Verteilungskonflikten sind, bleibt dennoch unbestritten, dass die Bedeutung ethnisch-kultureller Konfliktlinien gleichsam eine ergänzende Variable „der gewährten (bzw. erkämpften) politischen, sozialen und kulturellen Integration, (...) der Leistungsfähigkeit und der kulturellen Autonomie ethnischer Minderheiten"[129] ist.

Die organisierten ethnozentrischen Bestrebungen der Eingesessenen und der ethnisch-kulturellen Interessen bilden in dieser Sichtweise die Vorder- und Rückseite „eines politisierten Ethnozentrismus."[130] Dieser politisierte Ethnozentrismus ist im Zuge der gesellschaftlichen Modernisierung nicht überwunden worden, sondern erlebt als Standortnationalismus „eine unerwartete Renaissance: Ethnisches Bewusstsein erwacht nicht nur an den Rändern der Nationalstaaten und zerfallender Imperien; im Gefolge der weltweiten Migrationsbewegungen bilden sich in den Metropolen „ethnische Kolonien" und ziehen die nationalstaatliche

126 Vgl. dazu Hartmut Esser et al: Towards Emerging ethnic Classes in Europe. Volume 1. Freudenberg Stiftung, Weinheim 2000, S. 7ff.

127 Ebd., S. 9.

128 Vgl. Claus Leggwie: Ethnische Spaltungen in demokratischen Gesellschaften. In: Wilhelm Heitmeyer (Hg.): Was hält die Gesellschaft zusammen?. Frankfurt/Main 1997, S. 233 ff.

129 Ebd.

130 Claus Leggewie: a.a.O., Frankfurt/Main 1997, S. 252.

Homogenitätsunterstellung nachhaltig in Zweifel. Ethnizität im Sinne gefühlter Gemeinsamkeiten der Sprache, der Religion und der Kultur bietet offensichtlich emotionale Sicherheit da, wo Ideologien verlöschen, die bisher Orientierung gewährt haben. Ethnizität wird aber auch zu einer Mobilisierungsressource in der Konkurrenz um die Durchsetzung von Interessen gegenüber dem Sozialstaat und wo sie auf politische Strukturen drängt, zur *Basis eines neuen Nationalismus*, der wechselweise Mehrheit und Minderheiten erfassen kann."[131]

Wenn im Kontext dieser Untersuchung also Standortnationalismus und Ethnisierung gesellschaftlicher Konflikte zusammengedacht bzw. korreliert wird, soll damit auf die aggressiven Ideologiepotenziale der spätkapitalistischen Gesellschaft verwiesen werden.[132]

4.5.2 Zur Bewertung nationalistischer Einstellungsmuster

Die nationalistischen Einstellungsmuster, die in ethnisierten Konflikten wirkmächtig sind, sind mit mehr oder minder ausgeprägten Konturen in den drei Merkmalen (Tradition, spezifisches Kapital und Askription nach Esser) von Ethnizität vorhanden. Die beispielsweise bei zahlreichen türkischsprachigen Jugendlichen stark ausgeprägte nationale Identifizierung mit der „eigenen Nation" (Herkunftsland Türkei) ist gleichzeitig als Tradition, spezifisch kulturelles Kapital und askriptive Differenzierung gegenüber anderen sozialen Gruppen nachweisbar.

Diese Identifizierung mit Werten der eigenen, freilich oft verzerrt und/oder verklärt wahrgenommenen „Nation Türkei", ihrer Geschichte und Tradition, Kultur und Sprache wird immer dann problematisch, wenn sich diese „nationalen Identitätsmuster" in eine nationalistische Ideologie verwandeln, die mit der ausschließlichen Hochschätzung der eigenen Nation und mit der Geringschätzung, der Verachtung anderer Nationen, ethnischer Gruppen bzw. gesellschaftlicher Minderheiten einhergeht.

Diese Konsequenz bzw. Gefahr einer „nationalen Identität" durch ethnisch-nationalistische Einstellungsmuster hängt nicht von soziobiologischen Ursachenkomplexen ab, sondern von einer gesellschaftlich kritischen „Gemengelage", die etwa von Esser als sozial-struktureller Antagonismus beschrieben worden ist. Mit Esser kann folgendes Resümee ge-

131 Eckhard J. Dittrich/Frank-Olaf Radtke (Hg.): Ethnizität. Wissenschaft und Minderheiten, Opladen 1990, Vorwort (o.S.). (Hervorh. durch Autor, K.B.)

132 Vgl. dazu Christoph Butterwegge: Rassismus und (Standort-)Nationalismus als Ausgrenzungsmechanismen. Kernideologien des Rechtsextremismus im sogenannten Zeitalter der Globalisierung. Typoskript.

zogen werden: „Deshalb sind ethnische Identitäten und ethnische Konflikte auch nur Spezialfälle für Identitäten und Konflikte von Gruppen, die ihre subjektiven Grenzen ebenfalls auf traditionaler und askriptiver Grundlage und in Auseinandersetzung um die Geltung des Wertes einer spezifischen Lebensgrundlage ziehen: Grenzziehungen und Konflikte zwischen Nationen, Regionen, Religionsgemeinschaften, zwischen den Geschlechtern und auch zwischen wissenschaftlichen Paradigmen zum Beispiel."[133]

Die Mobilisierungsressource „Nationalismus" ist vor diesem Hintergrund ein sozial und politisch generiertes Ideologem, das explizit oder implizit für ein Individuum oder eine Gruppe kennzeichnend ist und die Auswahl der Mittel und Zwecke des „eigenen Handelns" massiv beeinflusst. Als Mobilisierungsressource beeinflussen ethnisch-nationalistische Einstellungsmuster die komplexe Wahrnehmung als ein kulturell, politisch und sozial geprägtes Ordnungskonzept, das personen- und gesellschaftsrelevante Handlungsmuster selektiv organisiert und akzentuiert sowie das eigentliche soziale, politische Handeln reguliert.

In einer bestimmten sozialen und ökonomischen Lage waren und sind bestimmte Denk- und Handlungsmuster als Ordnungskonzepte gefährlich; in Krisenzeiten und Umbruchphasen haben in kapitalistischen Gesellschaftsformationen häufig traditionell-konservative, nationalistische und rassistische Ordnungskonzepte (Hoch-)Konjunktur.

Nationalismen spiegeln als ideologische Konstrukte immer auch das „Phänomen der gesellschaftlichen Organisation von Prozessen der Grenzziehung und der interaktiven Konstruktion der Selbst- und Fremdbilder von sozialen Gruppen"[134] wider. Nationalismus als komplexes Ideologem kann im Sinne Stuart Halls durchaus auch als ein „System kultureller Repräsentationen"[135] aufgefasst werden. Allerdings ist die bedrohliche Politikfähigkeit nationalistischer Einstellungsmuster nicht allein „kulturalistisch" nachvollziehbar.

---

133 Ebd., S. 15; vgl. dazu auch Dietmar Wittich: Destabilisierte Gesellschaft. Zu gesellschaftlichen und politischen Wandlungen in den Wahljahren 1998 und 1999. In: Zeitschrift für marxistische Erneuerung, 40, Dezember 1999, S. 13-23 (Für Wittich bekundet die Destabilisierung der Mittelschichten, aber auch die dramatische Pauperisierung erheblicher Teilgruppen der Gesellschaft den strukturellen Antagonismus der bundesdeutschen Gesellschaftsordnung.).

134 Ruth Wodak et al.: Zur diskursiven Konstruktion nationaler Identität, Frankfurt/Main 1998, S. 40.

135 Vgl. Stuart Hall: Rassismus und kulturelle Identität. Ausgewählte Schriften, Bd. 2, Hamburg/Berlin 1994.

Die nationalistischen Einstellungsmerkmale können auch heute in einer gleichen sozial sanktionierten Gewalt zunehmen. Das Spektrum dieser Konstrukte reicht von diffusen kulturellen Stereotypen über die Rechtfertigung von Ausgrenzung ethnischer Minderheiten bis hin zu zynischen Versuchen einer militärischen „Lösung“ internationaler Konflikte. Das 20. Jahrhundert hat für diese Varianten der sozialen Gewalt drastische Beispiele geliefert.

Die enorme Aggression, die vor allem nationalistischen Einstellungen eignet, ist keine zufällige Haltung dieser „Weltanschauung“, sondern eine wesensmäßige, konstitutive Determinante dieses antihumanen Ordnungskonzepts. Zur Organisation nationalistischer Ideologien gehören als Vorder- und Rückseite der einen Medaille: die massive Projektion von Aggression auf Andere und das tief verankerte Potenzial zur Gewaltanwendung. Insbesondere in einer durch eine aktuelle Krise destabilisierten Gesellschaft kann die Intensität einer regressiv-antihumanen Ideologie zu Tage treten und zu einer massiven Entmenschlichung beispielsweise von designierten oder definierten sozialen Minderheiten führen.

Ethnozentristisches Gruppenverhalten und – als soziale Handlungsform – die Ethnisierung gesellschaftlicher Konfliktaustragung verweisen auf die Reorganisation sozialer Prozesse. Im Kern sind Ethnozentrismus und Nationalismus als Mobilisierungsressourcen Versuche, soziale Konflikte zu regulieren und sozial-strukturelle Antagonismen aufzulösen. Allerdings sind diese Reorganisationsversuche in einer Krisen- und Umbruchsituation[136] wie der gegenwärtigen nichts anderes als „angewandter Sozialdarwinismus“ im gesamtgesellschaftlich-politischen Handlungsfeld: „Standortnationalismus ist ein auf die Weltökonomie angewandter Sozialdarwinismus, welcher unter Berufung auf ‚nationale Tugenden‘ die Überlegenheit des jeweiligen Industriestandortes gegenüber anderen Volkswirtschaften einklagt. Er kommt – wie bisher noch jede Gefahr für die Demokratie – aus dem Zentrum, also nicht etwa von den ‚Rändern‘ bzw. ‚Randgruppen‘ der Gesellschaft, wobei er sich die tief sitzende Überzeugung vieler Deutscher zunutze macht, einem besonders fleißigen, tüchtigen und erfindungsreichen Volk anzugehören. Standortnatio-

136 Vgl. zu dem Modell der Krisensituation angesichts von Neoliberalismus und Globalsierung bei Christoph Butterwegge/Rudolf Hickel/Ralf Ptak: Sozialstaat und neoliberale Hegemonie. Standortnationalismus als Gefahr für die Demokratie, Berlin 1998; Christoph Butterwegge/Martin Kutscha/Sabine Berghahn (Hg.): Herrschaft des Marktes – Abschied vom Staat? Folgen neoliberaler Modernisierung für Gesellschaft, Recht und Politik, Baden-Baden 1999.

nalismus ist ein ideologisches Bindeglied zwischen dem Liberalkonservativismus und dem Rechtsextremismus. Ohne diese über einen Kamm scheren zu wollen, kann man feststellen, dass sich ihre Berührungspunkte mehren.“[137]

Folgt man der Auffassung von Christoph Butterwegge, so war der Nationalismus immer ökonomisch fundiert und zugleich das „Produkt eines Modernierungsprozesses auf der Grundlage industrieller Produktion, territorialer Expansion, sozialer Interaktion und sprachlicher Kommunikation einer großen Gruppe von Menschen mit einem gemeinsamen Erfahrungshintergrund.“[138] Unterscheiden tut sich die „neue Spielart“ des Nationalismus von den älteren Varianten darin, „(…) dass sie fast ohne jedes Pathos auskommt und nicht mehr beansprucht, eine historische Mission oder einen kulturellen Auftrag – im Sinne der ‚Zivilisierung‘ zurückgebliebener Völker – zu erfüllen, obwohl man sich diesen gegenüber auch heute noch auf ökonomischem, wissenschaftlich-technischem und intellektuellem Gebiet überlegen dünkt.“[139] Gerade Deutschland steht – so Butterwegge – in einer Opferrolle, die für diesen Nationalismus schon immer gelegen war, um Vorurteile gegenüber ‚dem Ausland‘ und ethnischen Minoritäten zu schüren, dabei auch Ressourcen zu mobilisieren und „demokratische Patrioten“ für diese fragwürdigen Ziele zu gewinnen.

---

137 Christoph Butterwegge: Neoliberalismus und Standortnationalismus. Schlüsselideologien der „Kapital-Gesellschaft“. In: Zeitschrift für Marxistische Erneuerung, 40, Dezember 1999, S. 41.

138 Christoph Butterwegge: Rechtsextremismus, Rassismus und Gewalt. Erklärungsmodelle in der Diskussion. Darmstadt 1996, S. 135.

139 Christoph Butterwegge: Neoliberalismus und Standortnationalismus, a.a.O., S. 41.

5. Historische und politische Aspekte des „türkischen" Nationalismus

Die Sammelbezeichnung eines türkischen Nationalismus ist als solche problematisch und eine begriffliche Vereinfachung. Die Konstituenten dieses Ideologems sind ausgesprochen vielfältig und werden in der Nationalismusforschung der Türkei unterschiedlich bewertet.

5.1 Implikationen des Nationalismusbegriffes in der Türkei

Der Nationalismusbegriff in der Türkei ist durch wesentliche Kernideologeme geprägt. Im Folgenden sollen die für diese Arbeit relevanten Kernimplikationen des „türkischen" Nationalismus vorgestellt werden.

5.1.1 Ziya Gökalp und die Politisierung des Begriffs „Kulturnation"

Einer der ersten Personen, der den Nation- und Nationalismusbegriff in der Türkei sowohl historisch als auch politisch geprägt hat, ist zweifelsohne der Soziologe Ziya Gökalp[1] (1876-1924). Gökalp übernahm von Emile Durkheim das Konzept der „organischen Gesellschaft" und übertrug es auf den Nationsbegriff im Osmanischen Reich. Demnach kann ein Staat nur dann fortbestehen, wenn er sich auf eine Nation stützt. So seien die Staaten, die sich anstelle einer nationalen Idee auf religiöse oder andere Elemente stützen, zum Zusammenbruch verurteilt. Anstelle einer Rettung des osmanischen Reiches vertrat Gökalp die Auffassung, dass ein neues Staatskonzept auf der Grundlage der türkischen Nation als „organische Gesellschaft" entwickelt werden sollte.[2]

Stark beeinflusst wurden seine wissenschaftlichen Arbeiten durch die nationalen Bewegungen auf dem Balkan, durch sein Interesse an Studien über Türken und die türkische Sprache und seiner Neigung zu europäischen Soziologen und Philosophen – dabei ist vor allem Durkheim zu nennen – stellten für ihn den supranationalen Prinzip des Osmanismus

---

1 Vgl. Ziya Gökalp: Turkish Nationalism and Western Civilization. New York 1959; Uriel Heyd: Foundations of Turkish Nationalism. The life and teachings of Ziya Gökalp. London 1950.

2 Vgl. Ziya Gökalp: Türkçülüğün Esasları [Die Grundzüge des Türkismus]. Istanbul 1990, S. 10ff.

in Zweifel. Insbesondere wurde Gökalp auch geprägt von Literaten und Historikern, die die Idee der kulturellen und sprachlichen Verwandtschaft bzw. die Einheit der Turkvolker vertraten.

Gökalp koppelte diesen „kulturellen Türkismus“ mit der Idee der Einheit der Turkvölker und vermittelte diesem Konzept einen politisch-ideologischen Inhalt. Ferner wandelte Gökalp im Rahmen des türkischen Nationsverständnisses die unpolitische kulturelle Einheit (Kulturvolk) in eine politische Form (Staatlichkeit) um. Hüseyin Ağuiçenoğlu kommentiert: „Mit diesem Postulat machte er in der Diskussion um die Türkenfrage einen großen Sprung, er begnügte sich nämlich – im Gegensatz zu seinen Vorgängern – nicht mehr mit der Feststellung einer türkischen Kulturnation, sondern fordert zugleich für diese kulturelle Einheit einen staatlichen Rahmen, d.h. die Gründung eines türkischen Nationalstaates, der alle Turkvölker unter seinem Dach vereinigen sollte und somit den Untergang des Osmanischen Reiches kompensieren würde.“[3]

Anlehnend an Gökalp wurde die Nation als eine Gemeinschaft von Individuen verstanden, die in gleicher Weise erzogen wurden und deren Sprache, Religion, Moral und Ästhetik gemein sind. Also, nicht „Rasse“, „Stamm“, „Geographie“, „Politik“ und „individuelle Selbstentscheidung“ prägen den Inhalt des türkischen Nationsverständnisses, sondern von zentraler Bedeutung ist die Herausbildung einer Kultur, die durch Sprache von Kindheit an einem Individuum übertragen bzw. vermittelt wird.[4]

Der Grund für die Anlehnung Gökalps an das von Durkheim entwickelte Konzept der Kulturnation[5] liegt in erster Linie an der Enttäuschung über die jahrelang vertretene Idee des Osmanismus. Entgegen der Auffassung von Gökalp hat der Osmanismus, der gegen die Loslösungsversuche der christlichen Völker vom Osmanischen Reich war, die kulturell-ethnischen Identifikationsmerkmale der im Osmanischen Reich lebenden Ethnizitäten in den Hintergrund geschoben und dagegen den Kern auf die gemeinsame Staatlichkeit gelegt. Zugleich hat Gökalp auch Gemeinsamkeiten zwischen der deutschen Zerrissenheit vor 1871 und der Zerrissenheit der Turkvölker erkannt. Wie einst die Deutschen diese Situation durch ihre gemeinsame Sprache und Kultur meisterten, sollten nun auch

---

3 Hüseyin Ağuiçenoğlu: Genese der türkischen und kurdischen Nationalismen im Vergleich. Vom islamisch-osmanischen Universalismus zum nationalen Konflikt, Münster 1997, S. 142.

4 Ziya Gökalp: a.a.O., Istanbul 1990, S. 21ff.

5 Vgl. zum türkischen Konzept der Kulturnation bei Erol Güngör: Türk Kültürü ve Milliyetçilik [Die türkische Kultur und der Nationalismus], Istanbul 1999 (1975).

die Türken den gleichen Weg gehen. Dabei hat Gökalp jedoch vergessen, die vielfältigen geographischen und kulturell-sprachlichen Differenzen der Turkvölker untereinander zu berücksichtigen. Dieser Realität wurde sich Gökalp nach der Niederlage des Ersten Weltkrieges bewusst und ließ den Traum von einer Einheit aller Turkvölker im Rahmen des Turan-Konzepts[6] fallen.

5.1.2 Türkismus und die Logik des „Großtürkischen Reiches"

Nachdem der „Osmanismus" und der Islamismus ihre Bedeutung für die Rettung des Osmanischen Reiches verloren hatten, gewann mit der Zeit der „Türkismus" an zunehmender Bedeutung. Während im Osmanischen Reich der „Osmanismus" und der „Islamismus" als Staatsideologie akzeptiert und etabliert wurden, hatte der „Türkismus" keine Chancen erhalten, sich als eine eigenständige Ideologie zu entwickeln bzw. durchzusetzen. Da aber im Osmanischen Reich die Minoritäten sich weigerten, den Pan-Islamismus anzunehmen, hat sich der „Türkismus" im Jahre 1908 in der Türkei institutionalisiert. Die Türkisten wollten vorerst den „Osmanismus" durch die Idee eines zentralisierten, nach türkischen Normen, Werten, Traditionen und Kultur aufgebauten und von Türken dominierten Osmanischen Staates ersetzen.[7]

Die türkistische Bewegung war bestrebt, ein „Großtürkisches Reich" zu gründen und dementsprechend die Länder, wo Türkvölker (Balkan, Russland u.ä.) lebten, zu erobern. Zur Durchsetzung dieser Ideale beteiligte sich das Osmanische Reich unter Führung der „Partei für Einheit und Fortschritt", deren Ideologie ab 1913 der Turanismus war, an der Seite Deutschlands am Ersten Weltkrieg. Nach der Niederlage erklärte Ziya Gökalp, dass der Turanismus weiterhin ein Ideal der türkistischen Bewegung sei.

Unter Einfluss dieser Ideologien gründeten die Mitglieder der jungtürkischen Bewegung im Osmanischen Reich zuerst 1908 den im kulturellen Bereich aktiven „Türkischen Verein" (Türk Derneği), 1911 den „Verein der Türkischen Heimat" (Türk Yurdu Derneği), der 1912 zum „Türkischen Heim" (Türk Ocağı) umgewandelt wurde.[8]

---

6 Die Bezeichung „Turan" bezieht sich auf den Namen „Tura". Damit werden die von den uraltaischen Volksgruppen und damit der von den Turkvölkern bewohnten Gebiete verstanden. Vgl. dazu: Ziya Gökalp: a.a.O., Istanbul 1990, S. 29ff.

7 Vgl. Ertekin Özcan: Türkische Immigrantenvereine in der Bundesrepublik Deutschland. Berlin West 1989, S. 86.

8 Vgl. Günay Göksu Özdoğan: „Turan"dan „Bozkurt"a. Tek Parti Döneminde

5.1.3 Pantürkismus und der politische Begriff des „Turanismus"

Der politische Begriff des „Turanismus" wird einerseits mit dem „Pantürkismus"[9] synonym verwendet, andererseits beinhaltet er „ein viel zu unklares Streben nach einer Annäherung der ‚turanischen Völker'."[10]

In dieser Bedeutung wurde er zum ersten Mal 1839 in Ungarn, das zwischen dem Pangermanismus und Panslawismus nach seiner Identität suchte bzw. sie bewahren wollte, verwendet. Er beinhaltete die Vorstellung, dass das ungarische Volk, das finnische Volk und die Turkvölker von ein- und demselben Stamm kämen, der einst in einem Raum, im „Turanland", das sich vom Pazifik bis zur Wolga erstreckte, gelebt haben sollte. Diese Idee gelangte später durch Flüchtlinge aus Ungarn auch ins Osmanische Reich.

Der „Turanismus" nach Gökalp entspricht eher dem Pantürkismus und umfasst nur die „Oğuz-Türken" bzw. die Türken in Anatolien, Aserbaidschaner, Tataren, Yakuten, Kirgisen, Usbeken und die Kipcaken. Gökalp schließt die Finnen, Mongolen und Magyaren aus seinem Turan-Konzept aus.[11]

Die „turanistische" Romantik fand im Osmanischen Reich zuerst auf literarischem Gebiet Widerhall, so vor allem in Dramen und Gedichten. Aber innerhalb kürzester Zeit wandelte sich diese Romantik zu einer leitenden Ideologie der von der jungtürkischen Bewegung gegründeten „Partei für Einheit und Fortschritt". Vor allem benötigte die neue Herrschaftselite im Osmanischen Reich, welche in Balkankriegen eine Niederlage erlitten, eine den damaligen Bedürfnissen entsprechende „neue Ideologie": die aggressiv-expansive Ideologie des Turanismus.

Wenn wir den Turanismus als eine Variante des integralen Nationalismus bezeichnen dürfen, geht dem integralen Nationalismus, so Peter Alter „eine Krise des nationalen Selbstbewußtseins voraus, eine außerordentliche Bedrohung von außen, eine wirkliche oder vermeintliche

---

Türkçülük (1931-1946) [Vom „Turan" zum „Grauen Wolf". Der Türkismus in der Ein-Parteien-Phase (1931-1946)]. Istanbul 2001, S. 26ff.

9 Vgl. zum Begriff „Pantürkismus" und Turanismus Jacob M. Landau: Pan-Turkism. Istanbul 1995 (hier Kapitel 1 zur Geburt und zum Niedergang des Pan-Türkismus im Ausland); vor allem aus aktueller Sicht Katy Schröder: a.a.O., Hamburg 2003, S. 50ff.

10 V. Minorsky: „Túrán". Enzyklopaedie des Islam. Geographisches, Ethnographisches und Biographisches Wörterbuch der Muhammedanischen Völker. Band IV. Leiden/Leipzig 1934, S. 954.

11 Vgl. Ziya Gökalp: a.a.O., Istanbul 1990, S. 29ff.

Gefahr für die nationale Existenz".[12] Dieses Phänomen tritt nach Eugen Lemberg in der Regel nur dann ein, wenn eine Nation eine schwere politische und/oder militärische Niederlage erlitten habe, die ihr Selbstwertgefühl verletzt und in der Folge die für den Fortbestand der Nation unentbehrliche Integrationskraft schwinden lasse. Diese Feststellung Lembergs traf auf den Zustand des Osmanischen Reiches und der von der jungtürkischen Bewegung gegründeten „Partei für Einheit und Fortschritt" zu. Die mit der Mission der „Reichsrettung" an die Macht gekommenen Jungtürken verloren innerhalb von sechs Jahren mehr Territorium als Sultan Abdülhamit II. in 30 Jahren, was ihr Selbstbewusstsein tief verletzte und sie in das „turanistische" Abenteuer trieb.[13]

Die regierende „Partei für Einheit und Fortschritt" trat im Zuge dessen mit dem Ziel, die im Westen verloren gegangenen Gebiete in der entgegengesetzten Richtung, d.h. im Osten, mit der Vereinigung aller Türken im „Land Turan" zu kompensieren, in den Ersten Weltkrieg. Aber, da die in diesem Raum lebenden nicht-türkischen Völker bei der Verwirklichung dieses Planes ein Hindernis darstellten, begann diese Partei während des Krieges zunächst mit der „Ausräumung" und Turkisierung anderer Völker. Edgar Hösch schreibt dazu: „Der Traum von der Errichtung eines nationalen Großreiches war nur auf Kosten der unmittelbaren Nachbarn zu verwirklichen und hat die Atmosphäre in den gegenseitigen Beziehungen vergiftet."[14]

5.1.4 Die Konstruktion der „türkischen Wesensmerkmale" und das Institut für türkische Normen (*Türk Standartlari Enstitüsü*)

Der Historiker und Universitätsprofessor İbrahim Kafesoğlu gehört in der Türkei zu jenen rechtspopulistischen Wissenschaftlern,[15] die einen großen Einfluss auf Geschichtsbücher für türkische Gymnasien ausgeübt haben. Kafesoğlu hat sich in seinen letzten Publikationen mit den Problemen der Kulturgeschichte der Türken in Zentralasien beschäftigt und auch die Wesensmerkmale der Türken zusammengefasst. Das Aussehen

12 Peter Alter: Nationalismus, München 1994, S. 51.

13 Eugen Lemberg: Geschichte des Nationalismus in Europa, Stuttgart 1950.

14 Edgar Hösch: Geschichte der Balkanländer, Stuttgart/Berlin/Köln/Mainz 1968, S. 10.

15 İbrahim Kafesoğlu gehört zu den führenden Köpfen der Rechts-Nationalisten in der Türkei; er war einer der führenden Köpfe des „Türkiye'de Komünizmle Mücadeleği" (Verein zur Bekämpfung des Kommunismus in der Türkei) und des „Türk Kültürünü Araştırma Enstitüsü" (Institut zur Forschung der türkischen Kultur).

der Türken beschreibt Kafesoğlu folgendermaßen: „Die Türken sind weißer Hautfarbe, haben flache Nasen und runde Gesichter sowie einen schönen und kräftigen Körperbau; ferner besitzen sie leicht welliges Haar, die Männer zudem mittleren Bartwuchs. In den mittelalterlichen Quellen werden die Türken als Beispiel für Schönheit dargestellt. In der iranischen Literatur wurde das Wort ‚Türke' mitunter in der Bedeutung ‚schöner Mensch' (güzel insan) gebraucht."[16]

Einer der wesentlichen Gründe für die Wanderung der Türken sei ihr ausgeprägter Kampfgeist. Der Zuzug in unbekannte Gebiete, die Bereitschaft, beständig drohenden Gefahren die Stirn zu bieten, und eine Existenz im fortwährenden Kampf um Leben und Tod sind nicht für jedes Volk selbstverständlich. Die seelische Frische, die im Verlauf der Geschichte die ununterbrochene Existenz der Türken als eines dynamischen Volkes gewährleistete, hat noch mit den Erfolgen zugenommen. Jeder militärische Erfolg hatte ein neues politisches Ziel zur Folge. Nach der Eroberung eines Landes wurden neue Eroberungsziele verfolgt. Dieser Zustand ließ mit der Zeit bei den Türken – so Kafesoğlu – eine „Eroberungsphilosophie" entstehen. Nach Auffassung von Kafesoğlu hat sich die türkische Eroberungsphilosophie als Ziel gesetzt, die Welt unter Obhut türkischer Sitten und Gebräuche den sog. Frieden finden zu lassen.

In der Darstellung İbrahim Kafesoğlus treten auch verstärkt pantürkistische Tendenzen hervor, die sich insbesondere in der Vorstellung einer türkischen Weltherrschaft herausprägt. Für ihn sei die Voraussetzung für den Charakter des türkischen Staates, die verstreut lebenden Türken zusammenzuführen und die politische Macht zu übernehmen.[17]

Im Jahre 1930 wurde die „türkische" Geschichtsauffassung von „neuen" Diskursen geprägt. Die „Sonnen-Sprach-Theorie" (*Güneş-Dil-Teorisi*) hat eine theoretische Basis für eine rassistische Tendenz eröffnet, die von der Überzeugung ausgeht, dass alle Sprachen und Zivilisationen ihren Ursprung aus dem Türkischen bzw. dem Türkentum haben. Die in der Türkei etablierten Diskurse über die Wesensmerkmale und Charakterzüge des „Türken" und „Türkentums" sind nur wenige Jahrzehnte alt. So hat auch das Institut für Türkische Normen (TSE - *Türk*

16 İbrahim Kafesoğlu: Türk fütûhat felsefesi [Die türkische Eroberungsphilosophie]. In: Tarih Enstitüsü Dergisi, 2 (1971), S. 77; vgl. Auch ders.: Türkler ve Medeniyet [Die Türken und die Zivilisation], Istanbul 1957; ders.: Türk Milli Kültürü [Die Türkische Nationale Kultur], Ankara 1977.

17 Ebd.

Standartlari Enstitüsü) anlässlich seines 40jährigen Bestehens die Normen für das Türkentum neu definiert.[18]

In diesem vom Institut für Türkische Normen herausgebenen Werk versucht Ömer Naci Bozkurt nicht nur die physischen Eigenschaften eines Türken zu beschreiben, sondern auch die gesellschaftlichen. Bozkurt stützt sich bei der Bestimmung dieser physischen Normen auf den französischen Anthropologen Jean Denker und hebt folgende Merkmale hervor: „Die Haut ist weiß (neigt leicht zu gelb), ist über mittelschlitzig wie bei den Mongolen, die Nase ist normal, aber nicht stumpf, normale Schulterbreite, Gesicht länglich (oval), Backenknochen leicht vorstehend, dicke Lippen und kurzer Hals."[19] Um jedoch durch und durch ein Türke zu sein, muss man folgende Merkmale aufweisen: „türkisch sprechen; gegen Separatisten kämpfen; die türkische Fahne, die türkische Nation und den türkischen Staat als eigene zählen; nach türkischer Erziehung, Brauch/Sitte leben; mit dem Bewusstsein leben, dass man ein Türke ist, und dies fühlen und einen türkischen Charakter haben."[20]

Die Festlegung der „türkischen Normen" ist keineswegs ein neues Phänomen. Schon im Jahre 1938 hatte die türkische Geschichtskommission (Türk Tarihi Kurumu) in Zusammenarbeit mit dem Fachbereich Anthropologie der Fakultät für Sprache, Geschichte und Geographie an der Ankara Universität solche Theorien entwickelt. Sie untersuchten die Schädelform von 100 Türken und legten für Hautfarbe, Nasenform u.ä. die charakteristischen Merkmale von Türken fest. Nach der Niederlage des NS-Regimes nach 1945 verschwanden diese Untersuchungsergebnisse in den Archiven.[21]

Es kommt in diesen Untersuchungen zum Ausdruck, dass das Türkisch-Sein in der Perspektive von rechtspopulistischen Wissenschaftlern ebenso nach rassischen Merkmalen untersucht wird. Bozkurt bestreitet beispielsweise nicht, dass er eine „rassistische" Haltung einnimmt, doch er definiert diesen „Rassismus" hierbei als türkischen „Abkömmlingsrassismus" (evlat ırkçılığı): „Türkischer Nationalismus bzw. türkischer

---

18 Vgl. Ömer Naci Bozkurt: Türk ve Türklük [Türke und Türkentum]. Hg. vom Türk Standartları Enstitüsü (Institut für türkische Normen), İstanbul 1994; Vgl. Fikret Aslan/Kemal Bozay u.a.: Graue Wölfe heulen wieder. Türkische Faschisten und ihre Vernetzung in der BRD. Münster 1997, S. 83f.

19 Fikret Aslan/Kemal Bozay u.a.: a.a.O. Münster 1997, S. 83.

20 Ebd.

21 Vgl. Semih Hiçyılmaz/ Şirin Sümer: Türk'e TSE Damgası [Eine TSE-Stempel für den Türken]. In: Tageszeitung Evrensel vom 18.06.1996, S. 9.

Abkömmlingsrassismus ist eine Warnung an alle Türken, Einhalt zu gebieten, um zu verhindern, dass Elemente, obwohl diese unsere Staatsbürger sind, darauf beharren, eine andere Identität zu haben und damit eine türkenfeindliche Haltung einnehmen."[22]

Damit tritt in den Diskursen zur türkischen Nationalismusforschung eine neue Qualität von „Rassismus" hervor, welche politisierte Grundzüge trägt.[23]

5.2 Historische Wurzeln des türkischen Nationalismus

Nach dem erfolgreichen türkischen „Befreiungskampf" wurde im Oktober 1923 die souveräne Türkische Republik proklamiert und Mustafa Kemal (Atatürk) als ihr erster Staatspräsident gewählt: „Zu Anfang orientierte sich der kemalistische Staat nicht an irgendeinem ökonomischen, politischen oder ideologischen System. Der Kemalismus entwickelte sich erst mit der Verwirklichung der kemalistischen Reformen, etwa in der Mitte der Ära Atatürk zu einer eigenen Ideologie."[24]

Atatürk strebte nun danach, das gesamte Gesellschaftssystem von Grund auf zu verändern. Seine Reformen basierten auf den Ideen der Jungtürken und auf den aktiven Reformbestrebungen in der „Tanzimat"-Periode (zwischen 1839-1876).[25] In den folgenden Jahren führte Atatürk entscheidende Reformen durch: Im Jahre 1924 wurde das „Ministerium für die Durchführung des islamischen Rechts" und die religiösen Gerichtshöfe aufgelöst. Durch die Übernahme des Bürgerlichen Gesetzbuches der Schweiz im Jahre 1926 wurden die wesentlichen islamischen Rechtsnormen abgeschafft (so beispielsweise die „Polygamie"). Die Reformen setzten sich fort mit der Neuschaffung eines Strafgesetzbuches 1926 – in Anlehnung an das italienische –, an die Schweizer Zivilprozessordnung von 1927 und die deutsche Strafprozessordnung von

22 Ömer Naci Bozkurt: a.a.O., zit. n. Fikret Aslan/Kemal Bozay u.a.: a.a.O., S. 83.

23 Vgl. zur Beziehung zwischen Rassismus und Turanismus bei Türk İnkilap Enstitüsü (Hg.): Irkçılık ve Turancılık [Rassismus und Turanismus], Ankara 1944; vgl. vor allem Günay Göksu Özdoğan: a.a.O., Istanbul 2001, S. 89ff.

24 Zit. nach Emre Kongar: Imperatorluktan günümüze Türkiye'nin yapisi [Die Struktur der Türkei vom Imperium bis heute], Istanbul 1976, S.106 f. (Übers. durch Autor, K.B.).

25 Vgl. Matthes Buhbe: Türkei – Politik und Zeitgeschichte. Studien zur Politik und Gesellschaft des Vorderen Orients, Opladen 1996, S. 13f.; Kemal Bozay: Exil Türkei. Ein Forschungsbeitrag zur deutschsprachigen Emigration in die Türkei (1933-1945), Münster 2001, S. 24.

1929. Im Jahre 1925 wurde der gregorianische Kalender eingeführt, der traditionelle „Turban“ und „Fes“ wurden durch das sog. „Hut-Gesetz“ verboten und nur den Geistlichen blieb religiöse Kleidung gestattet. Im Jahre 1928 wurde das lateinische Alphabet angenommen. Parallel dazu erfolgte eine Sprachreform, die die bis dahin weitgehend aus dem Arabischen und Persischen stammenden Wörter durch türkstämmige Wörter ersetzen sollte. 1934 wurde das aktive und passive Wahlrecht für Frauen eingeführt. In den Jahren 1934 und 1935 wurde der wöchentliche Feiertag vom Freitag auf den Sonntag verlegt, die religiösen Titel abgeschafft und Familiennamen eingeführt.[26]

> „Diese Reformen verfolgten einen zweifachen Zweck: sie sollten die Position der kemalistischen Bürokratie bei der Ausübung der Staatsmacht festigen, um die Einbindung der Türkei in die kapitalistische Welt durch einen Prozess der ‚Verwestlichung‘ zu fördern. Erfolgreich waren die Reformen auch in bezug auf die langfristige Bindung verschiedener gesellschaftlicher Schichten an den Kemalismus. Sie bewirkten außerdem, dass die osmanische Bürokratie durch einen neuen Typ von Intelligenzia ersetzt wurde, und sie schufen einen neuen ‚Dienstleistungs-Sektor‘, der dieser ‚kemalistischen Intelligenzia‘ ihr Auskommen sicherte, so dass sie das Regime aus Eigeninteresse unterstützte.“[27]

Atatürk gründete 1923 die „Republikanische Volkspartei“ (Cumhuriyet Halk Partisi - CHP), mit deren Hilfe er bis zu seinem Tode im Jahre 1938 mit allen Vollmachten die Republik regierte. Weitere Parteien wurden zunächst nicht zugelassen. Im Jahre 1930 beauftragte Mustafa Kemal selbst den Diplomaten Ali Fethi Okyar zur Gründung einer Oppositionspartei. Er sollte den Leitlinien der Republik unter den Reformen treu bleiben. Die Bereitschaft des Volkes, sich aber sofort mit dieser Partei solidarisch zu erklären, löste Unruhe in der politischen Elite aus. Denn diese Partei wurde ungewollt zur Opposition, die selbst gegen die Reformen auftrat. Kurt Steinhaus konstatiert: „Die feudalen Kräfte, die angeblich im Parlament für die Westernisierung eintraten, aber auf dem Lande das Volk gegen diese Reformen aufhetzten, begannen sofort die neu gegründete Partei massiv zu unterstützen und damit die Partei für ihre Interessen zu gewinnen. Eine solche Opposition, die die Entwicklung der Türkei zu einem modernen Staat zu blockieren suchte, sollte

26 Kemal Bozay: a.a.O., Münster 2001, S. 24.
27 isp-Verlag (Hg.): Türkei, Staat und Gesellschaft. Frankfurt/Main 1987, S.82.

ausgeschaltet werden, was drei Monate nach der Gründung dieser Oppositionspartei (Serbest Firka) zum Verbot führte."[28]

Aufgrund rechtlicher Beschränkungen konnten sich unter der Herrschaft Atatürks keine autonomer Gewerkschaften und Bauernverbände entfalten.[29] Sozialistische und kommunistische Vereinigungen wurden durch die Polizei und Justiz verfolgt und verboten. Die Grundlinie der politisch-ökonomischen Entwicklung des Landes wurde auf dem „Alltürkischen ökonomischen Kongress" am 17.2.1923 in Izmir formuliert, auf der sich die Mehrheit der Delegierten für den kapitalistischen Entwicklungsweg entschieden. Trotz der großzügigen Subventionen und Vergünstigungen durch den Staat konnten in den folgenden Jahren nur sehr geringe Erfolge bei der Industrialisierung verzeichnet werden.

Zweifelsohne kommt zum Vorschein, dass nach der Gründung der türkischen Republik 1923 der Nationalismus in der Türkei sich zur herrschenden türkischen Staatsauffassung konstituiert hat. Ziel war die Errichtung eines nationalistischen Staates mit dem Herrschaftsinstrument des „Türkismus", der die Existenz anderer Völker (Kurden, Armenier u.a.) negierte. Diese Tendenzen kommen vor allem auch in den Aussprüchen von Mustafa Kemal Atatürk zum Ausdruck: „Sei stolz, weil du ein Türke bist!", „Welch ein Glück zu sagen: Ich bin ein Türke", „Ein Türke ist so mächtig, wie die ganze Welt!" u.ä.[30]

5.3 NS-Propaganda und ihr Einfluss in der Türkei

Das NS-Regime war von Anfang an bestrebt, die wirtschaftliche Schwäche der Türkei auszunutzen, um sich politisch in der Türkei zu etablieren. Den Kern der nationalsozialistischen Propaganda in der Türkei bildete der Antikommunismus, der aufgrund der freundschaftlichen Beziehungen der kemalistischen Regierung zur Sowjetunion aus deutscher Sicht von besonderer Bedeutung war. Diese Propagandaaktivitäten hatten sicherlich einen Anteil daran, dass sozialistisch orientierte Intellektuelle, Schriftsteller, Poeten, Künstler u.a. von der kemalistischen Regierung verfolgt wurden und das Verbot der Kommunistischen Partei der Türkei (TKP) aufrechterhalten wurde.

---

28 Zit. nach Sozialwissenschaftliche Texte. Das Arabische Buch, Berlin 1980, S.28f.

29 vgl. Kurt Steinhaus: Soziologie der türkischen Revolution, Frankfurt/Main 1969, S. 107.

30 Vgl. auch Katy Schröder: a.a.O., Hamburg 2003, S. 57.

Besonders im Medienbereich übte die NS-Propaganda aktiven Einfluss aus. In der Amtszeit von Goebbels erschien die Zeitung „*Signal*", die in französischer, deutscher, englischer und türkischer Sprache publiziert und vertrieben wurde. In Istanbul erschien weiterhin die deutschsprachige Tageszeitung „*Türkische Post*", die der Verbreitung des Nazi-Gedankenguts diente. Auch die Zeitungen „*Völkischer Beobachter*" und die „*Deutsche Allgemeine Zeitung*" konnten über die deutschen Buchhandlungen in der Türkei besorgt werden. Hinzu kam die Verbreitung von wissenschaftlichen Zeitschriften mit NS-Ideen in der Türkei. So haben sechs deutsche Nachrichtenagenturen die Türkei regelmäßig mit Informationen beliefert.[31]

Da aber Publikationen lediglich Einfluss auf eine kleine gesellschaftlich gebildete Schicht hatten, versuchten die NS-Propagandisten die Verbreitung des Rundfunks innerhalb der Türkei zu fördern. Zehra Önder notiert in Bezug auf die deutsche Propaganda in der Türkei: „Die Aktivität der NSDAP in der Türkei, die von Ribbentrop gefördert und von Papen organisiert wird, erstreckt sich auf alle Gebiete des öffentlichen Lebens. Im ganzen Land sind die deutschen Agenturen aktiv. Unter Papens Agenten befinden sich auch aus Rußland in die Türkei eingewanderte Türken. Das Auswärtige Amt stellt Millionen Türkische Lira zu propagandistischen Zwecken zur Verfügung. So werden deutsche Zeitungen bis in entfernte Gegenden verbreitet und deutsche Bücher ins Türkische übersetzt. (...) Ribbentrop erkennt genau die Gefahr, wie dadurch die antideutsche Haltung der türkischen Presse entsteht und gibt Papen die Weisung, die türkische Regierung aufzufordern, dagegen Maßnahmen zu ergreifen."[32] Ribbentropp führt ferner aus: „Dann aber erscheint es mir notwendig, daß jetzt sofort der Versuch unternommen wird, auf die maßgeblichen Persönlichkeiten der türkischen Presse und des Rundfunks, die offenbar von England gekauft sind, auch direkt einzuwirken. Ich bin bereit, zu diesem Zweck sofort einige Millionen Devisen zur Verfügung zu stellen."[33]

Die Beeinflussung der türkischen Presse und Nachrichtenagenturen durch die NS-Diktatur zeigten auch Erfolge. So wurde am 7. Dezember

---

31 Vgl. Johannes Glasneck, Methoden der Deutsch-Faschistischen Propagandatätigkeit in der Türkei vor und während des Zweiten Weltkriegs, Halle (Saale) 1966, [türkische Fassung], S. 19

32 Zehra Önder, Die türkische Außenpolitik im Zweiten Weltkrieg, München 1977, S. 138f.

33 Zit. nach ebd.

1942 die türkische Zeitung „Vatan" verboten, weil sie ein Bild Chaplins in Hitlerpose im Titelblatt veröffentlichte. Denn am 18. Juni 1941 hatten Deutschland und die Türkei einen Vertrag unterzeichnet, in dem betont wurde, dass die Presse- und Radioanstalten in den deutsch-türkischen Beziehungen einen besonderen Platz einnehmen und eine gegenseitige freundschaftliche Berichterstattung angestrebt wird.[34] Nach 1942 erhielten die türkischen Tageszeitungen ihre Nachrichten und Informationen durch die staatliche Agentur „Anadolu Ajansı", die an das Presseamt der türkischen Regierung gebunden war. Ca. 25 % der Nachrichten wurden vom Deutschen Nachrichtenbüro (DNB) und ca. 50 % von Reuters übernommen. Am 4. Mai 1942 entließ der Leiter des türkischen Presseamtes alle 26 jüdischen Mitarbeiter der „Anadolu Ajansı". In den Reihen des NS-Regimes wurde diese Säuberungswelle als Erfolg der NS-Propaganda in der Türkei deklariert.[35]

Eine andere Taktik der NS-Propaganda in der Türkei war die Stärkung des Einflusses von reichsdeutschen Wissenschaftlern, die bei der Verbreitung von NS-Ideen wirken sollten. Aus einem Bericht des deutschen Nachrichtendienstes vom 18. März 1940 geht hervor, dass Prof. Dr. Christiansen, der beim Aufbau der Landwirtschaftlichen Fakultät in Ankara beteiligt war, zugleich an der Verbreitung von nationalsozialistischer Propaganda mitgewirkt hat. Von den türkischen Studenten, die sich im Ausland aufhielten, waren rund 80% in Nazi-Deutschland. Auch durch ihren Einfluss hat man versucht, die Nazi-Propaganda in der Türkei zu stärken.[36] So wurden auch die deutschsprachigen Emigranten, die vor dem Nazi-Deutschland geflüchtet waren und Zuflucht in der Türkei gefunden hatten, durch Nazi-Kreise in der Türkei verfolgt, ausspioniert und zum Teil auch bedroht. Dies gilt auch für die zahlreichen Professoren, Wissenschaftler, Künstler, Politiker und Lehrkräfte, die nach ihrer Flucht aus Deutschland in der Türkei tätig waren.

Die NSDAP-Auslandsorganisation war auch in der Türkei aktiv. Durch eine „Gleichschaltungspolitik", die auch in Istanbul praktiziert wurde, hat man im „Interesse der Erstarkung der Volksgemeinschaft" ehemals unabhängige Vereine und Einrichtungen zu nationalsozialistischen Gesinnungsvereinen umstrukturiert. Als wichtige Zusammenschlüsse sind in diesem Rahmen die Vereine „*Teutonia*" und „*Alemania*"

34 Vgl. Johannes Glasneck: a.a.O., Halle (Saale) 1966, S. 22.
35 Vgl. ebd., S. 26.
36 Vgl. ebd., S. 40.

zu nennen. Schließlich kam es zu einer Fusionierung beider Vereine. Der Verein „*Teutonia*“ war für seine Nähe zur NSDAP bekannt und erhielt mehrere Auszeichnungen durch das Deutsche Generalkonsulat. Die Nazis versuchten auch Einfluss auf die Evangelische Kirche, das Deutsche Krankenhaus, die Deutsche Bank, das Deutsche Archäologische Institut, die Deutsche Schule und Deutsche Buchhandlungen auszuüben. Wichtig waren auch politische Veranstaltungen von NSDAP-Parteifunktionären und ihrer Jugendorganisation Hitler-Jugend, die mit ihrer politischen Präsenz ihren Einfluss in der Türkei stärken wollten.[37]

Eine weitere wichtige Ebene der NS-Propaganda in der Türkei war die Unterstützung von fanatisch-nationalistischen, pantürkischen bzw. turanistischen Strukturen in der Türkei. Eine der ersten Organisationen pantürkischen Charakters, die nach dem Ausbruch der deutsch-sowjetischen Konfrontation entstand, wurde von dem Hochschullehrer Zeki Velidi (Togan) ins Leben gerufen. Nachdem Zeki Velidi 1933 mit der Schließung der osmanischen Hochschule aus seiner Hochschullehrertätigkeit entlassen wurde, war er weiter nach Österreich gezogen. Hier erhielt er eine Tätigkeit an der Hochschule und wurde von nationalsozialistischen Ideen inspiriert. Es ist bekannt, dass Zeki Velidi während seines Aufenthalts in Österreich sehr stark mit rassistischen Auffassungen konfrontiert war und sich für die fanatisch geprägten pantürkischen Ideale eingesetzt hat. Als er 1941 in die Türkei zurückkehrte, gründete er eine Geheimgesellschaft, die sich zum Ziel setzte, die Türken in ganz Asien mit der Türkei in einem Großtürkischen Reich zu vereinigen und einen vollendeten, reinrassigen türkischen Staat zu errichten. Noch im gleichen Jahr erschien die pan-türkistische Zeitschrift „*Bozkurt*“ (Grauer Wolf), die sich als Ziel setzte, ein Großtürkisches Reich zu errichten. Neben einem stilisierten Wolfskopf, dem Symbol des Pantürkismus, veröffentlichte die Zeitschrift auf ihrer Titelseite unter dem Slogan „Die türkische Rasse über alle anderen Rassen“ eine geographische Karte mit dem als Siedlungsraum aller Turkvölker in Anspruch genommenen Gebiet, das vom Mittelmeer bis China und weit nach Sibirien hineinreicht.[38]

Die panturanistische Bewegung, die sich um die Zeitschrift „Bozkurt“

---

37 Vgl. Anne Dietrich: Deutschsein in Istanbul. Nationalisierung und Orientierung in der deutschsprachigen Community von 1843 bis 1956, Opladen 1998, S. 175 f.

38 Vgl. Beitrag „Maus in der Falle. Der Einsatz der Armee in Aserbaidschan löste eine patriotische Welle aus – der Pantürkismus meldet sich wieder“, in: Der Spiegel, 8/1990.

versammelte, versuchte die Türkei auch an der Seite Nazi-Deutschlands in den Krieg zu treiben.[39] Hinzu kamen eine Reihe von Vereinigungen wie *„Bozkurt“*, *„Çınaraltı“*, *„Millet“*, *„Dönüm“* u.a., die sich das Ziel setzten, im Rahmen des Panturanismus das NS-Gedankengut in der Türkei fest zu verankern. Über solche bedeutenden Persönlichkeiten des öffentlichen Lebens hat das NS-Regime versucht, in der Türkei seine ideologische Stütze sicherzustellen.[40]

5.4 „Graue Wölfe“ (*Bozkurtlar*) als Sammelbecken der „türkischen“ Rechts-Nationalisten

5.4.1 Zum Mythos des Grauen Wolfes

Nach einem Mythos Göktürken zufolge, haben in China die Feinde den zu den Göktürken gehörigen Stamm „A-şi-na“ während des Krieges vernichtet. Nur ein 10-jähriger Junge, dessen Hände und Füße abgehackt wurden, überlebte diese Ausrottung. Dieses Kind wuchs unter Wölfen auf und wurde in den Altai-Gebirgen zu einem heldenhaften Symbol.[41] Nach einer weiteren Sage habe der „Graue Wolf“ (Bozkurt) als legendäres Tier die türkischen Stämme vor der Unterjochung des Feindes gerettet und es von China nach Kleinasien geführt.[42]

Tahsin Ünal schrieb über dieses Symbol: „Der Wolf ist öfters nicht alleine unterwegs, im Sommer sind immer zwei bis vier und im Winter vier oder acht, manchmal acht bis zehn Wölfe beisammen. Sie marschieren fast als eine Herde um die Gegend und an der Spitze dieser Herde befindet sich immer ein ‚begabter‘ Wolf. Gerade dieser begabte Wolf besorgt der Wolfsherde in günstigeren Verhältnissen immer die meiste Beute.“[43]

Für den gegenwärtigen türkischen Rechtsextremismus symbolisiert

---

39 Charles Warren Hostler: Türken und Sowjets. Die historische Lage und diplomatische Bedeutung der Türkei und der Turkvölker in der heutigen Welt, Frankfurt/Main/Berlin 1960, S. 217 f.

40 Vgl. Fikret Aslan/Kemal Bozay u.a.: a.a.O., Münster 1997, S. 48 f.

41 Vgl. zum Mythos des „Grauen Wolfes“ in: Türk Federasyon: Kalender 2003 (10.03 u. 11.03.2003); vgl. ebenso Beitrag in: Der Spiegel. 8/1990, S. 192f.

42 Vgl. Safiye Yildiz: Nationalismus von männlichen „türkischen“ Jugendlichen auf „deutschem Boden“. Unveröff. Diplomarbeit, Berlin Juli 1998, S. 60f.

43 Tahsin Ünal: Türklüğün sembolü Bozkurt [Der Graue Wolf als Symbol des Türkentums]. Hamle Yayinevi, Istanbul (o.J.); vgl. auch ders.: Milliyet Üzerine Düşünceler [Ideen über die Nation]. Ankara 1961.

der „Graue Wolf" die Militanz einer politischen Bewegung. In den 60er Jahren waren die „Grauen Wölfe" (*Bozkurtlar*) in der Türkei als Kommandoeinheiten der Nationalistischen Bewegungspartei (MHP) präsent, die sich aus Umfeldorganisationen wie beispielsweise die Idealistenvereine (*Ülkü Ocaklari*), idealistischen Jugendvereine (*Ülkücü Genclik Dernekleri*) und schließlich aus dem politischen Kern der MHP zusammensetzten.[44] In den 1970ern und 1980ern haben sich die Anhänger der rechtsextrem-nationalistisch orientierten MHP und ihres Jugendverbandes verstärkter auch als „Graue Wölfe" bezeichnet.[45]

5.4.2 Die Ideologie der „Grauen Wölfe"

Die Umformung der MHP in ideologisch-politischer und organisatorisch-taktischer Hinsicht zu einer rechtsextrem-nationalistischen Partei[46] kommt auch in der einschlägigen Literatur zum Ausdruck. So stellt Necdet Sevinç, einer der führenden Ideologen der MHP, die bedeutensten Grundsätze der MHP zur Ideologie, Politik, Strategie, Taktik und Organisation folgendermaßen dar: „Ein Idealist [Ülkücü] ist in der Regel nicht ein Mann des Denkens, sondern immer ein Mann der Aktion (...) Alle Denkweisen, alle Handlungen und alle Meinungen, die von Handlungs- und Denkweise der Idealisten abweichen, besitzen keine Gültigkeit."[47] Die Ideologie der MHP und ihrer Umfeldorganisationen stützt sich dabei auf drei Kernelemente: a) idealistischer Nationalismus; b) antidemokratische Grundhaltung und c) der Islam.

a) Idealistischer Nationalismus (Ülkücülük)

Ausgangspunkt der politischen Ideologie der MHP ist ein vom Panturanismus geprägter idealistischer Nationalismus. Dieser beinhaltet einen ausgeprägten „Rassismus" gegenüber allen nicht-türkischen Bevölkerungsteilen, insbesondere gegen die Minoritäten im eigenen Land.

---

44 Vgl. Fikret Aslan/Kemal Bozay u.a.: a.a.O., 1997, S. 57.

45 Vgl. zur reaktiven Antwort auf die Kritiken gegenüber den Grauen Wölfen bei Mustafa Pehlivanlioglu: Idealisten, Graue Wölfe und Rassisten. In: Turan (Zeitschrift des Augsburger Idealistenvereins Alparslan Türkes), Oktober 2002, S. 10f.

46 Zur politischen Ideologie und Programmatik der MHP vgl. Katy Schröder: a.a.O., 2003, S. 107, 110ff; vgl auch Hugh Poulton: Top Hat, Grey Wolf an Crescent. Turkish Nationalism and the Turkish Republic. New York 1997.

47 Necdet Sevinç: Ülkücüye Notlar [Notizen an einen Idealisten]. Istanbul (o.J.), S. 28.

b) Antidemokratische Grundhaltung

Im Zentrum der ideologischen Ausprägung der MHP wird eine vielseitige Propaganda gegen Linke, Sozialisten und Kommunisten, aber auch gegen demokratische Institutionen, wie z.B. Gewerkschaften, wissenschaftliche Institutionen u.ä. betrieben.[48]

c) Islam

Im Laufe der mehr als 35jährigen Geschichte der MHP wurde die Frage des Islams in verschiedenen Phasen unterschiedlich akzentuiert. In der Gründungsphase wurde der Islam als Kernelement von der politischen Führung der MHP eher abgelehnt. Vielmehr konzentrierte sich die Ideologie der MHP auf die vorislamische Zeit mit ihrer schamanistischen Religion. Somit ist die Relevanz des Islams für die MHP weniger eine religiöse Frage, sondern leitet sich von „idealistisch“ etikettiertem Nationalismus ab. Dabei geht es darum, inwieweit der Islam zur Konstituierung des „Türkentums“ gehört. Gerade in dieser Frage kam es zu einer Umorientierung, da es stets umstritten war und das Wahlergebnis beeinträchtigte. Zwar stand der „idealistische“ Nationalismus weiterhin im Zentrum der rechtsextremen Ideologie, doch dabei gewann nach den 70er Jahren der Islam in den Grundsätzen der MHP eine stärkere Bedeutung.[49]

5.4.3 Zum Führerkult Alparslan Türkeş

Das Führerprinzip ist eines der kennzeichnenden Merkmale der rechtsextremen Bewegung in der Türkei.[50] Ein für *Alparslan Türkeş* prägendes Merkmal ist der „Graue Wolf“, der die Militanz symbolisiert.

Hüseyin Feyzullah, der sich in der Öffentlichkeit mit dem Pseudonym Alparslan Türkeş präsentiert, ist im Jahre 1917 in Zypern auf die Welt gekommen. Wie er später auch selber schildert, wurde sein Name Aslan in der Mittelschule durch seinen Lehrer Osman Zeki Bey in Alparslan

48 Vgl. Gazi Çağlar: Die Türkei zwischen Orient und Okzident. Münster 2003, S. 186f.

49 Anfang der 90er Jahre kam es zu einer Abspaltung innerhalb der MHP und es gründete sich die BBP (Große Einheitspartei). Sie vertritt die Auffassung, dass der Islam als zentrales Element stärker mit dem Nationalismus vereint werden muss.

50 Emre Arslan: Faşizmin Siyaseti: MHP'nin İktidar Bloğu Karşısında Değişen Strateji ve Konumları [Die Politik des Faschismus: Die wechselnde Strategie und Rolle der MHP gegenüber dem Regierungsblock]. In: Praksis (Ankara), Ausgabe Winter 5/2002, S. 308.

umgenannt. „Es wehte ein Wind aus der Türkei. Jedem wurde zusätzlich ein türkisch geprägter Name gegeben."[51] Die Lehrer von Türkeş waren Türken, die in Zypern gelebt haben. Einer von ihnen, Turgut Bey, war sehr nationalistisch orientiert, so dass Türkeş von klein an mit der nationalistischen Geschichte der türkischen Völker eng konfrontiert war.

Im Jahre 1933, dem Jahr der Machtergreifung des Hitler-Faschismus in Deutschland, hat Türkeş das Kuleli Militärgymnasium in Istanbul besucht. Hier hat er die Bekanntschaft mit Nihal Atsız gemacht und an der Verbreitung von nationalistisch-turanistischen Ideen mitgewirkt. Während seiner Jahre auf der Militärschule verfasst Türkeş Gedichte und Artikel für Zeitschriften der Turanisten und Türkisten, die mit einem Pseudonym veröffentlicht wurden. Daneben verfügte Türkeş über gute Kontakte zu dem Kreis der Turanisten und der Zeitschrift „Orhun", die von dem Turanisten-Chef Nihal Atsız verbreitet wurde. Nachdem Türkeş zum Offizier ernannt wurde, hat man ihn 1943 gemeinsam mit 250 Militärangehörigen im Verfahren gegen die Anhänger des Turanismus und Rassismus vor die Anklage gestellt. Er wurde zu einer Haftstrafe verurteilt.[52] Im Jahre 1948 absolvierte Türkes die Militärakademie und erhielt einen Offiziersrang. Noch im selben Jahr wurde er in die Vereinigten Staaten geschickt, um dort die Militär- und Offiziersschule zu absolvieren. Nachdem er diese Schule absolvierte, war er zwischen 1955 und 1957 in Pentagon als Vertreter der Türkischen Streitkräfte für das US-Verteidigungsministerium tätig. 1959 hat er für eine kurze Zeit in Deutschland die Atom- und Nuklearwaffenschule besucht. Noch im gleichen Jahr wurde er zum Regimentskommandeur befördert und hat in Washington in einem Ausschuss der NATO-Bodeneinsatztruppen (Streitkräfte) mitgewirkt.

Schon im Jahre 1960 machte Türkeş seine ersten praktischen Erfahrungen einen Putsch zu organisieren. Am 27. Mai 1960 hat er als Mitglied des Nationalen Einheitskomitees (MBK) mit Cemal Gürsel und anderen führenden Militärpersönlichkeiten zusammen den ersten Putsch in der Türkei mitorganisiert. Nach dem Putsch trat er als Vertreter von Ministerpräsident Cemal Gürsel ins Amt. Da er zu der „14er Gruppe" der Putschisten gehörte, wurde er am 13. Oktober 1960 aus dem Dienst suspendiert.[53]

---

51 Interview mit Alparslan Türkeş in der Tageszeitung Sabah, vom 29.09.96, S.15.

52 Vgl. Suat Parlar; Osmanlı'dan Günümüze Gizli Devlet [Geheimer Staat von den Osmanen bis heute]. Istanbul 1996, S. 291ff.

53 Vgl. Fikret Aslan/Kemal Bozay: a.a.O., Münster 1997, S. 69.

Kurze Zeit später wurde er als Botschafter- und Regierungsvertreter nach Neu Delhi/Indien gesandt. Am 23. Februar 1965 ist Türkeş wieder in die Türkei zurückgekehrt. Zuerst initiierte er den Verein für Ruhe und Ordnung (*Huzur Derneği*), ein Sammelbecken der Turanisten und trat der Nationalen Republikanischen Bauernpartei (CKMP – *Cumhuriyetci Köylü Millet Partisi*) bei. Noch im gleichen Jahr, im August 1965, wurde er zum Vorsitzenden der CKMP gewählt. Seine Wahl zum Vorsitzenden führte dazu, dass er im hohen Maße Einfluss auf das Parteiprogramm nahm und diese mit rechts-nationalen Elementen, wie die „Neun-Strahlen-Doktrin" (*Dokuz Işık Doktrini*) oder den fanatisch geprägten „Idealismus" (*Ülkücülük*) beeinflusste. „Auf dem Kongreß der CKMP[54] wurde die ‚Dokuz Işık' Doktrin [Neun-Strahlen-Doktrin] offiziell anerkannt und Türkeş als ‚Basbuğ' (führender Wolf, der durch die Steppen zieht) bestimmt. Obwohl sich die Partei bis Ende der 60er zum Laizismus bekannte, hat Türkeş 1969 mit den Worten ‚Wir sind so türkisch wie das Gebirge der Götter, so Moslems wie das Hira Gebirge', den Islam zum Zentrum des Türkentums und seiner Geschichte gewählt."[55]

Der Fokus seiner Tätigkeiten konzentrierte sich auf die Mobilisierung von Jugendlichen, die den Nachwuchs für die rechtsextremistische Bewegung darstellten. Den ersten Grundbaustein seiner Einflüsse unter der Jugend setzte er mit der Bildung der „Vereine zur Bekämpfung des Kommunismus", welche mit staatlichen Geldern gefördert wurden.

Auf dem Kongress der CKMP, am 8. Februar 1969 in Adana, wurde der Name der Partei in MHP (Partei der Nationalistischen Bewegung) umbenannt. Um seinen Einfluss insbesondere unter die Jugend stärker zu verankern, hat er mit den Aufbau von Kommandoeinheiten begonnen, die den Namen „*Bozkurtlar*" (Graue Wölfe) erhielten: „Diese Kommandoeinheiten sollten als Stoßtrupp gegen linke, revolutionäre und demokratische Kräfte in der Türkei eingesetzt werden. Während des Militärputsches am 12. März 1971 wurden diese Kommandoeinheiten sowie die Jugendorganisation ‚Ülkücü Gençlik' zum Dienste der bewaffneten Streitkräfte übergeben. Diese Tatsache stärkte den Einfluß der MHP, so daß sie bei den Wahlen 1973 Abgeordnete stellen konnten."[56]

---

54 Die CKMP (Republikanische Bauern- und Volkspartei) war in der Türkei der Vorläufer einer nationalistischen Partei. Türkeş hat diese Partei mit seiner rechtsextrem-nationalistischen Strategie übernommen und sie 1969 auf einem Kongress in Adana in die MHP umgewandelt.

55 Ebd., S. 70

56 Ebd.

Mit den Auseinandersetzungen um die Zypern-Frage (1974) entwikkelte sich in der gesamten Türkei ein Trend zum Nationalismus. Dies war ein weiterer Anlass den Einfluss der MHP zu stärken. So war Türkeş in der von 1973-76 existierenden Nationalen-Front-Regierung (*Milli Cephe Hükümeti*) stellvertretender Vorsitzender, obgleich seine Partei nur mit drei Abgeordenten ins Parlament eingezogen war.

Trotz der Tatsache, dass der Militärputsch vom 12. September 1980 sich mit den Bestrebungen von Türkeş vereinte, hat das allgemeine „Parteienverbot" auch die MHP getroffen. Mit dem Befehl des Nationalen Sicherheitsrates wurden Türkeş und seine Partei-Anhänger verurteilt und verhaftet. In einem Schreiben notiert Türkeş aus dem Gefängnis „Wir befinden uns hier, aber unsere Ideen sind an der Macht." In einem Brief an den damaligen Militärchef Kenan Evren schreibt Türkeş: „Mein verehrter General; Die ganzen Erklärungen die sie seit dem 12. September weitergeleitet haben, ist im Grunde genommen eine andere Form dessen, was wir seit Jahren verteidigt haben."[57] Nach ca. 4-jähriger Haft wurden Türkeş und seine Anhänger schließlich freigesprochen. Türkeş, der bis 1987 einem politischen Betätigungsverbot ausgesetzt war, ist später in die MÇP (Partei der Nationalistischen Arbeit - Nachfolgepartei der MHP) übergelaufen. Auf dem Kongress der MÇP wurde er zum Generalvorsitzenden der Partei gewählt. Diese Partei hat sich jedoch auf ihrem 4. Außerordentlichen Kongress im Jahre 1993 wieder zum Namen MHP bekannt.

In den 90er Jahren begann für die MHP eine neue Phase. Konservativ-nationale Kreise gehen sogar davon aus, dass die MHP sich eher zu einer rechts-zentristischen Bewegung entfaltet hat. Im August 1995 wurde Türkeş sogar anlässlich seines 30. Jubiläums in der Politik ganz groß gefeiert. Persönlichkeiten wie Ex-Ministerpräsidentin Tansu Çiller, Süleyman Demirel bis hin zu Doğan Güreş (Ex-Vorsitzender des Nationalen Sicherheitsrat) haben Türkeş für seine „treuen Dienste" in der Politik gratuliert.

Auf der Jahreshauptversammlung der *Türk-Federasyon* (Föderation der türkisch-demokratischen Idealistenverbände in Europa e.V), einer der MHP nahe stehenden Auslandsorganisation, in der Essener Grugahalle, am 5.10.1996 rief Türkeş sogar dazu auf, die deutsche Staatsangehörigkeit anzustreben, damit eine sehr starke nationalistische türkische Lobby in Deutschland aufgebaut werden kann. Deshalb sei es auch von Bedeu-

---

57 Ebd. aus Tageszeitung „Milliyet".

tung sich in Parteien wie der CDU/CSU zu organisieren, um dort auch starke türkisch-nationale Organisationsstrukturen aufzubauen, die das Image der Türkei im Westen besser vertreten könnten.[58]

Am 4. April 1997 starb Türkeş und zu seinem Nachfolger wurde Devlet Bahçeli[59] gewählt, der zu dem „akademisch-intellektuellen" Flügel der rechtsextremen Bewegung in der Türkei gehört. In den 70er und 80er Jahren hatte Bahçeli einen sehr großen Einfluss auf die Studentenorganisationen der MHP. Im Jahre 1999 leistet er im Rahmen der politischen Entwicklungen seinen Beitrag zum Wahlerfolg und schließlich auch zur Regierungsbeteiligung der MHP.

5.4.4 Die „Türkisch-Islamische Synthese" als zentrale Ideologie des Rechtspopulismus und Nationalismus in der Türkei

Das Konzept der „Türkisch-Islamischen Synthese"[60] als gegenwärtiges Kernideologem des türkischen Rechtspopulismus und -nationalismus wurde in den 70er Jahren im Umkreis der „Vereinigung für die Verbreitung von Wissenschaft" (*Ilim Yayma Cemiyeti*) und später in den Kreisen des „Heims für Intellektuelle" (*Aydınlar Ocağı*)[61] entwickelt. Dieser von offiziellen Kreisen in der Türkei unterstützte Zusammenschluss rechtspopulistischer und konservativer Wissenschaftler, Unternehmer und Publizisten verstand sich im Rahmen des gesellschaftlichen Diskurses als ein Gegenpol zu dem Einfluss „linker" Ideen. Die zentrale Kernimplikation der „Türkisch-Islamischen Synthese" ist die Vorstellung der Untrennbarkeit von türkisch nationalen und islamischen Bestandtei-

---

58 Vgl. Der Spiegel, 43/1996.

59 Vgl. zur Biographie von Bahçeli bei Katy Schröder: a.a.O., Hamburg 2003, S. 133-135.

60 Vgl. Etienne Copeaux: Tarih Ders Kitaplarinda (1931-1993) Türk Tarih Tezinden Türk-Islam Sentezine [Von der Türkischen Geschichtsthese zur Türkisch-Islamischen Synthese in den Geschichtsschulbüchern 1931-1993]. Istanbul 1998; Bozkurt Güvenç/Gencay Saylan/Ilhan Tekeli/Şerafettin Turan: Türk-Islam Sentezi [Die Türkisch-Islamische Synthese]. Istanbul 1991; Ahmet S. Arvasi: Türk-Islam Ülküsü [Das Türkisch-Islamische Ideal]. Istanbul 1991; Körber Stiftung (Hrsg.): Was ist ein Deutscher? Was ist ein Türke? Deutsch-Türkisches Symposium 1997. Hamburg 1998, S. 111; Dagmar Zeller-Mohrlok: Die Türkisch-Islamische Synthese. Eine Strategie zur Kanalisierung innen-politischer und wirtschaftlicher Konflikte der Türkei in den 80er Jahren. Bonn 1992; Binnaz Toprak: Religion als Staatsideologie in einem laizistischen Staat: Die Türkisch-Islamische Synthese. In: Zeitschrift für Türkeistudien, 1989, S. 55-62.

61 Vgl. zur Allianz zwischen „türkischen" Rechtsextremisten und der „Aydınlar Ocağı" in Katy Schröder: a.a.O., Hamburg 2003, S. 104-107.

len in der türkischen Geschichte. Ferner ist die „Türkisch-Islamische Synthese“ der Versuch, eine neue türkische Identität aufzubauen, in der türkisch-nationalistische Elemente mit islamistischen Elementen korreliert und verbunden werden.

Die systematische Ausarbeitung dieses Konzepts basiert auf den Forschungen des rechtspopulistischen Historikers *Ibrahim Kafesoğlu* (1914-1984).[62] Er entwickelte die Idee und These, dass bereits in der vorislamischen türkischen Kultur zentrale islamische Glaubenssätze angelegt seien. Demnach sei das türkische Volk geradezu prädestiniert, ein besonders intensives Verhältnis zum Islam zu entwickeln. Dabei ist zu beachten, dass die „Türkisch-Islamische Synthese“ nicht versucht, den Islam als die einzigartige Religion des Türkentums darzustellen, sondern es geht hierbei viel mehr darum, die Sonderrolle des Türkentums innerhalb der islamischen Welt herauszukristallisieren. Mit diesem Konzept sollte eine Verbindung zwischen 2500 Jahren Türkentum, 1000 Jahren Islam und 150 Jahren westlichem Denken hergestellt werden.

Eine zentrale Bedeutung kommt der „Türkisch-Islamischen Synthese“ jedoch auf der politischen Diskursebene zu. Im geschichtlichen Verlauf der rechtsextremen Bewegung in der Türkei fand eine Wandlung vom klassischen Laizismus hin zum Islam statt. Während in den Entstehungsphasen der rechtsextremen Organisationen dem Islam keine prägende Rolle beigemessen wurde, hat es Mitte der 70er Jahre einen Orientierungswechsel hin zu den islamischen Werten und Tugenden gegeben, die ihren idelogischen Rahmen in der Synthese zwischen Islam und Turanismus, der Ideologie des großtürkischen Reiches fand.

In der von Alparslan Türkeş, einer der wichtigen Persönlichkeiten innerhalb der rechtsextremen Bewegung in der Türkei und Gründer der rechtsextremen „Nationalistischen Bewegungspartei“ (MHP – *Milliyetçi Hareket Partisi*), verfassten theoretischen Konzeption der 9-Lichter-Doktrin[63] für eine nationalistische Türkei fand der Islam so gut wie keine Erwähnung. Vielmehr fand in den theoretischen Diskursen der türkischen Rechtsextremen eine Rückbesinnung auf die vorislamische Zeit mit ihren pantürkischen/schamanistischen Kulten statt. Mit dem politischen Wandel ist auch eine stärkere Hinwendung zu islamischen Grundwerten zu beobachten, die schließlich auch in der Aussage von

62 Ibrahim Kafesoğlu: Türk-Islam Sentezi [Die Türkisch-Islamische Synthese], Istanbul 1985; ders.: Türk Milliyetçiliğin Meseleleri [Die Fragen des Türkischen Nationalismus], Istanbul 1993 (3. Auflage).

63 Alparslan Türkeş: Dokuz Işık [Die Neun Strahlen], Istanbul 1995 (36. Auflage).

Türkeş zum Ausdruck kommt: „Wir sind so türkisch wie das Gebirge der Götter, so Moslems wie das Hira Gebirge."[64] Gerade hier wird innerhalb der türkisch rechtsextrem-nationalistischen Bewegung die Untrennbarkeit zwischen Türkentum und Islam verstärkter hervorgehoben. In diesem Zusammenhang nimmt die „Türkisch-Islamische Synthese" innerhalb der rechtsextremen und der konservativ-nationalen Bewegung, aber auch innerhalb der islamistischen Bewegung gegenwärtig einen wichtigen Stellenwert ein.

Insbesondere in den 70er Jahren fühlten sich die Kabinette der „Nationalen Front" (*Milli Cephe*) dem in der „Türkisch-Islamischen Synthese" entworfenen Weltbild verpflichtet. Mit dem Militärputsch vom 12. September 1980 hat die „Türkisch-Islamische Synthese" einen offiziellen bzw. staatsideologischen Charakter eingenommen. Nach diesem Putsch wurden vor allem linke und demokratische Organisationen, Gewerkschaften, Studentenvereinigungen und Institutionen aufgelöst und verboten. Um der sozialen Bewegung entgegenzuwirken, führte man unter dem Banner der „Türkisch-Islamischen Synthese" den Islam als politischen Faktor ins Feld. Der Islam wurde als ein politischer Faktor und Ausweg angesehen, womit man den politischen und sozialen Einfluss der sozialen Bewegung entgegentreten wollte. Dass der Islam dabei an besonderer Bedeutung gewann, lag unter anderem auch an der konservativ-nationalistischen Regierungspolitik in den 1960ern und 1970ern, wo man sich stärker auf traditionelle Werte und Tugenden zu besinnen begann. Die islamistische Bewegung in den 1980ern wurde schließlich von einer neuen Staatsideologie begleitet, die versucht, das islamische Zusammengehörigkeitsgefühl durch Aufnahme des Islams verbunden mit türkisch-nationalistischen Elementen wieder zu beleben.

Politischen Rückhalt findet die „Türkisch-Islamische Synthese" als Kernideologem des Rechtspopulismus, -nationalismus und -islamismus in allen konservativ-nationalistisch und islamistisch orientierten Bewegungen, vom extrem-rechtsextremen Lager bis hin zu national-konservativen Parteien wie die Mutterlandspartei (ANAP) und die Partei des Rechten Weges (DYP).[65]

In der „Türkisch-Islamischen Synthese" werden vor allem moralische

64 Vgl. Fikret Aslan/Kemal Bozay: a.a.O., Münster 1997, S. 86.

65 Vgl. Nuray Mert: Türkiye'de Merkezi Sağ Siyaset: Merkez Sağ Politikaların Oluşumu [Rechts-Zentrums-Politik in der Türkei: Die Entstehung der Rechts-Zentrums-Politik]. In: Ebd., S. 70f; vgl. Hasan Bülent Kahraman: Sağ Türkiye ve Partileri [Die rechte Türkei und ihre Parteien]. Ankara 1995, S. 163ff.; 215ff.

Prinzipien hervorgehoben, an denen sich das Verhalten der Türken orientieren soll, um wieder eine starke politische Rolle zu spielen. Durch moralische Prinzipien sollen Tugend, Wahrheitsliebe und Gerechtigkeit ausgeprägt werden und zur Vaterlandsliebe, Gottesfurcht, Heiligkeit der Sitten und Gehorsam gegenüber der staatlichen Obrigkeit führen. Für die Erreichung dieser Ziele muss eine Besinnung zur eigenen türkisch zentrierten Kultur und Religion stattfinden, welche durch eine gezielte Unterrichtung in der Schule und durch Umerziehung in den Lebensgewohnheiten (kultureller und sozialer Art) stattfinden sollte. Die ersten Schritte hierfür wurden nach 1980 realisiert, in dem man in den Schulen Fächer wie „Nationale Geschichte", „Nationale Erdkunde", „Nationale Literatur" und dergleichen eingeführt hatte.

Im kulturellen und sozialen Bereich fordert die Synthese die Besinnung auf die eigenen Werten. Dazu gehört, dass der Versuch unterlassen werden muss, eine kosmopolitische Gesellschaft aufzubauen, da die Meinung vertreten wird, dass nur eine homogene Gesellschaft Bestand haben kann. Denn eine „gesunde Gesellschaft" (Nation) kann nur eine Kultur haben. Kriterien, wie z.B. gleiche Abstammung, Sprache, Literatur, Musik, Moral (Sitten) bilden einen gemeinsamen Nenner, womit sich eine Gesellschaft identifiziert und den Zusammenhalt demonstriert. Staaten wie die USA, die ehemalige UdSSR und die Schweiz werden nicht als homogene Gesellschaften akzeptiert, in dem das Gefühl der Einigkeit zwischen den Staatsbürgern existiert. Die Urheber der Synthese gehen davon aus, dass innerhalb dieser Gesellschaften ein Konkurrenzkampf zwischen den einzelnen ethnischen Gruppen, Volksgruppen und Religionsgruppen besteht, die um die Macht im Lande eifern.

Neben den moralischen Prinzipien und Tugenden versucht die Synthese auch einen bestimmten türkischen Typus herauszustellen, nach dem man einen Türken erkennen und definieren soll. Dazu werden alte Gedichte, Geschichten, Märchen und Sagen verwendet, wo Frauen und Männer beschrieben werden. So wird der Typus einer türkischen Frau folgendermaßen beschrieben: Eine türkische Frau hat eine gewölbte Augenbraue (*Hilalkaşlı),* Gazellenaugen (*ceylan gözlu*), Lippen wie Knospen (*gonca dudaklı)* und eine Statur wie eine Zypresse (*selvi boylu*). Der türkische Mann soll folgende Eigenschaften haben: eine Brust wie ein Stier (*boğa göğüslü*) und einen Rücken wie ein Wolf (*kurt belli*). Diese Assoziationen sind dahingehend zu deuten, dass die Türken vor der Annahme des Islams Nomaden waren und eine besondere Beziehung zur Natur hatten. Die Synthese versteht sich keineswegs als eine Reaktion auf andere Theorien, Thesen oder Nationen, sondern als eine Aktion, die auch entstanden wäre, wenn andere Nationen sich nicht zu ihrer Herkunft bekennen würden. Die Synthese geht davon aus, dass alle Nationen und Gemeinschaften besondere Eigenschaften haben, die charakteristisch für sie sind und worauf sie auch stolz sein dürfen.

Die Wende zum Islam war insbesondere für die rechtsextreme Bewegung in der Türkei aus zweierlei Gründen nützlich. Zum einen hatte eine ähnliche Form des Nationalismus in der Türkei schon einmal existiert, und man konnte sich auf die historischen Theorien von Historikern wie Ziya Gökalp[66] beziehen, die nach dem großtürkischen Reich Turan strebten. Zum anderen diente die „Türkisch-Islamische Synthese" als „Rekrutierungsfaktor" für die Beeinflussung breiter islamischer Teile. So wird bereits seit den 50er Jahren der Islam als sicherer Schutz gegen die „kommunistische Gefahr" und als wirksamer Faktor für die nationale Einheit angesehen.[67]

5.4.5 Die Neun-Strahlen-Doktrin als Kernideologem des türkisch-nationalistischen „Idealismus" *(Ülkücülük)*

Eines der wichtigsten Kernideologien bzw. Kernprogramme der MHP und der rechtsextremen Bewegung in der Türkei bildet die von Alparslan Türkeş im Jahre 1965 veröffentlichte „Neun-Strahlen-Doktrin".[68] Türkeş schreibt dazu: „Die grundlegenden Prinzipien und Ziele, die uns zu einer nationalistischen Türkei führen werden, sind in der Neun Strahlen Doktrin aufgezeigt. Unsere Ideologie ist die dynamischste Ideologie unseres Zeitalters, nämlich der Türkische Nationalismus. Ich übergebe euch die Neun Strahlen Doktrin und die Ideologie des türkischen Nationalismus. Ihr werdet es bis zum letzten Schritt verteidigen, es in allen Ecken der Türkei verbreiten."[69] Die Neun-Strahlen-Doktrin setzt somit auch an die sechs Grundpfeiler von Atatürk an, um ihren Bezug zur offiziellen Staatsideologie herzustellen. Die Doktrin umfasst folgende programmatischen Grundlagen:[70]

a) Nationalismus (*Milliyetçilik*)
b) Idealismus (*Ülkücülük*)
c) Moralismus (*Ahlakçılık*)

---

66 Vgl. Ziya Gökalp: a.a.O., Istanbul 1990.
67 Vgl. Fikret Aslan/Kemal Bozay: a.a.O., Münster 1997, S. 87
68 Alparslan Türkeş: Dokuz Işık [Neun Strahlen], Istanbul 1995 (1. Auflage 1965).
69 Alparslan Türkeş: a.a.O., Istanbul 1995, S. 36 (Übers. durch Autor, K.B.).
70 Alparslan Türkeş: a.a.O., Istanbul 1995, S. 9f.

d) Wissenschaftlichkeit (*Ilimcilik*)
e) Soziabilität (*Toplumculuk*)
f) Förderung der Landwirtschaft (*Köycülük*)
g) Liberalismus und Individualismus (*Hürriyetçilik ve Şahsiyetçilik*)
h) Entwicklungsorientiertheit und Volksnähe (*Gelişmecilik ve Halkçılık*)
i) Förderung der Industrie und Technik (*Endüstricilik ve Teknikcilik*)

Die wichtigste Bedeutung der Neun-Strahlen-Doktrin besteht jedoch in der Festigung der Autorität von Türkeş. Karl Binswanger und Fethi Sipahioğlu stellen fest, dass „Diktion und Inhalt (...) in der Tat an Hitlers ‚Mein Kampf' erinnern."[71]

5.4.6 Die gegenwärtigen Formen des Nationalismus in der Türkei

Im Folgenden soll der Versuch unternommen werden, die gegenwärtigen Formen des Nationalismus in der Türkei in fünf Typen zusammenzufassen.[72] Diese verschiedenen Nationalismus-Formen sind nicht in Reinheit vorhanden, sondern es gibt spezifische Anknüpfungspunkte untereinander. Vor allem handelt es sich dabei um die Verschmelzung von unterschiedlichen nationalistischen Bewegungen zu einem nicht gefestigten, aber „starken" Konglomerat von Nationalismen. Sie überlagern sich zu einer chauvinistischen Welle und davon profitiert der radikale Nationalismus, der seinen Diskurs dazu auflockert und sich an andere nationalistische Diskurse angliedert.

Offizieller Nationalismus: Der Nationalismus Atatürks

Der offizielle Träger des Atatürk-Nationalismus[73] ist der Staat mit seiner verbindlichen Denkweise. Diese Form von Nationalismus ist geprägt durch ein Schwanken zwischen der Auffassung der Staatsnation und der Kulturnation. Im „Normalzustand" der Republik dominiert die Staatsnationsidee. In Krisensituationen aber kann rasch die Kulturnationsauffassung hervortreten. Diese Fragilität wird offenbar im ambivalenten Inhalt der bekanntesten Maxime „Glücklich der, der sich Türke nennen kann" (nicht etwa „der Türke ist", wird von Protagonisten der Staatsna-

71 Karl Binswanger/Fethi Sipahioğlu: Türkisch-islamische Vereine als Faktor deutsch-türkischer Koexistenz, München 1988, S. 65.
72 Vgl. Tanıl Bora: Milliyetçiliğin Kara Baharı [Der schwarze Frühling des Nationalismus], Istanbul 1995, S. 101ff.
73 Vgl. zu diesem Titel Baskın Oran: Atatürk Milliyetçiliği [Der Nationalismus Atatürks], Ankara 1988.

tionsauffassung hervorgehoben; es genügt zu sagen: „Ja, ich bin ein Mitglied der Republik Türkei und stolz darauf"). Dies ist aber zwiespältig, da es in der Volksauffassung nicht als eine Staatsnationsauffassung gesehen wird. In diesem Zusammenhang hat ein Wandel im Verständnis der Bedeutung der Maxime stattgefunden (mittlerweile wird sie als „Glücklich der, der wirklich Türke ist", (ethnisch Türke ist), gedeutet).[74]

Der türkische Nationalismus hatte, wie verspätete Nationalismen so oft, eine nachzuholende, aufzufüllende Romantismus-Lücke. So existierte ein erheblicher Mangel an nationalistischer Leidenschaftlichkeit und Enthusiasmus. Daher versucht man dieses Defizit durch inflationäre Ausübung von Zeremonien, Ritualen u.ä. zu kompensieren. Essentiell staatsorientierte Regeln wie „Staat", „Nation" und „Land" als unteilbares Ganzes sind auswendig zu lernen und bei bestimmten Gelegenheiten aufzusagen.

Kemalistischer „Links-Nationalismus"

Der kemalistische Nationalismus ist eine Blüte des offiziellen Nationalismus. In der Version seiner Staatsnationsauffassung, dessen Träger die zwei größten sozialdemokratischen Parteien (CHP - Republikanische Volkspartei und DSP - Links-Demokratische Partei) in der Türkei sind.

Der kemalistische Nationalismus stützt sich auf den Personenkult um Mustafa Kemal Atatürk und konzipiert den Nationalismus-Begriff im Rahmen der Diskurse „Aufklärung" und „Laizismus". Somit stellt sich die kemalistische Form des Nationalismus gegen den sog. aufkommenden Islamischen-Fundamentalismus. Der Islamismus wird zugleich als eine Bedrohung für die Nation gesehen.

Das Staatsnationsideal des kemalistischen Nationalismus stützt sich seit der Republikgründung auf die Ignoranzpolitik anderer identitätsstiftender Vergesellschaftungsformen, vor allem der Kurden und anderer ethnischer Minoritäten.

Liberaler Nationalismus

Die liberal ausgerichtete Form des Nationalismus stützt sich auf die großstädtische Mittelklasse und die Besitzer von Medienmonopolen in der Türkei. Die Inszenierung und Verherrlichung einer modernen nach westlichem Vorbild entwickelten Lebensweise nehmen die Form des

74 Vgl. dazu ASTA TU Berlin (Hg.): Türkischer Nationalismus & Graue Wölfe, Berlin 1986, S. 6.

liberalen Nationalismus ein. Dabei wird der Nationalstolz insbesondere aus „eleganter“ und eigenartiger Ausübung aus dieser westlichen Lebensweise und der ökonomischen Leistung des Landes geschöpft.[75]

Dieser kulturelle Essentialismus, der auf der Verherrlichung dieser Lebensweise basiert, mündet in einer extrem pro-westlichen Haltung. Die Protagonisten dieses liberalen „neuen“ Nationalismus – so Tanıl Bora – machen sich ein Selbstbild als „Euro-Türken“. Vor allem wird in diesem Zusammenhang der Nationalstolz auf die Verwestlichungsleistung bezogen. Dies bedeutet, dass der Nationalismus nun nicht mehr von Dörflern oder Provinzlern monopolisiert wird, sondern dass die nationale Ideologie zu einem modernen städtischen Ideal wird.

Ein weiteres Charakteristikum des liberalen Nationalismus ist die Angliederung der nationalen Wirtschaft an die globale Ordnung und die Hochkurbelung der nationalen Wirtschaft auf den Weltstandard. So hat der „neue“ liberale Nationalismus die Ziele des „alten“ Nationalismus nach nationaler Wirtschaft u.ä. schon längst überholt.[76] In dem liberalen Nationalismus-Diskurs existiert nicht nur ein verdeckter „Rassismus“ gegenüber „unzivilisierten“ Kurden, sondern ebenso ein „Klassenrassismus“ gegenüber aus „zurückgebliebenen“ und sog. marginalisierten Teilen des Landes kommenden Menschen.

Nationalistische Elemente im Islam

Der Islamismus, der sich in der Öffentlichkeit als supra-national darstellt, ist in seinem Kern nicht von der türkischen Nationalismusidee getrennt zu betrachten. Das Regionalmachtstreben des türkischen Nationalismus fasziniert auch die Islamisten. Deren panislamische Losungen fußen auf dem Kernland Türkei, das als hegemoniales Zentrum der islamischen Welt dargestellt wird. Die Glorifizierung der osmanischen Zeit, die gegenüber dem Republikanismus bzw. Laizismus und dem geschichtlichen Verlauf des Türkismus hervorgehoben wird, spiegelt auch diese hegemoniale Utopie wider.

Die Mystifizierung der ökonomischen Entwicklung und des Autarkiestrebens, also die Befürwortung der Nationalökonomie, ist ein Aspekt des Nationalismus der islamistischen *Fazilet Partisi* (Tugend-Partei) und auch der AKP (Gerechtigkeits- und Entwicklungspartei).

Türkische Islamisten bzw. Fundamentalisten sind in ihrer Ausrich-

---

75 Vgl. Tanıl Bora: a.a.O., Istanbul 1995, S. 110.
76 Ebd., S. 114.

tung nicht ausgesprochen kurdenfeindlich, aber bezüglich nicht-islamischer Minderheiten neigen sie zu rassistischen bzw. antisemitischen Diskursen.

Radikal türkistischer Nationalismus

Zu dem letzten Typus gehört der radikal-türkistische Nationalismus, der in der gegenwärtigen Türkei sehr stark von Parteien wie MHP und BBP (Große Einheitspartei) vertreten wird. Dieser Typus von Nationalismus stützt sich auf die historische rassistisch-pantürkistische Ideologie und ist Sprössling des offiziellen Nationalismus in seiner radikal-türkistischen Version.[77]

5.5 Tendenzen der Renationalisierung und Reislamisierung in der Türkei

Die rechtsextreme und islamistische Bewegung in der Türkei stützt sich ideologisch auf ein Konglomerat von verschiedenen nationalistischen und islamistischen Diskursen. So spiegeln sich diese Diskurse auch in den unterschiedlichen rechtsextremen und islamistischen Bewegungen und Organisationsformen wider.

Es ist in diesem Zusammenhang jedoch auch von Bedeutung, von einem universellen „Zeitgeist des Nationalismus" zu sprechen, der weltweit an Konjunktur gewinnt. Hierdurch erwächst zugleich das Bedürfnis des Einzelnen zur Geborgenheit und zur Identitätsvielfalt als wesentlicher Punkt der Identitätssuche. Dieser Diskurs tritt besonders in gesellschaftlichen Gruppen hervor, die sich zu den Verlierern zählen („Nationalismus der Verlierer"). Andererseits werden jedoch auch Schichten/Länder /Völker, die zu den Gewinnern gehören, vom ausgrenzenden Wohlstandschauvinismus aufgegriffen („Nationalismus der Gewinner"). Die Türkei ist als Idealtyp eines Schwellenlandes für beide Erscheinungsformen des Nationalismus anfällig. Dieser Typus tritt in verschiedenen Aspekten und Gründen zum Vorschein.

5.5.1 Dynamik des „türkischen" Nationalismus

Ein zentraler Faktor für das verstärkte Auftreten nationalistischer Bewegungen ist zweifelsohne an die Entwicklung der kurdischen Nationalbe-

77 Vgl. Kapitel 5.1.2 und 5.1.3 dieser vorliegenden Untersuchung; vgl. unter anderem auch Tanıl Bora: a.a.O., Istanbul 1995, S. 120f.

wegung gebunden. So hat das Kurdenproblem in der Türkei nach den 90er Jahren eine nahezu nationalistische „Ekstase" hervorgebracht. Dabei geht es nicht nur um die Frage der „Kriegshysterie" gegenüber dem sog. Separatismus, sondern es wird dadurch eine chronische Existenzangst des türkischen Staates bzw. Nationalismus neu belebt.[78]

Diese Angst hat vor allem ihre Wurzeln in der Vorphase der Republikgründung bzw. in der Niedergangsphase des Osmanischen Reiches. Durch den gesamten geschichtlichen Prozess hindurch wurde immer wieder das Syndrom der Separatismusgefahr reproduziert, welche das Rückgrat des türkischen Staatsnationalismus bildet. Aber auch die Frage der Deportation und Ausgrenzung von Armeniern spielt in diesem Dilemma der Separatismusgefahr eine wichtige Rolle.

Einen weiteren wichtigen Aspekt bildet die Frage der Turkvölkerstaaten in Mittelasien nach dem Zerfall der ehemaligen Sowjetunion und die Stärkung der ethnischen Komponente des nationalen Selbstverständnisses. Der türkische Rechtspopulismus und Rechtsnationalismus geht von der fatalen Logik aus, dass die Türkei nicht in Anatolien endet, sondern eine große Weltnation darstellt. Die Rollenbestimmung der Türkei als „Modellland für die türkisch-stämmigen Mittelasienstaaten" – dessen Grundpfeiler liberale Marktwirtschaft, Laizismus und Islam, parlamentarische Demokratie und prowestliche Orientierung sind – liegt zentral darin, die aus der ehemaligen Sowjetunion herausgebildeten Mittelasienstaaten ökonomisch und kulturell großzuziehen und ihnen den rechten Weg zu weisen. Dadurch soll der Türkei der Weg eröffnet werden, sich zu einer Regionalmacht zu entwickeln.

Als letzter Faktor sind in diesem Zusammenhang einerseits die gegenwärtigen ökonomischen Erfolge und andererseits das Streben zur Regionalmacht zu nennen. Gerade in den 80er Jahren und insbesondere den 90er Jahren erlebte die Türkei eine stärkere ökonomische Verflechtung mit dem weltweiten Kapital. So hat sich das Land, laut nationalistischer Rhetorik, vom sog. Dritte-Welt-Land abgehoben und ist zu einem der wichtigen Kapitalländer geworden.

Diese Euphorie bewirkte eine Förderung des nationalen Selbstbewusstseins. Dies tritt am Beispiel des aufkommenden türkischen Fußballs oder anderer kultureller Erfolge deutlich hervor. Türkische Spitzenmannschaften wie Galatasaray, Beşiktaş, Fenerbahçe und Trabzonspor – neuerdings die türkische Nationalmannschaft während der WM 2002 –,

78 Vgl. zur Kurdenfrage bei Katy Schröder: a.a.O., Hamburg 2003, S. 172f.

aber auch der Erfolg der türkischen Popsängerin Sertab Erener beim Grand-Prix 2003 lieferten vielseitige Möglichkeiten für eine nationalistische Ekstase. Massen feiern nach jedem Spiel in den Großstädten und jeder Sieg wird zu einem nationalistischen Jubeltag.

5.5.2 Reislamisierungstendenzen in der Türkei

Die Reislamisierung in der Türkei vollzog sich grundlegend unter staatlicher Kontrolle und ist vor allem auf zwei Ereignisse in den 70er Jahren zurückzuführen. Sie stützte sich auf das „Präsidium für religiöse Angelegenheiten" (DIB/*Diyanet İşleri Başkanlığı)* und dessen nachgeordnete Instanzen.[79] Dieses Präsidium hat den Rang eines Staatssekretärs und ist dem Ministerpräsidenten der Republik Türkei direkt unterstellt: „Das dem Ministerpräsidenten unterstellte Präsidium für Religionsangelegenheiten (...) mit Sitz in Ankara wurde durch Artikel 154 der Verfassung von 1961, übernommen als Artikel 136 in die Verfassung von 1982, als Staatsorgan der Republik etabliert."[80] Das gültige Gesetz mit der Nummer 1327 vom 20.9.1971 machte die in diesem Amt tätigen „Religionsdiener" (Din Hizmetleri) 1970 zu Staatsbeamten.

Damit wurde der Islam de facto wieder zur Staatsreligion erklärt, trotz der Tatsache, dass Atatürk schon bei der Republikgründung (1923) den Laizismus, also die Trennung zwischen Religion und Staat, als Grundprinzip der modernen türkischen Grundordnung festgeschrieben hatte. In den 71 türkischen Provinzen unterhält „Das Ministerium für Religiöse Angelegenheiten" nach statistischen Auswertungen im Jahre 1993 rund 88.539 Mitarbeiter. Aleviten als Vertreter eines laizistischen und progressiven Islams sind im Ministerium überhaupt nicht repräsentiert.[81]

Das „Amt für religiöse Angelegenheiten" ist auch im Ausland aktiv: „Bereits 1993 hatte die DIB 24 Vertretungen im Ausland mit 782 Mitarbeitern, von denen genau die Hälfte in Deutschland im Rahmen der Türkisch-Islamischen Union der Anstalt für Religion e.V. (*Diyanet İşleri Türk Islam Birliği*, DITIB) mit Sitz in Köln tätig ist. Weitere Stützpunkte sind die fünf neuen zentralasiatischen Turkrepubliken, in denen je ein Beauftragter des DIB mit reger Ausbildungstätigkeit residiert, der Bau je einer ‚großen Moschee im osmanischen Stil' geplant ist

79 Vgl. Ursula Spuler-Stegemann: Der Islam in ausgewählten Staaten: Türkei. In: Werner Ende/Udo Steinbach: Der Islam in der Gegenwart, München 1996, S. 240f.

80 Ebd., S. 240.

81 Ebd., S. 246.

und massenweise Koranexemplare verteilt werden, von denen das DIB in den Jahren 1983 bis 1992 5.225.000 Exemplare drucken ließ."[82]

Der außenpolitisch bedeutsame Schritt zur Wiederannäherung der Türkei an die islamische Welt war 1976 ihr Beitritt zur „islamischen Konferenz". Gerade nach der Regierungsbeteiligung islamistischer Parteien wurden die Kontakte zu den islamischen Nachbarländern vertieft. So dürfe man nicht zulassen, dass die Religion als gemeinsamer Nenner der Außenpolitik als ein Nachteil bewertet wird.

Obwohl führende Militärs auch heute ihren Unmut über die Entwicklung der „islamischen Gefahr" bekunden, haben sie zur Stärkung und Etablierung des Islamismus in der Türkei beigetragen. Es waren die Militärs selber gewesen, die die Islamisten nach 1980 zur „Stabilisierung des Systems" einsetzten.[83] Sie hatten als „Beschützer des Laizismus" den Islamisten nach dem Putsch erstaunliche Freiheiten gelassen. Beispielsweise haben die Militärs die inzwischen geschlossenen „Imam-Hatip-Okullari" zu islamischen Schulen aufgewertet, um so die nationale und geistige Tradition zu stärken. Die Hälfte des Lehrstoffs war derselbe wie auch an anderen Schulen, die andere Hälfte wurde der Vermittlung der arabisch-islamischen Lehren gewidmet.

Die Basis für eine Islamisierung der Gesellschaft wurde mit der von den Militärs oktroyierten Verfassung von 1982 festgelegt. Zwar wird die Verfassung von 1982 als Grundorientierung der türkischen Politik an mehreren Stellen genannt, doch ist andererseits dem Islam als einem religiösen und gesellschaftlichen Phänomen seit dem Militärputsch vom 12. September 1980 besonders Rechnung getragen worden. Als Beispiele für entsprechende Maßnahmen seien die Wiedereinführung des obligatorischen Religionsunterrichts in Grund- und weiterführenden Schulen, die öffentliche Rehabilitierung einer islamischen Moral, die Zulassung islamischer Finanzierungsinstitutionen, der Versuch der Assimilation der Aleviten in eine „Türkisch-Islamische-Synthese"[84] u.v.a. genannt. Die Reislamisierung in der Türkei erfolgte und erfolgt durch den Staat und ist demnach auch als ein Teil dieser Staatspolitik zu betrachten. Auf die Frage „Sind Sie dafür, dass sich die Türkei an der Scharia ausrichten sollte?" des Umfrageinstitutes „*TÜSES Veri Araştırma A.Ş.*" im Mai 1995, kam es zu folgendem Ergebnis:

82 Ebd., München 1996, S. 242.

83 Vgl. Ulrike Duffner: Islam ist nicht gleich Islam. Die türkische Wohlfahrtspartei und die ägyptische Muslimbrüderschaft: ein Vergleich, Opladen 1998, S. 199ff.

84 Vgl. Kapitel 5.1.5 dieser Arbeit.

- Rund 1/3 der Befragten stimmen der Scharia zu.
- Von den „marginalen Gruppen“ sind 41,5% Befürworter eines Gottesstaates, von den Händlern/Handwerkern 3,5%, von den Arbeitern 23,3% und von den Beamten 19%.
- Die Tendenz zum islamischen Fundamentalismus hängt auch stark vom Aufenthaltsort und vom Bildungsgrad ab. Menschen, die schon längere Zeit in der Stadt leben, sind weniger anfällig für den Islam. 40% der Personen ohne Schulabschluss und 13% mit Hochschulabschluss plädieren für die Scharia.
- 16,5% der erwerbstätigen Frauen und 28,5% der Hausfrauen treten für einen islamischen Gottesstaat ein.
- Die meisten Befürworter eines Gottesstaates sind Refah-Anhänger.
- Die meisten Gegner der Scharia befinden sich unter den Sozialdemokraten (CHP – Republikanische Volkspartei)
- Rund 1/3 der MHP-Anhänger, 1/4 der ANAP-Anhänger und 1/7 der DYP-Anhänger plädieren für einen islamischen Gottesstaat.[85]

5.6 Der ethnische Nationalismus als neues Phänomen des Rechtsextremismus in Deutschland

5.6.1 Geschichtlicher Rückblick über die „türkische Identität“ vor der Einwanderung

Wie schon in den vorherigen Abschnitten betont, gilt es die Quellen der türkischen Geschichte und Identität insbesondere nach der Gründung der Republik stärker zu untersuchen. Mit der Ausrufung der Republik wurde die These vertreten, dass jeder, der innerhalb der Grenzen der türkischen Republik lebt, Bürger der Republik Türkei und „Türke” ohne Rücksicht auf Rasse, Sprache und Religion, Konfession, Glauben und ethnischen Ursprung sei. In der Gründungszeit der Türkischen Republik wurde diese These keineswegs hinterfragt, jedoch löste dies in der Phase des Mehrparteiensystems vielseitige Diskussionen aus. *Bozkurt Güvenç* hebt anlehnend daran fünf Haupttendenzen der Identitätsbildung hervor:

1. bäuerlich (Anatolier)
2. nomadisch-viehzüchtend (Turaner)
3. städtisch, westorientiert, handeltreibend
4. islamisch, kleinstädtisch, kleinbürgerlich

85 Vgl. Erbil Tuşalp: Şeriatı beklerken [Die Scharia wird erwartet]. Istanbul 1996, S. 373 f. (Übers. durch Autor, K.B.).

5. engagiert für die laizistische Republik, kemalistisch.[86]

Zweifelsohne ist zu erkennen, dass *Güvenç* die Staatsbürger kurdischen Ursprungs oder anderer ethnischer Minoritäten und ebenso die alevitische Gemeinschaft oder Angehörige anderer religiöser Konfessionen, ohne eine charakteristische Trennung zu machen, unter die oben aufgezählten Haupttendenzen der Identitätsbildung subsumiert. Gerade diese Auffassung bildet auch den Kern der kemalistischen Staatsideologie.[87]

Einen weiteren Rahmen der „türkischen" Identität bilden die ökonomischen und sozialen Rahmenbedingungen der inner- und außertürkischen Migration. Der Prozess der Migration aus den ländlichen Gebieten Anatoliens vollzog und vollzieht sich auf mehreren, teilweise parallel laufenden Wegen. Der eine Weg führte aus den anatolischen Dörfern in die Ballungszentren der Westtürkei und da vor allem nach Istanbul, Ankara, Izmir u.ä. Städte. Hier wurden ganze Elendsviertel in „über Nacht gebaute" Wohnsiedlungen (*Gecekondu*) umgewandelt, weil nach türkischem Recht eine über Nacht gebaute und überdachte Hütte von den Behörden nicht ohne weiteres wieder abgerissen werden kann.[88]

Ein anderer Weg führte aus den Dörfern direkt nach Europa, hier vor allem in die Bundesrepublik Deutschland. Bevor ein großer Teil der migrierten türkischsprachigen Bevölkerungteile, die aus den Dörfern kam, die Möglichkeit hatte in der Türkei eine traditionelle Stadt kennenzulernen, fanden sie sich in den westeuropäischen Industriezentren wieder: „Für die große Mehrheit war die Auswanderung ins Ausland, dieses Rendezvous mit der industriellen Revolution in Essen an der Ruhr eine surrealistische Erfahrung."[89]

5.6.2 Probleme des „Türkisch-Seins" in Deutschland

In den Anfangsetappen der Migration in die Bundesrepublik Deutschland waren die türkischsprachigen Menschen keine Einwanderer, sondern besa-

---

86 Bozkurt Güvenç: Türke sein in der Türkei und in Deutschland. Konstanten und Veränderungen. In: Körber Stiftung (Hrsg.): Was ist ein Deutscher? Was ist ein Türke. Deutsch-Türkisches Symposium 1997, Hamburg 1998, S. 203.

87 Peter Alford Andrews hat in seinem Forschungsbeitrag „Ethnic Groups in the Republic of Turkey" (Wiesbaden 1989) eine strikte Unterteilung zwischen den in der Türkei lebenden ethnischen und religiösen Gruppen vorgenommen und insbesondere auch der kurdischen und alevitischen Identität einen breiten Forschungsrahmen verliehen.

88 Hans-Günter Kleff: Vom Bauern zum Industriearbeiter. Zur kollektiven Lebensgeschichte der Arbeitsmigranten aus der Türkei, Mainz/Ingelheim 1985, S. 65f.

89 Bozkurt Güvenç: a.a.O., Hamburg 1998, S. 204.

ßen einen Status als „Gastarbeiter". Sie kamen mit der Erwartung in die Bundesrepublik, schnell und leicht Geld zu verdienen, um nach einer Rückkehr in die Heimat aller materiellen Nöte für den Rest des Lebens enthoben zu sein. Das gesamte Ersparnis wurde für die bevorstehende Zeit zurückgelegt und somit auch das Devisendefizit der Türkei ausgeglichen. Doch als sie Ende der 1970er und Anfang der 1980er zur Rückkehr aufgefordert worden, leistete ein großer Teil Widerstand. Ein kleiner Teil machte von Rückkehrprämien Gebrauch und kehrte in die Türkei zurück. Spätestens ab diesem Zeitpunkt hatte die Zuwanderungs- und Einwanderungspolitik in der Bundesrepublik Deutschland eine neue Qualität erreicht. Von dieser Phase an hatte ein großer Teil der Migranten – vor allem aus der Türkei – ihren Lebensmittelpunkt in Deutschland festgelegt.

Nach Auffassung von *Bozkurt Güvenç* ist das Verhältnis zwischen Einwanderer und Aufnahmeland durch eine ablehnende Haltung gekennzeichnet: „Für das Verhältnis der türkischen Einwanderer zur deutschen Gesellschaft ist nicht nur die Zugehörigkeit ersterer zu der einen oder anderen Gastgebergeneration ausschlaggebend, sondern auch die annehmende, ablehnende oder gleichgültige Haltung der Gastgeber ihnen gegenüber."[90]

Insbesondere die Mordanschläge in Mölln (1992) und Solingen (1993) hatten für das Verhältnis zwischen türkischsprachigen Einwanderern zur deutschen Gesellschaft bzw. zum Aufnahmeland drastische Folgen. Vor allem haben türkische Medien und türkischzentrierte Lobbyorganisationen verbreitet, dass diese Brandanschläge nicht in erster Linie auf Migranten ausgerichtet seien, sondern auf Türken: „Es waren nicht Italiener, Spanier oder Portugiesen, denen die Angriffe rassistisch motivierter Gewalttäter galten; die jüngsten Ereignisse in Deutschland, die Brandanschläge gegen Ausländer, richteten sich vornehmlich gegen die derzeit in Deutschland lebenden rund 1,918 Mio. Türken."[91]

Die rassistisch motivierten Aggressionen und Überfälle haben jedoch nur eine Ebene der „türkenablehnenden" Haltung in Deutschland geprägt. Eine weitere Ebene bildet die Form der institutionellen Ausgren-

90 Vgl. ebd.

91 Faruk Şen/Andreas Goldberg: Türken in Deutschland. Leben zwischen zwei Kulturen. München 1994, S. 10 (Dabei darf nicht außer Acht gelassen werden, dass die rassistisch motivierten Übergriffe in Rostock, Hoyerswerda, Magdeburg, Lübeck u.ä. auf alle Teile der Migranten und Flüchtlinge gerichtet waren und als eine Folge von politischen Kontroversen (Wiedervereinigung; Verschärfung des Ausländergesetzes; Abschaffung des Asylgesetzes u.a.) zu bewerten ist – K.B.)

zung und Stigmatisierung, die sich insbesondere in Behörden, Institutionen, bei der Wohnungs- und Arbeitsplatzsuche u.ä. zeigt. Innerhalb der Mehrheitsbevölkerung wurden diese negativen Erfahrungen auf die Diskrepanz zwischen der „türkischen" und „deutschen" Kultur zurückgeführt. Doch all diese negativ erlebten Ausgrenzungs- und Diskriminierungserfahrungen haben einerseits das Vertrauensverhältnis zu dieser Gesellschaft geschwächt und andererseits die Herausprägung der türkisch-nationalen Identität in der Einwanderung gestärkt.

Weiterhin ist ebenso darauf hinzuweisen, dass die soziale Teilhabe im Aufnahmeland zuletzt auch von heimatbezogenen Faktoren[92] abhängt:

a) Entscheidung für eine ethnische Identität (türkisch, kurdisch, armenisch u.ä.);
b) Herkunft aus dem Osten oder Westen, der Stadt oder dem Land, den Küstenregionen oder dem Landesinneren;
c) Bildungsstand (elementare, mittlere oder hohe Schulbildung und Berufsausbildung);
d) sunnitische oder alevitische Identität (von religiöser Warte aus);
e) politische Identität (Partei- oder Organisationsgebundenheit, ethnisch-nationalistisch eingestellt u.ä.).

Hinsichtlich der oben formulierten identitätsbezogenen Faktoren kann man angesichts des gesellschaftlichen Wandels erkennen, dass die zweite und dritte Generation von türkischsprachig aufgewachsenen Migrantenjugendlichen mit der Zeit eine mehrdimensionale Identität entwickelt hat, die eine Synthese zwischen der ethnischen bzw. dem heimatbezogenen und der deutschen bzw. dem aufnahmelandbezogenen Bild ausmacht.

In diesem Sinne versuchen gerade ethnisch-nationalistische Organisationen diesem Wandel vehement entgegenzuwirken, in dem sie die jüngeren Generationen von türkischsprachigen Migrantenjugendlichen für ihre ethnisch-nationalistischen Werte und Inhalte gewinnen möchten.[93] Dabei werden Zusammenhänge wie Ausgrenzung, Diskriminierung, Stigmatisierung als Argumentationsgrundlage für die Rückkehr zu den ethnisch-nationalistischen Wurzeln und Identitäten aufgezeigt. In

92 Vgl. Bozkurt Güvenç: a.a.O., Hamburg 1998, S. 205.

93 Aus dem Erlebnisprotokoll 24.4.2003 im Vereinslokal der Nizam-i Alem Ülkü Ocağı Köln: „Ein Funktionär erzählt uns, dass sich die ‚türkischen' Jugendlichen draußen auf der Straße im Dreck befinden und ihre türkische Identität gänzlich verloren hätten. Sie hätten sich als Verein das Ziel gesetzt, diese Jugendlichen aus dem Sumpf zu retten und ihnen ihre ethnisch-nationale Identität, Werte und Traditionen zu vermitteln."

diesem Rahmen prägt sich auch der Begriff des „europäischen Türkentums" als rechtspopulistischer Sammelbegriff für die türkische Identität in Europa.[94]

5.6.3 „Europäisches Türkentum" als rechtspopulistischer Sammelbegriff für die „türkische Identität" in Europa

Innerhalb der türkisch-rechtsextremen Organisationen hat sich in den letzten Jahren der Begriff des „Europäischen Türkentums" (Avrupa Türklüğü)[95] als Sammelbegriff für die türkisch-nationale Identität in Europa geprägt. Damit sind vor allem die Migranten in Europa gemeint, die zwar ihren Lebensmittelpunkt in Europa festgelegt haben, aber dennoch ihre türkisch-nationale Identität bewahren sollen. In einer Dokumentation der „Türk Federasyon" anlässlich ihrer 22. Jahreshauptversammlung am 2. Juni 2001 heißt es dazu: „Die Türk Federasyon hat für unsere in Europa lebenden Menschen, die bisher als Fremde und manchmal als Deutschländer gerufen wurden, die richtige Bezeichnung des Europäischen Türkentums betont und diese anerkennen lassen."[96] Genutzt wurde dieser ideologische Sammelbegriff zuerst durch die Türk Federasyon. *Alparslan Türkeş* hatte Mitte der 1990er auf einer Jahreshauptversammlung der Türk Federasyon diese Bezeichnung geprägt.

---

94 Der Sammelbegriff des „europäischen Türkentums" wird von allen türkisch-rechtsextrem orientierten Dachverbänden hervorgehoben. Vgl. Türk Federasyon (Hg.): 22. Büyük Kurultayı 2 Haziran 2001 [22. Große Jahreshauptversammlung 2. Juni 2001] - Oberhausen-Arena. Dokumentation, Frankfurt/Main 2001, S. 5; ATIB (Hg.): 2000'li yıllara doğru Batı Avrupa Türklerinin Ana Meseleleri [Die Grundfragen der westeuropäischen Türken im Verlaufe der 2000'er Jahre], Köln Mai 2000; ANF (Hg.): Avrupa Türklüğünün Meseleleri ve Türkiye'den Beklentileri [Die Probleme des Europäischen Türkentums und ihre Erwartungen aus der Türkei], April 2003.

95 Der Begriff des „europäischen Türkentums" wird heute von den größten türkisch-rechtsextremen Organisationen Türk Federasyon (ADÜDTF), Avrupa Nizam-i Alem Federasyonu (ANF) und der Avrupa Türk Islam Birliği genutzt (ATIB) geprägt. Islamistische Organisationen haben im Gegensatz dazu in den letzten Jahren vermehrter den Begriff des „Euro-Islams" hervorgehoben. In einer Zeitungsserie der rechtspopulistischen Tageszeitung „Türkiye" wurde dieses Thema unter dem Motto „Avrupa'nın Türk Yüzü" (Das türkische Geschicht Europas) behandelt (vgl. Kemal Çapraz, in: Türkiye, 10.08.-14.08.1999); vgl. zum Begriff „europäisches Türkentum" auch die Kolumne von Cemal Çetin: Artık karar verin [Entscheidet euch endlich]. In: Türk Federasyon Bületni, (Verbandszeitung der ADÜDTF), Jahr 1, Nr. 9, Okotber 1997, S. 4.

96 Türk Federasyon (Hg.): Dokumentation, Frankfurt/Main 2001, S. 5 (Übers. durch Autor, K.B.).

Vor allem möchte man durch diesen rechtspopulistischen und rechtsnationalistischen Sammelbegriff auch auf die Dauerhaftigkeit der „türkischen Existenz" in Europa – vor allem aber in Deutschland – aufmerksam machen. Denn die Tatsache, dass die „türkischen" Einwanderer einen großen Bevölkerungsanteil in Deutschland (2,2 Mio.) und anderen europäischen Ländern ausmachen und mit der Zeit ihren Lebensmittelpunkt in den jeweiligen Ländern festgelegt haben, setzt eine neue soziologischen Bezeichnung voraus, nämlich die des „europäischen Türkentums". Dadurch sollen die türkischsprachigen Einwanderer (vor allem Jugendliche der zweiten und dritten Generation), die mit der Zeit einen Bruch mit dem Türkisch-Sein und allgemein zu den türkisch-nationalen sowie islamischen Werten durchgemacht haben, wieder zu ihren sog. Wurzeln und ethnisch-nationalen Identitäten gewonnen werden. *Cemal Çetin* schreibt dazu: „In der Tat, die türkische Bevölkerung, die mit ihrem sozialen, kulturellen Netzwerk und wirtschaftlichen Potential hier ihren Platz eingenommen hat, ist ein Teil dieser jeweiligen Aufnahmeländer und hat hier auch ihren Lebensmittelpunkt festgelegt. Deshalb sind wir verpflichtet, die türkische Existenz in Europa mit dem Begriff des Europäischen Türkentums zu besiegeln. Diese wäre meines Erachtens die beste Bezeichnung hierfür."[97]

Weiterhin entspricht der Sammelbegriff des „Europäischen Türkentums" auch der Logik des „Werde Deutscher, bleibe Türke". Nahezu alle türkisch-rechtsextremistischen Organisationen fordern ihre Mitglieder auf, die deutsche Staatsangehörigkeit anzunehmen. Vor allem werden sie auch dazu motiviert und aufgefordert, in allen institutionellen, politischen, sozialen und kulturellen Einrichtungen ihre Existenz bzw. ihr „türkisches" Dasein zu präsentieren. Sie sollen zwar die deutsche Staatsangehörigkeit erwerben, doch diese für türkisch-nationale Interessen und die Bildung einer starken türkisch-nationalistischen Lobby nutzen. Man könnte dadurch beispielsweise in der Frage der EU-Mitgliedschaft der Türkei oder auch in problematischen Haltungen der Bundesregierung zur Türkei u.ä. als „türkische" Lobby mit „deutschem" Pass besser Druck ausüben und entgegenwirken.

Die rechtsextrem-islamistisch gesinnte ATIB dagegen verwendet diesen Begriff des „europäischen Türkentums" in enger Verbindung mit der „Nationalen Identität": „Nach unserer Auffassung ist die wichtigste Frage der europäischen Türken das Thema der ‚Nationalen Identität'.

---

97 Cemal Çetin: a.a.O., Oktober 1997, S. 4.

Damit die kommenden Generationen die muslimisch-türkische Identität gewinnen und damit aufwachsen, das türkische Erbe Jahrhundertelang in Europa weiter existiert, ist diese Frage für jeden von uns von Wichtigkeit."[98] Die Belebung der „Nationalen Identität" sowie ihre Übertragung an neue Generationen bilden in den Argumentationen von ATIB den Grundbaustein für die weitere Existenz des „europäischen Türkentums".

Wenn man von einem Sammelbegriff des „europäischen Türkentums" für die türkischsprachigen Migranten in Europa – insbesondere in Deutschland – spricht, so ist das nicht nur eine soziologische Bezeichnung. Diese haben neben der Vermittlung einer türkisch-nationalen Identität auch eine enthusiastische Aura und einen Mobilisierungseffekt. Längere Zeit sprach man beispielsweise von dem „östlichen Türkentum" (*Doğu Türklüğü*), das ist der Raum von Aserbeidschan bis zur Mongolei, und dem „westlichen Türkentum" (*Batı Türklüğü*), was in etwa der gegenwärtigen Türkei entspricht. Nun gibt es außerdem das „Europäische Türkentum" (*Avrupa Türklüğü*) als drittes Glied.

Politisch gesehen soll durch den Begriff des „europäischen Türkentums" die Bindung der Migranten zu den nationalen Werten, Tugenden und Institutionen des Heimatlandes gestärkt und in den europäischen Aufnahmeländern der Mobilisierungseffekt für eine starke türkisch-nationale Lobby stabilisiert werden. Der politische Bezug zum Heimatland soll durch eine politische Mobilität im Aufnahmeland weiter entwickelt werden. Insbesondere geht es dabei auch um die Rekrutierung und Motivierung von türkischsprachigen Jugendlichen der zweiten oder dritten Generation, die in diesem Land geboren oder aufgewachsen sind und in häufigen Fällen ein Identitätsdilemma erleben. Sie sollen durch die Prägung dieses Begriffes politisiert und für die türkisch-rechtsextremen Organisationsstrukturen mobilisiert werden.

Durch diesen Begriff gibt man außerdem den „Europäischen Türken" sogar die Möglichkeit ohne weiteres die deutsche Staatsangehörigkeit anzunehmen und auch aktive Politik zu betreiben, beispielsweise in den Reihen der CDU/CSU.[99]

Türkisch rechts-nationalistische Organisationen haben in den letzten Jahren verstärkte erkannt, dass Europa eine wichtige Geldquelle für die

98 ATIB (Hg.): a.a.O., Köln Mai 2000, S. 9 (Übers. durch Autor, K.B.).

99 Vgl. Der Spiegel, 43/1996: Alparslan Türkeş hat den Begriff des „Europäischen Türkentums" auf der Jahresversammlung der ‚Türk Federasyon' in der Essener Grugahalle sehr stark betont und die Notwendigkeit der Annahme der deutschen Staatsbürgerschaft und der politischen Betätigung in deutschen Parteien hervorgehoben.

politische Präsenz im In- und Ausland ist. Um für diese politischen Aktivitäten wichtige Geldquellen sicherzustellen, soll die Präsenz der türkisch-rechtsextremen Umfeldorganisationen in Europa – so auch in Deutschland – nicht so fanatisch, extremistisch und gewalttätig in Erscheinung treten. Vor allem legt man großen Wert darauf, die guten Beziehungen zu den staatlichen Behörden, Institutionen, Parteien und den diplomatischen Vertretungen der Türkei weiter zu fördern.

5.6.4 Ethnischer Nationalismus als neue Erscheinung des Rechtsextremismus und Rechtsnationalismus

Der gegenwärtige Globalisierungseffekt hat neben dem weltweiten wirtschaftlichen Wandel und den vielfältigen Völkerbewegungen im Rahmen der Migrationswelle auch eine neue Qualität von Re-Nationalisierung und Re-Ethnisierung gesellschaftlicher Konflikte evoziert. In diesem Zusammenhang sind Zuwanderer in diesem Lande nicht nur als „Gastarbeiter" oder „Armutsflüchtlinge" zu etikettieren, sondern sie sind zugleich Vertreter von politischen, religiösen und sozialen Bewegungen und Ideologien, die in der Bundesrepublik Deutschland über eine starke Logistik bzw. ein verbreitetes Netzwerk verfügen. Insbesondere ethnisch-nationalistische Organisationen und Dachverbände nehmen neben islamistisch orientierten Vereinigungen eine wichtige Rolle in diesem Netzwerk ein.

Gerade sie haben sozialpolitische Indikatoren der hiesigen Gesellschaft, wie z.B. Diskriminierungserfahrungen, Diskurse um die doppelte Staatsangehörigkeit, Zu- oder Einwanderungsgesetz, Asylgesetz u.ä. bewusst dazu genutzt, die Trennlinien zwischen Mehrheitsgesellschaft und Parallelgesellschaft stärker festzulegen. In diesem Diskurs sollten vor allem Migrantenjugendliche der zweiten und dritten Generation, die in den gesellschaftlichen Prozessen verstärkt ein Identitätsdilemma erleben, intensiver und vielfältiger mit der ethnisch-nationalen türkischen Identität konfrontiert werden.

Seit den 1990ern ist zu beobachten, dass nach den rassistischen Übergriffen und Brandanschlägen in Mölln und Solingen ethnisch-nationalistische und türkisch-rechtsextreme Organisationen neuen Aufwind für die Moblisierung des „Europäischen Türkentums" erhalten haben. Türkisch-rechtsextreme Organisationen wie beispielsweise die „Türk Federasyon" und die ATIB haben diese Realität zum Anlass genommen, ethnisch-nationalistische Ideen und vor allem Parolen wie z.B. „Wir sind stolz, Türken zu sein!" verstärkt in die Öffentlichkeit zu tragen. Neben politischer Präsenz in Vereinen, Moscheen und Veranstaltungen soll auch ein öffentlicher Mobilisierungseffekt in Schulen, Ausbildungsstätten, Betrieben, Stadtteilen u.ä. geschaffen werden.

Den Grundbaustein für die Politik und Ideologie des ethnischen Nationalismus in der Migration bildet die Heimatorientierung. Insbesondere durch politische Indikatoren aus dem Heimatland, wie z.B. parteipolitische Inhalte, Medien, Fernsehkanäle (über Satellit), Delegationsreisen von Vertretern dieser politischen Strukturen wird die Heimatorientierung sichergestellt und gestärkt.

Neben dem heimatorientierten Einfluss nimmt der ethnische Nationalismus auch die wirtschaftlichen, sozialen und politischen Interessen der „türkischen" Zuwanderer in den Aufnahmeländern wahr. So verstehen sich diese Vertreterorganisationen des ethnischen Nationalismus, welche eine neue Qualität von Rechtsextremismus auf bundesrepublikanischem Boden etablieren, ebenso als Dienstleistungsvereinigungen, die sich mit den Problemen und Interessen der „türkischen" Zuwanderer identifizieren.

6. Rechtsextreme türkische Organisationsstrukturen und ihre Vernetzung in der Bundesrepublik Deutschland

Nach den Anschlägen auf das World Trade Center in den USA (11. September 2001) sind vor allem fundamentalistisch-islamistische, aber auch ethnisch-nationalistische Tendenzen und ihre vielseitigen Organisationsformen wiederholt ins Blickfeld von Öffentlichkeit und Politik gerückt. Insbesondere nach dem Zusammenbruch der sog. Ostblockstaaten hat sich der ethnische Nationalismus und der Islamismus auf der ganzen Welt zu einer politischen Bewegung formiert, der gerade unter den Zuwanderern auf große Resonanz stößt.

Auch in der Bundesrepublik Deutschland ist der Einfluss von islamistischen Gemeinschaften und ethnisch-nationalistischen Organisationsstrukturen in den letzten Jahren gestiegen. Etwa 2,2 Millionen Menschen türkischsprachiger Herkunft leben in Deutschland, die ihr eigenes soziales und politisches Netzwerk geschaffen haben: allein mehr als 350 Vereine und Gemeinden haben die türkisch-rechtsextremen Organisationen gegründet.[1]

Inzwischen kann man beobachten, dass ethnisch-nationalistische Organisationen in der Bundesrepublik für Zuwanderer aus der Türkei eine prägende Rolle spielen. Denn diese Strukturen haben sich überall zu Selbsthilfeorganisationen und Interessenvertretungen entwickelt, die starken Einfluss auf die Ausländerbeiräte und das soziale Leben von türkischsprachigen Zuwanderern ausüben. Unter den hier geborenen oder noch zur zweiten Generation gehörigen türkischsprachigen Jugendlichen und jungen Erwachsenen wächst auch der Zulauf zu Gruppierungen mit türkisch-nationalistischer Orientierung.

Man kann den Einfluss der ethnisch-nationalistischen Bewegungen nicht allein auf bundesdeutsche Rahmenbedingungen beschränken. Diese Strukturen sind zugleich von einer politischen Linie oder Ideologie geprägt, die im Mutterland bestimmt wird. Ferner fungieren diese Vereine, Verbände und Organisationen als Zweigstellen von zum Teil radikalnationalistischen Gruppen und Parteien aus der Türkei und präsentieren

1 Vgl. Thomas Lemmen: Islamische Vereine und Verbände in Deutschland, Bonn 2002, S. 55ff.; vgl. auch Fikret Aslan/Kemal Bozay: a.a.O., Münster 1997, S. 227; Ursula Spuler-Stegemann: Muslime in Deutschland. Nebeneinander oder Miteinander, Freiburg im Breisgau 1998, S. 123ff.

sich als auswärtige Vertreter dieser Richtlinien. Gerade hier stellt sich die zentrale Frage, welche Faktoren im Eigentlichen den Einfluss von ethnisch-nationalistischen Gemeinden und Organisationsstrukturen in Deutschland unter der Bevölkerung aus der Türkei sowie unter den türkischen Jugendlichen bestimmen. In den Medien kann man immer wieder erkennen, dass Deutschland von den inneren Konflikten der Türkei heute stärker berührt ist als je zuvor.

Der Hamburger Nahost-Experte Udo Steinbach erkannte: „Je mehr sich die innere Landschaft dort zerklüftet, bilden sich Verwerfungen auch unter den aus der Türkei kommenden Bürgern in Deutschland. Dort gewalttätig ausgetragene Konflikte werden auch hier gewalttätig ausgetragen. Ausländerrechtliche und polizeiliche Maßnahmen erweisen sich so lange als unwirksam, ja kontraproduktiv, als die Konflikte in der Türkei selbst nicht gelöst werden."[2] Immer wieder hat die soziale und politische Entwicklung in der Türkei die politische Orientierung, Haltung und Ausrichtung der türkischsprachigen Bevölkerung in der Bundesrepublik Deutschland stark beeinflusst. Angesichts dieser Entwicklung besteht die Gefahr, dass nationalistisch-politische Gruppen am Rande der Mehrheitsgesellschaft eine schwer durchschaubare „Parallelgesellschaft" aufbauen, die den Teilhabeprozess hemmt oder verhindert.

In diesem Zusammenhang sollte auch die Funktion dieser ethnisch-nationalistischen und rechtsextremen türkischen Organisationen in Deutschland skizziert werden.[3]

Die Funktion der ethnisch-nationalistischen Organisationen besteht neben politischen Profilierungen auch in der Vertretung gruppenspezifischer Interessen. Nach Gabriel Sheffer wirken ethnische Organisationen und Netzwerke häufig auf „Diasporasegmente" in verschiedenen Ländern. In der Wahrnehmung der ethnischen Interessen der Ursprungsbevölkerung in der Herkunftsregion funktionieren sie sowohl intrakommunal (Zielrichtung Aufnahmeländer) als auch extrakommunal (Zielrichtung Herkunftsländer). In beide Richtungen unterteilt Sheffer diese Funktionen in die Kategorien „Erhalten", „Schützen" und „Fördern".[4]

---

2 Udo Steinbach: Europas Brücke zur islamischen Welt. Die Türkei auf Identitätssuche. In: Blätter für deutsche und internationale Politik, 10/1996, S. 1233.

3 Aufgrund der Komplexität und Bandbreite dieses Themas kann diese Arbeit sich nicht zentral mit den Inhalten und politischen Einstellungen von islamistisch-fundamentalistischen Organisationen auseinandersetzen. Ferner beschränkt sich diese Arbeit auf die rechtsextrem-nationalistischen türkischen Vereinigungen.

4 Vgl. Gabriel Sheffer: Ethnic Diasporas – A Threat to Their Hosts? In: Myron

Die Kategorie „Erhalten“ bedeutet auf intrakommunaler Ebene die Unterstützung gemeinschaftlicher kultureller und sozialer Aktivitäten, ethnischer und religiöser Institutionen, Forschungs- und Bildungseinrichtungen, Aktivitäten im Gesundheits- und Wohlfahrtsbereich. Diese Unterstützung wird auf die speziellen Bedürfnisse der Angehörigen der jeweiligen Herkunftsländer zugeschnitten und erfolgt neben ehrenamtlicher Arbeit gewöhnlich auch durch organisiertes Aufbringen von Spendengeldern und Fördermitteln der öffentlichen Hand. Extrakommunal erfolgen diese Maßnahmen in Form von finanzieller Unterstützung der Ursprungsbevölkerung durch Spenden, private und organisierte Besuche der Herkunftsregion oder anderer Segmente sowie die Koordination sozialer, kultureller und politischer Aktivitäten.

Die Kategorie „Schützen“ dagegen kann intrakommunal physischen und politischen Schutz vor den Mehrheitsgesellschaften und Angehörigen anderer Gruppen bedeuten, während sie extrakommunal gewöhnlich konkrete Interventionen und Einmischung in internationale, politische Vorgänge bedeutet.

Die Kategorie „Fördern“ bedeutet nach Sheffer schließlich in intrakommunaler Hinsicht Betreuung von Neuankömmlingen, auch im Sinne einer Anwerbung für die ethnische Bewegung. Dadurch werden neue Ressourcen finanzieller, moralischer und politischer Natur geschaffen. Hinzu kommt die aktive Förderung ethnischen Bewusstseins, Imagepflege im Sinne von Bemühungen, die Akzeptanz der ethnisch-nationalen Herkunftsgruppe im Aufnahmeland zu erhöhen. In extrakommunaler Richtung erfolgt Förderung auf ähnliche Weise, jedoch mit der Zielstellung, der gesamten Weltöffentlichkeit ein positives Bild der eigenen Gruppe zu vermitteln und ihr somit auf möglichst hoher Einflussebene eine günstige politische Atmosphäre zu schaffen.[5]

So kann man davon ausgehen, dass ethnisch-nationalistische Organisationen im Rahmen der von Sheffer skizzierten Kategorien einerseits ihre eigenen Interessen vertreten; indem sie andererseits den klassischen Nationalstaat in Frage stellen, erfüllen sie aber auch Funktionen im internationalen System, dessen Interdependenz ständig wächst. Ihre Organisationen sind teilweise regierungsähnlich strukturiert.[6] Unter diesem Gesichtspunkt betrachtet, unterstützt die internationale Migration den

---

Weiner (Hg.): International Migration and Security, Boulder 1993, S. 271.

5 Vgl. Ebd., S. 271ff.

6 Vgl. ebd. S. 7

weltweiten Trend hin zu einer transnationalen und multinationalen Struktur. Diese Organisationen stellen einen Faktor in der zunehmenden Bedeutung internationaler Regierungs- und Nicht-Regierungsorganisationen dar und sind Bestandteil eines Netzwerkes korrespondierender Interessenvertretung an verschiedenen Standorten.[7]

6.1 Türkisch-rechtsextreme Organisationen in Deutschland

Für die türkisch-rechtsextremen Tendenzen in der Türkei ist es charakteristisch, dass die Führungselite dieser Organisationen und Bewegungen sowohl mit der traditionell türkischen als auch mit der westlichen Kultur vertraut sind. Die Massenbasis dieser Parteien hat sich mit dem Aufschwung der rechtsextrem und nationalistisch orientierten Grauen Wölfe (MHP) noch mehr verstärkt.

Die rechtsextremen Tendenzen unter den türkischsprachigen Zuwanderern in der Bundesrepublik sind aber vor einem anderen Hintergrund zu sehen: Die türkischschrachigen Zuwanderer leben auch heute noch tagtäglich in zwei Welten, die man mit „morgens Deutschland – abends Türkei“ umschreiben kann. Gerade in dieser Hinsicht muss erkannt werden, dass die Bedeutung der Traditionen, Werte, Klischees und nationalen Identifikationsmuster für die Zuwanderer in der Türkei vorgeprägt wird, aber auch nicht von der allgemeinen Einwanderungs- und Zuwanderungspolitik in der Bundesrepublik getrennt gesehen werden darf.

Als Reaktion auf den zunehmenden Daueraufenthalt vor allem der Familien aus der Türkei entstand zu Beginn der 80er Jahre ein grundlegender Wandel in der Zuwanderungspolitik. Die bislang vermiedene Forderung nach „Integration“ wurde zum Zentralthema. Vor allem türkische und kurdische Familien wurden vor die Wahl gestellt, entweder zurückzukehren oder sich zu „integrieren“. Die Forderung von Staat und Politikern nach „Integration“ meint in diesem Zusammenhang jedoch fast immer die grundsätzliche Preisgabe der eigenen Identität, um Deutsche zu werden.

Im Zuge dieser Entwicklung erklärte das Baden-Württembergische Innenministerium: „Integration erfordert also – je nach Herkunftsland unterschiedlich – von den Ausländern die Bereitschaft, Teile der eigenen kulturellen und religiösen Identität aufzugeben.“[8] Es geht hierbei also

7 Vgl. Tomas Hammar: Democracy and the Nation State, Aldershot 1990, S. 26f.
8 Zit. nach Rainer Werle/Renate Kreile: a.a.O, Hannover 1987, S.126.

nicht um die Forderung nach Integration als eine äußerliche Anpassung an die fremde Gesellschaft; es wird vielmehr die unerfüllbare Forderung nach Preisgabe der eigenen Identität erhoben.

In einem Interview der *Süddeutschen Zeitung* vom 27.6.2002 bezeichnete Bundesinnenminister Otto Schily „Assimilierung“ als die beste Form der Integration: „Ausländer“ sollten sich in die deutsche Kultur und Sprache hineinleben. Der Minister sprach sich außerdem gegen eine Förderung der Muttersprache und gegen die Aufnahme des Minderheitenschutzes in die Verfassung aus.[9] Ebenso haben heftige Diskussionen um die sog. Leitkultur[10] auch zu gesellschaftlichen Polarisierungen geführt.

All diese Diskurse haben ihren Beitrag dazu geleistet, dass Zuwanderer – vor allem aber türkischsprachige Migranten – sich von den Werten dieser Gesellschaft verstärkter abspalten und ihre Identität in der „ethnischen Nische“ suchen. Das verstärkte Auftreten und die politische Präsenz von ethnisch-nationalistischen bzw. türkisch-rechtsextremen Organisationen sind neben einer Reihe von anderen Faktoren auch als eine Folge dieser politischen Prozesse zu bewerten.

6.1.1 Föderation der Türkisch-Demokratischen Idealistenvereine in Europa e.V. (Avrupa Demokratik Ülkücü Türk Dernekleri Federasyonu, ADÜDTF - Türk Federasyon)

Entstehung, Gründung und Entwicklung

Die Föderation der Türkisch-Demokratischen Idealistenvereine in Europa e.V. (ADÜDTF, kurz auch Türkische Federasyon genannt) ist von ihrem Ursprung her eine Umwandlung aus der MHP-Auslandsvertretung, die von 1973 bis 1978 als eine direkt von der Türkei gesteuerte politische Partei in der Bundesrepublik tätig war.[11]

Bereits Mitte der 1970er tauchten in der Bundesrepublik Deutschland und in West-Berlin die ersten Flugblätter mit ethnisch-nationalistischen und rassistischen Inhalten auf. Im November 1972 veröffentlichte der

9 Vgl. Interview mit Otto Schily in: Süddeutsche Zeitung vom 27. 6.2002.

10 Vgl. zur Diskussion über die sog. „deutsche Leitkultur“ bei Gudrun Hentges: Das Plädoyer für eine „deutsche Leitkultur“ – Steilvorlage für die extreme Rechte. In: Christoph Butterwegge (Hg.): Themen der Rechten – Themen der Mitte. Zuwanderung, demografischer Wandel und Nationalbewusstsein, Opladen 2002, S. 95-121.

11 Vgl. Ertekin Özcan: Türkische Immigrantenorganisationen in der Bundesrepublik Deutschland. Berlin (West) 1989, S. 180f.

„Nationalistische Türkische Verein“ einen Aufruf, in dem es heißt: „Wir laden alle nationalistischen türkischen Brüder dazu ein, diese Moskaulakaien, die, tollwütigen Hunden ähnlich, die ruhmreiche türkische Armee und ihr Vaterland hinterlistig und gemein niederschreien, zu bekämpfen. (...) Vom Vaterland 3000 km entfernt, sucht ihr auch Lösungen für die politischen und sozialen Probleme. Diese Probleme können wir nur gemeinsam lösen im Kampf gegen Demokratie und Kommunismus.“[12] Die damals auch in der Bundesrepublik vertriebene Tageszeitung „Tercüman“ druckte am 12.2.1972 eine Erklärung des Vorstandes aus der Gründungsveranstaltung der „Nationalistischen Arbeitervereinigung“ in München ab, in der es heißt: „Wir glauben fest daran, daß der Jude, dieser Hund, der in der ganzen Welt Bosheit sät, der den Völkern das Blut aussaugt, dass er von dem nationalistischen türkischen Arbeiter erkannt werden muß. (...) Die ‚Nationalsozialistische Arbeitervereinigung‘ hat die Flagge des Heiligen Kampfes gehisst. Wir werden unsere Feinde wie Ratten zertreten. Hoch die Nationalsozialisten!“[13] Diese Vereinigung erklärte 1973 offiziell, dass sie sich der MHP angeschlossen habe. Zu diesem Zeitpunkt hatte die MHP trotz gegenteiliger Auflagen des türkischen Parteiengesetzes in Europa[14] Auslandsvertretungen gegründet, die direkt der Parteizentrale in Ankara unterstellt wurden. In einem Schreiben Alparslan Türkeş’ vom 21.09.1972 an den Vorsitzenden des Exekutivkomitees der MHP in der Bundesrepublik Deutschland kommt die Existenz der MHP-Auslandsorganisation deutlich zum Ausdruck. Nach Angaben des Verfassungsschutzberichtes 1973 haben sich die Aktivitäten der türkisch-rechtsextremen Strukturen mit der Gründung der „Türkischen Heime“ (Türk Ocagi) noch mehr ausgedehnt. Daraus entstand schließlich die MHP Auslandsorganisation, die vor allem den Besuch ihres Vorsitzenden Türkeş zum Anlass nahm, um neue Mitglieder und Kreise in der Bundesrepublik Deutschland zu werben.[15] Dabei darf nicht außer Acht gelassen werden, dass die militärische Intervention der Türkei auf Zypern den türkischen Nationalisten in der Bundesrepublik Deutschland einen gewissen Auftrieb verliehen hat.

12 Zit. aus FIDEF (Hg.): Graue Wölfe der MHP in der Bundesrepublik. Organisation-Finanzen-Kontakte zu BRD-Organen und Islamischen Kulturzentren. Juni/Juli 1981, S.8.

13 Tageszeitung Tercüman, vom 12.02.1972, zit. nach ebd.

14 Es existierte ein Verbot des türkischen Parteiengesetzes sich mit dem gleichen Namen der Partei im Ausland zu betätigen.

15 Vgl. BVS: Verfassungsschutzbericht 1972, Bonn 1973, S. 147.

Zweifelsohne kann davon ausgegangen werden, dass zu Beginn der 1970er die MHP ihre Auslandsvertretungen in Holland,[16] Schweiz, Österreich, Frankreich, Belgien und Dänemark gegründet hatte. Die MHP baute ihre Parteiorganisationen bis 1975 ungehindert aus. Sie verfügte zu diesem Zeitpunkt in der Bundesrepublik über sechs Parteibezirke mit ca. 50 Stützpunkten. Noch im März 1975 reiste Türkeş in die Bundesrepublik Deutschland, um an dem 4. Generalkongress der MHP-Auslandsvertretung in Ludwigshafen teilzunehmen: „Ich begrüße meine tapferen und in der Fremde lebenden Zeitgenossen und die Vertreter unserer Partei, die alle zum 4. Generalkongreß unserer Partei so zahlreich erschienen sind. (...) Die Marxisten im Kölner Rundfunk (gemeint ist die türkische Redaktion des WDR) fangen schon an zu zittern. Man fragt sich, weshalb Alparslan Türkeş (...) nach Deutschland gekommen ist. (...) Ich werde sowohl Deutschland als auch jedes andere Land besuchen. Denn wir Nationalisten sind immer und in jedem Fall vorn."[17] In der Eröffnungsansprache hieß es unter anderem auch: „Die europäische MHP-Vertretung steht unter der Führung der Partei und ihres Vorsitzenden und wird ihre Arbeit diszipliniert weiterführen."[18]

Über die Aktivitäten und Inhalte der MHP-Arbeit in der Bundesrepublik Deutschland war der Verfassungsschutz mehr als informiert. Enver Altayli, Inspekteur der MHP/Grauen Wölfe in Deutschland, schreibt am 28. 4.1976 in einem Brief an Türkeş: „Mein sehr verehrter Oberst, wir bereiten zur Zeit eine Broschüre vor, die in einer Auflage von 2000 Exemplaren erscheinen soll. Die Broschüre wird von Dr. Kannapin persönlich verfasst. (...) Dr. Kannapin wird am 4. Mai 1976 nach Köln kommen und mich mit dem Vertreter des Türkei-Stammtisches vom Verfassungsschutz persönlich bekannt machen. Soweit Dr. Kannapin informiert ist, handelt es sich bei dieser Person um ein CDU-Mitglied und ehemaligen Offizier."[19]

In der Zwischenzeit sorgten die Grauen Wölfe durch ihre Gewalttätigkeiten, Drohungen und ihre Kampagnen gegen den DGB und linke

---

16 Vgl. zu der Entwicklung der Grauen Wölfe in Holland in Stella Braam/Mehmet Ülger: Grijze Wolven. Een Zoektocht Naar Turks Extreem Rechts, Amsterdam 1997.

17 Zit. nach Evangelischer Pressedienst (epd): Neu auf der Polit-Bühne: Türkische Extremisten mit religiösem Anstrich, Frankfurt/Main, 06.09.1976, S. 10.

18 Zit. aus FIDEF (Hg.): a.a.O., Juni/Juli 1981, S. 9.

19 Dieser Brief erschien als Dokument in der Zeitschrift „2000'e Doğru", 06. Dezember 1992 (Übers. durch Autor, K.B.).

Vereinigungen für öffentliche Furore. Medien berichteten vermehrt von Übergriffen der „Grauen Wölfe“ und der DGB forderte das Verbot der MHP-Auslandsorganisation.

Schließlich hat am 28. Juni 1976 das türkische Verfassungsgericht ein öffentliches Urteil verkündet, in der die Gründung und Betätigung von türkischen Parteien in der Bundesrepublik Deutschland und in anderen europäischen Ländern untersagt wurde. Nach diesem Urteil wurden zwar die MHP-Auslandsvertretungen offiziell geschlossen, doch die jeweiligen Vereine führten ihre Aktivitäten als Kultur- und Idealistenvereine, nationalistische Ideenvereine, islamistische Vereine oder auch türkische Heime unter Steuerung der MHP-Funktionäre weiter fort.[20]

Nach dem Regierungswechsel in der Türkei Anfang 1978 gewannen auch die Aktivitäten der MHP nahe stehenden Vereine in der Bundesrepublik Deutschland an Resonanz. Ende April 1978 reiste Alparslan Türkeş erneut in die Bundesrepublik und besuchte hier zahlreiche Veranstaltungen der MHP Umfeld- und Tarnorganisationen. Am 3. Mai 1978 traf er sich im Rahmen seines Deutschlandbesuchs mit dem CSU-Vorsitzenden Franz Josef Strauß. Kurze Zeit nach dem Gespräch mit Franz Josef Strauß wurde am 17.-18. Juni 1978 in Frankfurt am Main mit der Beteiligung von 64 extrem-nationalistischen und rassistischen Vereinigungen aus europäischen Ländern die Föderation der demokratisch-idealistischen Türkenvereine in Europa (ADÜDTF/Türk Federasyon) gegründet.[21] Am 4. Februar 1979 führte die Türk Federasyon ihre Jahreshauptversammlung in Schwarzenborn durch, an der 108 „idealistische“ türkische Vereinigungen teilnahmen. Zu diesem Zeitpunkt hatte die Türk Federasyon ca. 33.000 Mitglieder. Auf diesem Jahreskongress wurde Musa Serdar Çelebi, der damals per Haftbefehl in der Türkei gesucht wurde und später wegen des Papstattentates in Frankfurt verhaftet und nach Italien ausgeliefert wurde, zum Vorsitzenden der „Türk Federasyon“ gewählt.[22]

Musa Serdar Çelebi übte die Tätigkeit als Vorsitzender bis 1982 aus. Dann wurde er wegen Verdachts der Mittäterschaft bzw. Beteiligung an dem von Mehmet Ali Ağca verübten Papstattentat 1981 verhaftet und später an Italien ausgeliefert. Zu seinem Nachfolger wurde Ali Batman

20 Vgl. BVS: Verfassungsschutzbericht 1976, Bonn 1977, S. 175; Ertekin Özcan: a.a.O., Berlin (West) 1989, S. 182

21 Vgl. Tageszeitung Hürriyet, vom 21.6.1978; Fikret Aslan/Kemal Bozay: a.a.O., Münster 1997, S. 179.

22 Vgl. Çulcu, in Tageszeitung Hürriyet, vom 18. 1.1980, S. 14.

gewählt, der gemeinsam mit Celebi in die Bundesrepublik Deutschland kam und diese Tätigkeit bis 1987 ausübte.[23] In den folgenden Jahren gründeten sich im Rahmen der Aktivitäten der Türk Federasyon auch weitere Föderationen in Österreich, Belgien, Holland, Luxemburg, Frankreich, Schweiz, England, Schweden, Norwegen und Dänemark.

Selbstdarstellung der Türk Federasyon

Die Türk Federasyon bezeichnet sich selber als eine der ältesten politischen zivilen Organisationen, die sich für die Belange der türkischen Einwanderer einsetzt.[24] Cemal Çetin, der Vorsitzende der Türk Federasyon, schreibt dazu: „Heute ist die ‚Türk Federasyon' mit ihren 25jährigen Dienstleistungen als tief verwurzelte und prägende zivile Gesellschaftsorganisation in die Geschichte eingegangen."[25]

So versteht sich in diesem Zusammenhang die Türk Federasyon als ein „nationalistisch-konservativer" Dachverband, der eine Brückenfunktion ausübt: „Unsere Föderation und ihre Umfeldorganisationen beteiligen sich oder lenken alle möglichen sozialen, kulturellen und wirtschaftlichen Aktivitäten der Türken in den Aufnahmeländern. Sie übernimmt eine Brückenfunktion zwischen den Institutionen und Bürgern des Aufnahmelandes und der türkischen Bevölkerung."[26] Es geht dabei auch darum, die Mission zu übernehmen, die Probleme des „türkischen Menschen" und des „europäischen Türkentums" richtig zu analysieren und Lösungswege anzubieten: „Das europäische Türkentum muss mit seiner Religion, Sprache und Identität seine Existenz in diesem Land fortsetzen, ohne seine Werte zu verlieren, diese an kommende Generationen übertragen, im Aufnahmeland friedlich, integrativ, tolerant und die Gesetze akzeptierend leben."[27]

Vor allem setzt sie sich dadurch das Ziel, Solidaritätsgefühle unter den Landsleuten zu schaffen und Lösungsvorschläge an die deutsche und türkische Regierung weiterzuleiten. Zu den Aktivitäten der Türk Federasyon gehören unter anderem auch Seminare, Veranstaltungen, Ta-

---

23 Vgl. FIDEF/Türkei Informationen, Ausgabe November/Dezember 1982, S. 20f.

24 Vgl. Gesprächsprotokoll mit dem Vorsitzenden der Türk Federasyon, Cemal Çetin, am 6. Juni 2003 in der Zentrale der Türk Federasyon in Frankfurt/Main.

25 Cemal Çetin: Çeyrek Asırlık alın teri dolu hizmet [Eine mühsame vierteljahrhunderlange Dienstleistung]. In: Türk Federasyon/Bülten: Sonderbeilage, 12. April 2003, S. 3.

26 Die aktuelle Selbstdarstellung der Türk Federasyon ist im Internet unter der Webadresse *http://www.turkfederasyon.com* zu finden (Übers. durch Autor, K.B.).

27 Türk Federasyon: a.a.O., Frankfurt/Main 2001, S. 5 (Übers. durch Autor, K.B.).

gungen, Sitzungen, Bildungsveranstaltungen für Jugendliche, Jugendbegegnungen, traditionelle Feste, die Präsentation der Türkei, der Türken und der türkischen Sitten sowie Lebenseinstellungen, sportliche Aktivitäten, Selbsthilfe u.ä.

Problematisch wurde die Haltung der „Türk Federasyon" als sie von den deutschen Medien als „völkisch-national gesinnte Organisation", mit „extrem nationalistisch-antisemitischer Ideologie"[28] eingestuft wurde. Gülay Han antwortet in ihrem Kommentar: „ADÜDTF ist eines der größten Glieder in der Kette, die die Deutschen und Türken in der Gesellschaft verbinden. Man darf nicht vergessen und muss auch zugutehalten, dass ADÜDTF durch ihre besonnene Haltung einen grossen Beitrag an den inneren Frieden in der BRD geleistet hat. Obwohl über 80 Vereine, die der ADÜDTF angehören, Opfer von terroristischen Anschlägen wurden, haben sie keinerlei von Rückschlägen ausgeübt, sondern haben im Vertrauen zum Rechtsstaat und der Polizei ihre Mitglieder zur Besonnenheit aufgefordert."[29]

Durch diese Haltung versucht sich die Türk Federasyon ein tolerantes und auf Völkerverständigung beruhendes Image zu vermitteln. In diesem Zusammenhang sollte nochmals an die Mordanschläge an dem kurdischen Jugendlichen Seyfettin Kalan, der am 30. September 1995 von Grauen Wölfen in Neumünster erschossen wurde, sowie an den am 3. Februar 1997 in Kiel ermordeten Aleviten Ercan Alkaya erinnert werden, der auch durch Schüsse tödlich getroffen wurde, oder an den in Köln durch Messerstiche am 1. Juli 1999 ermordeten Erol Ispir.[30]

Ideologie und Aktivitäten der Türk Federasyon

Die „Türk Federasyon" verfolgt eine nationalistisch-pantürkische Ideologie mit einer starken Betonung der nationalistisch-islamistischen Geschichte und Kultur der Türken. Während das verbandsinterne Logo der „Türk Federasyon" eine Moschee mit einer türkischen Fahne darstellt, ist

---

28 Eberhardt Vogt: In der Grauzone. Wie der grüne Kreuzberger Bürgermeister versucht zu rechtfertigen, daß er die Grauen Wölfe empfing. In: Focus, 06. Oktober 1997, S. 122f.

29 Gülay Han: Von einem Fettnäpfchen in die Andere. In: Türk Federasyon Bülteni [Kolumne in deutscher Sprache i.d. Verbandszeitung], Jahr: 1, Nr. 9, Oktober 1997, S. 16.

30 Vgl. Elmar Wiegand: Explosive Stimmung. Nach dem Mord an Erol Ispir verschäft sich das Klima in Köln-Kalk. In: Kölner Woche, 10. Juli 1999, S. 3; vgl. Fikret Aslan/Kemal Bozay: a.a.O., Münster 1997, S. 215f.

der „Graue Wolf“ (Bozkurt) ihr eigentliches politisches Symbol, mit dem sich auch die Vereinsmitglieder und das Umfeld identifizieren. Wenn sich die „Türk Federasyon“ auch in ihrer offiziellen Satzung nicht als Ablegerorganisation der MHP ausgibt, so gibt es ausreichende Indizien dafür, dass sie eng an die Politik und Ideologie der MHP gebunden ist bzw. auch von ihr gesteuert wird. In nahezu allen Vereinen (sogar in der Zentrale) sind Publikationen, Bücher u.ä. der MHP und ihrer Führer Alparslan Türkeş und Devlet Bahçeli erhältlich. In den Vereinslokalen hängen große Bilder von den Führern Türkeş und Bahçeli, daneben auch immer ein Bild von Atatürk, der auch als Führer des Türkentums heroisiert wird. Funktionäre der MHP besuchen regelmäßig Veranstaltungen der Türk Federasyon und betonen hier immer wieder die politische und ideologische Zielverwandtschaft.

So beschrieb Devlet Bahçeli, der Vorsitzende der MHP, auf der 23. Jahreshauptversammlung der „Türk Federasyon“ diese politisch-ideologische Zielverwandtschaft folgendermaßen: „Der türkische Mensch, der in den europäischen Ländern einen Kampf für die nationale Identität und die persönliche Existenz führt, hat im Arbeitsleben große Erfolge erzielt und ist bemüht, auch im Bildungsbereich Erfolge zu verzeichnen. In einer Geographie, in der die tiefen Vorurteile gegen unsere Türkei und dem türkischen Menschen prägend sind, ist es beachtenswert solche Erfolge erzielt zu haben. (…) Ich bin fest davon überzeugt, dass unsere Türk Federasyon mit diesem Bewusstsein und dieser Entschlossenheit aus den vierteljahrhundertelangen Erfahrungen herausgehend neue Aufgabenfelder für die türkische Existenz in Europa übernehmen und erfolgreich realisieren wird. (…) Unsere Türk Federasyon, welche die sensibelste und entschlossenste Institution des europäischen Türkentums ist, wird - so bei Allah - weiter Vierteljahrhunderte überleben und ihre historische Aufgabe entsprechend erfüllen.“[31]

Bei Kongressen und zentralen Veranstaltungen der „Türk Federasyon“ in der Bundesrepublik Deutschland war bis zu seinem Tod auch der MHP-Führer Türkeş immer als Ehrengast und zentraler Redner anwesend. So auch im November 1996 in der Essener Gruga-Halle. Hier war Türkeş eingeladener Gast der Jahreshauptversammlung der „Türk Federasyon“. In seiner Rede rief er die Anhänger der „Türk Federasyon“

31 Devlet Bahçeli: Avrupa Türklüğü'nün Mümtaz Temsilcilerine [An die ehrenvollen Vertreter des europäischen Türkentums]. In: Türk Federasyon/Bülten: a.a.O, 12.4.2003.

dazu auf, in deutsche Parteien einzutreten und die deutsche Staatsbürgerschaft anzunehmen. Sie sollen jedoch als deutsche Staatsbürger weiterhin um die „Sache des türkischen Nationalismus kämpfen."[32]

Diesem Aufruf folgte auch Süleyman Cihan, Vorstandsmitglied der „Türk Federasyon" und Ausländerbeiratsmitglied in Dortmund. Auch er rief „Europäische Türken" dazu auf, die deutsche Staatsbürgerschaft anzunehmen: „Als zweite und dritte Generation müssen wir unsere Situation neu bewerten und Vorkehrungen und Vorbereitungen treffen. Wenn wir nicht an unserer Identität und unserer Generation festhalten, wird es keiner tun! Die Türken verfügen inzwischen über 40.000 Arbeitgeber und bilden den wichtigen Teil der Bevölkerung nach den Deutschen. Auch auf dem Bildungsweg hat unsere dritte Generation den Zugang in die Hochschulen geschafft. Wenn die Situation sich weiter in diese Richtung ausbreitet, fällt uns die Aufgabe zu, die deutsche Staatsbürgerschaft anzunehmen."[33]

In den letzten Jahren ist zu beobachten, dass sich die Politik der „Türk Federasyon" verstärkter auf die Migrationspolitik bezieht. Dabei geht es darum, türkische Einwanderer – insbesondere Jugendliche der jüngeren Generation – für die ethnisch-nationalistischen Ziele der Grauen Wölfe zu mobilisieren. In diesem Zusammenhang darf jedoch nicht vergessen werden, dass Türkeizentrierte Fragen immer den Kern der Politik von „Türk Federasyon" gebildet haben. Themen wie die Polarisierung der Kurdenfrage, die Rolle der Turkrepubliken, die gegenwärtige Frage der Türkmenen im Irak u.ä. bilden auch heute noch aktuelle Schwerpunkte der politischen Arbeit von „Türk Federasyon".

Zu den weiteren Tätigkeitsfeldern der „Türk Federasyon" gehörten in den letzten Jahren auch religiöse Aktivitäten. So wurden in nahezu allen Vereinen der „Türk Federasyon" Gebetsstätten und Korankurse eingerichtet, die die religiösen Bedürfnisse des „Europäischen Türkentums" befriedigen sollen. Außerdem sollen zu besonderen religiösen Anlässen gesonderte Zeremonien, Feste und Veranstaltungen durchgeführt werden. Durch diese Arbeit sollen einerseits die islamistischen Bedürfnisse betont und andererseits der politische Zulauf von islamistischer Seite aus hergestellt werden. Der Islam dient den Grauen Wölfen der „Türk Fe-

32 Vgl. Der Spiegel, 43/1996, S. 17; Uğur Ergan: Aufruf Türkeş zur deutschen Staatsbürgerschaft. In: Hürriyet, vom 20. Oktober 1996.

33 Türk Federasyon Bülteni: a.a.O., Oktober 1997, S. 14 (Übers. durch Autor, K.B.).

derasyon" als Vehikel, ihre ethnisch-nationalistischen Ideen zu transportieren. Da das wirkliche und zentrale Interesse der großtürkisch denkenden „Türk Federasyon" nicht dem Islam galt, hatten sich im Jahre 1987 in Europa Mitgliedsvereine abgespalten, die sich im Mai 1988 zur Union der Türkisch-Islamistischen Kulturvereine in Europa (ATIB) zusammengeschlossen haben.[34] Außerdem ist es Anfang der 1990er zu einer erneuten Abspaltung innerhalb der MHP gekommen. Auch hierin zeigte sich das strittige Problem des Verhältnisses zum Islam. Die durch diese Spaltung entstandene Große Einheitspartei (BBP) hat 1994 in der Bundesrepublik ihre Ablegerorganisation Föderation der Weltordnung in Europa (ANF) gegründet.[35]

Einen weiteren Schwerpunkt bilden die kulturellen Aktivitäten, die sich in der Vermittlung und Verbreitung der türkisch-nationalen Kultur widerspiegelt. Vor allem geht es in diesen kulturellen Aktivitäten auch darum, die hier geborenen und aufgewachsenen türkischsprachigen Jugendlichen stärker mit der türkischen Kultur, den türkischen Gebräuchen, Tugenden und nationalen Sitten vertraut zu machen. In diesem Zusammenhang organisieren die Grauen Wölfe vielfältige Massenkulturveranstaltungen, die durch türkische Folklore, traditionell türkische Musik u.ä. begleitet werden. Einen besonderen Stellenwert nehmen dabei die besonderen nationalen Feiertage ein, die in keiner Weise in Vergessenheit geraten dürfen.[36]

Die Mitgliederzahl der „Türk Federasyon" wird bundesweit auf ca. 26.000 Mitglieder geschätzt. Man kann jedoch nach den rassistischen Übergriffen von Mölln und Solingen von einem tendenziellen Zuwachs ihrer Mitgliederzahlen sprechen. Im Umfeld der „Türk Federasyon" gibt es heute in der Bundesrepublik über 200 organisierte Vereine. Aufgrund der föderativen Organisationsstruktur können nur eingetragene Vereine eine Mitgliedschaft erwerben. Eine Sonderklausel ermöglicht auch die Mitgliedschaft von besonderen und ausgewählten Persönlichkeiten. Bekannt wurde die „Türk Federasyon" in der Bundesrepublik Deutschland vor allem Anfang der 1970er, 1980er und 1990er mit den gewalttätigen Übergriffen gegen kurdische und demokratische Einrichtungen.

34 Näheres zur ATIB in Kapitel 6.2.2.
35 Näheres zur ANF in Kapitel 6.2.3.
36 Vgl. Türk Federasyon: a.a.O., Dokumentation, 2. Juni 2001, S. 6.

Türkische Studenten- und Kulturvereine in Deutschland (ATTKO)

Nach der Jahreshauptversammlung der „Türk Federasyon" 1999 in Oberhausen konzentrierte sich ein zentraler Aspekt der politischen und ideologischen Verbandsarbeit auf die Gründung einer „türkischen" Studentenorganisation in Deutschland, die einerseits das akademische Rückgrat der Organisation sicherstellen und andererseits als Motor für die Mobilisierung und Schulung der Jugendorganisation dienen sollte.

So konstituierte sich Ende 1999 in Frankfurt aus dieser Idee vorerst der Türkische Akademikerbund (TAB), der als eine Umfeldorganisation der „Türk Federasyon" entstanden ist. Zum Vorsitzenden dieses Türkischen Akademikerbundes wurde der Politikwissenschaft-Student M. Serdal Kırksekiz gewählt, der die Ziele der TAB wie folgt darstellt: „Vorerst hatte sich die TAB das Ziel gesetzt, dem auf das europäische Türkentum gerichteten Assimilierungsdruck entgegenzuwirken, eine Adresse für all diejenigen türkischen Jugendlichen zu sein, die diese uns betreffenden negativen Entwicklungen nicht nur passiv wahrnehmen, sondern auch keine Probleme mit ihrer Identität haben."[37] Vor allem hatte sich dieser Türkische Akademikerbund als Umfeldorganisation der „Türk Federasyon" das Ziel gesetzt, in den Hochschulen aktiv zu sein und eine politische Anlaufstelle für die Interessen von „türkischen" Studenten zu sein. Damit sollte auch der linke Einfluss unter den Studenten gebrochen werden. Dabei geht es in dieser ideologischen Arbeit auch darum, türkisch-rechtsextreme Identifikationsmuster an die türkischsprachigen Studenten zu vermitteln.

Als sich jedoch im Lauf der Zeit allein in NRW mehrere türkische Akademikervereinigungen mit dem gleichen Namen gegründet haben, die keine direkte ideologische Verwandtschaft zur „Türk Federasyon" besitzen, hat sich der türkisch-rechtsextreme TAB in ATTKO (Türkische Studenten- und Kulturvereine Deutschland) umbenannt: „Die Türkischen Studenten- und Kulturvereine Deutschland werden sich auch weiterhin tarnen. Wir sind aktionistische türkische Nationalisten. Wir sind Türkisten, wir sind IDEALISTEN (Ülkücü) und sind stolz darauf."[38]

Die ATTKO besitzt an 8 Hochschulen Deutschlands politische Organisationsstützpunkte (mit Schwerpunkten in Frankfurt und Duisburg),

---

37 M. Serdal Kırksekiz: TAB artık ATTKO [TAB heißt jetzt ATTKO]. In: 3 Mayıs, Zeitung der Türkischen Studenten- und Kulturvereine Deutschland, Nr. 1, April/Mai/Juni 2003, S.10 (Übers. durch Autor, K.B.).

38 Ebd.

die in ihren politischen Anschauungen aktiv hervortreten. Sie publiziert eine Zeitung unter dem Namen „3 Mayıs“ (3. Mai), jenem historischen Tage (3. Mai 1944), an dem die „Türkisten“ an den Hochschulen der Türkei in Aktion getreten sind, um die politische Macht in die Hand zu nehmen. Vor allem war diese Bewegung bestrebt, durch den Einfluss des nazistischen Gedankengutes die Türkei an der Seite Hitler-Deutschlands in den Krieg zu drängen. Schließlich wurde ein Teil der Anhänger dieser Bewegung, unter ihnen auch bekannte Turanisten, wie Nihal Atsız u.a. angeklagt. Dieser Tag wird zugleich auch mit dem „Prozesstag gegen die Türkisten und Turanisten“ in Erinnerung gebracht.[39]

Haltung zur Zuwanderungspolitik

Die „Türk Federasyon“ tritt dafür ein, dass „die türkische und deutsche Volksgemeinschaft zusammen mit der Annahme ihrer beiderseitigen Kulturen und in gegenseitigem Verständnis und guter Harmonie leben kann.“ Auf dieser Grundlage stellt sie sich auch gegen das Konzept der Multikulturalität und verteidigt insbesondere die Wiederbelebung der nationalen bzw. nationalistischen Kultur. Vor allem stellt sie sich „gegen alle Bestrebungen, die eine Durchführung der Assimilation fordern“ und die Verbreitung der Identität des „europäischen Türkentums“ beeinträchtigen: „Das Ziel der **Türk Federasyon** ist es, im Dienste des **Europäischen Türkentums** den sozialen Frieden, die Ruhe, gegenseitige Verständigung und Toleranz herzustellen, aber ohne eine Assimilierung die Fortentwicklung ihrer Existenz zu fordern und zu fördern.“[40]

Angesichts der Realität, dass die türkischsprachigen Zuwanderer ihren Lebensmittelpunkt in der Bundesrepublik Deutschland festgelegt haben, lehnt die „Türk Federasyon“ alle möglichen „erniedrigenden“ Bezeichnungen wie „Fremde“, „Ausländer“, „Gastarbeiter“ ab und fordert an dessen Stelle die Akzeptanz des politischen Sammelbegriffs des „europäischen Türkentums“.

Die „Türk Federasyon“ fordert weiterhin, dass der Religionsunterricht

39 Vgl. zum historischen Zusammenhang des 3. Mai 1944 bei Mihriban S. Eroğul: 3 Mayıs 1944 – Türkçülük-Turancılık Davası [3. Mai 1944 - Der Prozess des Türkismus-Turanismus]. In: 3 Mayıs, ebd., S. 14f.

40 Türk Federasyon (Hrsg.): Dokumentation anlässlich der 4. Jahreshauptversammlung der ADÜTF. Koblenz 1982, S. 5; ders. (Hrsg.): Dokumentation anlässlich der 22. Jahreshauptversammlung der ADÜTF in Oberhausen, 02. Juni 2001, S. 7 (Hervorh. im Original).

in den Rahmenplan der Kultusministerkonferenz aufgenommen und als Pflichtfach akzeptiert werden muss. Es muss von Lehrern erteilt werden, die über religiöse Ausbildung verfügen und der Kontrolle der türkischen Behörden unterstellt sein müssen. Als Unterrichtsmaterialien müssen die von der „Religionsanstalt der türkischen Republik“ vorbereiteten Materialien benutzt werden. Die „Türk Federasyon“ wendet sich konsequent gegen eine geplante Streichung des muttersprachlichen Türkisch-Unterrichts. Ferner sollen die Möglichkeiten der muttersprachlichen Förderung weiterhin ausgedehnt werden.[41]

Im Rahmen der Diskussion über die Zuwanderung fordert die „Türk Federasyon“: „Die Aufnahmegesellschaft muss Integrationsangebote bereitstellen, die von den Zuwanderern wahrgenommen werden können. Man kann nicht von Menschen erwarten, von denen man behauptet, sie kennen sich in der Gesellschaft aus, Sprachkurse aufzusuchen oder das Grundgesetz zu erlernen. (...) Die Rechtsordnung muss von den Zuwanderern akzeptiert werden, genauso wie die Werte des Landes. Die Werte zu akzeptieren bedeutet aber nicht, nach diesen zu leben. Werte sind Produkte der Kultur. Da die meisten Zuwanderer aus anderen Kulturkreisen kommen, kann man nicht erwarten, dass sie ihre Kultur aufgeben. Dies wäre ein unmögliches Unterfangen. Das Schlüsselwort heißt Toleranz. Man darf nicht unter dem Deckmantel der Integration eine Assimilation anstreben. Ein solches Vorgehen wird die Integration in eine Sackgasse führen und integrationswilligen Ausländern und toleranzbereiten Einheimischen eine ablehnende Haltung aufzwingen.[42]

Die oben aufgeführten Auffassungen und Tendenzen zeigen, dass die „Türk Federasyon“ nicht nur für eine klassische „Integrationsförderung“ eintritt, sondern mit ihrem Ansatz eine stärkere Ethnisierung und Ghettoisierung der türkischsprachigen Migranten fördern will.

6.1.2 Türkisch-Islamische Union Europa e.V. (Avrupa Türk Islam Birligi, ATIB)

Entstehung und Entwicklung der ATIB

Mitte der 1980er Jahre kam es parallel zu der Islamisierung der MHP-Basis in der Türkei auch in Deutschland zu internen Auseinandersetzun-

---

41 Vgl. in: Istikbal, Zeitung des deutsch-türkischen Kulturvereins, August 2001, S. 4 (Artikel: Gelecek Türkçe'nindir [Die Zukunft gehört dem Türkischen]).

42 Barış Çelik: Diskussion zur Zuwanderung. In: Bülten/Türk Federasyon. Jahr: 4, Nr. 30, Oktober 2001 (Verbandszeitung), S. 12.

gen zwischen den Flügeln der Grauen Wölfe in Deutschland. 1987 spaltete sich schließlich eine Fraktion innerhalb der Türk Föderation, die von dem ehemaligen Vorsitzenden Musa Serdar Çelebi geführt wurde. Noch im gleichen Jahr gründete er die Union der Türkisch-Islamischen Kulturvereine (TIKDB), die schließlich in ATIB umbenannt wurde. Die Çelebi-Fraktion hatte mit diesem Schritt auf die Mitgliederabwanderung zu den religiösen Vereinen und Gemeinschaften im Laufe der 1980er reagiert.

Ein Funktionär der ATIB berichtet über diesen Spaltungsprozess aus der MHP: „Ein wesentlicher Grund, warum die ‚Türkisch-Islamische Union' entstanden ist, liegt darin, daß wir politisch in unterschiedlichen Richtungen tendieren. Natürlich kann man Ereignisse nicht auf einzige Ursachen zurückführen. (...) Es ist falsch, als verlängerter Arm einer Partei in der Türkei zu arbeiten und nach alter Gewohnheit immer Befehle von da unten entgegenzunehmen, so als gäbe es hier nicht inzwischen eine große türkische Nationalität, und als gebe es auch keine entscheidenden Änderungen der Situation. (...) Aus diesem Grund haben sich unsere Wege von denen Türkeş' und seiner Freunde formell getrennt. Die Kollegen in der ‚Partei der nationalistischen Bewegung' sind in der Mehrheit Freunde von uns. Mit ihnen haben wir auch weiterhin innere Übereinstimmung. Aber die Bewegung hat Türkeş überwunden. In der ANAP gibt es viele Freunde, die wir sehr schätzen."[43]

Selbstdarstellung der ATIB

In einer Selbstdarstellung bezeichnet sich die ATIB als islamischer Dachverband, der am 17. Oktober 1997 in Nieder-Olm/Mainz gegründet wurde und sich mit der Zeit zu einem der einflussreichsten Masseninstitutionen in Europa gewandelt hat. Außerdem organisiert sie sich nach dem föderativen Modell in verschiedenen europäischen Zentren – insbesondere Bundesrepublik Deutschland – über lokale Vereine und Vertretungen.[44] Nach eigenen Angaben gehören der ATIB 126 Vereine mit insgesamt 25.000 Personen an.[45]

43 Metin Gür: Türksch-Islamische Vereinigungen in der Bundesrepublik Deutschland, Frankfurt/Main 1993, S. 83f.

44 ATIB: Selbstdarstellung, o.J., o.O., S. 8.

45 Vgl. Albert Oeckl: Taschenbuch des Öffentlichen Lebens Deutschland, Bonn 1998/99, S. 896. (Faruk Şen und Hayrettin Aydın gehen bei der ATIB von 123 Vereinen und 11.500 Mitgliedern aus, in dies.: Islam in Deutschland, München 2002, S. 62.).

Das Logo der ATIB zeigt einen von goldenen Sonnenstrahlen gerahmten roten Kreis; in die Rundung fügt sich der weiße Halbmond mit Stern – die Embleme einer um 90 Grad gedrehten türkischen Fahne; genau in der Mitte liegt eine weiße Moschee. Gemäß der Aussage dieses Logos versucht die ATIB in ihrer Zielsetzung eine starke Verbindung zwischen türkisch-nationalen Elementen und dem Islam zu setzen.[46]

In der Satzung treten die religiösen Zielsetzungen der ATIB deutlicher hervor. Neben kulturellen, sozialen und pädagogischen Aktivitäten sieht ihre Satzung insbesondere religiöse Betätigungsfelder als Aufgabe des Vereins vor (§ 3 der Satzung). Vor allem betont die ATIB, dass sie im Gegensatz zu den anderen Vereinigungen ein überparteiisch agierender Verband sei, „der kein Ableger einer politischen Organisation oder Partei ist."[47] In der Selbstdarstellung wird auch über die Grundstückkäufe in Remscheid, Kassel, Hannover und vom Bau einer großen Moschee in Darmstadt berichtet.

Als Hauptzielsetzung wird die Bewahrung und Entwicklung der kulturellen Werte und ihre Weitergabe an die folgenden Generationen definiert. In diesem Zusammenhang spielt neben der islamischen Identität auch die nationale Identität eine wichtige Rolle: „Die Bewahrung unserer nationalen Identität und Kultur ist eine Garantie dafür, unsere Zukunft mit Vertrauen zu betrachten. Die Namen der Menschen und ihre getragenen Identitäten gewinnen eine Bedeutung mit ihren Ideen. Diejenigen, die mit einer ausländischen Kultur aufgewachsen sind, so gutmütig sie auch sein mögen, können nicht ‚einheimisch' denken. Außerdem wissen wir, dass diejenigen, die keine eigene Kultur besitzen, sich nicht in eine ausländische Gesellschaft integrieren können."[48] In Form von Jugend- und Bildungsarbeit, Kultur- und Bildungsarbeit soll die Frage der Bewahrung bzw. Entwicklung von nationalen und kulturellen Werten sichergestellt werden. Dabei versteht sich die ATIB als eine Interessenvertretung einer türkischen Minderheit, die ihren Lebensmittelpunkt in Europa festgelegt hat. In diesem Sinne unterstützt und fördert sie die politischen, sozialen und wirtschaftlichen Aktivitäten und Strukturen dieser „türkischen Existenz".

46 Vgl. Faruk Şen/Hayrettin Aydın: Islam in Deutschland. München 2002, S. 62.
47 ATIB: Selbstdarstellung, a.a.O., S. 7.
48 ATIB: Selbstdarstellung, a.a.O., S. 21.

Ideologie und Aktivitäten der ATIB

Die ATIB propagiert in ihrer Ideologie den Islam als konstituierendes Element des Türkentums. Politisch gesehen tendiert die ATIB zur politischen Ausrichtung der in der Türkei bekannten islamistisch-rechtsextremen „Büyük Birlik Partisi“ (Große Einheitspartei/BBP), die sich im Jahre 1992 aufgrund ideologischer Differenzen in der Islam-Frage von der MHP gespalten hatte. Weiterhin bestehen Kontakte zur nationalistisch-konservativen Mutterlandspartei (ANAP) und zur rechts-konservativen Partei des Rechten Weges (DYP). Somit ist davon auszugehen, dass der rechtsextremistisch und islamistisch orientierte Dachverband ATIB eine Synthese zwischen dem Islam und einem fanatisch geprägten türkischen Nationalismus realisieren möchte.

Im Gegensatz zur „Türk Federasyon“ hat ATIB sich verstärkter dem nationalistisch geprägten Islam hingewendet und zugleich im Rahmen des Konzeptes der Türkisch-Islamischen-Synthese intensiver die Hinwendung zum Islam vollzogen. In diesem Sinne verfügt die ATIB auch über eine ideologische Verwandtschaft zum BBP-nahen Dachverband „Föderation der Weltordnung in Europa“ (ANF), der sich seit 1994 aktiv an dem politischen Leben der „türkischen“ Migranten zu beteiligen versucht.[49]

Neben dieser ideologisch-politischen Verwandtschaft zu rechtsextrem-islamistischen Vereinigungen ist die ATIB auch aktives Mitglied des Spitzenverbandes „Zentralrat der Muslime in Deutschland“ (ZMD), der im Jahre 1994 als Zusammenschluss der islamistischen Dachverbände VIKZ (Verband der islamischen Kulturzentren), IGMG (Islamische Gemeinschaft Milli Görüs/Nationale Weltsicht), DITIB (Türkisch-Islamische Union der Anstalt für Religion) und ATIB gegründet wurde.[50] Weiterhin ist die ATIB auch Mitglied des Spitzenverbandes „Rat der Türkischen Staatsbürger in Deutschland“ (RTS), der ein Zusammenschluss islamistischer und rechter türkischer Vereinigungen ist und eine Alternative zur Türkischen Gemeinde Deutschland (TGD) präsentiert.

---

49 In dem Gespräch mit dem Vorsitzenden des lokalen Vereins der ANF in Köln kam diese Verwandtschaft mit der ATIB nochmals deutlich zum Ausdruck (Interview, 10. 5.2003).

50 Vgl. Thomas Lemmen: a.a.O., Juli 2000, S. 75; vgl. Faruk Şen/Hayrettin Aydın: a.a.O., München 2002, S. 63; Vgl. zur Funktion der ZMD in ATIB (Hg.): 2000'li yıllara doğru Batı Avrupa Türklerinin ana Meseleleri [Die Grundprobleme der europäischen Türken in den 2000er Jahren]. Eine Broschüre der ATIB, Köln Mai 2000, S. 35.

ATIB versucht sich durch die Mitgliedschaft in solchen Bündnissen das Image einer überparteilichen Vereinigung zu geben, die durchaus auch Politisches in der Öffentlichkeit zeigt.

Vor allem bemüht sich die ATIB um die Gründung und Konstitution von Gebetsstätten, beispielsweise in Form von lokalen und regionalen Moscheevereinen, und ebenso um eine aktive Jugend-, Frauen- und Bildungsarbeit. Um die „türkischen" Migrantenjugendlichen stärker in die Arbeit des Verbandes zu integrieren, realisiert die ATIB jährlich Jugendcamps, Bildungs- und Kulturreisen (auch in die Türkei), Wochenendschulungen, kulturelle Veranstaltungen u.ä., in denen vor allem die türkisch-islamistischen und nationalistischen Werte und Orientierungen vermittelt werden. Ein wichtiges Zentrum für diese Jugend- und Kinderbildungsaktivitäten ist die AKEV (Kultur- und Bildungsstiftung der ATIB), die in Remscheid Schulungsräumlichkeiten für ihre vereinsinterne Arbeit eröffnet hat.[51]

Eine Umfeldorganisation der ATIB, die insbesondere im akademischen Bereich aktiv ist, bildet die AYÖG (Hochschulverband der ATIB) und die Inter Akademi (Koordinierungszentrum für internationale akademische Aktivitäten), die zwar keine große Relevanz besitzen, aber in einigen Hochschulen Aktivitäten entwickeln und vor allem einen innerreligiösen Dialog realisieren möchten. Diese Umfeldorganisationen existieren als Verband, der in die ATIB Strukturen integriert ist. Im Jahre 1990 wurde außerdem die ATIDAM (ATIB-Zentrum für Türkisch-Islamische Studien) gegründet, die sich als Ziel gesetzt hat, Studien und Forschungen zur „Türkisch-Islamischen Welt" zu betreiben und insbesondere auch ein Forschungsfeld zu den neuen Turk-Republiken zu entwickeln.[52]

Zu einem der Tätigkeitsbereiche der ATIB gehört auch der Frauenverband, der als eigenständige Abteilung in den Dachverband integriert ist, und durch Veranstaltungsangebote den Bildungsstand der Frauen anheben möchte. Neben religiösen Themen konzentriert sich diese Arbeit auf die Unterweisung in hauswirtschaftlichen Fähigkeiten und Kenntnissen, die auf die traditionellen Aufgaben in der Familie vorbereiten.[53]

Weiterhin verfügt die ATIB – wie auch andere rechtsextrem-islamistisch-türkische Dachverbände – über einen Verband, der Pilgerfahrten nach Mekka organisiert und einen Bestattungshilfsfond (CNF). Über

---

51 Vgl. ATIB (Hg.): Selbstdarstellung, a.a.O., S. 12.
52 Ebd., S. 14.
53 Faruk Şen/Hayrettin Aydın: a.a.O., München 2002, S. 63.

enge Kontakte verfügt die ATIB auch zu deutschen Parteien (vor allem CDU, FDP und SPD), zum Muslimischen Hilfswerk (MHW), zur Türkisch-Islamischen Hilfsstiftung (TIVYAK), zur Konrad-Adenauer Stiftung, zur Evangelischen Kirche Deutschland (EKD), Inter Akademi und zur Türkisch-Deutsche Gesundheitsstiftung (TDG).

Trotz ihrer scheinbaren Offenheit gegenüber bundesrepublikanischen Einrichtungen und Institutionen verfolgt die ATIB ein islamistisch-nationalistisches Konzept, das die türkisch-islamischen Elemente stärker miteinander verknüpfen soll. Insbesondere sind in den inhaltlichen Forderungen auch anti-kurdische Haltungen bemerkbar. Vor allem sollen „politische Tendenzen", die Kritik an der türkischen Regierungspolitik üben, bekämpft und Politiker sowie politische Institutionen, die unter Einfluss dieser sog. Propaganda stehen, unter Druck gesetzt werden.[54]

Haltung zur Zuwanderungspolitik

Im Gegensatz zu anderen rechtsextrem-türkischen Dachverbänden stellt die ATIB verstärkt auch migrationspolitische Forderungen. Vor allem kritisiert ATIB die anti-türkische Haltung der bundesrepublikanischen Behörden wie z.B. die Bevorzugung der deutschstämmigen russischen und polnischen Auswanderer gegenüber den hiesigen „Türken", die neben anderen Vorteilen u.a. auch kostenlosen Deutschunterricht erhalten. ATIB beklagt in diesem Zusammenhang, dass Ausländer „wegen jeder Kleinigkeit gem. § 45 AuslG ausgewiesen werden können" und durch die Gesetzgebung – z.B. durch das den „Türken" vorenthaltene aktive und passive Wahlrecht –, aber auch durch die Gerichte benachteiligt würden. So heißt es in dem teils türkisch-, teils deutschsprachig abgedruckten Text: „Türken werden laut Erfahrung von Anwälten grundsätzlich für gleiches Vergehen zu härteren Strafen verurteilt (...) In der Praxis werden in einer sehr hohen Prozentzahl Ausländer schon wegen ihrem dunklen Aussehen immer wieder wegen Anfangverdacht festgenommen" oder „Die Behandlung von Türken in Gefängnissen ist so gravierend, dass viele in der Türkei ihre Strafe absitzen möchten."[55]

Zu den wichtigsten migrationspolitischen Forderungen des Verbandes gehört jedoch das Angebot von Türkischunterricht und des uneingeschränkten Religionsunterrichts.[56]

---

54 Vgl. ATIB (Hg.): a.a.O., Mai 2000, S. 37ff. (Kap.: Propaganda gegen die Türkei).

55 Dialog, März 1996, S. 4. Zit. n. Ursula Spuler-Stegemann: a.a.O., Freiburg i. Breisgau 1998, S. 125f.

56 Vgl. ATIB (Hg.): Selbstverständnis, a.a.O., S. 9

Dabei wird die Frage des uneingeschränkten Erlernens der türkischen Sprache eng an den Diskurs der „Nationalen Identität" gebunden: „Für uns ist die wichtigste Frage der europäischen Türken das Thema der ‚**Nationalen Identität**'. Die Tatsache, dass kommende Generationen mit der muslimischen türkischen Identität aufwachsen, ist für die Jahrhundertelange Fortsetzung der türkischen Existenz in Europa unerlässlich und für uns alle eine wichtige Frage."[57] Gerade in diesem Zusammenhang werden die Aspekte des „Türkisch-Seins" und einer Rückkehr zu den islamistisch-nationalistischen Wurzeln eng verknüpft. So stellt ATIB weiterhin die Forderung auf, den muttersprachlichen Unterricht in der türkischen Sprache zu bewahren und dieses Fach in den Unterrichtskanon zu integrieren. Weiterhin wird die Forderung aufgestellt, dass zur Beseitigung von Bildungsfragen der „türkischen" Kinder eigene „türkische" Kindergärten und eigene „türkische" Schulen eröffnet werden sollen. Von der türkischen Regierung und ihren Auslandsvertretungen wird erwartet, dass sie sich für diese Angelegenheit mehr interessieren mögen.

Eine weitere aktuelle Frage der ATIB konzentriert sich im „Kampf des Religionsunterricht in Deutschland".[58] Für die bisherige Niederlage in diesem „Kampf" wird der Deutsche Gewerkschaftsbund (DGB) verantwortlich gemacht, der in den 1980ern einen „Krieg gegen die Korankurse"[59] geführt habe. Erst Ende der 1990er hätte man in diesem Zusammenhang für die Durchführung des islamischen Religionsunterrichts in Deutschland gewisse Erfolge erzielen können. Doch die in Nordrhein-Westfalen vorgesehene Form der „Islamischen Religionsunterweisung" wird von ATIB strikt abgelehnt. Hierbei handele es sich keineswegs um einen islamischen Religionsunterricht im Rahmen der säkularen Staatsauffassung der Bundesrepublik Deutschland. Hierin heißt es: „Durch eine Gruppe von gedankenlosen Muslimen, die durch die unter unterschiedlichen Namen vorgesehenen Unterrichtsformen einen Nutzen erwarten, darf der als Verfassungsrecht geltende ‚Religionsunterricht' nicht gewaltsam verhindert werden."[60] Als alternative Lösung schlägt die

57 ATIB (Hg.): a.a.O, Köln Mai 2000, S. 9 (Hervorhebung im Original; Übersetzung durch Autor, K.B.).

58 Eine von Fikret Ekin, Vorsitzender der ATIB, herausgegebene Vereinsbroschüre trägt den Titel „Almanya'da Din Dersi Mücadelesi" [Der Kampf um den Religionsunterricht in Deutschland], Köln Juni 2000.

59 Vgl. Fikret Ekin: a.a.O., Köln Juni 2000, S.9; S. 31.

60 Ebd., S. 34 (Übers. durch Autor, K.B.).

ATIB ein von den islamischen Dachverbänden (Islamischer Rat und Zentralrat der Muslime in Deutschland) gemeinsam initiiertes Komitee für Islamischen Religionsunterricht (KIRU) vor, das dieses islamische Religionsunterricht-Projekt inhaltlich gestalten und begleiten soll. Eine von der türkischen Regierung und ihren Auslandsvertretungen vorgegebene Lösung lehnt ATIB ohne weiteres ab.[61]

6.1.3 Föderation der Weltordnung in Europa e.V. (Avrupa Nizam-ı Alem Federasyonu, ANF)

Entstehung und Entwicklung der ANF

Die Föderation der Weltordnung in Europa (ANF/Avrupa Nizm-ı Alem Federasyonu)[62] gehört zu den neueren rechtsextrem-nationalistisch-islamistisch orientierten Dachverbänden in der Bundesrepublik Deutschland, die als eine Abspaltung aus der MHP (in Europa aus der Türk Federasyon) hervorgegangen ist.

Der politische und ideologische Auslöser für die Abspaltung aus der MHP im Sommer 1992 basiert auf die Kernfrage des Islams. Als es im Laufe der Kontroversen um die Versöhnungs- und Wieder-Identifikations-Politik mit dem Staat zu Ausschreitungen mit dem islamistischen Flügel kam, lösten sich eine Gruppe von ehemalig wichtigen Kadern und Abgeordneten der MHP von der Partei und gründeten im Zuge des politischen Wandels die Große Einheitspartei (BBP/Büyük Birlik Partisi).

Die Gründung der ANF in der Bundesrepublik Deutschland reicht in das Jahr 1994 zurück. Einige Jahre nach der Abspaltung aus der MHP in der Türkei gründete sich schließlich im Jahre 1994 in Berlin der Verein „Nizam-ı Alem Ülkü Ocağı" (Idealistischer Heim für Weltordnung). Noch im gleichen Jahr wurde ein Dachverband gegründet, dem ca. 30 Vereine in verschiedenen europäischen Ländern angehören. Der größte Teil der Vereine konzentriert sich in der Bundesrepublik Deutschland, einzelne weitere befinden sich in Frankreich, Schweiz, Österreich, Belgien, Dänemark und in den Niederlanden.

---

61 Vgl. ebd., S. 42.

62 Hierbei ist zu bemerken, dass die ANF im Vereinsregister nicht unter dem Namen „Föderation der Weltordnung in Europa" aufgeführt ist, sondern im Deutschen die Bezeichnung „Verband der Türkischen Kulturvereine in Europa e.V." verwendet. Der Lokalverein der ANF in Köln (Idealistenheim der Weltordnung) hatte im Gegensatz dazu die Bezeichnung „Interkultureller Elternbildungswerk" verwendet.

Selbstdarstellung der ANF

In einer von der ANF publizierten Selbstdarstellung heißt es: „Die ANF ist ein Dachverband, welcher ein Zusammenschluss von gleichgesinnten Vereinen aus verschiedenen europäischen Ländern ist, die unseren gleichgesinnten türkischen Menschen Dienstleistungen anbietet. (...) Die ANF ist eine zivile Gesellschaftsorganisation, die ohne gegen die juristischen Gesetze der jeweiligen Länder zu verstoßen, die eigenen Traditionen und Werte sowie Glaubensgrundsätze zu beleben versucht und den kommenden Generationen die Möglichkeit einräumt, diesen festen Glauben und diese Kultur weiter fortzuführen.“[63]

Hier kommt zum Ausdruck, dass die ANF in ihren Zielvorstellungen ähnlich wie die ATIB eine Synthese zwischen türkisch-nationalistischen und islamistischen Elementen anstrebt und versucht, die „türkischen“ Migranten mit dieser Zielvorstellung intensiver zu konfrontieren.

Das Logo der ANF zeigt einen von grünen Blättern umgebenen Kreis; in die Rundung fügt sich der rote Halbmond mit Stern – die Embleme einer um 90 Grad gedrehten türkischen Fahne; genau in der Mitte liegt die geographische Karte des Großtürkischen Reiches. Gemäß dieser Darstellung versucht die ANF in ihrer Zielsetzung neben der islamischen Komponente den historischen und politischen Ursprung zu den turkistisch-nationalistischen Wurzeln herzustellen.

In einem verbandsinternen Bulletin der ANF heißt es dazu: „Die Föderation der Weltordnung in Europa ist eine Föderation, die ausgehend von der ruhmreichen Geschichte der Türken, das Gesetz des Türken erneut der Welt bekannt machen will, durch die Vereinigung der Kräfte der in West-Europa lebenden Türken nach Lösungswegen sucht und insbesondere als Wegweiser für die nationale und islamische Erziehung der in diesen Ländern lebenden Jugendlichen dienen will.“[64] Zweifelsohne tritt in dieser Aussage die Rückbesinnung zu den nationalistisch-islamistischen Wurzeln, aber auch ihre Vermittlung bzw. Übertragung an türkischsprachige Jugendliche der jüngeren Generation deutlich hervor. In diesem Sinne möchte die ANF ebenso den „türkischen“ Zuwanderern ihr Ideal von einem Islamismus und Türkismus sowie ihre in diesem Zusammenhang gesammelten Erfahrungen vermitteln.[65]

63 A.N.F (Hg.): a.a.O., Frankfurt/Main April 2003, S. 3 (Übers. durch Autor, K.B.).

64 Göç ve ANF [Migration und ANF]. In: Birliğe Doğru (Verbandszeitschrift der ANF), März 2003, S. 9 (Übers. durch Autor, K.B.).

65 Vgl. ebd.

Die ANF hat ihren zentralen Sitz in Frankfurt/Main und finanzierte ihre Aktivitäten durch Mitgliedsbeiträge und Spendengelder.

Ideologie und Aktivitäten der ANF

Wie ihre Mutterpartei in der Türkei (BBP) stützt sich die ANF in ihren ideologischen Grundaussagen auf einen radikalen türkisch-nationalistischen Diskurs über die Wurzeln des „Islam-Volkes".[66] Zu diesem nationalistischen Diskurs gehören vor allem auch Kernideologeme und Zielvorstellungen wie z.B. die Errichtung des großtürkischen Reiches, Verbreitung nationalistischer Ideale, starke Betonung der türkisch-islamischen Werte und Tugenden, Rettung der nationalistischen und islamistischen Kultur, Rassismus gegenüber Kurden und anderen ethnischen Minoritäten, antisemitische Einstellungen[67] und vor allem die Gewinnung der jüngeren Generation von „türkischen" Migrantenjugendlichen für die islamistischen und türkisch-nationalistischen Ideale.[68]

Der Schwerpunkt der ANF-Aktivitäten liegt in der religiösen, nationalistischen, geschichtlichen und kulturellen Schulung/Bildung von Kindern und Jugendlichen.[69] Daneben gibt es in den jeweiligen Mitgliedsvereinen auch Gebetsstätten, die im Rahmen des Freitagsgebetes auch

---

66 Vgl. Fikret Aslan/Kemal Bozay: a.a.O., Münster 1997, S. 96, vgl. auch Tanıl Bora: a.a.O., Istanbul 1995, S. 289ff.; vgl. ders.: Devlet, Ocak, Dergah. 12 Eylül'den 1990'lara Ülkücü Hareket [Staat, Heim, Kloster. Die idealistische Bewegung vom 12. September bis in die 1990er], Istanbul 1994, S. 281ff; insbesondere wird in Publikationen der ANF die „national-islamistische" Identität betont. In: A.N.F (Hg.): Avrupa Türklüğünün Meseleleri ve Türkiye'den Beklentileri [Die Probleme des Europäischen Türkentums und ihre Erwartungen aus der Türkei], Frankfurt/Main April 2003, S. 4.

67 Vgl. Gruppengespräch im Mitgliedsverein der ANF in Köln.

68 All diese Kernideologeme traten auch in den Ansprachen auf dem Einheitskongress (Birlik Kurultayi) der ANF am 20. April 2003 in Köln hervor (aus dem Erlebnisprotokoll).

69 Vgl. zur Ausbildung von Kindern und Jugendlichen Erlebnisprotokoll v. 24.4. 2003 im Köln Nizam-i Alem Ülkü Ocağı: „Sie erzählten uns, dass die Jugendlichen gerade im Nebenraum Unterricht erhielten. Daraufhin fragte ich sie, ob es sich hierbei um eine klassische Hausaufgabenhilfe handele. Ich erfuhr, dass es sich hierbei um eine vereins- und verbandsinterne Schulung für Jugendliche und Kinder handele. ‚Sie sollen vom Dreck der Strasse befreit und für ihre eigenen Traditionen, Werte und ihre türkisch-nationale Identität zurück gewonnen werden'. (...) Ein weiterer Herr, der auch als ‚Reis' (so ähnlich wie Rädelsführer) angesprochen wurde, erzählte uns, dass die Jugendlichen, die an der Ausbildung im Verein teilnehmen, ihren Haarschnitt ändern müssten. ‚Wenn wir uns als Enkel der Osmanen und des ruhmreichen Türkentums bezeichnen, dann müssen wir uns auch demgemäß orientieren.' Auch ein Haarschnitt gehöre eben dazu."

von Nicht-Mitgliedern genutzt werden können. Daneben verfügt der ANF über einen Kulturausschuss, Jugendverband, Bestattungshilfsfond und einen Organisationsdienst für Pilgerfahrten nach Mekka. Durch regelmäßige Veranstaltungen mit bekannten rechtspopulistischen Schriftstellern und Politikern wird gezielt Propaganda für rechte Positionen gemacht. Im Gegensatz zur ATIB bekennt sich die ANF in ihrer ideologischen und politischen Ausrichtung zur „Büyük Birlik Partisi" (BBP - Große Einheitspartei) und deren Führer Muhsin Yazıcıoğlu.[70] Starke ideologische Verwandtschaften und Kontakte gibt es zur ATIB. Wichtige Vertreter der ATIB besuchen Veranstaltungen der ANF und werden auf diesen Veranstaltungen auch persönlich begrüsst, so auch auf dem Einheitskongress bzw. auf der Jahreshauptversammlung der ANF am 20. April 2003 in Köln. Auf einer Veranstaltungsreihe der ATIB zum „40. Jahrestag der Migration" im Oktober 2001 in Darmstadt und Mülheim hat es auch Redebeiträge von Vertretern der ANF gegeben. Außerdem trat Musa Serdar Çelebi, Gründer und derzeitiger Ehrenvorsitzender der ATIB, vor einigen Jahren in seiner Funktion als Generalvorsitzender zurück und ist heute in der Funktion des stellvertretenden Generalvorsitzenden der BBP aktiv in der türkischen Politik.

In der letzten Zeit konzentriert sich die politische Propaganda der ANF auf eine „Rhetorik" der Einigung von türkisch-rechtsextremen Dachverbänden in Europa, um einerseits alle Kräfte zu bündeln und andererseits eine stärkere Präsenz der „idealistischen" Dachverbände zu verwirklichen. Für diese Zielsetzung trat auch die ANF-Jahreshauptversammlung (20.4.03 in Köln) als „Birlik Kurultayı" (Vereinigungskongress) ein. In seiner Eröffnungsrede bedauerte und beklagte Recep Yıldırım, Generalvorsitzender der ANF, das Bestehen von drei idealistischen Dachverbänden (gemeint ist ADÜTF, ATIB und ANF). Die Zeit – so Yildirim – sei jetzt reif für eine Vereinigung dieser Verbände unter einem Dach. Die ANF stehe für einen solchen Vereinigungsprozess offen: „Es reicht! Die Idealisten müssen sich vereinigen!".[71]

---

70 Muhsin Yazıcıoğlu war bis Anfang der 1990er einer der führenden Köpfe innerhalb der MHP. Er ist Anführer der Abspaltungsbewegung und hat 1992 die BBP gegründet. Yazıcıoğlu hat in der Jahreshauptversammlung der ANF am 20. April 2003 eine bejubelte Ansprache gehalten, in der die ideologischen Verwandschaften zwischen BBP und ANF zur Aussprache gebracht wurden (aus dem Erlebnisprotokoll vom 20.4.2003 in Köln).

71 Notizen aus der Eröffnungsrede von Recep Yıldırım auf dem Kongress der ANF in Köln; vgl. auch Beitrag von Recep Yildirim in: Birliğe Doğru (Verbandszeit-

Haltung zur Zuwanderungspolitik

In den Gründungsjahren spielte die Einwanderungspolitik für die ANF kaum eine Rolle. Die ANF hat jedoch in den letzten Jahren verstärkt ein Migrationsprofil entwickelt, das sich stark an den Interessen der „türkischen" Muslime in Europa – vor allem in Deutschland – orientiert. Die ANF kritisiert vor allem in diesem Zusammenhang die Diskriminierung und Fremdenfeindlichkeit in Deutschland, die die „Türken" und Menschen mit muslimischen Glauben stärker als andere Nationalitäten betreffe.[72] In den Verbandspublikationen der ANF wird die Migrationsfrage eng mit den Problemen der „türkischen" Einwanderung in Verbindung gebracht. Dabei wird an die „türkischen" Nationalisten und Muslime appelliert, ihre Rechte stärker wahrzunehmen.

Die ANF propagiert ein Konzept des „Europäischen Türkentums". Als ein zentrales Problemfeld wird die „Zukunft der Türkischen Sprache" genannt. Die ANF beklagt, dass gerade jüngere Generationen von „türkischen" Kindern und Jugendlichen kaum die Möglichkeit erhielten, ihre Sprache zu lernen: „Die türkische Sprache kann nur in armseliger Form ihre Existenz bewahren. In jeder neuen Generation wird der Wortschatz gemindert."[73] In diesem Sinne kritisiert die ANF auch die geplante Abschaffung des „Muttersprachlichen Unterrichts". Man hätte zwar Türkisch als Fremdsprache akzeptiert, dies wäre aber in den Gymnasien nicht so breit verankert. Außerdem seien die Studienmöglichkeiten für die Ausbildung von Türkisch-Lehrern in Deutschland auf einen Studiengang an der Universität Essen begrenzt, was jedoch dem realen Bedarf kaum entsprechen könne. Auch die türkischen Medien als Vermittler der türkischen Sprache seien mehrfach von der hiesigen Politik und den Medien kritisiert worden.[74]

In diesem Zusammenhang fordert die ANF, dass in Kooperation mit der Republik Türkei alle Möglichkeiten zur Bewahrung und Entwicklung der türkischen Sprache, die Durchführung staatlich finanzierter Türkisch-Kurse in Moscheen und Vereinen, die Erweiterung der Studiengänge zur Ausbildung von Türkisch-Lehrern, die Veröffentlichung von

---

schrift), April 2003, S. 15; vgl Beitrag „Neden ‚Birliğe Doğru?' (Warum zur Einheit), ebd., S. 4.

72 A.N.F (Hg.): Avrupa Türklüğünün Meseleleri ve Türkiye'den Beklentileri [Die Probleme des europäischen Türkentums und ihre Erwartungen aus der Türkei. Frankfurt/Main April 2003, S. 10.

73 Ebd., S. 12 (Übers. durch Autor, K.B.).

74 Vgl. ebd., S. 13.

Büchern und anderen Materialien zur Erlernung der türkischen Sprache gewährleistet werden.[75]

Unter Berufung auf das Grundgesetz (Art IV) fordern ANF und ATIB die Aufhebung aller Beschränkungen des islamischen Religionsunterrichts. Zur Erreichung der Integration sei neben all diesen Fragen aber die Akzeptanz der „Doppelstaatsangehörigkeit" von großer Relevanz. Denn die „künstliche Reduzierung der demografischen Statistiken! von in den europäischen Ländern lebenden Türken ist ein politischer Fehler. Wir müssen dem konsequent entgegentreten und auf schnellem Wege ein Gesetz fordern, was den Austritt aus der türkischen Staatsangehörigkeit unmöglich macht. Die Doppelstaatsangehörigkeit ist eine politische Barriere gegen die europäische Assimilationspolitik."[76]

Man darf annehmen, dass es dem rechtsextremen Dachverband ANF auch in der migrationspolitischen Auseinandersetzung zentral um die Sicherung und Entfaltung der nationalistischen und islamistischen Interessen geht. Denn die ANF versteht sich in der Funktion und Tradition, den neuen Generationen von „türkischen" Jugendlichen „die ruhmreiche Geschichte des türkischen Volkes" und das „Bewusstsein des Türkisch-Seins und der türkischen Identität" zu vermitteln. Auch die Tradierung islamischer Werte spielt hier eine zentrale Rolle.[77] Ihre Hauptaufgabe sieht die ANF also in der Vermittlung eines türkisch-islamischen Idealismus, der ein zentrales Kernelement des rechtsextremen Ideologems in der Türkei ist.

6.2 „Türkische" Rechtsextremisten und bundesdeutsche Behörden

6.2.1 Haltung der bundesrepublikanischen Behörden und Institutionen zu „türkischen" Rechtsextremisten

Die türkisch-rechtsextremen Organisationen und Dachverbände werden in der Bundesrepublik Deutschland sehr zwiespältig wahrgenommen. Während schon in den 1980ern demokratische Institutionen, Gewerkschaftsverbände und antirassistische Inititativen von einer Gefahr durch die Grauen Wölfe und die Türk Federasyon ausgingen und ebenfalls das Verbot dieser Organisationen auf bundesrepublikanischem Boden for-

75 Vgl. ebd., S. 14.
76 Ebd., S. 22.
77 Murat Cenik: a.a.O., S. 5 (Übersetzung durch Autor, K.B.).

derten, war die Haltung seitens der offiziellen Behörden geradezu verharmlosend.

Diese „Verharmlosungspolitik“ lässt sich anhand der jährlichen Verfassungsssschutzberichte veranschaulichen. Während noch in den Verfassungsschutzberichten der 1980er die Türk Federasyon als Dachverband unter der Spalte der „Extremen Nationalisten“[78] aufgeführt ist, findet man in den Berichten nach 1993 keine Angaben über die Aktivitäten dieser Organisation. Im Verfassungsschutzbericht 1999 erscheint jedoch eine kurze Bemerkung über die Zunahme der Aktivitäten der Türk Federasyon, die in Beziehung zum Wahlerfolg der MHP in der Türkei gesehen werden: „Die Anhänger der extrem-nationalistischen ‚Föderation der türkisch-demokratischen Idealistenvereine in Europa e.V.‘ (ADÜTDF), die als Sammelbecken der türkischen ‚Partei der Nationalistischen Bewegung‘ (MHP) fungiert, fühlen sich durch den Erfolg der MHP bei den Parlamentswahlen in der Türkei am 18. April in ihrer Position gestärkt.“[79]

Informationen über den Charakter und die Aktivitäten der ATIB und ANF sind aus den jeweiligen Bundesverfassungsschutzberichten nicht zu entnehmen. Eine veränderte Bewertung dieser Organisationen zeigt aber der Landesverfassungsbericht NRW von 1995: „Auf einer Vorstandssitzung der ADÜTDF am 11. März 1995 in Frankfurt/Main wurde die bisherige Linie, gegen die PKK keine Gewalt anzuwenden, bestätigt. Allerdings sollen angesichts der jüngsten Anschlagsserie ADÜTDF-Vereine von den Mitgliedern bewacht werden. Außerdem wurde beschlossen, die Gründung der Frauengruppen und den Ausbau von Jugendorganisationen zu forcieren.“ In dieser Aussage kommt eine verharmlosende Haltung zum Ausdruck.

Eine neue Sicht entwickelt sich jedoch auf der Politik-Ebene. Auf eine im Jahre 1995 gestellte parlamentarische Anfrage der PDS-Abgeordneten Ulla Jelpke über die rechtsextremen und fundamentalistischen türkischen Gruppen in der Bundesrepublik Deutschland und nach den Erkenntnissen des Verfassungsschutzes über die Grauen Wölfe in der BRD antwortete das Innenministerium, die „Türk Federasyon“ (ADÜTDF) bezwecke „bevorzugt in Form von Folklore- und Saalveranstaltungen (...) die Interessen der Türkischen Republik im Rahmen der Gesetze der Bundesrepublik Deutschland zur Geltung zu bringen.“ In dieser Antwort kommt

78 Bundesministerium des Inneren (Hrsg.): Verfassungsschutzbericht. Bonn 1998, S. 168.

79 Bundesministerium des Inneren (Hrsg.): Verfassungsschutzbericht. Bonn 1999, S. 154.

nicht nur eine verharmlosende Haltung zum Ausdruck, sondern auch eine Fehlbeurteilung der politischen Ideologie der „Türk Federasyon".

Auf dieser Linie liegt auch, dass die Ausländerbeauftragte des Landes Berlin-Brandenburg, Barbara John, und der Polizeihauptkommissar Lüder von Berlin-Kreuzberg im Oktober 1994 das Zentrum „Berlin Türk Ülkücüler Birliği" (Bund der Türkischen Idealisten in Berlin) besuchten und gegenüber der konservativ-nationalen Tageszeitung „Türkiye" erklärten: „Die Idealisten sind, wie angenommen wird, keine Gewalttäter. Im Gegenteil sie sind kultivierte Menschen, die die Gesetze achten. Wir hatten bisher keine Probleme mit den Idealisten. Die Idealisten sind unsere Freunde. Von Zeit zu Zeit werden wir die Türk Ülkücüler Birliği besuchen kommen."[80]

In dieser Aussage wird einerseits die „Türk Federasyon" gelobt, andererseits auch unter politischen Schutz genommen. In manchen Fällen führt diese Verharmlosung auch zu einem Informationsdefizit, wie am Beispiel des Bezirksbürgermeisters von Berlin-Kreuzberg, Franz Schulz (Bündnis '90/Die Grünen). Er hatte sich vorerst nichts dabei gedacht, eine Delegation der „Türk Federasyon" anlässlich einer Verbandskampagne unter dem Motto „Kampf den Drogen – Kampagne zum Schutz der Jugend" zu empfangen. Als jedoch in die Öffentlichkeit drang, dass es sich bei der „Türk Federasyon" um einen rechtsextrem-nationalistischen türkischen Dachverband handele, distanzierte sich Bezirksbürgermeister Schultz von dieser Organisation und bemerkte, dass er über die Hintergründe dieser Organisation nicht informiert wäre.[81] Ein ähnlicher Fall ereignete sich in Mannheim. Im Rahmen des Baus der größten Moschee in der Bundesrepublik Deutschland überließ die Mannheimer Kommune dem Anführer der Grauen Wölfe die Funktion, diese Moschee zu leiten. Die Tatsache, dass diese Person zu den führenden Namen innerhalb der Grauen Wölfe in Mannheim gehört, war weder der Kommune noch den städtischen Einrichtungen bekannt.[82] Auch dieses Beispiel wurde mit einem Informationsdefizit beantwortet. Nicht zuletzt meldete auch die Tageszeitung „Milliyet" vom 1. Dezember 2003, dass der Innenminister Bayerns, Günter Beckstein (CSU), in Nürnberg anlässlich des traditionellen Ramazanfestes den Verein der Grauen Wölfe besucht und dort

80 Zitiert nach der Tageszeitung Türkiye v. 14.10.1994 (Übers. durch Autor, K.B.).

81 Eberhard Vogt: In der Grauzone – Wie der grüne Kreuzberger Bürgermeister versucht zu rechtfertigen, dass er die Grauen Wölfe empfing. In: Focus, 6. Okt. 1997.

82 Vgl. Artikel „Mit den Wölfen heulen". In: *Spiegel*, 17/1998 (20.04.1998), S. 58f.

eine Ansprache gehalten habe. Auf einem Foto ist Beckstein neben einem Bild des MHP-Führers Alparslan Türkeş zu erkennen.

Die ideologische und politische Verwandtschaft zwischen deutschen und türkischen Rechtsextremisten ist auch aus vorliegenden Quellen zu entnehmen. Im Jahre 1970 schreibt der damalige Vorsitzende der rechtsextremen NPD (Nationaldemokratische Partei Deutschlands) in einem Brief an Türkeş: „Die Gemeinsamkeiten unserer Parteien hinsichtlich der Ziele haben mich besonders gefreut. Wir haben gemeinsame ideologische Ziele. (…) Wir (meine Partei) haben den Vorschlag des gegenseitigen Besuchs von Jugendgruppen einstimmig akzeptiert."[83] 1978 kam es zu einem Treffen von Türkeş mit dem damaligen bayrischen Ministerpräsidenten Franz Josef Strauß, in der auch die politische Verwandtschaft beider Parteien zum Ausdruck kommt. Anschließend traf sich Türkeş mit deutschen Unternehmern. Gerold Tandler (CSU) beurteilte damals die MHP so: „Die MHP und die Türk-Föderation setzen sich für die Interessen der Türkischen Republik und Nation im Rahmen der Gesetze der Bundesrepublik Deutschland ein."[84] In einem Bericht der Zeitschrift „*2000e Dogru*" erklärte der frühere Vorsitzende der „Türk-Föderation", dass der BND bei der Entstehung der Organisation mitgewirkt habe.[85]

In einem Interview in der rechtsextremen Zeitschrift „Altonaer Echo" vom März 1978 schildert Michael Kühnen, Gründer der rechtsextremen Organisation ANS (Aktionsgemeinschaft Nationaler Sozialisten): „Wir haben sowohl im Inland als auch im Ausland gute Beziehungen. Wir kennen die Grauen Wölfe und wir haben Respekt vor ihnen. Wir hegen für ihre Ziele Sympathie. (…)"[86] In einem etwas aktuelleren Aufkleber des Kampfbundes Deutscher Sozialisten (in deutscher und türkischer Sprache) kommt diese ideologische Verbindung in einer anderen „Qualität" zum Ausdruck: „Über Hundert Jahre Deutsch-Türkische Freundschaft; Deutscher sei stolz, Deutscher zu sein!; Türke sei stolz, Türke zu sein!" – Gemeinsam gegen Rassenmischung und Multikultur!"[87]

---

83 Zitiert nach *Gerçek* (Wochenzeitschrif), 4/1994
84 Zitiert nach Kemal Bozay: Die türkische Rechte im Aufwind – Geschichte und Aktualität. In: Der Rechte Rand, März/April 2002, S. 15-17.
85 Wochenzeitschrift *2000'e Doğru*, vom 6. Dezember 1992
86 Zitiert nach *Gerçek* (Wochenzeitschrift), 4/1994
87 Aufkleber aus Verfassungsschutzbericht des Landes NRW v. Jahr 2002, S. 94.

6.2.2 Einfluss der „türkischen" Rechtsextremisten und Nationalisten unter den Jugendlichen mit Migrationshintergrund

Ein großer Teil der „türkischen" Jugendlichen gerät bei der Begegnung mit der westlichen Kultur und Lebensorientierung häufig in Interessen- und Gewissenskonflikte. Aus diesem Grund bilden Zuwandererjugendliche Gruppen, treten selten allein auf; das irritiert wiederum die Angehörigen der Mehrheitsgesellschaft. Zweifelsohne ist diese Reaktion auch als eine Antwort auf die in der Gesellschaft erlebten Ausgrenzungserfahrungen zu bewerten. In einem Interview erzählte ein „türkischer" Jugendlicher: „Egal ob man einen deutschen Pass hat oder nicht, man ist und bleibt halt ein Ausländer. Auch wenn wir uns für die Integration viel anstrengen, wir haben dennoch schwarze Haare, sind also Ausländer." In dieser Aussage spiegelt sich einerseits die Haltung des Dabeiseins und andererseits des Nicht-Dazu-Gehörens wider.

Die wachsende Fremdenfeindlichkeit in ihren dramatischen, teils auch in sehr subtilen Formen führt vor allem unter türkischsprachigen Jugendlichen zu Deprimiertheit und zu Trotzreaktionen oder drängt sie in eine Ghettosierung. Ungenügende und schlechte Bildungschancen, geringer Zugang zu Arbeits- und Ausbildungsplätzen und miserable berufliche Perspektiven führen solche Jugendlichen zu denen, die ihnen Anerkennung und Selbstwertgefühl vermitteln: zu den „türkischen" Rechtsextremisten, Nationalisten und islamischen Fundamentalisten. In diesem Zusammenhang ist der vehemente Nationalismus „türkischer" Jugendlicher hier auch als Reaktion auf die täglich erlebte Diskriminierung und Ausgrenzung des Aufnahmelandes, auf den Rassismus und die Mordanschläge, die ihnen eine gesicherte Lebensperspektive hier verschließt, zu sehen.

Gerade rechtsextrem-nationalistisch orientierte „türkische" Organisationen sehen es als ihre wesentliche Aufgabe, der sog. verlorenen Generation von Migrantenjugendlichen ein Selbstwertgefühl zu vermitteln, also eine andere „Umwelt" bzw. nationale Persönlichkeit. Vermittelt werden hierbei die Werte und Kernideologeme Türkentum und Islam. In diesen Gruppierungen wird den „türkischen" Jugendlichen das Gefühl des Dazugehörens zu einer Gemeinschaft gegeben. Sie gewinnen Stärke und erhalten so das Gefühl, ihr Schicksal selbst in die Hand zu nehmen. Außerdem verbringt man die gesamte Freizeit in diesen Jugendgruppen, genießt hier besonders Gruppensolidarität und persönliche Wertschätzung. Die lokalen und regionalen Jugendorganisationen der rechtsextremen Dachverbände bieten dabei dem Einzelnen eine neue Gruppenidentität.

Rechtsextreme und nationalistische Dachverbände finden bei „türkischen" Jugendlichen großen Anklang, weil sie neben der Gruppenidentität auch eine Orientierungshilfe anbieten. Wilhelm Heitmeyer schreibt über die deutschen Rechtsextremisten, was genauso für die türkischen Rechtsextremisten und Nationalisten gilt: „Ein Teil der Jugendlichen versucht, den Umgang mit diesen übersichtlichen Situationen zu regeln, indem nach Gewißheiten gesucht wird, um Verhaltenssicherheit zu erlangen. Zu diesen Gewißheiten gehört auch der Bezug auf eindeutige Normanweisungen; gehört die Totalidentifikation mit Stärke verheißenden Symbolen und Ritualen; die Einordnung in ‚natürliche' Hierarchien; die Zugehörigkeit zu mächtigen Institutionen, in deren Schutz dann Stärke und Selbstbewußtsein entwickelt werden soll."[88]

Erste Massenauftritte nach 1990 hatten die rechtsextrem und extrem nationalistisch orientierten „türkischen" Vereinigungen während der Protestaktionen gegen die Brandanschläge von Mölln und Solingen. Gerade an diesen Beispielen hat das Gefühl, das Schicksal selbst in die Hand zu nehmen, eine neue Qualität erreicht. Nach den Vorfällen in Mölln und Solingen bildeten sich verstärkter auch Banden und Cliquen, die das „Türkisch-Sein" als Etikett trugen und Gewalttendenzen aufwiesen. Diese stolze und trotzige Haltung hat sich äußerlich auch an den sichtbar getragenen Symbolen (Sticker, Halsketten u.a.) für die Herkunfts-Nationalität und politische Orientierung wie beispielsweise Abzeichen der türkischen Fahne, Abzeichen der Grauen Wölfe und der MHP u.ä.

Mit ihrer reichhaltigen und vielseitigen Unterhaltungsangeboten stoßen die „türkischen" Rechtsextremisten auf beachtliche Resonanz. Sie führen Wochendveranstaltungen, Bildungsseminare und mehrwöchige Sommerlager durch. In Konkurrenz zu den klassischen Fußball- und Sportvereinen bieten diese Verbände eigenständige Sport-Kurse an, wie z.B. Fußball, Volleyball, Basketball, Schwimmen, asiatische Kampfsportarten (Karate, Kung-Fu, Kickboxen u.a.). Sowohl die „Türk Federasyon" als auch die ATIB führen regelmäßig Fußballturniere durch und haben mit ihren Mannschaften auch einen guten Rang in der Kreis- und Bezirksliga. Es werden auch Computer-Kurse, Koran-Kurse, „türkische" Volkstänze, Kurse zum Spielen des traditionellen Saiteninstruments Saz und ebenso Studien- und Kulturreisen in die Türkei, in die Turkrepubliken u.ä. angeboten. Daneben gibt es auch Angebote wie Hausaufgaben-

88 Wilhelm Heitmeyer: Jugend auf dem Weg nach Rechts? In: Gewerkschaftliche Monatshefte, 9/1989, S. 546-560.

hilfe, Nachhilfeunterricht, Sprachunterricht in türkischer und deutscher Sprache. Weiterhin werden auch Seminare und Veranstaltungen zu politischen Themen, die meist Türkei-zentriert sind, angeboten, hierzu gehören auch Bildungsveranstaltungen über die Geschichte dieser rechtsextremen Organisationen. So werden insgesamt für türkischsprachige Jugendliche sportliche, kulturelle, politische und soziale Attraktionen angeboten, die die Identifikation der Jugendlichen mit den Organisationen erhöhen und folglich eine gute Voraussetzung für die Ausbreitung ihrer ideologischen Ziele gewähren.

Die türkisch-nationalistischen und rechtsextremen Organisationen haben sich insbesondere auch durch die Angebote zu einer wichtigen Anlaufstelle bzw. Interessenvertretung für einen wichtigen Teil der Migrantenjugendlichen türkischsprachiger Herkunft entwickelt. In den letzten Jahren ist deutlicher zu beobachten, wie sich junge „Türken" reethnisieren und re-nationalisieren und sich dabei ethnisch-nationalistischen Organisationen zuwenden.

Je stärker die eigene Diskriminierung erfahren wird und je eindringlicher die traditionellen Erziehungs- und Wertvorstellungen in den türkischen Familien an nachfolgende Generationen vermittelt und übertragen werden, um so stärker entwickelt sich die ethnisch rechtsextreme Überlegenheit und die nationlistisch begründete Gewaltbereitschaft. Die Gefahr, dass sich „türkische" Migrantenjugendliche immer mehr aus der deutschen Gesellschaft zurückziehen und sich in ihren „eigenen" Gemeinschaften ist latent vorhanden. So ist nach Angaben von Wilhelm Heitmeyer für 67,2% der befragten „türkischen" Jugendlichen eine starke türkische Nation wichtiger als die Demokratie.[89]

Wenn türkischsprachige Migrantenjugendliche sich verstärkt zu ethnisch-nationalistischen Organisationen hingezogen fühlen, so provoziert dies die Frage, wie weit sie dem sozialen und politischen System der Bundesrepublik den Rücken gekehrt haben. In diesem Sinne wird die Attraktivität von türkisch-rechtsextremen Organisationen auch durch die soziale Ausgrenzung und vor allem einer breiter werdenden sozialen Verunsicherung, die weit über die real erfahrene Arbeitslosigkeit hinausgeht, produziert. Für diese Realität sind nicht die Migrantenjugendlichen verantwortlich, sondern sie setzen sich nur auf ihre Weise mit den vorgefundenen Verhältnissen auseinander.

89 Wilhelm Heitmeyer/Joachim Müller/Helmut Schröder: Verlockender Fundamentalismus. Türkische Jugendliche in Deutschland, Frankfurt/Main 1997, S. 249.

Bei der Ausprägung ethnisch-nationalistischer Orientierungsmuster und türkisch-rechtsextremer Identifikationsmerkmale spielen natürlich auch politische Faktoren aus dem Herkunftsland eine wichtige Rolle. Nationalistische Tendenzen und rechtsextreme Organisationen in der Türkei haben in den letzten Jahren einen verstärkten Zuwachs gewonnen. Türkischnationale Lobbyorganisationen in Detuschland haben durch diesen Auftrieb aus dem sog. Heimatland eine neue politische Rolle erhalten. Sie sollten die Ideologie der „türkischen Existenz" in Europa – vor allem in Deutschland – bündeln und in eine politische Mobilisierungsbewegung umwandeln, die sich für die politischen und kulturellen Interessen der Türkei stark macht. Bei der Entwicklung solcher Tendenzen darf der Einfluss der türkischen Medien nicht vergessen werden. Auch „türkische" Medien haben in der letzten Zeit den Nationalismus stärker unter den türkischsprachigen Migrantenjugendlichen geschürt. Rechtsextremistische Dachverbände wie ADÜTDF, ATIB und ANF haben ohne weiteres auch von diesem Prozess profitiert.

Es geht also in der Zukunft vor allem auch um die Frage, wie man in der Bundesrepublik mit den ethnisch-nationalistischen und rechtsextrem orientierten Organisationen umgeht. Die Realität hat gezeigt, dass die Bundesrepublik lange Zeit keine kritische Auseinandersetzung mit diesen ethnisch-nationalistischen und rechtsextremistischen Strömungen geführt hat. Die gleiche Gefahr besteht auch, wenn die Politik und Öffentlichkeit der Mehrheitsgesellschaft den Bedürfnissen der Migrantenjugendlichen keine Beachtung schenkt. Zuletzt sollte nochmals daran erinnert werden, dass es sich hierbei keineswegs um ein Randgruppenphänomen handelt. Vielmehr konzentrieren sich diese Bewegungen im Zentrum der gesellschaftlichen Auseinandersetzungen.

7. Forschungsstand zu Migrantenjugendlichen im Rahmen der Jugendforschung

7.1 Jugend- und Migrationsforschung

7.1.1 Jugendforschung im gesamtgesellschaftlichen Kontext

Zweifelsohne gehen nahezu alle sozial- und erziehungswissenschaftlichen Ansätze in der Jugendforschung von der gemeinsamen Prämisse aus, dass „Jugend" eine besondere Lebensphase darstellt.[1] In diesem Sinne wird sich vermutlich kein Ansatz finden, der angibt, „Jugend" nur deshalb zu thematisieren, um die Altersgruppe der 15- bis 25-Jährigen zu berücksichtigen, so wie auch zur Gruppe der 25- bis 35-Jährigen keine besonderen wissenschaftlichen Anstrengungen existieren.

Zudem kommt hinzu, dass Jugendtheorien zugleich Gesellschaftstheorien sind bzw. „gesellschaftliche Theorien über die individuelle Entwicklung einer normalen Biographie"[2], das bedeutet wiederum, dass alle jugendtheoretischen Ansätze gesellschaftstheoretische Prämissen haben, ohne dass diese jeweils ausgewiesen werden.

„Jede Jugend zeigt der Gesellschaft das Bild ihrer eigenen Zukunft."[3] Dieser so schön formulierte Duktus von Oskar Negt offenbart den öffentlichen, politischen und wissenschaftlichen Umgang mit dem Themenkomplex „Jugend". Im politisch-administrativen System wird der Begriff „Jugend" offenkundig seit längerem nicht mehr als „produktiver Faktor" wahrgenommen, sondern als Problem bloßgestellt. Dagegen besitzt in der Wissenschaft die „Jugend" nur als Erhebungsgegenstand einen besonderen Stellenwert.[4]

Die Untersuchung jugendlicher Subkulturen ist immer auch „Ethnologie im eigenen Land, Erforschung des Unberechenbaren und oft Un-

---

1 Vgl. Klaus Hurrelmann: Lebensphase Jugend. Eine Einführung in die sozialwissenschaftliche Jugendforschung, München 1994; vgl. auch Walter Hornstein: Jugendforschung und Jugendpolitik. Entwicklungen und Strukturen in der zweiten Hälfte des 20. Jahrhunderts, München 1999.

2 Heinz Abels: Jugend vor der Moderne. Soziologische und psychologische Theorien des 20. Jahrhunderts, Opladen 1993, S. 13.

3 Oskar Negt: Die verlorenen Söhne kehren nicht mehr zurück. In: Psychologie heute, Jg. 7, Heft 2, 1980, S. 34.

4 Wilhelm Heitmeyer u.a.: Gewalt. Schattenseiten der Individualisierung bei Jugendlichen aus unterschiedlichen Milieus, Weinheim/München 1996, S. 425.

verständlichen, Reaktion auf bisher unbekannte Phänomene und Provokationen – mit dem Ziel: Nachvollziehen, Verstehen, Beeinflussen, Kontrollieren, Integrieren, Kolonialisieren."[5] Kritisch wird dieser Aspekt auch von Klaus Farin beleuchtet: „Zwar wird ‚der Jugend' zumeist ein gewisser temporärer Extremismus zugestanden, doch der dominierende pädagogische Impetus der deutschen Jugendforschung, auch der soziologischen, führt dazu, daß Jugendkulturen nicht zunächst wertneutral und neugierig-offen erforscht werden, sondern die Einschätzung und Bewertung der untersuchten Kulturen von Anfang an eine zentrale Bedeutung gewinnt: Das Ziel bleibt die Integration in die Normenwelt und Umgangsformen der zumeist kulturell und vollkommen anders sozialisierten Forschergeneration."[6]

Im Gegensatz dazu argumentiert der Soziologe Griese: „Jugend ist im Grunde genommen kein genuin pädagogisches Thema – es wird dazu gemacht, vor allem in Deutschland. Immer wenn Politik und Gesellschaft versagen, erfolgt der Ruf nach (mehr) Pädagogik und Erziehung, die an Jugendlichen richten soll, was Erwachsene gerade verpfuschten. Damit kann a) Pädagogik sich immer wieder neu legitimieren, b) Politik ihre Probleme geschickt delegieren und c) Familie und Schule bekommen den ‚Schwarzen Peter' zugeschoben."[7]

Gerade in diesem Zusammenhang scheint es noch wichtiger zu sein, dass Jugendphänomen als ein gesamtgesellschaftliches Phänomen zu betrachten, welches durch alle Disziplinen greift und keineswegs ein Randgruppenphänomen darstellt. Auch Forschungen zum Komplex „Migrantenjugendliche" gehören zu einem zentralen Untersuchungsfeld der gesamtgesellschaftlichen Jugendforschung. Daher ist für diese vorliegende wissenschaftliche Arbeit die kritische Reflexion des Begriffes „Jugend" im Zusammenhang mit dem Forschungsrahmen zu „Migrantenjugendlichen" von besonderer Bedeutung.

7.1.2 Jugendliche der zweiten und dritten Generation als Forschungsgegenstand

Zweifelsohne sind die Kinder von Zuwandererfamilien von den sozialen und politischen Entwicklungen in der Bundesrepublik Deutschland be-

---

5 Hartmut M. Griese: Jugend(sub)kultur(en) und Gewalt. Analysen, Materialien, Kritik. Soziologische und pädagogikkritische Beiträge, Münster 2000, S. 28.

6 Klaus Farin: a.a.O., München 2001, S. 15.

7 Hartmut M. Griese: Sozialwissenschaftliche Jugendtheorien, a.a.O., Weinheim 1977, S. 60.

sonders betroffen. In vielen Untersuchungen und Forschungsbeiträgen werden sie häufig auch als „Migrantenjugendliche der zweiten oder dritten Generation“ bezeichnet.[8] Die Subsumierung unter diesen Generationsbegriff ist meist umstritten und bedarf einer Erläuterung.

Unter der „zweiten und dritten Generation von Migrantenjugendlichen werden in der allgemeinen Migrationsforschung die Kinder von Zuwanderern verstanden, die nach den 1960er-Jahren als Arbeitsmigranten in die Bundesrepublik Deutschland angeworben wurden. Diese Migrantenjugendlichen bilden hinsichtlich ihres Einreisealters in die Bundesrepublik Deutschland, ihrer Aufenthaltsdauer, ihres Geburtslandes (Deutschland oder Türkei), ihrer beruflichen oder schulischen Ausbildung und der Wahrnehmung von sozialer bzw. kultureller Zugehörigkeit eine heterogene Gruppe.[9] Dabei ist zu beachten, dass dieser Begriff auch die „Nachfolgegenerationen der Erstzugewanderten“[10] umfasst.

In diesem Zusammenhang ist nochmals darauf hinzuweisen, dass türkischsprachige Jugendliche nach wie vor die größte Gruppe der Migrantenjugendlichen in der Bundesrepublik Deutschland ausmachen und im öffentlichen Diskurs als überaus „problematisch“ etikettiert werden. Obwohl ein großer Teil der in Deutschland lebenden türkischsprachigen Migrantenjugendlichen in Deutschland geboren und aufgewachsen ist, wird diese soziale Gruppe nach wie vor als „Ausländer“ stigmatisiert und mit einer attribuierten Andersartigkeit konfrontiert. Diese Ausgrenzungslogik zieht sich durch alle gesellschaftlichen Instanzen und Lebensbereiche. Vor allem in der Schule, im Berufsleben, in der Freizeit und im Wohnbereich werden Migrantenjugendliche häufig mit diesen Alltagsformen der Stigmatisierung und Ausgrenzung konfrontiert. Ursula Apitzsch folgert daraus: „In der Zweitgenerationsforschung der Bundesrepublik wird hingegen in der Regel von einer strukturellen Benachteiligung der ‚Zweiten Generation‘ ausgegangen und es wird auf eine erhöhte Anomie als Folge dieser Unterprivilegierung hingewiesen.“[11]

---

8 Vgl. zum Begriff der „Zweiten Generation“ bei Ursula Apitsch: Zur Dialektik der Familienbeziehungen und zu Gender-Differenzen innerhalb der Zweiten Generation. In: Psychosozial, Nr. 93, Heft III / 2003, S. 67f.

9 Vgl. Ülger Polat: Zwischen Integration und Desintegration. Positionen türkischstämmiger Jugendlicher in Deutschland. In: Iman Attia/Helga Marburger (Hg.): Alltag und Lebenswelten von Migrantenjugendlichen, Frankfurt/Main 2000, S. 11.

10 Cornelia Schmalz-Jacobsen/Georg Hansen (Hg.): Kleines Lexikon der ethnischen Minderheiten in Deutschland, Bonn 1997, S. 204.

11 Ursula Apitzsch: Zur Dialektik der Familienbeziehungen und zu Gender-Differenzen innerhalb der Zweiten Generation. In: Psychosozial, Heft III, Nr. 93,

Hinzu kommt, dass längere Jahre hindurch wissenschaftliche Studien und Forschungsbeiträge zur Situation von Jugendlichen in Deutschland sich ausschließlich den Aspekten der Lebensführung und -bewältigung von „deutschen" Jugendlichen gewidmet haben. Diese Forschungsarbeiten und empirischen Studien haben eine Vielzahl von Merkmalen wie z.B. Alter, Geschlecht, Bildungsgrad, Einkommensverhältnisse u.ä. untersucht, doch Migrantenjugendliche wurde bewusst oder unbewusst von diesen Untersuchungen ausgeblendet.[12] So kann davon ausgegangen werden, dass in der Jugendforschung längere Zeit die Kategorie einer unterschiedlichen ethnischen Zugehörigkeit als Facette von Jugendlichen in Deutschland kaum Berücksichtigung fand.

Angesichts der Ausblendung von Migrantenjugendlichen im Kontext allgemeiner Jugenduntersuchungen und der additiven Bearbeitung dieses Themenkomplexes geht diese Studie davon aus, dass in der hiesigen Gesellschaft auch Migrantenjugendliche mehr oder weniger von der „Dehnung der Jugendphase" betroffen sind. Meistens orientiert sich die Forschung und Wissenschaft an Jugendlichen „deutscher" Herkunft als dem „Normalfall" von Jugend in Deutschland, obwohl der Anteil von Migrantenjugendlichen an den entsprechenden Jahrgängen bei rund 15% liegt.[13] So werden Migrantenjugendliche in der fachwissenschaftlichen Literatur immer wieder als „Sonderfälle" und „Problemfälle" behandelt und thematisiert.[14]

Im Gegensatz dazu versucht diese Studie, Orientierungsmuster und Identifikationsmerkmale von türkischsprachigen Migrantenjugendlichen jenseits von sog. Konflikten und Defizitzuschreibungen zu analysieren. Ferner sollen ethnisch-nationalistische Orientierungen, Lebensbilder, Ausgrenzungserfahrungen thematisiert werden. Vor allem aber kommen im Focus der eingesetzten Forschungsmethodik (Gruppen- und Biographiegespräche) türkischsprachige Migrantenjugendliche möglichst authentisch zu Wort.

2003, S. 69.

12 Die Shell-Jugendstudie entdeckte erst im Jahre 2000, dass auch Migrantenjugendliche im Rahmen der Jugendforschung eine zentrale Bedeutung haben (vgl. Deutsche Shell (Hg.): Jugend 2000. Band 1 u. 2, Opladen 2000).

13 Vgl. Iman Attia/ Helga Marburger (Hg.): Alltag und Lebenswelten von Migrantenjugendlichen, Frankfurt/Main 2000, S. 1 (Einleitung).

14 Kemal Bozay: „Bleib Türke, werde Deutscher!" – Als Junge in der Parallelgesellschaft. In: Praxis der Jungenarbeit 3 (Dokumentation einer Veranstaltung des Landesjugendamtes Rheinland vom 18. 4.2002 in Köln), Köln Juni 2003, S. 37.

7.2 Empirisch-qualitative Forschungen zu Migrantenjugendlichen

7.2.1 Arbeiten über Migrantenjugendliche

Aus kritischem Blickwinkel betrachtet, ist das Jugendalter bzw. die Adoleszenz in der Migration – trotz ihrer in den letzten Jahren stärker zunehmenden Bedeutung – kaum in wissenschaftlichen Analysen und Diskursen reflektiert und bearbeitet worden. Die systematische Verbindung von Jugendforschung und Migrationssoziologie ist – wie auch schon Georg Auernheimer[15] festgestellt hat – noch nicht hergestellt.

Wenn man sich mit dem Thema „Migrantenjugendliche" auseinandersetzt, so erkennt man, dass insbesondere in den letzten Jahren eine geradezu unübersichtliche Bandbreite von Publikationen zu Migrantenjugendlichen, insbesondere zu jungen Migranten türkischsprachiger Herkunft erschienen ist. Doch die Erfahrung zeigt, dass vorliegende Forschungsarbeiten und Studien zur Sozialisation sowie politischen Einstellungen von türkischsprachigen Migrantenjugendlichen häufig nicht in den Erfahrungen der Jugendlichen bzw. der Betroffenen selbst begründet sind, sondern aus der Perspektive derer, die über diese Personengruppe forschen und publizieren.[16] Gerade in diesem Zusammenhang werden hier die Fremdheit und die Unterschiedlichkeit der sozialen Welten zwischen Migrantenjugendlichen und Forschern ignoriert.[17]

Vor allem in der sozialwissenschaftlichen Forschung haben in den letzten Jahren die kritischen Auseinandersetzungen und das Verstehen des „Fremden" im gesellschaftspolitischen Zusammenhang an Bedeutung gewonnen. Für diesen Forschungsbeitrag bildet in diesem Sinne die Rekonstruktion von Lebensbiographien, „Identitäten" und politischen Einstellungsprofilen von türkischsprachigen Migrantenjugendlichen den methodologischen Kern der qualitativen Sozialforschung.[18]

---

15 Vgl. Georg Auernheimer: Jugendliche türkischer Herkunft in der Bundesrepublik Deutschland – Ethnizität, Marginalität und innerethnische Beziehungen. In: Büchner, Peter/Krüger, Heinz-Hermann/Chisholm, Lynne (Hg.): Kindheit und Jugend im interkulturellen Vergleich, Opladen 1990, S. 229-243.

16 Dies ist exemplarisch auch in der von Wilhelm Heitmeyer u.a. herausgegebenen Studie „Verlockender Fundamentalismus" herauszunehmen.

17 Vgl. Arnd-Michael Nohl: Jugend in der Migration – Türkische Banden, Cliquen in empirischer Analyse, Baltmansweiler 1996, S. 1.

18 Vgl. Ralf Bohnsack: Rekonstruktive Sozialforschung – Einführung in Methodologie und Praxis qualitativer Forschung, Opladen 1991, S. 19; vgl. vor allem auch ders.: Generation Milieu und Geschlecht, Opladen 1989.

Die Erfahrung, dass sowohl die Gruppengespräche als auch die narrativ-biographischen Interviews von einem Forscher aus dem gleichen Kulturkreis geführt wurden, hatte für die Realisierung dieses Forschungsbeitrages mehrere Vorteile. Vor allem entstanden im Rahmen der narrativbiographischen Interviews und Gruppengespräche keine sprachlichen und kulturellen Barrieren. Ebenso konnte dem Wunsch der türkischsprachigen Jugendlichen, die Gruppendiskussionen und narrativ-biographischen Interviews in türkischer Sprache zu führen, entsprochen werden.

Deshalb hat sich diese Studie ebenso das Ziel gesetzt, neben der wissenschaftstheoretischen Auseinandersetzung mit dem Themenkomplex dort anzusetzen, wo die türkischsprachigen Migrantenjugendlichen diese Lebenslage überwiegend verbringen: in der peer group und in dem Milieu (in diesem Fall auch in den jeweiligen Organisationsstrukturen und Treffpunkten von Jugendlichen). Ralf Bohnsack konstatiert, „daß die Altersphase der Jugend als Übergangsphase durch Gruppen gleichaltriger, durch ‚peer groups' strukturiert oder auch ‚sekundär' institutionalisiert wird."[19]

Die Relevanz der peer group und des Milieus für die türkischsprachigen Migranten – insgesamt auch für Migrantenjugendliche aller Nationalitäten – hat seit den 1980ern auch im bundesdeutschen Migrationsdiskurs einen wichtigen Platz eingenommen.[20] Trotzdem sind die wissen-

19 Ralf Bohnsack: Auf der Suche nach habitueller Übereinstimmung – Peer groups: Cliquen, Hooligans und Rockgruppen als Gegenstand rekonstruktiver Sozialforschung. In: Heinz-Hermann Krüger/Winfried Marotzki (Hg.): Erziehungswissenschaftliche Biographieforschung, Opladen 1995, S. 258.

20 Vgl. vor allem die Untersuchungen und Forschungsbeiträge von Czarina Wilpert: Die Zukunft der Zweiten Generation – Erwartungen und Verhaltensmöglichkeiten ausländischer Kinder, Königsten/Ts. 1980; Ünal Akpinar/Andrés López-Blasco/Jan Vink: Pädagogische Arbeit mit ausländischen Kindern und Jugendlichen – Bestandsaufnahme und Praxishilfen, München 1980; Hartmut M. Gries: Jugendliche Gastarbeiterkinder – Situation und Problematik. In: Zeitschrift für Pädagogik, Heft3/1981, S. 441-456; Gert Stüwe: Türkische Jugendliche – Eine Untersuchung in Berlin-Kreuzberg, Bensheim 1982; Ursula Mehrländer: Türkische Jugendliche – keine beruflichen Chancen in Deutschland, Bonn 1983; Lajios, Konstantin/ Kiotsoukis, Simeon: Ausländische Jugendliche – Probleme der Pubertät und der bikulturellen Erziehung, Opladen 1984; Hasan Dewran: Belastungen und Bewältigungsstrategien bei Jugendlichen aus der Türkei – Eine theoretische und empirische Studie, Müchen 1989; Metin Gür: Warum sind sie kriminell geworden? - Türkische Jugendliche in deutschen Gefängnissen, Essen 1990; Hermann Tertilt: Turkish Power Boys – Ethnographie einer türkischen Jugendbande, Frankfurt/Main 1995; Iman Attia/Helga Marburger (Hrsg.): Alltag und Lebenswelten von Migrantenjugendlichen, Frankfurt/Main

schaftlichen Studien der migrationsspezifischen Gruppengesprächsanalyse und Biographieforschung „überraschend unterentwickelt".[21] Auch Georg Auernheimer stellte schon fest, dass es bisher nur wenige ethnographische Arbeiten über Migrantenjugendliche gebe.[22]

In dem bundesrepublikanischen Migrationsdiskurs wird somit auch die Auseinandersetzung um die Frage der Migration immer wieder als ein Problem der Migranten gesehen. Es darf im Migrationsdiskurs keineswegs außer Acht gelassen werden, dass die Migrationsfrage nicht allein das Problem der Migranten selber ist, sondern im gesamtgesellschaftlichen Kontext aufgefasst werden muss. Aus diesem Grund sollte die Migrationsforschung – vor allem die Forschung zu Migrantenjugendlichen – immer die gesamte Migrationsgesellschaft, die Zuwanderer sowie Eingesessenen gleichermaßen im Blickfeld des gesamten Themenrahmens betrachten.

In diesem Sinne versucht diese Untersuchung die Einstellungs-, Sozialisations- und Identifikationsprofile von rechtsextrem-natonalistisch eingestellten Migrantenjugendlichen türkischsprachiger Herkunft zu rekonstruieren. Vor allem geht es zentral auch darum, die Gründe und Faktoren für einen ethnisch konzentrierten Nationalismus und Rechtsextremismus unter türkischsprachigen Jugendlichen in der Migration empirisch sowie wissenschaftlich herauszukristallisieren.

Die Auswahl der Gruppengespräche mit Migrantenjugendlichen türkischsprachiger Herkunft erfolgte in den zwei wichtigen Zentren der türkisch-rechtsextremen Organisationen, die in der Bundesrepublik Deutschland institutionell aktiv sind.[23] An diesen Gruppengesprächen haben vor allem türkischsprachige Jugendliche teilgenommen, die in den Jugendorganisationen dieser ethnisch-nationalistischen und rechtsextremen Strukturen mitwirken und sich auch mit der Ideologie dieser türkisch-rechtsextremen Organisationen identifizieren. Die Auswahl der für die Biographieforschung und Gruppengesprächanalyse vorgesehenen

---

2000; Wolf-Dietrich Bukow/Klaus Jünschke/Susanne Spindler/Uğur Tekin: Ausgegrenzt, eingesperrt und abgeschoben. Migration und Jugendkriminalität, Opladen 2003.

21 Werner Fuchs-Heinritz: Biographische Studien zur Jugendphase. In: KZfSS, Sonderheft 31/1990, S. 71.

22 Vgl. Georg Auernheimer: Jugendliche türkischer Herkunft in der Bundesrepublik Deutschland – Ethnizität, Marginalität und interethnische Beziehungen. In: a.a.O., S. 230.

23 Bei diesen rechtsextremistisch-türkischen Organisationen handelt es sich um die ADÜDTF/Türk-Federasyon, ATIB und ANF (vgl. Kapitel 6.2 dieser Arbeit).

Jugendlichen erfolgte auf der Grundlage des „theoretical sampling“:[24] „Das theoretical Sampling ist ein Verfahren, ‚bei dem sich der Forscher *auf einer analytischen Basis* entscheidet, welche Daten als nächstes zu erheben sind und wo er diese finden kann.‘ ‚Die grundlegende Frage beim Theoretical Sampling lautet: *Welchen* Gruppen oder Untergruppen von Populationen, Ereignissen, Handlungen (um voneinander abweichende Dimensionen, Strategien usw. zu finden)‘ wendet man sich bei der Datenerhebung *als nächstes zu?* Und *welche* theoretische Absicht steckt dahinter? Demzufolge wird dieser Prozeß der Datenerhebung durch die sich entwickelnde Theorie *kontrolliert.*“[25]

Auf der Grundlage dieses theoretischen Diskurses wurden hier die für diese Forschung ausgewählten Biographien und Gruppen interpretiert und eine Typik entwickelt, in der die Einstellungsprofile, Orientierungen und Erfahrungen türkischsprachiger Jugendlicher gegenübergestellt werden.

7.2.2 Qualitative Forschungsbeiträge zu Einstellungsprofilen und Lebenswelten von Migrantenjugendlichen

Eine der ersten Forschungsbeiträge zur Situation von Migrantenjugendlichen in der Bundesrepublik Deutschland stellt die Publikation von Georg Hansen und Klaus Klemm (1979)[26] dar, die aus eine Reihe von Sammelbeiträgen besteht. Dieser Sammelband setzt sich mit den sprachlichen, schulischen und beruflichen Problemen von „ausländischen“ Jugendlichen und Kindern auseinander. Im Rahmen der vom damaligen Bundesbeauftragten für die Integration der ausländischen Arbeitnehmer und Familienangehörigen in der Bundesrepublik Deutschland, Heinz Kühn, entworfenen Thesen zur Integration von Zuwanderern hat dieser Sammelbeitrag versucht, erkennbare Probleme von Migrantenjugendlichen aufzuzeigen und erste Lösungsansätze zu entwickeln. Die thematischen Schwerpunkte kreisen um die Problemfelder der Bildung, schulischen Betreuung, des beruflichen Übergangs, der Qualifikation Als Lösungsansätze werden diskutiert: Vorbereitungsklassen, Deutschunterricht, Sprachbeherrschung, Zweisprachigkeit usw.

---

24 Vgl. vor allem Anselm L. Strauss: Grundlagen qualitativer Sozialforschung – Datenanalyse und Theoriebildung in der empirischen soziologischen Forschung. München 1994, S. 70f.; Barney Glaser/ders.: Die Entdeckung gegenstandsbezogener Theorie: Eine Grundstrategie qualitativer Sozialforschung. In: Christel Hopf/ Elmar Weingarten (Hrsg.): Qualitative Sozialforschung. Stuttgart 1979, S. 91-111.

25 Anselm L. Strauss: ebd., S. 70 (Hervorhebungen im Original).

26 Hansen, Georg/Klemm, Klaus (Hg.): Kinder ausländischer Arbeiter, Bochum 1979.

Eine weitere eher praxisorientierte Studie und Bestandsaufnahme setzt sich Anfang der 1980er das Ziel, einen Beitrag für die pädagogische Arbeit mit Kindern und Jugendlichen zu leisten. Diese Studie setzt sich das Ziel, „in einer möglichst umfassenden Form einen kritisch bilanzierenden Überblick über die derzeit in der Bundesrepublik Antreffbahren Formen sozialpädagogischer Arbeit mit Kindern und Jugendlichen ausländischer Arbeitnehmer, vor allem soweit sie von Initiativgruppen ausgehen, zu erarbeiten."[27] Vor allem soll diese pädagogische Arbeit dazu verhelfen, soziale Kompetenz und Handlungsfähigkeit zu gewinnen, d.h. die Fähigkeit, sich in der für sie schwierigen Situation in einem „fremden" Land zu behaupten und mit ihren Altersgenossen zusammen ihre eigenen Interessen zu vertreten bzw. zu artikulieren. Vor allem geht es in dieser pädagogisch ausgerichteten Untersuchung um Fragen der schulischen Sozialisation, sozialen Isolierung, Sprachförderung, Einzel- und Gruppenbetreuung, Freizeitverhalten u.ä. Dieser Untersuchung schließt sich Czarina Wilpert an und setzt sich mit der Zukunft der zweiten Generation und den Verhaltensmöglichkeiten ausländischer Kinder auseinander. Im Zentrum dieser empirischen Untersuchung stehen ferner die Erwartungen von Migrantenjugendlichen in Bezug auf ihren zukünftigen Beruf und ihre Berufsausbildung. Dabei kommen insbesondere auch Orientierungen, Meinungen und Einstellungsmerkmale zur Arbeit, zum Lernen, zur Schule und ihr Verhältnis zu den Eltern zum Ausdruck.[28]

Im Gegensatz zu diesen Untersuchungen haben sich Anfang der 1980er vereinzelt pädagogische und soziologische Studien konkret mit Problemen von türkischsprachigen Jugendlichen beschäftigt. So hat Gerd Stüwe die Lebensverhältnisse von „türkischen" Jugendlichen in Berlin-Kreuzberg untersucht und dabei einen qualitativen Maßnahmenkatalog zur Arbeit mit türkischsprachig aufgewachsenen Jugendlichen entwickelt. Der empirische Schwerpunkt dieser Arbeit konzentriert sich auf Problemfelder wie Ausbildung, Arbeit, Schule, Sprache, Freizeit, Familiale Situation und Sozialisationsbedingungen. Dabei ist weiterhin zu bemerken, dass Stüwe in seiner Studie methodisch qualitative Interviews mit türkischsprachigen Migrantenjugendlichen geführt hat.[29] Etwas intensi-

27 Vgl. Ünal Akpınar/Andrés López-Blasco/Jan Vink: Pädagogische Arbeit mit ausländischen Kindern und Jugendlichen, München 1980, S. 7.

28 Vgl. Czarina Wilpert: Die Zukunft der Zweiten Generation – Erwartungen und Verhaltensmöglichkeiten ausländischer Kinder. Königstein/Ts. 1980.

29 Vgl. Gerd Stüwe: Türkische Jugendliche – Eine Untersuchung in Berlin-Kreuzberg, Bensheim 1982.

ver mit den beruflichen Chancen von türkischsprachigen Jugendlichen in Deutschland hat sich Ursula Mehrländer im Rahmen einer Forschungsarbeit auseinandergesetzt. In dieser Studie wurde empirisch untersucht, ob die türkischsprachigen Jugendlichen im Alter zwischen 15 und 25 Jahren in der Bundesrepublik Deutschland beruflich und sozial das gleiche Schicksal ihrer Eltern erleiden müssen. „Die entscheidende Fragestellung dieser Studie war, ob es den türkischen Jugendlichen in der Bundesrepublik Deutschland gelingt, die Anlernschwelle zu überwinden, eine Berufsausbildung zu absolvieren und Vorgesetztenpositionen einzunehmen. Zur Beantwortung dieser Fragestellung ist zunächst ein Vergleich der beruflichen Tätigkeit des türkischen Jugendlichen mit derjenigen seines Vaters (Intergenerationenmobilität) durchgeführt worden."[30]

Zweifelsohne ist zu erkennen, dass die Frühuntersuchungen zu Migrantenjugendlichen sich speziell mit klassischen Problemen von Zuwanderern, wie Sprache, Schule, Beruf u.ä. auseinandergesetzt haben. So kommen Einstellungsprofile, politische Orientierungen und Lebensidentitäten von Migrantenjugendlichen in diesen Arbeiten kaum zum Ausdruck.

Bereits 1979 hat Hermann Korte gefordert, Einstellungsorientierungen von türkischsprachigen Einwanderern zu untersuchen: „Gerade bei den Türken läßt sich das, was man Bikulturalismus nennt, recht gut erkennen. Sie versuchen auf einer Seite, ihre Kinder in das Schulsystem hineinzubringen, passen sich an, aber schicken ihre Kinder gleichzeitig in die Koranschulen und pflegen auch untereinander die Geselligkeit, die noch sehr stark von islamischen Traditionen geprägt ist."[31]

Eine der ersten Forschungsarbeiten zur Sozialisation von Migrantenjugendlichen war die zwischen 1979 und 1981 durchgeführte Untersuchung von Uli Bielefeld/Reinhard Kreissl/Thomas Münster zum Thema „Junge Ausländer im Konflikt – Lebenssituationen und Überlebensformen" dar. Die Autoren versuchen im Rahmen einer Studie die lebensweltliche Realität der straffällig gewordenen bzw. „kriminellen" Migrantenjugendlichen zu erschließen. Auf diese Weise könne der „Niederschlag gesellschaftlicher Verhältnisse in individuellen Karrieren"[32] ausführlicher

30 Ursula Mehrländer: Türkische Jugendliche – Keine beruflichen Chancen in Deutschland?, Bonn 1983, S. 5.

31 Hermann Korte: Soziale Hintergründe der Situation der ausländischen Arbeitnehmer. In: Georg Hansen/Klaus Klemm (Hg.): Kinder ausländischer Arbeiter. Bochum 1979, S. 27.

32 Uli Bielefeld/Reinhard Kreissl/Thomas Münster: Junge Ausländer im Konflikt. Lebenssituationen und Überlebensformen, München 1982, S. 82.

untersucht werden. Den Kern dieser Untersuchung bildet der Begriff „Lebenswelt“, der zunächst individualistisch definiert wird: „Die Lebenswelt einer Person ist definierbar als die Summe der ihr real zur Verfügung stehenden Lern- und Erfahrungsfelder.“[33] Schließlich gewinnt dieser Begriff auch einen kollektiven Charakter: „Die Herstellung gemeinsam geteilter Bedeutungen, eine gemeinsame Sprache, ein gemeinsamer Kommunikationsstil konstituieren die Lebenswelt einer Person.“[34]

Eine neue Dimension des Untersuchungsgegenstands „Migration“ zeichnet sich bei Werner Schiffauer ab, der in seinen empirischen Beobachtungen nicht alleine auf die Situation der Migrantenjugendlichen im Aufnahmeland eingeht, sondern auch ihre Ethnographie im Herkunftsland (Türkei) untersucht und aufzeichnet.[35]

Aus einer ethnographischen Sichtweise beschreibt auch Hermann Tertilt die Jugendbande „Turkish Power Boys“ in Frankfurt/Main, die 1990 gegründet wurde und ungefähr 50 türkischsprachige Jugendliche im Alter von 13 und 18 Jahren umfasste.[36] Tertilt berichtet in dieser ethnographischen Studie über die Geschichte dieser Bande bis zu ihrer Auflösung, über die Wertorientierungen und Verhaltensmuster dieser Jugendgang und porträtiert drei Bandenmitglieder in ihrem familiären und sozialen Umfeld. In den Beobachtungen von Tertilt kommt zum Ausdruck, dass die Migrantenjugendlichen türkischsprachiger Herkunft versuchen, sich durch Gewalthandlungen als Bande im Stadtteil Respekt und Autorität zu verschaffen. Opfer dieser Jugendgruppengewalt waren vor allem deutsche Jugendliche. Als Motiv für die „Auswahl“ ihrer Opfer gaben die Täter die wachsenden fremdenfeindlichen und rassistischen Übergriffe der „Nazis“ an. In diesem Zusammenhang berichten die Jugendlichen auch über Diskriminierungs- und Ausgrenzungserfahrungen in ihren Lebensbereichen.[37]

---

33 Ebd., S. 13.

34 Ebd.

35 Vgl. Werner Schiffauer: Die Gewalt der Ehre. Erklärungen zu einem türkisch-deutschen Sexualkonflikt. Frankfurt/Main 1983; ders.: Soziale Beziehungen in zwei türkischen Freundesgruppen. In: Zeitschrift für Pädagogik, Heft 6/1981, S. 911-924; ders.: Die Bauern von Subay. Das Leben in einem türkischen Dorf. Stuttgart 1987; ders.: Religion und Identität. Eine Fallstudie zum Problem der Reislamisierung bei Arbeitsmigranten. In: Schweizer Zeitschrift für Soziologie, Vol. 10, Nr. 2/1984.

36 Vgl. Hermann Tertilt: Turkish Power Boys. Ethnographie einer Jugendbande, Frankfurt/Main 1996.

37 Ebd., S. 21; S. 100.

Das zentrale Problem der Bildung von ethnisch orientierten delinquenten Jugendbanden sieht Tertilt unter anderem in der fehlenden Bereitschaft der „deutschen" Gesellschaft, die Kultur der Migranten als gleichwertig anzuerkennen. Gerade in diesem Zusammenhang macht Tertilt auch auf den unregelmäßigen Schulbesuch der in Deutschland geborenen türkischsprachigen Jugendlichen aufmerksam. Ursache hierfür sei eine stärkere Wahrnehmung der kulturellen Differenz zwischen dem Eigenen und dem Fremden. Die Selbstethnisierung bzw. der Rückzug in die ethnischen „Nischen" sei eine Schlussfolgerung auf die gesellschaftlichen Ausgrenzungs- und Diskriminierungserfahrungen.

Eine neue Qualität von empirischer Forschung über Biographien und Lebensentwürfe von Migrantenjugendlichen bildet die im Rahmen der Forschungsstelle für interkulturelle Studien der Universität zu Köln durchgeführte Forschungsstudie zum Thema „Migration und Jugendkriminalität".[38] Wolf-Dietrich Bukow/Klaus Jünschke/Susanne Spindler und Uğur Tekin gehen in dieser Forschungsarbeit, die sich auch auf qualitativ-narrative Interviews und biographische Lebensentwürfe stützt, der Frage nach, inwiefern Wechselwirkungen von Fremdethnisierung und Kriminalisierung eine Rolle für die Inhaftierung von Jugendlichen mit Migrationshintergrund spielen.

In diesem Zusammenhang werden die in dieser Studie dargestellten Kriminalitätskarrieren Migrantenjugendlicher verschiedener Nationalitäten untersucht. Der soziale Hintergrund (Milieu, Familie u.ä.) wird durch Aktenanalyse (polizeiliche Protokolle), kriminalistische Angaben und die Auswertung der Medienberichterstattung vorläufig bestimmt. Den Schwerpunkt der empirischen Untersuchung bilden schließlich qualitativ-narrative Interviews mit inhaftierten Migrantenjugendlichen. In der Rekonstruktion ihrer Biographien werden die Situationen und Interaktionen herausgearbeitet, die für die kriminellen Karrieren von Bedeutung sind. Ziel ist es, die Entwicklungspotenziale der Betroffenen in ihrer alltäglichen Lebenssituation zu erschließen und durch biographische Rekonstruktion der Lebenssituation von inhaftierten Jugendlichen mit Migrationshintergrund abzubilden.

Fokussieren die oben dargestellten Forschungsbeiträge über Migrantenjugendliche – vor allem türkischsprachiger Herkunft – auf sozial-

38 Vgl. Wolf-Dietrich Bukow/Klaus Jünschke/Susanne Spindler/Uğur Tekin: Ausgegrenzt, eingesperrt und abgeschoben. Migration und Jugendkriminalität, Opladen 2003.

wissenschaftliche, narrativ-biographische und ethnographische Untersuchungen, so setzen sich sozialpsychologische und psychologische Studien in den letzten Jahren verstärkt mit den Alltagswelten, Belastungen und Bewältigungsstrategien bei Migrantenjugendlichen aus der Türkei auseinander.[39]

Hasan Dewran erfasst in seiner Studie die Belastungen und Bewältigungsstrategien türkischsprachiger Migrantenjugendlicher und leitet daraus verschiedene Belastungsbereiche ab, die aus einer Migrationssituation resultieren: Familie, soziale Beziehungen, kulturelle Konflikte, Identitäts- und Orientierungsprobleme und Alltagsprobleme. Aufgrund dieser Belastungen – so Dewran – die einerseits durch die Anpassungsdynamik an die Gesellschaft des Aufnahmelandes und andererseits durch die Aufstiegs- und Erfolgserwartungen von Seiten der Eltern entstehen, wird hierbei untersucht, welche Orientierungsmuster und Bewältigungsstrategien die Migrantenjugendlichen in der Auseinandersetzung mit und in der Überwindung von kritischen Lebensereignissen zeigen.[40]

Mit den alltäglichen Lebenswelten und den individuellen Wegen der Alltagsbewältigung von männlichen „türkischen" Migrantenjugendlichen beschäftigt sich Nicola Unger in ihrer aktuellen heilpädagogischen Studie: „Dabei stellt sich diese Arbeit der Aufgabe, durch differenziertes Erschließen produktiver wie problematischer Bewältigungsformen kritischer Konstellationen wie alltäglicher Aufgaben zentrale Themen aktueller Bedeutsamkeit für die betreffenden Jugendlichen zu identifizieren und hinsichtlich ihrer Spezifik zu analysieren."[41] Als empirisch-qualitative Methode werden hierbei Lebensbiographien von „türkischen" Migrantenjugendlichen skizziert und anlehnend daran lebensweltliche und heilpädagogische Praxiskonzepte entwickelt.

Die aktuelle Zunahme forschungswissenschaftlicher Studien im Zusammenhang mit dem Phänomen der Migrantenjugendlichen – insbesondere türkischsprachiger Herkunft – soll im Folgenden anhand von zwei Studien konkretisiert werden.[42]

---

39 Vgl. Hasan Dewran: Belastungen und Bewältigungsstrategien bei Jugendlichen aus der Türkei. Eine theoretische und empirische Studie, München 1989; vgl. vor allem Nicola Unger: Alltagswelten und Alltagsbewältigung türkischer Jugendlicher. Neue Perspektiven für heilpädagogische Reflexionen, Opladen 2000.

40 Vgl. Hasan Dewran: a.a.O., München 1989, S. XVII (Einführung).

41 Nicola Unger: a.a.O., Opladen 2000, S. 11.

42 13. Shelljugendstudie 2000; Wilhelm Heitmeyer: Verlockender Fundamentalismus, Frankfurt/Main 1997.

7.2.3 Befunde der 13. Shell-Studie Jugend 2000: Zusammenfassung und Hauptergebnisse

Mit der Veröffentlichung der 13. Shell-Studie „Jugend 2000" hat die Deutsche Shell die bisher umfangreichste Untersuchung über Einstellungsmuster und Verhaltensweisen in Deutschland lebender Jugendlicher – vor allem auch in Vergleich zu in Deutschland lebenden anderen Nationalitäten – vorgelegt. Das Erkenntnis leitende Interesse der Studie wird im Vorwort der Deutschen Shell zur 13. Shell-Jugendstudie folgendermaßen bestimmt: „Immer waren es besondere Anlässe und vermutete gesellschaftliche Veränderungen, die uns die Anregung gaben, eine neue Studie in Auftrag zu geben. Der Anfang der 80er Jahre erkennbare gesellschaftliche Wandel und die Auswirkungen der Wiedervereinigung Anfang der 90er Jahre können hier beispielhaft genannt werden. Doch wie denkt und fühlt die Jugend in Deutschland zu Beginn des neuen Jahrtausends? Diese Frage bildet den Ausgangspunkt für die Erstellung der 13. Jugendstudie."[43]

Die der Shell-Jugendstudie 2000 zugrunde liegenden Verfahren zur Einstellungsmessung sind quantitative und qualitative Erhebungsmethoden.[44] Der von den Herausgebern der Shell-Studie beschriebene Ablauf der Untersuchung unterliegt den strengen Standards empirisch-analytischer Methodologie. Die Fragestellung, verknüpft mit dem Erkenntnis leitenden Interesse, erscheint im Setting zunächst als theoretisches und forschungspraktisches Problem, das in eine abgegrenzte Fragestellung transportiert und in empirisch prüfbare Hypothesen überführt wird.

Durch die so genannte Voruntersuchung wird die Fragestellung spezifiziert und in Untersuchungskategorien überführt. Die Item-Konstruktion der Jugendstudie ist durch die Voruntersuchung einer Stichprobe von 734 Jugendlichen vorgenommen worden. Die eigentlichen Erhebungsmethoden sind a) Befragung/Interview von 4546 Jugendlichen in der Haupt-

---

43 Deutsche Shell (Hg.): Jugend 2000. 13. Shell Jugendstudie, Bd. 1, Opladen 2000, S. 5f.

44 Vgl. Deutsche Shell (Hg.): a.a.O., S. 9: „Bei der hier vorliegenden 13. Shell Jugendstudie handelt es sich um das umfangreichste Werk, das bisher in der Reihe der Shell Jugendstudien seit 1953 erschien. Umfang nicht etwa von der Anzahl der Seiten her (...). Vielmehr verweist „Umfang" auf die Größe der befragten Stichproben: 734 Jugendliche in der Vorstudie zur Entwicklung der Untersuchungsinstrumente, 4546 Jugendliche in der quantitativen Hauptstudie, 648 Jugendliche als eine zusätzliche Stichprobe von ausländischen Jugendlichen, nicht zu vergessen die zwei Gruppendiskussionen, die 30 qualitativen Explorationen und die 32 biographischen Interviews."

untersuchung, b) Befragung/Interview von 648 Migrantenjugendlichen in einer zusätzlichen Stichprobe und c) qualitative Verfahren (zwei Gruppendiskussionen; 30 qualitative Explorationen; 32 biographische Interviews).

Grundsätzlich geht die Jugendstudie davon aus, dass sozialpsychologische Größen wie „Einstellungen" nicht direkt beobachtbar sind. Die Erhebungsmethoden zielen folglich darauf ab, möglichst Merkmale dieser Größe „Einstellungen" zu erfassen. In der Hauptuntersuchung (a) und der zusätzlichen Stichprobe (b) sind die mündliche Befragung (Interview) und die schriftliche Befragung (standardisierter Fragebogen) als Untersuchungsmethoden verwendet worden.[45]

Die Auswertungsmethoden sind quantitativ-statistisch, d.h. die Antworten der Interviewten oder Befragten sind als Prozentränge skaliert worden. Hinsichtlich dieser Auswertungsmethode muss die messtheoretische Kernfrage geklärt werden, welche Art von Messung vorliegt. Zweifelsohne entscheidet nämlich das Skalenniveau einer Messung darüber, welche statistische Datenauswertung überhaupt vorgenommen werden kann. Beispielsweise verlangt eine interpretierbare Berechnung von Mittelwerten eine sog. Intervallskala. Grundsätzlich lassen sich Auswertungsmethoden in korrelationsstatistische, d.h. Zusammenhänge abbildende und feststellende Skalierungen, bzw. varianzanalytische, d.h. Unterschiede erfassende Vorgehensweisen unterteilen. In der Sozialforschung gelten beide Verfahrenstypen als mathematisch ineinander überführbare Messmethoden.

Kritisch ist zu bemerken, dass bisher in den Veröffentlichungen des Jugendwerks der Deutschen Shell ausschließlich Gesichtspunkte der Lebensführung und -bewältigung von „deutschen" Jugendlichen thematisiert wurden. In diesem Zusammenhang wurden auch in den Stichprobenbildungen eine Vielzahl von sozialen Kategorien berücksichtigt –

45 Vgl. zum Ablauf der Gesamtstudie in Deutsche Shell (Hg.): a.a.O., S. 350 f.: Unter der Rubrik Quantitative Studie wird die Prozedur der Erhebung von der Vorstudie zur Instrumentenentwicklung (734 Fälle) über die repräsentative Hauptstudie (Jugendliche in Deutschland: 4546 Fälle) bis zur Zusatzstichprobe (ausländische Jugendliche: 648 Fälle) dargestellt. Die quantitative Studie ist im Rahmen der gesamten Erhebungsprozedur mit den qualitativen Studien (a. Biographische Porträts und non-direktive Verfahren; Explorationen und Gruppengespräche) verbunden: „Alle qualitativen und quantitativen Erhebungsverfahren waren in noch höherem Maße als in den vorangegangenen Shell Jugendstudien miteinander ‚verzahnt', haben sich im gesamten Studienverlauf wechselseitig beeinflußt und fließen gemeinsam in das Resümee für die Gesamtstudie ein" (a.a.O., S. 352).

Geschlecht, Status der Eltern, Alter, Bildungsgrad, Einkommensverhältnisse, politische Einstellungen u.ä. – doch Migrantenjugendliche haben in diesen Untersuchungen bzw. auch Unterscheidungsmerkmalen keine besondere Rolle gespielt. So war bisher die unterschiedliche ethnische Zugehörigkeit als Facette von Jugend in Deutschland nicht im Blickfeld dieser Jugendstudie. Doch als positive Entwicklung wird die in der Shell Jugendstudie 2000 untersuchte Personengruppe ausdrücklich nicht als „deutsche Jugend", sondern als „Jugendliche in Deutschland" bezeichnet:

> „Grundgesamtheit ist die bundesdeutsche Wohnbevölkerung deutscher oder nicht-deutscher Nationalität im Alter von 15 bis 24 Jahren, die in der Lage ist, den deutschsprachigen Fragbogen zu verstehen und zu beantworten (...). In früheren Shell Jugendstudien wurden ausländische Jugendliche, die in Deutschland leben, aus methodischen Gründen nicht mitbefragt. Mehrere explorative Untersuchungen (u.a. eine Vorstudie zur 9. Shell Jugendstudie mit türkischen und italienischen Jugendlichen) zeigten stets deutlich: Um Lebenslagen, Perspektiven, Probleme ausländischer Jugendlicher in Deutschland angemessen abbilden zu können, hätten wir zusätzliche spezielle Untersuchungsinstrumente für diese Befragungsgruppen entwickeln müssen. (...). Inzwischen ist es schon angesichts der zahlenmäßigen Bedeutung von ausländischen Jugendlichen in den Ballungsräumen dringend geboten, diese Befragungsgruppe sowohl in den qualitativen Zugängen als auch in der Repräsentativerhebung entsprechend ihrem Bevölkerungsanteil in die Stichprobe einzubeziehen."[46]

Dieser Aussage ist zu entnehmen, dass auch die Shell Jugendstudie aufgrund der demographischen Entwicklung und Breite von Migrantenjugendlichen gerade in Ballungsgebieten die Notwendigkeit einer konkreten Analyse bzw. auch einem konkretem Vergleich für notwendig hielt. Von denen in der Stichprobe Befragten 4000 Jugendlichen waren über 500 Zuwandererjugendliche:

> „Die Hauptstichprobe für die Fragebogenerhebung sollte deshalb aus etwa 4000 Jugendlichen zwischen 15 und 24 Jahren, repräsentativ für die Bundesrepublik, bestehen. Bei einem Ausländeranteil von ca. 14% in dieser Altersgruppe erwarteten wir also in dieser Stichprobe über 500 ausländische Jugendliche. Neben dieser Repräsentativstichprobe sollte eine zusätzlich Stichprobe mit ca. 600 türkischen und italienischen Ju-

46 Deutsche Shell (Hg.): Jugend 2000, a.a.O., S. 352f.

gendlichen zwischen 15 und 24 Jahren gezogen werden. (...). Die realisierte Hauptstichprobe umfaßt nun bundesweit 4.546 Jugendliche im Alter zwischen 15 und 24 Jahren. (...). Die Zusatzstichprobe besteht aus 201 türkischen und 284 italienischen Jugendlichen, des Weiteren aus 148 Jugendlichen mit deutschem Paß, die sich aber selbst als Italiener oder Türken definieren, weil Italien resp. die Türkei Herkunftsland der Familie ist."[47]

Die Hauptergebnisse der 13. Shell-Studie Jugend 2000 können – wie folgt – zusammengefasst werden:[48]

Große Unterschiede bei Untergruppen

Gut vorbereitet fühlen sich diejenigen, die über gute Voraussetzungen verfügen (i.e. Bildung/Schulabschluss, Elternunterstützung; stringente Lebensplanung; Persönlichkeitsressourcen). Dagegen zeigt sich eine pessimistische Sicht bei den Jugendlichen mit schlechten Voraussetzungen (u.a. ostdeutsche Jugendliche, „türkische" Jugendliche).

Lebenskonzept Familie

Die Inhalte und Ziele der Lebensplanung sowie die Frage nach Beruf und Familie stehen im Vordergrund aller vergleichbaren bzw. entsprechenden Antworten bei Jungen und Mädchen. Fast alle Befragten sind davon überzeugt, dass beide „Sphären" miteinander verbunden werden können. Der Selbstbezogene Individualismus steht dabei nicht im Vordergrund. Dennoch sind Ideale und traditionelle Orientierungen von lebenslangem Beruf und lebenslanger Ehe/Familie in der Realität brüchiger geworden. In der Frage der vorehelichen oder ehelichen Lebensgemeinschaft votieren ¾ der Befragten für ein Zusammenwohnen mit Option auf Heirat; fast jeder Zweite für eheliche Lebensgemeinschaft; Single oder Wohngemeinschaftsformen werden akzeptiert. Bei „türkischen" Jugendlichen dagegen ist sowohl die Familie als auch die Ehe die unhinterfragte, allein legitime Lebensform.

Eltern

Sehr viel häufiger als in den frühen Shell Jugendstudien sind Eltern wichtige Vertrauenspersonen (erheblich weniger Erfahrung eines rigid-

47 Ebd., S. 353.
48 Vgl. ebd., S. 11 ff.; vgl. dazu auch Deutsche Shell AG: Information und Presse. Internet: www.shell-jugend2000.de

strengen Erziehungsstils). Viele Jugendliche wollen den erfahrenen Erziehungsstil an eigene Kinder weitergeben. Eltern – so die Einschätzung der Jugendlichen – geben sich überwiegend Mühe, ihre Kinder zu beraten, zu begleiten und längerfristig zu unterstützen; Ablösungsprozesse werden nicht/selten im Konflikt getätigt. Bei Zuwandererjugendlichen sind in der Beziehung zu Eltern – so die Shell Jugendstudie – eher problematische Verhältnisse zu beobachten. Insbesondere bei muslimischen Mädchen häufen sich die Probleme. Bei „türkischen“ Jugendlichen sind Eltern eher Respekt- als Vertrauenspersonen..

Beruf

Das Lebensziel Beruf wird von Jugendlichen allgemein ernst genommen. Jugendliche akzeptieren pragmatische Behelfs-, Übergangs- oder Zwischenlösungen; Wissen um Mobilitätsanforderungen und Akzeptanz der allgemeinen Voraussetzungen (Schule, Ausbildung usw.). Beruf ist ein selbst gewähltes Lebenskonzept, für das man sich persönlich engagieren muss; Ablehnung vorgegebener Ordnungsmuster, die es zu übernehmen gilt bzw. in die man sich einfügen soll. Hauptschüler als Teilgruppe suchen eher Existenzabsichernde Perspektiven im Sinne von „gutem“ und „sicherem“ Arbeitsplatz. Die Abiturienten zeigen sich eher an sinnvollen Inhalten orientiert. Hier wird Beruf als Medium der Selbstverwirklichung (auch Spaß, Freude u.a.) verstanden.

Werte

In der Frage nach Wertorientierungen unterscheiden sich die Ergebnisse in hohem Maße nach Bildung (Schulform; Schulabschluss usw.). Bei höherem bzw. hohem Bildungsniveau ist eher eine stärkere Akzeptanz und Übernahme so genannter formaler Werte zu erkennen. Grundsätzlich werden jedoch Werte bewusster gewählt und nicht einfach übernommen.

In den Lebensprinzipien ist mehr denn je eine „Sowohl-als-auch“-Einstellung und nicht (wie früher) eine „Entweder-oder“-Haltung bemerkbar. Zuwandererjugendliche zeigen eher eine Abweichung bei Autonomie, Selbstmanagement und Authenzitätsvorstellungen. Sie sind in ihren Einstellungen stärker traditionsgebunden und bekunden eher Akzeptanz für vorgegebene Lebensformen. Sie haben Kulturgeprägte Verhaltenserwartungen und zeigen eine gewisse Distanz zum „Individualismus“.

Einstellungen zum Politikinteresse

Das politische Interesse bei Jugendlichen aller Untergruppen (neue u. alte Bundesländer; Jungen u. Mädchen usw.) ist keine starre Festlegung auf politische Positionen. Es sind eher Tendenzen von Suchbewegungen bemerkbar.

Nach der Shell-Jugendstudie 2000 zeigen Jugendliche wenig Vertrauen in Politiker. Dagegen ist das Vertrauen zu Institutionen im öffentlich-staatlichen Bereich leicht gestiegen, zu den nichtstaatlichen Organisationen (Gewerkschaften, Parteien, Verbände usw.) hingegen markant gesunken. Die Distanz zur Politik ist davon abhängig, ob Jugendliche eine positive bzw. negative Zukunftserwartung zeitigen:

- je belasteter die Zukunft erscheint, desto größer ist die Distanz zur Politik;
- Konzepte politischer Bildung (zur „Einübung" staatsbürgerlichen Verhaltens) müssen als eher wirkungslos beurteilt werden.

Die politischen Einstellungsprofile von Migrantenjugendlichen kommen hierbei nicht zum Ausdruck.

Deutschlandbild

Das Deutschlandbild wird nicht durch nationalistische Ideologien formiert und bestimmt, es steht auch in keinem signifikanten Zusammenhang mit der Einstellung zu Zuwanderern. Es hängt insgesamt mit den Lebensbedingungen und der eigenen Situation zusammen. Dabei wird Deutschland als ein „zivilisiertes Land" wahrgenommen; hierbei beeindruckt vor allem die Gültigkeit sozialer Rechte.

Sicht von Zuwanderern und Deutschen: Den Deutschen fehlt Lokkerheit, Wärme, Aufgeschlossenheit gegenüber Fremden. Italienische und „türkische" Jugendliche haben kein negatives Bild von den Deutschen. Ein negatives Deutschlandbild findet sich stärker bei Mädchen, in den neuen Bundesländern, bei Jugendlichen mit schlechten Startchancen ins Berufsleben.

Deutsche und „ausländische" Jugendliche

Das Konzept der „Multikulturellen Gesellschaft" ist nach der Shell-Jugendstudie für die neuen Bundesländer unrealistisch. Insbesondere in urbanen Zentren der alten Bundesländer ist eher eine stärkere Zustimmung zu erkennen. Die Kontakte und Begegnungen zwischen ethnischen Gruppen sind außerhalb der zwanglosen Begegnungen in Schule,

Ausbildungsstätten oder beruflichen Bereich eher gering und selten angestrebt. Nationalitätsgemischte Freizeitaktivitäten sind für italienische und türkische Jugendliche sehr viel wichtiger als für deutsche Jugendliche. Außerdem ist der gemeinsame „Jugendstatus" stärker als der „Ausländerstatus" (Ausnahme: junge Türkinnen!);

Über den Anteil von zugewanderten Mitbürgern glaubt die große Mehrheit der deutschen Jugendlichen, dass zu viele Ausländer in Deutschland leben. Insbesondere in den neuen Bundesländern überwiegt diese Einschätzung. Diese Einschätzung ist nicht unbedingt Ausdruck von Ausländerfeindlichkeit, allerdings dominiert bei denen, die sich schlechtere Chancen im Berufsleben ausrechnen, ein deutliches Gefühl der „Konkurrenz" bzw. der Benachteiligung.

Demgegenüber zeigt sich verstärkt auch die Tendenz, dass Zuwanderer und Deutsche mehrheitlich bekunden, sie könnten wechselseitig voneinander lernen.

Gerade in der Wahrnehmung der jeweiligen „Nationalitäten" sind Unterscheidungen bemerkbar. Deutsche Jugendliche stellen stärker ihr Anderssein heraus, „türkische" und vor allem italienische Jugendliche betonen, sich eher ähnlich wie deutsche Altersgenossen zu verhalten.

Fremdenfeindlichkeit

Die Fremdenfeindlichkeit ist vorhanden, insbesondere in den neuen Bundesländern, allerdings weniger verbreitet als oft behauptet wird. Nur eine Minderheit ist stark bzw. extrem ausländerfeindlich eingestellt. Diese Minderheit zeigt aber eine sehr fest gefügte und radikalisierte Einstellung; häufig keine persönliche Erfahrungen mit Ausländern (neue Bundesländer). Die Gründe und Inhalte für Fremdenfeindlichkeit sind häufig Deprivationsängste, Furcht vor Konkurrenz um bzw. am Arbeitsplatz. Je negativer die Zukunftserwartungen, desto stärker prägt sich die Fremdenfeindlichkeit aus. Als Gegenstrategie wird betont, dass nicht die argumentative Auseinandersetzung mit „rechten Parolen und Thesen" wichtig sei, sondern arbeits- und ausbildungsplatzbezogene Maßnahmen Relevanz haben.

Religion

Im Allgemeinen ist bei religiösen Einstellungen ein Rückgang von traditionellen Glaubensvorstellungen und eine Distanzierung von religiöskirchlichen Ritualen zu erkennen. Dabei sind alte Konfessionsgrenzen (evangelisch/katholisch; getauft/nicht-getauft) weniger bedeutsam geworden. Insbesondere „türkische" Jugendliche sind nach der Shell-Jugendstudie stärker religiös erzogen und zeigen erheblich höhere Akzeptanz für religiöse Ideen, Vorstellungen und Vorschriften. Dabei betont die Studie, dass spezifische religiöse Milieus (religiöse Sozialisation) immer irrelevanter werden, allerdings gebe es „hartnäckige“ Nischen. Bei „türkischen“ Jugendlichen sei das religiöse Milieu relativ stark ausgeprägt.

Geschlechtsspezifische Einstellungsmuster

Es sind nach wie vor typisch weibliche oder männliche Lebensmuster bei Werten, Zukunftsvorstellungen und beruflichen bzw. familiären Lebensplanungen bemerkbar, allerdings ist auch ein Angleichungsprozess im Sinne einer „Werteannäherung“ feststellbar. Insgesamt dominiert das Phänomen einer nicht starr festgelegten Lebensplanung.

Diese Hauptergebnisse der 13. Shell Jugendstudie beschreiben Trends und allgemeine Haltungen in den Alterskohorten der 15- bis 24-jährigen Jugendlichen. Die Frage 52 (Bereich Ausländerfeindlichkeit) soll hier detailliert vorgestellt werden:[49]

Bereich: Ausländerfeindlichkeit / Frage 52

Item	Mittelwert
1. Ausländer, die in Deutschland kriminell werden, sollten sofort abgeschoben werden	3,22
2. Die Ausländer nehmen den Deutschen die Arbeit weg, weil sie für wenig Geld arbeiten	2,47
3. Vielen Ausländern geht es in Deutschland zu gut	2,67
4. Ausländer, die sich nicht anpassen wollen, haben hier nichts verloren	2,89
5. Deutschland ginge es wirtschaftlich viel besser, wenn nicht so viele Ausländer hier leben würden	2,41
6. Deutsche sollen keine Ausländer heiraten	1,80
7. Die meisten Politiker in Deutschland sorgen sich zu sehr um die Ausländer, nicht um die normalen Deutschen	2,43
8. Es gibt in Deutschland einfach zu viele Ausländer	2,69
9. Ausländer sollten sich in der Öffentlichkeit nicht so herausfordernd benehmen	2,82

49 Ebd., S. 427 (Skala: Ausländerfeindlichkeit)

10. Ich versuche, mich von ausländischen Jugendlichen möglichst fernzuhalten 2,03

Mittelwert Skala	M = 25,4	Minimum:	10
Standardabweichung Skala	s = 6,60	Maximum:	40
Theoretische Mitte:			25

Abfragemodus:
4 = trifft sehr zu, 3 = trifft zu, 2 = trifft weniger zu, 1 = trifft überhaupt nicht zu

Vergleicht man die Abweichungen von den Mittelwerten in den Items 1-10 miteinander, zeigt sich insbesondere in den Antworten der Jugendlichen zu Item 1, 3, 4, 8 und 10 eine über den Mittelwert hinausgehende Abweichung. Gemäß dem Abfragemodus (4 = trifft sehr zu; 3 = trifft zu; 2 = trifft weniger zu; 1 = trifft überhaupt nicht zu) befürworten die in diesem Bereich befragten deutschen Jugendlichen (einschließlich Jugendliche mit Doppelpass) immer dann rigide Maßnahmen gegenüber Ausländern und Zuwanderern, wenn diese in der Wahrnehmung der deutschen Jugendlichen normalabweichend oder an die Mehrheitsgesellschaft nicht angepasst zu sein scheinen.

Während die Herausgeber der 13. Shell Jugendstudie keine signifikante Ausländerfeindlichkeit bei deutschen Jugendlichen ausmachen können bzw. Ausländerfeindlichkeit allenfalls einer radikalen Minderheit zuwiesen, zeigt die Feinanalyse der Items 1-10, dass insbesondere die inhaltlich gravierenden Teilvorgaben (Item 1, 3, 4, 8, 10) eine weit über den Mittelwert hinausgehende Befürwortung rigider Maßnahmen (z.B. Abschiebung!) evozieren. Erst durch die Gesamtskalierung dieses Bereiches wird der von den Herausgebern festgelegte Befund bestätigt. Dieses Manko ist in der 13. Shellstudie Jugend 2000 nicht zu übersehen. Dadurch wird die Problematik offenkundig.

7.2.4 Kritische Reflexionen zur Studie „Verlockender Fundamentalismus – Türkische Jugendliche in Deutschland“

Wilhelm Heitmeyer, Joachim Müller und Helmut Schröder haben mit der Arbeitsgruppe des Instituts für interdisziplinäre Konflikt- und Gewaltforschung an der Universität Bielefeld im Jahre 1997 eine empirische Studie unter dem Titel „Verlockender Fundamentalismus – Türkische Jugendliche in Deutschland“ vorgelegt, die zum Ergebnis kam, dass ein Drittel der türkischsprachigen Migrantenjugendlichen in Deutschland im Alter von 15 bis 21 Jahren einem Gewaltzentrierten islamischen Fundamentalismus und ethnischen Nationalismus zuneigen würde.[50] In diesem Zusammenhang haben Heitmeyer/Müller/Schröder die Beziehung zwischen Segregation, Gewaltbereitschaft islamischen Fundamentalismus bzw. „ethnischen Nationalismus" untersucht.

Die von Heitmeyer et al. durchgeführten empirischen Befragungen und Interviews kommen zum Ergebnis, dass ein großer Anteil von türkischsprachigen Migrantenjugendlichen in Folge von Ausgrenzung, Nichtakzeptanz, Desintegration und Diskriminierung im Aufnahmeland die Bereitschaft zu einer Rückkehr in ihre „eigen-ethnischen Wir-Gemeinschaften" entwickeln, wo ihnen ein Gefühl für Sicherheit und Dazugehörigkeit stärker vermittelt wird.[51] Ferner wurde in dieser Befragung der Grad der „Integration" türkischsprachiger Jugendlicher – als der größten Gruppe inländischer Jugendlicher mit „ausländischem" Pass – untersucht. Befragt wurden in diesem Zusammenhang 1221 türkischsprachige Jugendliche aus 63 Schulklassen allgemein- und berufsbildender Schulen in Nordrhein-Westfalen. Aufgrund der Verteilung von Alter, Geschlecht, Schulform und Erhebungsregion gehen Heitmeyer et al. davon aus, dass die Ergebnisse ein hohes Maß an Verallgemeinerbarkeit aufweisen. Im Kern zeigen die Erhebungsbefunde, dass der islamische Fundamentalismus und ethnische Nationalismus unter „türkischen" Jugendlichen eine besondere Bedeutung gewinnt, weil sie (a) sich diskriminiert und ausgegrenzt fühlen, (b) sich gerade auch in der zweiten und dritten Generation dem islamischen Fundamentalismus und ethnischen Nationalismus verpflichtet fühlen und (c) aufgrund ihres Lebens zwischen zwei Kulturen besonderen Belastungen ausgesetzt sind.[52]

Heitmeyer et al. versuchen in dieser empirischen Untersuchung, ansatzweise den oben aufgestellten Fragestellungen und Thesen nachzugehen und zu untersuchen, welche kulturellen sowie politischen Einstellungen und Orientierungen sich in den letzten Jahren unter türkischsprachigen Migrantjugendlichen herausgebildet haben. Die Studie kam schließlich zu dem Ergebnis, dass ethnisch-kulturelle Identifikationen für die individuelle wie kollektive Identität der Jugendlichen an Gewicht gewinnen. „Dazu gehört auch, dass z.T. die traditionsvermittelte Lebens-

---

50 Wilhelm Heitmeyer/Joachim Müller/Helmut Schröder: Verlockender Fundamentalismus. Türkische Jugendliche in Deutschland. Frankfurt/Main 1997.

51 Vgl. ebd., S. 25f.

52 Vgl. auch Wolf-Dietrich Bukow/Erol Yildiz: Marktschreierisches. In: die tageszeitung, 29.04.1997, S. 14.

weise, ihre religiösen Ausdrucksformen, nationalen Identifikationsanker und v.a. der Rückzug in die eigenethnische ‚Wir-Gruppe' u.U. jene Sicherheiten bieten sollen, die eigentlich in modernen Gesellschaften durch universal gültige systematische Zugänge zum Arbeitsmarkt, Bildungssystem etc. erwartet wurden."[53]

Die „Ethnisierung sozialer Probleme", so die Autoren, ist die logische Konsequenz einer Gesellschaft, in der das soziale Klima rauer wird und deren Vorrat an gemeinsamen Werten und Überzeugungen jenseits des Konsums ständig abnimmt. Diese Entwicklung führt praktisch dazu, dass gerade immer mehr Migrantenjugendliche mit türkischem Pass dieser Mehrheitsgesellschaft den Rücken kehren und in ihrer „ethnischen Gemeinschaft" eine neue Heimat suchen.[54]

Der Schlüsselbegriff zukünftiger gesellschaftlicher Entwicklungen ist „Desintegration": „Dieser Prozeß ist gesellschaftlich von *Desintegrationserscheinungen* begleitet, also u.a. von der Auflösung stabiler Zugehörigkeiten und Beziehungen, der Labilisierung von Lebenszusammenhängen, von der Abnahme der Partizipation an gesellschaftlichen Institutionen und der Auflösung einer Verständigung über gemeinsame Wert- und Normvorstellungen. (…) Denn die rapide Geschwindigkeit des Wandels einer durchkapitalisierten Gesellschaft erzeugt dabei eine Zunahme an Desintegrationserfahrungen, die in hohem Maße mit Unsicherheiten, Ängsten, Verunsicherungen verbunden sind."[55] Vor allem spielen dabei – hinter einem vordergründig positiven Selbstbild – auch Formen der Angst vor Ausgrenzungen, vor unsicheren Lebensläufen und der verletzten „Identität" durch emotionale und soziale Ablehnung sowie Stigmatisierung eine besondere Rolle. Die gescheiterte Integration bzw. der Desintegrationsprozess führt – so Heitmeyer et al. – als Reaktion zur Hinwendung zu türkisch islamistisch-fundamentalistischen und türkisch radikal-nationalistischen Strömungen. Im Folgenden sollen einige Aussagen der Studie in Zusammenhang mit den vorherigen empirischen Untersuchungen von Heitmeyer et al. referiert werden.

Gewaltbereitschaft und autoritäre Einstellungen

Mit der Frage der Gewaltbereitschaft unter „türkischen" Jugendlichen hatten sich Heitmeyer et al. schon ansatzweise in der „Gewalt – Schat-

53 Wilhelm Heitmeyer et al.: a.a.O., Frankfurt/Main 1997, S. 26f.
54 Vgl. Kapitel 4.4.2 (Motive und Gründe für Selbst- und Fremdethnisierung)
55 Ebd., Frankfurt/Main 1997, S. 24f (Hervorhebungen im Original).

tenseiten der Individualisierungsprozesse bei Jugendlichen aus unterschiedlichen Milieus"[56] beschäftigt. In der Studie „Verlockender Fundamentalismus" wurde diese Frage weiter ausgeführt. Auf die Frage „Ist es in den letzten 12 Monaten vorgekommen, dass sie Sachen von anderen absichtlich zerstört oder beschädigt haben?" antworteten 23,9 Prozent der „türkischen" und 9,8 Prozent aller westdeutschen Jugendlichen mit „ja". „Jemanden absichtlich geschlagen oder verprügelt" haben nach eigenen Angaben 26 Prozent der „türkischen" und 12,2 Prozent aller westdeutschen Jugendlichen. Ähnliche Ergebnisse weisen die Fragen nach der Bedrohung anderer (18,1 Prozent bzw. 7,5 Prozent), Wegnahme einer Sache mit Gewalt (17,6 Prozent bzw. 7,7 Prozent) und Einbruch (13,8 Prozent bzw. 3,4 Prozent) auf.[57] Die eigene Betroffenheit von Gewalttaten anderer ist in der Auffassung von Heitmeyer et al. bei türkischen Jugendlichen ebenfalls doppelt bis dreimal so hoch wie bei gleichaltrigen Eingesessenen bzw. Deutschen.

Gewaltbereitschaft aus nationalistisch-fundamentalistischen Motiven

Die Ergebnisse über den Zusammenhang zwischen Islam und Gewaltbereitschaft und ethnischer Nationalismus und Gewaltbereitschaft haben in dieser Studie heftige Reaktionen ausgelöst: „Wenn es der islamischen Gemeinschaft dient, bin ich bereit, mich mit körperlicher Gewalt gegen Ungläubige durchzusetzen." Dieser Aussage stimmen 8,3 Prozent der Befragten voll zu, und weitere 17,4 Prozent stimmen zu. Etwa ebenso viele sagen: „Wenn es der islamischen Gemeinschaft dient, bin ich bereit, andere zu erniedrigen." 10,9 Prozent oder 17,6 Prozent stimmen zu, wenn nach der Rechtfertigung von Gewalt bei der Durchsetzung des islamischen Glaubens gefragt wird. Und fast jeder vierte Befragte ist der Auffassung „Wenn jemand gegen den Islam kämpft, muß man ihn töten." Ein Drittel der Jugendlichen meint, wenn es um die nationalen Interessen der Türkei gehe, müsse man zur Gewalt greifen; und mehr als 40 Prozent sind bereit, zur Gewalt zu greifen, wenn es um die nationale Ehre geht, oder würden sogar ihr Leben opfern, um den Einfluss der Türkei zu stärken.[58]

---

56 Vgl. Wilhelm Heitmeyer et al.: Das Gewalt-Dilemma. Frankfurt/Main 1994, S. 398; vgl. Wilhelm Heitmeyer et al.: Gewalt – Schattenseiten der Individualisierungsprozesse bei Jugendlichen aus unterschiedlichen Milieus. Weinheim/München 1995 (1997).

57 Wilhelm Heitmeyer et al.: Verlockender Fundamentalismus, a.a.O., S. 56; S. 275.

58 Ebd., S. 276f.

Heitmeyer et al. ziehen daraus die Schlussfolgerung, dass unter türkischsprachigen Jugendlichen in Deutschland ein „erhebliches Gewaltpotential" vorhanden ist, das in engem Zusammenhang mit dem Glauben und dem „nationalen Ehrgefühl" steht.

„Verlockende" Angebote islamistischer und ethnisch-nationalistischer Organisationen

Insbesondere stellen Heitmeyer et al. fest, dass gerade islamistisch-fundamentalistische und ethnisch-nationalistische Organisationen wie *„Milli Görüş"* und *„Türk Federasyon"* (Graue Wölfe) einen beachtlichen Zulauf von „türkischen" Jugendlichen der zweiten und dritten Generation erzielen. Organisationen wie *„Milli Görüş"* und *„Türk Federasyon"* verstehen es – so Heitmeyer et al. –, durch Angebote wie Hausaufgabenhilfe, Computer- und Karatekurse, Zeltlager, Sportstudios und Fußballvereine die Jugendlichen „anzulocken". Auch praktische Hilfe bei der Jobsuche und Betreuung nach Gefängnisaufenthalten gehören zum Begleitprogramm dieser Organisationen. Sie haben aus ihrer eigenen Praxis gelernt, mit attraktiven Angeboten und Programmen die Zielgruppe anzusprechen bzw. zu gewinnen. Dies fällt ihnen auch deshalb umso leichter, als türkischsprachige Jugendliche von den traditionellen Freizeiteinrichtungen häufig ausgegrenzt und ausgesperrt werden. Von den in Deutschland lebenden türkischsprachigen Jugendlichen fühlen über ein Drittel ihre Interessen von *„Milli Görüş"* gut oder zumindest teilweise vertreten. Und die rechtsextremistischen *„Türk Federasyon"* bzw. die Grauen Wölfe können mit ebensoviel Zuspruch rechnen. Während sich nach der Heitmeyer-Studie 16,0% der „türkischen" Jugendlichen von der *„Milli Görüş"* vertreten und 17,4% nur teilweise vertreten fühlen, beträgt der Anteil derer, die sich durch die rechtsextreme *„Türk Federasyon"* (Graue Wölfe) vertreten fühlt, bei 21,3%, und 14,4% der „türkischen" Jugendlichen fühlen sich nur teilweise von dieser rechtsextremen Organisation vertreten.[59]

Desintegration-Theorem als Schlüsselbegriff für soziale Probleme

Wie in anderen Untersuchungen stellen Heitmeyer et al. auch in der Studie „Verlockender Fundamentalismus" das „Desintegrations-Theorem" in den Mittelpunkt ihrer Auseinandersetzungen. Dieses Theorem beschreibt Auflösungsprozesse von Beziehungen und Lebenszusammenhängen. Heitmeyer beschreibt diese Entwicklung in ihrer Wechselseitig-

59 Ebd., S. 15; S. 132ff.

keit als „Negativ-Spirale“: „Je mehr Freiheit, desto weniger Gleichheit; je mehr Gleichheit, desto mehr Konkurrenz; je mehr Konkurrenz, desto weniger Solidarität; je weniger Solidarität, desto mehr Vereinzelung; je mehr Vereinzelung, desto weniger soziale Einbindung; je weniger soziale Einbindung, desto mehr rücksichtslose Durchsetzung.“[60] Doch Heitmeyer hebt hervor, dass „Desintegration“ zum Schlüsselbegriff zukünftiger gesellschaftlicher Entwicklungen und Probleme avancieren werde.[61] In diesem Zusammenhang müsste nochmals darauf hingewiesen werden, dass das Maß an Desintegration im Einzelnen nicht zu fassen ist und Jugendliche doch sehr unterschiedlich auf gesellschaftliche und persönliche Problemlagen reagieren.

Schlussfolgernd argumentiert Wilhelm Heitmeyer, dass das gesellschaftspolitische Konzept einer „multikulturellen Gesellschaft“ für ihn nicht gescheitert sei; die Frage aber, wie die Entwicklung zu „Parallelgesellschaften“ aufgehalten werden kann, bleibt für ihn offen.[62]

Kritische Reflexionen

Als die Befunde der Studie „Verlockender Fundamentalismus“ im Jahre 1996 zum ersten Mal der Öffentlichkeit vorgetragen wurden, soll eine Tagungsteilnehmerin empört gerufen haben: „Diese Zahlen dürfen nicht an die Öffentlichkeit!“[63] Die vollständige Veröffentlichung und Präsentation der Studie löste jedoch eine immer noch andauernde Kontroverse aus.

Diese Studie zeigt, dass unter türkischsprachigen Migrantenjugendlichen ein massiver „Desintegrationsprozess“ und als Reaktion auf Ausgrenzung und Stigmatisierung eine Abkehr von den Werten der Mehrheitsgesellschaft zu beobachten sind. Allerdings bleibt das Erklärungsmodell Heitmeyers und seiner Forschungsgruppe einem eher klassisch zu nennenden Ursache-Wirkungs-Schema, das als Erklärungsansatz rechtsextremistischer Orientierungen bei Jugendlichen[64] dient bzw. gedient

---

60 Wilhelm Heitmeyer (Hg.): Das Gewalt-Dilemma. Frankfurt/Main 1994, S. 46.

61 Vgl. Wilhelm Heitmeyer (Hg.): Was treibt die Gesellschaft auseinander? Frankfurt/Main 1997, S. 9.

62 Vgl. in: taz, 22.4.1997.

63 Vgl. Frankfurter Rundschau, 5.2.1996.

64 Vgl. Wilhelm Heitmeyer: Die Bielefelder Rechtsextremismus-Studie. Erste Langzeituntersuchung zur politischen Sozialisation männlicher Jugendlicher, Weinheim 1993; vgl. zur Kritik bei Susanne Lang: Zur Konstruktion des Feindbildes „Islam“ in der Bielefelder Studie „Verlockender Fundamentalismus“. In: Wolf-Dietrich Bukow/ Markus Ottersbach (Hrsg.): Der Fundamentalismusver-

hat, verpflichtet. Das traditionelle Desintegrationsmodell beschreibt im Grunde die soziale Unsicherheit, die Fragmentiertheit des Selbstwertgefühls und die konfliktuösen Bedingungen in Sozialisationsprozessen. Diese „internen" Defizite werden mit „externen" Problemlagen (Arbeitslosigkeit, Perspektivlosigkeit, rigider Traditionalismus u.ä.) kombiniert. Von Erfahrungen in diesen Bereichen machen Heitmeyer et al. das Gelingen bzw. Misslingen einer Identitätsbildung und/oder Integration in die Gesellschaft abhängig.[65]

Jugendliche mit positivem Selbstkonzept sind - nach der Auffassung Heitmeyers - nur selten bereit, nationalistische und fundamentalistische Sichtweisen und Ideologien zu übernehmen. Erst wenn sie mit Deprivationen und erheblichen Minderwertigkeitsgefühlen begegnen, führt die spezifische innere Verarbeitung von erfahrener Enttäuschung, Ausgrenzung und vorhandener Deprivation zu islamistischen und extrem-nationalistischen Orientierungen.

Wohlgemerkt: Strittig sind nicht nur die Daten der empirischen Erhebung, sondern auch das von Heitmeyer et al. verwendete soziale Modell. Empirische Daten und Zahlen sind in häufigen Fällen immer problematisch, wenn es um Einstellungsprofile und Orientierungen von Jugendlichen – insbesondere Migrantenjugendlichen – geht.

Wilhelm Heitmeyer et al. haben zwar in der Studie herausgearbeitet, dass unter den türkischsprachigen Migrantenjugendlichen ein „Desintegrationsprozess" und eine Abkehr von den Werten der Mehrheitsgesellschaft zu beobachten sei, doch in der Frage nach den Ursachen und Faktoren für diese Tendenz ist eine oberflächliche Bewertung zu erkennen. Auch die Frage der „Desintegration" bleibt ungelöst, denn eine Desintegration setzt tatsächlich immer eine schon vorher vorhandene Integration voraus. Viele Migrantenjugendliche haben sich mit dem in der Öffentlichkeit heftig diskutierten Begriff der „Integration" niemals identifiziert.

Auch der Titel „Verlockender Fundamentalismus" weist neben einer Dramatisierung auch schon auf eine Doppeldeutigkeit hin.[66] Sicherlich

---

dacht, Opladen 1999, S. 147: „Die Forschergruppe wendet somit den aus der Rechtsextremismusstudie bekannten und schon dort nicht unumstrittenen Defizitansatz auch auf das Phänomen ‚Fundamentalismus' an."

65 Vgl. Klaus-Peter Martin: Fundamentalismus türkischer Jugendlicher – Ist die multikulturelle Gesellschaft gescheitert? In: Kommune 15/1997, S. 18-23; vgl. Carsten Brosda: Schreckensgespenst Fundamentalismus. In: Together 2/1997, S. 6-9.

66 Vgl. Georg Auernheimer: „Verlockender Fundamentalismus" – ein problematischer Beitrag zum Diskurs über „ausländische" Jugendliche. In: Wolf-Dietrich

stimmt es, dass ein Teil der türkischsprachigen Migrantenjugendlichen der zweiten und dritten Generation zu islamistischen und rechtsextremen türkischen Organisationsstrukturen neigt, es wäre aber falsch, alle türkischsprachigen Jugendlichen in der gleichen Ebene zu bewerten. Oder noch besser ausgedrückt als „Kriminelle" und „Täter" bloßzustellen.

In der Art, in der die Ergebnisse der empirischen Untersuchung präsentiert werden, lässt sich ebenso Oberflächlichkeit nachweisen. In diesem Zusammenhang wäre es nicht angebracht, „türkische" Migrantenjugendliche, die sich – obwohl sie hier geboren und aufgewachsen sind – als „türkisch" fühlen, eine islamistische oder ethnisch-nationalistische Orientierung oder Zugehörigkeit zuzuschreiben. So sollte hier die Frage gestellt werden, warum sich diese Jugendlichen trotz ihrer gesellschaftlichen Lebenslage immer noch als „türkisch" definieren bzw. bezeichnen.

Die öffentliche Debatte um das Phänomen „Feindbild Islam", das von Samuel P. Huntington in „*The Clash of Civilizations*" (Der Kampf der Kulturen) zur Diskussion gestellt wurde, scheint auch die Bielefelder Studie stark beeinflusst zu haben.[67] Die Tendenz, Islam und islamische Strukturen mit Militanz und Konfliktpotenzial gleichzusetzen, ist in fast allen Kapiteln der Studie „Verlockender Fundamentalismus" nachzulesen. Sicherlich haben islamistische und rechtsextreme türkische Dachverbände einen wichtigen Einfluss innerhalb der türkischsprachigen Community in der Bundesrepublik. Die Vielzahl von islamistischen und nationalistischen Organisationen, Strukturen, Dachverbänden und Moscheen bestätigen diese Aussage.

Doch mit welchen inhaltlichen Konzepten versuchen solche islamistisch-nationalistischen Organisationen, „türkische" Jugendliche zu mobilisieren? Diese Frage wird zwar in der Studie oberflächlich erwähnt, aber eine klare Auseinandersetzung bleibt aus. Auch wird in der umstrittenen Studie die Hinwendung türkischsprachiger Migrantenjugendlicher zu ethnisch-nationalistischen und islamistisch-fundamentalistischen Orientierungen im Rahmen eines Bedrohungsszenarios für die „deutsche" Öffentlichkeit entworfen. Organisationen wie die Islamische Gemeinschaft „*Milli Görüş*" (Nationale Sicht) oder die rechtsextreme „*Türk Federasyon*" (Graue Wölfe) zählen laut Angaben zu den wichtigsten Or-

Bukow/Markus Ottersbach (Hrsg.): Der Fundamentalismusverdacht, Opladen 1999, S. 120.

67 Vgl. zur Auseinandersetzung mit Samuel P. Huntington Kapitel 2.2.2 dieser Arbeit.

ganisationen der türkischsprachigen Community in Deutschland, die auch eng mit politischen Mutterparteien in der Türkei vernetzt sind. „*Milli Görüş*" und die Grauen Wölfe locken durch Angebote wie Hausaufgabenhilfe, Computer- und Karatekurse, Zeltlager, Fußballvereine, Sportstudios u.ä. Jugendliche der zweiten und dritten Generationen. Auch praktische Hilfe bei der Jobsuche und Betreuung nach Gefängnisaufenthalten gehören zum Begleitprogramm dieser Organisationen. Durch all diese praktischen Angeboten können sie ihre Zielgruppe leichter erreichen.

Die von Heitmeyer et al. oben formulierten Fragewendungen tragen im Allgemeinen eine Tendenz zur Manipulation, in der dem Fragenden schon im Vorfeld klar ist, wie die Antwort der befragten Migrantenjugendlichen ausfallen wird. In der Art der Vorgehensweise der Befragungen werden ebenso die Antwortmöglichkeiten der türkischsprachigen Jugendlichen sehr begrenzt und dabei die Logik einer sofortigen Schlussfolgerung aus der Antwort in den Vordergrund gestellt. Die Interpretation der Antworten ist, dass die meisten „türkischen" Jugendlichen fundamentalistisch und verfassungsfeindlich seien, weil sie sich mehrheitlich zum Islam und zum extremen Nationalismus bekennen. Dabei spielen die Faktoren der Renationalisierung und Reislamisierung von Migrantenjugendlichen mit türkischem Pass keine so prägende Rolle.

Georg Auernheimer geht in seiner Kritik zur Studie „Verlockender Fundamentalismus" davon aus, dass im theoretischen Erklärungsmodell von Heitmeyer keine „Gewichtung der sozialstrukturellen und der kulturell-ideologischen Erklärungsmomente"[68] zu erkennen sei und kommt zu folgendem kritischen Resultat: „Sicher deuten die Befragungsergebnisse von Heitmeyer u.a. darauf hin, daß ein Teil, vielleicht sogar eine beträchtliche Minderheit der Jugendlichen türkischer Herkunft offen ist für rechte Parolen und zum Teil auch zur Militanz neigt. (...) Die Art, in der die Ergebnisse präsentiert werden, grenzt aber angesichts des öffentlichen Diskurses an Fahrlässigkeit."[69]

Von Seiten der konstruktivistisch orientierten Wissenschaftler ist die Studie „Verlockender Fundamentalismus" auf enorme Kritik gestoßen. Diese Kritik blieb jedoch ambivalent. Einerseits wendete man sich gegen die Objektivierung der ethnischen Zugehörigkeit, da die Jugendlichen

68 Georg Auernheimer: a.a.O., Opladen 1999, S. 120.
69 Ebd., S. 133.

„schon im Vorfeld der Untersuchung *ethnisch sortiert*“[70] wurden; andererseits wurde die Heitmeyer-Studie „als kalkulierbares Medienereignis“[71] aufgefasst. Eine grundsätzliche Kritik von konstruktivistischer Seite bekräftigt sich jedoch in der Äußerung von Bukow und Ottersbach: „Wird erkennbar, dass es gar nicht darum geht, Kinder und Jugendliche in ihrer Alltagswelt zu rekonstruieren, sondern von Beginn an mit einem vorgängig definierten Raster gearbeitet wird, dann stellt sich die Frage, was dann überhaupt noch über das Thema an Erkenntnis gewonnen werden kann.“[72]

Wolf-Dietrich Bukow und Erol Yildiz bewerten es grundsätzlich positiv, dass diese Studie Heitmeyers auf die andauernde Diskriminierung von Zuwandererjugendlichen aufmerksam gemacht habe und auf die Folgewirkungen eines „gesellschaftlichen Rückzugs“ verweise. Doch nach Auffassung von Bukow und Yildiz werden die „Urheber dieser Diskriminierung“ nicht weiter genannt und auch die Auswirkungen dieses Themas werden unterschätzt.[73] Bukow und Yildiz schreiben dazu: „Wir wissen aus verschiedenen Untersuchungen, daß die Diskriminierung der Minderheiten aus der Mitte der Bevölkerung hervorgegangen ist und populistische Diskurse gegen Einwanderung, gegen Minderheiten und gegen Flüchtlinge ganz wesentlich dazu beigetragen haben. Es ist auch bekannt, wie Diskriminierung und Ethnisierung wirken und daß sie nicht nur Rückzüge und Ghettobildung auslösen, sondern auch zur Selbstethnisierung beitragen.“[74]

Bukow und Yildiz beklagen weiterhin, dass im theoretischen Teil der Studie die gesellschaftlichen Modernisierungsprozesse nur einseitig kritisiert werden und die Tatsache, dass Migrantenjugendliche kaum „von Natur aus“ zwischen zwei Kulturen leben müssen, sondern vielmehr in einer städtischen Alltagswirklichkeit aufwachsen, schlicht ignoriert werde. In diesem Zusammenhang wird folgendes Fazit gezogen: „Die Arbeit leistet der Sache der Einbindung von Einwanderern einen schlechten

70 Claudia Nikodem/Erika Schulze/Erol Yildiz: Städtischer Multikulturalismus – Eine neue Lesart. In: Wolf-Dietrich Bukow/Markus Ottersbach (Hg.): Der Fundamentalismusverdacht, Opladen 1999, S. 326 (Hervorh. im Original).

71 Matthias Proske/Frank-Olaf Radtke: Islamischer Fundamentalismus und jugendliche Gewaltbereitschaft. In: Neue Sammlung, Heft 1/1999, S. 48.

72 Wolf-Dietrich Bukow/Markus Ottersbach (Hg.): Der Fundamentalismusverdacht, Opladen 1999, S. 13.

73 Wolf-Dietrich Bukow/Erol Yildiz: Marktschreierisches. In: taz, 29.4.997, S. 14.

74 Ebd.

Dienst. Sie trägt zur Verhärtung der Fronten bei. Sie lenkt den Blick populistisch, ja marktschreierisch auf skandalisierte Gruppen allein bei den Einwanderern und hier speziell türkischer Abstammung."[75]

Kritisch setzt sich auch Birgit Rommelspacher mit dieser Studie auseinander und wirft Heitmeyer et al. vor, wenig Fakten zu liefern, aber dafür „unterschwellige Schlußfolgerungen"[76] zu ziehen. Rommelspacher resümiert, dass diese Studie ihrem Ziel, die Situation der „türkischen" Jugendlichen aufzuzeigen, nicht gerecht geworden sei. Ferner wurde – so Rommelspacher – ein Bild der Radikalisierung aufgezeigt, dass sich weder aus den Datenbefunden erschließen lasse, noch für die „türkischen" Jugendlichen typisch sei. Rommelspacher konstatiert: „Dabei werden die Probleme einfach ethnisiert, indem sie in erster Linie der türkischen Herkunft, dem Leben ‚zwischen zwei Kulturen' oder islamisch-türkischen Einflüssen angelastet werden."[77]

Schlussfolgernd ist nochmals zu bemerken, dass es gewiss sehr schwierig und problematisch ist, wenn es um Zahlen, empirische Befunde und Einstellungsprofile von Menschen handelt, zumal es hierbei um die Abschätzung ihrer Bedeutung und Dauerhaftigkeit geht. Auch die in dieser Studie zum Teil provokativ formulierten Fragen, deren tiefgreifende Antworten schon im Vorfeld als Schlussfolgerung festgelegt sind, beanspruchen eine begründete Anfechtbarkeit. Zu Recht sind in diesem Zusammenhang auch methodische Einwände gegen diese „Fundamentalismus-Studie" erlaubt: in Bezug auf große Zahlen begründen sie Einschränkungen, Relativierungen, Dramatisierungen und vor allem auch eine gewisse Skepsis. In diesem Sinne ist auch wohlgemerkt die Kritik von konstruktivistischer Seite aus gerechtfertigt.

Doch es wäre nicht gerecht, diese Studie in ihrem gesamten Zusammenhang abzulehnen. Vor allem haben es Heitmeyer et al. geschafft, ein in der öffentlichen und politischen Diskussion nahezu tabuisiertes Thema offen anzusprechen und eine neue öffentliche Diskussion über die Zukunftsperspektiven und -chancen der Migrantenjugendlichen in dieser hiesigen Gesellschaft zu öffnen. Dabei werden vor allem – wenn auch zum Teil dramatisiert – qualitative Einstellungsprofile von türkischsprachigen Migrantenjugendlichen untersucht. Heitmeyer et al. unterscheiden dabei unterschiedliche Formen von persönlicher und kollektiver

75 Ebd.
76 Birgit Rommelspacher: Bild der Radikalisierung. In: taz, 29.4.1997, S. 15.
77 Ebd.

„Identität" bezüglich islamistischer oder ethnisch-nationalistischer Selbstbilder. Hierbei wird (a) islamische Religiösität und ethnische Nationalität als persönliche Angelegenheit; (b) islamische Religiösität und ethnischer Nationalismus als Mittel kollektiver und kultureller Abgrenzung in Konkurrenz zu anderen Kulturen und (c) die politische Verwendung der islamischen Religiösität und des ethnischen Nationalismus als Verbindung von Religion, Nationalismus und Machtpolitik diskutiert.[78]

Es ist sehr wichtig, dass Heitmeyer et al. anlehnend an diese Feststellung auch die politischen Inhalte der islamistischen (*Milli Görüş* u.a.) und rechtsextrem-nationalistischen Vereinigungen (Graue Wölfe, *Türk Federasyon*, ATIB) als ein weiteres Hemmnis für die Integration von türkischsprachigen Migrantenjugendlichen in dieser Gesellschaft nennen. Doch die Gründe, Faktoren, alternativen Möglichkeiten und Zukunftschancen werden in dieser Studie nur sehr oberflächlich thematisiert.

78 Vgl. Thomas Meyer: Identitätspolitik – Vom Missbrauch kultureller Unterschiede, Frankfurt/Main 2002, S. 86.

8. Ethnisch-nationalistische Orientierungen bei „türkischen" Jugendlichen – Methodischer Zugang

Die vorliegende wissenschaftliche Untersuchung thematisiert in ihrem Empirieteil soziale, politische und kulturelle Einstellungsmuster bei „türkischen" Jugendlichen der Alterskohorten 16,0 bis 24,0.

Die Analyse der ethnisch-nationalistischen Orientierungen bei türkischen Jugendlichen zielt über den individuellen Erfahrungsbereich hinaus auf die Beschreibung sozialer und gesellschaftlicher Interaktionsmuster, die nicht zuletzt von den politischen und ökonomischen Interessen der „Risikogesellschaft"[1] abhängig sind.

Im Kern geht es auch im empirischen Teil dieser Untersuchung um die Überprüfung der Hypothese von einer wachsenden, politisch brisanten Ethnisierung und Nationalisierung gesellschaftlicher Konflikte vor dem Hintergrund der Einstellungs- und Zugehörigkeitsmerkmale der türkischsprachigen Jugendlichen.

Die Shell-Studie,[2] die zweifelsohne gegenwärtig eine wichtige Grundlage für die jugendpolitische Diskussion in Deutschland bildet, gibt scheinbar auf Grund ihrer umfangreichen Clusteranalysen Anlass zu einem von den (Befragungs-)Ergebnissen her abgeleiteten verhaltenen Optimismus hinsichtlich des Werte- und Demokratiebewusstseins deutscher und „ausländischer" Jugendlicher:

> „Jeder Jugendliche wird heute zum flexiblen Konstrukteur seiner eigenen Biographie mit einem persönlichen Wertekosmos, er muss und kann sich seine Identität und seine Wertorientierungen aus Versatzstücken selbst und eigenverantwortlich zusammenbasteln, sozusagen sein eigenes biographisches und ethisches ‚Gesamtkunstwerk' schaffen und inszenieren, ein Kunstwerk, dessen Inhalt er selbst ist. (...) Dass die Jugendlichen bei diesem Wertecocktail und bei aller Patchwork-Identität ziemlich nüchtern und illusionslos ihre eigenen Chancen und Risiken innerhalb des vereinten Europa einschätzen und mit der Ambivalenz ihrer Zukunftserwartungen recht pragmatisch umzugehen wissen, lässt sich daran

---

1 Vgl. zum Begriff „Risikogesellschaft" in Ulrich Beck: Risikogesellschaft. Auf dem Weg in eine andere Moderne, Frankfurt/Main 1986.

2 Vgl. die Besprechung in Kapitel 7.2.3 dieser Untersuchung.

ablesen, dass sie ihre persönlichen Lebensziele, Werte und Vorstellungen hochhalten und auch ihr Handeln daran ausrichten."[3]

Allerdings wird dieses Einheitsbild „Jugend" (trotz der in der Shell-Studie vorgenommenen Differenzierung in fünf Typen von Jugendlichen) durch die Befunde der empirischen Sozialforschung, die sich überwiegend auf Themen bezieht, die als Skandale in der Gesellschaft gehandelt werden, erheblich relativiert. Die wachsende Gewaltbereitschaft unter Jugendlichen, Rechtsradikalismus und Fremdenhass, aber auch die zunehmende Produktion öffentlicher Vorurteile gegen Migranten zeigen eine gesellschaftspolitische Dimension und Wirkung, die weder in den konstruierten Items noch in den wichtigsten Variablen der Shell-Studie Berücksichtigung gefunden haben.[4] Im Unterschied zur Clusteranalyse der Shell-Studie wird es also vor allem hier darum gehen, die über die Erhebungsmethoden der biographisch orientierten narrativen Interviews und der offen strukturierten Gruppendiskussion gewonnenen Daten und Befunde sozial- und politikwissenschaftlich zu interpretieren. Im Kern wird dadurch die sozialpsychologische Analyseebene des Individuums bzw. der Kleingruppe verlassen, um die ethnisch-nationalistischen Einstellungsprofile von „türkischen" Jugendlichen auf die gesellschaftlich bedingten und politisch forcierten Umbrüche beziehen zu können.

Im Kern bedeutet die ungebremste Ökonomisierung des Marktes (in all seinen Segmenten) allerdings eine Lasten- und Risikoverteilung zugunsten des Individuums und diverser gesellschaftlicher Gruppen. Das Spektrum der „neuen Risiken" ist komplex: Sozialabbau, Arbeitsplatzmangel, Druck auf Löhne, Armut-Reichtum-Gefälle, Individualisierung und Privatisierung staatlich geförderter Sektoren (Bildung, Berufsausbildung, Weiterbildung, aber auch soziale Sicherungssysteme).

Dem offiziellen Wertekanon der Autonomie, Eigenverantwortlichkeit und freiheitlicher Selbstverwirklichung steht längst die reale Entwertung dieser Werte gegensätzlich gegenüber. Die von den politischen und anderen Herrschaftseliten vorgetragenen Szenarien einer neuen, positiven

---

3 Vgl. hier zu Ergebnisse zur Untersuchung der Wertedimension in 13. Shell-Jugendstudie, Opladen 2000, S. 95f.; 155f.

4 Je nach Erhebungsperspektive wird die Transformation der bundesdeutschen Gesellschaft gerade auch von Jugendlichen als „Werteverlust" oder als „Bedrohung" erfahren; vgl. dazu Sven Sohr: Ökologisches Gewissen. Die Zukunft der Erde aus der Perspektive von Kindern, Jugendlichen und anderen Experten, Baden-Baden 2000.

weltweiten Wirtschaftskultur erweisen sich als verhüllend deshalb, weil sie allenfalls Chancen für eine Zweidrittelgesellschaft verheißen.

Solche Zusammenhänge werden in der Shell-Studie nicht untersucht. Stattdessen erfassen die Items dieser repräsentativen Jugendbefragung nur bestimmte Facetten der Realität (Pluralisierung von Lebensformen; Transformation überkommener Familienstrukturen; persönliche Bewertung hinsichtlich der Berufswahl, Freizeitgestaltung, Religion usw.). Durch diese Engführung auf eher private Lebensweltsegmente bleiben die Dimensionen der sozialen Probleme ausgespart. Dadurch entsteht der Eindruck, die überwiegende Mehrheit der bundesdeutschen Jugend stimme gleichsam ohne größere Kontroversen den neuen Marktwerten der Gesellschaft zu.[5]

8.1 Untersuchungsansatz und Erhebungsinstrumente

Die zunehmende Ethnisierung gesellschaftlicher Konflikte bzw. sozialer Konfliktaustragung hat sich spätestens seit 1990 zu einem zentralen Untersuchungsfeld der bundesdeutschen Sozialforschung entwickelt.[6]

Allein schon die vielfältige Literatur (in breiter Auswahl) gibt zu erkennen, dass es sich bei den Forschungsansätzen um sehr komplexe Untersuchungspläne handelt, die je nach Forschungsbedürfnis, erkenntnis-

5 Vgl. dazu die „harten Daten" zur sozialen Situation von Familien, Jugendlichen, Kindern usw. in: Eva Barlösius/Wolfgang Ludwig-Mayerhofer (Hg.): Die Armut der Gesellschaft. Sozialstrukturanalyse 15. Opladen 2001; fernerhin zu den Gefahren des Rechtsextremismus in: Christoph Butterwegge/Georg Lohmann (Hg.): Jugend, Rechtsextremismus und Gewalt. Analyse und Argumente, Opladen 2001 (2. Auflage); zu Fremdenfeindlichkeit und Nationalismus bei Peter Rieker: Ethnozentrismus bei jungen Männern. Fremdenfeindlichkeit und Nationalismus und die Bedingungen ihrer Sozialisation, Weinheim/München 1997, S. 13; 19-32, S. 216ff.

6 Andrea Hermann/Peter Schmidt: Autoritarismus, Anomie und Ethnozentrismus. In: Gerda Lederer/Peter Schmidt (Hg.): Autoritarismus und Gesellschaft. Trendanalysen und vergleichende Jugenduntersuchungen 1945-1993, Opladen 1995, S. 287-319; Wulf Hopf: Rechtsextremismus von Jugendlichen - kein Deprivationsproblem? In: Zeitschrift für Sozialisationsforschung und Erziehungssoziologie, 14, 1994, S. 1994-211; Wolfgang Kühnel: Die Bedeutung von sozialen Netzwerken und Peer-group-Beziehungen für Gewalt im Jugendalter. In: Zeitschrift für Sozialisationsforschung und Erziehungssoziologie, 15, 1995, S. 122-144; Margret Jäger/Siegfried Jäger: Rassistische Alltagsdiskurse. In: Das Argument, 195, 1992, S. 685-694; Rudolf Leiprecht: Rassismus und Ethnozentrismus. Zu den unterschiedlichen Formen dieser ausgrenzenden und diskriminierenden Orientierungen und Praxen. In: Die Brücke, 57,6/1990, S. 26-29.

leitendem Interesse und der Wahl der Erhebungsinstrumente unterschiedlich eingeschränkt und gegliedert worden sind. So reicht das Design von klassisch-quantitativen Analyseverfahren bis hin zu qualitativen Erhebungsinstrumenten.

Methoden sind allgemein als ein System von Regeln aufzufassen, das dem Forscher Handlungsanweisungen bereitstellt, um von gegebenen Problemdefinitionen zu Problemlösungsmodellen zu gelangen. Jedes methodische Vorgehen ist im wissenschaftlichen Sinn immer dann durch „objektive" Messverfahren gekennzeichnet, wenn die einmal festgelegten Erhebungsinstrumente kriteriumsorientiert konstruiert sind. Zum jetzigen Zeitpunkt wird es wichtig sein, Methoden zu wählen bzw. zu entwickeln, die es zulassen, auf der einen Seite aus der Vielzahl theoretisch möglicher Analyseeinheiten solche herauszufiltern, die als relativ eigenständig dynamische Entwicklungen gelten können und auf der anderen Seite die simultane Erfassung und Verarbeitung komplexer Variablennetze ermöglichen.

Dieser Ansatz führt dazu, ein Methodenbündel zu wählen, dass vom narrativ strukturierten Interview bis zur Auswertung der Gruppendiskussion mit den türkischsprachigen Jugendlichen reicht. Als grundlegende Methode ließe sich – unter Vorbehalt – eine erkennende Beobachtung postulieren, die die teilnehmende Beobachtung (Gruppendiskussion) einschließt, sie aber sowohl durch den sozial- und politikwissenschaftlichen Faktor der Gesamtdatenauswertung ergänzt und kritisch durcharbeitet.[7]

8.1.1 Biographieorientierter Forschungsansatz

Biographie umschließt alle Forschungsansätze, die sich im weitesten Sinne mit biographischem Material beschäftigen. Im engeren Sinne bezieht sich Biographieforschung[8] auf denjenigen Teil der qualitativen Sozialforschung, der sich der interpretativ-verstehenden Analyse biographischer Konstituenten und Konstrukte widmet. Die qualitative Sozialforschung postuliert, dass sich gesellschaftliche Wirklichkeit in der indi-

---

7 Vgl. dazu Uwe Flick: Qualitative Forschung. Theorie, Methoden, Anwendung in Psychologie und Sozialwissenschaften, Reinbek 1995, S. 27ff; 59ff.; vor allem aber Hartmut Esser: Die Entstehung ethnischer Konflikte. In: Joachim Sikora/ Hans Nitsche (Hrsg.): a.a.O., Bad Honnef 1997, S. 13-31.

8 Vgl. zur Wissenschaftsgeschichte und Methodologie vor allem Gerd Jüttemann/ Hans Thomae (Hg.): Biographische Methoden in den Humanwissenschaften, Weinheim 1997.

viduellen Alltagswelt abbildet. Wolfram Fischer-Rosenthal konstatiert, dass bereits die Klassiker der Soziologie die Gesellschaft nicht getrennt vom Individuum betrachten: „Gesellschaft ist ein Konstrukt, ein Begriff der immer aus seinem Gegenkonstrukt und Gegenbegriff mitbestimmt ist: Subjekt und Gesellschaft, Individuum und Gesellschaft sind zwei Seiten einer Medaille, die wir Sozialwelt nennen können."[9]

Der Beginn der sozialwissenschaftlichen Biographieforschung wird der Chicago School of Sociology zugerechnet. Die klassisch gewordene, von Thomas I. William und Florian Znaniecki[10] vorgelegte Studie „The Polish Peasant in Europe and America" (Chicago 1918) markiert diesen Paradigmawechsel, der in den folgenden Dezennien auch für die Forschungsarbeiten der Soziologie, Sozialpsychologie, Psychologie, Erziehungswissenschaften, Geschichtswissenschaften, Ethnologie usw. bedeutsam geworden ist.

Im Zusammenhang mit neueren Entwicklungen[11] sozialwissenschaftlicher Forschung, die sich durch Stichworte wie „Lebensweltanalyse", „Alltagswende", „autobiographische Erzählungen" usw. kennzeichnen, lassen sich hinsichtlich der Definition biographisch orientierter Forschungsansätze und Untersuchungsebenen zwei grundlegende Ebenen unterscheiden:

1. Die methodische Konstruktion und Verwendung biographischer Schemata im Alltag;
2. der Einsatz biographischer Dokumente und/oder Modelle als Forschungsinstrument in den Fachwissenschaften.

Im Rahmen der vorliegenden Untersuchung erscheint die biographische Methode als ein Ordnen von individuellen Lebenserfahrungen in den vorwiegend narrativen Ausdrucksformen durch Gesellschaftsmitglieder,

---

9 Wolfram Fischer-Rosenthal: Strukturelle Analyse biographischer Texte. In: Elmar Brähler/Corinne Adler (Hg.): Quantitative Einzelfallanalysen und qualitative Verfahren, Gießen 1996, S. 148.

10 Thomas I. William/Florian Znaniecki: The Polish Peasant in Europe and America. Vol. 1 & 2, Boston/New York 1958 (1918).

11 Vgl. Ruth Wodak u.a.: Zur diskursiven Konstruktion nationaler Identität, Frankfurt/ Main 1998, S. 47-103; Hans-Peter Frey/Karl Haußer: Entwicklungslinien sozialwissenschaftlicher Identitätsforschung. In: dies. (Hg.): Identität. Entwicklungen psychologischer und soziologischer Forschung, Stuttgart 1987, S. 3-26; vgl. auch Andreas Wimmer: Interethnische Konflikte. Ein Beitrag zur Integration aktueller Forschungsansätze. In: Kölner Zeitschrift für Soziologie und Sozialpsychologie, 47, 1995, S. 530-539.

um Eigen- und Fremdattribuierungen angesichts fragmentierter Ereignisse oder vor dem Hintergrund der Infragestellung des sozialen und personalen Selbst herzustellen, zu erhalten und zu stabilisieren. Auch die Zuordnung von institutionellen Ablaufmustern zu Individuen und Gruppen kann als biographische Produktion verstanden werden, so dass in den sozialen Interaktions- und Kommunikationskontexten individuell-autonome und institutionell-heteronome Konstrukte als biographische Gesamtkonstruktionen in Form von Verlaufskurven, Karrieren, Lebensläufen oder auch Lebensgeschichten verknüpft werden.[12] „Zusammenfassend ist also zu sagen, dass der Begriff Biographisierung jene Form der bedeutungsordnenden, sinnherstellenden Leistung des Subjekts in der Besinnung auf das eigene gelebte Leben bezeichnet. Eine sinnstiftende Biographisierung gelingt nur dann, wenn das Subjekt in der Lage ist, in retrospektiver Einstellung Zusammenhänge herzustellen, die es erlauben, Ereignisse und Erlebnisse in sie einzuordnen und Beziehungen untereinander wie auch zur Gesamtheit herzustellen.“[13]

Grundsätzlich wird die biographische Methode in der vorliegenden Untersuchung weder über- noch unterschätzt, sondern als ein pragmatisch orientierter und instrumenteller Rückgriff auf biographische Gesamtkonstruktionen verwendet, um personale und soziale Konstituenten der Identitätsbildung in ihrer zeitlichen Entwicklung abbilden zu können. Daher erhebt der methodische Rahmen dieses Forschungsbeitrages (Biographieforschung und Gruppendiskussionen) keineswegs den Anspruch, das Problem ethnisch-nationaler Konflikte und der ethnisch-nationalistischen Einstellungsprofile, Orientierungen und Lebensentwürfe von rechts-nationalistisch eingestellten „türkischen“ Jugendlichen zu individualisieren bzw. zu personalisieren.

8.1.2 Migrationsforschung und biographische Perspektive

Innerhalb der Migrationsforschung hat die biographische Perspektive in den letzten Jahren an Gewicht gewonnen.[14] Dies ist insbesondere auch

12 Vgl. dazu Jürgen Link: Die Analyse der symbolischen Komponenten realer Ereignisse. Ein Beitrag der Diskurstheorie zur Analyse neorassistischer Äußerungen. In: Siegfried Jäger/Franz Januschek (Hg.): Der Diskurs des Rassismus. Oldenburg 1992, S. 37-52.

13 Winfried Marotzki: Qualitative Biographieforschung. In: Uwe Flick/ Ernst von Kardorff/Ines Steinke (Hg.): Qualitative Forschung. Ein Handbuch, Reinbek 2003, S.179.

14 Vgl. Peter Ahlheit: Biographizität als Projekt. Der ‚biographische Ansatz‘ in der

aus den in den letzten Jahren veröffentlichten Untersuchungen, Forschungsbeiträgen, Analysen u.ä. zu entnehmen.[15] Zweifelsohne ist die Suche nach „Zugehörigkeit" auch eng an die biographische Arbeit gekoppelt, die sich „auf die Rekonstruktion eines symbolischen Raumes reflexiver Traditionalität bezieht, auf deren Hintergrund erst die Möglichkeit entsteht, als Migrant oder Migrantin den eigenen Platz in der neuen Gesellschaft zu bestimmen."[16]

Dabei ist ebenso zu bemerken, dass Biographien von Migranten unter unterschiedlichen Perspektiven – meist unter Bildungs- und Berufskarrieren, Identitäts- und Integrationsprozessen, Remigration und Alter – untersucht werden. Allerdings zeigen sich gerade in der biographisch orientierten Migrationsforschung die Akzentuierungen der allgemeinen Migrationsforschung im besonderen Maße, weil insbesondere junge Migranten – hier vor allem junge türkischsprachige Mädchen und Frauen – Gegenstand der empirischen Forschungen und biographischen Untersuchungen sind. Vor allem haben sich jüngste Forschungsbeiträge auch mit Einstellungen und Orientierungen von türkischsprachigen Migrantenjugendlichen auseinandergesetzt.[17]

Innerhalb des Samples biographisch orientierter Migrationsstudien sind vor allem diejenigen Forschungsbeiträge von empirischem und

---

Erwachsenenbildung, Bremen 1990; Ursula Apitzsch: Besser integriert und doch nicht gleich. Bildungsbiographien jugendlicher Migrantinnen als Dokumente widersprüchlicher Modernisierungsprozesse. In: Ursula Rabe-Kleberg (Hg.): „Besser gebildet und doch nicht gleich!" Frauen und Bildung in der Arbeitsgesellschaft, Bielefeld 1990, S. 197-217; ders.: Migration und Traditionsbildung. In: Ernst Karpf/Doron Kiesel (Hg.): Politische Kultur und politische Bildung. Jugendliche ausländischer Herkunft, Frankfurt/Main 1996, S. 11-30; ders. (Hg.): Biographie und Migration. Opladen 1997; ders.: Migration und Traditionsbildung, Opladen/Wiesbaden 1999.

15 Vgl. Beate Steinhilber: Grenzüberschreitungen: Remigration und Biographie. Frauen kehren zurück in die Türkei, Frankfurt/Main 1994; Wolfgang Seitter: Riskante Übergänge in der Moderne. Vereinskulturen, Bildungsbiographien, Migranten, Opladen 1999.

16 Ursula Apitzsch: Traditionalität, Ethnizität und biographische Arbeit in der Einwanderungsgesellschaft. In: Freudenberg Stiftung (Hg.): Junge Türken als Täter und Opfer von Gewalt – Tagungsdokumentation. September 2000, S. 62.

17 Vgl. Arnd-Michael Nohl: Jugend in der Migration: Türkische Banden und Cliquen in empirischer Analyse, Baltmannsweiler 1996; ders.: Migration und Differenzierung. Junge Einheimische und Migration im rekonstruktiven Milieuvergleich, Opladen 2001; Georg Auernheimer: Jugendliche türkischer Herkunft in der Bundesrepublik Deutschland – Ethnizität, Marginalität und interethnische Beziehungen. In: a.a.O., Opladen 1990; Nicola Unger: Alltagswelten und Alltagsbewältigung türkischer Jugendlicher, Opladen 2000.

theoretischem Interesse, die Lebensläufe von Migranten nicht nach dem Defizitschema (Modernisierungsgefälle, Kulturgefälle) interpretieren und nach entsprechenden pädagogischen Betreuungskonsequenzen fragen, sondern sich für die Potenziale solcher Lebensläufe interessieren, die häufig „quer zu den Normalbiographien aufsitzenden Laufbahnstrukturen liegen."[18]

Diesem kritischen Standpunkt schließt sich auch Ursula Apitzsch an: „Wird die Migrationsbiographie in diesem Sinne als eine Praxis verstanden, die der Wirklichkeit globalisierter Gesellschaften nicht hinterher hinkt, sondern sie strukturell avantgardistischer bearbeitet als dies üblicherweise in der Lebenspraxis autochtoner Bevölkerungsteile geschieht, kann auch nicht länger an der Vorstellung festgehalten werden, dass Migration als eine Art von Notstandspraxis zu diskutieren sei. Die biographische Analyse stellt sich dann auch nicht mehr als Kultur- oder Modernitätsvergleich dar, sondern als Rekonstruktion und Aufweis der Notwendigkeit und Möglichkeit der (Re-)Implementation innovativer sozialer Praxen sowie der Installation von Arbeitsbündnissen zum Zwecke der reflexiven Bearbeitung der sozialen Kosten solcher Innovationen."[19]

Die vorliegende Arbeit schließt im doppelten Sinn an diese Themenstränge jugendpolitischer, -soziologischer und -pädagogischer Biographieforschung und biographisch orientierter Migrationsforschung an. Sie stellt einerseits erzählte Lebensgeschichten von jungen türkischsprachigen Migranten (anhand der Biographiegespräche und der Gruppengespräche) dar und versucht, die subjektiv bedeutsamen Gründe und Faktoren für Reethnisierung, Renationalisierung und den Einfluss von ethnisch-nationalistischen Orientierungen innerhalb der türkischsprachigen Migrantenjugendlichen sowie die damit verbundenen Strategien der Selbst- und Fremdethnisierung, der Auseinandersetzung mit eigenen Identitätsentwürfen zu rekonstruieren.

Ein wesentliches Charakteristikum von Migrantenbiographien besteht darin, dass sie gesellschaftstheoretisch in gesteigertem Maße „riskante Biographien"[20] sind, d.h. sie verkörpern in gesteigertem Maße allgemeine

18 Ursula Apitzsch: Migration und Erwachsenenbildung. In: Werner Lenz (Hg.): Modernisierung und Erwachsenenbildung, Wien u.a. 1994, S. 72.

19 Ursula Apitzsch: Traditionalität, Ethnizität und biographische Arbeit in der Einwanderungsgesellschaft, a.a.O., S. 63.

20 Vgl. Ursula Apitzsch: a.a.O., September 2000, S. 63: „Migrationsbiographien könnten in diesem Zusammenhang auch als in gesteigertem Maße durch Risiko

Signaturen wie Ungewissheit, Unsicherheit, Nicht-Wissen und Risiko. Durch ihren Bezug auf zwei verschiedene Gesellschaften und Kulturen verfügen sie über eine Vervielfältigung von Handlungs- und Deutungsalternativen, sie sind ständig konfrontiert mit bereits realisierten anderen Möglichkeiten sozialer Ordnung.

Ein weiteres Charakteristikum scheint zu sein, dass Migrantenbiographien oft in ein vielfältiges Institutionsnetz eingebunden sind, das aus unterschiedlichen Perspektiven Einfluss auf die Migrationsverläufe zu nehmen versucht: das Heimatland über Institutionen wie Botschaften, Konsulate, politische Parteien, religiöse Einrichtungen und Vereinigungen, das Aufnahmeland über einwanderungs-, ordnungs- und arbeitsrechtliche Behörden wie Ordnungsamt, Arbeitsamt, Polizei sowie über Einrichtungen sozialpolitischer Betreuung wie Wohlfahrtsverbände usw. Zwischen beiden Institutionen steht ebenso das eigenethnische Vereins- und Organisationswesen als biographisch bedeutsamer Erlebnisort von Migrationserfahrung. In vielen Fällen übernehmen diese eigenethnischen Vereine und Organisationen auch die Funktion einer Lobbyorganisation, um die politischen und sozialen Interessen des Herkunftslandes im Aufnahmeland zu stabilisieren. Manche dieser in Deutschland aktiven Migrantenorganisationen – insbesondere der türkischsprachigen Verbände – haben ihren politischen Ursprung im Heimatland und sind in Deutschland als Ableger dieser politischen Bewegungen oder Parteien tätig.[21] So prägen sich rechtsextrem-nationalistisch orientierte türkische Dachverbände als Netzwerke zur Vermittlung von nationalistisch-islamistischen Werten, Identitäten und zur politischen Mobilisierung der türkischsprachigen Community.

---

gekennzeichnete Biographien verstanden werden, in denen Vorgriffe auf universalisierte gesellschaftliche Anforderungen an moderne Biographien schlechthin geleistet wurden."

21 Die türkisch rechtsextrem-nationalistische Organisation ADÜDTF/Türk Federasyon versteht sich als Ableger der MHP (Nationalistischen Bewegungspartei) in der Türkei, die Avrupa Nizam-i Alem Federasyonu/ANF dagegen als politischer Flügel der BBP (Große Einheitspartei), eine Abspaltung aus der MHP. Vgl dazu Özcan Ertekin: Türkische Immigrantenorgnisationen in der Bundesrepublik Deutschland. Die Entwicklung politischer Organisationen und politischer Orientierung unter türkischen Arbeitsmigranten in der Bundesrepublik Deutschland und Berlin West, Berlin 1992; Thomas Lemmen: Islamische Organisationen in Deutschland, Bonn 2000, S. 53ff.; Nils Feindt-Riggers/Udo Steinbach: Islamische Organisationen in Deutschland. Eine aktuelle Bestandsaufnahme und Analyse, Hamburg 197, S. 25f.

8.2 Erhebungsmethode I: Qualitatives und narratives Interview

Grundsätzlich lassen sich zwei Grundtypen von Interviews unterscheiden: das quantitative und das qualitative Interview.[22] Während das quantitative Interview stark strukturiert ist und aus standardisierten (Fragen: Ein-Satz-Struktur) Fragen besteht, die im Idealfall durch statistische Verfahren quantitativ (Prozentränge) ausgewertet werden, zielt das qualitative Interview nicht auf die Überprüfung vorab festgelegter Hypothesen, sondern auf die „Exploration eines bestimmten, wissenschaftlich wenig erschlossenen Forschungsfeldes."[23]

Die offen strukturierten Fragen dieser Erhebungsmethode erlauben „zumindest der Intention nach – den Befragten einen breiten Spielraum der Strukturierung und Äußerung subjektiver Deutungen."[24]

Zentrales Ziel des qualitativen Interviews ist das Verstehen (die Rekonstruktion) von subjektiven oder objektiven Sinnstrukturen. Unabhängig von der Zuordnung eines Interviews zum quantitativen oder zum qualitativen Typ sieht sich jedes Interviewverfahren mit einigen grundsätzlichen Problemen konfrontiert: Die Situation des Interviews stellt eine soziale Beziehung bzw. Interaktion mit festgelegten Rollen (Fragender / Befragter) her. Die Reichweite des qualitativen Interviews bleibt begrenzt. Allerdings liegen die Vorteile des qualitativen Interviews darin, dass der komplexe Untersuchungsgegenstand über die hochgradig subjektiv besetzten verbalen Daten (narrative Konstrukte) der interviewten Jugendlichen anschaulich wird und als „Rohmaterial" der inhaltlichen Phänomenanalyse angetragen werden kann.[25]

Im Mittelpunkt des empirischen Teils dieser Untersuchung steht zunächst als eine Variante der qualitativen Interviewverfahren das soge-

---

22 Vgl. Christel Hopf/Elmar Weingarten (Hg.): Qualitative Sozialforschung. Stuttgart 1993, S. 77ff; Erwin K. Scheuch: Das Interview in der Sozialforschung. In: René König (Hg.): Handbuch der empirischen Sozialforschung. Bd. 2: Grundlegende Methoden und Techniken. 1. Teil, Stuttgart 1973, S. 66-190; Arnulf Deppermann: Gespräche analysieren, Opladen 2001.

23 Christel Hopf: Die Pseudo-Exploration-Überlegungen zur Technik qualitativer Interviews in der Sozialforschung . In: ZfS, 2, 1978, S. 99.

24 dies.: a.a.O., ebd.

25 Vgl. zu diesem Problem Hartwig Berger: Untersuchungsmethode und soziale Wirklichkeit. Eine Kritik an Interview und Einstellungsmessung in der Sozialforschung, Frankfurt/Main 1974; Karl Otto Apel (Hg.): Neue Versuche über Erklären und Verstehen, Frankfurt/Main 1978.

nannte biographische Interview,[26] in dem die Befragten den Gesprächsgegenstand selbst unter retrospektiven, aber auch prospektiven biographischen Aspekten in freier Darstellung interpretieren. Dabei ist nochmals darauf hinzuweisen, dass die biographische Aussage auf zwei unterschiedlichen Zeitebenen, nämlich der Lebenszeit und der Erzählzeit, zu betrachten ist. Hierbei geht es einerseits darum, die „biographische Bedeutung" der dargestellten Erlebnisse oder einer Lebensphase im Kontext des erlebten Lernens zu betrachten. Andererseits können jedoch auf der Ebene der erzählten Geschichte die biographischen Erlebnisse und Lebensphasen im biographischen Interview interpretiert und analysiert werden. Die Interviewten der peer-group liefern also selbst Deutungsmuster des Untersuchungsgegenstandes; Inhalt, Form und Relevanz dieses Interviewthemas werden damit vom Kontext aktueller, alltäglicher Lebensbewältigung und Lebensgestaltung markiert, d.h. von der biographischen Identität der Befragten her subjektiv bestimmt.

Zusammenfassend ist zu betonen, dass Arbeit keineswegs den Anspruch erhebt, im Rahmen der Biographieforschung und Gruppendiskussionen eine Individualisierung des Themenkomplexes anzustreben. Ferner geht es darum, durch die Instrumente wie Biographieforschung und Gruppendiskussionen Einstellungsprofile, Orientierungen und Lebensabschnitte von türkischsprachigen Jugendlichen zu erheben, die unter Einfluss ethnisch-nationalistischer Konstrukte stehen. Dabei hat diese Arbeit das Ziel, durch eine sozial- und politikwissenschaftlich geprägte Ursachenforschung kausale Zusammenhänge herzustellen und diese für neue Diskurse und Diskussionen zu öffnen.

8.2.1 Zur Rolle des narrativen Interviews im Rahmen der Biographieforschung

Bei der Methode des narrativen Interviews handelt es sich in erster Linie um eine Analyse zur Beobachtung der „Differenz von Narrationen und Leben in der Einheit der aktualsprachlichen Selbstpräsentation. (…) Das heißt, die Unterscheidung von erzähltem und erlebtem spielt bei der Rekonstruktion eine wesentliche Rolle."[27]

---

26 Vgl. zur Methodik dieses Erhebungsinstrumentes bei Manfred Küchler: Qualitative Sozialforschung. Modetrend oder Neuanfang? In: KZfSS, 32, 1980, S. 373ff; vgl. auch Heidi Krüger: Überlegungen zur Rekonstruktion sozialer Wirklichkeit aus der Sicht der Betroffenen. In: SW, 34, 1983, S. 90 ff.

27 Gabriele Rosenthal/Wolfram Fischer-Rosenthal: Analyse narrativ-biographischen Interviews. In: Uwe Flick/Ernst von Kardorff/Ines Steinke (Hg.): Qualitative

Im Gegensatz zu anderen Interviewverfahren geht es beim narrativen Interview darum, dass die Interviewten eine Ordnung in die Darstellung ihrer Biographien bringen. Die Interviewten selber bilden dabei die Kette der Verknüpfung ihrer Erzählungen, die sich aus dem Erleben ihrer Lebensgeschichte ergibt.

Gabriele Rosenthal hebt folgende Punkte hervor, die im Rahmen des narrativen Interviews berücksichtigt werden sollten:

„1) Raum zur Gestaltentwicklung;
2) Förderung von Erinnerungsprozessen;
3) Förderung und Verbalisierung heikler Themenbereiche;
4) eine zeitlich und thematisch offene Erzählaufforderung;
5) aufmerksames und aktives Zuhören;
6) sensible erzählgenerierende Nachfragen;
7) Hilfestellungen beim szenischen Erinnern.“[28]

In Anlehnung an die oben genannten Kriterien stellt sich das narrative Interview als eine ausführliche und ungestörte autobiographische Stegreiferzählung dar und bringt die Prozessstrukturen, Themenschwerpunkte und die Präsenz der Lebenserfahrungen im Augenblick der aktuellen Vergegenwärtigung zum Ausdruck.[29]

Von Bedeutung ist in diesem Zusammenhang auch das von Christa Hoffman-Riem diskutierte Prinzip der Kommunikation: „Das Prinzip der Kommunikation besagt, daß der Forscher den Zugang zu bedeutungsstrukturierten Daten im allgemeinen nur gewinnt, wenn er eine Kommunikationsbeziehung mit dem Forschungsobjekt eingeht und dabei das kommunikative Regelsystem des Forschungssubjekts in Gel-

Forschung. Ein Handbuch, Reinbek bei Hamburg 2003, S. 460; vgl. auch Wolfram Fischer-Rosenthal/Gabriele Rosenthal: Narrationsanalyse biographischer Selbstpräsentationen. In: Ronald Hitzler/Anne Honer (Hg.): Sozialwissenschaftliche Hermeneutik, Opladen 1997, S. 133-164. Fischer Rosenthal & Rosenthal haben zur praktischen Auswertung der narrativen Interviews folgende Arbeitsschritte entwickelt: 1. Analyse der biographischen Daten (Ereignisdaten); 2. Text- und thematische Feldanalyse (sequenzielle Analyse der Textsegmente des Interviews – Selbstpräsentation); 3. Rekonstruktion der Fallgeschichte (erlebtes Lernen); 4. Feinanalyse einzelner Textstellen; 5. Kontrastierung der erzählten mit der erlebten Lebensgeschichte; 6. Typenbildung.

28 Gabriele Rosenthal: Erlebte und erzählte Lebensgeschichte. Gestalt und Struktur biographischer Selbstbeschreibungen, Frankfurt/Main 1995, S. 187.

29 Vgl. Barbara Friebertshäuser/Annedore Prengel (Hg.): Handbuch Qualitative Forschungsmethoden in der Erziehungswissenschaft, Weinheim/München 1997, S. 387.

tung lässt."[30] Hinzufügend geht das „Prinzip der Offenheit" davon aus, dass theoretische Strukturierungen des Forschungsgegenstandes zurückgestellt werden, bis sich die Strukturierung des Forschungsgegenstandes durch die Forschungsobjekte herausgebildet hat.[31]

Kritisch setzt sich Rosenthal auch mit dem „Prinzip der Kommunikation" auseinander und weist ausdrücklich darauf hin, dass die kommunikative Alltagskommunikation zum Führen eines narrativen Interviews nicht ausreiche. Dabei muss der Interviewer in der beschriebenen Interviewform einerseits zurückhaltend und aufmerksam zuhören und andererseits sensible, erzählgenerierende Fragen formulieren können.[32] Eine wichtige Stütze und wirksame Methode bildet dabei die von Fritz Schütze entwickelte Form des narrativen Interviews:

> „Das autobiographische narrative Interview erzeugt Datentexte, welche die Ereignisverstrickung und die lebensgeschichtliche Erfahrungsaufschichtung des Biographieträgers so lückenlos reproduzieren, wie das im Rahmen systematischer sozialwissenschaftlicher Forschung überhaupt möglich ist. Nicht nur der ‚äußerliche' Ereignisablauf, sondern auch die ‚inneren Reaktionen', die Erfahrungen des Biographieträgers mit den Ereignissen und ihre interpretative Verarbeitung in Deutungsmustern, gelangen zur eingehenden Darstellung. Zudem werden durch den Raffungscharakter des Erzählvorgangs die großen Zusammenhänge des Lebenslaufs herausgearbeitet, markiert und mit besonderen Relevanzsetzungen versehen."[33]

Schützes Interviewtechnik basiert auf der Annahme, dass jedes Individuum über die Fähigkeit zur Narration[34] verfügt. Nach Schütze resultiert hieraus ein Erzähltext, der den sozialen Prozess der Entwicklung und die Wandlung einer biographischen Identität kontinuierlich aus dem Methodenzugriff oder den theoretischen Voraussetzungen des Forschers darstellt.

---

30 Christa Hoffmann-Riem: Die Sozialforschung einer interpretativen Soziologie. Der Datengewinn. In: KZfSS, 32/1980, S. 346 f.

31 Vgl. ebd., S. 343 f.

32 Vgl. Gabriele Rosenthal: a.a.O., Frankfurt/Main 1995, S. 186.

33 Fritz Schütze: Biographieforschung und narratives Interview. In: Neue Praxis – Kritische Zeitschrift für soziale Arbeit und Sozialpädagogik, Heft 3, 1983, S. 283f.

34 Vgl. Fritz Schütze: Die Technik des narrativen Interviews in Interaktionsfeldstudien – dargestellt an einem Projekt zur Erforschung von kommunalen Machtstrukturen, Bielefeld 1977, S. 51.

8.2.2 Die Technik und Durchführung des narrativen Interviews

Im Regelfall lässt sich das narrative Interview in drei Phasen aufteilen. Daneben sind die Phasen des Vor- und Nachgesprächs zu beachten. Die Erfahrung hat gezeigt, dass die Interviewsituation selbst abhängig davon ist, wie die Vorgespräche durchgeführt wurden. Bei der ersten Kontaktaufnahme sollte das Interesse an bestimmten Themen, als einer der Schwerpunkte erläutert sowie die äußeren Bedingungen für das Interview klargestellt werden. Dies bezieht sich auf den Ort, den Tag, die Dauer, anwesende Personen usw. In den Vorgesprächen gilt es vor allem das ‚Wie' des Interviews mit den Interviewten abzuklären. Für viele Biographen ist es eine neue Erfahrung, in einem Interview nicht mit vorgegebenen Fragen seitens des Interviewers konfrontiert zu werden. Dabei ist es wichtig zu erklären, dass die individuellen Relevanzen des Erlebens und Erfahrens der Interviewten, dem Interviewer nicht bekannt sein können.

Zu Beginn muss geklärt werden, dass das Interview auf Tonband aufgezeichnet und anschließend transkribiert wird. Auf Aspekte der Anonymisierung wird dabei auch eingegangen. Ebenfalls sollte im Vorhinein geklärt werden, dass die Interviewer sich während der Erzählung der Biographien Notizen machen werden, die die Basis für den im Anschluss an die Haupterzählung folgenden Nachfrageteil bilden sollen.

Das eigentliche Interview gliedert sich, wie oben angegeben, in drei Teile und beginnt mit einer offenen Erzählaufforderung, die zur Darstellung der selbststrukturierten Lebensgeschichte führt. Rosenthal betont die Wichtigkeit der Offenheit der Erzählaufforderung folgendermaßen: „Entscheidend beim biographisch-narrativen Interview ist, daß der Autobiograph zunächst mit einer relativ allgemein gehaltenen Erzählaufforderung um die Erzählung seiner Lebensgeschichte (...) gebeten wird."[35]

Weiterhin ist es wichtig, dass die Interviewer die Interviewten während der Haupterzählung nicht unterbrechen, damit die begonnene Darstellung der eigenen Lebensgeschichte in Ruhe zu Ende gebracht werden kann. Auf diese Weise wird sichergestellt, dass die Interviewten sich in ihre Erfahrungen begeben, vergangene Anstände, Höhe- und Wendepunkte erzählen. So wird dann die Lebensgeschichte mit Hilfe von Ordnungsprinzipien erzählt. Die Haupterzählung wird meist abgeschlossen durch eine „Erzählkoda", also eine Äußerung, die das Ende der Erzählung signalisiert, wie z.B „Ja, das wär's eigentlich".

35 Gabriele Rosenthal: a.a.O., Frankfurt/Main 1995, S. 187.

Hierauf folgt die Nachfragephase durch den Interviewer. Anhand des Stichwortzettels, den die Interviewer während des Erzählens der Haupterzählung erstellt haben, gilt es nun in chronologischer Reihenfolge Themen, die den Interviewten bisher unklar geblieben sind oder die im Gespräch angedeutet wurden, zu vertiefen. Die Nachfragen haben zugleich die Funktion eines „Abtastens“ von Annahmen, die sich den Biographen möglicherweise in der Phase der Haupterzählung aufdrängten. Bereits beim Zuhören entwickeln die Interviewer Vermutungen darüber, warum die Biographen bestimmte Themenbereiche und Erlebnisse unerwähnt lassen oder im gegenteiligen Fall besonders hervorheben. Auch dabei ist darauf zu achten, dass die Interviewer die Interviewten einfühlsam fragen, damit das Relevanzsystem der Interviewten nicht aufgehoben wird.

Im dritten Teil des Interviews werden erzählexterne Nachfragen gestellt, die wiederum, aus oben genannten Gründen, erzählgenerierend gehalten sein sollen. Diese Phase gibt dem Interviewer die Gelegenheit, spezielle Fragen zu Ihrer Thematik oder zu zuvor nicht erwähnten Themen seitens der Interviewten zu stellen. So kann es beispielsweise während des Interviews zu Erzählungen kommen, die z.B. das Elternhaus in einem ganz bestimmten Licht darstellen. Da aber die soziale Wirklichkeit nie so einseitig ist, wie sie möglicherweise von den Interviewten dargestellt wurde, besteht hier die Möglichkeit danach zu fragen.

In der letzten Phase des Interviews, nach dem Abschalten des Tonbandes, kann die Befindlichkeit der Interviewten mit einem „Wie geht es Ihnen jetzt?“ ernst genommen und abgefragt werden. Die Biographen sind, der Erfahrung nach, nach dem Interview meist erschöpft und die Frage hilft Ihnen zu thematisieren, ob das Interview für sie anstrengend war oder was sie während des Interviews empfunden haben. Häufig erfolgt auch die Frage, seitens der Interviewten, ob die Interviewer mit den erhaltenen Daten etwas anfangen können. Dazu ist zu bemerken, dass es bei einem narrativen Interview keinerlei Bewertungskriterien im Sinne eines allgemein verbindlichen Maßstabes gibt, weil die Interviewten die Relevanzen selber vorgeben. Im Anschluss an das Interview muss die Tonbandaufnahme transkribiert werden, bevor das Interview analysiert werden kann.

8.3 Erhebungsmethode II: Gruppendiskussion

Eine weitere qualitative Erhebungsmethode, die einen Zugang zur Wirklichkeitskonstitution der türkischsprachigen Jugendlichen bieten kann, ist das Gruppeninterview bzw. die themenorientierte Gruppendiskussion.[36]

Die Interaktion zwischen Interviewer und Interviewpartner ist in diesen Fällen in eine Kommunikationsform transformiert, die als Gespräch in der Gruppe bei bestimmten Themen besser den alltäglichen Bedingungen entspricht als eine exklusive Interviewsituation im Vier-Augen-Gespräch.

Die Gesprächssituation in der Gruppe ist auch deshalb „natürlicher", weil die Rückkoppelung und Interpretation einzelner Gesprächsbeiträge durch die Teilnehmer wesentlich vielfältiger und vermutlich auch realitätsnäher vonstatten geht. Neben Vorteilen der Gruppendiskussion (dem Alltagsdiskurs verwandte Erhebungssituationen mit Aktualisierung tiefer liegender Meinungen, spontanen, impulsiven Reaktionen, dynamische Bild von einzelnen Teilnehmern!) zeitigt diese Form der Erhebungsmethode auch Nachteile.[37]

Ins Gewicht fallen in diesem Zusammenhang: unvollständige Datenmatrix infolge unterschiedlicher Beteiligung am Gruppengespräch; Nichtbeteiligung (‚Schweigen') einzelner Probanden; soziale und sprachliche Barrieren; komplexe, d.h. schwer zu bewertende gruppendynamische Gesetzmäßigkeiten hinsichtlich des Gesprächsverlaufs; Rolle des Moderators (Diskussionsleiter). Dennoch kann - unter Vorbehalten - die Gruppendiskussion als ein wichtiges Instrument bzw. eine qualitative Methode verwendet werden, um Einstellungsmuster, Identifikationsmerkmale, politische Meinungen von Individuen und Gruppen zu einem vorgegebenen Themenkomplex zu erheben.

Die geschichtliche Herausprägung des Gruppendiskussionsverfahrens in der Bundesrepublik Deutschland stützt sich eng an die zeitgeschichtlichen Phasen der Entwicklung der qualitativen empirischen Sozialfor-

---

36 Vgl. Ralf Bohnsack: Rekonstruktive Sozialforschung. Einführung in Methodologie und Praxis qualitativer Methoden. Opladen 1999; ders.: Gruppendiskussion. In: Uwe Flick/Ernst von Kardorf/Ines Steinke (Hg.): Qualitative Forschung. Ein Handbuch. Reinbek bei Hamburg 2003, S. 369ff.; Peter Loos/Burkhard Schäffer: Das Gruppendiskussionsverfahren. Theoretische Grundlagen und empirische Anwendung, Opladen 2000; Arnd-Michael Nohl: Jugend in der Migration. Türkische Banden und Cliquen in empirischer Analyse, Baltmannsweiler 1996.

37 Vgl. dazu Werner Mangold: Gegenstand und Methode des Gruppendiskussionsverfahrens. Frankfurt/Main 1960, S. 19ff; vor allem aber Werner Mangold: Gruppendiskussion. In: René König (Hg.): Handbuch der empirischen Sozialforschung, Bd. 1. Stuttgart 1967, S. 209ff; Peter Loos/Burkhard Schäfer: Das Gruppendiskussionsverfahren, Opladen 2001.

schung. So findet die Gruppendiskussion (auch: Fokusgruppeninterview/Gruppeninterview) als Methode der Sozialwissenschaft im deutschsprachigen Raum vor allem in der Markt- und Meinungsforschung, jüngst auch im Rahmen diskurs- und rezeptionsanalytischer Untersuchungen ihre Verwendung.[38] In jüngster Zeit verzeichnet man auch im angelsächsischen Raum ein großes Interesse an der Verwendung des Gruppendiskussionsverfahrens in der Forschungspraxis.[39]

8.3.1 Grundkonzeption der Gruppendiskussion

Das Grundkonzept der Gruppendiskussion besteht darin, „eine nach theoretischen Vorgaben ausgewählte Gruppe (‚theoretical sampling') von idealerweise fünf bis zwölf Personen zu einem vorgegebenen Thema zu befragen und diskutieren zu lassen. Das Gespräch wird moderiert von einem Leiter/einer Leiterin, der/die ordnet, zusammenfasst, auf eine ausgewogene Gesprächsbeteiligung achtet, in lockerer Form spezifische Fragen anbringt und vor allem die GesprächsteilnehmerInnen zu Äußerungen motiviert."[40]

8.3.2 Praktische Durchführung des Gruppengesprächs

Aus praktischer Sicht wird das Gruppengespräch in folgenden Schritten durchgeführt: Vorerst wird mit einer peer-group (in diesem Falle mit türkischsprachigen Jugendlichen und jungen Mitgliedern von türkisch-nationalistischen Vereinigungen) ein Termin vereinbart, an dem sich die gesamte Gruppe zum Gespräch versammelt. Als Orte dieser Gruppengespräche wurden zurückgreifend auf die Zielsetzung dieser Studie türkisch-nationalistische Vereine und Verbände ausgewählt.

Im Anschluss daran wird der formale Verlauf des Gruppengesprächs von den Interviewern erklärt. Es wird insbesondere darauf hingewiesen, dass das Gespräch anonymisiert bleibt. Weiterhin wird erklärt, dass die Jugendlichen in dem Gespräch aus ihren eigenen Lebenserfahrungen sowie Lebenswelten erzählen sollen und den Verlauf des Gesprächs auch

38 Vgl. Siegfried Lamnek: Qualitative Sozialforschung. Bd. 2, München 1989, S. 121ff.

39 Vgl. Ralf Bohnsack: Gruppendiskussion. In: Uwe Flick/Ernst von Kardorff/ Ines Steinke (Hg.): Qualitative Sozialforschung – Ein Handbuch, Reinbek bei Hamburg 2003, S. 369.

40 Peter A. Bruck/Günther Stocker: Die ganze normale Vielfältigkeit des Lesens. Zur Rezeption von Boulevardzeitungen, Münster 1996, S. 46 (Die Untersuchung von Bruck/Stocker bezieht sich auf Lesegewohnheiten, d.h. auf die Rezeptionsanalyse von Printmedien).

mitprägen bzw. auch selbst bestimmen können. In der Regel wird in die Diskussion erst dann eingegriffen, wenn die Gruppe keinen eigenen Gesprächsstoff mehr findet.

Zu Beginn des Gruppengesprächs kommt die erste Frage häufig von Seiten des Interviewers. Dadurch soll überhaupt die Diskussion erst angeregt werden. Vor allem in dem Moment, wo die Gruppenmitglieder sich gegenseitig steigern und die Gruppendiskussion eine besondere dramaturgische und metaphorische Dichte gewinnt, aktualisiert die peergroup zentrale Aspekte ihres konjunktiven Erfahrungsraums.[41]

Das Gruppengespräch wird schließlich auf ein Tonband aufgezeichnet, um die transkribierten Gespräche mit unterschiedlichen qualitativen Verfahren (z.B. Inhaltsanalyse, Dokumentarische Interpretation)[42] auswerten zu können. In der Analyse von Gruppendiskussionen sind vornehmlich zwei methodologische Prinzipien zu beachten:

> „...die strukturelle Übereinstimmung der Erhebungssituation mit Alltagssituationen, in denen der Forschungsgegenstand relevant ist und die systematische Verfremdung des Themas. Das erste Prinzip erfordert, daß die untersuchten Gruppen in sich homogene, auf Praxiserfahrungen beruhende Kommunikationsgemeinschaften darstellen, und daß die Forscher sich in den Kommunikationsstil der Gruppe einfühlen (...). Desweiteren soll die Gruppe von dem gestellten Thema betroffen sein und ein Interesse haben, es zu bearbeiten, schließlich müssen die Forschungsziele mit den Gruppeninteressen verknüpft werden können." (Ute Volmerg: Guppendiskussion als Erhebungsinstrument der Sozialforschung. In: Zeitschrift f. Sozialpsychologie, II: Beiheft, März 1989, S. 11)

8.4 Interviewschema: Empirische Konstruktion der Gruppengespräche und der biographischen Interviews

In der Durchführung und Realisierung der narrativen Interviews und der Gruppendiskussionen ist zu berücksichtigen, dass eine auf Problemen und Einstellungsprofilen konzentriertes Interview bzw. Gruppendiskus-

41 Vgl. Ralf Bohnsack: Rekonstruktive Sozialforschung – Einführung in Methodologie und Praxis qualitativer Forschung, Opladen 2000, (4. Auflage), S. 46.

42 Vgl. zum inhaltsanalytischen Auswertungsverfahren bei Jürgen Friedrichs: Methoden empirischer Sozialforschung, Reinbek 1982, S. 315ff.; Vgl. zur dokumentarischen Interpretation Ralf Bohnsack: Generation, Milieu und Geschlecht, Opladen 1989.

sion für die türkischsprachigen Migrantenjugendlichen eine außergewöhnliche Gesprächssituation darstellt, die unter Umständen spezielle Folgewirkungen auf das Gesprächsverhalten der Befragten haben kann. So haben Franz Hamburger et al.[43] die besonderen, ethnomethodologischen Implikationen des narrativen Interviews in Bezug auf die qualitative Sozialforschung in ihren Forschungsbeiträgen hervorgehoben.

In diesem Sinne werden sowohl die narrativen Interviews als auch die Gruppendiskussionen als besondere Formen der sozialen Interaktion dargestellt:

- Verzerrung der Ergebnisse und Orientierung an „sozialer Erwünschtheit“?
- Beeinflussung durch Aufzeichnungstechniken?
- Steuerung durch den Interviewer (Themen im Fragebogen, Leitfaden, Nachfragen, Unterbrechungen u.ä.)
- Beziehung zwischen Befragten und Interviewer?
- Kommunikationsdifferenzen (Kompetenz, Fremdsprache, Jargon, Dialekt)?
- Offene Fragen – offene Antworten? (Interpunktionen des Befragten als Bezugsrahmen: Kann er selbst zeigen, was für ihn in welcher Weise und in welchem Kontext relevant ist? Oder Strukturierungen der Realität durch Gesichtspunkte des Interviewers? Symbolsysteme?)
- Retrospektive subjektive Uminterpretation von Ereignissen durch den Befragten?
- Subjektive Alltagstheorien des Forschers als endgültige Interpretationen?[44]

a. Standardisierte Fragen

Die standardisierten Fragen dienen der Erfassung jener biographischen Daten und Merkmale der Klientel, die für die diskursanalytische und textsemantische Bearbeitung und Auswertung des themenzentrierten Gruppengesprächs bedeutend und insofern unverzichtbar sind.

Gruppendiskussion umfasst in seinem Auftaktssegment eine Reihe von Fragen, die sich auf die oben genannten Themenbereiche des Gesprächsleitfadens konzentrieren.

---

43 Vgl. Franz Hamburger/Lydia Seus/Otto Wolter: Zur Delinquenz ausländischer Jugendlicher. Bedingungen der Entstehung und Prozesse der Verfestigung, Wiesbaden 1981.

44 Nicola Unger: a.a.O., Opladen 2000, S. 129.

Themengebiete des Gesprächsleitfadens

1. Lebensdaten Politisches Modell/ Soziologisches Modell	*Sozialbiographische Lebensdaten:* Lebensdaten der Personen und der Familie; Grundbedingungen des sozialen Status (→ familiäre Situation; beruflich-berufsbezogene Position; Schulbiographie / Perspektive; Migration)
2. Individuelle Attribuierungen	*Individuelle Attribuierungen der Lebenssituation:* Klima von Rückhalt im Alltag: Familie, Freunde, Kollegen – Bewertung der primären Sozialkontakte und Interaktionsformen außerhalb der Familie und des Freundeskreises
3. Politische Einstellungen und Aktivitäten	*Politische Einstellungen und Profile:* Politische Einstellungen; Vereins- und Organisationsbezogene politische Aktivitäten: Wie werden Jugendliche angesprochen; wie sieht die Arbeit in der politischen Jugendgruppe aus; was wird Jugendlichen angeboten u.ä.
4. Identität und Identitätsmerkmale	*Identitäts- und Identifikationsmerkmale:* Identitätssuche und Identitätsbildung bei türkischsprachigen Migrantenjugendlichen; Mit welcher Identität sind „türkische" Jugendliche konfrontiert (religiöse Bindungen, nationale Bindungen, kulturelle Bezüge); wie prägt sich das Türkisch-Sein; Verhältnis zur Türkei bzw. zum Heimatland; Selbstwert (Stärken und Schwächen)
5. Schulische und berufliche Lebenswelt	*Erfahrungen in Schule und Beruf:* Was für Erfahrungen machen türkischsprachige Jugendliche in Schule, Ausbildung und Beruf; derzeitige Schul- und Ausbildungssituation; Thematisierungen der türkischen Geschichte und Kultur, islamischer Traditionen; Schüler-Lehrer-Kontakt
6. Problembezogene Reflexionen	*Problembezogenheit:* Problembezogene Items: Deutschlandbild, Erfahrungen mit Rassismus in der sozialen Interaktion; Reaktionsmuster angesichts dieser Erfahrungen u.ä.

Die Frageblöcke zu den sechs Kernbereichen sind als Themenüberschriften festgelegt, können aber im biographisch-narrativen Interview beliebig behandelt werden. Dies hat zur Folge, dass dem Interviewten keine identischen Fragen vorgelegt werden. Die im biographisch-narrativen Interview und im Gruppengespräch dargelegten Sachverhalte werden auf Tonband aufgenommen, protokolliert und schließlich transkribiert. Die empirischen Ergebnisse des biographisch-narrativen Interviews werden schließlich analysiert und als narrative und gruppendynamische Fallrekonstruktionen in die wissenschaftliche Arbeit übertragen.

Sozialbiographische Lebensdaten der Personen und Familie

1. Wann und wo sind Sie geboren worden?
2. Seit wann wohnen Ihre Eltern in Deutschland?
3. Welche Staatsbürgerschaft besitzen Sie und Ihre Eltern?
4. Wie viele Geschwister haben sie?

Grundbedingungen des sozialen Status und individuelle Attribuierungen

5. Wie ist zurzeit Ihre schulische und berufliche Situation?
6. Wie schätzen Sie die Situation von sich und Ihrer Familie ein?
7. Glauben Sie, dass sich Ihre Situation in Deutschland langfristig verbessern oder verschlechtern wird? Welche Erwartungen haben sie an Deutschland?
8. Welche Kontakte haben Sie zu deutschen Jugendlichen?
9. Wie bewerten Sie Ihre private Lebenssituation?

Politische und organisationsbezogene Attribuierungen

10. Wie haben Sie die Bekanntschaft mit dem Verein gemacht?
11. Was für Aktivitäten und Dienstleistungen werden angeboten?
12. Was hat euch dazu bewogen, diesen Verein auszuwählen?
13. Wie stehen Sie zu politischen Aktivitäten?
14. Welchen politischen Einstellungen und Orientierungen fühlen sie sich nah?

Identitätssuche und Identifikationsmerkmale

15. Welcher Identität fühlen Sie sich in Deutschland nah?
16. Was bedeutet für Sie türkische Identität in Deutschland?
17. Was bedeutet für Sie die Aussage „Ich bin stolz, Türke zu sein“?
18. Was sind für Sie prägende Normen/Werte der türkischen Gesellschaft?
19. Wie sind Ihre Kontakte zur Türkei?

20. Nutzen Sie türkische Medien?
21. Bestünde die Möglichkeit, welche Partei würden Sie in der Türkei wählen?

Schulische und berufliche Lebenswelt

22. Was für Erfahrungen machen „türkische“ Jugendliche in der Schule?
23. Wie sieht der Kontakt zu deutschen Mitschülern aus?
24. Wie ist der Kontakt zu Lehrern?
25. Wie sieht Ihre Ausbildungssituation aus?
26. Was für Erfahrungen haben Sie in der Berufswelt gemacht?

Problembezogene Items

Man sieht es fast täglich im Fernsehen... man liest es in Zeitungen: Die Ausländerfeindlichkeit in der BRD ist ein großes Problem...

27. Haben Sie persönlich Erfahrungen in dieser Hinsicht gemacht? (Nennen Sie – wenn ja – einige Beispiele!)
28. *Wie reagieren Sie und Ihre Freunde auf das Problem des Rassismus?*
29. *Wie stehen Sie zur Integrationsfrage?*
30. *Fühlen Sie sich in Deutschland sicher?*
31. *Was kritisieren Sie am meisten an Deutschland?*
32. *Nutzen Sie deutsche Medien?*
33. *Bestünde die Möglichkeit, welche Partei würden Sie in Deutschland wählen?*

b. Input zum narrativen Interviewsegment

Die biographischen Interviews sind in ihrem zweiten Segment narrativ-offen strukturiert. Der Input in dieser zweiten Interviewphase orientiert sich an dem Bereich 6 (problembezogene Reflexionen: Erfahrungen von Rassismus in der alltäglichen sozialen Interaktion und Reaktionsmuster angesichts persönlich getätigter Erfahrungen und/oder im sozialen Nahbereich sich zutragender Ereignisse diskriminierender Qualität) des alltäglichen Rassismus und der reagierenden Handlungsmodi.

Der Input wird vom Interviewer gegeben: Kurzes Statement (Der Rassismus ist ein großes Problem in der BR Deutschland. Fernsehen und Presse berichten seit Jahren von Gewalttaten, Übergriffen und eine wachsende Ablehnung von Ausländern. Meine Frage lautet: Haben Sie persönlich dieses Problem hautnah erlebt? Stimmt das, was in den Medien berichtet wird?) Der Interviewer greift möglichst nicht ein, ‚moderiert‘ allenfalls durch Verständnis- oder Spielfragen („Nachfrage“).

Die zweite narrative Passage des Tiefeninterviews wird eingeleitet durch die Frage: Wie reagieren Sie, Ihre Familie und/oder Ihre Freunde auf diese Erfahrungen? [bzw. Nachrichten in den Medien → falls keine oder nur unbedeutende eigene bzw. dem sozialen Nachbereich angehören den Erfahrungen gemacht worden sind].

Der Interviewer versucht, ohne sachlich einzugreifen oder zu steuern, die Handlungsmodi und die Einstellungsmuster des Interviewten bzw. seiner Familie, peer-group zu erfahren. Lediglich Verständnis-, Spiel- und Konkretisierungsfragen auf Grund der dargebotenen Narration(en) sollen gegebenenfalls „möglich" sein.

8.4.1 Zur Dauer des Gruppengesprächs

Das Gruppengespräch ist themenzentriert und orientiert sich am problembezogenen Themenkreis der politischen Einstellungen und der alltäglichen Erfahrungen mit Diskriminierung, Ausgrenzung und Rassismus. Die Dauer der Gruppendiskussion beträgt 60 bis 90 Minuten. Hierbei geht es um die individuellen Erfahrungen der einzelnen Personen und der peer-group, d.h. der türkischsprachigen Jugendlichen als soziale Gruppe, die mit Erwachsenen und Jugendlichen der Umgebungsgesellschaft interagiert.

Der Input entspricht dem Bereich 6 des standardisierten Interviews. Um den Gruppendiskurs gegebenenfalls in Gang zu setzen, hält der Moderator Zeitschriftenausschnitte (Spiegel-Titelbild: Gefährlich Fremd) zum Angucken und Verlesen bereit. Das Gruppengespräch wird in zwei Grobphasen unterteilt.

In Phase A geht es um narrative Berichte aus dem Alltag der Jugendlichen. Was passiert? Welche Erlebnisse gibt es? Selbstverständlich werden die Jugendlichen nicht nur sachliche Protokollsätze abliefern, sondern auch Gefühle, Bewertungen und subjektive Einschätzungen manifestieren. Diese Äußerungen werden per Tonband protokolliert; vom Moderator chronologisch notiert und den Gesprächsteilnehmern zugeordnet.

In Phase B des Gruppengespräches geht es um die Einstellungsmuster und reagierenden Handlungsmodi der türkischsprachigen Jugendlichen. Da in Phase A sicherlich schon erste Reaktionen vermittelt sowie geäußert worden sind, kann der Moderator einleitend eine Äußerung aus der Gruppe zitieren und zur Diskussion stellen (Beispiel: X hat vorhin gesagt, dass er in seiner Freizeit nur dorthin geht, wo türkische Jugendliche sind... was sagt Ihr dazu?

Grundsätzlich zielt der Input zu Phase B auf die Ermittlung von reaktiven Handlungsmustern/-formen seitens der türkischsprachigen Jugendlichen. Beispiel: Wie reagiert Ihr auf Vorurteile, Anmache oder Konflikte im Alltag? Was tut Ihr, wenn z.B. Deutsche Euch mit rassistischen Bemerkungen provozieren? – Der Moderator soll in die Meinungsproduktion der Interviewten nicht eingreifen, um die Meinungsrichtung und Deutungsebene bei dieser offenen Frage nicht zu steuern. Die Beiträge der Jugendlichen werden auf Tonband aufgenommen und protokolliert.

Durch die qualitative Forschungsmethode „Gruppengespräch" kann eine dem Alltag der Jugendlichen ähnliche Erhebungssituation mit Aktualisierung tiefer liegender Einstellungen usw. geschaffen werden.

Der Nachteil: unvollständige Daten auf Grund unterschiedlicher Beteiligung am Gespräch, hohe Schweiger-Quote (Hierarchie-Problem in der Gruppe), soziale und sprachliche Barrieren, dazu Einfluss gruppendynamischer Gesetzmäßigkeiten und Rolle des Diskussionsleiters. Entscheidend ist aber die Aussageebene, die diskursanalytisch interpretiert werden soll.[45]

Hierbei geht es um soziale Urteile der Gruppengesprächsteilnehmer, Perzepte, die sich als „daily precepts bzw. concepts" (Hinsz et al.) aus Gewichtungen und Beurteilungen eines Sachverhalt („Diskriminierung im Alltag") zusammensetzen. In der aktuellen sozial- und erziehungswissenschaftlichen Grundlagenforschung erfährt zurzeit. das sog. „transaktive Wissenssystem", bestehend aus alltagswirksamen Einstellungsmustern und Perzepten, eine besondere Beachtung, weil dieses „transaktive Wissenssystem" ein von Einzelnen, aber vor allem von der Gruppe geteiltes System von Normen, Enkodierung, Speicherung und abrufbarer Information (→ zum Handeln) ist. Indem beispielsweise eine Gruppe dieses Wissenssystem übernimmt, wird soziales Handeln als Gruppenhandeln (Ethnie, peer-group u.ä.) über die Analyse der Perzepte/ Konzepte rekonstruierbar.

45 Vgl. Verlin B. Hinsz/R. Scott Tindale/David A. Vollrath : The emerging conceptualization of groups as information processors. In: Psychological Bulletin, 121, 1997, S. 43-64; vgl. auch Peter Loos/ Burkhard Schäffer: Das Gruppendiskussionsverfahren. Qualitative Sozialforschung, Opladen 2001, S. 39-58; zur Gruppe als soziales „Interaktionsmedium", vgl. Aglaja Przyborski: Strukturen von Freundschaft. Formen der Sozialität und diskursive Praxis in Gruppen Jugendlicher, Berlin 2000; Ralf Bohnsack/Peter Loos/Burkhard Schäffer/Klaus Städtler/Bodo Wild: Die Suche nach Gemeinsamkeit und die Gewalt der Gruppe – Hooligans, Musikgruppen und andere Jugendcliquen, München 1995.

8.4.2 Aufnahme- und Datenbogen

In der Eingangsphase des biographisch-narrativen Interviews und der Gruppendiskussionen bekommt jeder Teilnehmer einen standardisierten Aufnahme- und Datenbogen, in der persönliche Daten zum Alter, zur Nationalität, Schullaufbahn, Ausbildungssituation, beruflichen Laufbahn, familienbiographische Kurzdaten beinhaltet sind. Dieser Aufnahme- und Datenbogen ist eine wesentliche Erleichterung für die Orientierung des Gesprächs und die nachfolgende Transkription der narrativen Interviews.

8.4.3 Regeln der Transkription

Zur vollständigen Transkription der narrativen Interviews mit den türkischsprachigen Migrantenjugendlichen dient es zur Genauigkeit und zur besseren Lesbarkeit der Transkripte, wenn man Regeln der Transkription als Verfahren einführt. Dabei wird darauf geachtet, dass eine möglichst wortgetreue Übertragung angestrebt wird. Reaktionen non- bzw. paraverbaler Art wie z.B. „mhm", „äh", „hmm" u.a. und auch Impulse wie z.B. Lachen u.a. werden genaustens in die Dokumentation aufgenommen. Das von mir ausgewählte Verfahren stützt sich auf die Transkriptionsregeln von Ralf Bohnsack,[46] die eine ideale Möglichkeit für Gruppendiskussionen und narrativ-biographische Interviews bieten:

(2) bzw. (...)	kurze Pause; Anzahl der Sekunden, die eine Pause dauert
•	Beginn einer Überlappung, im Anschluss an den Sprecherwechsel
<u>nein</u>	betont
nein	laut, in Relation zu der üblichen Lautstärke
jaaaa::	Dehnung, Die Häufigkeit von : entspricht der Länge der Dehnung
,	steigende Intonation
.	sinkende Intonation
;	schwach sinkende Intonation
?	
((lachen))	nonverbaler Ausdruck
( )	unverständliche Äußerung
I	Interviewer

46 Ralf Bohnsack: Rekonstruktive Sozialforschung – Einführung in Methodologie und Praxis qualitativer Forschung. Opladen 2000, S. 233f.

9. Empirische Ergebnisse

9.1 Rekonstruktion ausgewählter Biographien

Im Folgenden sollen die biographischen Verläufe von drei Migrantenjugendlichen türkischsprachiger Herkunft rekonstruiert werden, die für den empirischen Teil dieser Arbeit von grundlegender Bedeutung sind. Diese Fallrekonstruktionen, die eine analytische Zusammenfassung der biographischen Interviews darstellen, sind so angelegt, dass die Kernproblematik des jeweiligen Migrantenjugendlichen herausgearbeitet wird. Die ausgewählten biographischen Verläufe weisen immer über den Einzelfall hinaus und zeigen Einstellungen, Orientierungen und Erfahrungen auf, die in ähnlicher oder teilweise ähnlicher Form auch bei anderen Migrantenjugendlichen – insbesondere türkischsprachiger Herkunft – anzutreffen sind. Die unten dargestellten Kernprobleme spiegeln sich in der Rekonstruktion der Biographien wieder:

- Eckdaten der Biographie (Familie, Bildung, herausragende Erfahrungen);
- Verarbeitung individueller Lebenskrisen und Probleme;
- Umgang mit unterschiedlichen, sogar sich widersprechenden Anforderungen aus unterschiedlichen Lebensbereichen;
- Erfahrungen in und mit den offiziellen Institutionen (Schule, Behörde u.ä.);
- Angaben zu politischen Einstellungen und Aktivitäten;
- Identifikation, Annäherung und Sympathie zu Organisationen/Vereine mit rechtsextremer und nationalistischer Programmatik;
- Orientierungsprofile und Perspektiven (Identifikation mit dem Türkisch-Sein).

9.1.1 Fallrekonstruktion Servet

Der Kontakt zu Servet entstand eher zufällig. Als ich mich Anfang Mai 2003 zu einem Gruppengespräch mit der Jugendgruppe des Ülkücü-Vereins „*Köln Türk Kültür Ocaği*" (Türkischer Kulturverein Köln) verabredet hatte, trafen wir im Vereinslokal zwei türkische Studenten aus dem hessischen Raum. Sie befanden sich aus politischen Gründen im Verein, um mit dem örtlichen Jugendleiter des Vereins über die Möglichkeiten der Gründung eines türkisch-nationalistischen Studentenbundes im

Kölner Raum zu sprechen. Bei einem persönlichen Gespräch erzählten sie mir, dass im Umfeld der Türk Federasyon vor einigen Jahren ein Studentenbund namens TAB (Türkischer Akademiker Bund) gegründet worden sei, dieser Verband sich jedoch Mitte des Jahres 2003 den Namen ATTKO (Türkische Studenten- und Kulturvereine Deutschland) gegeben habe.

Servet erzählte, dass er an einer hessischen Universität Politikwissenschaft und Soziologie studiere und Funktionär des Studentenbundes ATTKO sei. Ich berichtete ihm von meinem Dissertationsvorhaben und von den geplanten Interviews mit Jugendlichen. Aufgrund seiner interessanten Äußerungen und Einstellungen bat ich ihn, an diesem im Verein geplanten Gruppengespräch teilzunehmen, doch aufgrund zeitlicher Probleme (Rückfahrt nach Hessen) lehnte er es ab, an diesem Gespräch in Köln teilzunehmen. Er bat mich jedoch, nach Frankfurt zur Zentrale der Türk Federasyon zu kommen, um dort Interviews zu führen und weitere Funktionäre des Verbandes („Türk Federasyon“) kennen zu lernen. Außerdem bot er mir die Möglichkeit an, in einigen öffentlichen Jugendzentren, in denen der Einfluss der „türkischen“ Migrantenjugendlichen aus dem Umfeld der Grauen Wölfe sehr stark sei, Gespräche mit „türkischen“ Jugendlichen zu führen. Ich nahm sein Angebot an.

Anfang Juni 2003 reiste ich nach Frankfurt und unterhielt mich dort ausführlich mit Servet und anderen Funktionären der Grauen Wölfe. Zwar hatte aufgrund des schönen Wetters das Jugendzentrum in Frankfurt geschlossen, aber ich erhielt die Möglichkeit, mit Vorstandsmitgliedern der „Türk Federasyon“, unter ihnen auch mit dem Vorsitzenden des Dachverbandes, Cemal Cetin, ein längeres Gespräch über die sozialen und politischen Inhalte sowie Zielvorstellungen des rechtsextremen Dachverbandes zu führen. Mir wurde auch die Möglichkeit eingeräumt, weitere Jugendliche aus dem Umfeld der Grauen Wölfe kennenzulernen. Interessant für diesen Forschungsbeitrag war jedoch das narrativbiographische Interview mit Servet, der für diesen empirischen Teil eine sehr interessante Biographie vortrug.

Servet wurde im Jahre 1979 in Hessen geboren; zum Zeitpunkt des narrativ-biographischen Interviews ist er 24 Jahre alt, lebt mit zwei weiteren Gesinnungsgenossen (sie nennen sich im Türkischen „Ülküdaş“) in einer Wohngemeinschaft und ist als Student an einer hessischen Universität immatrikuliert. Nach seinem Studium möchte Servet promovieren und der Ülkücü-Bewegung „intensiver dienen“.

Servet erklärt auf die Frage nach dem Status der Eltern, dass seine

Mutter als Türkisch-Lehrerin und sein Vater als Techniker tätig sei. Sie seien zwar in den 1970ern als Arbeitsmigranten in die Bundesrepublik eingereist, hätten aber aufgrund ihrer Ausbildung und ihres Status eine gehobenere Position. Mit der Zeit hätte die gesamte Familie ihren Lebensmittelpunkt in der Bundesrepublik Deutschland festgelegt. Servet hat eine ältere Schwester, die auch in Hessen geboren und als Pädagogin tätig ist. Beide Eltern sind berufstätig und haben für die Kinder kaum Zeit. Zu seinem biographischen Lebenslauf erzählt Servet:

„Meine Mutter wollte, dass ich studiere"

> Äh also meine Mutter ist Türkisch-Lehrerin, äh sie unterrichtet in Grund- und Hauptschulen, natürlich Türkisch. Äh meine Mutter wollte schon immer, äh dass ihr Sohn studiert. Studieren sollte ich. Deshalb hat sie sich äh sehr viel um mich gekümmert. Bis zu einem bestimmten Alter konnte sie aber nicht erfolgreich werden, obwohl sie viel Mühe gegeben hat. Denn es war halt eine Ghettosierung da.

In dieser Äußerung Servets kommt das Bild des Rollenprofils stärker zum Ausdruck. Studium als „Pflicht" stellt sich hierbei als ein lebensgeschichtliches Kernmotiv dar:

> Also ist (...) ein Viertel, wo der **türkische Anteil sehr hoch ist.** Äh hier hat die mhm Mentalität der ersten Generation, äh der ersten Generation, viel viel Geld zu verdienen und zurückzukehren, die zweite Generation zuerst getroffen. Also, beendet auf schnellem Weg eure Ausbildung also, verdient Geld, bringt schnell Geld nach Hause hieß es. Diese Einstellung hatten wir zu Hause nicht, doch mein Freundeskreis war aber ganz auf Geldverdienen.... Äh ich habe schließlich durch den Druck meiner Mutter also nach der Grundschule die Realschule besucht. ((Husten)) Natürlich durch den Druck der Mutter, sonst wollte mich der Lehrer in die Hauptschule schicken. Nicht dass ich erfolglos war, nein mein Notendurchschnitt reichte für die Realschule. Mein Lehrer wollte, dass ich auf die Hauptschule gehe, äh dafür meine Mutter, dass ich aufs Gymnasium komme. Äh (1) sie hat sich durchgesetzt, es wurde die Mitte gewählt, also man hat sich in der Mitte auf die Realschule verständigt. (...)

Durch den Leistungs- und Anpassungsdruck der Eltern, vor allem der Mutter musste man darum kämpfen, dass Servet auf eine Realschule kommt, um einen besseren Bildungsweg einzuschreiten. Doch im Milieu und im Umkreis selber war unter den Zuwandererjugendlichen die Perspektive, sofort ins Arbeitsleben einzusteigen, stärker ausgeprägt, so dass auch Servet davon beeinflusst war:

> Als ich auf die Realschule kam, (2) hatten wir in unserer Klasse drei Deutsche und 22 Ausländer. Also die Deutschen waren auf unsrer Schule eine Minderheit ((lacht)). Dort war eine ( ) Perspektive vorhanden. Also arbeiten gehen, Kohle nach Hause bringen. Ich hatte damals, äh in der 9. Klasse fangen in der Schule Praktikumswochen an. In diesem Praktikum lernt man das Arbeitsleben in verschiedenen Unternehmen kennen, also äh in diesen Unternehmen hatte ich damals das erste Mal Geld verdient. Das war für mich ein riesen Hammer, äh ich konnte also mehr feiern gehen, äh halt alles tun was ich wollte mit diesem Geld, in bestimmten Sinne bedeutet finanzielle Macht auch mehr Freiheit. (…) Dann habe ich angefangen, mir nen Ausbildungsplatz zu suchen. Meine Mutter war verärgert. Sie wollte, dass ich studiere... studiere... studiere. Ich interessierte mich damals weniger um studieren, ich wollte arbeiten gehen. Ich hatte mir äh damals auch einen sehr guten Beruf ausgesucht, äh äh... Es war etwas originelles, nämlich Dekorationstätigkeiten in Kirchen. Hier konnte man im ersten Ausbildungsjahr umgerechnet 1600 DM verdienen. Ich hab mir halt solch ein Beruf gesucht, andere hatten mit klassischen Berufen wie Bäcker oder so 600 DM verdient, aber ich wollte äh ein Beruf mit viel Kohle. Bis zu dieser Zeit musste ich in ner Woche mit 10 DM auskommen. Großes Geld. Es war sauviel Geld... Ich hatte mir das fest vorgenommen.

„In der 10. Klasse wurde ich zum Schulsprecher gewählt"

Ein Wandel im biographischen Verlauf von Servet findet in der 10. Klasse statt. Nachdem er zum Schulsprecher gewählt wird, setzt er sich für die Belange der türkischen Schüler ein. Dadurch erhielt er Anerkennung und Respekt. In vielen Fragen reagiert er bewusster und lernt aktives Handeln:

> In der 10. Klasse wurde ich zum Schulsprecher gewählt. Aus Gag habe ich mich einfach in die Kandidatenliste gestellt. Ich habe hier 70 Prozent der Stimmen bekommen... bin unter sieben Kandidaten zum Schulsprecher gewählt worden. Wir hatten auf unserer Schule nen ausländerfeindlichen Rektor. Dieser Rektor hat es in der Schule verboten, Türkisch zu sprechen. Die Türken (.) ... es war verboten, dass mehr als drei Türken

beisammen sind. Und äh um nicht noch mehr Türken in der Schule aufzunehmen, holte er deutsche Schüler aus den Dörfern und Kreisen der Umgebung. Es waren 100. (...) Das ist kein Spaß. Es gab zwei große offizielle Büsse, die die Schüler aus den Dörfern und Kreisen abholte und zurückbrachte. Und er wollte verhindern, dass gerade wir Ausländer nach der Realschule nicht weiter gehen und studieren. Es gab immer Einschränkungen. Ich möchte nen Beispiel nennen: ein Freund wurde von einem Gymnasium auf die Realschule versetzt, äh er hatte auf unserer Schule angerufen und sich mündlich angemeldet. Da er ausgezeichnet Deutsch sprach, war das kein Problem, als man seinen Namen hörte, äh wurde er nicht angenommen. Er war halt Ausländer.

„Wir boykottierten die Schule...“

Gemeinsam mit anderen türkischen Schülern hatte sich Servet fest vorgenommen, gegen diese „ausländerfeindliche“ Regelung vorzugehen. Nach Angaben von Servet war dies zwar keine organisierte Wut, doch es musste ein „innerer Widerstand“ bzw. Protest gegen Diskriminierung geleistet werden. So wurden zuerst die zuständigen Stellen aufgesucht und über diese Entwicklung informiert, dann wurde ein Schulstreik organisiert:

> In der Zwischenzeit hatten sich (...) die Wahlen genähert. Und wir hatten als Schüler die Schule boykottiert. Halt weil Ausländerfeindlichkeit betrieben wurde. Wir sind zu den zuständigen Stellen hingegangen, haben das denen gemeldet. Weil Wahlen waren, haben sich die Grünen für uns eingesetzt. Dann habe ich äh vor der Ausländervertretung und so Reden gehalten. Diese Aktion ist auch in den Zeitungen erschienen. Damals ist auch in der Hürriyet-Zeitung ein Beitrag über uns gekommen, sie haben geschrieben, dass der Schülervertreter gegen das Türkisch-Verbot äh... etwas unternimmt. (...) Äh äh... es war keine organisierte Wut, sondern eine innere, äh man wehrt sich im Inneren, ja Widerstand leistet man. Natürlich nicht ganz mit Verstand. Du verbietest das Türkisch-sprechen, dann schließe ich die Schule. (2) Wir haben die Schule 2-3 Tage geschlossen. Entweder können wir auf der Schule Türkisch sprechen, oder sie bleibt geschlossen. (...) Ja, boykottiert haben wir sie. Äh gesetzlich sei es verboten, also wir hatten noch anfangs daran geglaubt. Ich hab dann jemanden gefragt, ist es verboten in einer deutschen Schule Türkisch zu sprechen? Wir haben gesehen, dass es so ein Verbot nicht gibt. Dann hat die Lehrerin das verleugnet. Dann haben

wir gesagt, entweder lassen sie uns normal wieder Türkisch sprechen, oder wir machen alles dicht...

Doch verärgert fühlte sich Servet hier insbesondere von dem Verhalten der Linken. Sie hätten im Rahmen dieses Boykotts versucht, diese Aktion für ihre politischen Interessen zu instrumentalisieren:

> (...) Und natürlich haben sich die Linken auch eingemischt. (...) Türkische und deutsche Linke waren's. Wenn ich auch mit den Grauen Wölfen damals nichts zu tun hatte, war ich also dennoch Türke. Und dort wurden äh Abzeichen von unterschiedlichen Organisationen getragen. Wir wurden hier äh zu einem politischen Werkzeug gemacht. Ja, es hat mir gepasst, äh dass während der Wahlen unsere Probleme thematisiert wurden. Warum? Wir sind an die Öffentlichkeit getreten. Doch dass einige Gruppen nach öffentlich werden unseres Problems dies zu ihrem politischen Instrument gemacht haben, hat mir nicht gepasst. Also, das stimmt, ein Paar Personen hatten sogar (...) Mein Vater hat sie sogar mit der Kamera gefilmt. Die Linken hatten äh kommunistische Fahnen ausgerollt, äh sie wollten unserer Aktion die Form eines Kampfes gegen den Imperialismus geben. (...). **Dafür zeigte ich keine Sympathie**. Ich wollte nicht, äh dass wir zum Instrument für so etwas gemacht werden.

„Meine ersten Kontakte zu den Grauen Wölfen..."

Die ersten Kontakte zu den Grauen Wölfen machte Servet während seines Engagements als Schulsprecher. Er wird bewusst von Kreisen der Grauen Wölfe/„Türk Federasyon" angesprochen und politisch beeinflusst:

> Meine ersten Kontakte zu den Grauen Wölfen entwickelten sich während des Schulstreikes. Der damalige stellvertretende Vorsitzende der „Türk Federasyon" hatte auch in dieser Zeitung den Beitrag gelesen und mich angerufen. Er wollte mich kennen lernen. Ich bin dann zum ersten Mal zur Organisation gekommen. Bis dann war die Organisation für mich etwas ganz anderes. Also äh ich hatte damals das Buch äh von (2) Jürgen Roth über die Grauen Wölfe gelesen.... äh sie wären eine Terrororganisation, äh illegal und was weiß ich sonst... (2) Sie haben halt ein falsches Bild über die „Ülkücü"-Bewegung (idealistische Bewegung – Anm. des Interviewers) gemacht. (...) Ich erzählte ihnen, dass wir gedemütigt wurden, ich habe ihnen von der Atmosphäre in der Schule erzählt. Türkisch verboten, Fehler gegenüber unsren Kopftücher tragenden Mitschülerinnen, äh Schwestern, auch gegenüber unsren Müttern

und Vätern. Man wird Zeuge von solchen Dingen. Dies hat meine Wut gestärkt.

„...sie haben uns mit Zwang daran erinnert, dass wir Türken sind."

Besonders prägend war für Servet, dass er immer wieder daran erinnert wurde, Türke zu sein:

> Also, äh sie haben uns mit Zwang daran erinnert, dass wir Türken sind. (..) Ich habe also dann auch den Verein der „Türk Federasyon" besucht. Hab in diesem Verein 5mal die Woche Kampfsport betrieben. Hing aber äh nicht viel im Verein rum. (...) Ich war damals 14 oder 15 gewesen. Dann hab ich ein Vereinsseminar besucht. So ist es dann passiert.

Servets Antipathie gegenüber dem „Kommunistentum", dem Seperatismus der PKK, die Suche nach einem stärkeren Wir-Gefühl in der türkisch-nationalen Community und sein verstärktes Interesse an Schulungen der Grauen Wölfe führten mit der Zeit dazu, dass er sich mit den Inhalten und Zielvorstellungen dieser Vereinigung identifiziert:

> Gegen „Kommunistentum" und „PKK-Terror" zeigte ich schon immer keine Sympathie. Ich war gegen so was. (...) Ich hab an Schulungen teilgenommen, dies hat mich äh sehr interessiert. (...) Dann habe ich angefangen, äh häufiger die Federasyon zu besuchen. Also, damals haben sich die Vorsitzenden mit mir beschäftigt, ich hab an Schulungen teilgenommen, dies hat mich sehr interessiert. Natürlich, äh die Atmosphäre in der Federasyon hat mir äh das sichere Gefühl gegeben, äh natürlich unter den Türken zu sein, das war für mich was ganz anderes. Wir waren in einer Multi-kulti Schule, äh die Türken waren zwar auch hier untereinander, aber keiner hatte Ahnung über das Türkisch-sein äh das Türkentum. Für uns war die türkische Kultur sehr wichtig, äh aber woher kannten wir die türkische Kultur, einer brachte Kemal Sunal Filme aus der Türkei, die ganzen Türken schauten sich diese in einem Kollektiv an. Dies war für uns, ehm waren sehr wichtige Dinge. (...) Doch über das Türkisch-sein hatten wir äh kein breites Wissen. Ein Stück waren wir auch alleingelassen, äh es gab Jugendzentren, die für Jugendliche da waren, doch die waren äh mehr hemmend als fördernd. Denn sie haben ihren Mund gehalten.

Ich fragte Servet konkreter nach seinen Erfahrungen mit den öffentlichen Jugendzentren und warum sie angeblich ihren „Mund" halten würden.

Er antwortete:

> Wenn's um Drogen ging, haben sie, äh die Jugendzentren ganz einfach ihre Augen geschlossen, äh unter den Jugendlichen war der Drogenkonsum sehr verbreitet, äh die Drogen waren eine Realität. Sogar die Sozialarbeiter haben Drogen konsumiert. So ein Mensch kann mich nicht vom Drogensumpf retten. Er kann äh nicht glaubwürdig sein, wenn er mir sagt, nimm keine Drogen. Wir hatten sie nicht ernst genommen, äh kein Respekt hatten wir vor ihnen. Dann kommt man hierhin zu den Grauen Wölfen, in eine Atmosphäre des Respekts und der Liebe. Es gab einige festgelegte Verhaltensregeln der Grauen Wölfe, die die Ülkücü-Bewegung ausmachten, äh dies hat mir sehr gefallen. (…) es waren die Regeln: Respekt vor Größeren, und es war verboten Schimpfwörter zu nutzen, auf jeden Fall. Auch andere Leute zu verarschen, im schlechten Sinne zu verarschen, war verboten. (…) Aber in der Türk Federasyon gab es so etwas nicht. Jeder hatte einen Platz, jeder zeigte sich gegenseitig Respekt und Abstand. Vor allem der Respekt gegenüber Älteren und Leitern war sehr stark. Dies hatte mir gefallen.

Die Eltern waren zuerst sehr besorgt darüber, dass Servet seine neue Identität bei den Grauen Wölfen gefunden hatte (Legitimationsdruck). Sie konnten auf Servet keinen Einfluss mehr ausüben:

> (…) ab einem bestimmten Alter hat der Einfluss der Eltern auf mich abgenommen. Weil halt äh meine Eltern berufstätig waren, äh meine Mutter war Lehrerin und war nachmittags nie zu Hause. Denn sie unterrichtete nachmittags. Äh da meine Mutter sehr engagiert war, unterrichtete sie türkische Frauen, die nicht lesen und schreiben konnten. Sie war aktiv für einen solchen Verein. Ich habe äh meine Mutter deshalb selten gesehen. Ja, äh wer hat in solchen Momenten Einfluss auf mich geübt? Bis zu einem gewissen Abschnitt war es äh der Einfluss der Straße, also die Hierarchie der Straße. Was bedeutet das? Also der, der stärkste auf der Straße. Diese Gruppenatmosphäre, ja, diese hat dich beeinflusst. Also, dann kommt später der Einfluss der Grauen Wölfe äh über meine Person. Und meine Familie, äh die Einstellungen meiner Familie gegenüber der Ülkücü Bewegung waren keineswegs positiv. Sie waren sehr negativ, denn die wären sehr gewalttätig, es gibt ja eine solche Sichtweise, bei meiner Familie das Gleiche. Äh sie hatten Angst vor dem, was passieren könnte. (…) Später habe ich erfahren, dass derjenige, der in unserer Herkunftsstadt den ersten Ülkücü-Verein gegründet hat,

mein Onkel war. Dies hat mir mein Onkel auch äh Jahre später erzählt. Als ich in der Türkei war, habe ich meinen Onkel dazu motiviert, damit er auch MHP'ler wird, ich habe äh sogar versucht, ihn durch Propaganda zu gewinnen. Damals wusste ich nicht, dass er dort mal der Vorsitzende der Organisation war. Und er hat mir zugehört, ohne was zu sagen. Er antwortete ach so, was macht die MHP noch? und so und ich antwortete dann darauf. Dann hab ich das mal meinem Vater erzählt, er sagte mir, das mein Onkel den ersten Ülkücü-Verein gegründet hätte. ((lachen)) Nachher habe ich erfahren, dass es dort äh zu Problemen gekommen sei. Nach dem Militärputsch vom 12. September 1980 hat mein Onkel Probleme bekommen. (…) Viele hatten also Angst.

„Wenn wir 5-6 Türken beisammen standen, dann war's verängstigend"

Sowohl in der Schule als auch in der Freizeit waren die jungen peergroups immer unter sich. Sie haben sich in sog. Cliquen vereint, die ein gemeinschaftliches Handeln voraussetzten. Servet machte auch seine Erfahrungen in diesen Cliquen:

> Also, wir (2) äh so etwas, wenn wir 5-6 Türken beisammen standen, dann war's verängstigend, dort hat die Lehrerin gesagt, ihr dürft nur zu zweit hier stehen, kannst Du Dir das mal vorstellen. In der Pause wurden wir verhindert, mit unsren Freunden zusammen zu sein. Ja, wir haben äh uns dagegen gewährt. (2) Als wir äh in irgendeiner Diskussion in der Schule überlegener als die Deutschen waren, äh dies hatte uns befriedigt. Dies war äh im Endeffekt für uns ein Aufstand gegen die Deutschen. Ihr demütigt uns, aber äh die Kraft liegt jetzt bei uns, jetzt werden wir euch es zeigen! (…) Denn äh allein das wir dort standen, hat ihnen Angst eingejagt. Wir waren alle kräftig gebaut, äh wir hatten alle mit Boxen zu tun ( ). (…) es gab etwas, die Deutschen waren unter sich, die Ausländer auch in ihren Gruppen. Diese äh Unterscheidung wurde nach Nationalitäten gemacht. Aber, äh was dann wichtiger war, ob sie Moslems sind oder nicht Moslems sind? Wir fühlen uns den Moslems äh sehr nah. Man fühlt es, äh zum Beispiel den albanischen Freund, den ihr hier getroffen habt, äh er ist Moslem. Wir haben einen gemeinsamen Punkt mit ihm, was? Wir gehen gemeinsam zum Freitagsgebet, also. Oder wir Fasten gemeinsam. Äh für uns war das Fasten äh mehr als ( ) Religion, es war damals für uns eine Identität. Wir sind anders als ihr... Wir sind darauf stolz. Das war für uns sehr wichtig. Also ich kann in aller Offenheit sagen, dass mein erstes Mal beim Fasten aus Identitäts-

gründen geschah, ich aß kein Schweinefleisch. Äh das ist auch wichtig für uns. (...) Ein Türke, der Schweinefleisch isst, äh war für uns fertig. Also, es war uns äh scheißegal, ob er Alkohol konsumiert, er die Regeln des Islams einhält, doch äh wenn er Schweinefleisch isst, dann ist er für uns gestorben.

Neben den Erfahrungen in den kleinen milieuspezifischen Cliquen machte Servet auch die Bekanntschaft mit türkischen Banden, die im gesamten Stadtteil präsent waren. Doch mit diesen Banden konnte sich Servet mit der Zeit nicht identifizieren und gründete mit Freunden zusammen eine Gruppe, die sich später auch mit den Inhalten der Grauen Wölfe identifizierte:

> Die Bande „Turkish Power Boys" habe ich so kennen gelernt (.) Also, einer von ihnen wurde äh aus der Schule rausgeworfen, er kam auf unsere Schule. Er war Angehöriger dieser Bande. Äh wie ich schon vorher gesagt hatte, alle Türken hielten sich in der Schule äh am gleichen Ort auf. Ich habe ihn hier kennen gelernt, und mich ihm ein paar Tage gemeinsam mit meinem Freund angeschlossen. Also, mir war es dann zu langweilig, also ich habe mich ihnen einige Tage angeschlossen, damals hatten sie äh also in einem Jugendzentrum eine Party angesetzt. Also, wie gesagt, wenn man dich in solchen Partys nicht kennt, dann kriegst du also Probleme, die Zeit der „Turkish Power Boys" war die Zeit, in der unsere Stadt also äh einer der äh gefährlichsten Städte war. Also am helllichten Tag passiert mitten in der ( ) City eine Krawalle, jemand wird also zusammengeschlagen, äh seine Jacke wird geklaut, keiner zeigt Mut, sogar die Polizei wird äh nicht angerufen. Äh also, solch ein Zustand. Türkische, äh das waren äh meist solche Banden. (...) Und dann gab es immer wieder Probleme, immer wieder wurden äh irgendwelche Leute zusammengeschlagen. (...) Im Gymnasium hab ich das gleiche gemacht. Dort haben wir äh türkische Gruppen aufgebaut (...) Wir haben dieser Gruppe äh eine Organisationsstimmung gegeben. (...) Sie haben sich auch als Graue Wölfe bezeichnet.

Zu der Frage nach dem Unterschied zwischen Jugendlichen, die den Grauen Wölfen angehören, und die nicht dieser Organisation angehören erzählt Servet:

> Also, im eigentlichen gibt es nicht viele Unterschiede. Denn äh wir sprachen unter uns immer über alltägliche Themen. Aber was waren die Unterschiede, man hat die gleichen politischen Ansichten geteilt, dies

> hat uns also näher zusammengebracht. Also, wir waren alle Türkische Nationalisten. Aber was passierte, äh wir haben uns in der Gruppe stärker gefühlt, während des Ramadans äh haben wir gemeinsam gefastet. Für uns war das sehr... sehr wichtig war's für uns. Denn nicht jeder Türke hat damals äh gefastet. Warum dann mit uns (?) fasten. Ich glaube, dass 100 % der türkischen Jugendlichen auf unserer Schule äh wegen dem Gruppenzwang gefastet hat. (…) Auch vom Aussehen her haben wir uns zum Teil unterschieden. Damals gab's Bomberjacken. Äh das tragen solcher Jacken war für uns sehr wichtig. Es waren Jacken, die von Piloten und Soldaten getragen wurden. Am Anfang hatten wir alle blaue Bomberjacken, äh also mit blauem Kragen. Später hat jeder die Jacke getragen, die er mochte.

Ein wichtiges Kriterium für den Auftritt als Anhänger der Grauen Wölfe ist auch das Tragen von Symbolen, Abzeichen und Medaillons, was zum Teil den Gruppencharakter ausmacht, aber auch spezifisch die nationalistische Identität des Türkisch-Seins von Migrantenjugendlichen prägt:

> Dann haben wir Ketten, Abzeichen und Medaillons mit dem Symbol des Grauen Wolfes und äh der MHP getragen. (…) Äh mit dem Tragen dieser Symbole wollte ich provozieren. Warum tragen die Leute ihre kurdischen Tücher auf ihren Köpfen und laufen damit durch die Viertel, als äh Kurden. Und dann äh die Linken mit Abzeichen von Che Guevera, Mao Tse-Dung oder was weiß ich noch. Sie haben's getragen. Jeder äh trug eben ein Symbol. Äh, warum soll ich mich schämen, äh warum soll ich es nicht tragen. Wenn sie's tragen, dann äh trag ich es auch. Also, ich habe auch gesehen, dass viele unterstützen, aber Angst haben. Ich wollte nicht jemand sein, der Angsthase ist.

„Der Graue Wolf ist … Teil meiner Identität"

Einen sehr wichtigen Stellenwert im Leben von Servet hat das Symbol des „Grauen Wolfes". Der Graue Wolf symbolisiert für ihn sowohl die türkische Mythologie als auch ein Teil seiner eigenen Identität:

> Also, der Graue Wolf ((Schaut auf die Wand und findet ein Bild des Grauen Wolfes)) ist äh für mich türkische Mythologie. Er ist das Symbol des türkischen Volkes. Er ist auch Teil dieser Identität. Also Teil unserer Identität, äh auch meiner Identität. Ja überhaupt, der Graue Wolf hat für mich eine große Bedeutung. So ist es. Die Eigenschaft des Grauen Wolfes ist: er bewegt sich alleine. Normalerweise alleine, aber wenn er

was unternehmen will, also äh auf Jagd ist, dann bewegt er sich in der Gruppe. (...) Wenn etwas gemeinsam getan werden muss, dann kommen sie alle zusammen, und äh haben sich zu einer Faust versammelt. Nach Beendigung des Kampfes führt jeder sein individuelles Leben weiter. Das ist für mich sehr wichtig. Es gibt manche Gemeinschaften, egal was passiert, sie handeln in zwanziger Gruppen. Also sind immer beisammen. Mich stört so was. Ich könnte äh in so ein Ding nicht überleben. (...) Wenn was passiert ist, dann kommen wir zusammen, äh erledigen was zu erledigen ist, dann führen wir wieder unser individuelles Leben. In unserer 9-Strahlen-Doktrin der Grauen Wölfe ist dies so festgelegt.[1] (...) Du musst stark sein. Du musst dir vertrauen. (...) deshalb ist der Graue Wolf für mich ein sehr ideales Symbol. Er handelt alleine, aber ist frei, also unabhängig. Dann wenn es äh eine Jagd gibt, handelt er gemeinsam mit anderen. Soweit ich mich erinnere, kann man einen Grauen Wolf nicht in einem Zoo stecken. Man kann ihm auch kein Halsband anlegen, äh es gibt kein Zeichen eines Halsbandes auf ihrem Hals. Also, äh dass ist sehr sehr wichtig. Wenn man einem Wolf ein Halsband anlegt, wird er nach einer bestimmten Zeit ein Hund. Beim Grauen Wolf gibt's so was nicht. Er ist frei. Wirklich unabhängig.

In dem Standpunkt von Servet nimmt neben dem symbolischen Mythos des Grauen Wolfes[2] auch die Idee von einem Großtürkischen Reich „Turan"[3] einen sehr wichtigen Platz ein. Servet sieht im „Turan" die Verwirklichung eines Traums von einer kulturellen, politischen und wirtschaftlichen Einheit der Turkvölker auf der ganzen Welt. Als neuer Gedankenpunkt sieht er in der Idee vom „Turan" auch eine Alternative zum Konzept der Europäischen Union:

Also, meine Meinung zum Turan ist ((er schaut dabei zu einer Selbstgezeichneten Karte des Turans auf der Wand)) äh der Turan ist im Moment ein Traum. Ich glaube daran, die Europäische Union ist eine Union, die sich auf eine kulturelle Einheit stützt. Die Türkei kann auch seine eigene Kultur, äh also eine wirtschaftliche, äh auch politische Einheit gründen. Diese von uns, äh kann im wirklichen eine Alternative sein. Warum sagen wir immer Europäische Union, Europäische Union! Wenn wir in die Europäische Union eintreten, dann äh müssen wir uns

1 Vgl. zur 9-Strahlen Doktrin Kapitel 5.5.5.
2 Vgl. Kapitel 5.5.1 (Zum Mythos des „Grauen Wolfes).
3 Vgl. Kapitel 5.2.2 und 5.2.3 dieses Forschungsbeitrages.

ihren kulturellen Zwängen einordnen. Nach meiner Meinung wurde die Ehre der Türkei, in der Phase der EU-Mitgliedschaft sehr zertreten. Warum sollen wir alternativ dazu, äh keine neuen Märkte schaffen. Also, äh (2) Die Turan-Staaten fallen mir dabei als erste ein. Denn es gibt eine kulturelle Einheit. Diese kulturelle Einheit ist aber wesentlich geschwächt worden. Ich habe die Bekanntschaft mit Usbeken und Kirgisen gemacht. Ich hab gemerkt, dass sie sich wesentlich von uns entfernt haben. Das ist natürlich, sie leben doch unter äh unterschiedlichen Verhältnissen. Aber äh ich denke, dass diese Entfernung wieder zu einer Nähe führen kann. (...) Aber äh dies kann mit der Zeit überwunden werden, denn wir können sehr schnell Kontakt aufnehmen, mit überall. Wir erhalten auch positive Signale. Aus Usbekistan, Kirgisien oder sei es aus Aserbeidschan, also äh alles Orte, wo ich Kontakte habe. Zu Kasachstan habe ich kaum Verbindungen. Dort tragen die Menschen eine Sehnsucht. Warum soll ich diesen Markt außer Acht lassen. Aber zuerst bevorzuge ich Menschen, mit denen ich die gleiche Kultur teile und äh eine gemeinsame idealistische Einheit (ülkü birligi) darstelle. Aus diesem Grund haben die Kongresse der türkischen Welt eine große Bedeutung.

„Wir hatten hier schon eine Sub-Identität"

Die Frage der Identität des Türkisch-Seins[4] wird in den Äußerungen von Servet immer wieder hervorgehoben. Servet sieht seinen Status darin bestätigt, ein „Kampf um die Wiederbelebung der türkischen Existenz" zu führen:

> Jeder Mensch hat äh so oder so eine Identität. Wir hatten hier schon eine Sub-Identität. Also, wir waren nicht Deutsche, sondern Türken. Ja, aber wir konnten hier äh die Begriffe des Türkisch-Seins, also äh der türkischen Identität nicht füllen. Aber wenn ich mir das angeschaut habe, äh dann hab ich gesehen, dass wir was Besonderes sind. So ein Leben hab ich auch geführt so. Denn wir waren als Türken immer zusammen. Wir wussten zwar nicht viel über die türkische Kultur, aber äh wir sprachen Türkisch, lasen türkische Zeitungen. (...) Ich seh das so, (...) äh man darf kein Problem mit seiner türkischen Identität haben. Die, die Komplexe haben, imitieren alles und verdrängen ihre Identität. Also, diejenigen, die äh mit ihrer Identität nicht zufrieden sind. Also, Selbstbewusstsein. Zum Beispiel spricht man im Deutschen ja von Selbstbe-

4 Vgl. zu den Problemen des Türkisch-Seins in Deutschland in Kapitel 5.7.2.

> wusstsein, also ich bin mir selbstbewusst. Ich bin Türke. Damit ist alles für mich abgehackt. Das was ich sage, stützt sich äh auf den Zugehörigkeits-Nationalismus des Türkisch-Seins. (…) Ich, äh natürlich wir führen hier ein Kampf um das Türkisch-Sein, also äh um die Wiederbelebung der türkischen Existenz.

„Ich verschaffe mir Respekt durch diesen Kampfsport“

Auf die Frage nach seinen sportlichen Aktivitäten antwortete Servet, dass er längere Zeit an Trainings in Kampfsportarten teilgenommen hat. Im Verein der Grauen Wölfe hat er selber einen Kampfsport-Kurs (Kickboxen) für Jugendliche angeboten. Durch diesen Kurs hat Servet nicht nur Respekt unter den teilnehmenden Jugendlichen gewonnen, sondern wurde sogar als „Idol“ angesehen:

> Ich habe äh in der Organisation einen Kampfsport-Kurs, äh Kickboxen angeboten. (…) In der Organisation geschieht dies so: äh einer kann diese Sportart, bietet es also den anderen Jugendlichen an, für einen Jugendlichen, der Kickboxen nicht kennt, bist du sehr stark. Ihr Verhalten ändert sich und sie hören dir äh einfach zu. Äh, ich verschaffe mir Respekt durch diesen Kampfsport. Äh natürlich, man wird ernst genommen. Ich hatte damals 80 Jugendliche trainiert. Viele waren auch im kleinen Alter. Diejenigen, äh die nicht auf ihre Eltern gehört hatten, hörten mir zu. Wenn ich ihnen sagte, tut dies äh oder jenes, dann taten sie's auch. (…) Äh das war doch also Organisationsbeschluss und wir mussten es ausführen. (…) In der Gruppe äh war Gehorsam sehr wichtig. Wie ich gesagt hatte, hab ich dort Kickboxen angeboten, äh ich hatte die Chance, den heranwachsenden Jugendlichen äh eine Botschaft zu vermitteln. Äh sie fassten mich als Idol an, denn äh ich hatte eine Vorbildfunktion für sie.

„Der Brandanschlag in Solingen hat bei mir … eine Gegenreaktion zur Integration ausgelöst“

Besonders betroffen wurde Servet durch den Brandanschlag in Solingen. Dies hat bei ihm einen Schock und eine Gegenreaktion zur Integration ausgelöst. Nach den Vorfällen von Solingen unternahm er alles, was seinen Unterschied zu den Deutschen ausmachte:

> Eine Familie hat in Ruhe in Deutschland gelebt. Und ohne ein Grund haben diese Menschen verbrennend ihr Leben geopfert. Das heißt, du

bist nicht ein Teil dieses Landes. Der Brandanschlag in Solingen hat bei mir einen Schock ausgelöst. Äh das hat bei mir eine Gegenreaktion zur äh Integration ausgelöst. Ich habe angefangen, Abscheu vor den Deutschen zu zeigen. Äh ich hatte dann wirklich Abscheu vor den Deutschen. Dann hab ich alles unternommen, was meinen Unterschied zu den Deutschen ausmachte. Vom Aufhängen der türkischen Fahne, bis hin zum nur Türkisch-Sprechen. Ich hab mich äh geweigert, Deutsch zu sprechen. Ich war dann noch mehr stolz Türke zu sein, deshalb sprach ich nur Türkisch. (…) Auch an den Demonstrationen gegen den Brandanschlag in Solingen habe ich mitgemacht. Ich musste meine Wut äh unbedingt in Aktion umwandeln.

Servet empfindet, dass die gleiche Situation, die nach dem Anschlag in Solingen existierte, von der etwas jüngeren Generation „türkischer" Jugendlicher auch nach den Vorfällen vom 11. September gefühlt wurde:

Ich denke, äh dass die jüngere Generation das Gleiche auch nach dem 11. September gefühlt hat. Warum? „Abendland gegen Morgenland". Das ist doch schwachsinnig (?). Das sind doch nur Szenarien. Also, „islamische Gefahr", „Ihr Moslems seid so" und so weiter. Ja, dann kommt noch der „Kampf der Kulturen" hinzu. Zu was führt dies alles? Also äh zu Polarisierungen. Denn äh wir sind Türken und Moslems, also werden wir in eine Ecke geworfen.

„Der 11. September hat mich im Wirklichen getroffen"

Es gibt äh so etwas, der 11. September hat mich äh im wirklichen getroffen. Der 11. September hat das gesamte türkische Volk getroffen. Warum getroffen? Ein Schock. Und wieder hat es zu einer Polarisierung geführt, also diese Vorfälle: „Wir gegen sie"... „Kreuzzug des Westens". Das waren die ersten Worte, diese werde ich nie vergessen. Begegnet bin ich dem 11. September auf der Arbeit, und äh ich habe immer wieder die Nachrichten gesehen. Was wurde hier gesagt, äh es waren schwachsinnige Kommentare also. In der Mehrheitsgesellschaft hat es gegenüber der türkischen Gesellschaft eine Beunruhigung gegeben. (…)

Vor allem hat Servet die Polarisierungen und Vorurteile nach den Vorfällen des 11. Septembers am Arbeitsplatz gefühlt:

Auf der Arbeit hat man uns auch unterschiedlich behandelt, also anders. Zum Beispiel wurde in meiner Anwesenheit nicht über den 11. September gesprochen. Wenn äh darüber gesprochen wurde, dann nur kurz, äh mit spitzen Bemerkungen, ohne in Details zu gehen. (...) Also, ich weiß nicht, ob mein Verhalten, kein Schweinefleisch zu essen oder äh auch nicht zu trinken, nach dem Dings, äh 11. September eine neue Dimension erreicht hat. Als wäre ich mich mit ihnen solidarisieren. Natürlich teile ich mit ihnen die gleiche Religion. Also, mit denen, die diesen Vorfall verwirklicht haben. Oder wenn sie es im wirklichen gemacht haben, darüber bin ich nicht informiert. Das Gleiche (2) äh passierte beispielsweise in Oklohoma, es platzt eine Bombe, ... äh ein Protestant hat diese gelegt (.) 5000 Menschen sterben, aber niemals sehe ich die Protestanten mit anderen Augen. Ist es nicht so? Wird in der deutschen Gesellschaft so ein Vorurteil geschürt, nein. (…) Aber, wenn eine Organisation, die äh den islamischen Glauben nutzt, etwas macht, dann werden allgemeine Beschuldigungen gemacht. Und die von ihnen verteidigte Integration landet auf den Nullpunkt. Äh, diese entsteht nicht durch die Türken. Denn die Türken, ich erinnere mich sehr genau, haben nach den Vorfall gesagt, äh viele haben gesagt, zum Gotteswillen hat es kein Türke getan. Wenn es ein Türke getan hätte, wäre was Schlimmeres gekommen.

„Deutschland ist mein Lebensmittelpunkt“

Wenn auch mit negativen Erfahrungen belastet, fühlt Servet seinen Lebensmittelpunkt in Deutschland. Prägend für ihn ist in Deutschland nicht das Leben in der Mehrheitsgesellschaft, sondern die Existenz des „Europäischen Türkentums“:

> Äh, wenn Deutschland auch nicht meine Heimat ist, ist sie dennoch mein Lebensmittelpunkt. Und ich hab eine äh eine direkte Verbindung zu Deutschland. Also, äh ich hab keinen Plan, in die Türkei zurückzukehren. Für mich ist äh das, was Deutschland zu Deutschland macht, äh die türkische Existenz hier. Dies hat ein neues Ding mitgebracht, also das „Europäische Türkentum“. Das ist für mich sehr wichtig. Also, zwischen dem Türkentum in der Türkei und dem Türkentum hier gibt es Unter-schiede. Die Atmosphäre hier gefällt mir sehr. Also, warum? Hier hat man einmal eine staatliche, also eine Sicherheit. Und äh, wie ich schon gesagt habe, es ist eine Besonderheit Türke zu sein. …Äh, ich glaube nicht an Multikulturalität oder so was. Also, es kann einen kulturellen Austausch geben, aber die als Synthese bezeichnete Sache, kann‘s nich geben. So kann keine Kultur existieren. Denn das ist eine äh künst-

liche Schaffung, also eine künstliche Sache. Das ist eine Drohung. (...) Jede Kultur und Nation äh muss seine Ursprünge behalten und weiter äh beleben. Und dass jede Kultur äh für sich selbst. (...) Aber, diese multi-kulti Sachen, äh dass sind alles künstliche Dinge. Also, dass sind Zwänge der „Leitkultur“ also. (...) Also zum Beispiel, ich war zwar noch nie in Italien, aber dafür an Orte, wo sich Italiener aufhalten. Ich habe hier die italienische Kultur aufgenommen. Wenn ich diese auch nicht nutze, fühle ich diese Atmosphäre. Also, ich sehe die Unterschiede. Ich gehe weiter, äh sehe etwas hinten die Spanier, Latein Amerikaner, gehe in ihren Laden und dann wieder zurück zur eigenen heimischen Kultur. Also, ich habe immer einen Standpunkt, also als Türke. Das ist für mich sehr wichtig. (...) Wenn ich äh meine, oder äh unsere Mission formulieren darf: Der Türke muss Türke bleiben. Ich möchte auch Türkisch-Bleiben. (...) Die Moscheen sind für euch also ein Problem. Wenn ihr keine Gebetsstätten für uns einrichtet, dann gründen wir unsere eigenen. Das größte Problem, was sie haben, ist die islamische Religion. Äh wenn man den religiösen Bedürfnissen der Menschen nicht äh entspricht, sie nicht als offizielle Religion anerkennt, dann werden radikale Kreise dies tun. Zum Beispiel haben die in der CDU etwas gegen den muttersprachlichen Unterricht begonnen. Ich hab zu ihnen gesagt, macht nur weiter so (?) ... ich unterstütze euch. Dann haben die gesagt, bei Gott warum unterstützt du uns. Ich hab zu ihnen geantwortet, ihr seid dumm. Ihr Deutsche, verbietet nur den Türkisch-Unterricht, dann werden es die privaten Vereine äh anbieten. Was passiert dann? Die ganzen Leute treten dann zu uns, äh zu den Grauen Wölfen.

Trotz dem fühlt sich Servet in Deutschland in einer „Bedrängnissituation“:

Wir leben in Deutschland, obwohl wir hier geboren sind, erleben wir eine äh Bedrängnissituation. Deutschland erinnert dich daran (.) Äh das man Türke ist. Warum? Die Weltanschauung dieser Leute äh unterteilt sich in Rassen (?). Unsere Weltanschauung stützt sich auf das Zugehörigkeits-Bewusstsein (mensubiyet şuuru). (...) Hier ist es aber nicht so. In dieser Frage muss Deutschland äh noch viel unternehmen. (...) Äh ich glaube nicht daran, dass es nicht wieder zum neuen Solingen kommen kann. Bei Gott, es soll nie mehr so was geben, ich, äh aber es kann so was geben, äh denn das Potenzial ist in Deutschland vorhanden. Denn äh die in den Köpfen (?) vorhandenen (2) Vorurteile, diese schlechten Ideen sind nicht abgeschafft. (...) Wir setzen Schritte, ihr müsst auch Schritte setzen. Falls ihr erwartet, äh das wir auf euren Punkt kommen, dann bedeutet dies Assimilation und äh ist nicht Ausdruck einer Gutmütigkeit. Selbstverständlich, es ist eine klare Drohung, äh eine Drohung. Eine Drohung der leitenden Kultur. Oder äh uns zu assimilieren.

Im Zusammenhang mit dem Deutschlandbild spielt für Servet auch die Frage der Staatsbürgerschaft eine bedeutende Rolle. Obwohl er sich sehr schwer getan hat, die deutsche Staatsbürgerschaft anzunehmen, ist er inzwischen seit 3 Jahren deutscher Staatsbürger und fühlt sich dennoch mit seinem Türkisch-Sein bestätigt:

> Also, es gibt jetzt so etwas (.) Seit wann hab ich das, vor drei Jahren (.) Ich habe sogar viel daran gesetzt, die deutsche Staatsbürgerschaft nicht anzunehmen. Die Türk Federasyon hat damals ihre Organisationen und äh Strukturen dazu aufgerufen, für diese Frage zu mobilisieren. Zuerst, damals war ich noch sehr jung, äh hab ich das als Vaterlandsverrat aufgefasst. Ein Pass, äh die Symbole waren für mich also sehr wichtig. Diese Symbole äh geben meine Richtung an. Du gibst den türkischen Pass (?) ab, musst also äh Militärdienst in Deutschland ableisten, dies hat mir äh große, große Angst eingejagt. Einmal äh, ob ich Türke bin oder nicht, ist nicht festgelegt an meinem Pass. Ich bin deutscher Staatsbürger, aber bei mir hat sich nichts geändert. Äh auch die Sichtweise der Menschen gegenüber meiner Person haben sich nicht geändert. ... Ich fühle mich auch gleich (.) Aber ich hab in der Frage der Annahme der deutschen Staatsbürgerschaft einen großen innerlichen Widerstand geleistet, damit ich's nicht annehme.

„Wir wollten Mitglied der CDU werden!"

Die von der CDU geführte Unterschriftenkampagne gegen die Doppelstaatsangehörigkeit hat dazu geführt, dass Servet gemeinsam mit anderen Gesinnungsgenossen dagegen aktiv wird. Er hat eine Gegenunterschriftenkampagne begonnen und sich stärker für die Probleme und Inhalte der Mehrheitsgesellschaft interessiert. Schließlich trat er gemeinsam mit anderen Freunden aus dem Umfeld der Grauen Wölfe in die CDU ein:

> Wir haben uns bei äh bei denen gemeldet. Zu acht Türken waren wir, also wir wollten Mitglied der CDU werden! Dahingegangen sind wir, die Leute haben gesagt „Wollt ihr uns übernehmen?"... Wir haben ge-

sagt, nein, also wir werden euch verteilen haben sie geantwortet. Es wäre die Gefahr da, den Ortsverband zu erobern. Bei Allah, was hat dass äh damit zu tun. Wir wollen ja nur Mitglied werden. Eine solche Furcht. In der (...) CDU hat es eine außerordentliche Versammlung über uns gegeben. Es ging darüber, „Sollen wir die Türken aufnehmen oder nicht?". Wir sind 6 Monate lang dahingegangen, also zur Partei. Niemals (?), äh niemals haben wir verheimlicht, dass wir Graue Wölfe sind. Also, offen gesagt, ich bin Servet ein Grauer Wolf. Wir haben unsere Meinung immer gesagt. Sie wussten auf jeden Fall, dass wir türkische Nationalisten sind. Ja, wir haben ihnen auch gesagt, also wenn ihr wollt, dass wir Mitglied sein dürfen, nimmt ihr uns auf, wenn nicht, dann äh halt nicht. Dann haben sie uns aufgenommen. Dann haben sie später erfahren, dass wir Graue Wölfe sind. Wir haben sie über die Sache der Grauen Wölfe und äh unserer Bewegung aufgeklärt. Was ist passiert? Diese Menschen, wenn ihnen irgendwo der Begriff Grauer Wolf auftaucht, denken sie sofort an uns. Ja, Grauer Wolf heißt für sie halt Servet, ein anständiger, ja fleißiger Mensch. Ja, für uns ist das ein großer Sieg. Warum? Äh, Graue Wölfe bedeutete immer gewalttätig sein, also kriminell und was für Vorurteile es noch gibt, also Leute mit Schnurrbart und weißen Sokken. Wir bauen diese Vorurteile ab (?). Anstelle dieser Karikaturen treten Gesichter, äh reale Menschen ein. Wir waren im CDU-Ausländerausschuss in Hessen und in (...). Was hab ich denn nicht gemacht, äh es gibt einige Freunde von uns, die in lokale oder regionale Vorstände der CDU gewählt wurden. In dieser Periode bin ich im Vorstand also. Ich bin auch Delegierter. (...) Ich glaube, dass die Türken sich in allen Parteien bekannt machen müssen. Wenn ich geglaubt hätte, dass es in der CDU zu genügende Türken gibt und äh wir dort eine Anerkennung erhalten, dann wäre ich auch zu den Republikanern gegangen. Vielleicht äh wäre ich auch in die NPD eingetreten. Also unser Ziel, in eine Partei einzutreten, basiert darauf, die türkische Existenz dort zu vertreten. Also überall.

Nach der Auffassung von Servet sollte ein offener Dialog auch zu den Republikanern oder zur NPD aufgebaut werden, denn sie hätten rechte Ideen, die ernst zu nehmen seien:

Wir dürfen nicht äh vor einem Dialog abhauen. Überall müssen wir in einen Dialog eingehen. Natürlich, Mitglied sein ist was anderes, äh ich weiß nicht genau, ob ich da eingetreten wäre oder nicht, aber ich hätte mich vor einem Dialog mit diesen Menschen nicht abgeschreckt. Also, die deutsche Rechte hat auf intellektueller Basis eine Zeitung namens „*Junge Freiheit*". Äh diese Zeitung ist eine Zeitung, die äh ernst zu nehmen ist. Denn es ist eine wissenschaftliche Zeitung. (...) Ich habe aus jeder Sicht Respekt vor den Republikanern. Warum? Sie sagen offen, wir mögen euch nicht, wir mögen auch eure Kultur nicht, auch euer Aussehen mögen wir nicht. Wir mögen euch halt nicht (?). Ich sage, ich bin hier eine Realität, die ihr nicht zerstören könnt. Vielleicht mich könnt ihr zerstören, aber zweieinhalb Millionen Türken könnt ihr nicht vergasen (?). Ihr seid gezwungen, mit uns zusammenzuleben. Auch ich bin gezwungen mit euch zusammenzuleben. Wir müssen gegenseitig Respekt zeigen. Ja, was passiert also. Hier entwickelt sich ein Dialog. Ich habe viel später Freundschaften mit deutschen Skinheads gehabt. Sie waren sehr radikal äh dings ... äh Anhänger gewesen, sogar Nazis. Aber sie sagen „Wenn alle so Türken so wären wie ich, sie hätten keine Probleme". Ich antworte: „Wenn alle Nazis so wären wie ihr, wir hätten auch keine Probleme".

„Meine politischen Aktivitäten in der ATTKO sind vielseitig"

In der Praxis organisieren wir äh Veranstaltungen. Meine politischen Aktivitäten in der ATTKO-Bewegung[5] äh sind vielseitig. Wir agieren als Organisation vielseitig. Denn äh wir sind ein Teil der Türk Federasyon. Also, wie ich schon gesagt habe, dass die Federasyon stark ist, dass der Körper eines Baumes kräftig ist, bekräftigt auch die Äste. Also, wir präsentieren uns in den jeweiligen Organisationsstrukturen und Mitgliedsvereinen und äh führen dort Gespräche und äh führen dort Seminare durch.

Servets Aktivitäten und Funktionen in der ATTKO, der Umfeldorganisation der Grauen Wölfe in Deutschland, konzentrieren sich darauf, neue Mitglieder und Anhänger für die Bewegung der Grauen Wölfe zu rekrutieren. Vor allem geht es dabei einerseits um die ideologische Frage der Existenz des „Europäischen Türkentums" und ebenso um die Notwendigkeit, die „türkischen" Jugendlichen aus der zweiten und dritten Generation für diese politische Bewegung der Grauen Wölfe bzw. „Türk Federasyon" zu gewinnen. Vor allem wird durch diesen Mobilisierungsaspekt insbesondere das Umfeld der Familie angeworben:

---

5 Vgl. zur politischen Arbeit der ATTKO in Kapitel 6.1.1 dieser Arbeit.

> Äh, so schaffen wir es, dass die Mitglieder äh ihre studierenden Söhne und Töchter zu uns schicken. Wie? Zum Beispiel wir machen irgendwo eine Veranstaltung mit Mitgliedern, äh sie erzählen, dass sie einen Sohn haben, eine äh Tochter haben oder einen Cousin haben und äh so bekommen wir neue Kontakte. So präsentieren wir uns. Dort sprechen wir auch über die brennenden Fragen des europäischen Türkentums.[6] Daher brauchen wir im Grunde genommen keine Ausbilder und Erzieher. Warum also nicht? Weil, wir haben eigene Leute, die sich selber ausgebildet haben. Also, äh wir müssen in Vertrauen zu unseren Führern etwas unternehmen. Das ist äh sehr wichtig.

Kritisch geht Servet mit der Frage um, wer diese Mobilisierung organisieren und realisieren kann:

> Einer, der äh neu aus der Türkei gekommen ist, kann mit den Jugendlichen keinen direkten Dialog aufbauen. Wie ich mich sehr schwer an die Lage in der Türkei anpassen kann, so ist es sehr schwer, dass einer aus der Türkei Dialog mit den Leuten hier aufnimmt. (2) Aus diesem Grund führen wir Organisationsbezogene Aktivitäten durch. Also, wir machen so was wie, Respekt für die idealistische Hochschulbewegung in den vorhandenen Verbandsstrukturen zu verschaffen. Das ist für uns äh sehr wichtig, denn dass sind unterschiedliche Dinge. Wie also? Wenn äh die ATTKO auch eine türkisch nationalistische Hochschulbewegung ist, so ist sie dennoch eine Organisation, die nach den idealistischen Prinzipien und nach der idealistischen Arbeitsdisziplin und nach dem Hierarchiesystem der Grauen Wölfe arbeitet. Also, es gibt äh Vertreter, die das so nicht ganz kennen. Sie haben's noch nötiger, sich der Organisation zu nähern. Warum? Sie müssen von dort lernen, dieses Organisationsschema äh zu respektieren. (...) Wir werten die Hochschulen äh nur für unsere Arbeit aus. Also, wir sind Teil dieses Körpers. (...) Beispielsweise haben wir gegenüber manchen regionalen Jugendorganisationen eine führende Aufgabe, nämlich äh sie ideologisch auszubilden. Manche Freunde von uns sind in den Führungen der Jugendorganisationen, zum Beispiel war ich in (...) Vorsitzender dieser Jugendorganisation.

Seine politische Aufgabe sieht Servet in der Ausbildung von jungen Kadern für die Grauen Wölfe und übernimmt dabei nach eigenen Angaben eine „Bruderposition“:

6 Vgl. zum Begriff „europäisches Türkentum“ in Kapitel 5.7.3 dieser Arbeit.

> Also, äh ich versuche Jugendliche dafür zu motivieren. Ich fordere sie auf, im Rahmen der Organisationen regionale Jugendorganisationen zu gründen und sich in den Organisationen auszubilden. (...) Denn äh die Zukunft der Türk Federasyon, denn ein wichtiger Teil ihrer Kader wird äh aus den Jugendorganisationen kommen. Es wäre gut, wenn sie kommen. (...) Ich möchte äh deshalb in der Organisation, nicht nur den Jugendlichen draußen helfen, sondern auch für die Jugendlichen in den Organisationen eine Bruderposition übernehmen. Warum also? Ja, dieser Junge ist Grauer Wolf, spricht deutsch, hat's zu etwas gebracht, dann kann ich's auch. Ich bin ein lebendiges Beispiel hierfür. In der türkischen Gesellschaft gibt es solche Helden. (...) In dieser Gesellschaft muss man konkret sein. Du musst erkannt werden. Äh das ist sehr wichtig.

9.1.2 Fallrekonstruktion Ahmet

Ahmet habe ich kennen gelernt im Verein der Grauen Wölfe in Köln. Als ich im Lokal über mein Anliegen narrative Interviews und Gruppengespräche mit Jugendlichen aus dem Umfeld des Vereins zu führen, erzählte, bat mich Ahmet sofort an seinen Tisch. Er erzählte und berichtete mir von Problemen, die er in der eigenen Biographie durchgemacht hat. Wir unterhielten uns weiterhin sehr lange über die Probleme von „türkischen" Migrantenjugendlichen in Deutschland. Im Zuge eines längeren vertrauensvollen Gespräches machte ich ihm den Vorschlag, im Rahmen unserer Forschungsarbeit ein narrativ-biographisches Interview mit ihm persönlich zu führen. Vor allem waren auch seine biographischen Daten für diese Arbeit von Bedeutung. Nach langem Überlegen erklärte sich Ahmet bereit, an diesem narrativ-biographischen Interview teilzunehmen.

Ahmet ist 22 Jahre und von Beruf Chemielaborant. Er war erst 3 Jahre alt, als er im Rahmen der Familienzusammenführung gemeinsam mit seiner großen Schwester in die Bundesrepublik Deutschland kam. Sein Vater ist immer noch beschäftigt bei Ford und wollte, dass auch Ahmet in der Fabrik arbeitet. Doch Ahmet hatte sich fest vorgenommen, aus seinem Leben was zu machen. Er zeigte bis zur 8. Klasse Erfolg in der Schule. Schließlich wurde er in dieser Zwischenzeit von der türkischen Jugendclique im Milieu beeinflusst und erlebte seine erste Lebenskrise. Er schwänzte die Schule und machte seine ersten kriminellen Erfahrungen in der Clique. Als er sitzen blieb, wurde er durch die Eltern sehr stark unter Druck gesetzt. Schließlich hat ihn sein Vater in den Verein der Grauen Wölfe in Köln gebracht, wo er dann schließlich eine neue türkisch-nationalistische Identität vermittelt bekam. Zu seiner Lebensgeschichte erzählt Ahmet:

„Mein Vater hat mich in die Hauptschule geschickt"

> Meine Lebensgeschichte? Also ich bin 1981 in der Türkei geboren. Mit 3 Jahren hat uns mein Vater nach Deutschland geholt, weil er schon eher hierher kam. (...) Danach habe ich hier die Grundschule besucht. Ich konnte damals natürlich kein Wort Deutsch. Meine Eltern konnten äh auch kein Deutsch. Mit null Wissen an Deutsch sind wir auf die Deutsch Schule. In der Grundschule habe ich Deutsch gelernt. Also wenn meine Schulfreunde in die Pause gingen, hat meine Lehrerin mir zusätzlichen Unterricht erteilt. (...) Mein Deutsch hat sich verbessert, sogar sehr deutlich. Äh also ich war ein erfolgreicher Schüler in meiner Schule. Wie erfolgreich ich auch immer war, hat mich mein Vater in der vierten Klasse, anstatt mich in das Gymnasium oder der Realschule zu schicken, in die Hauptschule geschickt. Der Grund dafür ist dieser: erstens ist die Hauptschule in der Nähe zu unserem Wohnort und zweitens, weil meine Schwester auch diese Schule besuchte. Also, damit ich meine Schwester auch beschützen kann, hat mein Vater mich dorthin geschickt. **Das war ein großer Fehler!** Obwohl ich in der Lage war, eine höhere Schule zu besuchen, wurde ich in die Hauptschule geschickt, weil mein Vater das Schulsystem nicht kannte.

Auf Vorschlag der Lehrer auf der Hauptschule entschloss sich Ahmet, die Realschule zu besuchen. Ohne die Zustimmung der Eltern meldete sich Ahmet in der Realschule:

> Ich habe dann bemerkt, also weil ich sehr erfolgreich war, haben mir meine Lehrer auch dort gesagt, sie sagten: „... geh doch zur Realschule". Ohne meine Eltern zu fragen, hab ich mich an der Realschule angemeldet. Nachdem ich an der Realschule anfing, auch da hatte ich großen Erfolg, sollte ich nach der siebten Klasse zum Gymnasium. Genau in diesem Alter, vom Kind sein ins Jugendalter, habe ich mich an meinen Freundeskreis orientiert. Ich hab angefangen die Schule zu schwänzen. Ich hing zu sehr an meinen Freunden. Als ich dann in die achte Klasse kam, habe ich in der achten Klasse mehr oder weniger alles aufgegeben. Also (äh), ich kann sagen, dass ich damals meine erste Krise in meinem Leben erlebt habe. Damals war ich auch noch verliebt. Also meine erste

Liebe habe ich in dem Alter getroffen. Dann habe ich die Schule ganz aufgegeben, folgendes also, ich habe nie eine Tasche in die Schule genommen, habe nie meine Hausaufgaben gemacht. Ich hing nur noch an meinen Freunden und an meiner Freundin. Diesmal bin ich in der achten Klasse hängen geblieben. (…) Nachdem ich sitzen geblieben bin, leidete ich darunter.

Einen wichtigen Lebensabschnitt in der Biographie von Ahmet bildet schließlich die Entscheidung, die Freundin nach türkischer Tradition zu heiraten:

Als ich in der 10. Klasse war, lief der Kontakt zu meiner Freundin weiter. Doch ihre Familie wollte für immer in die Türkei zurückkehren. Der damalige Schwiegervater hatte mir ein Ultimatum gegeben: äh entweder sollt ich die Tochter nach türkischen Sitten heiraten oder sie musste auch mit in die Türkei. Also äh ohne lange zu überlegen, beschloss ich mich zu heiraten. Auch meine ganzen Pläne nach dem Abitur zu studieren, also äh Biologie zu studieren fielen ins Wasser. Mit der Heirat fing ich mit einer Lehre als Chemielaborant an. Nach einem Jahr trennten wir uns, weil die Heirat äh so nicht lief. Äh also wir konnten diese Heirat nicht weiter fortführen. (…) Jetzt hab ich aber noch mal geheiratet. Ich habe meine neue Frau in der Türkei, äh also in unserem Dorf kennen gelernt und nach türkischen Sitten geheiratet.

„… denn ich denke Türkisch, lebe Türkisch, spreche Türkisch"

Zu den Grauen Wölfen kam Ahmet mit 13 Jahren. Als er seine ersten Krisenerfahrungen als Jugendlicher machte, brachte ihn sein Vater zum Verein der Grauen Wölfe. Von Funktionären der Grauen Wölfe wurde er politisch motiviert und arbeitete aktiv in der Jugendgruppe des Verbandes:

Bei den Grauen Wölfen bin ich äh, weil ich erstens Türke bin. Also, das steht fest. Schon seit äh meiner Kindheit werde ich hier als ‚Knoblauchfresser' beschimpft. Das hat sich in der eigenen Person eingeschlagen. Da denkt man (…), es passieren also noch viele Ereignisse, danach fragt man sich äh (2) und will sich einer Klasse zuordnen. Also, äh man muss sich einer Klasse zuordnen. Ich schaue ob ich mich äh in die deutsche Kultur integrieren kann, es klappt nicht. Ich kann das nicht. Äh ich kann das 100 %ig nicht. (…) Also, lieber setzte ich mich in eine türkische Klasse, denn ich denke türkisch, lebe türkisch, spreche türkisch… Äh deshalb bin ich hier. (...) Hier fühl ich mich dazugehörig. Hier lernen die Jugendlichen, dass sie Türken sind. Äh richtige Türken sollen sie werden. Uns wurde Respekt gezeigt. Seit fast 10 Jahren bin ich schon hier. (...) Ich war hier eine Zeitlang mal äh Leiter des Jugendverbandes, hab mich für die Probleme äh eingesetzt. Hab eine Zeitschrift gemacht. Hab Jugendliche ausgebildet. Sie sollen äh ihre Identität, Geschichte, Werte, Traditionen und ihre türkische Identität äh wieder beleben. (...) Ich möchte auch dies einfügen (1). Warum nicht eine andere Organisation, sondern diese (.) Dies könnte folgendes sein (.) Weil, äh in dieser Einrichtung werden nationale und nationalistische türkische Werte sehr gepflegt, also es ist ein nationalistisches Gefühl, also es ist das „Patriotische Denken."

„Wenn man also hier nicht akzeptiert wird, dann sucht man die Akzeptanz bei seinen eigenen Leuten"

Den Grund für die Hinwendung und Neigung von jungen türkischsprachigen Migranten zu nationalistisch-türkischen Organisationen und Vereinigungen sieht Ahmet in der alltäglichen gesellschaftlichen Isolation:

> Im Alltag tauchen Probleme auf. Man wird als Türke ausgestoßen, also äh man wird gedemütigt. Findet also keinen Job. Man kriegt die Wut. Man erinnert sich sofort an seine wirkliche Identität. Man stellt sich diese Frage an sich, warum wurde es mir angetan und nicht meinem deutschen Nachbar. So kommt es in seine Erinnerung, er sagt (1) weil ich etwa ein Türke bin? Auch solche Komplexe entstehen beim Menschen. Wenn man also hier nicht akzeptiert wird, dann sucht man die Akzeptanz bei seinen eigenen Leuten.[7] Also, äh im eigenen Milieu. Dann, selbstverständlich, wenn er eine Organisation findet, die sich an solche nationalen Gefühle widmet, wie etwa dieser Verein der Grauen Wölfe, so entscheidet er sich hier für. Aus meinen Erfahrungen kann ich sagen, dass viele türkische Jugendliche aus diesem Grund zu uns gekommen sind. Hier wurden sie ernst genommen, hier haben sie sich wirklich äh zu Hause gefühlt.

Den Grund, warum er sich nicht von den Jugendzentren oder öffentlichen Jugendhäusern angesprochen gefühlt hat, beschreibt Ahmet folgendermaßen:

---

7 Vgl. Theorem „Fremd- und Selbstethnisierung", in Kap. 4.4 u. 4.4.2 dieser Arbeit.

> Ich habe auch sehr viel rumgehangen, früher in OT's, Jugendwerkstätten und solche Sachen. Äh diese Zeiten waren auch schöne Zeiten, aber nur bis zu einem bestimmten Punkt. Danach findet man dort nicht das, was man sucht. (...) Ich habe zum Beispiel das (...) OT immer besucht. (mmhh) Was machen die dort? Eine Zeit wird etwas angeboten: Schlagzeug-Kurs wird erteilt und was weiß ich noch für Sachen. Also... ( ) Ja, o.k. eine Zeitlang kannst du das machen, bis die Begeisterung vergeht. Der Spaß geht nur zu einem bestimmten Punkt, danach wird es Ernst. Das Schulleben drängt einen, von dort trennst du dich gewollt oder ungewollt. Also in OT's werden auch generell Haschisch und andere Sachen eingenommen. Ist schon fast in jeden OT's so. Diese Gemeinschaft ist mir persönlich fremd. Ich kann mich bei den Angeboten der OT's und so also äh nicht identifizieren, es hilft mir äh nicht weiter bewusst zu werden. Viele Freunde, die äh zu uns kommen, haben früher viel in OT's gehangen, sie haben sich dort amüsiert und ausgetobt, sind äh aber danach zum Verein gekommen, und äh haben hier an Veranstaltungen und Schulungen teilgenommen. So ist es also. (...) Also, äh ich wollte noch mal äh zurück zu dem Drogenproblem. Also, probiert haben wir das alle mal, wie es alle Jugendlichen schon einmal gemacht haben, aber abhängig war ich nie.

Den Unterschied zwischen Jugendlichen, die ihre Freizeit in OT's und Jugendzentren verbringen und denjenigen, die sich mit dem Verein der Grauen Wölfe identifizieren, konkretisiert Ahmet:

> Die Jugendlichen, die hierhin kommen, unterscheiden sich von denjenigen, die zum Jugendzentrum gehen. Ihre Ziele sind, eine Ausbildung zu machen, zu heiraten, seinen Militärdienst zu leisten und Kinder zu bekommen. Sie setzen sich äh also für die türkisch-nationalistische Sache ein. Auch diejenigen, die nie, ab und zu oder nur einmal im Jahr kommen, denken so. Die Jugendlichen, die öfters hier her kommen, lernen als erstes, dass sie Türken sind. Ein aufrichtiger Türke zu sein. Ich versuche mich mit damals zu vergleichen, bevor ich hier her kam. Äh, wenn ihr mich andersrum gesehen hättet, dann hättet ihr mich so nicht sprechen hören. (...) Ja, ich habe eine ernste Umwandlung erlebt. Hier in der Organisation habe ich erlebt, dass man sich hilft. Hier ist die Solidarität (2) äh stark verwurzelt.

„... ich bildete die Jugendlichen aus"

Im örtlichen Verein der Grauen Wölfe besuchte Ahmet eine Reihe von Schulungen und übte auch selber Funktionen aus. Eine Zeitlang war er verantwortlicher Leiter der Jugendgruppe. Er organisierte Veranstaltungen und bildete hier Jugendliche aus:

> Ja also, natürlich mit der Zeit (äh) (2), bildet sich der Mensch (äh) natürlich weiter. Wenn er dann einen bestimmten Informationsstand hat, will er es nicht nur für sich behalten, sondern zum Beispiel den Jugendlichen, die hier her kommen, weitergeben. Äh, als ich eine Zeit lang aktiv als verantwortlicher Leiter der Jugendorganisation tätig war, hatte ich die Aufgabe als Leiter diesen Jugendlichen Dienste zu erweisen. Also äh sie für unsere Sache zu gewinnen und auszubilden. (...) Also, ich bildete die Jugendlichen aus. Wir führten hier Gespräche, offene Gespräche, Seminare, wir redeten mit den Jugendlichen offen. Wir redeten zum Beispiel über deren Probleme, wir wollten denen helfen. (...) Ich hab hier auch mit einigen Freunden zusammen äh ne Jugendzeitschrift herausgebracht. Also wir haben in dieser Zeitschrift verschiedene Sachen über unsere türkische Geschichte, also äh auch über die osmanische Geschichte, über den ruhmreichen Kampf des Türkentums, von Oguzhan, Atilla, Alparslan und (2) andere berichtet. Dann wurden auch Artikel über die Geschichte der Grauen Wölfe veröffentlicht. (...) Dann haben wir zusammen in der Jugendgruppe auch Filme geguckt, äh zum Beispiel über die Geschichte von Necip Fazil, äh er ist der nationale Dichter unserer Grauen Wölfe. Äh auch Filme über die ruhmreiche Geschichte des Türkentums, wie zum Beispiel „Kurtoglu" (Sohn des Wolfes). Wir haben uns äh mit diesen Filmen identifiziert. (...) Dann hab ich auch Bücher von Alparslan Türkeş, Abdullah Catli, Nihal Atsiz, Necip Fazil und so gelesen. Das sind alles äh bekannte Persönlichkeiten aus dem Umfeld der Grauen Wölfe.

„Sie sollten das Türkisch-Sein in der Fremde stärker fühlen..."

Einen wichtigen Baustein dieser Schulungen und Veranstaltungen bildete die Vermittlung von türkisch-nationalistischen Werten. Sie sollten die türkisch-nationale Identität in der Fremde stärker verinnerlichen:

> Dann kam äh natürlich auch die Sache mit den nationalistischen Werten. Wir führten Seminare und Schulungen über die türkische nationale Geschichte durch und versuchten sie für die türkisch-nationale Identität

zu begeistern. (...) Wir wiesen hauptsächlich auf ihre nationalen Traditionen, ihrem Brauch und Sitten und ihren Verhalten auf. (...) Also helfen, wir wollten diesen Personen helfen, sie äh aus dem Dreck der Straße holen. Wir versuchten mit ihnen zu reden und ihnen ihre türkische Persönlichkeit, ihre nationale Identität wiederzugeben. Sie sollten das Türkisch-Sein in der Fremde stärker fühlen, äh verinnerlichen. (...) Mhm, natürlich wir erleben hier eine sehr große Assimilation. Dagegen müssen unsere Jugendlichen ihre wahre türkische Identität bewahren können. Wenn wir ihnen vom ruhmreichen Türkismus-Kampf von Fatih und anderen türkischen Helden und so erzählen, äh dann werden sie bestimmt sagen, dieser Mensch hat mit 18 alles geschafft, er hat für die Sache der Türken erobert, dass sind imponierende Dinge. Wir müssen den Jugendlichen diesen Kampfwillen übermitteln und sie durch diese geschichtlichen Beispiele motivieren.

„Der Turanismus ist unser Ideal"

Während des narrativ-biographischen Interviews nimmt Ahmet auch Bezug auf das Ziel der Grauen Wölfe, nämlich die Errichtung des großtürkischen Reiches „Turan", dass in den 1940ern von Alparslan Türkeş formuliert wurde:

> Der Turanismus[8] ist unser Ideal. ((mit lautem Ton und nickendem Kopf)). Das turanistische Ideal wurde von unserem Führer Alparslan Türkeş und seinen Freunden schon im Jahre 1940 verteidigt. Äh also, er ist in meinen Augen ein großer Führer, der das Ziel hatte, das turanische Reich zu errichten. Er hatte die Ehre, dieses äh Ideal damals zu formulieren. Also, wir müssen so denken: wenn damals der Baustein für den Turan gesetzt wäre, dann hätten wir heute keine Europäische Union, sondern einen türkischen Turan. Wenn heute in Europa 20 bis 30 Länder existieren, hätte nach Äußerungen von Aparslan Türkeş im Falle einer Errichtung des Turans ein türkisches Reich existiert, was die gleiche Stärke Europas hätte. (...) Wenn das Turanideal von Türkeş realisiert wäre, äh dann wären wir vielleicht auch nicht hier in Deutschland.

„Weil wir den Grauen Wolf in uns fühlen, haben wir ihn auserwählt"

Ein wichtiges Identifikationssymbol ist für Ahmet der Graue Wolf, der für ihn einen Teil seiner eigenen Persönlichkeit und seiner Lebensweise

8 Vgl. zum politischen Begriff des „Turanismus" in Kapitel 5.2.3 dieser Arbeit.

darstellt. Ahmet deutet dieses Symbol als Aufstand gegen Ungerechtigkeit und Sklaverei:

> Das nationale Symbol der Deutschen ist der Adler, der Spanier ist der Stier, äh so ist das nationale Symbol der Türken der Graue Wolf. Natürlich, äh verbirgt er in sich einige Besonderheiten. Weil wir den Grauen Wolf in uns fühlen, haben wir ihn auserwählt, äh als unser Symbol. Beispielsweise ist äh eines der Besonderheiten des Grauen Wolfes, dass er frei ist. Das zeigt, dass äh die Türken jederzeit, nach ihrem eigenen Staat, äh also nach einem Leben unter dem Dienste und den Anordnungen ihres eigenen Staates sehnen. Mhm also deshalb ist der Graue Wolf auch ein wichtiger Teil meiner Persönlichkeit. Egal in welchem Land der Türke lebt, er kann sich nicht der Ungerechtigkeit, Unterjochung, also einem Leben unter Sklaverei anordnen. Er sprengt die Ketten dieser Unterjochung. Deshalb haben wir dieses Symbol verinnerlicht. Äh deshalb hab ich auch längere Zeit selber den Grauen Wolf als Kette und äh Abzeichen getragen. Ich identifiziere mich damit. Er gibt mir in meinem Leben Kraft und Mut.

„Mein Deutschlandbild ist zwiespältig"

Ahmet bezeichnet seine Einstellungen zu Deutschland als sehr „zwiespältig". Die Begründung erfolgt über eher negative Lebenserfahrungen:

> Mein Deutschlandbild ist „zwiegespältig". Also zweierlei (2) es hat auch sehr gute Seiten, ( ) es gibt auch Seiten, die man nicht einfach akzeptieren kann (2) Äh, klar gibt es auch sehr viele Fehler, das ist normal, zum Beispiel politische Fehler, zum Beispiel (3) äh, seit Jahren sind wir in Deutschland, von wegen sind wir gleichberechtigte „Bürger". Aber auch wählen können wir nicht. Das ist seltsam. Meiner Meinung nach ist es seltsam! Dieses Recht sollte man nach einem bestimmten Jahr ( ) sollte man dieses Recht haben (.) Meiner Meinung nach (.) Aber für dieses Recht muss man Deutscher werden! Meine „Kritik an Deutschland", äh die Deutschen, die können nicht mit Ausländern umgehen. Die können das nicht, die machen das nicht. (...) Also, sie wollen, dass sich jeder, der äh hierhin kommt, assimiliert. Das sagt, Außenminister Otto Schily: „Wir wollen keine Integration, wir wollen Assimilation" ( ) äh sagt er. Wenn so einer so was sagt, was sollen wir vom einfachen äh Bürger erwarten. „Das ist eine falsche Politik!" (3) So kann man nicht mit Ausländern umgehen. Sie versuchen durch Assimilation unsere Identität, äh

> unsere türkische Existenz zu vernichten. Also, äh sie wollen, dass wir wie ein Deutscher leben, wie ein Deutscher denken so. Ich lehne dies ab.

In diesem Zusammenhang versucht Ahmet auch seine Ausgrenzungs- und Diskriminierungserfahrungen im beruflichen Alltag darzustellen:

> Zurzeit habe ich auf der Arbeit ein Erlebnis (.) (2) Ich arbeite als Chemielaborant (.), aber von Zeit zu Zeit werden bei uns Weiterbildungen, äh Schulungen und ähnliches gemacht. Als Brandmeister-Ausbildung oder als Sanitäterausbildung oder Sicherheitsbeauftragter. Ich arbeite seit längeren Jahren in dieser Firma. (2) Sie schicken mich nicht in die Brandmeisterschule, sie fragen mich äh auch nie danach. (...) Zusätzlich, ohne sich zu schämen, während ich dabei bin, fragt der Obermeister einen Mitarbeiter, der seit einigen Jahren da ist, ( ) äh er sagt ihm „Möchtest du nicht die Brandmeisterschule besuchen?" (...) Dieser unverschämte Mann ? Obwohl ich länger als er dort arbeite und äh zehnmal besser als er bin. Dass obwohl mein Mitarbeiter untalentiert ist, durch einen Arbeitsunfall seine drei Fingerspitzen geschnitten hat (.) (1) Das ist ein Problemfall für die Firma normalerweise. Trotz allem möchte man ihm zum Erfolg helfen. Hier sollte man (2) realistisch sein. Was ist das, wenn es kein Rassismus ist? Das ist der pure Rassismus.

Obwohl Ahmet in Deutschland geboren und aufgewachsen ist, seinen Lebensmittelpunkt in Deutschland festgelegt hat, besser Deutsch als Türkisch spricht, auch künftig mit seiner Familie in Deutschland weiter leben möchte, lehnt er es vehement ab, die deutsche Staatsbürgerschaft anzunehmen:

> Also ich hänge sehr an meiner türkischen Identität. Ich möchte sie also nicht abgeben. Dafür ist mein Nationalgefühl sehr verwurzelt. Über die deutsche Staatsbürgerschaft habe ich die folgende Meinung: (2) nach fünfzehn Jahren wird sich die Türkei auch der Europäischen Union anschließen. Dann werde ich keinen deutschen Pass benötigen. Zurzeit habe ich den türkischen Pass, der ist meines Erachtens das Symbol der türkischen Existenz in äh Deutschland. Ich bin Stolz darüber dieses Symbol zu tragen.

„In Solingen habe ich dann Hass und Wut gespürt!"

Besonderen Hass und Wut gegenüber der Aufnahmegesellschaft hat Ahmet nach dem Brandanschlag in Solingen gefühlt:

> Während der Vorfälle in Solingen ging ich äh damals noch zur Schule. Ich weiß aber genau, dass ich nach diesem grausamen Brandanschlag auf eine türkische Familie Abscheu gefühlt haben. Äh wir sind dann mit meinem Vater und auch anderen Freunden zusammen nach Solingen gefahren, um also unsere Wut offen zu zeigen. In Solingen habe ich dann Hass und Wut gespürt! Wir haben gegen die Ereignisse in Mölln und Solingen protestiert, um zu zeigen, dass es äh nicht also so weiter gehen kann. Wir alle, klar wird man in einen besonderen Gefühlszustand geführt. Äh vielleicht liegt die türkische Fahne im Schrank, also man nimmt sie, rollt sie auf und rennt in jene Richtung. Also nach Solingen. Dieses Verhalten äh passiert natürlich automatisch. Das war nicht nur so, bei uns, also äh bei den Grauen Wölfen so, auch andere Organisationen haben das gefühlt. Also, das ist menschlicher Identität: das gibt's. Da kommen sie und verbrennen deinen Landsmann lebendig. (2) Es ist ein grausames Ereignis! Man kann so was sehr schwer beschreiben. Stell dir vor, ein Teil deiner Familie ist am verbrennen, äh und du kannst dagegen nichts unternehmen. Es ist so. Trauer, Hass und Wut haben wir gespürt.

„Der 11. September hat die Sichtweise gegenüber den Türken geändert"

Auch die Entwicklungen nach den Vorfällen vom 11. September haben im biographischen Verlauf von Ahmet Hassgefühle gegenüber dem Aufnahmeland entwickelt. Vor allem hat Ahmet in diesem Zusammenhang ausgrenzende Erfahrungen auf dem Arbeitsplatz gemacht:

> Äh der 11. September hat äh natürlich die Sichtweise gegenüber den Türken geändert. Also, überall wurden wir angepöbelt. Äh es gab da, also ein Fall auf unsrer Arbeit. Es gab äh jemanden aus Afghanistan, der hat nen langen Bart, er hieß auch Muhammed. Mhm beispielsweise wenn er vom Weiten kam, dann haben alle gesagt, „Hey, der Muhammed kommt, zieht euch in eure Schutzlöcher zurück".

Vor allem hat sich das im Fall von Ahmet so ausgedrückt, dass er Angst hätte, öffentlich zu sagen, Moslem zu sein:

> Bei Gott, wir sind alle Moslems. Aber, äh wenn solche Themen da sind, dann hat man Angst, öffentlich zu sagen, ich bin Moslem. Denn äh, auf der anderen Seite wird man schlecht gemacht, äh „guckt, was eure Muslims wieder angestellt haben". (...) Also, ich denke, dass Amerika an sei-

ne eigenen Interessen denkt. Ich weiß jetzt nicht genau warum, aber fest steht, dass sie eine Front gegen den Islam eröffnet haben. Ich versteh es nicht, zuerst haben sie Saddam Hussein, Bin Ladin unterstützt, und jetzt wollen sie sie zum Teufel verbannen, also äh sie als Feinde bekämpfen. Das ist also Politik. (...) Amerika herrscht jetzt über der ganzen Welt. Ich kann sagen, dass der 11. September äh eine offene Angriffsfläche gegen die hier lebenden Moslems, äh vor allem gegen die türkischen Moslems eröffnet hat.

„Die Grauen Wölfe kämpfen für die Einheit des Türkentums in Deutschland"

Zu den Absichten und Zielvorstellungen der Grauen Wölfe in Deutschland erzählt Ahmet:

> Ich bin bei den Grauen Wölfen,[9] äh also weil ich als erstes Türke bin. Also ich möchte als Türke auch der türkischen Sache dienen. Äh hier bin ich unter meiner Gruppe. Unter meinen Freunden bin ich also. Wir verbringen unsere gesamte Freizeit zusammen. Hier in diesem Verein hab ich auch meine schönste Zeit verbracht. Natürlich mit Freunden also. (...) Ein Deutscher würde so was sofort falsch verstehen. Wenn wir als geschlossene Gruppe äh durch die Gegend laufen oder äh am Rheinpark hängen, dann äh denken sie also sofort, dass wir Krawalle machen möchten. Sie kennen das Gefühl der Zusammengehörigkeit nicht, äh nicht so wie wir. (...) Ich persönlich bin gegen Gewalttätigkeit. Doch wenn jemand gegen mich antritt, dann greif' ich auch hart zurück. Hey, ich lass doch nicht zu, dass ich von solchen Assis niedergemacht werde. (...) Viele haben falsche Vorstellungen über die Absichten der Grauen Wölfe. Also, äh es gibt immer noch Vorurteile. Aber die Grauen Wölfe kämpfen für die Einheit des Türkentums in Deutschland. Also, wir wollen den türkischen Leuten klar machen, dass die türkische Existenz nicht verleugnet werden kann, wir wollen äh ihnen natürlich auch klar machen, dass sie sich vereinen müssen. Sie sollen die Kraft der Türken sehen. Wir wollen auch nicht weiter zuschauen, dass hier gegen die Türkei gehetzt wird, und äh auch separatistische Bestrebungen gegen die Türkei da sind. Wir werden nicht zulassen, dass die Türkei geteilt wird. Deshalb vereinen wir uns als europäisches Türkentum.[10]

---

9 Vgl. zur Ideologie und Programmatik der „Grauen Wölfe" in Kapitel 5.5.2
10 Vgl. zum Begriff des „europäischen Türkentums" Kap. 5.7.3.

9.1.3 Fallrekonstruktion Alperen

Alperen habe ich kennengelernt im „Idealistischen Verein der Weltordnung“ (Köln Nizam-i Alem Ülkü Ocağı) in Köln, einer politischen Abspaltung der Grauen Wölfe/„Türk Federasyon“ und einem lokalen Mitgliedsverein des europäischen Dachverbandes ANF e.V. (Föderation der Weltordnung in Europa). Als Leiter der örtlichen Jugendabteilung des Vereins hatte er auch an der Realisierung des Gruppengesprächs mitgewirkt. Die Erlaubnis, ein Gruppengespräch durchzuführen, kam jedoch vom Vereinsvorsitzenden. Als ich mein Anliegen vortrug, narrative Interviews und Gruppengespräche mit Jugendlichen aus dem Umfeld des Vereins zu führen, musste ich dem Vorstand und schließlich auch dem Vorsitzenden konkret darlegen, was für eine Zielsetzung meine Untersuchung habe. Zuerst merkte ich, dass eine Skepsis vorhanden ist. Der Vereinsvorsitzende erzählte uns, dass vor allem nach den Vorfällen vom 11. September auch ihr Verein unter Beobachtung von staatlichen Stellen stünde und sie deshalb keine Probleme bekommen möchten. Ich erzählte ihnen, dass es notwendig sei, Forschungen über „türkische“ Jugendliche zu führen, die auch die Sichtweise der Betroffenen darstellen sollte. Insbesondere sei es interessant mit Jugendlichen aus Vereinen zu sprechen, die ein ausgeprägtes Identitätsbewusstsein haben und auch eine politische Haltung darlegen können. Weiterhin unterhielten wir uns über die Probleme von „türkischen“ Migrantenjugendlichen im Kölner Raum. Gerade in diesen persönlichen Gesprächen kam deutlich zum Vorschein, dass der Verein gerade in Köln bemüht sei, die „türkischen“ Jugendlichen aus dem „Sumpf der Straße“ zu retten und sie für ihre nationalistisch-islamischen Werte zu gewinnen. In den Vereinsräumen wurden insbesondere Schulungen und Seminare für Jugendliche angeboten. Bei diesen diszipliniert ablaufenden vereinsinternen Schulungen ging es sowohl um die Geschichte des Türkentums als auch um die Wiederbelebung der islamischen Werte. In diesem Sinne waren auch die Vereinsstrukturen sehr hierarchisch aufgebaut.

Alperen ist 17 Jahre und in seiner Familie der älteste unter drei Brüdern. Im Gegensatz zu den anderen Interviewpartnern hat er eine sehr interessante Biographie, was auch für diesen Forschungsbeitrag von Bedeutung ist. Geboren ist Alperen in Köln. Die Eltern von Alperen kamen vor ca. 20 Jahren in die Bundesrepublik. Der Vater ist als Schweißer in einem kleinen Unternehmen im Umfeld von Köln tätig, die Mutter ist Hausfrau. Wichtige Etappen seiner Sozialisation durchlief Alperen in

Kölner Jugendbanden und -cliquen. Schon im jüngeren Alter machte er Gewalt- und Kriminalitätserfahrungen. Beteiligung an Schlägereien, Bedrohung und Erpressung von Schülern führten dazu, dass Alperen fortwährend der Schule verwiesen wurde. Einen festen Beruf hat er nicht. Deshalb arbeitet er als Türsteher bzw. nach eigenen Aussagen als „Bodyguard" vor Discos oder anderen Veranstaltungen. Als er sich von seiner Jugendbande löste, fand er seine neue „Heimat" in dem rechtsnationalistischen Verein der ANF in Köln, deren türkisch-nationalistische und islamistische Ideologie er annahm. Zu den Etappen seiner Biographie erzählt Alperen:

„Ich flog von der Schule"

> Also geboren bin ich äh 1985 in Köln. Wir sind drei Brüder, ich bin der älteste, äh einer geht zur Realschule und der andere ist noch drei. Nach der Grundschule bin ich auf die Realschule gekommen. Wegen einigen kleinen Verrücktheiten flog ich von der Schule. Natürlich habe ich mich also auch öfters mit Mitschülern gezankt. Dann mhm war das noch mit dem Englisch-Fach. Weißt du, ich bin äh also jemand, der kein „Englisch" mag. Dann äh gab es Fälle, wo man sich zeigen musste. Dann war's sogar noch so, man musste also gut kämpfen. Es war so, zuerst wurde ich immer ein bisschen ausgestoßen, dann musste ich mir irgendwie Respekt verschaffen. Dann hab ich die Schüler zusammengeschlagen, die sich als stark zeigten. Also ich wollte nicht durch meine Schulleistungen, sondern über solche Sachen Respekt gewinnen. Äh also es fand dann eine Schulkonferenz statt und ich flog von der Realschule. (…) Dann kam ich also nach der 6. Klasse in die Hauptschule. Dort hab ich angefangen zu rauchen und äh dann immer wieder die Zankereien. Wenn jemand äh also Probleme hatte, kam er zu mir und also ich löste es dann auf meine Art. Der Unterschied zur Realschule war, dass wir auf der Hauptschule viele asoziale Sachen machen konnten. Auch auf der Hauptschule konnte ich nicht lange bleiben. Ich blieb in der 8. Klasse einmal kleben und flog beim zweiten Mal nach der 8. aus der Hauptschule.

Von der Hauptschule flog Alperen nicht wegen den alltäglichen Schlägereien und Zankereien mit Mitschülern. Vielmehr war der Auslöser hierfür, dass er eine Lehrerin zusammengeschlagen hatte:

> Ich flog hier nicht wegen einfachen Zankereien oder so. Wie soll ich's sagen so, weißt du, die Frau war ein Nazi. Deshalb hatte sie gesagt, sagt

eurer Mutter, dass sie zum Elternabend ohne Kopftuch kommen sollen. Bei so was raste ich aus. Äh so was kann ich nicht ertragen. Dann äh was weiß ich, hab ich mich zur Frau gewendet und sie dort ((leise)) geschlagen. Drei Dinge kann ich äh im Leben nicht ertragen: wenn man meine Familie, meine Religion und meine türkische Identität beschimpft, äh belästigt. Dann flippe ich aus und äh man kann mich nicht mehr stoppen, also. Im Kolpingbildungswerk gehörte ich zu einem der guten Schüler. Mein Wissen aus der Realschule und auch Hauptschule reichte eigentlich aus, um dort weiter zu kommen. Aber es war dort verboten, dass man türkische Fahnen und Abzeichen der Grauen Wölfe dort äh mitbringt oder trägt. Trotz dessen hab ich das getan. Dann hatten wir dort auch äh viel Streit. (...) Einige Male waren auch die Polizisten hier und haben nach den Zankereien einige von uns mitgenommen. Dann flog ich auch hier von der Schule.

Wegen der ganzen Schlägereien hat Alperen zuhause weniger Probleme, weil er in vielen Fällen gleiche Einstellungen wie sein Vater teilt:

Zuhause hatte ich zwar Probleme, aber wir haben mit meinem Vater die gleichen Einstellungen. Also äh nicht die Probleme. Beispielsweise sagt mein Vater, „Wenn du draußen Prügel bekommst, dann bekommst du zu Hause auch eine Tracht Prügel von mir". Deshalb, also wenn Krach ist, schlage ich einfach zu. Wenn mich jemand beschimpft also, dann schlag ich einfach zu. Dort, wo wir aus der Türkei herkommen, da streitet man sich viel. Vor allem wenn es um die Sache der Ehre geht und so.

„Auf der einen Seite gab es Angst, auf der anderen Seite Türkenfeindlichkeit"

Auf der Schule hab ich immer gesehen, dass immer äh Vorurteile gegen Türken da warn. Dann haben wir uns auch so Verhalten. Äh Freunde von mir haben mal nen Lehrer in einen Schrank eingeschlossen und es äh aus der ersten Etage runter geschmissen. Auf der einen Seit gab's Angst, auf der anderen Seite Türkenfeindlichkeit. Also äh die Lehrer hatten auch ein Stück Angst vor uns.

Alperen drückt hierin aus, dass die gesellschaftlichen Vorurteile gegenüber „Türken" auch ein Verhalten gemäß diesen Vorurteilen produziert haben. Wegen seiner körperlichen Überlegenheit fühlte er sich kaum bedroht:

> Ich selber hab eine Feindlichkeit gegenüber meiner Person weniger erlebt. Das liegt auch darin, dass viele vor mir Angst hatten. Das war auch äh normal so, ich war auch immer der Stärkere. (…) Gegen Deutsche … Gegen die hab ich weniger gekämpft. Die sind doch so wie Katzen. Äh, also egal ob meine eine Katze oder einen Deutschen schlägt. Die hauen doch sowieso immer ab. Deshalb lohnt es sich nicht, einen Deutschen zu schlagen. Dadurch beschmutzt man auch den Namen.

Wichtig ist für Jugendliche, dass sie innerhalb der peer-group „einen Namen“ bzw. ein Ansehen besitzen, der sie einerseits unter Schutz nimmt und andererseits ihren Überlegenheitsanspruch sichert:

> Einen Namen äh im Milieu, äh in der Szene zu haben, ist sehr wichtig. Dann ey, legt sich keiner mir dir an. Viele sagen dann auch, ‚Hey, der hat einen Namen, der ist stärker, legen wir uns nicht mit dem ein, der haut uns dann noch zusammen'. In solchen Momenten kann auch ihr Name zu Ende gehen. (…) Äh ich hab's zwar nicht gemacht, aber Freunde von mir haben beispielsweise Kinder geschlagen. Dann haben sie auch Kinder erpresst und äh auch Taschengelder eingesammelt. Und was weiß ich noch. (…) Wenn meine Familie nicht in diesem Verein aktiv wär, wär ich vielleicht auch in diesen Sumpf!

„Als Türvorsteher hab ich mir einen Namen verschafft“

Alperen hat während seiner Schulzeit Kontakt zu „türkischen“ Jugendbanden aufgenommen und eine neue Identität als Türsteher gefunden:

> Meine ganze Freizeit verbrachte ich in unserer Bande in Köln-Ehrenfeld. Wir waren 15 Leute. Einen äh guten Ruf hatten wir in der Szene. Wir haben Leute zusammengeschlagen, Gelder eingetrieben und einige von uns hattens sogar mit Drogen zu tun. Es gibt hier viele Türken, die in Banden und Cliquen rumhängen. Es gibt äh hier die Ossendorfer Gangsters, äh die Ghetto Brothers in Bilderstöckchen, die äh Alles K.O.-Schläger in Ehrenfeld und so. Viele also sind von ihnen auf einen Scheißweg. (…) Als Türvorsteher hab ich mir einen Namen verschafft. Viele von unserer Clique arbeiteten als Türvorsteher. Also, so kommt man auch schneller an Geld. Es gibt Leute, die mit 18 oder 19 viel Geld haben oder äh einen dicken Mercedes fahren. Guckt euch doch Türken in Köln-Ehrenfeld, die sind 18, haben keinen Abschluss, aber fahren einen dicken Mercedes. Laufen mit teuren Klamotten rum. Sie arbeiten als Türvorsteher. Viele haben's sogar mit Drogen zu tun. Also äh auch mit

> Zuhälterei. So kommt man schnell zu großem Geld. (...) Seit meinem 14. Lebensjahr verdien ich mein Geld als Türvorsteher. Äh seit dem bekomme ich auch kein Geld mehr von Zuhause. (...) Auch heute arbeite ich noch als Türvorsteher, aber nicht mehr so intensiv wie vorher. Ich bin ja auch im Verein aktiv.

„Zur Nizam-i Alem bin ich über einen Freund gekommen"

Eine Wende in der Biographie von Alperen ist sein Zugang zum Verein „Nizam-i Alem" in Köln. Er fühlte sich schon immer vom türkisch-nationalistischen Ideen angesprochen, doch einen ausgeprägten politischen Charakter nahm seine Identität erst in dem Verein ein:

> Ich hab mich schon immer als „Ülkücü" (Idealist) gesehen. Diese Identität haben viele in unserer Clique gehabt. Deshalb haben auch äh viele Abzeichen der Grauen Wölfe getragen. Äh wir haben damit auch unsere Stärke gezeigt. Ich hab auch solche Abzeichen getragen. Sogar einen Anhänger mit dem Symbol des Grauen Wolfs hat' ich. Diese hab ich auch gegenüber Kurden verteidigt. Wir hatten im Stadtteil manchmal Krach mit denen. Aber damals war ich mir nicht ganz bewusst, was der Idealismus bedeutet, wer die Grauen Wölfe sind und so. Ich wusste aber, dass mir der Graue Wolf gefiel. (...) Zum Verein der Nizam-i Alem[11] bin ich dann äh über einen Freund gekommen. Der hat mich hier zu einem Jugendtreffen eingeladen. Mir hat die Atmosphäre hier gefallen. Dann hab ich einmal die Woche vorbeigeschaut. Dann äh häufiger. Heute bin ich jeden Tag hier.

Zu seinen politischen Ansichten und politischen Aktivitäten im Verein erzählt er:

> Wir bilden hier Jugendliche aus. Machen Veranstaltungen und Schulungen zur Geschichte des Türkentums, zur äh Geschichte der Osmanen, zur Frage unserer islamischen Religion und so. Dann äh machen wir als Verein auch Veranstaltungen auch mit Gästen aus der Türkei. Dann kommen hierin auch Politiker der BBP (Große Einheitspartei) aus der Türkei, die dann äh an Veranstaltungen teilnehmen und uns über die Entwicklungen in der Türkei informieren, auch also uns den richtigen Weg zeigen. Wir sollen hier als Türken zusammenhalten, unsere Religion bewahren und unsere türkische Identität ausleben also. Wir

11 Vgl. zur Entstehung, Ideologie und Aktivitäten der ANF Kapitel 6.2.3.

> sollen uns auch mit der Bewegung der BBP identifizieren. (...) Die Jugendlichen sollen hier bewusst ihre türkische Identität fühlen und erleben. Äh, sie sollen Stolz sein, dass sie Türken sind. Draußen werden sie äh immer gedemütigt, äh beschimpft weil sie halt Türken sind, hier bei uns im Verein gehören sie zu uns. Sie sind Teil unserer Gemeinschaft, werden hier akzeptiert, äh anerkannt werden sie. Das gibt mir also auch die Kraft, also mich für so einen Verein zu engagieren.

„Im Nizam-i Alem Verein genieße ich Respekt"

Eine wesentliche Ursache, warum er sich für diesen rechtsextrem-islamistischen Verein entschieden hat, konzentriert sich auf die Schlussfolgerung, dass er in diesem Verein „Respekt" genießt:

> Im Nizam-i Alem Verein hier genieße ich Respekt. Früher war ich eine Zeitlang Leiter der Jugendgruppe hier. Alle in der Jugendgruppe haben mich respektiert. Sie standen auf, wenn ich rein kam. Viele von ihnen kannte ich vom Stadtteil. Sie wissen also wie ich bin, äh wer ich bin. Ich respektiere hier im Verein auch ältere Leute. Manche sind für mich als Vorbild. Für sie würde ich alles tun! Es ist so, wenn ich eine Atmosphäre mag, also bemerke, dass die Atmosphäre und die Leute hier o.k. sind, dann bin ich äh bereit, alles für sie zu geben. Ich könnte mich sogar für so was aufopfern. Auch also kämpfen würde ich für so was. Äh ich bin mir sicher, äh ich hab hinter mir eine Kraft. Ich könnte also jederzeit für einen Kampf 200 türkische Jugendliche zusammentrommeln, äh also in Aktion bringen. So eine Kraft hab ich also.

Zu seinen Funktionen und Aktivitäten als „Koordinator" im Verein erzählt Alperen:

> Der Verein hier ist ein wichtiger Teil meines Lebens. Hier verbringe ich meine Freizeit. Öfters bin ich äh also von morgens bis abends hier. Hab hier meine Freunde (...) Wenn es mal Probleme gibt, dann werd ich angesprochen, ich löse so was. Ich hab Freunde, also Kontakte die ich anrufe und so. Jetzt hab ich im Verein die Aufgabe als Koordinator bekommen. Ich bin also so was wie die rechte Hand des Vorsitzenden. Also, der Verbindungsmann zwischen der Jugendgruppe und dem Vorsitzenden.

„Türkeş und Yazıcıoğlu sind meine wahren Idole"

Idole spielen innerhalb der peer-group eine wichtige Rolle. Meist sind es Musikbands, Sänger, Sportler u.a. Doch Alperen sieht seine wahren Idole in den politischen Kultfiguren der rechtsextrem-türkischen Bewegung:

> Dann äh gibt es auch noch meine wahren Idole. Türkeş[12] und Yazıcıoğlu sind meine wahren Idole. Also, sie sind die Gründer und Führer der Ülkücü-Bewegung. Sie haben alles dieser Bewegung gegeben. Ich habe über sie Bücher gelesen. Dann hab ich Muhsin Yazıcıoğlu auf einer Veranstaltung der Nizam-i Alem kennen gelernt. Solche Leute respektiere ich voll. Der hat hier eine große Rede gehalten, alle im Saal haben ihn applaudiert und so. Dann also möchte ich noch sagen, dass Türkeş und Yazıcıoğlu für ihre Sache im Gefängnis waren. Sie wurden gefoltert, aber äh haben die Sache der Ülkücüs nicht verraten. Also, äh Respekt.

„Der Graue Wolf also ist meine Identität"

Einen wichtigen Platz in der Identität von Alperen nimmt auch der „Graue Wolf" ein, der für ihn neben der politischen Symbolik auch die Stärke darstellt:

> Der Graue Wolf also ist meine Identität. Der Graue Wolf ist frei, also frei ist er. Früher habe ich mich auch als Anhänger der Grauen Wölfe gefühlt. Äh, ich war zwar keiner, aber hab mich damit identifiziert. Also ich möchte auch so frei leben, wie der Graue Wolf. Zum Beispiel, kann man äh keinemWolf Ketten anlegen, also man kann ihn auch nicht einfach so füttern. Der Wolf ist frei und lässt sich keine Ketten anlegen. Genauso wie die Türken. Wir lassen nicht zu, dass man uns Ketten anlegt.

„In Deutschland seh ich keine Hoffnungen mehr"

Die Hoffnung an Deutschland hat Alperen längst aufgegeben. Eine Hoffnung ohne Arbeit und Ausbildung sieht er nicht. Das Einzige, was ihn an Deutschland bindet, ist seine türkische und muslimische Identität:

> Ich lebe zwar in Deutschland, aber hab kein Vertrauen mehr äh zu dies.. Land. Eine Ausbildung hab ich nicht. Einen Job hab ich auch nicht gefunden. Meine Bewerbungen an Ford und so haben nicht weitergehol-

12 Vgl. zur Biographie von Alparslan Türkeş Kapitel 5.5.3.

fen. In Deutschland seh ich keine Hoffnungen mehr. Ich weiß nicht wohin. Das Einzige, was mich an Deutschland bindet, ist meine türkische Identität, äh auch meine islamische Religion. Ich bin froh, dass ich äh in diesem Verein bin. Hier werd ich wahrgenommen. Äh hier werd ich auch gebraucht. (…) Ich versteh nichts von Integration oder so. Das ist doch alles Scheiße. Die labern alle von Integration oder so, aber wollen, dass wir uns ihnen unterwerfen. Ein Türke wird so was nie akzeptieren. Also, wir sind doch keine Sklaven. Ich hab mich immer dagegen gewehrt. Wenn jemand irgendetwas gegen meine Familie, Religion und mein Türkischsein hat, dann schlag ich einfach zu. Dann äh greift mich die Wut.

9.2 Rekonstruktion ausgewählter Gruppendiskussionen

Im folgenden Abschnitt sollen die empirischen Ergebnisse der Gruppendiskussionen mit den schon im Vorfeld genannten drei türkisch-rechtsextremistisch orientierten Jugendgruppen rekonstruiert werden, die für den empirischen Teil dieser Arbeit eine wichtige Stütze bilden. Diese Gruppendiskussionen bzw. -gespräche sind so angelegt, dass die Kernprobleme und Einstellungsprofile sowohl der Jugendgruppen als auch die der Angehörigen dieser Gruppe herausgearbeitet werden. Die Gruppendiskussionen zeigen Einstellungen, Orientierungen und Erfahrungen, die in ähnlicher oder teilweise ähnlicher Form auch bei anderen Migrantenjugendgruppen – insbesondere türkischsprachiger Herkunft – anzutreffen sind.

9.2.1 Gruppendiskussion im *Köln Nizam-i Alem Ülkü Ocağı* (Idealistenheim der Weltordnung in Köln)

Der Kontakt zur Jugendgruppe des Köln Nizam-i Alem Ülkü Ocağı (Idealistenheim der Weltordnung in Köln) entstand während unseres Besuchs im Vereinslokal. Wir fragten, ob wir in den Räumlichkeiten des Vereins narrativ-biographische Interviews und Gruppendiskussionen mit den Jugendlichen bzw. der Jugendabteilung dieses Vereins durchführen können. Einer der Leiter dieses Vereins erwiderte, dass der Vorstand bzw. der Vorsitzende über unser Anliegen entscheiden müsse. Man erzählte uns, dass die Jugendlichen gerade im Nebenraum Unterricht erhielten. Daraufhin fragte ich nach, ob dort Hausaufgabenbetreuung und Nachhilfe angeboten werde. Wir erfuhren, dass es sich hierbei um eine vereins- und verbandsinterne Ausbildung für Jugendliche handele. „Sie sollen vom Dreck der Straße befreit und für ihre eigenen Traditionen,

Werte und ihre türkisch-nationale Identität zurück gewonnen werden" – so die Worte eines der Funktionäre im Verein, der von den Vereinsbesuchern als „Reis"[13] angesprochen wurde. Er erzählte uns weiterhin, dass sich die „türkischen" Jugendlichen draußen auf der Straße im „Dreck" befänden und ihre „türkische Identität" gänzlich verloren hätten. Der Verein habe sich deshalb das Ziel gesetzt, diese Jugendlichen aus dem „Sumpf" zu retten und ihnen ihre ethnisch-nationale Identität und Zugehörigkeit, Werte und Traditionen zu vermitteln. In der Zwischenzeit hatte der Ausbildungslehrgang der Jugendlichen eine kurze Pause eingelegt. Es kamen ca. 8 Jugendliche aus dem Nebenraum. Fast alle dieser Jugendlichen, die zwischen 15 und 18 Jahren waren, begrüßten uns ausgeprochen höflich. Somit entstand der erste Kontakt zur Jugendgruppe des Vereins.

Nach dem gründlichen Vorgespräch mit dem „Reis" wurde uns erlaubt, narrative Interviews und Gruppengespräche mit den Teilnehmern der Jugendgruppe zu führen. In Absprache mit dem Leiter der Jugendgruppe machten wir einen Termin aus. Sie bestanden darauf, dass dieses Gespräch in den Räumlichkeiten des Vereins stattfinden sollte. Wir nahmen dieses Angebot an. Außerdem wurde darauf beharrt, dass dieses Gespräch in türkischer Sprache durchgeführt wird. In der Hausordnung des Vereins, die in den Räumlichkeiten der Jugendlichen hing, war zu lesen: „In diesem Verein wird nur Türkisch gesprochen". Cem, Ali, Bülent und Deniz erschienen zu diesem vereinbarten Termin und nahmen an dem Gruppengespräch teil.

Name	**Verein**	**Alter**	**Bildung**	**Staatsang.**	***Geburtsort***
Cem (*Cm*)	Nizam Köln	*17*	kein Hauptschulabschluss; Arbeitslos	türkisch	*Köln*
Bülent (*Bn*)	Nizam Köln	*16*	Hauptschule 9. Klasse	türkisch	*Köln*
Ali (*Al*)	Nizam Köln	*17*	Hauptschule 9. Klasse	türkisch	*Köln*
Deniz *(Dz)*	Nizam Köln	*18*	Hauptschule 10. Klasse	türkisch	Köln

Biographische Daten über die Teilnehmer der Gruppendiskussion. [14]

13 „Reis" ist ein Begriff aus dem Arabischen und bedeutet soviel wie der Kopf, die Spitze, der Anführer oder auch das Oberhaupt einer Gemeinschaft.

14 Die Namen der Jugendlichen sind anonymisiert.

Bn: Äh ich bin also hier, um äh mich vom Dreck zu retten. Bruder, der Dreck ist der Weg, der nicht an Allah glaubt, äh also vor Allah keine Angst, auch also nichts Türkisches mehr hat. (…) Allah sieht alles, was man macht. (1) Also, vorher, also bevor ich zu diesem Verein gekommen bin, hing ich immer in Cafes und so rum. Jetzt glaube ich an eine Sache und bin immer im Verein.

↳ **Al:** Ich äh bin wegen der Nationalismussache und der Religionssache. Guck äh viele Jugendliche laufen hinter Drogen, äh auch Zuhälterei und so. (…) Sie kommen vom Türkenweg ab. In meinem Leben äh würde ich keinen Zuhälter (2) äh als Türken bezeichnen. (…) Viele Türken hier haben vergessen, dass sie Türken sind. Guckt euch mal unsere Mädchen an. ((schüttelt den Kopf)) Früher sind türkische Jungs mit deutschen Mädchen gegangen, heute gehen türkische Mädchen mit deutschen Jungs. (…) Manche Freunde waren schon früher in diesem Verein. Sie haben mich dann äh hierher gebracht und äh es hat mir hier gefallen, also äh die Atmosphäre und so. Ich fühl mich hier genauso wie Zuhause, (2) also äh meine zweite Wohnung. (…) Manchmal übernachten wir hier. (…) Wir unternehmen hier was (…) Türken sind wir Türken. (…) Es gibt einen Satz von meinem Vater: ‚Mein Sohn, 5000 Ülkücüs sind bisher gestorben, lass dich in diesen Verein nicht nieder machen!' Wer soll mich denn also in diesem Verein **nieder machen?**: Die Gefallenen hatten doch Recht. Sie haben äh also tapfer gekämpft, damit die Türkei kein Kommunistenstaat wird. Sie sind also gefallen. (…) **Ich lass mir auch nichts gefallen**. Warum sagen wir, dass dieses Land unsere Mutter ist (2), wenn also jemand kommt und meine Mutter als ‚Hure' bezeichnet, dann schlag ich zusammen. (1) **Fertig mach ich ihn** (!) ich mach se alle fertig.

↳ **Cm:** Also, ich sag, viele Jugendliche hängen in Jugendzentren rum, nehmen Gras, äh lästern vor sich rum, geben Euros aus, also äh sind hinter Glückspielen her und so. Aber in diesem Verein gibt's so was nicht. Hier fühle ich mich in meiner zweiten Wohnung. Ich hab hier gelernt, Türke zu sein. Ich meine, hab gelernt den Deutschen zu zeigen, dass wir Türken und Moslems sind. **Und uns äh nicht wie der letzte Dreck behandeln lassen** (!) ( ) Gelernt hab ich nicht zu fluchen und Respekt vor älteren Menschen zu haben. Wenn zum Beispiel der Vorsitzende reinkommt, dann äh steh ich auf. Gelernt hab ich auch äh unsere wahre nationalistische

Geschichte und so. Dass äh die Türken viel stärker, also Mächtiger gewesen wären, wenn sie zusammengehalten hätten. Deshalb bin ich auch hier.

Schule

Cm: In der Schule hab ich viel durchgemacht. Scheiße gelaufen is es (.) Hab die Schule geschwänzt. Mich mit Leuten geprügelt hab ich, äh also sie haben sich gegen mich angelegt, also ich hab dann einfach drauf geschlagen (.) auf die Leute. Keiner kann mich ärger (.) ( ) Hab die Hauptschule nich geschafft. Also, äh der ganze Unterricht ‚hängte mir bis zum Kopf raus!' (2) Dann war da noch ein Lehrer, streit hat ich mit den Typ. Er wollt, dass ich anpasse, (1) anpassen sollt ich mich. Gelernt hab ich, mir nichts vorschreiben zu lassen.

↳ **I:** Warum nicht?

↳ **Cm:** ((denkt nach)) (3) Ja also, ich hab ne eigene Lebensweise, ne eigene Identität. Türke bin ich, nich wie Deutsche (.) Zwingen kann mich keiner (!)Wenn man mich angreift, dann rast ich halt aus (!) dann kann mich keiner halten.

Dz: Dasselbe auch bei uns (!) Ich geh jetz auf die zehn, weiß aber nich was ich nach der zehn machen soll. Keine Arbeit sagen se! Wer gibt mir nen Job mit nem Hauptschulabschluss. Nich mal als Azubi hat man ne Chance. Damit verarscht man sich doch selbst. Mein Vater sagt, bei Ford geht's auch nich mehr. ((verärgert))

↳ **Bn:** Meine jetzige Schule gefällt mir (.)

↳ **I:** Ist es ne Hauptschule?

↳ **Bn:** Ja, Hauptschule. Da haben wir auf der Schule nur 7 Türken, äh als is ne katholische Schule. (...) Die Lehrer sind ganz, also normal, sind äh nicht so feindlich gegen Ausländer. (1) Also keine Feinde. Viele Italiener, äh Spanier haben wir, aber äh wenig Deutsche, ( ) viele Ausländer. Bruder, dort wo sehr viele Türken waren, hat es mehr geschadet als genutzt ((schaut die anderen an)). (4) Das is doch die Wahrheit.

↳ **I:** Warum denn?

↳ **Bn:** Guck mal Bruder, auf meiner alten Schule, äh also damals gab's an den Schulen kaum Deutsche. Also wie viel waren wir? Vielleicht 400 (?) Also äh 300 Türken, der Rest Italiener, Russen und Deutsche (2) Na klar, die Lehrer sind ausgeflippt. Deshalb die Türkenfeindlichkeit. (...) (4) Dann äh auch Fälle, wo Türken Lehrer bedroht haben, also auch verprügelt haben.

Al: In der Freizeit sind wir immer zusammen. Mit anderen Leuten mag ich nich so rum hängen (.) **Blöd ist's!**. Es gibt äh unter ihnen Leute, die auf Drogen, Frauen, Diebstahl und so äh also drauf sind. Also sie suchen den Weg, wie sie schnell an Geld kommen. Dann haben se Geld, hängen äh jeden Abend in ner anderen Disco rum. (…) Bekiffen und betrinken sich voll, bis es nicht mehr geht. Die islamischen Werte, türkischen Sitten und so sind für diese Leute egal. Mit solchen Leuten kann ich in der Freizeit nichts machen. (…) Die Jugendlichen, hier im Verein haben die gleichen Einstellungen. Wir treten draußen auch als Gruppe auf, die äh also zusammenhält. Viele haben dann auch Angst, uns anzumachen, (2) äh sich gegen uns anzulegen. Dann möchte ich noch sagen, in diesem Verein ist es verboten, Alkohol zu nehmen (.)

↳ **Bn:** (…) **Ja, das ist so!** Dann gibt es auch noch Leute, die äh alles von ihren Eltern bekommen, was sie möchten. Äh mehr als ein Drittel von ihnen kann nicht mal türkisch sprechen. Ich frage also '**warum denn nich?**' Sie tragen teure Klamotten, zocken das Geld aus den Taschen der Eltern und nehmen Drogen oder Tabletten. (…) So machen sie sich selber kaputt (.) Also zerstören ( )

↳ **Dz:** Im Verein muss aufgepasst werden, äh dass wir die Jugendlichen nicht unter Druck setzen. Sonst kommen sie äh nicht hierher. Ich muss sagen, wenn man äh mich hier unter Druck gesetzt hätte, also äh mach das oder jenes, dann wär ich nicht hier. Im Verein muss man mit den Jugendlichen etwas locker umgehen. Wir haben hier zwar ne Anlage, (2) aber wir können se nich so aufdrehn wie die Schwarzen. Es gibt äh Tage wo wir unter uns mit der Saz[15] unsre Fete machen, also nach der Tradition. Andere können so was nich verstehn.

↳ **Bn:** Na klar (!) Deshalb sind wir in unserer Freizeit im Verein (.) Gerne im Verein. Wir besuchen hier Veranstaltungen (.) Diskutieren tun wir, äh hier untereinander. Gucken gemeinsam Filme an und so (.)

↳ **Cm:** Das sind äh DVD-Filme und so. Dann gucken wir gemeinsam Filme vom heldenhaften Kampf der Osmanen, die Eroberung Istanbuls von Fatih Sultan Mehmet an. Auch Filme über die Helden der osmanischen, äh auch türkischen Geschichte (…)

I: Was unternimmt ihr in der Freizeit sonst gemeinsam?

Al: ((lacht)) Gemeinsam in der Gruppe laufen wir dann auch durch die Straßen von Köln-Ehrenfeld. Treffen Freunde, (1) suchen sie in Jugend-

15 „Saz" ist ein türkisches Saiteninstrument.

häusern und Kaffees auf, reden mit ihnen. Die Kaffees sind guter Treffpunkt, um äh Freunde zu treffen (.) (…) Manchmal sind wir auch im Kirmes. (…) Manchmal sagen Freunde, aber dürfen wir keine Freundinnen haben. (2) Natürlich (?) Ein Türke darf eine Freundin haben. Aber äh aus religiöser Sicht, äh aus Sicht der Ülkücüs nicht (!) Aber als Jugendlicher hat man äh eine Freundin, aber das ist geheim. Man darf uns draußen nich sehn (.)

↳ **Dz:** Wenn man uns mit den Freundinnen öffentlich sieht, dann labert man hinter uns, ‚Seht euch die Nizam-i Alem Ülkücüs an, die treibens mit den Weibern auf der Straße'. Also, äh so was wird hinterher gesagt. Ihnen kann man das auch nicht verbieten, also (!) nehmen wir an, unser Vorsitzender sieht uns so (.) Da kann man nichts dran ändern. Dann müssen wir es geheim ((hustet)) tun.

↳ **Bn:** Hier gefällts mir sehr! Also auch deshalb, weil man hier Leuten auch hilft. Also äh wenn man zum Beispiel Probleme haben. Dann kommt Onkel Hasan mit einem Brief vom Amt und äh weiß nich was da drin steht. Hier gibt es immer jemanden, der davon Ahnung hat (.) Probleme, also Probleme werden gelöst.

Diskriminierungserfahrungen

Dz: Es gibt viele Dinge zu erzählen, viele äh zu erklären, mit welchen…, guck, ich war einmal am Friesenplatz, also mit zwei Mädchen, die hier zum Verein wollten. **Bei Allah**, also ein Mann in einem Behindertenstuhl (2) kommt und schiebt uns zur Seite, ‚Türken weg' sagt er. Diesem Mann eine zu schlagen, äh ich weiß nicht, also er hat sowieso ein Bein zum Friedhof geschickt. (2) Dann äh zum Beispiel der Lehrer dieses Freundes ((schaut Bn an)) ist äh ganzer Türkenfeind. Wenn jemand, äh mit Kopftuch, also mit Kopftuch zur Schule kommt, dann sagt sie, „**Weg mit dem Kopftuch!**". Dann äh fragt sie Dings, was, (1) man könne nicht mit einem Graue Wolf-Abzeichen zur Schule kommen, äh was, man könne nicht mit Militärkleidern zur Schule (…) **Warum das denn?** (…)

↳ **Al:** Ich hab da auch was erlebt. In meiner früheren Schule da hatten wir einen Lehrer, bei dem waren meine Noten gut, als ich zur 6. Klasse überwechselte äh kam eine neue Lehrerin (…) Diese Frau ist eine äh Türkenfeind, ja die ganzen Türken sind dann sitzen geblieben, ja sie wurden aus der Schule rausgeschmissen. Wegen ihr bin ich von der Schule geflogen. Eine Wut hatte ich auf sie. Dann wollte mein Vater meinen Bruder auf die Schule einschreiben lassen, der hatte in seinem

Zeugnis nur ein 4; äh das war in Biologie oder so. Sie hat meinen Bruder nicht einschreiben lassen. Also, äh ich denke, dass die größte Diskriminierung immer noch in den Schulen stattfindet.
↳ **Bn**: Hey ich hab mal nen Lehrer eine geknallt. Ausgerastet bin ich. Aber er kam zu mir, sagte, „Deine Mutter trägt ein Kopftuch!" - Hey was geht dich das an! Es gibt äh bei mir vier Dinge, darüber kann man nicht reden: Familie, Allah, Koran und äh mein Türkisch-Sein. Dann rast ich richtig aus und hau alle zusammen.
Dz: Bruder, das ist so, die Deutschen sagen „Scheiß Türken". (2) Das ist das Leben, wo wir auch hingegangen sind, entweder wurden wir ausgestoßen, oder äh ausgenutzt. Auf der Hauptschule gibt's ne Lehrerin, die Frau erzählt, äh „Wir müssen den Türken die Hände küssen". Also wenn wir nicht gewesen wären, dann wär Deutschland nach 50 Jahren nicht auf diesen Stand. Gearbeitet haben wir mit weniger Lohn. Lustig gemacht äh hat man sich über uns. Jetzt sind wir ihnen zu lästig, weil's Deutschland nich gut geht. (4) Jetzt sagt die Lehrerin, ‚Gut dein Vater hat hier gearbeitet, geholfen hat er uns, viel (.) Warum kehrt er nich in die Türkei zurück (!)'. Das sagt die Lehrerin, die uns die Hände küssen wollte. **Warum?** Äh warum soll er zurück, er lebt hier, er kehrt nicht in de Türkei zum Dorfleben zurück.
↳ **I**: Hm Hm
↳ **Dz**: 65 ist er geworden, was soll er auf dem Land, was hat er dort zu suchen? **Jetzt so was zu sagen, is auch ausländerfeindlich ne!**

I: Was unternehmt ihr denn gegen Rassismus und Ausländerfeindlichkeit?
↳ **Al**: Bruder, ich erzähl euch die Wahrheit (.) Äh solche Leute muss man zusammenschlagen (!) Äh, ich hab auch die Lehrerin von ihm geohrfeigt ((Dz lacht)). Sie konnte äh vor schiss nichts unternehmen. (...)
Cm: Scheiße is es, wenn Probleme mit Polizisten gibt. Sie greifen brutal an, äh beschuldigen uns, wenn mal irgendeine Schlägerei in ner Disco gelaufen is. Obwohl ich nich angefangen hab, wurde ich manchmal äh (2) beschuldigt. Die wollen uns doch äh alle in die Klemme nehmen, weil wir äh also Türken sind. Schwarzhaarige sind wir.

Identität und Zugehörigkeit

Al: Hey Bruder, es gibt äh Leute, die haben Angst vor ihrem Türkisch-Sein (?) Er schämt sich, weil er als ‚Kanake' gerufen wird. Also äh schauen wir unsren Gruppenleiter an, der würde sich niemals schämen (!) **Denn er ist Türke** (!) Er hat einen Stolz, äh eine Ehre, er liebt sein Land und den Koran also. Wenn er irgendwohin geht und äh auf den Tisch haut, dann ist alles geregelt, äh keiner traut sich dort äh den Mund aufzumachen. Wenn man allem widersetzt, dann wird's also so. Und äh nicht wie es jetzt ist. (1) Schaut, wir werden jetzt von den Amerikanern und Juden regiert. Die Juden kommen und schlagen auf den Tisch der Türken, normalerweise würde der Türke aufstehen und dem Juden eine hauen, aber sie sind mächtiger, aus äh wirtschaftlichen Gründen.

↳ **Bn:** Wenn man äh Türke sagt, also Türke meint, dann muss es äh also nationalistisch sein. Also Türk ist jemand, der äh sein Volk, Koran, Allah, Stolz, Ehre, Traditionen, Land, Fahne, seine Vergangenheit äh kennt (.) Sie akzeptiert, also sich dafür einsetzt. Die Bedeutung der 3-Halbmonde ist: Moral, Glaube, Gerechtigkeit. Wenn äh alle Dinge zusammenkommen, dann ist man ein richtiger Türke.

I: Was heißt das konkret?

↳ **Cm:** Schau her, also es gibt hier viele türkische Jugendliche also, die wissen nich, was sie sind, äh was weiß ich, sie wissen's nich, wo sie hingehören. Vergessen haben se es (.) Äh vergessen, also wohin sie gehören. **Türken sind sie!** Sie brauchen sich nich zu schämen, dass sie Türken sind. Wir geben ihnen hier in diesem Verein das Türkisch-Sein, äh also Gefühl dazuzugehören und stolz zu sein. **Also, einer für alle, alle für einen!**

Grauer Wolf als Teil der Identität

Dz: Also, bevor ich hierhin kam, trug ich eine Kette mit dem Grauen Wolf am Hals. (5) Mein Bruder fragte mich (.) Was bedeutet dieser Graue Wolf? Was weiß ich, also ein Wolf. (2) Der Wolf der Ülkücüs ((lächeln)). (...) Ich bin dann hierher gekommen, hab zugehört, zugehört, zugehört (?) Ich hab mich eben hier dazugehörig gefühlt.

↳ **I:** Du hast das Graue Wolf-Abzeichen schon vorher getragen?

↳ **Dz:** Bevor ich hier war. Nachdem ich hier bin, hat das Tragen dieses Abzeichens keinen großen Sinn mehr. Sagen wir so, in der 5. Klasse hab ich damit angefangen. Damals hattn wir uns sehr viel gestritten. Äh ich ließ mir nichts gefallen (2) Damals hat's angefangen. Ich gab damit an, also gegen Kurden, gegen Aleviten und so, (3) auch äh gegen Kommunisten hab ich diesen Zeichen getragen. Ich bin dann damit durch die Gegend gelaufen; hab damit angegeben, provoziert hab ich. Wehe dass jemand mich anmacht (!)

I: Warum trägst Du dieses Abzeichen heut nicht mehr?

↳ **Al**: Ja, also man is raus aus der MHP, verstehst du, trägt aber immer noch den Grauen Wolf. So ist es. Äh wenn man draußen vom Wolf spricht, dann äh denkt man sofort an einen MHP'ler (2) so, man sagt Faschisten (.)

↳ **I**: Wer sagt so etwas?

Al: Beispielsweise unsere Lehrerin. Äh eine deutsche Frau (.) Ich muss äh so sagen, normalerweise würde ich den Grauen Wolf tragen. Also ich kenn ja jetzt die Bedeutung. Auch äh die drei Halbmonde hät ich tragen. Hab also damit kein Problem (!) Früher trug ich so was, aber wusst nicht, was es bedeutet (?) Wenn man zu mir kam und äh also fragte, ‚was bedeuten die drei Halbmonde', dann äh wusst ich's nich (.) (2) Hab dann gesagt, nur drei Halbmonde ((lächeln)). Hab gesagt, wir sind stolz Nationalisten zu sein, wir verteidigen unser Land und so. Jetzt hab ich's nich mehr notwendig, so was zu tragen, äh also ich weiß die Bedeutung. Wenn mir heute jemand darüber was Falsches erzählt, dann äh steh ich auf und sag, mach hier mal ein Stopp, dass ist nich so (.) Im Verein hab ich mich viel geändert, äh das sagt auch mein Vater…

I: Was für eine Bedeutung hat denn jetzt der Graue Wolf?

↳ **Cm**: Also der Graue Wolf zur Zeit Alparslans, er hat ihnen den Weg gezeigt. Also geht diese Richtung, aber das war ein Wolf (.) Er hat den richtigen Weg gezeigt. Also äh, das ist der richtige Weg so. Hier kannst du alles besiegen, hier schaffst du es.

↳ **Bn**: Der Graue Wolf ist wie ein Türke. Denn äh ein Nationalist ist frei. Dann äh ist er nicht gebunden an jemand anderen. Also der Wolf ist auch so. Zum Beispiel kann man ihn nicht in ein Käfig stecken, also auch füttern. Er kämpft äh für seine Beute selbst. Genauso wie der Türke.

↳ **Al**: Der Wolf muss frei rumlaufen können. Äh seine Umgebung sehen. Wenn man einen Wolf festhält, dann äh rastet er aus (!) So ist der Graue Wolf (!) ((zögernd)) das ist auch die Bedeutung des Grauen Wolfes.

Respekt durch Gewalt

Dz: Hey Bruder, Respekt muss man sich verschaffen, dann legt sich keiner gegen dich an. Es ist so, du gehst zur Schule, als ich noch in der fünf war, stand ich in der Schule immer als Außenseiter. Sie kam äh auf mich zu, äh ich unternahm nichts, denn äh ich hat Angst, Angst hat ich, dann hab ich äh zuletzt gesagt, nein, ich muss mir jetzt nen Namen verschaffen, äh in der Schule. Dann ist mal jemand auf mich losgegangen, denn hab ich runter gehauen. Dann hab ich den anderen zusammengeschlagen. Nach äh einigen Monaten hab ich dann äh einen anderen verprügelt. Äh also ich hab mir hier Respekt verschafft. Ich hab dann äh die Türken hinter mich gesammelt. Hab denen gesagt, äh wenn euch was passiert, dann kommt zu mir, wir klären das auf unsren Weg. Seit dem, äh wenn in der Schule was passiert, laufen alle hinter mir her, Bruder, Bruder … da hat mich ein Deutscher geschlagen und so. Dann geh ich zu ihm, droh ihm das nicht nochmal zu tun. Wenns äh wieder passiert, dann schlag ich ihn zusammen. So is es …

↳ **Al**: Früher äh war das bei mir das gleiche. Sie lachten mich aus. Einmal wars so (2) dann äh sind se gekommen, haben Wände bemalt, Scheiben kaputt gemacht, äh mir aber die Schuld gegeben. Dann bin ich zu ihnen hingegangen, zusammengeschlagen hab ich sie, seit dem tut mir keiner mehr was.

I: Wie denn?

↳ **Al**: Ich hab den Typen zusammengehauen. Ich habn italienischen Freund auf der Schul, äh mit ihm zusammen sind wir dann zu ihm, haben ihn dann einfach zusammengeschlagen, seit dem legt sich keiner gegen uns an (!)

↳ **Cm**: Dann is es auch so, dass du dann äh auch eine größere Umgebung hast. Viele sehen dich, du bist jemand großes, äh wichtiges geworden, hastn nen Namen gemacht, dann kriechen sie sofort hinter deinem Arsch her (!) Verstehst du es ((alle lachen)). So kann hat man viele Leute im Umfeld.

„Türkische" Jugendgangs in Köln

Bn: Äh es gibt hier auch türkische Gangs. Eine Gang in Ehrenfeld, eine Gang äh in Chorweiler, auch in Mülheim, Bickendorf, Ossendorf und so weiter... Bruder, äh die türkischen Banden sammeln Schutzgelder, verkaufen Heroin, Frauen verkaufen sie, dann äh auch Deal mit gefälschten Pässen und so. Also äh sie beschäftigen sich mit allem. Also die größte Unterwelt in Köln äh ist in Ehrenfeld. Das wissen viele nicht.

↳ **Cm:** Es gibt äh Banden wie AKS, IBE Bronx, dann äh die mit Motorrädern, äh auch die Ossendorfer gibt's, dann auch Lombich (Long Beach) äh also in Mülheim. Das sind also alles Banden. Also ihre Anführer sind Türken. Die werden alle äh „Baba" genannt. Der „Baba" von Ehrenfeld, dann äh gibt's den großen „Baba" für ganz Köln, ein Türke. Äh das sind also alles Türken.

↳ **Dz:** Also äh unser jetziger Jugendleiter; der war

früher auch ein Baba. Viele scheiß Sachen hier hat er kontrolliert. Er hat äh sogar Schutzgelder auf der Schule gesammelt. Als er in der fünften war, hat er Schutzgelder von Leuten aus der Zehnten gesammelt. Äh er wusste, äh wie man auf schnellem Weg zu Geld kommt. Jetzt hat er sich davon abgekehrt, äh er dient jetzt der idealistischen Sache und ist stolz darauf.

Politische Einstellungen / Kurdenfeindlichkeit / Antisemitismus

Al: Also, die Kurden denken über ein eigenes Land... **Hey du da, dein Land äh is die Türkei.** Weißt du wie viele Kurden im türkischen Befreiungskrieg gestorben sind. ... Jetzt kommen die PKK'ler und wollen ein Land. **Sie sagen äh eigenes Land** (!) Unsere Sache ist mit der PKK. Denn die kriegen für eine Scheißsache. Abdullah Öcalan, ich meine, äh der is kein Kurde, er äh is ursprünglich Armenier oder Jude also. Äh ich glaube nich, dass dieser Kerl ein Kurde is. Sein Ursprung kann nicht kurdisch sein. Sein ganzer Stamm also äh (2) ist entweder türkisch oder äh osmanisch. (...) Also, sie kommen jetzt, wollen ein Staat errichten. Was machen die Juden? Sie hetzen Kurden äh gegen die Türken. Die Juden (?) sind schlaues Volk. Sie gehen äh einer Sache von Grund an nach. Das müssen wir auch machen, wenn wir zuschlagen möchten. Wir lernen hier in diesem Verein, dass wir dieses Land regieren sollen also.

↳ **Bn**: Ey Bruder, die Türkei wird von den Juden regiert also. Wenn du äh zu den Juden schaust, dann sind es höchstens 3 Millionen Dinger oder so. Wenn man äh eine Bombe auf die Juden, äh auf Israel schmeißt, dann gibts auf dieser Welt keine Juden mehr. Doch es bleiben noch einige, äh also in Amerika. Sowieso ist die Sprache der amerikanischen Juden und der russischen Juden gleich, die gehen zu ihrem Staat, kooperieren und regieren es. Äh warum ist Hitler ausgerastet? Weil, er äh hat gesehen, dass Kaufland, Kaufhalle, D&M, was weiß ich Ford, Aldi... Äh alles in jüdischer Hand ist. (...) **Bruder, wir machen doch damit nur die Juden reich** (!)

↳ **Cm**: Ich hab in der Türkei einen Schwager, äh der is Kommunist. Acht meiner Onkels sind Linke (2) äh also die Hälfte unserer Familie ist links, denn äh ich bin halber Kurde. Wenn ich, also ich meine Kurde sage, dann müsst ihr euch einen guten Kurden vorstellen, der Kurde, sowieso, Kurden, Lazen, Türken, äh dass sind alle Türken. Andere kommen, äh die Amerikaner kommen, sagen du bist Kurde, äh nicht Türke. Ich sage: 'Wir Türken sind Bastarde'(!). Andere hetzen uns gegeneinander. Sie sagen, Kurden gründet ein eigenes Land. Aufgehetzt

werden se. Dann gründen se die PKK. Dann wollen se nen eigenen Staat. Ey, du Spinner, dein Land ist die Türkei (!)
Dz: Wir brauchen äh ein starken Turan, äh das wird hier im Verein gesagt, auch also im Unterricht so, es gibt also überall Türken, in der Türkei, in Deutschland gibt's äh überall Türken, wo anders auch, die Türken in Deutschland werden hier bleiben, dann muss der Turan alle Türken vereinen. Also damit unsere Existenz wahrgenommen wird.
I: Hm Hm... Wie schaut es denn mit der Politik Deutschland aus? Wollt ihr hier Wählen? Was würdet ihr Wählen?
↳ **Cm:** Also wählen (?) das is nichts für mich. Wen soll man denn wählen, dass is doch der gleiche Scheiß. Äh ob Schröder, Kohl so auch andere, uns Türken wird's nichts bringen. Türken wählen SPD, aber SPD is doch also türkenfeindlich.
↳ **Al:** Ich kann nich wählen, hab nich den deutschen Pass. Aber sowieso, wenn ich konnte, äh wen soll ich denn wählen, **die wollen uns doch alle fertig machen** (!) Fertig machen wollen se uns, für jeden Scheiß werden wir äh verantwortlich gemacht. Wenn äh irgendwas passiert, dann sind's die Türken ne (?)
↳ **Dz:** Für Politik in Deutschland (2) dafür hab ich mich nie interessiert. Is doch blöd, was hier abgeht. Ich interessiere mich für die Politik in der Türkei. Nah äh bin ich der BBP äh also Partei von Muhsin Yazicioglu, der is ein großes Vorbild für mich. Gekämpft hat er für ne richtige nationalistische Türkei. Im Gefängnis war er, gefoltert wurd er für seine Ideale (!)

Zukunft in Deuschland

Cm: In Deutschland hat man keine Zukunft, in der Türkei doch.
↳ **I:** Wie meinst Du das?
↳ **Cm:** Äh, in allen Fragen (.) Die Politik hat keine Zukunft mehr, jetzt möchte die Türkei in die Europäische Union rein. Hier hat sie eine Zukunft, äh, Dings ( ) ich weiß das türkische Wort hierfür nicht, die Wirtschaft wird äh steigen. In 4 Jahren, aber die Ökonomie hier wird nicht mehr steigen. Sie machen alles chemikalisch. In der Türkei äh ist es nicht so. Natur, in der Türkei ist alles Natur (!) Und auch die Waren aus der Türkei, ich, obs Gemüse, Obst so ist, sie kommen hierher, äh verkaufen sich hier gut. Besser als die deutschen Waren. (2) Äh, wenn man in deutsche Läden, Kaufland, durch Gemüseabteilungen geht, sieht man dort immer Oliven, äh türkische Tomaten, alles sieht man hier.
↳ **Dz:** Bruder, guckt äh euch mal den Zustand nach dem Euro an. (2)

Letztens hab ich ne Packung Zigaretten und ein Feuerzeug gekauft, hab äh 6 Euro dafür bezahlt.

↳ **I**: Hmmm

↳ **Dz**: Das bedeutet, äh dass ich für eine Packung nach dem Alten äh 10 Mark bezahlt habe. Was soll das (?) Zehn Mark. Als ich angefangen hatte, kostete es 3 Mark ((Zwischenrufe)), dann 4 Mark.

Cm: Das ist so, früher hat man 1000 Mark verdient, jetzt sind's nur 500 Euro. Hier ist ein Abfall zu erkennen, doch (1) äh es gibt auch nen 100% Anstieg. Viele bekommen Hälfte des Lohns, äh, die Preise sind aber 100% gestiegen, also ein Anstieg von 100%.

Al: Früher hab ich die Schuhe für 100 Mark gekauft, heut kosten se 110 Euro (.)

↳ **Cm**: In Deutschland seh ich kein Zukunft. Ohne Abschluss find ich kein Job. Hab jetzt viele Bewerbungen geschickt, aber nichts Gutes gehört. Überall ‚keine Arbeit da!'. Was soll ich machn (?) Ich geh jetzt jobben als Türvorsteher vor Discos, äh also Veranstaltungen. Verdien so mein Taschengeld, aber ich weiß nich wohin.

Bn: Bei uns auf der Hauptschule erzählt unser Lehrer, es ist schwierig Job zu finden. Viele Bewerbungen haben wir geschickt, äh Praktikum so was haben wir auch gemacht, aber ohne Antwort. Ich wollt ne Ausbildung als Elektriker anfangen, doch nen Ausbildungsplatz zu finden is schwer. Ich weiß nich (?) Unser Lehrer sagt, es wird äh irgendwie schon, aber wie sagt keiner (!) Deutschland äh ist am Ende (!) Ich äh hab mein Vertrauen verloren, äh also keine Zukunft seh ich.

Kurzauswertung: Gruppendiskussion im „Nizam-i Alem Ülkü Ocağı"

Insgesamt war die Jugendgruppe der Nizam-i Alem Ülkü Ocağı in ihren Einstellungen und Orientierungen aggressiver, die Gesprächsatmosphäre hektisch und gereizt. Auffällig sind in diesem Zusammenhang drastische Diskriminierungs- und Ausgrenzungserfahrungen in der Schule (z.B. „Kopftuch" der Mutter u.ä.). Die Jugendlichen haben zum Teil gewaltorientiert reagiert und Ehrverletzungen mit – in ihrer Perspektive – legitimer Gegengewalt beantwortet.

Das Deutschlandbild ist insofern pauschal und unpolitisch konturiert, als alle Segmente aus persönlicher Perspektive („alles teurer geworden"; „kein Job" u.ä.) bewertet werden. Die Heterostereotypen („Die Deutschen sind x, y, z") korrespondieren mit Autostereotypen („Wir sind x, y, z"). Die objektiven Probleme der Fremd- und Selbstethnisierung werden symbolisch „gelöst".

Der emblematische „Bozkurt" (Grauer Wolf) spielt eine überragende Rolle. Er ist Träger türkischer Werte, nationaler Stärke und Überlegenheit, geschichtlicher Größe (Videogeschmack: Filme über die Blütezeit des Osmanischen Reiches der türkisch-nationalen Geschichte).

Der Zugriff des Vereins auf die Jugendlichen mit „türkischem" Migrationshintergrund setzt im Grunde eine unterschwellige Identitätsdiffusion der Probanden voraus. Nur in der peer-group, im rechtsextrem-islamistischen Verein fühlt man sich „geborgen", ernst genommen und stark.

Die Interaktionen im gesellschaftlichen Umfeld sind konfliktgeladen, nicht selten von Gewalt geprägt. Die Aussage „Ne mutlu Türküm diyene" (Stolz sei derjenige, der sich als Türke bezeichnen kann) wird demonstriert (Abzeichen „Bozkurt" u.ä.). Man hat den Eindruck, dass die Migrantenjugendlichen ihre Identität über nationale bzw. ethnozentristische Mythen stabilisieren.

9.2.2 Gruppendiskussion im *Köln Türk Kültür Ocağı* (Türkisches Kulturheim in Köln)

Der Kontakt zur Jugendgruppe des Köln Türk Kültür Ocağı (Türkisches Kulturheim in Köln) entstand während unseres Besuchs im Vereinslokal. Im Rahmen des muslimischen Freitagsgebets besuchten wir die Einrichtung und fragten, ob wir in den Räumlichkeiten des Vereins narrativ-biographische Interviews und Gruppendiskussionen mit den Jugendlichen bzw. der Jugendabteilung dieses Vereins führen können. Ein Jugendlicher bat uns an seinen Tisch. Er lud uns zum Teetrinken ein und lange unterhielten wir uns über die Probleme türkischsprachiger Jugendlicher in Deutschland. Während in den Nebenräumlichkeiten Renovierungsarbeiten geleistet wurden, wurde im großen Saal (im Nebeneingang) gebetet. Anschließend kamen viele, die am Gebet teilgenommen haben, ins Cafe des Vereins, um Tee zu trinken und über diverse Themen zu sprechen. Auf den Wänden dieses Cafes waren Plakate der MHP in der Türkei zu bemerken. Ganz riesig hing dort ein Bild des inzwischen gestorbenen Führers der MHP, Alparslan Türkeş, der mit einem Wolfgruß zu seiner Anhängerschaft spricht.

Bei diesem ersten Besuch machten wir zugleich die Bekanntschaft mit dem Leiter der Jugendgruppe, der zugleich im Vorstand des Vereins war. Er hatte aufgrund der Renovierarbeiten keine Zeit mit uns zu sprechen. Doch er sagte, dass der Vorsitzende und der Vorstand entscheiden müssten, ob diese Interviews hier durchgeführt werden können. Er erzählte, dass so was in den letzten Jahren sehr viel instrumentalisiert werde und nach dem 11. September ihr Verein auch sehr viel beobachtet würde und sie in solchen Fragen etwas zurückhaltend seien. Nach einem rund 4-stündigen Aufenthalt im Zentrum verabschiedeten wir uns von dem Jugendleiter und vereinbarten einen Gesprächstermin.

Der zweite Kontakt zum Verein und zur Jugendgruppe entstand eine Woche nach dem ersten Besuch. Wir erhielten vorerst die Möglichkeit mit dem Jugendleiter und dem Vorsitzenden des Vereins zu sprechen und ihnen unsere Intention, narrative Interviews und Gruppengespräche mit den Teilnehmern der Jugendgruppe zu führen, darzustellen. In Absprache mit dem Leiter der Jugendgruppe vereinbarten wir schließlich einen Termin für die Gespräche. Sie bestanden darauf, dass dieses Gespräch in den Räumlichkeiten des Vereins stattfinden sollte, und wir nahmen dieses Angebot an. Weiterhin wurde darauf beharrt, dass dieses Gespräch in türkischer Sprache durchgeführt wird. Ahmet, Berkan, Cemil und Enver erschienen zu diesem vereinbarten Termin und nahmen an diesem Gruppengespräch teil.

Name	**Verein**	**Alter**	**Bildung**	**staatsang.**	***Geburtsort***
Ahmet *Ah*)	TF Köln	*24*	Realschulabschluss; Beruf Maurer	türkisch	*Köln*
Berkan *Be*)	TF Köln	*22*	FOS-Abschluss; Installateur	türkisch	*Köln*
Cemil (*Ce*)	TF Köln	*21*	Realschulabschluss; Werkzeugmacher	türkisch	*Köln*
Enver (En)	*TF Köln*	19	*Vorbereitungsjahr; Selbstständig*	*türkisch*	*Türkei; lebt seit 9 Jahren in Köln*

Biographische Daten über die Teilnehmer der Gruppendiskussion.[16]

Der Zugang zur Organisation

Ah: Also wie ich zur Organisation gekommen bin. Dann fang ich mal an. Äh in meinem Fall: Ich (.) möchte beginnen, früher hatte ich einen Arbeitskumpel, der hierher kam, damals wohnte ich in einem anderen Viertel. Ich kam äh also hierhin (?) Unser Freund empfahl es mir. Für die Unterhaltung; er lud mich für ein Gespräch ein (.) Nach dem Gespräch, die Be... Bekanntschaft mit dem Freund, es entwickelte sich ein Kreis (.) (2) ((Ausatmen)) Interesse (2) durch die Aktivitäten äh Unterhaltung

16 Die Namen der Jugendlichen sind anonymisiert.

fands statt (.) Und bei den Festen (1) durch die öfters Teilnahme verknüpften sich Kontakte (.) Seit dem haben bin ich hier (.) Wir könnten es als unsere zweite Wohnung nennen. Zur Zeit übernehmen wir oft Aufgaben, mit den Jugendlichen arbeiten, reden (1) irgendwohin gehen halt. So sind wir auch mit eingebunden (.)
I: Vor wie vielen Jahren bis Du das erste Mal hier gewesen?
↳ **Ah**: Seit etwa sieben Jahren bin ich hier (.) äh davor waren wir in einem anderen Viertel (.) Damals war keine Beziehung (.) 1976 war unsere Gründung, dies wurde erbaut (2); ja und so (.)
↳ **Ce**: Wie ich hierhin kam is; Auch ich war in einem anderen Viertel (.) (...) Die Freunde haben halt, mich eingeladen; nahm an einem Seminar teil (.) Es hat mir wirklich gefallen (.) betriff Geschichte (?) Veranstaltungen (2) besuchte ich (.) Kontakte durch Unterhaltung halt (.) So fand ich den Anschluss (.)
↳ **Be**: Auch ich, mein Vater brachte mich als Kind mit hierher (.) Mein Vater is einer von den zwei Gründern (.) Er war Vorsitzender (.) Damals nahm er mich mit (.) Seit dem (1) bin ich hier groß geworden (.) wo soll ich sonst hingehen (.)
I: In welchen Abständen trifft ihr euch als Jugendgruppe?
Ah: Äh das is unterschiedlich; die, die in dieser Umgebung wohnen, kommen täglich (.) Aber, die Leute vom Weiten ( ) wöchentlich, andere von Aktivität zu Aktivität; wenn die Jugendlichen ein Raum hier äh haben, dann äh täglich kommen se.
↳ **En**: Früher da hatten wir eigenen Raum (.) Ja, die dahin kamen waren alle jung (.) Sie unterhielten sich und redeten miteinander und so (.) meistens nachmittags, nach der Schule gab's die Möglichkeit und so (.) Man kam täglich hierhin (.) Jetzt wegen Renovierung haben wir keinen Jugendraum.
I: Stellt ihr hier bestimmte Anforderungen an Jugendliche, die hierhin kommen?
Ah: Nein, aber bei der Mitgliedschaft ist's anders (.)
↳ **En**: Eigentlich kann jeder Jugendliche kommen (.) Sie werden ja nicht sofort Mitglied; äh das mit Mitgliedschaft: „Das geht einfach nicht" (!) Er soll sich zuerst gucken; wie ist es hier (.) ist es für mich, ist es nicht für mich (.) Ich ( ) an die Kommenden; ist es, was sie anspricht oder nicht? Ja, nach einer bestimmten Zeit ( ) wird Entscheidung getroffen ( ) Äh nich jeder kann hier einfach so Mitglied werden (.)
↳ **Be**: Ja, die Atmosphäre ist sehr wichtig? Zum Beispiel, er kommt hierhin; alle stoßen ihn aus (.) Es kann ja sein; dann wird er sagen, ach ( )

das ist nichts für mich, also er kommt und guckt sich an; alle sind so (!) (…), das ist das, was ich gesucht hab? Ich suchte dies? Man sollte sich selber entscheiden: Jaaa: na klar, und nachher (…) nach einer bestimmten Zeit; wenn er Mitglied sein möchte, dies wird dann entschieden (.)
I: Gibt es für eine Mitgliedschaft Anforderungen, also Bedingungen?
↳ **Ah**: Ja, äh er müsste sich eine Zeit lang beteiligen; es sollte sein (.) also, man sollte ihn kennen (.) Also, äh die hierin kommen, kommen also auch wegen der Sache, überwiegend wegen Seminare und Unterhaltung (1) ich weiß nicht, ( ) was andere Organisationen, wie viele Organisationen kennen Sie? (1) viele überwiegend (1) haben kein Angebot über türkische Geschichte (1) Überwiegend kommen die Jugendlichen wegen dem Geschichtsangebot ( ), weil sei es in der Schule, oder sonst wo, werden Möglichkeiten, die es äh hier gibt, nicht angeboten (.) Sei es in der Türkei, sei es hier, die türkische Geschichte ist (.) über sie wird geredet. Außerdem wird dies sehr begehrt, das ist (.) Außerdem in ihren Möglichkeiten, Organisationen, die eine Moschee haben is es sehr angenehm, beisammen zu sein (.) Anderswo gibt es meistens nur eine Moschee, aber kein Jugendtreff (.) Es wird außer Acht gelassen (.) Hier gibt's zwei Gründe; hier wird die Möglichkeit angeboten, die türkische Kultur und auch unsere Religion, die islamische Religion zu lernen (...) Für mich ist es sehr wichtig (.)
↳ **Ce**: Ich möchte äh auch dies einfügen (1) Warum nicht eine andere Organisation, sondern diese (.) Dies könnte folgendes sein (.) Weil in dieser Einrichtung werden nationale Werte sehr gepflegt, also es ist ein nationalistisches Gefühl da, also wir fühlen, dass äh wir als europäische Türken eine Kraft haben. Es ist so (.) Es gibt Leute, die dieses in sich fühlen. Warum? Sehnsucht nach Heimat, Zerdrücktheit in der Fremde, ja wegen diese; ((Husten)) im Alltag tauchen Probleme auf (.) Man erinnert sich an dies Identität (.) Man stellt sich diese Frage an sich, warum wurde es mir angetan und nicht meinem Freund. (1) So kommt es in seine Erinnerung, er sagt (1) weil ich etwa ein Ausländer bin? Auch solche Komplexe entstehen beim Mensch (.) Und dann, selbstverständlich, wenn er eine Organisation findet, die sich äh solchen nationalen Gefühle widmet, wie etwa dies hier, so entscheidet er sich hierfür (!)

Freizeitverhalten

Ah: Unsre Freizeit verbringen wir gern hier. Gemütlich haben wir's (…) Manchmal machen wir Aktivitäten, also beispielsweise beim Ayranfest.
↳ **I**: Was wird denn beim Ayranfest gemacht?

Ah: Ja, zum Beispiel (.) Ayranfest ist folgendes; meistens im Frühling durchgeführte Aktivitäten, was ein normaler türkischer Mensch macht; kleine Wettbewerbe, Vortragen von Gedichten (.) wenn jemand eine etwas schöne Stimme hat, kann er singen; es gibt Aktivitäten (.) es gibt Wettbewerbe (.) Wir haben eine Fußballmannschaft, da spielen wir Fußball (.) sie haben diese Aktivität (.) in der Mannschaft; außerdem gibt es religiöse Aktivitäten (.) den Jugendlichen werden Korankurse erteilt (3) ja, solche Aktivitäten halt. So sieht unsre Freizeit aus.

↳ **En:** Also, äh nich nur das. Wir sehen hier zusammen auch Filme an. Türkische Filme über Geschichte so (.) Dann laufen wir auch zusammen durch die Stadt.

↳ **Be:** Dann äh im Sommer laufen wir viel herum. Nich nur in der Stadt. (...) Auch gehen wir zu Festen, also zusammen zu Partys. (...) Außerdem gibt's andere besondere Fälle. Wenn ein Problem gibt, als Beispiel, ich hab ne Autopanne in Duisburg, dann ruf ich bei den Ülkücüs an, dann äh wird sofort geholfen (.) **So ist es** (!)

Ce: Ich möchte hier mal was erzählen: wenn wir in ner Gruppe zusammen sind, dann kann sich keiner gegen uns anlegen. Es is sowieso so, draußen gibt's viele Leute, die uns kennen. Äh viele, die auch im Verein sind. Sie begrüßen uns, also herzlich. Viele Deutsche haben Angst, wenn äh wir in Gruppe sind. Doch äh wir unternehmen viel. Also, doch viel von unsrer Freizeit ist im Verein.

I: Wie schauts bei euch mit der Internetnutzung aus?

Ah: Ich hab zwar Zuhause ein PC, doch kein Zugang zum Internet.

↳ **Ce:** Ich hab Zuhause Internet, sogar äh DSL (.) Nutzen tu ich Internet jeden Tag. Ich denk, das ist heute ein Muss. Sogar äh auf der Arbeit ist Internet notwendig. Viele nutzen deshalb auch den Email-Weg. Ich besuch gerne türkisch Internetseiten. Wir haben als Verein derzeit keine Internetseite, aber äh demnächst.

↳ **Be:** Ich besuch auch viele türkische Internetseiten. Äh es gibt auch Internetseiten der Grauen Wölfe weltweit. Die besuch ich gerne.

↳ **En:** Früher hatten wir hier mal auch PC-Kurse gehabt. Viel Jugendliche kamen. Vielleich müssen wir solche Dinge wieder anbieten. Ich nutz auch Internet, aber hab's Zuhause nich, äh zu teuer. Wenn's klappt, dann kauf ich mir einen.

Vereinsaktivitäten

Ah: Jetzt möcht ich noch mal darauf eingehn (.) Sie wissen ja; zurzeit sind wir am Renovieren (.) Zurzeit können wir nur (.) wir unterstützen

die Jugendlichen (.) im Bereich der Erziehung (.) gemeint sind die Leute, die die Schule besuchen; ich möcht sagen, dass Zurzeit Kurse für die Unterrichtshilfe angeboten werden.
↳ **Be**: Hilfsangebote, im Bezug auf den Unterricht (.)
↳ **Ah**: Dann also auch Seminare (!) Seminare über Geschichte, Religion, kulturelle Aktivitäten (.) Ayranfest; oder Veranstaltungen.
I: In der Jugendgruppe, wenn ihr mit den Jugendlichen was unternehmt, wie viele Jugendliche nehmen daran teil?
↳ **Ah**: Zurzeit kommen zu unsrer Jugendgruppe regelmäßig äh 30 Jugendliche (.)nach der Renovierung werdens bestimmt mehr; dann äh haben wir Kulturaktivitäten, wie Folklore-, Saz- und Theatergruppen (.) Außerdem Sportaktivitäten, äh Karate, Boxen oder Taekwando, diese werden nach Wunsch angeboten.
I: Also die Verantwortung für die Jugendlichen wird übernommen? Man beschäftigt sich mit ihren Problemen. Was wird diesbezüglich angeboten?
↳ **En**: Klar doch ( ) es ist so, die Jugendgruppen hier sind dem bewusst (.) Als Beispiel, wenn ein Jugendlicher in der Schule Probleme hat, hier werden gemeinsam die Lösung gefunden (.) Oder, wenn jemand ne Lehrstelle sucht, dies wird sowieso durch Gespräche mitbekommen, also jener Freund sucht ne Lehrstelle (.) wenn uns was einfällt, also er soll uns fragen (.)Die is bei uns so.
↳ **Ce**: Klar, helfen immer (.) Viele ( ) Lehrstellen wurde den Freunden hier vermittelt (.) also, sie helfen hier (!)
↳ **Ah**: Dann haben wir hier Leute, die Ausländerbeirat sind. Sie helfn auch (!) äh wenn's Problem gibt. Sie machen dies professioneller. (.) Hier hattn wir die Liste Mevlana zu Ausländerbeiratswahlen, in den letzten Wahlen ist sie in Köln erster geworden. Unsre Liste Mevlana war bei diesen Wahlen die stärkste Liste (.) Ja: Ja (.) Das ist was Besonderes: also in Köln haben wir nur eine Organisationsverband, Milli Görü• hat zum Beispiel fünf Moscheen (.) Oder DITIB hat zehn Moscheen (.) Oder andere Einrichtungen; ATIB zum Beispiel, oder andere, obwohl sie mehr Einrichtungen haben; die eine Einrichtung ist mehr als alle andere: (1) sie hat Einfluss (.) Also in dieser Hinsicht sind wir sehr stark, weil die die Türken, (3) da sie in Köln sehr groß sind, sie interessieren sich für nationale türkischen Werte, als äh für die Sache und pflegen sie (.) Allein in Köln gibt's über hunderttausend Türken (.)

Ah: In der Schulzeit hat ich mal ein solches Problem: damals haben wir es erlebt, und dasselbe erlebt jetzt die Jugend, es ist unser Problem, ich weiß nicht, ob es auf Gegenseitigkeit beruht, die Lehrer unterstützen uns nicht, weil wir Türken sind (.) Von früher kennen wir das System der Hauptschule: Wir wurden als Türken hierher geschickt, damit wir in der Fabrik arbeiten. Als Beispiel: Obwohl ein türkischer Lehrer mich und meine Schwester nach der Grundschule in die Realschule schicken wollte, haben se mich damals in ne Vorbereitungsschule geschickt. Unser Vater konnte uns nich unterstützen, von daher (1) wurden wir nicht erfolgreich (.) Und so landeten wir auf der Hauptschule, aber trotzdem habe ich den 10 b Abschluss geschafft, der dieselbe Gewichtung mit Realschule hat (.) Mit eigener Kraft habe ich es geschafft, dank unserer Brüder und so (.) Sie haben die Absicht die türkischen Jugendlichen in die „Sonderschule" zu schicken (.) Nur wenn sich jemand aus der Familie für das Kind einsetzt und ihn unterstützt und wenn er gut Deutsch kann, konnte mans schaffen.

↳ **Be**: Jetzt möchte ich was erzählen, es hat mit der Schule zu tun, aber nich mit der Bildung. Im Geschichtsunterricht (.) (2) Damals stellten wir Fragen, also die osmanische Geschichte (?) und die türkische Geschichte (?) um es äh hier durchzunehmen. Die Lehrer waren immer dagegen (!) Die Osmanen aber hatten ein Reich über 600 Jahre gehabt und ein sehr großes Reich (.) Über unsere Geschichte erzählten sie nichts, sie erzählten nur über ihre eigne Sachen, Kreuzzüge so was die Deutschen oder die Griechen gemacht hatten (.) Deshalb besuchen viele Jugendliche hier die Seminare, äh kommen hierhin. Weil es das in der Schule nich gibt (.)

↳ **Ce**: Und wenn se von den Osmanen so erzählen, dann wird's fanatisch dargestellt (!) Sie erzählen, dass die Osmanen barbarisch seien, dass sie immer mit der Waffengewalt kamen (.) Genau damit führen sie uns Türken in eine Krise (.) Es könnte der Wunsch sein, es zu verschlechtern (.) Es zu erniedrigen (.) und viele Menschen möchten sich weiterbilden, wenn sie dies nicht in Schulen erleben, fühlen sie sich nicht gut und sie kriegen schlechte Noten (.) Dies machen sie mit Absicht (1) Sie wissen es besser, was es bedeutet, wenn der Stolz und das Herz eines Jugendlichen gebrochen wird, wenn er erniedrigt wird oder keine Zuwendung bekommt (.) Genau in dieser Hinsicht gibt es in der Schule Probleme (.) Zurzeit gibt es einige Probleme, der mit dem schlechten Zustand des deutschen Bildungssystems verbunden is.

↳ **Be**: Da war zu meiner Schulzeit noch was. Wir hatten nen Lehrer, der empfahl meinem deutschen Freund einen Beruf, den äh er ausüben sollte. (.) Oder andere Lehrer (.) Äh er sagte, ‚Du bist für diesen Beruf geeignet' (!) Für uns gibt's so was nich? Mir sagte er so was nicht (.) Warum sagte er mir nicht so was? Er motivierte mich nicht (.) Es hat was mit einem unterbewussten Rassismus zu tun (.) Es ist ein unsichtbarer Rassismus (.) Ich nehm dies so wahr (.) Man sollte nicht unterscheiden, warum sagst du es ihm, weil er dein Landsmann ist und mir nich, **weil ich ein ‚Ausländer' bin?** Solche Sachen kann man sehr schwer beweisen (.) Es gibt sie aber.

↳ **Ah**: Auch viele Rassismusfälle am Arbeitsplatz (.) (3) In meiner jetzigen Arbeitsstelle z.B. einen Türken als ‚Vorarbeiter' zu haben, wird nicht als angemessen angesehen. Das wollte ich auch sagen (.) Das ist eindeutig. Der Deutsche wird von außerhalb gebracht und er wird als ‚Vorarbeiter' beschäftigt. Ein Türke, der seit der Gründung in der Firma arbeitet, wird nicht für so eine Stelle aufgenommen (.), weil sie ein Türke sind (.) Einige Freunde haben's erlebt (.) Einem Freund sogar wurde lange der ‚Vertrag' verweigert; damit er von diesem Recht ausgeschlossen wird. Den Leuten aber, die von außerhalb gebracht werden, sei es Pole oder Deutsche, denen wird es gegeben (?) Obwohl er keine Ahnung über die Arbeit hat, haben sie es ihm gegeben (.) Das ist einer von vielen Beweisen für äh Rassismus gegen Türken so.

↳ **Ce**: Ich hab während meiner Ausbildungszeit auch rassistische Situationen erlebt (.) Während der Ausbildungszeit arbeitet man vier oder fünf Wochen in ner Arbeitsstelle (.) Man merkt es, dass der Kolonnenführer oder der Meister die ‚Ausländer' in die schwierigeren Arbeitsbereich zugeteilt hat, aber, bei Allah, mein Ausbilder war ein sehr netter Mensch, der äh hat uns sehr geholfen. Doch wir sind halt Schwarzhaarige (.) Also äh überall werden wir ausgestoßen, äh diskriminiert.

↳ **Ah**: Dann haben wir ja äh in Solingen erlebt, wie unsre türkischen Mitbewohner von Nazis verbrannt wurden. Hass haben wir gefühlt. Hier hab ich mich nochmals daran erinnert, äh dass ich Türke bin, ich äh bin auch stolz darüber. Dann haben vor einigen Wochen die Nazis hier in Köln-Mülheim eine Demonstration gegen einen Moscheebau gehabt (.) Offiziell sind eigentlich alle dagegen (.) Es gab ne Gegendemonstration, aber die Polizisten haben die Nazis geschützt. Gegen ‚Ausländer' haben se demonstriert.

Entwicklungen nach dem 11. September

Ce: Klar doch, die haben Angst vor uns (.) Wenn man Moslem sagt, dann halten se Abstand (1) Nach den Ereignissen am 11. September (.) Auf dem Arbeitsplatz, in der Schule, überall sehen wir diese Situation (.) Äh die denken, dass Türken Barbaren seien.

↳ **Ah**: Die Ereignisse am 11. September haben die Sichtweise der Deutschen gegenüber den Türken hier verändert, sie sind viel vorsichtiger (.) Man weiß, wer die Täter sind, aber alle werden gleichgestellt (.) Also, alle Moslems werden auf dieselbe Ebene gleichgestellt, sie sagen, dass es Türken waren (.) Das hat mit den Türken nichts zu tun (.)

↳ **Ce**: Ich möchte mal nen Beispiel geben: Während der Ereignisse am 11. September arbeitete ich bei der Post, da war jemand, mmh, ich weiß nicht, ob er Tunesier oder Marokkaner war, er arbeitete in der Abteilung, in der Pakete verteilt werden, er hatte einen langen Bart, sie haben ihn rausgeschmissen (.) **Dass is doch bescheuert, was die da gemacht haben!**

↳ **Be**: Das ist doch falsch (!)

↳ **Ce**: Sie haben gesagt, dass es die Kunden abschrecken könnte so (.) Ohne es zu recherchieren und zu fragen haben se ihn sofort rausgeschmissen (.) Bei nem anderen war's so, dass er sein Bart abschneiden musste.

Be: Also äh ich möcht hier noch was sagen (.) Es wird gesagt, dass die Moslems in Amerika diese Aktion gemacht hätten, aber an dem Tag ist kein Jude zur Arbeit gegangen (.) Ja, gut und was sagen sie dazu (?) Ist das nicht komisch (.) (1) Also, warum kommt kein Jude an dem Tag zufälligerweise und ohne Grund, zur Arbeit (.) Ja, es gibt solche seltsame Geschichten (.) Aber das kannst du nicht jedem erzählen (.)

↳ **En**: Am 11. September hatt ich Hausaufgabenhilfe gehabt. In der Hausaufgabenhilfe habe ich ein Problemfall erlebt (.) Da tauchte ein Thema auf, was du hier gesagt habe, habe ich auch da gesagt (.) Unter ihnen waren auch Türken, auch Moslems, Christen, also sie waren auch da (.) Aber warum gab es keinen einzigen Juden? Das habe ich dort gesagt (.) Danach gab's eine heftige Diskussion.

Identität und Zugehörigkeit

Ah: Äh wir haben gesehen, dass uns die Deutschen assimilieren möchten. Mit Assimilation möchten sie, dass wir äh unsre Identität verlieren, sie möchten uns vernichten (.) Eindeutschen möchten sie uns, nichts anderes.

↳ **Ce**: Die türkische Identität sollst du aufgeben, nichts anderes (!) Sie wollen nicht, dass man mit dem Türkentum (2) mmh keine Bindung mehr hat (.) Du sollst wie ein Deutscher leben, wie ein Deutscher denken…

↳ **Be**: Wie ein Deutscher rumlaufen, (Zwischenbemerkung) essen, trinken (.) Ich zum Beispiel, esse kein Schweinfleisch, der Deutsche aber, akzeptiert dies nicht (.) Und fragt: „warum isst du das nicht"; was geht das dich an, ich esse es nicht (!)

↳ **Ah**: An der Bar trinken wir nicht mit ihm zusammen dasselbe Bier (.) Aber er möchte das nicht wahr haben und dazu noch, wenn ich dies nicht esse, dann versucht er mich mit einer erniedrigenden Art und Weise anzugucken. Ich möchte nicht verdeutscht werden (.) **Nein** (!) Ich habe meine eigene Identität (.) **Ich bin Türke!** Also, ich möchte auch folgendes sagen; Engländer akzeptieren, dass ein Inder in England wie ein Inder rumläuft, spaziert, austobt, die Bekleidung sogar ihre Bekleidung passt überhaupt nicht der europäischen Kultur, aber äh trotzdem wird man nicht allergisch.

↳ **Ce**: Klar (.) Wir leben in Deutschland, wir setzen die deutschen Gesetze um, aber sie, sie akzeptieren unsere türkische Identität nicht (.) **Wir sind Türken und bleiben auch Türken!** Stolz sind wir darüber.

↳ **En**: Klar, wir verstoßen nicht gegen die Gesetze, ich also, wenn ich eigene Identität hab (.) Was auch immer hier die Gesetze sind, es ist halt so, unsere Tradition ist so. Wenn du in ein anderes Land gehst, dann musst du deren Gesetze achten: Das ist unsere Tradition ? also (.) Wir sind nicht dagegen, dass deren Gesetze abgeschafft werden, also (.) Haben die Angst vor uns; oder was (.)

I: Seid ihr der Meinung, dass die Türken in Deutschland eine ‚Identitätskrise' durchmachen?

Be: So was gibt's nicht (.) Das wird erfunden. Ich lebe mit der türkischen Identität, also die haben auch die türkische Identität.

↳ **Ah**: Meiner Meinung nach erleben sie es (.) Ich meine, dass es hier Probleme gibt (.) mmh, nun (1) in solchen Situationen, wenn er betont, dass er Türke ist, dann entstehen viele Vorurteile. Danach sagen sie „Ach der Kanake" (.) Dieses…

↳ **Be**: Das sagen sie sowieso, auch wenn du Identität hast oder nicht hast.

↳ **Ce**: Das ist so ein Thema (.) Sie nennen die Türken als ‚Knoblauchfresser', als ‚Kanaken' (.) Also gibt's hier eine Identitätsproblem (.) Diese Situation führt zu einem Problem (.) Bei wem macht es ein Problem, als Beispiel (?) Zum Beispiel bei Jugendlichen, die keinen Stolz haben.

Ah: Aber diese Organisation gibt diesen Jugendlichen ihre eigene persönliche Identität, also die türkische Identität (.) Jugendliche, die diese Organisation besuchen, sind mit der türkischen Identität verbunden (.) Wenn die Persönlichkeit und die Identität angegriffen wird, ( ) also dann musst du zurückschlagen (.)
I: Was für eine Bedeutung hat die Losung , Stolz, ein Türke zu sein' in eurem Alltag?
Be: ‚Wie Stolz, ein Türke zu Sein' (!) gibt uns automatisch Kraft (.) Du lebst ja im Exil, in einem anderen Land, egal, wo auch immer du lebst, du hast deine türkische Identität (.) Dieser Satz gibt einem den Stolz, im Alltag hat er eine wichtige Bedeutung.
↳ **Ah**: ‚Wie Stolz, ein Türke zu sein' hat die Bedeutung von Erfolg, Selbstbewusstsein und die Solidarität untereinander (.) Also jede Gesellschaft braucht eine Bestrebung. Wenn ein Mensch keine Bestrebung hat, dann wird er auch kein Erfolg haben (.) Das sollte man aus dieser Perspektive sehen (.) Also ich gib mal ein Beispiel: Unter den Deutschen gibt's diese Leute, die wir als ‚Penner' bezeichnen, dass sind auch Deutsche, warum werden die nicht ernst genommen (.) Und was bedeutet dieser Satz (?) Er gibt uns den Glauben und die Kraft, den wir brauchen (.) Wir sind im Exil, die ‚Ausländer' werden ausgegrenzt, weil wir als Menschen zweiter Klasse angesehen werden (.) Aber der Satz, „Ich bin stolz, ein Türke zu sein", gibt uns die Kraft aufrecht zu stehen, hier zu bleiben, hier weiter zu leben, ein besseres Leben in der Gesellschaft zu verbringen und zeigt uns, dass wir einen freien Weg haben. Das werden wir am besten nutzen. Wir sehen auch die Leute, die dieses nicht schätzen, aber wie sie enden (.) Also, dieser Satz ist für uns eine Sicherheit und eine Herausforderung (.) Es ist für uns ein Mittel, um im Leben unsere Identität zu finden (.) Also, es bedeutet alles.
En: Durch den großen Führer Atatürk gewann dieser Satz noch mehr an Bedeutung, also ‚Ich bin stolz, dass ich Türke bin', dieser Satz (.) Ich kann es jederzeit mit stolz sagen. Vielleicht kann dies nicht jeder sagen, zum Beispiel (1) Die deutsche Nation kann es nicht so locker sagen (.) Weil in ihrer Geschichte mmh (2) Probleme gab, die Juden zum Beispiel, deswegen, wenn sie sagen würden, ‚Ich bin stolz ein Deutscher zu sein', wird es falsch verstanden (.) Aber so ein Problem habe ich nich (.)

Grauer Wolf als Teil der Identität

Be: Der Graue Wolf (Bozkurt) ist in erster Linie das Symbol des Türkentums (!)

↳ **Ah**: Der Türke hat äh als nationales Symbol den Grauen Wolf ausgewählt, äh genauso wie der Deutsche den Adler. Also, äh wir fühlen den Grauen Wolf in uns, äh auch deshalb ist er unser Symbol. Äh dieses Symbol gibt uns auch Kraft, weiter zu machen (.) Äh in der Fremde das Türkisch-Sein fortzusetzen. Eine Besonderheit vom Grauen Wolf ist, dass er frei ist. Das bedeutet, die Türken haben immer die Sehnsucht (Leidenschaft), im Alltag und unter der eigenen Regierung zu leben. Unter der eigenen Herrschaft zu leben (1) so eine Nation sind wir (.) Deswegen (2) mmh, diese Sache, also sie beim Grauen Wolf zu sehen, bei uns dieselben Eigenschaften zu erkennen, dies ist mit unserer Identität verschmolzen (.) Also auf de Welt, egal wo sich auch immer der Türke befindet, die Ungerechtigkeit, also **er kann nicht akzeptieren, ein versklavtes Leben zu führen** (!) Er würde diese Ketten brechen, also er kann nicht en Sklavenleben dulden (!) Also wir entschieden uns für den Grauen Wolf, er hat sie gebrochen (.) Deswegen haben wir diese Eigenschaften in unsere Identität.

↳ **En**: Ich trag auch ne Kette mit nem Abzeichen des Grauen Wolfes ((zeigt die Kette)); also es gibt mir Kraft, äh also mein Türkisch-Sein zu zeigen (.) Denn Angst hab ich nich. Ne Ehre is es dieses Zeichen zu tragen; in Sicherheit fühl ich mich. Ach so, keiner kann mich zwingen, äh dieses Abzeichen nich zu tragen. Ich fühl ihn in mir.

Politische Einstellungsprofile und Orientierungen

Ah: Äh also, ich hab zwar die deutsche Staatsangehörigkeit nich, doch es gibt einen wichtigen Grund, warum in die deutsche Staatsbürgerschaft einzutreten, man hat das Recht Politik zu machen. Und wenn man keine richtige Partei findet, ist es schwer es zu unterstützen (.) Aber, wenn ich gewählt hätte, hätte ich in Deutschland die CDU gewählt, ist meine Meinung (.) Die Gründe sind also (2) die sagen es klar und offen, deren Absicht kann man einschätzen (.) Es ist nich wie bei der SPD (.) SPD versucht sich etwas besser zu zeigen, aber durch das, was sie machen, nutzen sie uns Ausländer nich (.) Aber die CDU sagt wenigstens, ich mache dies und jenes (.) Die hat eine klare Position gegenüber Freunde und Feinde (.) Auf der anderen Seite gibt's die Arbeitslosigkeit, die arbeiten besser daran (2) ich hätte dieses Mal, ich meine, wenn die Wahlen wären, dann würde ich die CDU wählen (.)

↳ **Be**: Wenn ich wählen könnte, würde ich keine Partei wählen, weil ich mich nicht um die Parteien kümmere.

↳ **Ce**: Vor den letzten Wahlen also hat der jetzige Kölner Oberbürgermeister unsere Organisation besucht und wollte von uns Stimmen haben (.)

↳ **Ah**: Fritz Schramma ist dann äh in unsere Organisation gekommen, er hat sich unten in, äh in die Teestube gesetzt (.) Der hat also gesagt, ich möchte Oberbürgermeister werden so (.) Der hat also von uns Unterstützung verlangt (.) In unserer Organisation und deutsche Freunde haben Schramma unterstützt (.) Also, es vorher klar, wer also „SPD oder CDU", wir wussten, dass Schramma ein guter Mensch ist, die CDU unsren politischen Anschauungen nahe steht, äh wir haben unsere Stimme ihm, also Schramma gegeben (.)

En: In der Türkei ist unsere wahre Partei, also äh die MHP (Nationalistische Bewegungspartei). Die würden wir also in Türkei wählen. Doch in Deutschland kann man noch nicht für die Türkei wählen. Sie diskutieren, haben aber keine Lösung. Also äh die Frage, wen wir in der Türkei wählen, erübrigt sich somit: Na klar, die MHP.

Zukunft in Deutschland / Deutschlandbild / Staatsbürgerschaft

Ah: Meiner Meinung nach, gibt's in Deutschland gutes, auch schlechtes. Also zweierlei (2) es hat auch sehr gute Seiten, ( ) es gibt auch Seiten, die man nicht einfach akzeptieren kann (2) klar, ein großer Fehler is, das ist politische Fehler (.) Zum Beispiel (3) eh, seit Jahren leben wir in Deutschland, werden aber immer noch nicht als ‚Bürger' anerkannt, also nich mal wählen können wir.

↳ **Ce**: Wie alle Menschen hab ich auch Erwartungen von Deutschland (!) (2) Eigentlich ist er in vielen Punkten ein guter Staat (.) Obwohl wir wenige Ausländer sind, werden uns begrenzt Rechte gegeben (.) Aber wir möchten folgendes sagen; in bestimmten Punkten werden wir nicht wahrgenommen (.) Wie schon gesagt; man muss deutsche Staatsbürger werden, um wählen zu gehen; das Wahlrecht wird angeboten (.) Obwohl wir hier geboren und aufgewachsen sind (!)

I: Wie sieht es mit der Frage der deutschen Staatsangehörigkeit aus?

↳ **Be**: Na klar, äh deutsche Staatsangehörigkeit (.) Also eigentlich äh gibt's keinen großen Unterschiede zwischen mir und nem Deutschen (.) Es gibt nur einen besonderen Unterschied; das Wahlrecht (.) Von daher ist es für mich nicht so wichtig, in die deutsche Staatsbürgerschaft einzutreten (.) Ja, ich meine (.) Nur, wenn ich mich mit der Politik beschäftigen würde, hätte ich so ein Bedürfnis gehabt. Zurzeit ist es für mich nicht so wichtig (.) Aber außerdem gibt es andere Rechte, zum Beispiel es gibt innerhalb Europa kein Visumspflicht (.)

↳ **I**: Wie hoch ist die Anzahl der hierhin kommenden Jugendlichen, die die deutsche Staatsbürgerschaft übernommen haben?

↳ **Ah**: Über die Hälfte äh haben die deutsche Staatsbürgerschaft.

↳ **Ce**: Ich hab auch nich die deutsche Staatsbürgerschaft (.) Vielleicht in der Zukunft (.) Da ich hier geboren bin, werde ich hier bleiben (.)Dann äh gibt's das Problem ich häng so an meinem türkischen Pass, also ich möcht nich das abgeben, ich äh häng dran sehr.

↳ **Ah**: Über die deutsche Staatsbürgerschaft habe ich die folgende Meinung:: (2) die Türkei wird sich auch an die Europäische Union anschließen (.) Dann werde ich keinen deutschen Pass benötigen (.) Zurzeit habe ich den türkischen Pass; Ich glaube schon, dass wir in die Europäische Union reinkommen (.) Ja:: vielleicht wird es etwas lange dauern (.) Sie können uns Hürden aufstellen; aber dies ist sicher: Wir werden in die Europäische Union reinkommen?

↳ **Be**: Ich möchte nich deutscher Staatsbürger werden (.) Man muss dafür Geld haben, man muss eine Zeit lang in Deutschland bleiben, aber (1) wenn sie mir zusätzlich Geld geben würden, ich würde es nicht wollen (.) Warum denn? Ich also, wenn mich jemand fragt wie, woher kommst du, sei es Türken oder Deutsche, wenn ich denen sagen kann, dass ich Türke bin, dann bin ich darauf stolz (.) Wenn ich Deutscher sagen würde, dann würde ich mich schämen (!)

↳ **Ce**: Also, es ist nicht nur das; wenn du die Staatsbürgerschaft kriegst, dann wirst du weiter als Ausländer angesehen…

↳ **Ah**: Der guckt nicht auf deinen Pass…

↳ **Ce**: Also, das ist doch nichts, nur auf dem Papier… Sowieso steht da geschrieben, mit ‚Türkischer Herkunft'. Gucken tut er auf dein Gesicht (.) Schwarze Haare, ‚das ist Türke, aus dem wird kein vernünftiger Mensch', du bist in der zweiten Klasse(.) Immer noch bist du Ausländer (.)

I: Was ist deine Meinung über Deutschland?

Ce: Was soll ich sagen: Die Bildung hier ist sehr gut. Man hat hier alle Möglichkeiten (.) Ob du Ausländer bist oder nicht (.) Ich mache meine Ausbildung hier (.) Von daher ist es ein gutes Land.

Ah: Also meine ‚Kritik an Deutschland', einer der größten Punkte, also zum Beispiel, meiner Meinung nach (1) obwohl so viele Türken in Deutschland leben, es ist offen, es gibt eine Verhinderung, dass die Türkei in die Europäische Union reinkommt (.) ( ) Für Deutschland ist es ein großer Reichtum, dass hier äh Türken sind (!) Sei es die Essensgerichte oder kultureller Hinsicht, also die Gesellschaft hier : (2) Sie sind hier sesshaft geworden (.) Die Türken auszuschließen, sie von Deutschland separat zu halten, ist nicht mehr möglich (.) Es ist so gemeint, eh man kann sich nicht ein Deutschland ohne einen Türken vorstellen (.) Es ist aber traurig, dass Deutschland die Türkei (2) schlecht darstellt, klar ist man da drüber traurig (.) Als Beispiel könnte ich noch eines der großen Problemen (2) ich meine, also (.) Zurzeit habe ich über dieses Thema nichts zu sagen…

↳ **Be**: Nich nur in Deutschland, überall werden wir ausgegrenzt (.) Weil unsere Großväter und Großmütter sind nach dem Weltkrieg gekommen, also sie haben die Wirtschaft hochgebracht, etwa (.) Vor allem haben sie gearbeitet, gut sie bekamen ihren Verdienst, aber (2) trotzdem würden sie erniedrigt (.)

↳ **Ce**: (…) Wie verhält sich Deutschland heutzutage gegen uns (.) ((Husten)) **Das ist beschämend** (!) Als weitere Kritik an Deutschland is (.) (2) Die Deutschen, die können nicht mit ‚Ausländern' umgehen. Die können das nicht, die machen das nicht. Vielleicht wollen sie es, aber sie schaffen sie das nich. Also (3) Sie möchten, dass jeder sich assimiliert, der hierhin kommt (.) Das hat der „Außenminister" Otto Schily selber folgendermaßen gesagt (.) ‚Wir wollen keine Integration, wir wollen Assimilation'. Otto Schily, also der jetzige „Außenminister" Deutschlands (.) Das sagt dieser Mann: Wenn er das sagt, was können wir von dem einfachen Bürger erwarten. **Das ist eine falsche Politik?** (3) **So kann man nicht mit Ausländern umgehen!**

↳ **Ah**: Aber auch gegenüber unserer Bekleidung sind sie allergisch (.) Oder zum Beispiel in Frankreich diese Nigger (3) diese Menschen, sie reagieren nicht allergisch gegen sie, sie akzeptieren es (.) Aber so akzeptieren uns die Deutschen nicht (.) Auf die Weise akzeptieren sie nicht (?) ((Husten)) **Sie möchten, dass wir uns verdeutschen** (?) Und wir sind dagegen (!) (2) **Deshalb keine Assimilation, sonder Integration!** Die sollen mal dazu mehr beitragen. (…) (2) Kurz gesagt, hier in Deutschland, äh ich sage es nicht aus der Perspektive der Moslems, sondern aus der Perspektive der Türken also, wir werden als Menschen zweiter Klasse gesehen. Das liegt offen auf der Hand, ich glaube, es ist nicht notwendig darüber zu diskutieren (.) Der Grund dafür (3) ich vermute, dass sie Angst haben, sie können unsere Einigkeit und unseren Zusammenhalt nicht ausstehen (.)

↳ **En**: Vielleicht kann man sagen, dass sie neidisch sind (.) Sie möchten unseren Erfolg nicht wahrhaben (.)

↳ **Ce**: Ja, das liegt offen auf der Hand (.) Sie ertragen uns nicht, weil sie

nicht wie uns sein können (.) Das ist bei den Erwachsenen so, bei den Kleinen so, hier in der Arbeitswelt ist es so, in der Sportswelt ist es auch so (.)
↳ **Ce**: Ich möchte noch ein Beispiel geben, letztens kam es im Fernsehen (.) Sie haben auf der Straße eine Reportage gemacht (.) (2) Da kam ein Mann, das Thema war „Luxus" (.) Gott sei Dank, es waren nicht nur Deutsche, warum fahren nicht alle Menschen ein Luxusauto, aber die Türken fahren es (.) Sie machen die Reportage auf der Straße, von den 85% der Leute, die ein schönes Auto fahren, das hat der Mann selber gesagt, sind Türken (.) Die Türken haben entweder ein Mercedes, eine Porsche oder einen BMW (.) Es ist eins von den dreien (.) (3) Also, sie ertragen es nicht…
↳ **Be**: Obwohl wir auch sehr erfolgreiche Geschäftsmänner haben (.) Also äh wie der Freund vorhin gesagt hat, vielleicht sehen sie uns so an, als wären wir Menschen zweiter oder dritte Klasse.
↳ **Ah**: Meiner Meinung, zur Integration tragen die Deutschen nicht so viel bei, wie wir es beitragen (.) Ich habe Respekt vor deren Nationalfeier, religiöse Feier, offizielle Ferien… allen habe ich Respekt vor, (3) Als Beispiel, an deren Sonntagen nehmen wir nicht die Bohrmaschine in die Hand und benutzen sie (.) Wegen Respekt ist das so (.) Aber die Deutschen, meiner Meinung nach machen sie nichts (.) Fragen wir mal hundert Deutschen, dazu noch, es leben hier zwei bis drei Millionen Türken, begrüß mal diesen Bürger auf türkisch, fragen wir hundert Leuten, ich bin sicher, ich wette, dass nicht mal zehn Leute es können (.) Von den Hundert können nicht mal Zehn ‚Hosgeldin' (Guten Tag) sagen (.) Meiner Meinung, sie haben keinen „Beitrag" für die Integration (.) Also äh die geben schon sehr viel Geld dafür aus, aber persönlich gibt es kein Bemühen (.) Die Deutschen, vor allem die hier lebende Deutsche, wenn sie ein kleines Fehler bei einem Türken sehen, denken sie, dass andere Türken auch so sind (.) Als Beispiel, es gab einige Freunde, die diese Organisation besuchten, unter ihnen war auch ein Deutscher, er soll gesagt haben, ich hatte über euch Türken anders gedacht (.) Nachdem er hier war, soll er gesagt haben, ihr habt Respekt voreinander, aber wir Deutsche sind nicht so, soll er gesagt haben.
I: Gut, ich möchte was fragen: Welche Unterschiede seht ihr zwischen den deutschen und „türkischen" Jugendlichen?
↳ **Be**: Ich möcht dazu mal nen Beispiel geben (.) Ich hatte nen deutschen Freund, weißt du, wir sind zu ihm nach Hause gegangen, der Junge gab mir was zu Trinken, hat mir Knabberzeug angeboten, hat die

Füße auf den Tisch gestreckt (.) Sein Vater kam rein, ohne seine Füße wegzutun saß er weiter da, der Vater nahm auch Platz (.) ((Schüttelt den Kopf)) Wenn das bei uns wäre, von wegen, die Füße zu strecken, wir können nicht mal so neben unseren Vätern sitzen. Als ich klein war, wurde ich deswegen von meinem Vater geschlagen. Wir haben bestimmte Sitten, also wir haben eine Kultur. (...) Die Türken können keine Ungerechtigkeit ertragen, (2) weil wir eine freie Nation sind, so was ertragen wir nicht und wenn man die Deutschen mit den Türken nebeneinander stellt, erkennt man den Türken allein bei seiner Körperstellung (.) Ich meine, wenn du dich mit einem Deutschen unterhältst, dann fängt er mit den Handbewegungen an und gegenüber Erwachsene zeigt er kein Respekt (.) Wir können uns nicht so verhalten und nicht so reden.

↳ **Ce**: Guck mal, im Endeffekt hat das mit Erziehung was zu tun.

↳ **Be**: Guck mal, der größte Unterschied is auch die Ehre (.) Wenn meine Frau oder Schwester zu Hause is, dann kommt kein Freund an dem Abend vorbei (!) der geht nicht in mein Haus rein, nur wenn ich zu Hause bin, dann kommt er vielleicht rein (.) Wenn ich nicht da bin, dann klingelt er, fragt nach mir und geht wieder (.) Das kenne ich von meinen Schwestern (.) In unserer Nähe haben wir einen deutschen Nachbarn, er geht zur Arbeit und seine eigenen Freunde sitzen mit der Frau zu Hause. Als Unterschied gibt es noch das Vertrauen (.) Bei uns machen wir kein äh Unterschied, wem das Geld gehört, zwischen Vater und Sohn, Vater und Tochter, Ehemann und Ehefrau, so wie dein Geld oder mein Geld, das gibt's nich (.) Aber die Deutschen sagen das, es ist mein Geld und ich gebe es aus, wie ich will (.)

I: ((Den Teilnehmern wird ein Titelblatt der Zeitschrift *Der Spiegel* unter dem Motto ‚Gefährlich Fremd – Das Scheitern der multikulturellen Gesellschaft' vorgelegt)) Was denkt ihr über dieses Titelbild?

En: Hmm ‚Gefährlich Fremd' (?)

↳ **Ce**: Auf dem Bild sind Jugend Jugendliche gezeigt, die streiten und sich schlagen (.) äh also Gewalt, also sehr negatives sieht man hier...

↳ **Be**: Hier werden überwiegend Ausländer und Türken gezeigt (.) **Wo sind aber die Deutschen?** Hier sind es wiederum die Deutschen, die zuschlagen (!) Da sind doch keine Türken dabei (.) Immer werden die Ausländer beschuldigt (.) Doch mit Schlägerei fangen zuerst äh Deutsche an.

↳ **Ce**: Der Freund sagte ja, dass die immer mit der Schlägerei anfangen (.) Wenn die Polizei einen erwischt, dann zeigen sie im Fernsehen meistens die Türken, die ‚Ausländer' (.) Das erkennt man durch den Namen (.) Ich weiß es besser (.) Die Deutschen dealen mehr mit Heroin und Haschisch (.)

↳ **Ah**: Wenn ich so ein Titelbild sehe, reagiere ich sehr allergisch (.) Also, damit haben sie die Absicht, uns schlecht zu machen (.) Hier wird ein türkischer Bürger gezeigt, die türkische Fahne, und darüber steht ganz groß „Gefährlich fremd" (.) **Hey : Gegenüber so was werde ich allergisch!**

↳ **Be**: Das führt automatisch zum Rassismus (.) Es ist nicht mit dem eigenen Stolz zu vereinbaren (.) Es ist bitter (.) Uns zeigen sie als schlechte Menschen, aber so schlechte Menschen sind wir nicht! Wenn die zu uns in die Heimat kommen, empfangen wir sie mit Liebe und Respekt (.) Das ist ungerecht (!)

↳ **Ah**: Ja, klar doch; also, dieser Titel, wir wissen nicht, was drin geschrieben ist (.) Wird es vielleicht geschrieben, dass die Türken schlagen jeden und so (?) Also, wenn Fußball gezeigt wird, dieses Fanatische (.) Sie möchten behaupten, dass wir gewalttätig sind (.) (2) Im Westen gibt's sowieso das Eine: Fanatismus und alles, was extrem ist. wird nicht akzeptiert. Sie sind davon überzeugt, dass es ist (.) Mmh, aber wenn wir uns freuen oder trauern, dann kommt das aus dem Herzen (.) Eh, das sollte man sehn, weil wir eine Nation sind, die sich viel freut und viel trauert (.) Die Freude eines Fußballspiels auf den Straßen ist in der Türkei etwas Natürliches (.) Ja, hier ist man, eh (1) Also, weil es nicht deren Freude ist, wenn es einen Stau gibt ärgerlich ne (.) Der Mann muss nach Hause oder zur Arbeit und er verspätet sich, dann ist er verärgert (.) Also, er möchte nicht die Freude mit uns teilen (.) das is deswegen so (.) Eigentlich leben wir hier, mit denen machen wir auch die unterschiedlichen Arbeiten (.) Sie sollten sagen: Hey, die haben's verdient, ja, sie sollten sich freuen, manchmal sehen wir, dass es Leute gibt, die auch klatschen.

↳ **Ce**: Äh, es gibt auch die, die sich ärgern (.) Also, meine Meinung, sie sollten sagen ‚stark, die haben es verdient' (.) Als die Türkei gewonnen hat, sind wir auf die Straßen gegangen. Boa, das war ne Bombenstimmung.

↳ **Be**: An dem Tag waren wir zusammen eins (.)

↳ **En**: Den Tag kann man nicht beschreiben, man muss es erleben, ausgeflippt (.) Dieses Spiel war was Besonderes, also (.) Zum erstem Mal seit 50 Jahren, du wirst dritter auf der Welt (.) Eigentlich, es wäre besser gewesen, wenn wir gegen die Deutschen gespielt hätten (.)

↳ **Ah**: Egal, das war kein großes Problem (.) Die Deutschen haben von uns gelernt, die Fahne rauszuholen und während des Spiels Konvois zu bilden (.) Wir haben denen eine neue Tradition beigefügt (.) Früher hing die deutsche Fahne in „Schrebergarten" und in Parks (.) Eigentlich sollten sie stolz auf uns sein, durch und hängen sie ihre Fahnen überall (.) Nach Adolf Hitler, zum ersten Mal haben sie es erreicht, ihre Fahne rauszuholen, also mit Stolz. Vorher gab es bei diesen Deutschen, keinen Stolz, durch uns ist es entstanden! Sie sollten sich bei uns bedanken.
↳ **Ce**: Dann is das auch noch so (.) Auf der Arbeit haben wir im Zeitungen aufm Pausentisch, also Express, Bild so (.) In diesen Zeitschriften werden auch die ‚Ausländer' schlecht gemacht, also äh Rassismus. Zum Beispiel, das stand in der Zeitung, drei Türken gehen in die Disco und die Bodyguards sagen, dass die Anzahl der Türken drin zu hoch ist, deswegen lassen die Türsteher sie nicht rein (.) Was heißt das, die Anzahl der Türken ist zu hoch? Ja, was für ein Verhalten ist das, es hat keinen Sinn (.) Wie heiß es ? Drin seien zehn Türken, wenn noch drei dazu kommen, dann wird es viel (.) Eh, unsere Türken können so was nicht ertragen, wenn deren Stolz gebrochen wird, sie gehen nach Hause, wie soll ich das sagen, irgendwo finden sie eine Waffe, kommen und erschießen die Türsteher (.) (2) Und dieses wird von der deutschen Zeitung anders kommentiert (.) Die deutsche Zeitung sagt dazu; ja, in der Disco war eine Gruppe, (1) die zweite Gruppe ist gekommen, sie wollten rein und die Türsteher haben es verhindert, weil sie wussten, dass sie nicht mit der anderen Gruppe klarkommen, danach geht die Gruppe und kommt wieder, um sich mit der anderen Gruppe anzulegen, also, eine Schlägerei anzufangen, da werden Menschen erschossen (.) Die drücken das so aus, dass sie barbarisch waren (.) Aber das ist was Falsches (.) Das ist nicht deswegen so, das passiert deswegen, weil die Türken nicht in die Disco rein gelassen werden (.) Die Zeitungen aber, sie machen daraus ein schönes Titelbild: Wie ‚Gruppenkampf'? oder ‚Gangsterbanden' (.) Eigentlich hat es nichts damit zu tun, also.

Zum Integrationsbild

Ah: Was wir über Integration gesagt haben, wie gesagt, **wir sind Türken** (!) Wir sind an die Religion gebunden und sind ‚Elahamdüallah' Moslems (.) Aber wir sind in Deutschland geboren und aufgewachsen (.) Wir sind in der deutschen Gesellschaft und in einem christlichen Staat (.) Und wir leben mit unserer eigenen Identität, Kultur, Sprache und Religion. In Deutschland führen wir ein Leben, so dass wir die Gesetze achten (.) Uns sollten auch die Rechte gegeben werden, die sie haben (.) Aber ohne unsere Identität und Kultur auszugrenzen (.) Keiner hat das Recht, unsere Identität zu verachten (.) Wie wir es denen nicht sagen, wir leben seit 40 Jahren hier, ihr sollt euer Deutschsein aufgeben und Türken werden, sie sollen auch mit uns toleranter und freundlicher umgehen (.) Wir möchten unsere Geschichte lernen und mit unserer Identität und Kultur in dieser Gesellschaft freundschaftlich gemeinsam leben (.)

↳ **Ce**: Ich äh finde, dass alle die gleichen Rechte haben sollen, ohne dass zum Beispiel in den Krankenhäusern ein Unterschied gemacht wird (.) Alle sollten die gleichen Rechte haben (.) Das verstehe ich unter Integration (.) Es kann nicht sein, dass man seine Identität, also seine Verbundenheit an die Türkei, also auch ihre Werte aufgibt und sich vernichtet. Keiner kann verlangen, dass wir eingedeutscht werden (!) Das kann nicht sein (.) Und wir stehen wieder vor der Frage: **Warum ist man uns gegenüber rassistisch!**

↳ **Ah**: Sie richten die Blicke auf die Türkei und setzen uns unter Druck, es ist die Rede von Menschenrechten, sie möchten, dass bestimmte Regeln eingehalten werden sollen und von uns verlangen, dass wir uns anpassen sollen (.) Besser gesagt, sie möchten, dass wir zu **Sklaven** (?) werden (!) Sie möchten, dass wir unsere Identität aufgeben (.) (2) Aber die Türkei setzen sie unter Druck, wegen Kurden und so, das Thema über die Minderheiten in der Türkei, aber hier wird von uns das Gegenteil erwartet (.) Von uns wird erwartet, dass wir uns anpassen, dass wir unsere eigene Identität aufgeben (.) Das kann nicht sein, es kann nicht…

Ce: Also meiner Meinung nach ist das der Grund für Rassismus (!) Wenn es so ein Recht gibt (.) dann sollten sie in dieser Hinsicht auch die Türkei unterstützen (.) Ausgrenzung ist keine Lösung (.) Integration bedeutet, dass wir gemeinsam brüderlich leben, unsere eigene Identität erleben wir in dieser Gesellschaft, …

↳ **Ah**: Ja, wir sind Türken, ein Stamm? …Wenn wir der deutschen Gesellschaft in irgendeiner Weise keinen Schaden zufügen, dann gibt es kein Problem (.) Sich anzupassen und brüderlich zusammenleben (.) Bevor ich es vergesse möchte ich noch sagen, dass es heutzutage in Deutschland keine Integration gibt (.) Was die möchten ist Assimilation, ihr System ist auf dies aufgebaut ( ) ((Zwischenruf)) (.) hätten wir doch das System mit der Integration und nicht dieses Assimilationssystem (.) … Ein anderes Thema, die Gründe, wie Jugendliche besser Deutsch lernen können, ( ) Ein Jugendlicher, der seine Sprache nicht kann, warum kann er in der deutschen Gesellschaft nicht gut Deutsch lernen (.) Es hat sich gezeigt, dass ein Tunesier, ein Marokkaner Französisch, Englisch und seine Sprache sehr kann, unsere türkische Gesellschaft hier kann nicht gut Deutsch lernen (.) Warum ? Das ist wegen dem Assimilationssystem…, es wird verlangt, dass man erst Deutsch lernt, ohne vorher die Muttersprache zu lernen. Wenn man die eigene Religion, Kultur und Sitte, die eigene Sprache lernt, dann kann man leichter zur deutschen Gesellschaft den Anschluss finden.

Beziehungen zur „Heimat"

I: Habt ihr Kontakt zur Türkei, in welchen Abständen besucht ihr die Türkei?
En: Jedes Jahr machen wir Urlaub und kommen zurück (.) Anstatt unseren Urlaub in anderen Ländern zu verbringen, fahren wir in unser Mutterland! Also, wir bevorzugen es (.) Eh, klar fahren wir auch in andere Länder (.) Aber in unserer Heimat haben wir Verwandte, auch wenn nicht viele, haben wir wenigstens Großeltern, Onkels und Tanten (.) Wir besuchen sie so (.)
↳ **Be**: Wir fahren dorthin, um unsre Familie zu besuchen (.) Meine Großeltern sind da, mein Onkels, (1) Also die sind alle in der Türkei, mein Opa und so (.)
I: Benutzt ihr türkische Medien?
En: Überwiegend sehen wir uns die Programme über den Satelliten an (.) (2) Die türkische Zeitung lese ich nicht regelmäßig (.)
↳ **Ah**: Was türkische Zeitungen betrifft, benutzen wir die in der Organisation (.) Zum Beispiel die Zeitungen *Türkiye*, *Tercüman*, *Zaman* und unsere MHP-Zeitung *Büyük Kurultay*, überwiegend lesen wir diese (.) Hier geben wir eine eigene Monatszeitschrift heraus, mit dem Namen „*Istikbal*" (.) Wegen der Renovierung wurde die Herausgabe eingestellt, aber sie wird wieder erscheinen (.)
I: Wenn in der Türkei Wahlen wären, wen würdet ihr wählen?
Ce: Alle Jugendliche, die hierhin kommen, haben eine klare Linie (.) Wenn ihr die Leute auf der Straße befragt, würde jeder eine andere Partei bevorzugen, aber hier ist es anders (.) Wir alle sind MHP'ler (.) ((Flüsternde Bemerkung))…

Kurzauswertung: Gruppendisskussion im „Köln Türk Kültür Ocağı"

Die Teilnehmer dieses Gruppengesprächs in der Jugendgruppe des Köln Türk Kültür Ocagi kommen aus unterschiedlichen sozialen Gruppen und sind keineswegs im Rahmen einer „Randgruppe" zu bewerten. Im Hinblick auf schulische und berufliche Bildung präsentiert der größte Teil dieser Jugendlichen eine teilweise Erfolgsbiographie.

Nahezu jeder Teilnehmer der Gruppendiskussion hat die Erfahrung mit Diskriminierung in der alltäglichen Interaktion gesammelt. Die Handlungsräume Schule/Umfeld/Arbeit/Freizeitstätten sind typische Erlebnisfelder von Stigmatisierung und Abwertungen. Dennoch ist es bemerkenswert, dass das Deutschlandbild und die Beurteilung der Mehrheitsgesellschaft relativ differenziert ausfallen.

Deutschland gilt – in durchaus offenkundiger Übernahme eines Klischees – als solides Land, die „deutsche" Gesellschaft ist „stabil" usw. Allerdings spüren die Jugendlichen, dass sie in der Mehrheitsgesellschaft nur einen ungleichen Zugang zu den Ressourcen der Bildung, der Anerkennung und des Wohlstandes haben. Die Erfahrung der Marginalisierung ist einerseits konkret, andererseits diffus bzw. unverstanden.

Die gesellschaftlichen Praxen und Diskurse werden seit dem „11. September" als „gegen uns Türken" wahrgenommen. Bestimmte politische Strategien und Dispositive (Staatsbürgerschaft; Wahlrecht) werden ambivalent bewertet. Dabei wird die Annahme der deutschen Staatsbürgerschaft von rechts-nationalistisch eingestellten „türkischen" Jugendlichen als ein „Symbol" bewertet. Damit ist gemeint, dass die Teilnehmer der Gruppendiskussion einen Druck der/zur Assimilierung empfinden. Assimilation wird aber überwiegend als „Identitätspreisgabe" gedeutet.

Im Zuge dieser konkreten Erfahrungen und diffusen Bewertungen der Mehrheitsgesellschaften kommt der Selbst-/Eigenethnisierung eine identitätsstabilisierende Funktion zu. Die Symbolwelten (Islam; Türkei als Mutterland; türkische Geschichte u.ä.) spielen eine ebenso große Rolle wie die Identifikation mit „türkischen Normen" und „Werten" (Freundschaft, Ehre, Solidarität).

Auffällig ist, dass im Verlaufe des Gesprächs das emblematische Symbol „Bozkurt" (Grauer Wolf) hierbei eine überragende Rolle spielt.

10. Diskussion der Ergebnisse und praktische Konsequenzen

In der vorliegenden Arbeit wurde das Problem des ethnischen Nationalismus als einer neuen Qualität von Rechtsextremismus auf bundesrepublikanischen Boden vorgestellt und analysiert. Dabei wurden Einstellungsprofile, biographische und gruppenspezifische Merkmale von rechtsextrem und nationalistisch orientierten türkischsprachigen Jugendlichen mit Migrationshintergrund erhoben und in ihrer komplexen Ursächlichkeit abgebildet.

Es ist zu beachten, dass die Entwicklung und Entfaltung ethnisch-nationalistischer Einstellungstopoi auch als Folge der Selbst- und Fremdzuschreibung zu bewerten sind. Hieraus ergibt sich die Frage, wie die Gesellschaft mit dem Ethnizitätsdiskurs und den Prozessen der Selbst- und Fremdethnisierung umgehen soll. Wie können chancengleiche und fördernde Lebenskontexte gesichert werden, ohne ethnozentristische Marginalisierung zu zementieren, oder Zuwanderer durch Praxen und Diskurse zu stigmatisieren?

Unabhängig von der Frage, ob das Aufnahmeland, in dem bis vor kurzem noch ein explizit „völkisch" definiertes Staatsbürgerrecht galt, tatsächlich „farbenblind" sein kann, bleibt das Problem akut, dass die in Deutschland lebenden Menschen mit Migrationshintergrund ausgegrenzt werden. Es ist nicht auszuschließen, dass über den Umweg ethnisch-nationalistischer Ideologeme und ihrer in Deutschland ausgeprägten Organisationsformen Zuwanderer – insbesondere „türkische" Jugendliche mit Migrationshintergrund – eine rigide „türkische" Identität im Sinne einer Selbstethnifizierung vermittelt bekommen.

So wird in den biographischen Daten von Servet die Aussage „(...) sie haben uns mit Zwang daran erinnert, dass wir Türken sind" (S. 272) reflektiert. Hierin kommt zum Ausdruck, dass der Zuschreibungsprozess und die Ausgrenzung im Aufnahmeland die Suche nach der „ethnischen Identität" bzw. Wir-Gemeinschaft stärkt. So ist auch die Antwort Servets auf diesen Prozess sehr interessant: „(...) macht weiter so [gemeint sind die Deutschen – Anm. durch Autor, K.B.], (...) die ganzen Leute [gemeint sind die türkischsprachigen Migranten – Anm. durch Autor, K.B.] treten dann zu uns, äh zu den Grauen Wölfen". Für Alperen ist es wichtig, dass er in der Gesellschaft Respekt genießt und Anerkennung findet. Diese Anerkennung und Wahrnehmung findet er jedoch in den rechtsextrem-islamistischen Verein „Nizam-i Alem" („Im Nizam-i Alem genieße ich Respekt", S. 296). Ahmet bringt diese Lebenserfahrungen dann auf den Punkt: „Wenn man hier nicht akzeptiert wird, dann sucht man die Akzeptanz bei seinen eigenen Leuten" (S. 286). Er hat seine Identität bei den Grauen Wölfen gefunden. Praktische Erfahrungen zeigen, dass gerade rechtsextrem und nationalistisch orientierte „türkische" Migrantenorganisationen diese Indikatoren nutzen, um ihre Präsenz im Aufnahmeland zu verfestigen. Vor diesem Hintergrund verbinden sich Heterostereotype in einer kritischen „Gemengelage".

Thesenartig lassen sich die Faktoren und Gründe für ein verstärktes Auftreten ethnisch-nationalistischer Orientierungsmuster und türkisch-nationalistischer Identifikationsmerkmale wie folgt zusammenfassen:

(1) Die fremdenfeindlich und rassistisch motivierten Übergriffe auf türkischsprachige Migrantenfamilien, so in Mölln und Solingen, hat die Wut unter den Zuwanderern wesentlich gestärkt. Diese Wut hat zugleich die Suche nach der eigenen nationalen Identität mehr denn je forciert. Nationalistische und islamistische Gruppierungen haben diese Wut und Trauer der türkischsprachigen Zuwanderer für ihre ideologischen und politischen Inhalte instrumentalisiert, um ihren nationalistischen und politischen Organisationen verstärkten Zulauf zu verschaffen. Vor allem nationalistische Dachverbände nutzen die fremdenfeindlichen und rassistischen Angriffe für sich aus, indem sie z.B. das Gewaltpotential erhöhen, um dadurch Identifizierung mit sich selbst zu schaffen. Dies wurde besonders nach den Brandanschlägen von Mölln und Solingen deutlich, als Straßenweise Schaufensterscheiben zu Bruch gingen.

(2) Der heftig debattierte Zuwanderungs- und Einwanderungsdiskurs der Bundesregierung, die polarisierende Debatte um die doppelte Staatsbürgerschaft, die Kriminalisierung von Zuwandererjugendlichen und die Verschärfung der Ausländer- und Asylgesetze haben eine stärkere Trennlinie zwischen dem Leben der Migranten und dem Alltag dieser Gesellschaft geschaffen. Hinzu kommen Ausgrenzungs- und Stigmatisierungserfahrungen in Arbeit, Beruf und Alltag. Die hohe Arbeitslosigkeit und die berufliche Perspektivlosigkeit unter den Jugendlichen der zweiten und dritten Generation hat eine tiefe Identitätskrise evoziert. So haben viele türkischsprachige Jugendliche ihr Vertrauen an die Gesellschaft des Aufnahmelandes verloren und kehren sich von dieser Gesellschaft immer mehr ab. Dies führt bei vielen Jugendlichen zur Suche nach einem stär-

keren Selbstwertgefühl und einer neuen Identität bzw. Gruppenidentität. Ethnisch-nationalistische, rechtsextrem-türkische und islamistisch-fundamentalistische Verbände bieten bzw. vermitteln gerade in der Phase des Vertrauensbruches den Zuwanderern – vor allem türkischsprachigen Jugendlichen – eine stärkere Identität und ein Zusammengehörigkeitsgefühl in der ethnisch-nationalen Gemeinschaft an. Sie werden in dieser Gemeinschaft durch eine Reihe von Angeboten und Attraktionen wahrgenommen und für politisch-nationale Zwecke gewonnen.

(3) Die alltägliche Praxis hat gezeigt, dass vor allem in den sozialen Brennpunkten, in „türkischen" Wohnvierteln und Ghettos, die ethnisch-nationalistischen und islamistischen Organisationen Graue Wölfe/„Türk Federasyon", ATIB, ANF u.a. Resonanz finden. Die türkischsprachige Wohnbevölkerung fühlt sich aus unterschiedlichen Gründen von diesen Vereinen angezogen. In den Vereinen kommen nicht nur politische Fanatiker und religiöse Eiferer zusammen, sondern viele andere – insbesondere Migrantenjugendliche – suchen einfach Schutz in einer ethnisch-nationalen und islamischen Gemeinschaft, die sich von den Werten und Lebensweisen des Aufnahmelandes abschottet.

(4) Die politische Entwicklung in der Türkei spiegelt sich auch im Leben und in der Haltung der hier lebenden Menschen aus der Türkei wider. Die innerpolitischen Konflikte in der Türkei beeinflussen den Alltag der türkischen und kurdischen Bevölkerung in Deutschland.

(5) Vielfältige Erfahrungen zeigen, dass auch die türkische Regierung (auch türkische Botschaften und Konsulate) und die türkischen Medien sehr bemüht sind, durch ihre politische Haltung und Bestrebungen eine „kleine Türkei", gestelzt auf eine „türkische" Infrastruktur, in der Bundesrepublik Deutschland etablieren wollen. Die Förderung einer türkisch-nationalen Lobby und die Schaffung eines Ministeriums für die angeblichen Auslandstürken sind Anzeichen für die Bildung einer Parallelgesellschaft am Rande der Mehrheitsgesellschaft. Türkische Tageszeitungen wie die „Hürriyet", „Türkiye", „Zaman", „Milliyet", „Milli Gazete", „Vakit" und Fernsehsender wie die TRT.INT und die zahlreichen andere Privatkanäle sind wichtige Träger dieses Türkisierungs- und Nationalisierungsprozesses. Auch die zahlreichen Privatsender, die man per Satellit empfangen kann, stärken den Prozess der Selbstethnisierung und Polarisierung. Es ist offensichtlich, dass diese Entwicklung eine soziale

und politische Partizipation in dieser Gesellschaft erheblich hemmt und den Rückzug in die ethnisch-nationalen Nischen stärkt.

10.1 Schlussfolgernde Bemerkungen aus den empirischen Ergebnissen

Sowohl die Selbstbeschreibungen der interviewten Jugendlichen mit Migrationshintergrund als auch die biographisch orientierten Passagen der Gruppendiskussionen weisen auf eine Reihe von gemeinsamen Merkmalen hin. Es lässt sich sagen, dass das rekonstruierte Beziehungs- und Interaktionsgefüge (Sozialisation im Elternhaus; Erfahrungen in Schule, Beruf, Wohnumfeld usw.) insgesamt fragmentiert und konfliktgeladen ist.

Unabhängig von der individuellen Ausprägung der biographischen Details erscheint das „Leben zwischen den Kulturen" von grundlegenden Konflikten und Problemen geprägt. Im Rahmen meiner qualitativen Untersuchung (narrative Interviews; Gruppengespräche) konnte festgestellt werden, dass ethnisch-nationalistische Orientierungen unter türkischsprachigen Migrantenjugendlichen mit einer Denkweise in Zusammenhang stehen, die sich vor allem durch Rigidität auszeichnet. Damit ist gemeint, dass die vor allem im Handlungsfeld Schule (klassisch: Interaktionsfeld der sekundären Sozialisation) gesammelten Diskriminierungs- und Ausgrenzungserfahrungen Einstellungsmuster begünstigen, die als rigide bezeichnet werden können.

Rigidität impliziert ein Spektrum von nicht-flexiblen Formen des Wahrnehmens, Denkens, Bewertens und schließlich des Handelns. Die Ausprägung ethnisch-nationalistisch bestimmter Vorurteile bleibt zunächst unspezifisch und diffus. Generalisierungen, Kategorisierungen und ideologische Vereinfachungen entwickeln sich im Zuge komplexer Attribuierungsprozesse.

Überblickt man die Datenbasis der Interviews und Gruppendiskussionen, zeichnet sich eine wachsende Wirksamkeit von Fremd- und Selbstzuschreibungen in der Adoleszenz ab. Auffällig ist vor allem der Bedeutungszuwachs kollektiver Symbole (z.B. Grauer Wolf/Bozkurt) innerhalb der peer-group. Im Rahmen der Herausbildung einer ethnisch-nationalistischen und rechtsextremen Gruppenidentität der „türkischen" Migrantenjugendlichen (in den bezeichneten „türkischen" Organisationen) kommt dem Kollektivsymbol „Grauer Wolf" insofern eine Identitätsstiftende Funktion zu, als die Probanden in diesem Emblem die wirksame und affektstarke Ausdrucksform für („türkische") Stärke und

Macht wahrnehmen. Dieses Leitsymbol scheint auch der Abwehr unverarbeiteter lebensgeschichtlicher Konflikte (Diskriminierungs- und Ausgrenzungserfahrungen) zu dienen.

In den rechtsextrem-nationalistisch orientierten „türkischen“ Vereinen bzw. Dachverbänden (ADÜDTF/„Türk Federasyon“, ANF, ATIB) gehört die politisch-strategische Bildung von Symbolen zu denjenigen Herrschaftsstrategien, mit denen versucht wird, Ideologien gleichsam zu verankern. „Bozkurt“ bzw. der Graue Wolf hat eine regulative Funktion im Rahmen der Entwicklung einer autoritären Gruppenidentität. Die ethnisch-nationalistischen Orientierungen entwickeln und manifestieren sich auf der biographischen Zeitachse relativ spät.

Vereinheitlichte Normen und Ideologeme türkisch-rechtsextremen Zuschnitts prägen sich erst im Vereins- und Organisationsmilieu durch die politische Beeinflussung aus. Auffällig ist in diesem Zusammenhang der Rückbezug auf eine gemeinsame, die türkische Großmachtposition verklärende Vergangenheit („Turan“ als Ambition für die Errichtung eines großtürkischen Reiches). Auch die islamistisch-fundamentalistische Komponente (türkisch-islamische Synthese als politisches Kernideologem des „türkischen“ Rechtspopulismus) spielt in diesem diffusen, ideologischen „Schmelztiegel“ eine wichtige Rolle. Dabei vermittelt der rechtspopulistische Sammelbegriff „Europäisches Türkentums“ eine neue Qualität von Identität und Zugehörigkeit in der Migration.

Der einzelne türkischsprachige Migrantenjugendliche definiert sich mehr und mehr über die „Normen“ und „Werte“ seiner Gruppe (Wir-Aussagen) und kann sich diesen Gruppennormen nicht mehr entziehen, wenn er nicht selbst zum Außenseiter werden will. Die ideologische Rigidität beim Lösen unterschiedlicher Konflikte (In-group / Out-group-Konflikte) fällt unmittelbar auf. Allerdings verweist diese Einstellung auf die lebensgeschichtlichen Erfahrungsmuster und Konfliktaustragungen zurück: Konflikt- und Problemkonstellationen werden – in der subjektiven Rekonstruktion der Probanden – als antagonistisch wahrgenommen.

In den narrativen Interviews und Gruppendiskussionen zeichnet sich deutlich ab, dass Strategien von Anpassungen (in Schule, Beruf und Alltag) immer wieder von Diskriminierungs- und Marginalisierungserfahrungen unterlaufen und blockiert worden sind. Die Konstruktion von Sinn im Hinblick auf die eigene Person bzw. eigene Lebensgeschichte neigt mehr und mehr zu Generalisierungen (Wir versus die Deutschen u.ä.). So wird die Interaktion mit der dominierenden Gruppe der (Mehrheits-)Gesellschaft, repräsentiert durch Lehrer, diverse Amtspersonen u.ä., als problematisch und feindselig bewertet. Man hat den Eindruck, dass die Wahrnehmung sozialer und emotionaler Isolation sich zwar bei nahezu allen Probanden sehr früh eingestellt hat, die ideologische Bewertung dieser Ausgrenzungserfahrungen aber erst in Gegenwart vorgenommen worden ist.

Der Rückzug in die „ethnische Enklave" bzw. in den nationalistisch-islamistischen Verein hängt zweifelsohne mit den negativen Erfahrungen der Stigmatisierung und Marginalisierung in der alltäglichen Interaktion zusammen. Die Nach- und Auswirkung der Schlüsselerlebnisse (Schulversagen; Schulverweis u.ä.) ist intensiv. Die Identitäts- und Zugehörigkeitsdiffusion, die sich in Kindheit und Jugendalter eingestellt hat, ist auffällig. Die Suche nach einem stabilen Sinnsystem, nach Orientierung im Alltag prägt die biographischen Narrationen maßgeblich. Diese Suche wird von einer Reihe von Faktoren bestimmt, die stets auch auf ein Eingebundensein in den sozialen und politischen Kontext dieser Gesellschaft verweisen. Vereinfachende Typisierungen und lineare Erklärungsmodelle reichen nicht hin, um den komplexen Wirkungszusammenhang von Fremd- und Selbstethnisierung adäquat abzubilden. Auch die biographischen Narrationen der Jugendlichen sind formal wie inhaltlich auf Handlungs- und Einstellungsmuster, die von dem eigenen sozialen Umfeld (Freunde usw.) verstanden werden, bezogen. Insofern sind die Narrationen geprägt von Rollenzuweisungen und Rollenerwartungen der eigenen Gruppe.

Auch wenn Rekonstruktionen der eigenen Lebensgeschichte fehler- und lückenhaft sind, verweisen die markanten Gemeinsamkeiten der Selbstbilder auf einen sozialen und politischen Kontext, der diese typischen Konstruktionen evoziert hat. Ohne an dieser Stelle das wissenschafts- und erkenntnistheoretische Paradigma der „Biographieforschung" zu überschätzen, lässt sich doch sagen, dass die rechtsextrem-nationalistischen Einstellungsmuster unter „türkischen" Migrantenjugendlichen sich im komplexen gesellschaftlich-politischen Interaktionsgefüge von Fremd- und Selbstethnisierung entwickeln.

Aus den beiden Gruppendiskussionen in ethnisch-nationalistisch orientierten Gruppen (ANF, „Türk Federasyon") konnte entnommen werden, dass vor allem kollektive Einstellungsprofile, Erlebnisse und Erfahrungen die Hinwendung zu ethnisch-nationalistischen Organisationen gestärkt haben. In diesen Gruppengesprächen traten zwar unterschiedliche Situationen und Problemkonstellationen zum Vorschein, aber gemeinsam bilden sie die Charakteristiken innerhalb einer Gruppe. Dabei ist in den Gruppendiskussionen zu erkennen, wie sehr die türkischsprachigen Jugendlichen am Gruppenkonsens festhalten.

Schlussfolgernd kann aus den empirischen Befunden abgeleitet werden, dass der ethnische Nationalismus und Rechtsextremismus keineswegs ein Randgruppenphänomen oder spezifisches Jugendproblem darstellt. Ferner umfasst er alle sozialen Gruppen und entwickelt eine neue Dimension von türkisch-rechtsnationalistischen und -populistischen Orientierungs- und Organisationsformen unter türkischsprachigen Migranten. Meist konzentriert sich das Kollektivmotiv zur Annahme dieser ethnisch-nationalistischen Ideologeme auf die Ablehnung der Aufnahmegesellschaft und die Suche nach einer eigenen Identität bzw. Zugehörigkeit in der ethnisch-nationalistischen Gemeinschaft. Die charakteristischen Ablehnungsgründe verbergen sich in den jeweiligen Biographien und gruppenspezifischen Merkmalen. Vor allem sind es Diskriminierungs- und Ausgrenzungserfahrungen, die dem ethnischen Nationalismus in der Migration neue Handlungsfelder bietet.

Im Rahmen der Ursachenzusammenhänge und der empirischen Befunde (narrative Interviews im Rahmen der Biographieforschung und Gruppendiskussionen) lassen sich die Faktoren, Wirkungen, Ausdrucksformen und Motive eines ethnisch zentrierten Nationalismus und Rechtsextremismus unter Migrantenjugendlichen türkischsprachiger Herkunft – wie folgt – systematisieren:

a) Ausdrucksformen ethnisch-nationaler Einstellungsprofile und Praktiken

- Einfluss auf die Familie und Umgebung (vor allem Freundeskreis)
- Darstellung ethnisch-nationalistischer Überlegungsansprüche
- Darstellung einer ethnisch-nationalistischen Identität (Europäisches Türkentum; „Ich bin stolz, Türke zu sein“)
- Gewaltbereitschaft und Gewalterfahrungen
- Entwicklung von konfliktgeladenen Potenzialen innerhalb der türkischsprachigen Migrantengruppe (Themen wie Kurden, Aleviten, Armenier u.ä. dienen häufig als gruppeninterne Konfliktstoffe)
- Ablehnung der Werte und Normen des Aufnahmelandes (infolge von Diskriminierungs-, Stigmatisierungs- und Marginalisierungserfahrungen)

b) Motive der Hinwendung zu ethnisch-nationalistischen Organisationen

- Identifikation mit den Zielvorstellungen der ethnisch-nationalen Organisationen
- Das Gefühl „Außenseiter“ zu sein, stärkt das Gefühl nach einer Heimat im ethnisch-nationalistischen Umfeld (Identitätssuche und -stabilisierung)
- Ethnisch-nationale Vereine als Kolonieorganisationen bieten ihrem Umfeld die Möglichkeit, ihre religiöse und soziokulturelle Identität und das Gefühl der Zusammengehörigkeit zu stabilisieren. (Der ethnische Nationalismus ist somit auch ein Faktum politischer Instrumentalisierung; von Außenfaktoren bedingt)
- Durch die Kommunikation und Interaktion innerhalb der eigenen Gruppe bzw. der peer-group können emotionale Selbstwertgefühle und Zugehörigkeit verstärkt und Fremdheit verarbeitet werden
- Die ethnisch-nationalistischen Organisationen in der Migration sind meist in ihren politischen Ausrichtungen und Einstellungen Suborganisationen bzw. Auslandsfilialen der heimatlichen Parteien (z.B. MHP, BBP) und werden von ihnen auch politisch gesteuert
- Ethnisch-nationalistische Organisationen fördern somit auch eine Spaltung:
  → Entfremdung von der Aufnahmegesellschaft
  → Vorurteile und Ablehnung gegenüber der Aufnahmegesellschaft
  → innerethnische und gruppeninterne Konflikte
  → innerethnische Generationskonflikte (zwischen der ersten und zweiten Generation), da die Diskrepanzen zwischen der sozio-ökologischen Umwelt und ihre Handlungsorientierungen verstärkt werden
  → Verunsicherung bei der Zukunftsplanung und somit Desorientierung

c) Wirkungen der ethnisch-nationalistischen Zugehörigkeit für die Bewältigung sozialer und individueller Lebensrisiken

- Gefühl der nationalen und nationalistischen Zugehörigkeit wird in der Migration entwickelt
- Ethnische-nationalistische und islamistische Vereine bieten Migranten – vor allem Migrantenjugendlichen – scheinbar Schutz vor Ausgrenzung, Diskriminierung und Isolierung

- Eine türkisch-nationale Identität („Europäisches Türkentum“) wird ihnen vermittelt (auch über den Import von nationalistischer Identität und politischen Konfliktstoffen aus der Türkei)
- Türkisch-nationale und islamische Werte werden stärker betont

10.2 Antirassistische und interkulturelle Ansätze

Im vorherigen Kapitel haben wir Einstellungsmerkmale und narrativ-biographische Rekonstruktionen von türkischsprachigen Migrantenjugendlichen untersucht und diskutiert. Wir haben gesehen, dass ethnisch-nationalistische Identifikationsmuster einen starken Einfluss auf Migrantenjugendliche türkischsprachiger Herkunft ausüben. Abschließend stellt sich die Frage, wie man konkret solchen Tendenzen entgegenwirken kann, welche alternativen Instrumente es gibt, um bildungspolitische, pädagogische und interkulturelle Praxisansätze für die Zukunft zu entwickeln.

10.2.1 Antirassistische und interkulturelle Präventions- bzw. Interventionsansätze

Das zentrale Problemfeld, das die Diskussion über antirassistische Präventions- und Interventionsansätze bestimmt, ist zunächst ein Verständigungs- und Definitionsproblem. Vergleicht man vorliegende Definitions- und Erklärungsansätze, zeigt sich, dass bis heute kein einheitlicher Begriff der Prävention vorliegt. Die theoretischen Konzeptionen, empirischen Forschungsarbeiten und praktischen Modellprojekte der unterschiedlichen Fachrichtungen (Pädagogik, Politik- und Sozialwissenschaften, Sozialpsychologie) gehen grundlegend von unterschiedlichen Begriffsdefinitionen aus.[1] In der pädagogischen und sozialwissenschaftlichen Auffassung bezeichnet der Präventionsbegriff „die Gesamtheit der in einer konkreten Gesellschaft auffindbaren Anstrengungen, der Entstehung ‚sozialer Fälle‘ und ‚abweichender Karrieren‘ entgegenzuwirken.“[2]

Die gegenwärtige Jugendhilfe hat sich die primäre Prävention zum Ziel gemacht, um Konflikte und Krisen von vorneherein zu verhindern. Sekundäre Prävention meint vorbeugende Hilfen in solchen Situationen,

1 Vgl. Norbert Herriger: Präventives Handeln und soziale Praxis. Konzepte zur Verhütung abweichenden Verhaltens bei Kindern und Jugendlichen, Weinheim/München 1986, S. 5.

2 Dieter Kraft/ Ingrid Mielenz (Hg.): Wörterbuch soziale Arbeit, Weinheim/Basel 1980, S. 343-345.

die erfahrungsgemäß belastend sind wie Übergänge zwischen Lebensphasen, einschneidende Ereignisse und unvorhergesehene Veränderungen im Lebensfeld (z.B. Arbeitslosigkeit u.ä.). Daneben baut der präventive Handlungsansatz Angebote wie Beratung und Unterstützung weiter aus, die es belasteten Jugendlichen und Familien erlauben, sich mit ihrer sozialen Situation besser zu arrangieren, während Hilfen in akuten Krisen- und Konfliktsituationen konzeptionell nachgeordnet sind.

In der antirassistischen Interventions- und Präventionsarbeit mit rechtsextrem eingestellten Jugendlichen hatte längere Zeit das Konzept der akzeptierenden Jugendarbeit[3] einen wichtigen Platz eingenommen. Entwickelt wurde dieses Konzept in der Diskussion über mögliche Handlungs- und Interventionsansätze in der antirassistischen und antifaschistischen Jugendarbeit. Doch nicht ohne Kritik: „Umgekehrt erscheint die akzeptierende Jugendarbeit vielen Kritikern als resignativ, weil sie nicht mehr daran glaubt, Aufklärungsprozesse in Gang setzen und die Positionen ihrer Klientel durch eine rationale, Andersdenkende überzeugende Argumentation beeinflussen zu können. Vielmehr geht es ihr vorrangig um ‚personenbezogenen Austausch' statt um ‚sachbezogene Überzeugungen', wie der Begründer dieses Konzepts bemerkt."[4] Franz Josef Krafeld et al. machen jedoch darauf aufmerksam, dass sich die Arbeit mit rechtsextremen Jugendlichen keineswegs auf politische Inhalte, Äußerungen, Mitgliedschaften oder Orientierungen konzentriert, sondern auf personifizierte Einstellungen und alltägliche Zusammenhänge zurückzuführen ist.[5]

Vor allem konzentrierte sich der Ansatz der akzeptierenden Jugendarbeit auf allgemeine Betreuungs- und Beratungsangebote für rechtsextrem orientierte Jugendliche, ohne dabei ihre rechts-nationalistischen Einstellungsprofile und politischen Zusammenhänge zu thematisieren bzw. zu problematisieren. So werden in diesem Diskurs zwar im persönlichen Umgang die Lebenssituationen und Biographien rechtsextremer Jugendlicher geordnet, doch keine politischen Handlungsfelder für die antirassi-

---

3 Vgl. Franz Josef Krafeld (Hg.): Akzeptierende Jugendarbeit mit rechten Jugendcliquen. Landeszentrale für politische Bildung. Bremen 1992.

4 Christoph Butterwegge: Möglichkeiten und Grenzen sozialpädagogischer Intervention bzw. Gewaltprävention. Jugendarbeit zwischen Antifaschismus, Ausgrenzung und Akzeptanz. In: Jens Mecklenburg (Hg.): Was tun gegen Rechts. Berlin 1999, S. 106.

5 Vgl. Franz Josef Krafeld (Hg.): a.a.O., Bremen 1992, S. 63f.

stische Praxisarbeit eröffnet. Abgelehnt werden in diesem Konzept insbesondere auch alle möglichen Formen von Bekämpfungsstrategien.

Eine andere Form der Präventions- und Interventionsarbeit bietet im sozialwissenschaftlichen Diskurs auch das konstruktivistische Modell.[6] Das konstruktivistische Paradigma bietet in diesem Zusammenhang drei Bezugspunkte: „*Erstens* handelt es sich um eine wissenschaftliche Richtung, die sich (…) ausdrücklich zivilgesellschaftlich versteht (…) und die Verantwortung des Subjekts in den Mittelpunkt stellt. Der Alltag ist nicht einfach überkommen, sondern die Gesellschaftsmitglieder müssen ihn erst noch realisieren, ihm zur Geltung verhelfen. Damit verbietet sich die Vorstellung einer Intervention von oben oder auch nur von außen. *Zweitens* ist er radikal praktisch orientiert, weil es ihm um Konstruktionen geht, deren entscheidender Sinn darin besteht, eine viable Alltagswirklichkeit hervorzubringen. Damit verbietet sich eine naive und unbefangene Implementierung von normativ gesättigten Fremderfahrungen. *Drittens* leitet er zu einer rekonstruktiven Einstellung an. Er zwingt dazu, die Leistungen der Handelnden als Konstruktion zu verstehen und die nicht unmittelbar beteiligten Experten und Akteure als Beobachter ernstzunehmen - als Beobachter, die in einem eigenen Kontext ihre Sicht konstruieren und von dort aus Beobachtungen rekonstruieren."[7] Dabei ist zu berücksichtigen, dass der Beobachter nicht mehr blindlings intervenieren kann, sondern zwischen dem, was sich in einem erst noch zu rekonstruierenden Kontext beobachten und was bei der Beobachtung ihrem eigenen Kontext geschuldet ist, unterscheiden lernen muss.

Nach Auffassung von Wolf-Dietrich Bukow müssen sich an einem solchen Unterfangen alle, entsprechend ihrem Kontext, aktiv beteiligen: die Jugendlichen und Heranwachsenden als Handelnde, die Bezugspersonen und die Pädagogen (als Akteure und Beobachter erster Ordnung) sowie Sozialwissenschaftler, Politiker usw. (als Akteure und Beobachter zweiter Ordnung). Diese Ansätze sind viel versprechend, weil hier die involvierten Jugendlichen nicht als „Objekt" von Sozialarbeit und Pädagogik behandelt, sondern als Partner ernst genommen werden.[8]

Einen für diese Studie wichtigen präventiven Ansatz bietet das bil-

---

6 Vgl. Wolf-Dietrich Bukow: Wege zu einer konstruktivistischen Prävention. In: Wolf-Dietrich Bukow/Klaus Jünschke/Susanne Spindler/Ugur Tekin: Ausgegrenzt, eingesperrt und abgeschoben. Migration und Jugendkriminalität. Opladen 2003, S. 293-306.

7 Ebd., S. 204.

8 Ebd., S. 305.

dungspolitische Konzept, das sehr eng auch mit dem Aspekt der Aufklärungsarbeit in Verbindung gebracht werden muss. Allerdings gilt es zu berücksichtigen, dass pädagogische Bildungskonzepte eine Politik gegen rechtsextreme und rechtsnationalistische Einstellungen nicht ersetzen können, aber dennoch eine flankierende bzw. ergänzende Funktion haben können.

10.2.2 Bildungspolitische und pädagogische Praxisansätze

In der Diskussion über mögliche Gegenstrategien, Präventionen, alternative Handlungs- und Interventionsmöglichkeiten gewinnt der Ansatz einer politischen und pädagogischen Bildungsarbeit immer deutlicher an Gewicht.[9] Auf die Bedeutung der politischen Bildung wird immer nur dann verwiesen, wenn „Gefahr und Gefährdung der Demokratie" besteht. Die politische Bildung nimmt in solchen Situationen vielfach die Rolle der „Feuerwehr" ein.[10] Wenn die politische Bildung ihrer Bedeutung wirklich gerecht werden möchte, sind Kontinuität, Langfristigkeit, vor allem aber die Ausarbeitung und Evaluierung differenzierter Ansätze notwendig.

Den Kern der politischen Bildung als Vermittler von „selbstgesteuerten Lern- und Wissensangeboten" stellt Benno Hafeneger wie folgt dar: „Politische Bildung hat einen spezifischen Kern und orginell-abgrenzbare Inhalte im Spektrum der vielfältigen institutionell organisierten und selbstgesteuerten Lern- und Wissensangebote. Sie dechiffriert und klärt auf über das Politische in den Prozessen, Krisen und Entwicklungen von Ökonomie, Politik, Gesellschaft und Kultur; sie nimmt vordenkend und nachdenklich zukunftsorientierte Folgeabschätzungen vor. Ihr Bemühen ist rationaler und kritischer Aufklärung sowie der Herstellung von Handlungsfähigkeit in humaner und demokratischer Perspektive verpflichtet."[11]

Ein wesentliches Moment der politischen Bildung bildet der Aspekt der Freiwilligkeit. Bildungsangebote können nur dann wahrgenommen

---

9 Vgl. dazu Christoph Butterwegge: Mit politischer Bildung gegen Rechtsextremismus, Rassismus und Standortnationalismus. In: Jens Mecklenburg (Hg.): Was tun gegen Rechts. Berlin 1999, S. 139-159.

10 Vgl. Benno Hafeneger: Politische Bildung als Beitrag zur Auseinandersetzung mit gesellschaftlichen Problemen und Gefahren für die Demokratie. In: Christoph Butterwegge/Georg Lohmann (Hg.): Jugend, Rechtsextremismus und Gewalt. Analysen und Argumente, Opladen 2000, S. 269.

11 Benno Hafeneger, a.a.O., Opladen 2000, S. 272.

werden, wenn die Teilnehmer sie annehmen, sich also auf freiwilliger Basis bereit erklären, „lernen zu wollen" – sich auf die vorgeschlagenen Inhalte einlassen können – am Lerngegenstand interessiert sind - ihn für sich selbst als relevant erleben. Ist dies nicht der Fall, vermag die politische Bildung nichts zu erreichen, denn hier wird nicht „beigebracht" oder „zu etwas erzogen", sondern hier wird „angeregt". Der motivierende Aspekt der politischen Bildung ist insofern wichtig, als er auf die Methodik verweist, die die Grundlage der politischen Bildung darstellt. Ebenso ist nochmals darauf hinzuweisen, dass die Themen der politischen Bildungsarbeit gesellschaftliche Relevanz und Aktualität aufweisen sollten.

Im Rahmen der in dieser Forschungsarbeit skizzierten Problemkonstellation ist es von Bedeutung, die politische Bildungs- und Aufklärungsarbeit als ein zentrales Element zu verstehen. Die politische Bildungs- und Aufklärungsarbeit sollte sich dabei nicht allein darauf konzentrieren, nur Betroffene, also rechts-nationalistisch orientierte „türkische" Jugendliche, sondern auch Lehrer, Pädagogen, Sozialarbeiter u.a., die mit dem Problem im Alltag konfrontiert sind, anzusprechen. Gerade Schulen und Jugendeinrichtungen kommt hier eine wichtige Bedeutung zu.

Auch für die Biographieentwicklung, Lebensentscheidung und die Ausprägung tragfähiger und langfristiger Mentalitäten kann politische Bildung eine erhebliche Bedeutung haben. Sie kann zu Erfahrungen mit Repräsentanten, mit Vor- und Leitbildern führen, die als integer, ehrlich und glaubwürdig erlebt werden."[12]

Zugleich stellt sich hierbei auch die Frage, wie in Schulen oder pädagogischen Einrichtungen jenseits bildungspolitischer Entscheidungen mit türkisch-rechtsextremen Einstellungsprofilen, Kollektivsymbolen (das Tragen von Abzeichen der Grauen Wölfe u.ä.) und Organisationsformen umgegangen wird? Die Antwort ist widersprüchlich und vielfältig wie das Thema selbst. In der einschlägigen Literatur wird häufig auch davor gewarnt, bestehende Differenzen zwischen Schülern zum Thema zu machen, weil jede Thematisierung von Unterschieden zu Stigmatisierung führen kann. Man tue „ausländischen" Kindern und Jugendlichen keinen Gefallen, wenn man sie in einer öffentlichen Institution auf ihre ethnische Zugehörigkeit festlege. Im Rahmen des sozialen Lernens sollen Empathie, Solidarität und Konfliktfähigkeit eingeübt werden. Diese Lernprozesse setzen im pädagogischen Handlungsfeld eine Analyse der Probleme und Konflikte voraus:

---

12 Ebd., S. 276.

a) Türkischsprachige Migranten werden sowohl in pädagogischen Konzepten und Schulbüchern als auch im medial-öffentlichen Diskurs häufig als „Mitleidsobjekte“ dargestellt. Migranten dürfen nicht als Objekte behandelt werden, sie müssen auch als Subjekte in Erscheinung treten. Es ist darauf zu achten, dass sich Unterricht zur Toleranz nicht auf eine moralisierende Perspektive reduziert oder dass statt Empathie lediglich Mitleid erzeugt und damit nur eine verfeinerte, gesellschaftlich akzeptable Form der Diskriminierung eingeübt wird.[13]

b) Konflikte sind sozialer und politischer Natur. Schule kann zwar politische Bildungs- und Präventionsarbeit leisten, doch die sozialen, politischen und wirtschaftlichen Problemkonstellationen können nicht im Klassenzimmer, in der Bildungseinrichtung, im Jugendzentrum u.ä. gelöst werden. Die Schule kann Verständnis für globale Zusammenhänge, für soziale und ökonomische Hintergründe eines Problems wecken, aber sie kann keine politischen Lösungen ersetzen.[14]

c) Es ist notwendig, dass Betroffene selber zu Wort kommen, d.h. von den Mitschülern auch gehört werden sollen, d.h. „dass explorative Ansätze gewählt werden, die eher theoriegenerierend als überprüfend sind und nicht mit vorgegebenen Begrifflichkeiten und Forschungsdesigns und -methoden die Lebenswirklichkeit in unzulässiger Weise verengen.“[15]

Im Rahmen einer nationalitätenübergreifenden und multiperspektivischen Allgemeinbildung können die sozialen und politischen Ursachen des ethnischen Nationalismus von türkischsprachigen Migrantenjugendlichen untersucht werden. Dabei können auch die dahinter stehenden Kausalzusammenhänge, Hintergründe und Motive erforscht und verdeutlicht werden. Mangelnde oder defizitäre Verständnisse für sozioökonomische und politische Zusammenhänge führen häufig zur Verunsicherung von Sozialarbeitern, Sozialpädagogen, Lehrern. Deshalb ist es notwendig, Hintergründe und Zusammenhänge aus verschiedenen Per-

13 Vgl. Georg Auernheimer: Einführung in die interkulturelle Erziehung, Darmstadt 1990, S. 179; vgl. Frank-Olaf Radtke/Mechtild Gomolla: Institutionelle Diskriminierung von Migrantenkindern. Die Herstellung ethnischer Differenz in der Schule, Opladen 2002.

14 Vgl. Sabine Skubsch: Kurdische Migration und deutsche (Bildungs-)politik, Münster 2002, S. 343.

15 Hebenstreit (1986) zit. n. Renate Nestvogel: Interkulturelles Lernen oder Dominanz? – Hinterfragung „unseres“ Verhältnisses zur „Dritten Welt“, Frankfurt/Main 1991, S. 99f.

spektiven auch bildungspolitisch zu vermitteln und alternative Möglichkeiten zur Verhinderung ethnisch-nationalistischer Einstellungen und Betätigungsformen zu entwickeln. Als wichtige Impulse für eine nationalitätenübergreifende und multiperspektivische Bildungsarbeit können deshalb gelten:

Antirassistische und interkulturelle Praxisansätze sollten in ihren Inhalten jede mögliche Form von Rechtsextremismus, Rechtsnationalismus zwar ablehnen, aber die Jugendlichen dabei nicht vorschnell etikettieren. Viele Jugendliche mit türkischsprachigem Migrationshintergrund sind sich nicht bewusst, welche ideologischen Konstellationen sich hinter diesen Organisationsformen verbergen. Meist sind es Diskriminierungs- und Ausgrenzungserfahrungen, die sie zur Suche nach Gemeinschaften drängen, in der ihre Identitäts- und Zugehörigkeitsdiffusion scheinbar überwunden wird. Aber auch familiäre und gruppenspezifische Motive führen dazu, dass diese rechtsextrem-islamistischen Organisationen als Anlaufstelle fungieren. Ein Aspekt sind in diesem Zusammenhang die rassistisch motivierten Brandanschläge in Mölln und Solingen, die für die türkisch-rechtsextreme Präsenz eine Existenzgrundlage geschaffen haben.

Interkulturelle Handlungskompetenz als Herausforderung erfordert nicht nur die Auseinandersetzung mit „anderen" Kulturen, sondern auch die Reflexion der „eigenen" Kultur. In diesem Zusammenhang ist eine „kulturelle Selbstanalyse" als Voraussetzung zum Verstehen von Menschen „aus anderen Kulturen" von Wichtigkeit. Öffentlich-mediale Diskurse müssen in diesem Zusammenhang ihren Beitrag leisten aufzuklären, Vorurteile und Stereotypen abzubauen bzw. diese kritisch zu reflektieren.[16]

In Bildungs- und Jugendeinrichtungen, im Unterricht könnte man anhand von Zeitungsartikeln, Dokumenten, Filmen u.ä., die die Problematik behandeln, Zuschreibungen (wie „kriminell", „terroristisch", „wild" u.a.) genauer untersuchen, um heterostereotypen Fremdethnisierungsansätzen entgegenzuwirken. Die grundsätzlichen Anforderungen an ein mögliches Präventionsmodell lauten:

a) Soziale Identität von Jugendlichen mit Migrationshintergrund wahr-

16 Vgl. Renate Nestvogel: Kann die Aufrechterhaltung einer unreflektierten Mehrheitskultur eine Aufgabe öffentlicher Erziehung sein? In: ZfP, 23/1988, Beiheft, S. 39-49; vgl. ders.: Konfliktregelungen in der Flüchtlingsarbeit: Übungen zum interkulturellen Lernen, Frankfurt/Main 1996.

nehmen und fördern. Ihre kulturellen Werte und Eigenschaften als Bereicherung anerkennen!
Dialog- und Kompromissbereitschaft entwickeln, fördern und unterstützen!
Konflikte lösen und Konfliktlösungsstrategien entwickeln!
Jugendliche mit Migrationshintergrund in ihren beruflichen, schulischen und gesellschaftlichen Handlungsmöglichkeiten fördern, entwickeln und Optionen der Partizipation bereitstellen!

Eine Verbesserung der Lebenswelten und -einstellungen Jugendlicher mit türkischsprachigem Migrationshintergrund sind nicht nur eine Herausforderung für Bildungs- und Freizeiteinrichtungen (Schule, Jugendsozialarbeit u.ä.), sondern benötigen auch eine gemeinsame Verantwortung in einer offenen demokratischen und interkulturellen Gesellschaft. Nach mehr als 40-jähriger Migrationsgeschichte immer noch von einer „deutschen Gesellschaft“ zu sprechen bleibt fatal.

Die Verantwortung für die Einstellungen und Probleme der Jugendlichen unterschiedlicher Nationalitäten müssen in einer interkulturellen Gesellschaft gemeinsam getragen werden. Die bisherige politische Praxis war darauf ausgerichtet, die Zuwanderer künstlich in die deutsche Gesellschaft zu „integrieren“, doch Erfolge hat dieses Konzept kaum erzielen können. Gefordert ist jetzt die gesellschaftliche Bereitschaft, nicht nur Toleranz und Verständigung anzustreben, sondern auch mit Konflikten umzugehen und gemeinsame Lösungsansätze für die Zukunft zu entwikkeln. Der Weg zu einer interkulturell ausgerichteten demokratischen Gesellschaft, in der alle gesellschaftlichen Gruppen die gleichen Chancen nutzen und eine gemeinsame Verantwortung übernehmen, löst sich immer mehr von der Auffassung, die Gesellschaft in „Deutsche“ und „Ausländer“ zu spalten. Gerade Jugendliche unterschiedlicher Kulturen besitzen die Chance, aus anderen Kulturen zu lernen und eine interkulturelle Gesellschaft als Herausforderung in die Praxis umzusetzen.

11. Anhang

11.1 Abkürzungsverzeichnis

ADÜDTF	Föderation der türkisch-demokratischen Idealistenvereine in Europa e.V. (auch Türk Federasyon genannt)
AKP	Partei für Gerechtigkeit und Entwicklung (Regierungspartei)
Aleviten	Glaubensrichtung in der Türkei, stützt sich auf die Grundideen des Propheten Ali
Alparslan Türkeş	Führer der MHP/Graue Wölfe (gestorben 1997)
ANAP	Mutterlandspartei (konservative Partei in der Türkei)
ANF	Föderation der Weltordnung in Europa e.V.
ATIB	Türkisch Islamische Union Europas e.V.
ATT	Türkische Gemeinde Deutschland
ATTKO	Türkische Studenten- und Kulturvereine in Deutschland (Hochschulverband der Türk Federasyon)
Avrupa Türklüğü	Europäisches Türkentum (Sammelbegriff für die türkische Identität in Europa)
Ayınlar Ocağı	Heim der Intellektuellen (Zusammenschluss nationalistischer und rechtskonservativer Wissenschaftler und Initiatoren der Türkisch-Islamischen Synthese)
AYÖG	Hochschulverband der ATIB
Başbuş	Rudelsführer (führender Wolf, Bezeichnung für Alparslan Türkeş)
BBP	Große Einheitspartei (rechtsextrem-islamistische Partei, Abspaltung der MHP)
Birliğe Doğru	Verbandszeitschrift der ANF
BJfS	Berliner Journal für Soziologie
BpB	Bundeszentrale für politische Bildung
Bozkurt	Grauer Wolf (Mythologie, Symbol der türkischen Rechtsextremisten)
CHP	Republikanische Volkspartei
Cihad/Dschihad	Heiliger Krieg
CKMP	Republikanische Bauern- und Volkspartei (wurde 1969 in MHP umbenannt)
DIB	Diyanet Işleri Bakanlığı (Präsidium für religiöse Angelegenheiten)
DISS	Duisburger Institut für Sprach- und Sozialforschung

DITIB	Türkisch-Islamische Union für Religion (staatlicher Verband)
Dokuz Işık Doktrini	Neun-Strahlen-Doktrin (Kernthesen der MHP, verfasst von Alparslan Türkeş)
DYP	Partei des Rechten Weges (konservative Partei)
Ergenekon	Legendäre Urheimat der Türken
Evrensel	Tageszeitung
Fazilet Partisi	Tugendpartei (islamistische Partei, Nachfolger der verbotenen Refah Partisi)
FES	Friedrich-Ebert-Stiftung
FiSt	Forschungsstelle für interkulturelle Studiengänge an der Erziehungswissenschaftlichen Fakultät der Universität zu Köln
Hervorh.	Hervorhebung
Hürriyet	Tageszeitung
IGMG	Islamische Gemeinschaft „Milli Görüs" (Nationale Sicht)
IMIS	Institut für Migrationsforschung und Interkulturelle Studien der Universität Osnabrück
Jön Türk	Jungtürkische Bewegung während des Osmanischen Reiches
KAS	Konrad-Adenauer-Stiftung
Kemalismus	Ideologie nach Kemal Atatürk (Gründer der türkischen Republik)
KIRU	Komitee für Islamischen Religionsunterricht
KZfSS	Kölner Zeitschrift für Soziologie und Sozialpsychologie
Laizismus	Säkularismus (Trennung zwischen Staat und Kirche)
3 Mayis	Zeitung der ATTKO
MC	Nationale Frontregierung (Koalitionsregierung in den 70er Jahren in der Türkei)
MÇP	Partei der Nationalistischen Arbeit (wurde nach dem Verbot der MHP gegründet und nach Verbotsaufhebung wieder umbenannt)
MGK	Nationaler Sicherheitsrat
MHW	Muslimisches Hilfswerk (Umfeldorganisation der ATIB)
Milliyet	Tageszeitung
MHP	Nationalistische Bewegungspartei (rechtsextrem-nationalistische Partei)
MuSA	Migration und Soziale Arbeit
o.J.	Ohne Jahresangabe
o.O.	Ohne Ort

Pan-Turkismus	Strikte Verbundenheit mit den Grundlagen des Türkentums
PKK/KADEK	Arbeiterpartei Kurdistans
Refah Partisi	Islamistisch-fundamentalistische Partei (verboten)
RTS	Rat Türkischer Staatsbürger
SW	Soziale Welt
TAB	Türkischer Akademikerbund
TAM	Zentrum für Türkeistudien
TIKDB	Union der Türkisch-Islamischen Kulturvereine (umbenannt in ATIB)
TIVYAK	Türkisch Islamische Hilfsstiftung
TTK	Institution der Türkischen Geschichte
Turan	Zentralasiatische Urheimat der Türken
Turanismus	Das Ideal eines großtürkischen Reiches „Turan“
Türk Federasyon	siehe ADÜTDF
TF Bülteni	Verbandszeitung der ADÜDTF
Türk Ocağı	Türkisches Heim (erste nationalistische Vereinigung)
Türk-Islam Sentezi	Türkisch-Islamische Synthese (Politisches Staatskonzept in der Türkei)
Türkiye	Tageszeitung
TSE	Institut für Türkische Normen
Übers.	Übersetzung aus dem Türkischen
ÜGD	Idealistische Jugendvereine
Ülkü Ocakları	Nationalistische Vereine der MHP
Ülkücüler	Anhänger der rechtsextrem idealistischen Bewegung (MHP)
Ülkücülük	Fanatischer Idealismus
VIKZ	Verband der Islamischen Kulturzentren in Europa e.V.
Ziya Gökalp	Soziologe, Verfechter des „türkischen“ Nationalismus
ZfpB	Zeitschrift für politische Bildung
ZfP	Zeitschrift für Pädagogik
ZfS	Zeitschrift für Soziologie
ZfT	Zeitschrift für Türkeistudien (Zentrum für Türkeistudien)
ZMD	Zentralrat der Muslime in Deutschland

11.2 Quellen- und Literaturverzeichnis

Abels, Heinz (1998): Interaktion, Identität, Präsentation. Kleine Einführung in interpretative Theorien der Soziologie, Opladen/Wiesbaden.

Abels, Heinz (1993): Jugend vor der Moderne. Soziologische und psychologische Theorien des 20. Jahrhunderts, Opladen.

Adanır, Fikret (1989): Der jungtürkische Modernismus und die nationale Frage im Osmanischen Reich. In: Zeitschrift für Türkeistudien, Heft 2, S. 79-92.

Adorno, Theodor W. (1973): Studien zum autoritären Charakter, Frankfurt/M.

Ağuiçenoğlu, Hüseyin (1997): Genese der türkischen und kurdischen Nationalismen im Vergleich. Vom islamisch-osmanischen Universalismus zum nationalen Konflikt, Münster.

Ahbe, Thomas (1997): Ressourcen-Transformation-Identität. In: Keupp, Heiner/Höfer, Renate (Hg.): Identitätsarbeit heute - klassische und aktuelle Perspektiven der Identitätsforschung; Frankfurt am Main, S. 207-226.

Ahlheit, Peter (1990): Biographizität als Projekt. Der „biographische Ansatz" in der Erwachsenenbildung, Bremen.

Ajzen, Icek/Fishbein, Martin (1978): Einstellungs- und normative Variablen als Prädikatoren für spezifische Verhaltensweisen. In: Stroebe, Wolfgang (Hg.): Sozialpsychologie, Band 1: Interpersonale Wahrnehmungen und soziale Einstellungen, Darmstadt, S. 404-440.

Akpinar, Ünal/López-Blasco, Andrés/Vink, Jan (1980): Pädagogische Arbeit mit ausländischen Kindern und Jugendlichen – Bestandsaufnahme und Praxishilfen, München.

Alter, Peter (Hg.) (1994): Nationalismus, München.

Altvater, Elmar (1992): Stammwesen im globalen Dorf. In: Blätter für deutsche und internationale Politik, Heft 5, S. 540-551.

Altvater, Elmar/Mahnkopf, Birgit (1996): Grenzen der Globalisierung. Ökonomie, Ökologie und Politik in der Weltgesellschaft, Münster.

Amin, Ash/Thrift, Nigel (1994): Living in the Global. In: Amin, Ash/Thrift, Nigel (Hrsg.): Globalization, Institutions, and Regional Development in Europe. Oxford, S. 1-22.

Anderson, Benedict (1988): Die Erfindung der Nation. Zur Karriere eines erfolgreichen Konzepts, Frankfurt/Main (2. Auflage).

Andrews, Peter Alford (1989): Ethnic Groups in the Republic of Turkey, Wiesbaden.

A.N.F (2003): Avrupa Türklüğünün Meseleleri ve Türkiye'den Beklentileri [Die Probleme des Europäischen Türkentums und ihre Erwartungen aus der Türkei]. (Türkischsprachige Broschüre), Frankfurt/Main.

Angenendt, Steffen (Hg.) (1997): Migration und Flucht. Aufgaben und Strategien für Deutschland, Europa und die internationale Gemeinschaft, Bonn.

Anthias, Floya (1992): Parameter kollektiver Identität: Ethnizität, Nationalismus, Rassismus. In: Institut für Migrations- und Rassismusforschung e.V. (Hg.): Rassismus und Migration in Europa, Hamburg, S. 88-103.

Apel, Karl Otto (Hg.) (1978): Neue Versuche über Erklären und Verstehen, Frankfurt/Main.

Apitzsch, Ursula (1990): Kultur und Migration. In: Sozialwissenschaftliche Literatur-Rundschau, Heft 23, S. 5-23.

Apitzsch, Ursula (1990): Lernbiographien zwischen den Kulturen. In: Wiltrud Gieseke u.a. (Hrsg.): Ethische Prinzipien der Erwachsenenbildung: verantwortlich für was und für wenn?, Kassel, S. 156-169.

Apitzsch, Ursula (1990): Besser integriert und doch nicht gleich. Bildungsbiographien jugendlicher Migrantinnen als Dokumente widersprüchlicher Modernisierungsprozesse. In: Ursula Rabe-Kleberg (Hg.): „Besser gebildet und doch nicht gleich!" Frauen und Bildung in der Arbeitsgesellschaft, Bielefeld, S. 197-217.

Apitzsch, Ursula (1994): Migration und Erwachsenenbildung. In: Lenz, Werner (Hrsg.): Modernisierung und Erwachsenenbildung, Wien, S. 57-73.

Apitzsch, Ursula (1994): Migrationsforschung und Frauenforschung. In: Deutsche Forschungsgemeinschaft Senatskommission für Frauenforschung (Hg.): Sozialwissenschaftliche Frauenforschung in der Bundesrepublik Deutschland, Berlin, S. 240-254.

Apitzsch, Ursula (1996): Migration und Traditionsbildung. In: Karpf, Ernst/ Kiesel, Doron (Hg.): Politische Kultur und politische Bildung. Jugendliche ausländischer Herkunft. Frankfurt/ Main, S. 11-30.

Apitzsch, Ursula (Hg.) (1997): Biographie und Migration, Opladen.

Apitzsch, Ursula (Hg.) (1999): Migration und Traditionsbildung, Opladen/ Wiesbaden.

Apitzsch, Ursula (2000): Traditionalität, Ethnizität und biographische Arbeit in der Einwanderungsgesellschaft. In: Freudenberg Stiftung (Hg.): Junge Türken als Täter und Opfer von Gewalt - Tagungsdokumentation, S. 58-66.

Apitzsch, Ursula (2003): Zur Dialektik der Familienbeziehungen und zu Gender-Differenzen innerhalb der Zweiten Generation. In: Psychosozial, Heft III/93, S. 67-80.

Arendt, Hannah (1986): Elemente und Ursprünge totalitärer Herrschaft, München.

Arslan, Emre (2002): Faşizmin Siyaseti: MHP'nin Iktidar Bloğu Karşısında Değişen Strateji ve Konumları [Die Politik des Faschismus: Die wechselnde Strategie und Rolle der MHP gegenüber dem Regierungsblock]. In: Praksis (Ankara), Ausgabe Winter 5, S. 299-322.

Aslan, Fikret/Bozay, Kemal u.a. (2000): Graue Wölfe heulen wieder. Türkische Faschisten und ihre Vernetzung in der BRD, Münster (1997).

ASTA TU Berlin (Hg.) (1986): Türkischer Nationalismus & Graue Wölfe, Berlin (Broschüre).

Atabay, Ilhami (1994): Ist dies mein Land? Identitätsentwicklung türkischer Migrantenkinder und Jugendlicher in der Bundesrepublik, Pfaffenweiler.

ATIB (Hg.) (2000): 2000'li yıllara doğru Batı Avrupa Türklerinin Ana Meseleleri [Die Grundfragen der westeuropäischen Türken im Verlaufe der 2000'er Jahre], Köln.

ATIB (Hg.) (o.J.): Selbstdarstellung, Köln.

Attia, Iman/Marburger, Helga (Hg.) (2000): Alltag und Lebenswelten von Migrantenjugendlichen, Frankfurt am Main.

Auernheimer, Georg (Hg.) (1984): Handwörterbuch Ausländerarbeit, Weinheim/Basel.

Auernheimer, Georg (1988): Der sogenannte Kulturkonflikt. Orientierungsprobleme ausländischer Jugendlicher, Frankfurt am Main 1988.

Auernheimer, Georg (1990): Jugendliche türkischer Herkunft in der Bundesrepublik Deutschland - Ethnizität, Marginalität und inerethnische Beziehungen. In: Büchner, Peter/ Krüger, Heinz-Hermann/Chisholm, Lynne (Hg.): Kindheit und Jugend im interkulturellen Vergleich, Opladen, S. 229-243.

Auernheimer, Georg (1990): Einführung in die interkulturelle Erziehung, Darmstadt.

Auernheimer, Georg (1992): Ethnizität und Modernität. In: Institut für Migrations- und Rassismusforschung (Hg.): Rassismus und Migration in Europa, Hamburg, S. 118-132.

Auernheimer, Georg (1995): Einführung in die interkulturelle Pädagogik, Darmstadt.

Auernheimer, Georg (1999): „Verlockender Fundamentalismus" - ein problematischer Beitrag zum Diskurs über „ausländische" Jugendliche. In: Wolf-Dietrich Bukow/Markus Ottersbach (Hg.): Der Fundamentalismusverdacht, Opladen 1999, S. 119-133.

Auwärter, Manfred/Kirsch, Edith/Schröter Klaus (Hg.) (1976): Kommunikation, Interaktion, Identität, Frankfurt am Main.

Aydin, Deniz (1990): Türkei: „Unsere Gedanken sind an der Macht...". In: Schulz, Hans-Jürgen (Hg.): Sie sind wieder da! Faschismus und Reaktion in Europa, Frankfurt am Main, S. 62-74.

Azizefendioglu, Hüseyin (2000): Die Zukunftsperspektiven türkischer Jugendlicher in der Bundesrepublik Deutschland, Herbolzheim.

Backes, Uwe/Jesse, Eckhard (1993): Politischer Extremismus in der Bundesrepublik Deutschland, Berlin.

Backes, Uwe/Jesse, Eckhard (Hg.) (1999): Extremismus und Demokratie, Baden-Baden.

Bade, Klaus J. (2000): Europa in Bewegung. Migration vom späten 18. Jahrhundert bis zur Gegenwart, München.

Bader, Veit-Michael (1995): Rassismus, Ethnizität, Bürgerschaft. Soziologische und philosophische Überlegungen, Münster.

Bahçeli, Devlet (2003): Avrupa Türklüğü'nün Mümtaz Temsilcilerine [An die ehrenvollen Vertreter des europäischen Türkentums]. In: Türk Federasyon/ Bülten, 12.4.2003.

Balibar, Etienne/Wallerstein, Immanuel (1992): Rasse, Klasse, Nation. Ambivalente Identitäten, Hamburg/Berlin.

Barlösius, Eva/Ludwig-Mayerhofer, Wolfgang (Hg.) (2001): Die Armut der Gesellschaft. Sozialstrukturanalyse 15, Opladen.

Beck, Ulrich (1986): Risikogesellschaft. Auf dem Weg in eine andere Moderne, Frankfurt/Main.

Beck, Ulrich (1990): Was ist Globalisierung?, Frankfurt/Main.

Beckmann, H. (1997): Rassismuserfahrungen von Asylsuchenden. In: Mecheril, Paul/Teo, Thomas (Hg.): Psychologie und Rassismus, Reinbek, S. 202-221.

Bell, Daniel (1975): Ethnicity and Social Change. In: Glazer, Nathan/Moynihan, Daniel P. (Hg.): Ethnicity. Theory an Experience, Cambridge/Mass. 1975.

Benhabib, Seyla (1999): Kulturelle Vielfalt und demokratische Gleichheit. Politische Partizipation im Zeitalter der Globalisierung, Frankfurt am Main.

Berger, Hartwig (1974): Untersuchungsmethode und soziale Wirklichkeit. Eine Kritik an Interview- und Einstellungsmessung in der Sozialforschung, Frankfurt/Main.

Berlin, Isaiah (1990): Der Nationalismus, Frankfurt am Main.

Bielefeld, Uli/Kreissl, Reinhard/Münster, Thomas (1982): Junge Ausländer im Konflikt. Lebenssituationen und Überlebensformen, München.

Bielefeldt, Heiner/Heitmeyer, Wilhelm (Hg.) (1998): Politisierte Religion. Ursachen und Erscheinungsformen des modernen Fundamentalismus, Frankfurt.

Bieling, Hans-Jürgen (1997): Globalisierung als Projekt und Prozeß. In: Bieling, Hans-Jürgen/Bischoff, Joachim/Huffschmid, Jörg/Röttger, Bernd: Total Global? Weltmarkt - Nationalstaat - Neoliberalismus, Supplement der Zeitschrift Sozialismus, Heft 10, Hamburg.

Bilden, Helga (1998): Das Individuum - ein dynamisches Selbst vielfältiger Teil-Selbste. Zur Pluralität in Individuum und Gesellschaft. In: Keupp, Heiner/ Höfer, Renate (Hg.) (1998): Identitätsarbeit heute, Frankfurt/Main, S. 227.

Binswanger, Karl/Sipahioglu, Fethi (1988): Türkisch-islamische Vereine als Faktor deutsch-türkischer Koexistenz, München.

Bohnet, Michael (1971): Die Entwicklungstheorien. Ein Überblick. In: ders. (Hg.): Das Nord-Süd-Problem, München, S. 49-64.

Bohnsack, Ralf (1989): Generation, Milieu und Geschlecht. Ergebnisse aus Gruppendiskussionen mit Jugendlichen, Opladen.

Bohnsack, Ralf (1995): Auf der Suche nach habitueller Übereinstimmung - Peer groups: Cliquen, Hooligens und Rockgruppen als Gegenstand rekonstruktiver

Sozialforschung. In: Krüger, Heinz-Hermann/Marotzki, Winfried (Hg.): Erziehungswissenschaftliche Biographieforschung, Opladen, 258-275.

Bohnsack, Ralf/Loos, Peter/Schäffer, Burkhard/Städtler, Klaus/Wild, Bodo (1995): Die Suche nach Gemeinsamkeit und die Gewalt der Gruppe - Hooligans, Musikgruppen und andere Jugendcliquen, München.

Bohnsack, Ralf/Nohl, Arnd-Michael (1998): Adoleszenz und Migration. Empirische Zugänge einer paraxeologisch fundierten Wissenssoziologie. In: Bohnsack, Ralf/Marotzki, Winfried (Hg.): Biographieforschung und Kulturanalyse. Transdisziplinäre Zugänge qualitativer Forschung, Opladen, S. 260-282.

Bohnsack, Ralf (2000): Rekonstruktive Sozialforschung. Einführung in Methodologie und Praxis qualitativer Methoden, Opladen (4. Auflage).

Bohnsack, Ralf (2003): Gruppendiskussion. In: Flick, Uwe/Kardorff, Ernst von/Steinke, Ines (Hg.): Qualitative Sozialforschung - Ein Handbuch, Reinbek, S. 369-384.

Bommes, Michael (1994): Migration und Ethnizität im nationalen Sozialstaat. In: ZfS, Heft 23, S. 364-377.

Bommes, Michael (1999): Migration und nationaler Wohlfahrtsstaat. Ein Differenzierungstheoretischer Entwurf, Opladen/Wiesbaden.

Bora, Tanıl (1994): Devlet, Ocak, Dergah. 12 Eylül'den 1990'lara Ülkücü Hareket [Staat, Heim, Kloster. Die idealistische Bewegung vom 12. September bis in die 1990er], Istanbul.

Bora, Tanıl: Milliyetçiliğin Kara Baharı [Der schwarze Frühling des Nationalismus], Istanbul 1995.

Bora, Tanıl (1999): Türk sağının üç hilali: Milliyetçilik, Muhafazakarlık, Islamcılık [Die drei Halbmonde der türkischen Rechten: Nationalismus, Konservativismus, Islamismus], Istanbul.

Bora, Tanıl (2004): Devlet ve Kuzgun. 1990'lardan 2000'lere MHP [Staat und Narren. Die MHP von den 1990ern bis zu den 2000ern], Istanbul.

Bourdieu, Pierre/Wacquant, Loîc (1996): Reflexive Anthropologie, Frankfurt/M.

Bozay, Kemal (2000): Islamistischer Fundamentalismus und sein Einfluss auf die Migranten aus der Türkei. In: VIA-Magazin, Heft 2, Themenheft: Migration und gesellschaftlicher Wandel, Duisburg.

Bozay, Kemal (2000): „...ich bin stolz, Türke zu sein." Türkische Jugendliche im ethnisch-nationalistischen Blickfeld. In: SoZ - *Sozialistische Zeitung*, Nr. 18, 14.3., S. 16.

Bozay, Kemal (2001): Türken zwischen Ausgrenzung und ethnischem Nationalismus. In: Migrare, Heft 1, S. 11-16.

Bozay, Kemal (2001): Exil Türkei. Ein Forschungsbeitrag zur deutschsprachigen Emigration in die Türkei (1933-1945), Münster.

Bozay, Kemal (2002): Die türkische Rechte im Aufwind. Geschichte und Aktualität. In: Der Rechte Rand, März/April, S. 15-17.

Bozay, Kemal (2003): „Bleib Türke, werde Deutscher!" - Als Junge in der „Parallelgesellschaft". In: Praxis der Jungenarbeit 3, Hrsg. vom Paritätischen Jugendwerk, Landschaftsverband Rheinland und Landesarbeitsgemeinschaft Jungenarbeit in NRW. Eine Dokumentation der Konferenz „Praxis der Jungenarbeit" am 18.04.2002 in Köln, Köln, S. 31-41.

Bozkurt, Ömer Naci (1994): Türk ve Türklük [Türke und Türkentum]. Hrsg. vom Türk Standartları Enstitüsü (Institut für türkische Normen), Istanbul.

Braam, Stella/Ülger, Mehmet (1997): Grijze Wolven. Een Zoektocht Naar Turks Extreem Rechts, Amsterdam.

Brähler, Elmar/Richter, Horst-Eberhard (1995): Deutsche Befindlichkeiten im Ost-West-Vergleich. In: Aus Politik und Zeitgeschichte, Heft 40-41, S. 13-20.

Brede, Karola (1995): „Neuer" Autoritarismus und Rechtsextremismus. Eine zeitdiagnostische Mutmaßung. In: Psyche, Heft 49, S. 1019-1042.

Brüsemeister, Thomas (2000): Qualitative Forschung. Ein Überblick, Wiesbaden.

Buchheim, Hans (1995): Das Prinzip „Nation" und der neuzeitliche Verfassungsstaat. In: Zeitschrift für Politik, Heft 1, S. 60-67.

Buhbe, Matthes (1996): Türkei - Politik und Zeitgeschichte. Studien zur Politik und Gesellschaft des Vorderen Orients, Opladen.

Bukow, Wolf-Dietrich/Llaryora, Roberto (1988): Mitbürger aus der Fremde - Soziogenese ethnischer Minderheiten, Opladen.

Bukow, Wolf-Dietrich/Yildiz, Erol (1994): Marktschreierisches. In: *die tageszeitung*, 29.4.1997, S. 14.

Bukow, Wolf-Dietrich (1996): Feindbild: Minderheit. Zur Funktion von Ethnisierung, Opladen.

Bukow, Wolf-Dietrich/Ottersbach, Markus (Hg.) (1999): Der Fundamentalismusverdacht. Plädoyer für eine Neuorientierung der Forschung im Umgang mit allochthonen Jugendlichen, Opladen.

Bukow, Wolf-Dietrich (2003): Wege zu einer konstruktivistischen Prävention. In: Bukow, Wolf-Dietrich/Jünschke, Klaus/Spindler, Susanne/Tekin, Ugur: Ausgegrenzt, eingesperrt und abgeschoben. Migration und Jugendkriminalität, Opladen, S. 293-306.

Bukow, Wolf-Dietrich/Jünschke, Klaus/Spindler, Susanne/Tekin, Uğur (2003): Ausgegrenzt, eingesperrt und abgeschoben. Migration und Jugendkriminalität, Opladen.

Bundesministerium des Inneren (Hg.): Verfassungsschutzbericht, Bonn 1998.

Bundesministerium des Inneren (Hg.): Verfassungsschutzbericht, Bonn 1999.

Bundesverfassungsschutzbericht (BVS): Verfassungsschutzbericht, Bonn 1973.

Bundesverfassungsschutzbericht (BVS): Verfassungsschutzbericht, Bonn 1977.

Butterwegge, Christoph (1996): Rechtsextremismus, Rassismus und Gewalt. Erklärungsmodelle in der Diskussion, Darmstadt.

Butterwegge, Christoph/Hickel, Rudolf/Ptak, Ralf (1998): Sozialstaat und neoliberale Hegemonie. Standortnationalismus als Gefahr für die Demokratie, Berlin.

Butterwegge, Christoph (1998): Abschied vom Sozialstaat: Standortnationalismus und Wohlstandschauvinismus als geistig-politische Anknüpfungspunkte des Rechtsextremismus. In: Gessenherter, Wolfgang/Fröchling, Helmut (Hg.): Rechtsextremismus und Neue Rechte in Deutschland. Neuvermessung eines politisch-ideologischen Raumes, Opladen, S. 147-161.

Butterwegge, Christoph (1998): Marktradikalismus, Standortnationalismus und Wohlstandschauvinismus - die Sinnkrise des Sozialen als Nährboden der extrem Rechten. In: Butterwegge, Christoph/Hickel, Rudolf/Ptak, Ralf: Sozialstaat und neoliberale Hegemonie. Standortnationalismus als Gefahr für die Demokratie, Berlin, S. 121-159.

Butterwegge, Christoph/Kutscha, Martin/Berghahn, Sabine (Hg.) (1999): Herrschaft des Marktes - Abschied vom Staat? Folgen neoliberaler Modernisierung für Gesellschaft, Recht und Politik, Baden-Baden.

Butterwegge, Christoph (1999): Neoliberalismus und Standortnationalismus. Schlüsselideologien der „Kapital-Gesellschaft". In: Zeitschrift für Marxistische Erneuerung, Heft 40, S. 34-44.

Butterwegge, Christoph (1999): Möglichkeiten und Grenzen sozialpädagogischer Intervention bzw. Gewaltprävention. Jugendarbeit zwischen Antifaschismus, Ausgrenzung und Akzeptanz. In: Mecklenburg, Jens (Hg.): Was tun gegen Rechts, Berlin, S. 105-118.

Butterwegge, Christoph (1999): Mit politischer Bildung gegen Rechtsextremismus, Rassismus und Standortnationalismus. In: Mecklenburg, Jens (Hg.): Was tun gegen Rechts, Berlin, S. 139-159.

Butterwegge, Christoph: Rassismus und (Standort-)Nationalismus als Ausgrenzungsmechanismen. Kernideologien des Rechtsextremismus im sogenannten Zeitalter der Globalisierung, Typoskript.

Butterwegge, Christoph (2001): Ausgrenzung im Zeichen der Globalisierung. Von der Asyldebatte zum Standortnationalismus. In: ASF online. *http://www.asf-ev.de/Zeichen/00-4-04.shtml.28.03.01,* S. 1-4

Butterwegge, Christoph/Lohmann, Georg (Hg.) (2001): Jugend, Rechtsextremismus und Gewalt. Analyse und Argumente, Opladen.

Butterwegge, Christoph (2002): „Globalisierung, Standortsicherung und Sozialstaat" als Thema der politischen Bildung. In: Butterwegge, Christoph/ Hentges, Gudrun (Hg.): Politische Bildung und Globalisierung, Opladen, S. 73-108.

Butterwegge, Christoph (2003): Weltmarkt, Wohlfahrtsstaat und Zuwanderung. In: Christoph Butterwegge/Gudrun Hentges (Hg.): Zuwanderung im Zeichen der Globalisierung. Migrations-, Integrations- und Minderheitenpolitik, Opladen (aktualis. 2. Auflage), S. 53-91.

Bühl, Walter L. (1978): Transnationale Politik, Stuttgart.

Çağlar, Gazi (2002): Der Mythos vom Krieg der Zivilisationen. Der Westen gegen den Rest der Welt - Eine Replik auf Samuel P. Huntingtons Kampf der Kulturen, Münster.

Çağlar, Gazi (2003): Die Türkei zwischen Orient und Okzident. Eine politische Analyse ihrer Geschichte und Gegenwart, Münster.

Çelik, Barış (2001): Diskussion zur Zuwanderung. In: Bülten/Türk Federasyon. Nr. 30, (Verbandszeitung der ADÜDTF), S. 12.

Çetin, Cemal (1997): Artık karar verin [Entscheidet euch endlich]. In: Türk Federasyon Bületni, (Verbandszeitung der ADÜDTF), Jahr: 1, Nr. 9, S. 4.

Çetin, Cemal (2003): Çeyrek Asırlık alın teri dolu hizmet [Eine mühsame vierteljahrhundertlange Dienstleistung]. In: Türk Federasyon/Bülten: Sonderbeilage, 12. April, S. 3.

Claussen, Detlev (1994): Was heißt Rassismus?, Darmstadt.

Copeaux, Etienne (1998): Tarih Ders Kitaplarinda (1931-1993) Türk Tarih Tezinden Türk-Islam Sentezine [Von der Türkischen Geschichtsthese zur Türkisch-Islamischen Synthese in den Geschichtsschulbüchern 1931-1993], Istanbul.

Dann, Otto (Hg.) (1996): Nation und Nationalismus in Deutschland 1770-1990, München.

Debiel, Tobias: Globale Entwicklungen, In: Dieter Nohlen: Wörterbuch Staat und Politik, Bonn 1995, S. 232-235.

Deutsch, Karl W. (1972): Nationenbildung - Nationalstaat - Integration, Düsseldorf.

Deutsche Shell (Hg.) (2000): Jugend 2000, 13. Shell Jugendstudie, Band 1 und 2, Opladen.

Deppermann, Arnulf (2001): Gespräche analysieren, Opladen.

Dewran, Hasan (1989): Belastungen und Bewältigungsstrategien bei Jugendlichen aus der Türkei. Eine theoretische und empirische Studie, München.

Diamond, Larry/Plattner, Marc F. (1994): Nationalism, Ethnic Conflict and Democracy, Baltimore.

Dietrich, Anne (1998): Deutschsein in Istanbul. Nationalisierung und Orientierung in der deutschsprachigen Community von 1843 bis 1956, Opladen.

Dittrich, Eckhard K./Radtke, Frank-Olaf (Hg.) (1990): Ethnizität. Wissenschaft und Minderheiten, Opladen.

Dittrich, Eckhard J./Lentz, Astrid (1994): Die Fabrikation von Ethnizität. In: Kössler, Reinhard/ Schiel, Tilman (Hrsg.): Nationalstaat und Ethnizität, Frankfurt/Main, S. 23-44.

Duwendag, Dieter/Siebert, Horst (Hg.) (1989): Politik und Markt. Wirtschaftspolitische Probleme der achtziger Jahre, Stuttgart/New York.

Douglas S. Massey (2000): Einwanderungspolitik für ein neues Jahrhundert. In: Husa, Karl/Parnreiter, Christof/Stacher, Irene (Hg.): Internationale Migration, Frankfurt/Main, S. 53-76.

Duffner, Ulrike (1998): Islam ist nicht gleich Islam. Die türkische Wohlfahrtspartei und die ägyptische Muslimbrüderschaft: ein Vergleich, Opladen.

Eckert, Roland/Reis, Christa/Wetzstein, Thomas A. (2000): „Ich will halt anders sein wie die anderen". Abgrenzung, Gewalt und Kreativität bei Gruppen Jugendlicher, Opladen.

Ekin, Fikret (2000): Almanya'da Din Dersi Mücadelesi [Der Kampf um den Religionsunterricht in Deutschland], Köln.

Elias, Norbert (1969): Über den Prozess der Zivilisation, Frankfurt am Main.

Eller, Jack/Coughlan, Reed (1993): The Poverty of Primordialism. The Demystification of Ethnic Attachments. In: Ethnic and Racial Studies, Heft 16/2, S. 187-201.

Elwert, Georg (1989): Nationalismus und Ethnizität. Über die Bildung von Wir-Gruppen. In: KZfSS, Jg. 41, Heft 3, S. 440-464.

Erdheim, Mario (1992): Das Eigene und das Fremde. Über ethnische Identität. In: Psyche, Heft 8, S. 730-744.

Erikson, Erik H. (1996): Identität und Lebenszyklus, Frankfurt am Main.

Erikson, Erik H. (1998): Jugend und Krise. Die Psychodynamik im sozialen Wandel. Stuttgart (1970).

Erkal, Mustafa E. (1993): Etnik Tuzak [Die ethnische Falle], Istanbul.

Eroğlu, Mihriban S. (2003): 3 Mayıs 1944 - Türkçülük-Turancılık Davası [3. Mai 1944 - Der Prozess des Türkismus-Turanismus]. In: *3 Mayıs*, Nr. 1 (April/Mai/Juni), S. 14-15.

Ertekin, Özcan (1992): Türkische Immigrantenoragnisationen in der Bundesrepublik Deutschland. Die Entwicklung politischer Organisationen und politischer Orientierung unter türkischen Arbeitsmigranten in der Bundesrepublik Deutschland und Berlin West, Berlin.

Esser, Hartmut (1988): Ethnische Differenzierung und moderne Gesellschaft. In: ZfS, Heft 17, S. 235-248.

Esser, Hartmut (1989): Familienmigration, Schulsituation und interethnische Beziehungen. Prozesse der „Integration" bei der 2. Generation von Arbeitsmigranten. In: ZfP, Heft 2, S. 317-336.

Esser, Hartmut (1993): Ethnische Konflikte und Integration. In Robertson-Wensauer, Caroline Y. (Hg.): Multikulturalität - Interkulturalität? Probleme und Perspektiven der multikulturellen Gesellschaft, Baden-Baden, S. 31-61.

Esser, Hartmut (1996): Ethnische Konflikte als Auseinandersetzung um den Wert von kulturellem Kapital. In: Heitmeyer, Wilhelm/Dollase, Rainer (Hg.): Die bedrängte Toleranz. Ethnisch-kulturelle Konflikte, religiöse Differenzen und die Gefahren politisierter Gewalt. Frankfurt am Main, S. 64-99.

Esser, Hartmut (1997): Die Entstehung ethnischer Konflikte. In: Sikora, Joachim/Nitsche, Hans (Hg.): Migration. Konflikte und Lösungsstrategien.

Manuskripte und Arbeitsunterlagen der 2. Honnefer Migrationstage, Bad Honnef, S. 13-31.

Esser, Hartmut u.a. (2000): Towards Emerging ethnic Classes in Euope. Hg. von der Freudenberg Stiftung, Weinheim.

Estel, Bernd (1994): Grundaspekte der Nation. In: Estel, Bernd/Mayer, Tilman (Hg.): Das Prinzip Nation in modernen Gesellschaften, Opladen, S. 13-81.

Fassmann, Heinz/Münz, Rainer (Hg.) (1996): Migration in Europa. Historische Entwicklung, aktuelle Trends und politische Reaktionen, Frankfurt am Main/New York.

Feindt-Riggers, Nils/Steinbach, Udo (1997): Islamische Organisationen in Deutschland. Eine aktuelle Bestandsaufnahme und Analyse, Hamburg.

FIDEF (Hg.) (1981): Graue Wölfe der MHP in der Bundesrepublik. Organisation-Finanzen-Kontakte zu BRD-Organen und Islamischen Kulturzentren (Broschüre).

Findte, Wolfgang/Funke, Friedrich/Jacob, Susanne (1997): Autoritarismus, Wertorientierungen und jugend-kulturelle Identifikationen. Eine sozialpsychologische Analyse deutscher Jugendlicher. In: Gruppendynamik, Heft 28, S. 273-289.

Fijalkowski, Jürgen (1999): Ausgrenzung und Selbstausgrenzung von Zuwanderer-minoritäten. Die Bedeutung von Eigenorganisation. In: Sebastian Herkommer (Hg.): Soziale Ausgrenzungen. Gesichter des neuen Kapitalismus, Hamburg, S. 209-232.

Fischer-Rosenthal, Wolfram (1996): Strukturelle Analyse biographischer Texte. In: Brähler, Elmar/Adler, Corinne (Hg.): Quantitative Einzelfallanalysen und qualitative Verfahren, Gießen.

Fischer-Rosenthal, Wolfram/Rosenthal, Gabriele (1997): Narrationsanalyse biographischer Selbstpräsentationen. In: Hitzler, Ronald/Honer, Anne (Hg.): Sozialwissenschaftliche Hermeneutik, Opladen, S. 133-164.

Flick, Uwe (1995): Qualitative Forschung. Theorie, Methoden, Anwendung in Psychologie und Sozialwissenschaften, Reinbek.

Flick, Uwe/Kardorff, Ernst von/Keupp, Heiner/Rosenstiel, Lutz von/Wolff, Stephan (1995): Handbuch qualitative Sozialforschung, Weinheim/München.

Frey, Hans-Peter/Hauser, Karl (1987): Entwicklungslinien sozialwissenschaftlicher Identitätsforschung. In: dies. (Hg.): Identität. Entwicklungen psychologischer und soziologischer Forschung, Stuttgart, S. 3-26.

Friebertshäuser, Barbara/Prengel, Annedore (Hg.) (1997): Handbuch Qualitative Forschungsmethoden in der Erziehungswissenschaft, Weinheim/München.

Friedrichs, Jürgen (1982): Methoden empirischer Sozialforschung, Reinbek bei Hamburg.

Fuchs-Heinritz, Werner (1990): Biographische Studien zur Jugendphase. In: KZfSS, Sonderheft 31, S. 55-88.

Fukuyama, Francis (1992): Das Ende der Geschichte, München.

Gaitanides, Stephan (1994): Psychosoziale Probleme und Fragen der psychosozialen Versorgung von Migrantinnen und Migranten. In: Migration und Soziale Arbeit, Heft 2, S. 49-51.

Gans, Herbert (1996): Symbolic Ethnicity: The Future of Ethnic Groups and Cultures in America. In: Sollors, Werner (Hg.): Theories of Ethnicity. A Classical Reader. London, S. 425-459.

Gellner, Ernest (1995): Nationalismus und Moderne, Hamburg.

Giddens, Anthony (1991): Modernity and self-identity, Cambridge.

Giddens, Anthony (1997): Konsequenzen der Moderne, Frankfurt am Main.

Giddens, Anthony (2001): Entfesselte Welt. Wie die Globalisierung unser Leben verändert, Frankfurt am Main.

Giesen, Bernhard (1991): Nationale und kulturelle Identität. Zur Entwicklung des kollektiven Bewußtseins in der Neuzeit, Frankfurt am Main.

Glaser, Barney u.a. (1979): Die Entdeckung gegenstandsbezogener Theorie: Eine Grundstrategie qualitativer Sozialforschung. In: Hopf, Christel/ Weingarten, Elmar (Hg.): Qualitative Sozialforschung, Stuttgart, S. 91-111.

Glasneck, Johannes (1966): Methoden der Deutsch-Faschistischen Propagandatätigkeit in der Türkei vor und während des Zweiten Weltkriegs, Halle 1966.

Glasneck, Johannes (1971): Kemal Atatürk und die moderne Türkei, Berlin (Ost).

Glazer, Nathan/Moynihan, Daniel P. (Hg.) (1975): Ethnicity, Theory an Experience, Cambridge/Mass.

Glazer, Nathan (1983): The Universalization of Ethnicity. In: ders.: Ethnic Dilemmas 1964-1982, Cambridge/Mass./London, S. 233-253.

Gordon, Milton M. (1964): Assimilation in American Life. The Role of Race, Religion and National Origins, New York, S. 37.

Göç ve ANF (2003)[Migration und ANF]. In: Birliğe Doğru (Zeitschrift der ANF), März, S. 9.

Gökalp, Ziya (1959): Turkish Nationalism and Western Civilization, New York.

Gökalp, Ziya (1990): Türkçülüğün Esasları [Die Grundzüge des Türkismus], Istanbul.

Görg, Christoph (Hg.) (1994): Gesellschaft im Übergang. Perspektiven kritischer Soziologie, Darmstadt.

Griese, Hartmut M. (1977): Sozialwissenschaftliche Jugendtheorien. Eine Einführung, Weinheim.

Griese, Hartmut M. (1981): Jugendliche Gastarbeiterkinder - Situation und Problematik. In: ZfP, Heft 3, S. 441-456.

Griese, Hartmut M. (2000): Jugend(sub)kultur(en) und Gewalt. Analysen, Materialien, Kritik. Soziologische und pädagogikkritische Beiträge, Münster.

Guillaumin, Colette (1991): Rasse. Das Wort und die Vorstellung. In: Bielefeld,

Uli (Hg.): Das Eigene und das Fremde. Neuer Rassismus in der Alten Welt, Hamburg, S. 159-173.

Güngör, Erol (1975): Türk Kültürü ve Milliyetçilik [Die türkische Kultur und der Nationalismus], Istanbul.

Gür, Metin (1990): Warum sind sie kriminelle geworden? Türkische Jugendliche in deutschen Gefängnissen, Essen.

Gür, Metin (1993): Türksch-Islamische Vereinigungen in der Bundesrepublik Deutschland, Frankfurt am Main.

Güvenç, Bozkurt/Saylan, Gencay/Tekeli, Ilhan/Turan, Şerafettin (1991): Türk-Islam Sentezi [Dis Türkisch-Islamische Synthese], Istanbul.

Güvenç, Bozkurt (1995): Türk Kimliği [Die türkische Identität], Istanbul.

Güvenç, Bozkurt (1998): Türke sein in der Türkei und in Deutschland. Konstanten und Veränderungen. In: Körber Stiftung (Hg.): Was ist ein Deutscher? Was ist ein Türke. Deutsch-Türkisches Symposium 1997, Hamburg, S. 197-208.

Ha, Kien Nghi (1999): Ethnizität und Migration, Münster.

Ha, Kien Nghi: Ethnizität, Differenz und Hybridität in der Migration: Eine postkoloniale Perspektive. In: *www.trend.partisan.net/trd0201/t160201.html*

Habermas, Jürgen (1993): Anerkennungskämpfe im demokratischen Rechtsstaat. In: Gutmann, Amy (Hg.): Multikulturalismus und die Politik der Anerkennung, Frankfurt am Main, S. 147-196.

Hafeneger, Benno (2000): Politische Bildung als Beitrag zur Auseinandersetzung mit gesellschaftlichen Problemen und Gefahren für die Demokratie. In: Butterwegge, Christoph/Lohmann, Georg (Hg.): Jugend, Rechtsextremismus und Gewalt. Analysen und Argumente, Opladen, S. 269-277.

Hall, Stuart (1994): Rassismus und kulturelle Identität, Hamburg.

Hamburger, Fritz/Seus, Lydia/Wolter, Otto (1981): Zur Delinquenz ausländischer Jugendlicher. Bedingungen der Entstehung und Prozesse der Verfestigung, Wiesbaden.

Hamburger, Franz (1994): Interkulturelles Lernen in einer offenen Gesellschaft. In: ders: Pädagogik der Einwanderungsgesellschaft, Frankfurt/Main, S. 47-53.

Hamburger, Franz (1995): Wider die Ethnisierung des Alltags. In: Neue Praxis 25/3, S. 246-248.

Hammar, Tomas (1990): Democracy an the Nation State, Aldershot.

Han, Petrus (2000): Soziologie der Migration. Erklärungsmodelle, Fakten, politische Konsequenzen, Perspektiven, Stuttgart.

Han, Gülay (1997): Von einem Fettnäpfchen in die Andere. In: Türk Federasyon Bülteni [Kolumne in deutscher Sprache i. d. Verbandszeitung], Jahr 1, Nr. 9, S. 16.

Hansen, Georg/Klemm, Klaus (Hg.) (1979): Kinder ausländischer Arbeiter, Bochum.

Hansens, Marcus Less (1938): The Problem of the Third Generation Immigrants. Rock Island 1938, III, Augustana Historical Society.

Hartung, Klaus (1998): Die Nation gehört nicht der Rechten. In: *ZEIT*-Punkte, Nr. 24, 04.06., S. 10.

Hättich, Manfred (1966): Nationalbewußtsein und Staatsbewußtsein in der pluralistischen Gesellschaft, Mainz.

Hayes, Carlton Joseph H. (1963): The Historical Evolution of Modern Nationalism, New York (1931).

Heckmann, Friedrich (1983): Einwanderung und die Struktur sozialer Ungleichheit in der Bundesrepublik. In: Kreckel, Reinhard (Hg.): Soziale Ungleichheiten, Sonderband II, Göttingen, S. 369-386.

Heckmann, Friedrich (1991): Moderner Nationalstaat und ethnische Minderheiten. In: Glatzer, Wolfgang (Hg.): Die Modernisierung moderner Gesellschaften. 25. Deutscher Soziologentag. Beiträge der Sektionen, Arbeits- und Ad Hoc-Gruppen, Opladen, S. 488-492.

Heckmann, Friedrich (1992): Ethnische Minderheiten, Volk und Nation. Soziologie der inter-ethnischen Beziehungen, Stuttgart.

Heinz, Marco (1993): Ethnizität und ethnische Identität. Eine Begriffsgeschichte, Bonn.

Heinz, Marco (1999): Der fundamentale Irrtum im „ethnischen Diskurs" – Wilhelm Heitmeyers unkritischer Umgang mit einem undefinierten Begriff. In: Wolf-Dietrich Bukow/Markus Ottersbach (Hg.): Der Fundamentalismusverdacht, Opladen, S. 159-177.

Heitmeyer, Wilhelm (1989): Jugend auf dem Weg nach Rechts? In: Gewerkschaftliche Monatshefte, 9, S. 546-560.

Heitmeyer, Wilhelm (1993): Die Bielefelder Rechtsextremismus-Studie. Erste Langzeituntersuchung zur politischen Sozialisation männlicher Jugendlicher, Weinheim.

Heitmeyer, Wilhelm (Hg.) (1994): Das Gewalt-Dilemma. Frankfurt/Main.

Heitmeyer, Wilhelm (1994): Nehmen die ethnisch-kulturellen Konflikte zu?. In: ders. (Hg.): Das Gewalt-Dilemma. Frankfurt am Main, S. 383-403.

Heitmeyer, Wilhelm u.a. (1996): Gewalt. Schattenseiten der Individualisierung bei Jugendlichen aus unterschiedlichen Milieus, Weinheim/München.

Heitmeyer, Wilhelm/Dollase, Rainer (Hg.) (1996): Die bedrängte Toleranz. Ethnisch-kulturelle Konflikte, religiöse Differenzen und Gefahren politisierter Gewalt, Frankfurt am Main.

Heitmeyer, Wilhelm (Hg.) (1997): Was treibt die Gesellschaft auseinander?, Frankfurt/Main.

Heitmeyer, Wilhelm/Müller, Joachim/Schröder, Helmut (1997): Verlockender Fundamentalismus. Türkische Jugendliche in Deutschland, Frankfurt/Main.

Heitmeyer, Wilhelm (1997): Gesellschaftliche Integration, Anomie und ethnisch-kulturelle Konflikte. In: Heitmeyer, Wilhelm (Hg.): Was treibt die Gesellschaft auseinander?, Frankfurt/Main, S. 629-653.

Heitmeyer, Wilhelm/Dollase, Rainer/Backes, Otto (Hg.) (1998): Die Krise der Städte, Frankfurt/Main.

Heitmeyer, Wilhelm/Anhut, Reimund (Hg.) (2000): Bedrohte Stadtgesellschaft. Soziale Desintegrationsprozesse und ethnisch-kulturelle Konfliktkonstellationen, München.

Hengsbach, Friedhelm (1997): Globalisierung aus wirtschaftsethischer Sicht. In: Aus Politik und Zeitgeschichte, B 21, S. 3-12.

Hentges, Gudrun (2002): Das Plädoyer für eine „deutsche Leitkultur" - Steilvorlage für die extreme Rechte. In: Christoph Butterwegge (Hg.): Themen der Rechte - Themen der Mitte. Zuwanderung, demografischer Wandel und Nationalbewusstsein, Opladen, S. 95-121.

Herbert, Ulrich (2001): Geschichte der Ausländerpolitik in Deutschland. Saisonarbeiter, Zwangsarbeiter, Gastarbeiter, Flüchtlinge, München.

Herriger, Norbert (1986): Präventives Handeln und soziale Praxis. Konzepte zur Verhütung abweichenden Verhaltens bei Kindern und Jugendlichen, Weinheim/München.

Hertz, Friedrich (1927): Wesen und Werden der Nation. In: Nation und Nationalität. Jahrbuch der Soziologie, (Erster Ergänzungsband), Karlsruhe.

Hettlage-Varjas, Andrea/Hettlage, Robert (1986): Kulturelle Zwischenwelten. Fremdarbeiter - eine Ethnie?. In: Schweizerische Zeitschrift für Soziologie, Heft 2, S. 357-404.

Heyd, Uriel (1950): Foundations of Turkish Nationalism. The life and teachings of Ziya Gökalp, London.

Hiçyılmaz, Semih/Sümer, Şirin (1996): Türk'e TSE Damgası [Ein TSE-Stempel für den Türken]. In: Tageszeitung *Evrensel* vom 18.06., S. 9.

Hinnenkamp, Volker (1982): Foreigner Talk und Tarzanisch. Eine vergleichende Studie über die Sprechweisen gegenüber Ausländer am Beispiel des Türkischen, Hamburg.

Hippler, Jochen/Lueg, Andrea (1993): Feindbild Islam, Hamburg.

Hobsbawm, Eric (1992): Nationen und Nationalismus. Mythos und Realität seit 1780, Frankfurt/Main.

Hobsbawm, Eric (1992): Nationalismus und Ethnizität. In: Neue Gesellschaft - Frankfurter Hefte, 39, S. 612-619.

Hoffmann, Barbara/Opperskalski, Michael/Solmaz, Erden (1981): Graue Wölfe, Koranschulen, Idealistenvereine, Köln.

Hoffmann, Lutz (1996): Der Einfluß völkischer Integrationsvorstellungen auf die Identitätsentwürfe von Zuwanderern. In: Heitmeyer, Wilhelm/Dollase, Rainer (Hg.): Die bedrängte Toleranz, Frankfurt/Main, S. 241-260.

Hoffmann, Lutz (1992): Die unvollendete Republik. Zwischen Einwanderungsland und deutschem Nationalstaat, Köln.

Hohmann, Manfred (1983): Interkulturelle Erziehung - Versuch einer Bestandsaufnahme. In: Ausländerkinder in Schule und Kindergarten, Heft 4, S. 4-8.

Hohmann, Manfred/Reich, Hans H. (Hg.) (1989): Ein Europa für Mehrheiten und Minderheiten. Diskussionen um interkulturelle Erziehung, Münster.

Holzer, Anton (1993): Nationalismus als historische Konstruktion. In: Guggenberger, H./Holzinger, W. (Hg.): Neues Europa - Alte Nationalismen. Kollektive Identitäten im Spannungsfeld von Integration und Ausschließung. Analysen und Perspektiven, Klagenfurt/Celovec.

Hopf, Christel/Weingarten, Elmar (Hg.) (1993): Qualitative Sozialforschung, Stuttgart 1993.

Hopf, Wulf (1994): Rechtsextremismus von Jugendlichen - kein Deprivationsproblem? In: Zeitschrift für Sozialisationsforschung und Erziehungssoziologie, Heft 14, S. 199-211.

Hornstein, Walter (1999): Jugendforschung und Jugendpolitik. Entwicklungen und Strukturen in der zweiten Hälfte des 20. Jahrhunderts, München.

Hostler, Charles Warren (1960): Türken und Sowjets. Die historische Lage und diplomatische Bedeutung der Türkei und der Turkvölker in der heutigen Welt, Frankfurt am Main/Berlin.

Hösch, Edgar (1968): Geschichte der Balkanländer, Stuttgart.

Hödl, Gerald/Husa, Karl/Parnreiter, Christof/Stacher, Irene: Internationale Migration. Globale Herausforderung des 21. Jahrhunderts?. In: Husa, Karl/Parnreiter, Christof/Stacher, Irene (Hg.): Internationale Migration, Frankfurt/Main, S. 9-23.

Huntington, Samuel P. (1997): Kampf der Kulturen. Die Neugestaltung der Weltpolitik im 21. Jahrhundert, München/Wien.

Hurrelmann, Klaus (1994): Lebensphase Jugend. Eine Einführung in die sozialwissenschaftliche Jugendforschung, München.

Husa, Karl/Parnreiter, Christof/Irene Stacher (Hg.) (2000): Internationale Migration. Die globale Herausforderung des 21. Jahrhunderts, Frankfurt/Main.

Ihne, Hartmut (1997): Kampf der Kulturen und/oder Weltethos? In: Zeitschrift zur poltischen Bildung, Heft 4, S. 101-114.

Imhof, K. (1997): Gemeinschaft in der Gesellschaft: Modernisierung und Ethnizität. In: Hradil, S. (Hg.): Differenz und Integration. Die Zukunft moderner Gesellschaften, Frankfurt am Main, S. 81-87.

Innenministerium des Landes Nordrhein-Westfalen (Hg.) (2003): Verfassungsschutzbericht des Landes NRW über das Jahr 2002, Düsseldorf.

Inowlocki, Lena (1992): Zum Mitgliedschaftsprozeß Jugendlicher in rechtsextremistischen Gruppen: Ergebnisse einer interpretativ-qualitativen Untersuchung. In: Psychosozial, Heft 15, S. 54-65.

Inowlocki, Lena (2000): Sich in die Geschichte hineinreden. Biographische Fallanalysen rechtsextremer Gruppenzugehörigkeit, Frankfurt am Main.

Islamoğlu-Inan, Huri (Hg.) (1987): The Ottoman Empire an the World-Economy, Cambridge.

isp-Verlag (Hg.) (1987): Türkei, Staat und Gesellschaft, Frankfurt am Main.

Jäger, Siegfried (1991): Text- und Diskursanalyse. Eine Anleitung zur Analyse politischer Texte. DISS-Texte 16, Dortmund, S. 8-32.

Jäger, Margret/Jäger, Siegfried (1992): Rassistische Alltagsdiskurse. In: Das Argument, 195, S. 685-694.

Jäger, Siegfried (1993): BrandSätze. Rassismus im Alltag, Duisburg.

Jäger, Siegfried (1993): Kritische Diskursanalyse. Eine Einführung, Duisburg.

Jäggi , Christian J. (1993): Nationalismus und ethnische Minderheiten, Zürich.

Jones, James M. (1997): Prejudice and racism, New York.

Just, Wolf-Dieter (1991): Das neue Ausländergesetz - Überlegungen zu seiner Grundorientierung und den ideologischen Voraussetzungen. In: Gessenharter, Wolfgang/Fröchling, Helmut (Hg.): Minderheiten - Störpotential oder Chance für eine friedliche Gesellschaft?, Baden-Baden.

Jüttemann, Gerd/Thomae, Hans (Hg.) (1997): Biographische Methoden in den Humanwissenschaften, Weinheim.

Kafesoğlu, Ibrahim (1985): Türk-Islam Sentezi [Die Türkisch-Islamische Synthese], Istanbul.

Kafesoğlu, Ibrahim (1993): Türk Milliyetçiliğin Meseleleri [Die Fragen des Türkischen Nationalismus], Istanbul (1960).

Kafesoğlu, Ibrahim (1957): Türkler ve Medeniyet [Die Türken und die Zivilisation], Istanbul.

Kafesoğlu, Ibrahim (1971): Türk fütûhat felsefesi [Die türkische Eroberungsphilosophie]. In: Tarih Enstitüsü Dergisi, Heft 2.

Kahraman, Hasan Bülent (1995): Sağ Türkiye ve Partileri [Die rechte Türkei und ihre Parteien], Ankara.

Kalpaka, Annita (1992): Rassismus und Antirassismus. In: Pommerin-Götze, Gabriele/Jehle-Santose, Bernhard/Bozikake-Leisch, Eleni (Hg.): Es geht auch anders! Leben und Lernen in der multikulturellen Gesellschaft, Frankfurt/Main, S. 93-101.

Kalpaka, Annita (1999): Rassismus und Anitrassismus. Grundstrukturen alltäglicher Rassismuserfahrungen im bundesrepublikanischen Kontext. In: Mecheril, Paul: Deutsche und andere Deutsche. In: Psychosozial, Sonderheft 1, S. 17-39.

Kampmann, Bärbel (1994): Schwarze Deutsche. Lebensrealität und Probleme einer wenig beachteten Minderheit. In: Mecheril, Paul/Teo, Thomas (Hrsg.): Andere Deutsche. Zur Lebenssituation von Menschen multiethnischer und multikultureller Herkunft, Berlin, S. 125-143.

Kaufmann, Franz-Xaver (1998): Globalisierung und Gesellschaft. In: Aus Politik und Zeitgeschichte, Heft 18, S. 3-10.

Keller, Reiner/Hirseland, Andreas/Schneider, Werner/Viehöver, Willy (Hg.) (2001): Handbuch sozialwissenschaftlicher Diskursanalyse, Opladen.

Keupp, Heiner (1988): Riskante Chancen. Das Subjekt zwischen Psychokultur und Selbstorganisation, Heidelberg.

Keupp, Heiner (1998): Diskursarena Identität: Lernprozesse in der Identitätsforschung. In: Keupp, Heiner/Höfer, Renate: Identitätsarbeit heute, Frankfurt/Main, S. 11-39.

Keupp, Heiner/Bilden, Helga (Hg.) (1989): Verunsicherungen. Das Subjekt im gesellschaftlichen Wandel, Göttingen.

Keskin, Hakkı (1978): Die Türkei. Vom Osmanischen Reich bis zum Nationalstaat, West-Berlin.

Keyder, Çağlar (1987): State and class in Turkey: a study in capitalist development, London/New York.

Keyder, Çağlar (1988): Bureaucracy and Bourgeoisie: Reform and Revolution in the Age of Imperialism. In: Review, XI/2, S. 151-168.

Kırksekiz, M. Serdal (2003): TAB artık ATTKO [TAB heißt jetzt ATTKO]. In: *3 Mayıs*, Zeitung der ATTKO, Nr. 1 (April/Mai/Juni), S.10.

Kleff, Hans-Günter (1985): Vom Bauern zum Industriearbeiter. Zur kollektiven Lebensgeschichte der Arbeitsmigranten aus der Türkei, Mainz/Ingelheim.

Knapp, Karlfried/Annelie Knapp-Potthoff (1990): Interkulturelle Kommunikation. In: Zeitschrift für Fremdsprachenforschung, Heft 1, S. 62-93.

Knörzer, Wolfgang (1982): Probleme der Identitätsfindung und Identitätssicherung junger Türken in der Bundesrepublik. In: Coburn-Staege, U./Knörzer, W. u.a.: Türkische Kinder in unseren Schulen - Eine pädagogische Herausforderung, Stuttgart.

Kohn, Hans (1950): Die Idee des Nationalismus: Ursprung und Geschichte bis zur französischen Revolution, Frankfurt am Main/New York.

Kohn, Hans (1964): Von Machiavelli zu Nehru. Zur Problemgeschichte des Nationalismus, Freiburg im Breisgau.

Kongar, Emre (1976): Imperatorluktan günümüze Türkiye'nin yapısı [Die Struktur der Türkei vom Imperium bis heute], Istanbul.

Körber Stiftung (Hg.) (1998): Was ist ein Deutscher? Was ist ein Türke? Deutsch-Türkisches Symposiums 1997, Hamburg.

Köymen, Mehmet Altay (1971-73): Einige Bemerkungen zur Geburt der neuen Türkei. In: Cultura Turcica (Ankara), S. 8-10.

Köymen, Mehmet Altay (1977): Türklerin Anadolu'da denize ilk ulaşmaları [Die erste Erreichung des Meeres in Anatolien durch die Türken]. In: Milli Kültür, Heft 4 (April).

Krecker, Lothar (1964): Deutschland und die Türkei im 2. Weltkrieg, Frankfurt/Main.

Kreft, Dieter/Mielenz, Ingrid (Hg.) (1980): Wörterbuch soziale Arbeit, Weinheim/Basel.

Krafeld, Franz Josef (Hg.) (1992): Akzeptierende Jugendarbeit mit rechten Jugendcliquen. Landeszentrale für politische Bildung, Bremen.

Krappmann, Lothar (1978): Soziologische Dimensionen der Identität. Strukturelle Bedingungen für die Teilnahme an Interaktionsprozessen, Stuttgart (1969).

Kraus, Wolfgang (1996): Das erzählte Selbst. Die narrative Konstruktion von Identität in der Spätmoderne, Pfaffenweiler.

Krauth, Cornelia/Porst, Rolf (1984): Sozioökonomische Determinanten von Einstellungen zu Gastarbeitern. In: Mayer, Karl Ulrich/Schmidt, Peter (Hg.): Allgemeine Bevölkerungsumfrage der Sozialwissenschaften, Frankfurt am Main/New York, S. 233-266.

Kronauer, Martin (2002): Exklusion. Die Gefährdung des Sozialen im hoch entwickelten Kapitalismus, Frankfurt am Main/New York 2002.

Krüger, Heidi (1983): Überlegungen zur Rekonstruktion sozialer Wirklichkeit aus der Sicht der Betroffenen. In: Soziale Welt, Jg. 34, S. 90-109.

Kuhn, Thomas S. (1978): Entstehung des Neuen. Studien zur Struktur der Wissenschaftsgeschichte, Frankfurt am Main.

Kushner, David (1977): The Rise of Turkish Nationalism 1876-1908, London.

Kühnel, Wolfgang (1995): Die Bedeutung von sozialen Netzwerken und Peergroup-Beziehungen für Gewalt im Jugendalter. In: Zeitschrift für Sozialisationsforschung und Erziehungssoziologie, Heft 15, S. 122-144.

Kühnl, Reinhard (1986): Nation, Nationalismus, Nationale Frage. Was ist das und was soll das?, Köln.

Kürşat-Ahlers, Elçin (1995): Migration als psychischer Prozeß. In: Attia, Iman (Hg.): Multikulturelle Gesellschaft - monokulturelle Psychologie? Antisemitismus und Rassismus in der psychosozialen Arbeit, Tübingen 1995, S. 157.

Lajios, Konstantin/Kiotsoukis, Simeon (1984): Ausländische Jugendliche - Probleme der Puberität und der bikulturellen Erziehung, Opladen.

Landau, Jacob M. (1961): Pan-Turkism in Turkey: A Study of Irredentism, London.

Lang, Susanne (1999): Zur Konstruktion des Feindbildes „Islam“ in der Bielefelder Studie „Verlockender Fundamentalismus“. In: Wolf-Dietrich Bukow/Markus Ottersbach (Hg.): Der Fundamentalismusverdacht, Opladen 1999, S. 134-158.

Langewiesche, Dieter (2000): Nation, Nationalismus, Nationalstaat in Deutschland und Europa, München.

Lederer, Gerda/Schmidt, Peter (1995): Autoritarismus und Gesellschaft – Trendanalysen und vergleichende Jugenduntersuchungen 1945-1993, Opladen.

Leggwie, Claus (1997): Ethnische Spaltungen in demokratischen Gesellschaften. In: Heitmeyer, Wilhelm (Hg.): Was hält die Gesellschaft zusammen?, Frankfurt/Main, S. 233-254.

Leiprecht, Rudolf (1990): Rassismus und Ethnozentrismus. Zu den unterschiedlichen Formen dieser ausgrenzenden und diskriminierenden Orientierungen und Praxen. In: Die Brücke, Heft 6, S. 26-29.

Leiprecht, Rudolf (2001): Alltagsrassismus. Eine Untersuchung bei Jugendlichen in Deutschland und den Niederlanden, Münster.

Lemberg, Eugen (1964): Nationalismus II. Soziologie und politische Pädagogik, Reinbek.

Lemmen, Thomas (2000): Islamische Vereine und Verbände in Deutschland, Bonn.

Lenhardt, Gero: Ethnische Identität und sozialwissenschaftlicher Instrumentalismus. In: Dittrich, Eckhard J./Radtke, Frank-Olaf (Hg.): Ethnizität, Wissenschaft und Minderheiten, Opladen 1990.

LeVine, Robert A./Campbell, Donald T. (1972): Ethnocentrism: Theories of Conflict, ethnic attitudes, and group behavior, New York.

Lewis, Bernhard (1981): The Emergence of Modern Turkey, London/New York/Toronto.

Lewontin, Richard C./Rose, Steven/Kamin, Leon J. (1984): Not in Our Genes. Biology, Ideology, and Human Nature, New York.

Link, Jürgen (1992): Die Analyse der symbolischen Komponenten realer Ereignisse. Ein Beitrag der Diskurstheorie zur Analyse rassistischer Äußerungen. In: Jäger, Siegfried/Januschek, Franz (Hg.): Der Diskurs des Rassismus, Oldenburg, S. 37-52.

Link, Jürgen (1992): Nationalismus. Konturen eines Konzepts. In: Kulturrevolution, 27, S. 50-70.

Loch, Dietmar/Heitmeyer, Wilhelm (Hg.) (2001): Schattenseiten der Globalisierung, Frankfurt/Main.

Loos, Peter/Schäffer, Burkhard (2001): Das Gruppendiskussionsverfahren. Theoretische Grundlagen und empirische Anwendung, Opladen.

Lorenzen, Peter (1968): Methodisches Denken, Frankfurt/Main.

Luhmann, Niklas (1984): Soziale Systeme, Frankfurt/Main.

Lutz, Helma (1992): Ist Kultur Schicksal? Über die gesellschaftliche Konstruktion von Kultur und Migration. In: Leiprecht, Rudolf (Hg.): Unter Anderen. Rassismus und Jugendarbeit, Duisburg, S. 43-63.

Mahnkopf, Birgit (1999): Soziale Demokratie in Zeiten der Globalisierung? Zwischen Innovationsregime und Zähmung der Marktkräfte. In: Eichel, Hans/Hoffmann, Hilmar (Hg.): Ende des Staats - Anfang der Bürgergesell-

schaft. Über die Zukunft der sozialen Demokratie in Zeiten der Globalisierung, Reinbek, S. 110-130.
Mall, Ram Adhar (1991): Zur multikulturellen Gesellschaft: Jenseits von Einheit und Differenz. In: Widersprüche - Münchener Zeitschrift für Philosophie, Heft 21.
Mangold, Werner (1960): Gegenstand und Methode des Gruppendiskussionsverfahrens, Frankfurt/Main.
Mangold, Werner (1967): Gruppendiskussion. In: König, René (Hg.): Handbuch der empirischen Sozialforschung, Bd. 1, Stuttgart.
Mannheim, Karl (1964): Beiträge zur Theorie der Weltanschauungsinterpretation. In: ders.: Wissenssoziologie, Neuwied, S. 91-154.
Marie-Theres, Albert (1993): Weltweite Entwicklungen und kulturalistische Bildung. Eine Kritik, Weinheim.
Martin, Klaus-Peter (1996): „Turkish Power Boys" oder: Das mühsame Geschäft der Integration. In: Kommune, Heft 5, S. 6-9.
Martin, Klaus-Peter (1997): Fundamentalismus türkischer Jugendlicher. Ist die multikulturelle Gesellschaft gescheitert. In: Kommune 15, Heft 7, S. 18-23.
Marty, Martin E./Appleby, R. Scott (Hg.) (1991): Fundamentalism Observed, Chicago.
Marotzki, Winfried: Qualitative Biographieforschung. In: Flick, Uwe/Kardorff, Ernst von/Steinke, Ines (Hg.) (2003): Qualitative Forschung. Ein Handbuch, Reinbek bei Hamburg.
Masami Arai (1992): Turkish Nationalism in the Young Turk Era, Leiden.
Matthes, Joachim (1985): Zur transkulturellen Relativität erzählanalytischer Verfahren in der empirischen Sozialforschung. In: KZfSS, 37. Jg., S. 310-326.
Matthias Proske/Frank-Olaf Radtke (1999): Islamischer Fundamentalismus und jugendliche Gewaltbereitschaft. In: Neue Sammlung, Heft 1, S. 47-62.
McCall, George J./Simmons, Jerry L. (1974): Identität und Interaktion. Untersuchungen über zwischenmenschliche Beziehungen im Alltagsleben, Düsseldorf.
Mecheril, Paul (1998): Psychologie der Migration. In: Grubitzsch, Siegfried/Weber, Klaus (Hg.): Psychologische Grundbegriffe, Reinbek.
Mecklenburg, Jens (Hg.) (1999): Was tun gegen Rechts, Berlin.
Mehrländer, Ursula (1983): Türkische Jugendliche - keine beruflichen Chancen in Deutschland, Bonn.
Meinecke, Friedrich (1969): Weltbürgertum und Nationalstaat, München (1908).
Melinz, Gerhard (1994): Vom Osmanischen Mosaik zur türkischen Staatsnation. Aspekte der Nationalstaatsbildung und des Nationalismus im mittleren Osten. In: Bruckmüller, Ernst/Linhart, Sepp/Mähradel, Christian: Nationalismus. Wege der Staatenbildung in der außereuropäischen Welt, Wien, S. 51-75.
Memmi, Albert (1987): Rassismus, Frankfurt/Main.

Menzel, Ulrich (1998): Globalisierung versus Fragmentierung, Frankfurt/Main.

Mert, Nuray (2001): Türkiye'de Merkez Sağ Siyaset: Merkez Sağ Politikaların Oluşumu [Rechts-Zentrums-Politik in der Türkei: Die Entstehung der Rechts-Zentrums-Politik]. In: Stefanos Yerasimos/Günter Seufert/Nuray Mert u.a. (Hg.): Türkiye'de Sivil Toplum ve Milliyetçilik [Zivile Gesellschaft und Nationalismus in der Türkei], Istanbul, S. 45-82.

Meyer, Thomas (1997): Identitäts-Wahn. Die Politisierung des kulturellen Unterschieds, Berlin.

Meyer, Thomas (2002): Identitätspolitik. Vom Missbrauch kultureller Unterschiede, Frankfurt/Main.

Meyers, Reinhard (1997): Grundbegriffe und theoretische Perspektiven der Internationalen Beziehungen. In: BpB (Hg.): Grundwissen Politik, Bonn 1997, S. 328-345.

Miles, Robert (1992): Der Zusammenhang von Rassismus und Nationalismus: Die Perspektive des vereinigten Königreichs. In: Leiprecht, Rudolf (Hg.): Unter Anderen: Rassismus und Jugendarbeit, Duisburg, S. 20-43.

Miles, Robert (1991): Die Idee der „Rasse" und Theorien über Rassismus. Überlegungen zur britischen Diskussion. In: Bielefeld, Uli (Hg.): Das Eigene und das Fremde. Neuer Rassismus in der alten Welt?, Hamburg, S. 189-221.

Minorsky, V. (1934): „Túrán". Enzyklopädie des Islam. Geographisches, Ethnographisches und Biographisches Wörterbuch der Muhammedanischen Völker, Band IV, Leiden/Leipzig.

Mommsen, Hans (1986): Nation und Nationalismus in sozialgeschichtlicher Perspektive. In: Schieder, Wolfgang/Sellin, Volker (Hg.): Sozialgeschichte in Deutschland, Bd. II, Göttingen, S. 162-185.

Müller, Harald (1998): Das Zusammenleben der Kulturen. Ein Gegenentwurf zu Huntington, Frankfurt/Main.

Müller, Joachim (2000): Jugendkonflikte und Gewalt mit ethnisch-kulturellem Hintergrund. In: Heitmeyer, Wilhelm/Anhut, Reimund: Bedrohte Stadtgesellschaft, München, S. 257-305.

Münch, Richard (1999): Europäische Identitätsbildung. Zwischen globaler Dynamik, nationaler und regionaler Gegenbewegung. In: Willems, Herbert/Hahn, Alois (Hg.): Identität und Moderne, Frankfurt/Main, S. 465-486.

Narr, Wolf-Dieter/Schubert, Alexander (1994): Weltökonomie. Die Misere der Politik, Frankfurt/Main.

Naschold, Frieder/Soskice, David/Hanckké, Bob/Jürgens, Ulrich (Hg.) (1997): Ökonomische Leistungsfähigkeit und institutionelle Innovation. Das deutsche Produktions- und Politikregime im globalen Wettbewerb, WZB-Jahrbuch 1997, Berlin.

Nauck, Bernhard (1999): Migration, Globalisierung und der Sozialstaat. In: BJfS, Heft 4, S. 479-493.

Nestvogel, Renate (1988): Kann die Aufrechterhaltung einer unreflektierten Mehrheitskultur eine Aufgabe öffentlicher Erziehung sein? In: Zeitschrift für Pädagogik, Beiheft 23, S. 39-49.

Nestvogel, Renate (1991): Interkulturelles Lernen oder Dominanz? - Hinterfragung „unseres" Verhältnisses zur „Dritten Welt", Frankfurt am Main.

Nestvogel, Renate (1996): Konfliktregelungen in der Flüchtlingsarbeit: Übungen zum interkulturellen Lernen, Frankfurt/Main.

Nikodem, Claudia/Schulze, Erika/Yildiz, Erol (1999): Städtischer Multikulturalismus - Eine neue Lesart. In: Bukow, Wolf-Dietrich/Ottersbach, Markus (Hg.): Der Fundamentalismusverdacht, Opladen, S. 288-327.

Nieke, Wolfgang (1986): Multikulturelle Gesellschaft und interkulturelle Erziehung. Zur Theoriebildung in der Ausländerpädagogik. In: Die Deutsche Schule, 78, S. 462-473.

Nieke, Wolfgang (2000): Interkulturelle Erziehung und Bildung. Wertorientierung im Alltag, Opladen.

Nohl, Arnd-Michael (1996): Jugend in der Migration: Türkische Banden und Cliquen in empirischer Analyse, Baltmannsweiler.

Nohl, Arnd-Michael (2001): Migration und Differenzerfahrung - Junge Einheimische und Migranten im rekonstruktiven Milieuvergleich, Opladen.

Novak, Michael (1972): The Rise of the Unmeltable Ethnics Politics and Culture in the Seventies, New York.

Nummer-Winkler, Gertrud (1990): Jugend und Identität als pädagogisches Problem. In: ZfP, Heft 36, S. 672-686.

Oba, Ali Engin (1995): Türk Milliyetçiliğinin doğuşu [Die Geburt des türkischen Nationalismus], Ankara.

Oberndörfer, Dieter (1995): Kulturelle Freiheit und Verfassungspatriotismus. Die Entwicklung von Nationalstaat zum republikanischen Europa. In: Klein, Ansger (Hg.): Wertediskussion im vereinten Deutschland, Köln.

Opitz, Peter J. (Hg.) (1997): Der globale Marsch – Flucht und Migration als Weltproblem, München.

Oran, Baskın (1977): Azgelişmiş Ülke Milliyetçiliği. Kara Afrika Modeli [Der Nationalismus in den unterentwickelten Ländern. Das schwarzafrikanische Modell], Ankara.

Oran, Baskın (1988): Atatürk Milliyetçiliği [Der Atatürk-Nationalismus], Ankara.

Otto, Hans-Uwe/Merten, Roland (Hg.) (1993): Rechtsradikale Gewalt im vereinigten Deutschland. Jugend im gesellschaftlichen Umbruch, Bonn.

Önder, Zehra (1977): Die türkische Außenpolitik im Zweiten Weltkrieg, München.

Öner, Özgür (2002): Nation, Nationalismus und Globalisierung. Eine Bilanz theoretischer Erklärungsansätze, Köln.

Özdoğan, Günay Göksu (2001): „Turan"dan „Bozkurt"a. Tek Parti Döneminde

Türkçülük (1931-1946) [Vom „Turan“ zum „Grauen Wolf“. Der Türkismus in der Ein-Parteien-Phase (1931-1946)], Istanbul.

Parlar, Suat (1996): Osmanlı'dan Günümüze Gizli Devlet [Geheimer Staat von den Osmanen bis heute], Istanbul.

Parnreiter, Christof (2000): Theorien und Forschungsansätze zur Migration. In: Husa, Karl/ Parnreiter, Christof/Stacher, Irene (Hg.): Internationale Migration, Frankfurt am Main, S. 25-52.

Parsons, Talcott (1975).: Some Considerations on the Nature and Trend of Change of Ethnicity. In: Glazer, Nathan/Moynihan, Daniel P. (Hg.): Ethnicity, London, S. 119-157.

Pehlivanlioglu, Mustafa (2002): Idealisten, Graue Wölfe und Rassisten. In: Turan (Zeitschrift des Augsburger Idealistenvereins Alparslan Türkes), Oktober, S. 10-11.

Pinkert, Stephan (2000): Nationalismus und Globalisierung, St. Ingberg.

Polat, Ülger: Zwischen Integration und Desintegration. Positionen türkischstämmiger Jugendlicher in Deutschland. In: Attia, Iman/Marburger, Helga (Hg.): Alltag und Lebenswelten von Migrantenjugendlichen, Frankfurt am Main, S. 11-25.

Poulton, Hugh (1997): Top Hat, Grey Wolf and Crescent. Turkish Nationalism and the Turkish Republic, New York.

Pries, Ludger (Hg.) (1997): Transnationale Migration. In: SW, Sonderband 12, Baden-Baden.

Pries, Ludger (1997): Neue Migration im transnationalen Raum. In: Pries, Ludger (Hg.): Transnationale Migration, Bd. 12: Sonderheft der SW, Baden Baden, S. 15-46.

Pries, Ludger (2000): Transnationalisierung der Migrationsforschung und Entnationalisierung der Migrationspolitik. Das Entstehen transnationaler Sozialräume durch Arbeitswanderung am Beispiel Mexico-USA. In: IMIS-Beiträge, Heft 15, S. 55-77.

Przyborski, Aglaja (2000): Strukturen von Freundschaft. Formen der Sozialität und diskursive Praxis in Gruppen Jugendlicher, Berlin.

Radtke, Frank-Olaf (1991): Lob der Gleich-Gültigkeit. Die Konstruktion des Fremden im Diskurs des Multikulturalismus. In: Bielefeld, Uli (Hg.): Das Eigene und das Fremde. Neuer Rassismus in der Alten Welt?, Hamburg, S. 79.

Radtke, Frank-Olaf (1991): Die Rolle der Pädagogik in der westdeutschen Migrations- und Minderheitenforschung. In: Soziale Welt, Heft 1, S. 93-108.

Radtke, Frank-Olaf (1995): Migration und Ethnizität. In: Flick, Uwe u.a. (Hg.): Handbuch qualitative Sozialforschung: Grundlagen, Konzepte, Methoden und Anwendungen, Weinheim, S. 391-394.

Radtke, Frank-Olaf (1996): Fremde und Allzufremde – Der Prozeß der Ethnisierung gesellschaftlicher Konflikte. In: FES (Hg.): Ethnisierung gesellschaftlicher Konflikte. Eine Tagung der FES am 11. Oktober 1995 in Erfurt, Bonn, S. 7-17.

Radtke, Frank-Olaf/Mechtild Gomolla (2002): Institutionelle Diskriminierung von Migrantenkindern. Die Herstellung ethnischer Differenz in der Schule, Opladen.

Rehbein, Jochen (1985): Interkulturelle Kommunikation, Tübingen.

Renan, Ernest (1993): Was ist eine Nation? In: Jeismann, Michael/Ritter, Henning (Hg.): Grenzfälle. Über den neuen und alten Nationalismus, Leipzig.

Renner, Günter (1998): Ausländerrecht in Deutschland, München.

Rheims, Birgit (1997): Migration und Flucht. In: Hauchler, Ingomar u.a. (Hg.): Globale Trends 1998, Frankfurt am Main.

Rieker, Peter (1997): Ethnozentrismus bei jungen Männern. Fremdenfeindlichkeit und Nationalismus und die Bedingungen ihrer Sozialisation, Weinheim/München.

Rippl, Susanne/Seipel, Christian (1998): Autoritarismus und Fremdenfeindlichkeit bei ost- und westdeutschen Jugendlichen. In: Zeitschrift für Politische Psychologie, Heft 6, S. 273-288.

Robertson, Roland (1998): Glokalisierung: Homogenität und Heterogenität im Raum und Zeit. In: Beck, Ulrich (Hg.): Perspektiven der Weltgesellschaft, Frankfurt am Main, S. 192-220.

Rodríguez, Encarnación Gutiérrez (1999): Intellektuelle Migrantinnen - Subjektivitäten im Zeitalter von Globalisierung. Eine postkoloniale dekonstruktive Analyse von Biographien im Spannungsverhältnis von Ethnisierung und Vergeschlechtlichung, Opladen.

Rommelspacher, Birgit (1995): Dominanzkultur. Texte zur Fremdheit und Macht, Berlin.

Rommelspacher, Birgit (1997): Bild der Radikalisierung. In: *die tageszeitung*, 29.04.97, S. 15.

Rommelspacher, Birgit (2002): Anerkennung und Ausgrenzung. Deutschland als mutlikulturelle Gesellschaft, Frankfurt/Main.

Ros, Arno (1990): Begründung und Begriff. Wandlungen des Verständnisses begrifflicher Argumentationen, Band 3: Moderne, Hamburg.

Rosenstock-Huessy, Eugen (1951): Die europäische Revolutionen und der Charakter der Nationen, Stuttgart.

Rosenthal, Gabriele (1995): Erlebte und erzählte Lebensgeschichte. Gestalt und Struktur biographischer Selbstbeschreibungen, Frankfurt/Main.

Rosenthal, Gabriele (1999): Migration und Leben in multikulturellen Milieus. Nationale Zugehörigkeit zur Herstellung von familien- und lebensgeschichtlicher Kontinuität. In: Apitzsch, Ursula (Hg.): Migration und Traditionsbildung, Opladen/Wiesbaden, S. 22-34.

Rosenthal, Gabriele/Fischer-Rosenthal, Wolfram (2003): Analyse narrativ-biographischen Interviews. In: Flick, Uwe/Kardorff, Ernst von/Steinke, Ines (Hg.): Qualitative Forschung. Ein Handbuch, Reinbek, S. 456-468.

Roth, Jürgen/Taylan, Kamil (1981): Die Türkei. Republik unter Wölfen, Bornheim.

Rothfels, Hans (1978): Die Nation. In: Meyers Enzyklopädisches Lexikon, Mannheim.

Sarasin, Philipp (2003): Geschichtswissenschaft und Diskursanalyse, Frankfurt/Main.

Sassen, Saskia (1996): Metropolen des Weltmarktes. Die neue Rolle der Global Cities, Frankfurt am Main.

Sassen, Saskia (1997): Migranten, Siedler, Flüchtlinge. Von der Massenauswanderung zur Festung Europa, Frankfurt am Main.

Sauter, Sven (2000): Wir sind „Frankfurter Türken". Adoleszente Ablösungsprozesse in der deutschen Einwanderungsgesellschaft, Frankfurt am Main.

Scharpf, Fritz W. (1992): Die Handlungsfähigkeit des Staates am Ende des Zwanzigsten Jahrhunderts. In: Kohler-Koch, Beate (Hg.): Staat und Demokratie in Europa, Opladen, S. 83-115.

Schamp, Eike W. (1996): Globalisierung von Produktionsnetzen und Standortsystemen. In: Geographische Zeitschrift, Heft 84, S. 205-219.

Scheuch, Erwin K. (1973): Das Interview in der Sozialforschung. In: König, René (Hg.): Handbuch der empirischen Sozialforschung. Bd. 2: Grundlegende Methoden und Techniken, Stuttgart, S. 66-190.

Scherer, Christian P. (1997): Ethno-Nationalismus im Zeitalter der Globalisierung. Ursachen, Strukturmerkmale und Dynamik ethnisch-nationaler Gewaltkonflikte, Münster.

Schieder, Theodor (1962): Partikularismus und nationales Bewusstsein im Denken des Vormärz. In: Conze, Werner (Hg.): Staat und Gesellschaft im deutschen Vormärz 1815-1848, Stuttgart, S. 9-38.

Schieder, Theodor (1992): Nationalismus und Nationalstaat. Studien zum nationalen Problem im modernen Europa. Hg. von Otto Dann und Hans-Ulrich Wehler, Göttingen (2. Aufl.).

Schiffauer, Werner (1981): Soziale Beziehungen in zwei türkischen Freundesgruppen. In: ZfP, Heft 6, S. 911-924.

Schiffauer, Werner (1983): Die Gewalt der Ehre. Erklärungen zu einem türkisch-deutschen Sexualkonflikt, Frankfurt am Main.

Schiffauer, Werner (1984): Religion und Identität. Eine Fallstudie zum Problem der Reislamisierung bei Arbeitsmigranten. In: Schweizer Zeitschrift für Soziologie, Heft 2.

Schiffauer, Werner (1987): Die Bauern von Subay. Das Leben in einem türkischen Dorf, Stuttgart.

Schiffauer, Werner (2000): Die Gottesmänner. Türkische Islamisten in Deutschland, Frankfurt/Main.

Schmalz-Jacobsen, Cornelia/Hansen, Georg (Hg.) (1997): Kleines Lexikon der ethnischen Minderheiten in Deutschland, Bonn 1997

Schmidt, Susanne (1998): Kurdisch-Sein und nicht-Sein. Einblicke in Selbstbilder von Jugendlichen kurdischer Herkunft, Bonn.

Schmidt, Susanne (2000): Kurdisch-Sein mit deutschem Pass! – Formale Integration, kulturelle Identität und lebensweltliche Bezüge von Jugendlichen kurdischer Herkunft in Nordrhein-Westfalen, Bonn.

Schönemann, Bert (1989): „Volk" und „Nation" in Deutschland und Frankreich 1760-1815. In: ZfP, Beiheft 24, S. 275-292.

Schröder, Katy (2003): Die Türkei im Schatten des Nationalismus. Eine Analyse des politischen Einflusses der rechten MHP, Hamburg.

Schulin, Ernst (1979): Traditionskritik und Rekonstruktionsversuch. Studien zur Entwicklung von Geschichtswissenschaft und historischem Denken, Göttingen

Schultz, Hans-Jürgen (Hg.) (1990): Sie sind wieder da! – Faschismus und Reaktion in Europa, Frankfurt/Main.

Schütze, Fritz (1977): Die Technik des narrativen Interviews in Interkationsfeldstudien – dargestellt an einem Projekt zur Erforschung von kommunalen Machtstrukturen, Bielefeld.

Schütze, Fritz (1983): Biographieforschung und narratives Interview. In: Neue Praxis - Kritische Zeitschrift für soziale Arbeit und Sozialpädagogik, Heft 3, S. 283-293.

Seidel-Pielen, Eberhard (1995): Unsere Türken, Berlin.

Seitter, Wolfgang (1999): Riskante Übergänge in der Moderne. Vereinskulturen, Bildungsbiographien, Migranten, Opladen.

Şen, Faruk/Goldberg, Andreas (1994): Türken in Deutschland. Leben zwischen zwei Kulturen, München.

Şen, Faruk/Aydın, Hayrettin (2002): Islam in Deutschland, München.

Senghaas, Dieter (1975): Metropolen und Peripherie, Frankfurt/Main.

Senghaas, Dieter (1998): Zivilisierung wider Willen. Der Konflikt der Kulturen mit sich selbst, Frankfurt/Main.

Setton-Watson, Hugh (1977): Nations and States. An Equiry into the Origins of Nations and the politics of Nationalism, London.

Sevinç, Necdet (1971): Ordular, Masonlar, Komünistler. [Militärs, Freimaurer, Kommunisten], Istanbul.

Sevinç, Necdet: Ülkücüye Notlar [Notizen an einen Idealisten], Istanbul (o.J.)

Shafer, Boyd C. (1963): Nationalism: Interpreters and Interpretations, Washington (1959).

Sheffer, Gabriel (1993): Ethnic Diasporas - A Threat to Their Hosts? In: Weiner,

Myron (Hg.): International Migration and Security, Boulder.
Simon, Gerhard (1968): Nationalismus und Nationalitätenpolitik in der Sowjetunion, Baden-Baden.
Skubsch, Sabine (2002): Kurdische Migration und deutsche (Bildungs-)politik, Münster.
Snyder, Louis L. (1954): The Meaning of Nationalism, New York.
Snyder, Louis L. (1968): The New Nationalism, New York.
Sollors, Werner (1989): The Invention of Ethnicity. In: ders. (Hg.): The Invention of Ethnicity, Oxford.
Sozialwissenschaftliche Texte (1980): Das Arabische Buch, Berlin.
Spuler-Stegemann, Ursula (1996): Der Islam in ausgewählten Staaten: Türkei. In: Ende, Werner/Steinbach, Udo: Der Islam in der Gegenwart, München.
Spuler-Stegemann, Ursula (1998): Muslime in Deutschland. Nebeneinander oder Miteinander, Freiburg im Breisgau.
Stauber, Reinhard (1996): Nationalismus vor dem Nationalismus? „Nation" und „Nationalismus" in der Frühen Neuzeit. In: Geschichte in Wissenschaft und Unterricht, Heft 47, S. 139-165.
Stegmüller, Wolfgang (1987): Hauptströmungen der Gegenwartsphilosophie. Eine kritische Einführung, Band III, Stuttgart.
Steinbach, Udo (1996): Die Türkei im 20. Jahrhundert. Schwieriger Partner Europas, Bergisch Gladbach.
Steinbach, Udo (1996): Europas Brücke zur islamischen Welt. Die Türkei auf Identitätssuche. In: Blätter für deutsche und internationale Politik, Heft 10, S. 1232-1241.
Steinhaus, Kurt (1969): Die Soziologie der türkischen Revolution, Frankfurt/Main.
Strauss, Anselm L. (1994): Grundlagen qualitativer Sozialforschung - Datenanalyse und Theoriebildung in der empirischen soziologischen Forschung, München.
Strohmeier, Martin (1984): Seldschukische Geschichte und türkische Geschichtswissenschaft. Die Seldschuken im Urteil moderner türkischer Historiker, Berlin.
Stüwe, Gert (1982): Türkische Jugendliche. Eine Untersuchung in Berlin-Kreuzberg, Bensheim.
Tertilt, Hermann (1995): Turkish Power Boys - Ethnographie einer türkischen Jugendbande, Frankfurt/Main.
Tezcan, Levent (2000): Kulturelle Identität und Konflikt. Zur Rolle politischer und religiöser Gruppen der türkischen Minderheitsbevölkerung. In: Heitmeyer, Wilhelm/Anhut, Reimund: Bedrohte Stadtgesellschaft, Weinheim/München 2000, S. 401-448.

Thies, Jochen (1994): Masse und Mitte. Über die Herausbildung einer nationalen Elite. In: Schwilk, Heimo/Schacht, Ulrich (Hg.): Die selbstbewusste Nation. Anschwellender Bocksgesang und weitere Beiträge zu einer deutschen Debatte, Berlin/Frankfurt am Main.

Thomas, William Isaac (1995): Person und Sozialverhalten, Neuwied/Berlin.

Thomas, William Isaac/Znaniecki, Florian (1995): The Polish Peasant in Europe and America. A Classic Work in Immigration History, New York (1918).

Tibi, Bassam (1998): Krieg der Zivilisationen. Politik und Religion zwischen Vernunft und Fundamentalismus, München.

Tibi, Bassam (2000): Der Islam und Deutschland. Muslime in Deutschland, Stuttgart/München.

Tibi, Bassam (2002): Islamische Zuwanderung. Die gescheiterte Integration, Stuttgart/München.

Toprak, Binnaz (1989): Religion als Staatsideologie in einem laizistischen Staat: Die Türkisch-Islamische Synthese. In: ZfT, S. 55-62.

Torgay, O.Z. (1939): Der deutsch-türkische Handel, Hamburg.

Treibel, Annette (2003): Migration in modernen Gesellschaften. Soziale Folgen von Einwanderung, Gastarbeit und Flucht, Weinheim/München (3. Auflage).

Turan, Osman (1968): The need of Islamic renaissance, International Islamic Conf.

Türk Federasyon (Hg.) (1982): Dokumentation anlässlich der 4. Jahreshauptversammlung der ADÜTF, Koblenz.

Türk Federasyon (Hg.) (2001): Dokumentation anlässlich der 22. Jahreshauptversammlung der ADÜTF in Oberhausen, 2. Juni.

Türk Inkilap Enstitüsü (Hg.) (1944): Irkçılık ve Turancılık [Rassismus und Turanismus], Ankara.

Türkeş, Alparslan (1995): Dokuz Işık [Neun Strahlen], Istanbul (1965).

Tuşalp, Erbil (1996): Şeriatı beklerken [Die Scharia wird erwartet], Istanbul.

Unger, Nicola (2000): Alltagswelten und Alltagsbewältigung türkischer Jugendlicher, Opladen.

Ünal, Tahsin: Türklüğün sembolü Bozkurt [Der Graue Wolf als Symbol des Türkentums], Hamle Yayinevi, Istanbul (o.J.).

Ünal, Tahsin (1961): Milliyet Üzerine Düşünceler [Gedanken über die Nation], Ankara.

Uysal, Yasar (1998): Biografische und ökologische Einflussfaktoren auf den Schulerfolg türkischer Kinder in Deutschland. Eine empirische Untersuchung in Dortmund, Münster.

van Dijks, Teun A. (1991): Rassismus heute. Der Diskurs der Elite und seine Funktion für die Reproduktion des Rassismus, Duisburg.

Vester, Michael (1997): Kapitalistische Modernisierung und gesellschaftliche

(Des-)Integration. Kulturelle und soziale Ungleichheit als Problem von ‚Milieus' und ‚Eliten'. In: Heitmeyer, Wilhelm (Hg.): Was hält die Gesellschaft zusammen?, Frankfurt/Main, S. 149-203.

Vogt, Eberhardt (1997): In der Grauzone. Wie der grüne Kreuzberger Bürgermeister versucht zu rechtfertigen, daß er die Grauen Wölfe empfing. In: *Focus*, 6. Oktober.

Volmerg, Ute (1989): Gruppendiskussion als Erhebungsinstrument der Sozialforschung. In: Zeitschrift für Sozialpsychologie, Beiheft II (März), S. 6-21.

Weber, Max (1972): Ethnische Gemeinschaftsbeziehung. In: ders.: Wirtschaft und Gesellschaft. Grundriss der verstehenden Soziologie, Tübingen (1922), S. 234-240.

Weber, Max (1997): States und Statehood. In: Brian White (Hg.): Issues in World Politics, Houndmills (Aufsatz).

Wehler, Hans-Ulrich (1995): Die Gegenwart als Geschichte, München.

Wehler, Hans-Ulrich (2001): Nationalismus. Geschichte, Formen, Folgen, München.

Weidacher, Alois (Hg.) (2000): In Deutschland zu Hause. Politische Orientierungen griechischer, italienischer, türkischer und deutscher junger Erwachsener im Vergleich, Opladen.

Weidinger, Dorothea (1998): Nation-Nationlismus-Nationale Identität, Bonn.

Werle, Rainer/Kreile, Renate (1987): Renaissance des Islam. Das Beispiel Türkei, Hamburg.

Wette, Wolfram (1989): Ideologien, Propaganda und Innenpolitik als Voraussetzungen der Kriegspolitik des Dritten Reiches. In: Militärgeschichtliches Forschungsamt (Hg.): Das Deutsche Reich und der Zweite Weltkrieg, Stuttgart.

Whyte, William Foote (1996): Street Corner Society. Die Sozialstruktur eines Italienerviertels, Berlin/New York (1943).

Wicker, Hans-Rudolf (1992): Migration, Ethnizität und Paradoxien des Multikulturalismus in industrialisierten Gesellschaften. Vortrag an der Jahresversammlung der schweizerischen Ethnologischen Gesellschaft, Manuskript, Yverdon-les-Bains 1992.

Wiegel, Gerd (1995): Nationalismus und Rassismus. Zum Zusammenhang zweier Ausschließungspraktiken, Köln.

Wiegand, Elmar (1999): Explosive Stimmung. Nach dem Mord an Erol Ispir verschäft sich das Klima in Köln-Kalk. In: *Kölner Woche*, 10. Juli, S. 3.

Wilpert, Czarina (1980): Die Zukunft der Zweiten Generation - Erwartungen und Verhaltensmöglichkeiten ausländischer Kinder, Königstein/Ts.

Wilpert, Czarina/Morokvasic, Mirjana (1983): Bedingungen und Folgen internationaler Migration. Berichte aus Forschungen zu den Migrationsbiographien von Familien, Jugendlichen und ausländischen Arbeiterinnen. Wissenschaftliche Arbeiten der TU Berlin, Berlin.

Wimmer, Andreas (1995): Interethnische Konflikte. Ein Beitrag zur Integration aktueller Forschungsansätze. In: KZfSS, Heft 47, S. 464-493.

Winkler, Heinrich August/Schnabel, Thomas (1979): Bibliographie zum Nationalismus, Göttingen.

Wittich, Dietmar (1999): Destabilisierte Gesellschaft. Zu gesellschaftlichen und politischen Wandlungen in den Wahljahren 1998 und 1999. In: Zeitschrift für marxistische Erneuerung, 40, S. 13-23

Witzel, Andreas (1982): Verfahren der qualitativen Sozialforschung. Überblick und Alternativen, Frankfurt/Main.

Wodak, Ruth (Hg.) (1998): Zur diskursiven Konstruktion nationaler Identität, Frankfurt/Main.

Wong, Diana (1992): Fremdheitsfiguren im gesellschaftlichen Diskurs. Am Beispiel der Asylzuwanderung nach Deutschland. In: Matthes, Joachim: Zwischen den Kulturen. In: SW, 8, S. 405-419.

Woyke, Wichard (Hg.) (1990): Handwörterbuch internationaler Politik, Bonn.

Wulff, Erich (1992): Notiz zur Konstruktion von „Rassismus". In: Das Argument, 34. Jg., 195, S. 757-759.

Yildirim, Recep (2003): Neden „Birliğe Doğru?" (Warum zur Einheit). In: *Birliğe Doğru* (Verbandszeitschrift der ANF), April, S. 15.

Yildiz, Erol (2002): Die politische Ethik multikultureller Gesellschaften im globalen Kontext: Multikulturalismusverständnis Seyla Benhabibs. In: Neubert, Stefan/Roth, Hans-Joachim/Yildiz, Erol (Hg.): Multikulturalität in der Diskussion. Neuere Beiträge zu einem umstrittenen Konzept, Opladen, S. 33-62.

Yildiz, Erol (1997): Die halbierte Gesellschaft der Postmoderne. Probleme des Minderheitendiskurses unter Berücksichtigung alternativer Ansätze in den Niederlanden, Opladen.

Yildiz, Safiye (1998): Nationalismus von männlichen „türkischen" Jugendlichen auf „deutschen Boden". Unveröff. Diplomarbeit, Berlin.

Zeller-Mohrlok, Dagmar (1992): Die Türkisch-Islamische Synthese. Eine Strategie zur Kanalisierung innen-politischer und wirtschaftlicher Konflikte der Türkei in den 80er Jahren, Bonn.

Ziegler, Hans Oskar (1931): Die moderne Nation. Ein Beitrag zur politischen Soziologie, Tübingen.

Zlotnik, Hania (1999): Trends in International Migration since 1965: What existing data reveal. In: International Migration 37/1, S. 21-61.

Zollitsch, Wolfgang (1990): Arbeiter zwischen Weltwirtschaftskrise und Nationalsozialismus, Göttingen.